Die Gerichtsbarkeit in den Herzogtümern Bremen und Verden und in der preußischen Landdrostei Stade von 1715 bis 1879

Rechtshistorische Reihe

Band 259

Peter Lang
Frankfurt am Main · Berlin · Bern · Bruxelles · New York · Oxford · Wien

Volker Friedrich Drecktrah

Die Gerichtsbarkeit in den Herzogtümern Bremen und Verden und in der preußischen Landdrostei Stade von 1715 bis 1879

Peter Lang
Europäischer Verlag der Wissenschaften

Die Deutsche Bibliothek - CIP-Einheitsaufnahme

Dreckträh, Volker Friedrich:

Die Gerichtsbarkeit in den Herzogtümern Bremen und Verden und in der preußischen Landdrostei Stade von 1715 bis 1879 / Volker Friedrich Dreckträh. - Frankfurt am Main ; Berlin ; Bern ; Bruxelles ; New York ; Oxford ; Wien : Lang, 2002
(Rechtshistorische Reihe ; Bd. 259)
Zugl.: Hamburg, Univ., Diss., 2002
ISBN 3-631-39809-3

Die vorliegende Arbeit wurde von
Professor Dr. Götz Landwehr zur Aufnahme
in die Reihe empfohlen.

D 18
ISSN 0344-290X
ISBN 3-631-39809-3

www.peterlang.de

Gewidmet

meinen Kindern

Anne und Marie Luise

Vorwort

Die Arbeit wurde im Wintersemester 2001/2002 als Dissertation vom Fachbereich Rechtswissenschaft der Universität Hamburg angenommen.

Herrn Prof. Dr. Götz Landwehr, meinem Doktorvater, danke ich für die intensive Betreuung und für die vielen klärenden und hilfreichen Gespräche, auch für die Aufnahme in die „Rechtshistorische Reihe“.

Frau Prof. Dr. Maximiliane Kriechbaum danke ich für die Mühe des Zweitgutachtens.

Mein Dank gilt den stets hilfsbereiten Mitarbeitern sowohl des Niedersächsischen Staatsarchivs in Stade, insbesondere Herrn Dr. Christian Hoffmann, wie auch des Stadtarchivs Stade.

Schließlich möchte ich all jenen danken, die in den vergangenen Jahren die Arbeit mit anregenden Gesprächen begleitet haben und mir mit hinreichender Geduld und Nachsicht begegnet sind.

Stade, im April 2002 Volker Friedrich Drecktrah

Inhaltsübersicht

1.	**Einleitung**		19
	1.1	Der Gegenstand der Arbeit	19
	1.2	Der historische Hintergrund	24
	1.3	Die Quellenlage	32
	1.4	Die Arbeitstechnik	33
2.	**Die Herzogtümer Bremen und Verden von 1715 bis 1803**		35
	2.1	Die Ausgangslage	35
	2.2	Die Entwicklung bis zum Jahr 1740	100
	2.3	Ansätze zu einer Neuordnung zwischen 1740 und 1760	147
	2.4	Die weitere Entwicklung bis 1803	179
3.	**Das Land Hadeln von 1731 bis 1803**		217
	3.1	Die Verwaltung des Landes	217
	3.2	Die Gerichtsverfassung	219
	3.3	Die weitere Entwicklung bis 1803	229
4.	**Die „Übergangszeit" von 1803 bis 1813**		233
	4.1	Die französische Herrschaft von 1803 bis 1805	233
	4.2	Die Übernahme durch Preußen 1806	250
	4.3	Die französische Herrschaft bis 1810	268
	4.4	Die französische Herrschaft von 1810 bis 1813	273
5.	**Im Königreich Hannover von 1813 bis 1850/52**		283
	5.1	Die Wiederherstellung der alten Gewalten	283
	5.2	Ansätze zu einer Neuordnung der Gerichtsverfassung	297
	5.3	Antworten auf die erstarkende demokratische Bewegung	324
6.	**Im Königreich Hannover von 1850/52 bis 1866**		341
	6.1	Die Trennung von Justiz und Verwaltung	341
	6.2	Das Gerichtsverfassungsgesetz	356
	6.3	Die Revision der Gerichtsverfassung 1859	378
	6.4	Die weitere Entwicklung bis 1866	391
7.	**Die preußische Landdrostei Stade von 1866 bis 1879**		399
	7.1	Die Übernahme durch Preußen	399
	7.2	Die Gerichtsverfassung	408
8.	**Ausklang: Die Reichsjustizgesetze von 1877**		413
	8.1	Die Entstehung	413
	8.2	Die neue Gerichtsverfassung	415
	8.3	Der Gerichtsaufbau	417
9.	**Zusammenfassung**		421
	Quellen- und Literaturverzeichnis, Anlagen		433

Inhaltsverzeichnis

1.	**Einleitung**	19
	1.1 Der Gegenstand der Arbeit	19
	1.2 Der historische Hintergrund	24
	1.3 Die Quellenlage	32
	1.4 Die Arbeitstechnik	33
2.	**Die Herzogtümer Bremen und Verden von 1715 bis 1803**	35
	2.1 Die Ausgangslage	35
	2.1.1 Allgemeiner Überblick	35
	2.1.2 Der Verwaltungs- und Gerichtsaufbau	40
	2.1.2.1 Die oberen Verwaltungs- und Justizeinrichtungen	48
	2.1.2.1.1 Die Regierung	51
	2.1.2.1.2 Die Landstände	54
	2.1.2.1.3 Die Justizkanzlei	56
	2.1.2.1.4 Das Hofgericht	59
	2.1.2.1.5 Das Konsistorium	65
	2.1.2.1.6 Die Landgerichte	68
	2.1.2.1.7 Das Oberappellationsgericht	70
	2.1.2.1.8 Die Militärgerichtsbarkeit	71
	2.1.2.2 Die unteren Verwaltungs- und Justizeinrichtungen	71
	2.1.2.2.1 Die Ämterverfassung	72
	2.1.2.2.2 Die Patrimonialgerichtsbarkeit	75
	2.1.2.2.3 Deich- und Holzgerichte	77
	2.1.2.2.4 Die einzelnen Ämter und Gerichte	77
	2.1.2.2.4.1 Das Alte Land	78
	2.1.2.2.4.2 Das Land Kehdingen	79
	2.1.2.2.4.3 Das Amt Neuhaus	80
	2.1.2.2.4.4 Das Land Wursten	80
	2.1.2.2.4.5 Das Vieland	81
	2.1.2.2.4.6 Die Amtsschreiberei Stotel	81
	2.1.2.2.4.7 Das Amt Hagen	82
	2.1.2.2.4.8 Das Amt Osterholz	83
	2.1.2.2.4.9 Das Amt Bremervörde	84
	2.1.2.2.4.10 Das Amt Bederkesa	85
	2.1.2.2.4.11 Das Klosteramt Himmelpforten	86
	2.1.2.2.4.12 Das Klosteramt Stade	87
	2.1.2.2.4.13 Die Klosterämter Altkloster, Neukloster und Harsefeld	87
	2.1.2.2.4.14 Das Amt Zeven	88
	2.1.2.2.4.15 Das Amt Ottersberg	89
	2.1.2.2.4.16 Die Struktur in Bremen	89
	2.1.2.2.4.17 Die Stadt Stade	91
	2.1.2.2.4.18 Die Stadt Buxtehude	91
	2.1.2.2.4.19 Die Stadt Verden	91
	2.1.2.2.4.20 Das Amt Verden	92
	2.1.2.2.4.21 Das Amt Rotenburg	92
	2.1.2.2.4.22 Die Flecken in den Herzogtümern Bremen und Verden	93

2.1.3 Zum materiellen Recht 93
2.1.3.1 Das Recht der Stadt Stade 94
2.1.3.2 Das Recht der Stadt Buxtehude 96
2.1.3.3 Das Recht der Stadt Verden 96
2.1.3.4 Das Recht der Bremischen Ritterschaft 97
2.1.3.5 Das Recht des Alten Landes 97
2.1.3.6 Das Recht des Landes Kehdingen 98
2.1.3.7 Das Recht des Landes Wursten 98
2.1.3.8 Das Recht des Amtes Hagen 98
2.1.3.9 Das Recht der Herzogtümer im übrigen 99
2.1.4 Zusammenfassung 100

2.2 Die Entwicklung bis zum Jahr 1740 100
2.2.1 Allgemeiner Überblick 100
2.2.2 Der Verwaltungs- und Gerichtsaufbau 101
2.2.2.1 Die oberen Verwaltungs- und Justizeinrichtungen 101
2.2.2.1.1 Die Regierung 103
2.2.2.1.2 Die Landstände 109
2.2.2.1.3 Die Justizkanzlei 112
2.2.2.1.4 Das Hofgericht 118
2.2.2.1.5 Das Konsistorium 122
2.2.2.1.6 Die Landgerichte 124
2.2.2.1.7 Das Oberappellationsgericht 127
2.2.2.1.8 Die Militärgerichtsbarkeit 129
2.2.2.2 Die unteren Verwaltungs- und Justizeinrichtungen 133
2.2.2.2.1 Die Ämterverfassung 137
2.2.2.2.2 Die Patrimonialgerichtsbarkeit 140
2.2.2.2.3 Einzelne Ämter und Gerichte 141
2.2.3 Zum materiellen Recht 143
2.2.3.1 Zum Strafrecht 143
2.2.3.2 Zum „Hagestolzenrecht“ 144
2.2.3.3 Zum Meierrecht 145
2.2.3.4 Zur Fortgeltung alten Rechts 145
2.2.3.5 Zum städtischen Recht 146
2.2.4 Zusammenfassung 146

2.3 Ansätze zu einer Neuordnung zwischen1740 und 1760 147
2.3.1 Allgemeiner Überblick 147
2.3.2 Der Verwaltungs- und Gerichtsaufbau 147
2.3.2.1 Die oberen Verwaltungs- und Justizeinrichtungen 147
2.3.2.1.1 Die Regierung 148
2.3.2.1.2 Die Landstände 152
2.3.2.1.3 Die Justizkanzlei 153
2.3.2.1.4 Das Hofgericht 153
2.3.2.1.5 Das Konsistorium 155
2.3.2.1.6 Die Landgerichte 156
2.3.2.1.7 Das Oberappellationsgericht 157
2.3.2.1.8 Die Militärgerichtsbarkeit 158

2.3.2.2 Die unteren Verwaltungs- und Justizeinrichtungen 159
2.3.2.2.1 Die Ämterverfassung 164
2.3.2.2.2 Die Untergerichtsordnung von 1753 165
2.3.2.2.2.1 Die Gerichtsunterworfenen 167
2.3.2.2.2.2 Die Richter 168
2.3.2.2.2.3 Die weiteren Gerichtsbeamten 170
2.3.2.2.2.4 Die Rechtsanwälte 170
2.3.2.2.3 Einzelne Ämter und Gerichte 171
2.3.3 Zum materiellen Recht 174
2.3.3.1 Zum Konkursrecht 174
2.3.3.2 Zum Dienstrecht 174
2.3.3.3 Zum Gebührenrecht 174
2.3.3.4 Zum Nachlaßrecht 174
2.3.3.5 Zum Strafrecht 175
2.3.3.6 Zur Veröffentlichung der Rechtsnormen 178
2.3.4 Zusammenfassung 179

2.4 Die weitere Entwicklung bis 1803 179
2.4.1 Allgemeiner Überblick 179
2.4.2 Der Verwaltungs- und Gerichtsaufbau 183
2.4.2.1 Die oberen Verwaltungs- und Justizeinrichtungen 183
2.4.2.1.1 Die Regierung 184
2.4.2.1.2 Die Landstände 186
2.4.2.1.3 Die Justizkanzlei 188
2.4.2.1.4 Das Hofgericht 190
2.4.2.1.5 Das Konsistorium 191
2.4.2.1.6 Die Landgerichte 192
2.4.2.1.7 Das Oberappellationsgericht 193
2.4.2.1.8 Die Militärgerichtsbarkeit 193
2.4.2.2 Die unteren Verwaltungs- und Justizeinrichtungen 195
2.4.2.2.1 Die Ämterverfassung 195
2.4.2.2.2 Die Patrimonialgerichtsbarkeit 198
2.4.2.2.3 Einzelne Ämter und Gerichte 200
2.4.3 Zum materiellen Recht 208
2.4.3.1 Zum Landrecht 208
2.4.3.2 Zum Strafverfahrensrecht 209
2.4.3.3 Zum Strafvollzug 210
2.4.3.4 Zu den Wrogensachen 212
2.4.3.5 Zum Depositenwesen 212
2.4.3.6 Zum Recht der Stadt Stade 213
2.4.4 Zusammenfassung 213

3. Das Land Hadeln von 1731 bis 1803 217
3.1 Die Verwaltung des Landes 217
3.1.1 Allgemeiner Überblick 217
3.1.2 Der Verwaltungsaufbau 218

3.2 Die Gerichtsverfassung 219

3.2.1 Die örtliche Zuständigkeit 221
3.2.1.1 Die Kirchspielsgerichte 221
3.2.1.2 Das Stadtgericht Otterndorf 222
3.2.1.3 Das Patrimonialgericht Wellingsbüttel 222
3.2.1.4 Die Obergerichte 223
3.2.1.5 Das Konsistorium 225
3.2.2 Die sachliche Zuständigkeit 226
3.2.2.1 Zivilsachen 226
3.2.2.2 Straf- und Wrugesachen 226
3.2.3 Das Appellationsprivileg für das Land Hadeln 227
3.2.4 Zum materiellen Recht 228

3.3 Die weitere Entwicklung bis 1803 229
3.3.1 Änderungen der Gesetzeslage 229
3.3.2 Zusammenfassung 231

4. Die „Übergangszeit" von 1803 bis 1813 233
4.1 Die französische Herrschaft von 1803 bis 1805 233
4.1.1 Allgemeiner Überblick 233
4.1.2 Der Verwaltungs- und Gerichtsaufbau 234
4.1.2.1 Die oberen Verwaltungs- und Justizeinrichtungen 234
4.1.2.1.1 Die Regierung 235
4.1.2.1.2 Die Landstände 237
4.1.2.1.3 Die Justizkanzlei 238
4.1.2.1.4 Das Hofgericht 242
4.1.2.1.5 Das Konsistorium 242
4.1.2.1.6 Die Landgerichte 242
4.1.2.1.7 Das Oberappellationsgericht 243
4.1.2.1.8 Die Militärgerichtsbarkeit 243
4.1.2.2 Die unteren Verwaltungs- und Justizeinrichtungen 244
4.1.3 Zum materiellen Recht 245

4.2 Die Übernahme durch Preußen 1806 250
4.2.1 Allgemeiner Überblick 250
4.2.2 Der Verwaltungs- und Gerichtsaufbau 251
4.2.3 Die Gerichtsbarkeit 253
4.2.3.1 Die preußische Kenntnis der Verfassung der Herzogtümer 253
4.2.3.2 Die Justizkanzlei 256
4.2.3.3 Das Hofgericht 258
4.2.3.4 Das Konsistorium 258
4.2.3.5 Die Justiz-Landgerichte 259
4.2.3.6 Das Land-Grefting des Alten Landes 260
4.2.3.7 Die Untergerichte 260
4.2.3.7.1 Die landesherrlichen Ämter und Gerichte 260
4.2.3.7.2 Die städtischen Patrimonialgerichte 261
4.2.3.7.3 Die gutsherrlichen Patrimonialgerichte 262
4.2.3.8 Das Land Hadeln 263

4.2.3.9 Die Kosten der Rechtspflege 264
4.2.4 Zum materiellen Recht 265

4.3 Die französische Herrschaft bis 1810 268
4.3.1 Allgemeiner Überblick 268
4.3.2 Der Verwaltungs- und Gerichtsaufbau 268
4.3.2.1 Die oberen Verwaltungs- und Justizeinrichtungen 268
4.3.2.1.1 Die Regierung 268
4.3.2.1.2 Die Landstände 269
4.3.2.2 Die unteren Verwaltungs- und Justizeinrichtungen 270
4.3.3 Zum materiellen Recht 273

4.4 Die französische Herrschaft von 1810 bis 1813 273
4.4.1 Allgemeiner Überblick 273
4.4.2 Der Verwaltungs- und Gerichtsaufbau 276
4.4.2.1 Die oberen Verwaltungs- und Justizeinrichtungen 276
4.4.2.1.1 Die Regierung 276
4.4.2.1.2 Die Gerichte 276
4.4.2.2 Die unteren Verwaltungs- und Justizeinrichtungen 279
4.4.3 Zum materiellen Recht 280
4.4.4 Die Auflösung der französischen Herrschaft 281

5. Im Königreich Hannover von 1813 bis 1850/52 283
5.1 Die Wiederherstellung der alten Gewalten 283
5.1.1 Allgemeiner Überblick 283
5.1.2 Der Verwaltungs- und Gerichtsaufbau 285
5.1.2.1 Die oberen Verwaltungs- und Justizeinrichtungen 285
5.1.2.1.1 Die Regierung 285
5.1.2.1.2 Die Landstände 288
5.1.2.1.3 Die Justizkanzlei 289
5.1.2.1.4 Das Hofgericht 291
5.1.2.1.5 Das Konsistorium 292
5.1.2.1.6 Die Landgerichte 292
5.1.2.1.7 Das Oberappellationsgericht 293
5.1.2.1.8 Die Militärgerichtsbarkeit 293
5.1.2.2 Die unteren Verwaltungs- und Justizeinrichtungen 294
5.1.3 Zum materiellen Recht 296
5.1.4 Reformansätze aus französischer Zeit 296

5.2 Ansätze zu einer Neuordnung der Gerichtsverfassung 297
5.2.1 Allgemeiner Überblick 297
5.2.2 Der Verwaltungs- und Gerichtsaufbau 298
5.2.2.1 Die oberen Verwaltungs- und Justizeinrichtungen 298
5.2.2.1.1 Die Regierung 298
5.2.2.1.3 Die Justizkanzlei 299
5.2.2.1.4 Das Hofgericht 300
5.2.2.1.6 Die Landgerichte 301

5.2.2.1.7 Das Oberappellationsgericht 302
5.2.2.1.8 Die Militärgerichtsbarkeit 302
5.2.2.1.9 Das Pupillenkollegium 303
5.2.2.1.10 Die Weserzollgerichte 306
5.2.2.2 Die unteren Verwaltungs- und Justizeinrichtungen 307
5.2.2.2.1 Die landesherrlichen Ämter und Gerichte 308
5.2.2.2.2 Die gutsherrliche Patrimonialgerichtsbarkeit 310
5.2.2.2.3 Die städtischen Gerichte 316
5.2.2.2.4 Die Untergerichtsordnung von 1827 320
5.2.3 Zum materiellen Recht 321
5.2.3.1 Einzelverordnungen 321
5.2.3.2 Zum Strafrecht 323

5.3 Antworten auf die erstarkende demokratische Bewegung 324
5.3.1 Allgemeiner Überblick 324
5.3.2 Auswirkungen auf die Justiz 326
5.3.3 Die Bildung der Schwurgerichte 329
5.3.4 Das Oberappellationsgericht 334
5.3.5 Das Pupillenkollegium 334
5.3.6. Die unteren Verwaltungs- und Justizeinrichtungen 335
5.3.6.1 Grenzänderungen einzelner Gerichte 335
5.3.6.2 Die Patrimonialgerichte 336
5.3.7 Zum materiellen Recht 339
5.3.8 Zusammenfassung 339

6. Die Zeit im Königreich Hannover von 1850/52 bis 1866 341
6.1 Die Trennung von Justiz und Verwaltung 341
6.1.1 Allgemeiner Überblick 341
6.1.2 Die Ausgangslage 343
6.1.3 Die Entwicklung zur neuen Gerichtsverfassung bis 1852 344
6.1.3.1 Allgemeiner Überblick 344
6.1.3.2 Die städtischen Gerichtsbarkeiten 345
6.1.3.3 Die Provinziallandschaften 347
6.1.3.4 Die Patrimonialgerichte 348
6.1.3.5 Die Schwurgerichte 349
6.1.4 Vorarbeiten zur Umsetzung der neuen Gerichtsverfassung 349
6.1.5 Das Ende der alten Gerichtsbarkeiten 350
6.1.5.1 Das Patrimonialgericht Delm 350
6.1.5.2 Das Stadtgericht Stade 352
6.1.6 Der Abschluß der Vorarbeiten 354

6.2 Das Gerichtsverfassungsgesetz 356
6.2.1 Die „Allgemeinen Bestimmungen" 356
6.2.2 Die sachliche Zuständigkeit der Gerichte 358
6.2.2.1 Die Amtsgerichte 358
6.2.2.2 Die Obergerichte 360
6.2.2.3 Das Oberappellationsgericht 361

6.2.3 Die örtliche Zuständigkeit 361
6.2.3.1 Allgemeiner Überblick 361
6.2.3.2 Der Bezirk des Obergerichts Stade 363
6.2.3.3 Der Bezirk des Obergerichts Verden 364
6.2.3.4 Der Bezirk des Obergerichts Lehe 365
6.2.3.5 Der Schwurgerichtshof in Stade 365
6.2.3.6 Handelsgerichte 367
6.2.3.7 Friedensgerichte 367
6.2.4 Regelungen zum Dienstrecht 368
6.2.5 Die Staatsanwaltschaften 370
6.2.6 Einzelne Auswirkungen für die Gerichte 371
6.2.6.1 Die Behandlung anhängiger Verfahren 371
6.2.6.2 Die „Strafcasse" der früheren Justizkanzlei 372
6.2.7 Richterliches Prüfungsrecht und Disziplinargewalt 373

6.3 Die Revision der Gerichtsverfassung 1859 377
6.3.1 Allgemeiner Überblick 377
6.3.2 Die Änderungen 379
6.3.2.1 Die neue örtliche Zuständigkeit 379
6.3.2.2 Der Bezirk des Obergerichts Stade 381
6.3.2.3 Der Bezirk des Obergerichts Verden 382
6.3.2.4 Personelle Auswirkungen der Reform und ihre Ursachen 382
6.3.2.5 Regelungen zum Dienstrecht 386
6.3.2.6 Die Staatsanwaltschaften 387
6.3.2.7 Das Ende des Staatsgerichtshofes 388
6.3.2.8 Änderungen in der Gerichtsverfassung 388
6.3.3 Die Reform des Schwurgerichts 1859/60 389

6.4 Die weitere Entwicklung bis 1866 390
6.4.1 Änderungen von Gerichtsgrenzen 390
6.4.2 Die Gründung des Amtsgerichts Geestemünde 392
6.4.3 Einzelfallentscheidungen 393
6.4.4 Änderungen in der Zuständigkeit der Amtsgerichte 394
6.4.4.1 Das Handelsregister 394
6.4.4.2 Das Hypothekenbuch 395
6.4.4.3 Änderungen im materiellen Recht 395
6.4.5 Die Militärgerichtsbarkeit 396
6.4.6 Die geistliche Gerichtsbarkeit 397
6.4.7 Die Provinziallandschaften 397

7. Die preußische Landdrostei Stade von 1866 bis 1879 399
7.1 Die Übernahme durch Preußen 399
7.1.1 Allgemeiner Überblick 399
7.1.2 Die rechtliche Ausführung 400
7.1.3 Auswirkungen auf die Rechtsgrundlagen 400
7.1.4 Die unteren Justizeinrichtungen 404
7.1.5 Zum materiellen Recht 404

7.1.5.1 Zur Fortgeltung des hannoverschen Landesrechts 404
7.1.5.2 Zum Strafrecht 405
7.1.5.3 Weitere Regelungen 406
7.1.6 Zur Veröffentlichung der Rechtsnormen 407

7.2 Die Gerichtsverfassung 408
7.2.1 Allgemeiner Überblick 408
7.2.2 Der Gerichtsaufbau 409
7.2.3 Das Verfahren der Schwurgerichte 409
7.2.4 Die weitere Entwicklung 410
7.2.4.1 Die Zuständigkeit in Verwaltungssachen 410
7.2.4.2 Zum Grundbuchrecht 410

8. Ausklang: Die Reichsjustizgesetze von 1877 413
8.1 Die Entstehung 413
8.2 Die neue Gerichtsverfassung 415
8.3 Der Gerichtsaufbau 417

9. Zusammenfassung 421
9.1 Einleitung 421
9.2 Die Herzogtümer Bremen und Verden von 1715 bis 1803 422
9.3 Das Land Hadeln von 1731 bis 1803 424
9.4 Die „Übergangszeit“ von 1803 bis 1813 425
9.5 Im Königreich Hannover von 1813 bis 1850/52 426
9.6 Im Königreich Hannover von 1850/52 bis 1866 428
9.7 Die preußische Landdrostei Stade von 1866 bis 1879 428
9.8. Ausklang: Die Reichsjustizgesetze von 1877 429
9.9 Schlußbemerkung 430
9.9.1 Zur Entwicklung der Gerichtsverfassung 430
9.9.2 Zur Justiz im Wechsel der Herrschaften 431
9.9.3 Zur Entwicklung des materiellen Rechts 431

Quellenverzeichnis 433
Literaturverzeichnis 435
Anlagen 443
Anlagen zu Kapitel 1 443
Anlagen zu Kapitel 2 444
Anlagen zu Kapitel 4 466
Anlagen zu Kapitel 5 502
Anlagen zu Kapitel 6 513

Abkürzungen

(bei *Kursivdruck* handelt es sich um Abkürzungen aus den zeitgenössischen Quellen)

Abs.	Absatz
Abt.	Abteilung
a.c.	anni currentis (= des laufenden Jahres)
AG	Amtsgericht
Anm.	Anmerkung
ao.	anno (= im Jahre)
Aufl.	Auflage
betrd.	betreffend
bez.	beziehungsweise
BGB	Bürgerliches Gesetzbuch
Bl.	Blatt
Cod. Hist.	Codex historicus
d. d.	de dato (= vom Tage <der Ausfertigung>)
ders.	derselbe
Dep.	Depositum (= hinterlegter Bestand)
dies.	dieselbe
Diss.	Dissertation
d. J.	dieses/des Jahres
d. Mts.	dieses/des Monats
DRiZ	Deutsche Richterzeitung
Ew.	Ewer (= Euer)
f.	folgende (Seite)
ff.	folgende (Seiten)
flgde.	folgende
Fürstl.	Fürstlich
geb.	geboren
gest.	gestorben
ggr	Gute Groschen
GS	Gesetz-Sammlung für das Königreich Hannover (Jahr, Abteilung, Seite)
GVG	Gerichtsverfassungsgesetz
Hann.	Hannoversch (e/er/es)
HRG	Handbuch der Rechtsgeschichte
Hrsg.	Herausgeber
hrsg.	herausgegeben
Jb.	Jahrbuch
Jg.	Jahrgang
JMBl.	Justiz-Ministerialblatt
jur.	juristisch(e)
K.	Königlich (e/er/es)
Kgl.	Königlich (e/er/es)
Königl.	Königlich (e/er/es)
LG	Landgericht
Majtt.	Majestät
m. E.	meines Erachtens
Ms.	Manuskript
Mscr.	Manuskript
m. w. N.	mit weiteren Nachweisen
Nds.	Niedersächsisch (e/er/es)
OG	Obergericht
OLG	Oberlandesgericht
Pf.	Pfennig(e)
pp.	praetermissis praetermittendis (= unter Weglassung des Wegzulassenden <d. h. der Ehren-, Titel- oder Höflichkeitszusätze>)
pr. GS	Gesetz-Sammlung für die Königlichen Preußischen Staaten (Jahr, Seite)
RASt.	Ritterschaftliches Archiv Stade
Rep.	Repertorium
respt.	respective
RGBl.	Reichsgesetzblatt (Jahr, Abteilung, Seite)
RThl., Rtlr	Reichstaler
s.	siehe
S.	Seite
s.g.	sogenannt (e/er/es)
s. o.	siehe oben
Sr.	Seiner
StA	Staatsanwaltschaft
StaatsA	Staatsarchiv
StadtA	Stadtarchiv
StädteO	Städteordnung
StGB	Strafgesetzbuch
StPO	Strafprozeßordnung
StV	Stadtverfassungs- und –verwaltungssachen

s. u.	siehe unten
UGO	Untergerichtsordnung von 1753
u. u. D.	unseres unmaßgeblichen Dafürhaltens
vid.	videatur (= siehe)
vgl.	vergleiche
v. J.	vorigen Jahres
v. Mts.	vorigen Monats
VO	Verordnung
ZHF	Zeitschrift für historische Forschung
ZPO	Zivilprozeßordnung
Ztschr.	Zeitschrift

1. Einleitung

1.1 Der Gegenstand der Arbeit

Die Gerichtsbarkeit der Herzogtümer Bremen und Verden ist durch mehrere Eigenheiten gekennzeichnet gewesen: Zum einen durch eine teilweise bemerkenswerte Abweichung von bekannten Rechtsinstituten[1], in denen noch spätmittelalterliche Strukturen erkennbar waren; zum anderen durch die nahezu geschlossene räumliche Gestalt und die damals wie heute bestehende Randlage des Gebietes, wodurch diese Territorien bislang häufig außerhalb der sonstigen Betrachtungen lagen[2]. Hinzu kommt, dass während des Zeitraumes, mit dem sich diese Arbeit beschäftigt, die Herzogtümer Bremen und Verden einem häufigen Wechsel der Herrschaft unterworfen waren und die Gerichte in diesen Territorien auf der Grundlage unterschiedlicher Gerichtsverfassungen sowie mit wechselnden materiellen Rechtsgrundlagen gearbeitet haben.

Es wird zu untersuchen sein, ob und wenn, wie sich derartige Umstellungen in der täglichen Gerichtspraxis auswirkten, oder ob sich die Justiz als eine Konstante im Wechsel der Herrschaft[3] erwiesen hat. Zudem soll versucht werden, die Rechtsentwicklung und insbesondere die Gerichtsverfassung anhand einzelner Vorgänge darzustellen, soweit es die Quellen zulassen. In jedem Fall sollen die vorhandenen Urkunden der Zeit im Vordergrund stehen. Soweit Quellen nicht oder nicht ausreichend zur Verfügung stehen, wird auf die ergangenen Gesetze und Rechtsnormen zurückgegriffen. Dabei wird nicht verkannt, dass die Sollvorgabe einer Norm nicht notwendig mit der Realität gleichzusetzen ist,

---

[1] Vgl. zu Kehdingen und zum Alten Land: Ernst Julius v. Langwerth, Darstellung der in dem Herzogthume Bremen bestehenden besonderen und abweichenden Jurisdictionen, Ztschr. des historischen Vereins für Niedersachsen, Jg. 1856, S.1ff.; zum Land Hadeln: Hermann Uwe Dettmer, Das Otterndorfer Stadtrecht, Stade 1973; zu Einzelheiten s. u. in den Kapiteln 2 bis 7.

[2] Nach Ernst v. Meier, Hannoversche Verfassungs- und Verwaltungsgeschichte 1680 - 1866, Erster Band: Die Verfassungsgeschichte, Leipzig 1898, S. 99, „lagen diese Landesteile bei den damaligen Verkehrsverhältnissen völlig aus der Welt." Hieran hat sich bis heute offenbar nur wenig geändert: so führt Heinrich August Winkler, Der lange Weg nach Westen, Erster Band: Deutsche Geschichte vom Ende des Alten Reiches bis zum Untergang der Weimarer Republik, 2. Aufl., München 2001, S. 23, aus, dass Schweden 1648 dadurch in die deutschen Reichsstrukturen eingebunden worden sei, dass es „unter anderem Vorpommern und Rügen" erhalten habe; hinter „unter anderem" verbergen sich mithin die Herzogtümer Bremen und Verden.

[3] Hans-Ulrich Wehler, Deutsche Gesellschaftsgeschichte, Erster Band, 1700 - 1815, München 1987, S. 18; Wehler bezieht sich dort allgemein auf „Bürokratien" und „Herrschaftsapparat", denen auch die Justiz zuzurechnen ist.

dass aber ebensowenig Quellen für sich genommen ein getreues Abbild historischer Tatbestände darstellen. Erst die Zusammenschau von Quellen und Normen kann eine sinnvolle Annäherung an das tatsächliche Geschehen in der Justiz der damaligen Zeit bringen.

Untersuchungen zur Gerichtsbarkeit in diesen Territorien seit dem 18. Jahrhundert sind bislang noch nicht erschienen; die letzte einschlägige Arbeit befaßt sich allein mit der Strafrechtspflege[4] und erstreckt sich über das gesamte Kurfürstentum bzw. Königreich Hannover. Ausschließlich das Ende der Patrimonialgerichte im 19. Jahrhundert behandelt eine neuere Arbeit, die das gesamte Reichsgebiet umfaßt[5]. Dagegen beschäftigen sich andere Untersuchungen z. B. mit einem einzigen Patrimonialgericht[6] oder einer einzelnen Börde[7]. Hier soll jedoch ein Überblick über alle Aspekte des Gerichtswesens in einem Teil der hannoverschen Lande gegeben werden, der nicht zu den ursprünglichen Kurlanden gehört und der sich durch oben genannte und im einzelnen in dieser Arbeit zu benennende weitere Besonderheiten und Eigenarten auszeichnet. Die Aufgabe dieser Untersuchung besteht neben der Darstellung der Gerichtsverfassung und deren Entwicklung mithin auch darin, aus dieser Betrachtung der Justiz über einen Zeitraum von nahezu zwei Jahrhunderten allgemeingültige Aussagen zu treffen und Entwicklungstendenzen aufzuzeigen. Die Arbeit hat auch zum Ziel, die Entwicklung der Justiz beim Übergang in die Moderne und bei dem damit einhergehenden Verstaatlichungsprozeß der Gerichtsbarkeit und dem Ende der Partikularrechte darzustellen. Der Schwerpunkt der Arbeit soll in der Ausgangslage im Jahre 1715, in der umfassenden preußischen Bestandsaufnahme des Jahres 1806 sowie in der Errichtung der neuen hannoverschen Gerichtsverfassung in den Jahren 1850/52 liegen; er kann nicht in der Darstellung der bislang für die Herzogtümer fehlenden Verwaltungsgeschichte des 18. und 19. Jahrhunderts liegen.

Zunächst ist der Gegenstand der Untersuchung in mehrfacher Hinsicht einzugrenzen, nämlich unter sachlichen, räumlichen und zeitlichen Gesichtspunkten.

In sachlicher Hinsicht ist das Thema dahin einzuschränken, dass im Vordergrund der Betrachtungen die Gerichtsbarkeit stehen wird; dies gilt auch für die

---

[4] Thomas Krause, Die Strafrechtspflege im Kurfürstentum und Königreich Hannover vom Ende des 17. bis zum ersten Drittel des 19. Jahrhunderts, Aalen 1991.

[5] Sabine Werthmann, Vom Ende der Patrimonialgerichtsbarkeit. Ein Beitrag zur deutschen Justizgeschichte des 19. Jahrhunderts, Frankfurt am Main 1995.

[6] Martin Lenz, Das Patrimonialgericht Wellingsbüttel und das Teilgericht Dörringworth, Göttingen 1963; dies war im Land Hadeln das einzige Patrimonialgericht; s.u. 3.2.1.3.

[7] Michael Ehrhardt, Die Börde Selsingen. Herrschaft und Leben in einem Landbezirk auf der Stader Geest im Mittelalter und in der Frühen Neuzeit, Stade 1999.

Zeiten, in denen die Gerichte mit der verwaltenden Tätigkeit eine Einheit bildeten. Gegenstand insoweit sollen sämtliche gerichtlichen Einrichtungen und Instanzen sein, einschließlich deren personeller und sachlicher Ausstattung. Die Untersuchung wird sich dabei an dem orientieren, was heute unter Gerichtsverfassung[8] verstanden wird, weil hierin die organisatorische Grundlage für die Arbeit der Gerichte liegt[9]. Dabei wird nicht verkannt, dass etliche Regelungen der geltenden Gerichtsverfassung erst im Laufe des 19. Jahrhunderts in die hiesige Gesetzgebung Eingang gefunden haben, gleichwohl könnte auch die Suche nach vergleichbaren Institutionen in der Zeit davor zu einer Klärung heutiger Positionen beitragen. Bei den in der Justiz beschäftigten Personen sollen das Amt und die Stellung des Richters[10] im Vordergrund stehen. Zu den gerichtlichen Einrichtungen zählt zwar auch der Vollzug der gerichtlichen Entscheidungen, dieser liegt hier aber eher am Rande der Betrachtungen.

Für die räumliche Eingrenzung ist zunächst die Entwicklung des Untersuchungsgebietes zu skizzieren. Das ursprünglich „Herzogtum Bremen-Verden" genannte Gebiet war 1648 im Westfälischen Frieden[11] im Kern aus dem säkularisierten Erzstift Bremen (faktisch ohne die Stadt Bremen) und dem Hochstift Verden[12] geschaffen und als Reichslehen an die Krone Schweden übertragen worden, die dieses Gebiet schon seit 1645 besetzt gehalten hatte. Zum Herzogtum Bremen bzw. seinem Vorgänger gehörten neben dem Kernland, nämlich der Geest, seit dem 16. Jahrhundert das Land Wursten sowie die republikanisch verfaßten Territorien Land Kehdingen und Altes Land[13]. Bereits 1651 wurde die

[8] Überblick zur Entwicklung bei HRG, Buchda, „Gerichtsverfassung".

[9] Die Regelung der Gerichtsverfassung war für Paul Johann Anselm v. Feuerbach (1775 – 1833) „das Gesetz aller Gesetze", so in seiner anonym verfaßten Schrift „Kann die Gerichtsverfassung eines konstitutionellen Staates durch bloße Verordnungen rechtsgültig geändert werden?"; vgl. hierzu Eberhard Schmidt, Einführung in die Geschichte der deutschen Strafrechtspflege, 3. Aufl. 1965, S. 342; ders., Lehrkommentar zur Strafprozeßordnung und zum Gerichtsverfassungsgesetz, Teil III: Erläuterungen zum Gerichtsverfassungsgesetz und zum Einführungsgesetz zum Gerichtsverfassungsgesetz, Göttingen 1960, S. 3; s. auch HRG, Lüderssen, „Feuerbach".

[10] Überblick zur Entwicklung bei HRG, Knauer, „Gesetzlicher Richter"; ausführlich zur Entwicklung: Dieter Simon, Die Unabhängigkeit des Richters, Darmstadt 1975.

[11] Nach dem Westfälischen Frieden (Osnabrück) Kap. X §§ 7 und 9 wurden zwei Herzogtümer mit unterschiedlichen Rechten gebildet.

[12] Einzelheiten zu den beiden geistlichen Fürstentümern bei Karl-H. Schleif, Regierung und Verwaltung des Erzstifts Bremen am Beginn der Neuzeit (1500 – 1645). Eine Studie zum Wesen der modernen Staatlichkeit, Hamburg 1972, sowie im Überblick bei v. Meier, Band 1, S. 94.

[13] Iselin Gundermann und Walther Hubatsch, Grundriß zur deutschen Verwaltungsgeschichte 1815 – 1945, Reihe A: Preußen, Band 10: Hannover, Marburg 1981, S. 272; s. auch: Gerd van den Heuvel, Niedersachsen im 17. Jahrhundert (1618 - 1714), in: Christine van den Heuvel,

Bezeichnung für das im übrigen identisch gebliebene Gebiet durch Erlaß der schwedischen Königin Christine geändert in „Herzogtümer Bremen und Verden". Dieses schien deshalb erforderlich zu sein, weil die beiden Territorien zu verschiedenen Reichskreisen gehörten, nämlich das Herzogtum Bremen zum niedersächsischen Kreis und das Herzogtum Verden zum niederrheinisch-westfälischen Kreis[14]. Seit 1731 wurde das im übrigen mit eigenen Kompetenzen versehene Land Hadeln vom Chef der Regierung der Herzogtümer Bremen und Verden in Personalunion mit verwaltet. Gegenstand der Betrachtung sind mithin die gesamten Herzogtümer Bremen und Verden sowie das Land Hadeln, weil das Gerichtswesen insoweit nicht getrennt war; also letztlich der im 19. Jahrhundert von der Landdrostei Stade umfaßte Raum[15].

Die Untersuchungszeit nimmt ihren Ausgangspunkt am Ende der schwedischen und am Beginn der hannoverschen Herrschaft in den Herzogtümern[16]. Das Jahr 1715 markiert den Übergang der Herzogtümer an das Kurfürstentum Hannover, obwohl bis zur endgültigen Besitznahme und deren reichsrechtlicher Anerkennung noch einige Zeit verstreichen sollte. Gleichwohl ist dieser Einschnitt aus der Sicht eines letztlich in diesem Jahr eintretenden Herrschaftswechsels der richtige Ansatz, zumal die Zeit der davor liegenden schwedischen Herrschaft bereits untersucht ist[17], jedoch für die Zeit danach eine vergleichbare Arbeit fehlt.

> „Mit der Erlassung der vier Gesetze, welche mit dem Namen der „großen Reichs-Justizgesetze" bezeichnet zu werden pflegen, nämlich des Gerichtsverfassungsgesetzes, der Strafprozeßordnung, der Zivilprozeßordnung und der Konkursordnung, hat die der Reichsgesetzgebung gestellte Aufgabe: ein einheitliches Prozeßrecht für das Reichsgebiet herzustellen, in der Hauptsache ihre Lösung gefunden."

So beginnt im Jahr 1929 Löwe/Rosenberg die Kommentierung zur StPO und zum GVG[18]. Dieser Einschnitt, nämlich das Inkrafttreten der Reichsjustizgesetze

---

Manfred von Boetticher (Hrsg.), Geschichte Niedersachsens, 3. Band, Teil 1, Hannover 1998, S. 142ff.

[14] Beate-Christine Fiedler, Die Verwaltung der Herzogtümer Bremen und Verden in der Schwedenzeit 1652 – 1712. Organisation und Wesen der Verwaltung, Stade 1987, S. 42, Anm. 41 (künftig zitiert: Fiedler, Herzogtümer).

[15] Die räumliche Gestalt dieses ursprünglich territorialen Kunstgebildes erhielt sich bis zum 1. Februar 1978, dem Tag der Auflösung des Regierungsbezirks Stade, nahezu unverändert.

[16] Soweit hier und im weiteren Text verkürzt von „Herzogtümern" gesprochen wird, sind immer die Herzogtümer Bremen und Verden gemeint.

[17] S. o. Fn. 14.

[18] E. Löwe / Werner Rosenberg, Die Strafprozeßordnung für das Deutsche Reich, Kommentar, 18. Aufl., Leipzig 1929, § 1 I, S. 13; vgl. Hans Hattenhauer, Die geistesgeschichtlichen Grundlagen des deutschen Rechts, 4. Aufl., Heidelberg 1996, S. 354f.

zum 1. Oktober 1879[19], wird Endpunkt der Arbeit, weil hierdurch das Ende der Partikulargesetzgebung in Deutschland erreicht wurde und somit weitere Betrachtungen zu diesem Untersuchungsgebiet vergleichsweise nur noch geringeren Nutzen versprechen, zumal die Gerichtsverfassung danach über lange Zeit im Kern unverändert blieb[20]. Denn seither wurde erst eines der vier von Löwe/Rosenberg „großen Reichs-Justizgesetze" genannten Gesetzeswerke[21] vollständig durch ein neues Gesetz abgelöst, nämlich zum 1. Januar 1999 die Konkursordnung durch die Insolvenzordnung. Dabei wird diese weitere Zeitspanne mit allen bis dahin erfolgten Änderungen des Gerichtswesens möglicherweise beispielhaft sein können für die letztlich erfolgte große Aufsplitterung und Spezialisierung der Justiz, ohne dass damit eine damals wie heute - und also schon immer[22] - angestrebte Vereinfachung und Beschleunigung der Verfahren einherging.

Kenntnisse über die Herkunft der bestehenden Rechtsordnung sowie deren Entwicklung und Akzeptanz sind wichtig gerade vor dem Hintergrund neuester Änderungen der Prozeßordnungen in Straf- und Zivilverfahren, und damit für die Justiz überhaupt[23].

In dieser Arbeit wird sich der Blickwinkel auf das Untersuchungsthema zunehmend verengen. Die Ausgangslage des Jahres 1715 ist sehr weit angelegt, weil die rechtsprechende und die verwaltende Tätigkeit der Zeit nicht sinnvoll zu trennen sind und weil es für diese Zeit an allgemeinen Betrachtungen zu den Herzogtümern fehlt. Mit der zunehmenden Dichte der historischen Darstellungen und der damit nahezu einhergehenden zunehmenden Eigenständigkeit der Justiz wird diese bald ausschließlich bearbeitet. Am Schlußpunkt des Jahres 1879 werden nur noch die Auswirkungen der neuen Gerichtsverfassung in der Königlichen Landdrostei Stade im Blick stehen.

---

[19] RGBl. 1877, S. 41.

[20] Vgl. Eduard Kern, Geschichte des Gerichtsverfassungsrechts, München und Berlin 1954, S. 124f.

[21] S. o. Fn. 18.

[22] Auch wenn diese Behauptung auf den ersten Anschein gewagt anmutet, so hat sie doch ihre Berechtigung, wie bereits das Vorwort zur UGO von 1753 zeigt: „...wie zu Abschaffung unterschiedener auf dem Lande bey Verwaltung der *Justitz* eingeschlichenen Misbräuche / und zu Beforderung der *Processe*, ..."

[23] Koalitionsvertrag vom 20. Oktober 1998, Teil XII, in: ZRP 1998, 499. Hieraus ist u. a. das zum 1. Januar 2002 in Kraft tretende Gesetz zur Reform des Zivilprozesses (BGBl. I 2001, S. 1887ff.) entwickelt worden. Zu dessen Vorgeschichte s. u. a. die Bundestags-Drucksachen 14/4722 und 14/6036.

1.2 Der historische Hintergrund

Die schwedische Herrschaftsübernahme hatte im Jahr 1645[24], also noch zur Zeit der Besetzung während des Dreißigjährigen Krieges, für das Gerichtswesen ausschließlich zur Folge, dass das erzbischöfliche Hofgericht[25], das gemeinschaftlich von Erzbischof Christoph von Bremen und den Ständen im Jahr 1517[26] errichtet worden war, endete. Darüber hinaus hatte die neue schwedische Herrschaft zunächst keinen weiteren Einfluß auf das Gerichtswesen genommen.

Zwischen 1648 und 1652 wurden von der Regierung in Stade mit der schwedischen Krone Verhandlungen über die Gerichtsbarkeit und die dazugehörenden Rechte geführt. Deren Ergebnis und damit auch eine erstmalige Gestaltung hinsichtlich des Gerichtswesens ist niedergelegt in einer Königlichen Instruktion vom 20. Juli 1652[27]. Geschaffen wurden drei neue Institutionen, nämlich der Regierungsrat, das Justizkollegium und das Konsistorium. Der Regierungsrat wurde geleitet vom Gouverneur und dessen Vertreter, dem Kanzler[28], denen zwei Geheime Räte zur Seite standen. Das Justizkollegium[29] wurde geleitet vom Justizdirektor, dies war nach einer kurzen Phase, in der es einen besonderen Direktor des Justizkollegiums[30] gab, in personeller Identität der Kanzler, dem zwei adelige und zwei bürgerliche Justizräte zur Seite standen. Auch diese waren im wesentlichen mit dem Regierungsrat personengleich. Das Konsistorium, dessen Direktor aus dem Justizkollegium stammen mußte[31], war u.a. mit der Aufgabe betraut, die Kirchenaufsicht auszuüben und gegebenenfalls zu sanktionieren; es hatte mithin auch strafrechtliche Befugnisse nach heutigem Verständnis. Allerdings waren wesentliche Streitigkeiten und „Mixta“, also Fälle, bei denen sich

---

[24] Der Stader Rat hatte sich im Jahr 1645 unter den Schutz der schwedischen Königin gestellt und dafür die Zusage erhalten, dass die hergebrachten Gerechtsamen und Privilegien erhalten bleiben sollten.

[25] Dieses erzbischöfliche Hofgericht hielt Sitzungswochen in Bremen und in Stade.

[26] „Erster Fundations-Receß des Hofgerichts vom Erz-Bischof Christoph de 1517“ abgedruckt bei Ernst Wilhelm Gustav Schlüter, Die Ordnung des Königlichen Hofgerichts der Herzogtümer Bremen und Verden in Stade, Stade 1823, S. V - XXIII (künftig zitiert: Schlüter, Hofgericht).

[27] „Kgl. Instruction für die Regierung, das Justiz Collegium und Consistorium in Stade vom 20. Juli 1652“: StaatsA Stade Rep. 5a Fach 77 Nr. 3; abgedruckt in Auszügen bei Fiedler, Herzogtümer, S. 289.

[28] Der erste Gouverneur war Hans Christopher Graf Königsmarck (geb. 12. Dezember 1605, gest. 20. Februar 1663), erster Kanzler wurde Johann Stucke (1587 - 1653); zu beiden Fiedler, Herzogtümer, S. 295 und S. 306.

[29] Einzelheiten bei Fiedler, Herzogtümer, S.109ff.

[30] Der erste Direktor war bis zu seinem Tod im Jahr 1681 der Präsident Schweder Dietrich Kleihe, danach wurde dieses Amt nicht wieder besetzt; zu diesem Fiedler, Herzogtümer, S. 305f.

[31] StaatsA Stade Rep. 5a Fach 77 Nr. 3, Bl. 42.

weltliche und geistliche Dinge überschnitten, dem weltlichen Gericht vorbehalten. Eine weitere bedeutende Funktion, ebenfalls unter heutigem Blickwinkel hinsichtlich des Gerichtswesens, war die ihm zustehende Ehegerichtsbarkeit. Über Berufungen gegen Urteile des Konsistoriums hatte der Regierungsrat zu entscheiden[32]. Das Hofgericht hatte sich nach der im Jahre 1645 von der schwedischen Herrschaft verfügten Auflösung bereits 1669 auf Bitten der Stände und letztlich ohne erkennbare Rechtsgrundlage neu etabliert[33]. Erst mit der Verordnung des schwedischen Königs Carl XI. vom 4. Dezember 1672[34] wurde das Hofgericht wieder eingeführt und die erzbischöfliche Hofgerichtsordnung bestätigt. In deren Vorrede wurde ausdrücklich erwähnt, dass diesem Gericht „für einigen Jahren schon ein Gnügen gethan"[35] ist und der König nunmehr „solch Hoff-Gericht würcklich introduciren" wolle. „Die Welt der Untergerichte ließ man ... unangetastet"[36]. Dies geschah wohl auch deshalb, weil das Rechtssystem auf der unteren Ebene „unübersichtlich wie ein Dickicht"[37] war. Für den damaligen Zustand kennzeichnend dürfte die Bemerkung sein:

> „Ein jegliches Amt, eine jegliche Behörde und an etlichen Oertern ein jedwedes Kirchspiel wollte sein eigen Gericht und sonderbare Observanz haben."[38]

Der schwedischen Krone war im Westfälischen Frieden[39] für ihre deutschen Besitzungen das *ius de non appellando* eingeräumt worden, was zur Folge hatte, dass Appellationen an das Reichskammergericht aus den deutschen Territorien Schwedens, mithin auch aus den Herzogtümern Bremen und Verden, nicht mehr möglich waren. Wirksam werden konnte dieses Recht allerdings erst im Jahr 1653 mit der Einrichtung des Tribunals in Wismar, weil erst damit die für alle Reichsangehörigen zwingend erforderliche dritte Instanz geschaffen worden war. Die Zuständigkeit des Tribunals entsprach deshalb auch der des Reichs-

---

[32] Nach Fiedler, Herzogtümer, S. 119f.
[33] Fiedler, Herzogtümer, S. 110.
[34] Abgedruckt bei Schlüter, Hofgericht, S. XXV – XXXII; s. Anlage 1 – 1, dort auch das folgende Zitat.
[35] Bei Schlüter, Hofgericht, S. XXVII Fn. 11, ist hierzu angemerkt, dass dies bereits seit 1663 mit der Vereinigung des erzbischöflichen Hof- und des Oberlandgerichts mit dem Justizkollegium der Fall gewesen sei.
[36] Heinz-Joachim Schulze, 325 Jahre Landgericht in Stade und 125 Jahre Amtsgericht in Stade, Festvortrag, in: Stadt Stade (Hrsg.), Reden aus dem Rathaus zu Stade, Heft 1, Stade 1978, S. 14 (künftig zitiert: Schulze, 325 Jahre).
[37] (Friedrich) Gronemann, Dreihundert Jahre Stader Landgericht, hundert Jahre Amtsgericht und Staatsanwaltschaft, Stader Jahrbuch 1952, S. 40.
[38] Aus dem „Basdalischen Landtages Receß von 1657", abgedruckt bei Schlüter, Hofgericht, S. XXVI, Fn. 7; dieses Zitat wird bei Gronemann, S. 40, irrtümlich der „schwedischen Obrigkeit" zugeschrieben.
[39] Kap. X § 12.

kammergerichts, es war mithin einem Oberappellationsgericht vergleichbar. Nach der Eroberung der Herzogtümer durch Dänemark erließ der dänische Gouverneur am 24. April 1712 ein Patent, nach dem keine Appellationen gegen Urteile der Stader Gerichte zugelassen waren. Wer sich bei einem Streitwert von über 400 Rtlrn beschwert fühle, habe sich unmittelbar an den König in Kopenhagen zu wenden[40].

Materiellrechtlich wurden während der Dauer der schwedischen Herrschaft bis 1712 insgesamt 192 Verordnungen und Verfügungen erlassen[41]. Zu den wichtigsten gehörten die Polizeiordnung[42], die „Teich-Ordnung"[43] sowie die Holz- und Jagdordnung, die sämtlich vom 20. Juli 1692 datieren.

Für die Herzogtümer Bremen und Verden galt: „Die im Grunde unfertige schwedische Organisation und die Unübersichtlichkeit der Zuständigkeiten im Gebiet der Untergerichte blieben erhalten. Die personelle Deckungsgleichheit zwischen Justizkollegium und Hofgericht wie auch mit dem Regierungskollegium lebte fort."[44] Auch bei den Untergerichten gab es keine eigenständige Entwicklung, vielmehr wurde mit Kgl. Reskript von 1647 das Recht der ersten Instanz für die Gerichte auf dem Lande bestätigt.

Eine einheitliche materielle Rechtsgrundlage für die Herzogtümer Bremen und Verden bestand nicht. Es galt noch die Polizeiordnung von 1692[45] als allgemeine obrigkeitliche Anordnung, die eine Vielzahl einzelner Gebote und Verbote aufstellte[46] und die letztlich die Grundlage der damaligen Landesverwal-

---

40 Schlüter, Hofgericht, S. XXXIf., Fn. 22.

41 Ernst Wilhelm Gustav Schlüter, Ueber die Quellen des Bremen- und Verdenschen Privatrechts, in: Beiträge für das Hannoversche Landesrecht, in besonderer Beziehung auf die einzelnen Provinzial- und Local-Quellen. Eine Zeitschrift in zwanglosen Heften. Herausgegeben von E. W. G. Schlüter, Erster Band, Celle 1834, S. 99 (künftig zitiert: Schlüter, Quellen).

42 Abgedruckt in Auszügen bei Ebhardt, (Christian Hermann), Allgemeines Register zur Sammlung der Gesetze, Verordnungen und Ausschreiben für das Königreich Hannover, aus den Jahren 1818 bis 1844 incl., Hannover 1846 Band 2, S. 216 – 234.

43 „Teich-Ordnung": nach heutiger Schreibweise Deich-Ordnung.

44 Schulze, 325 Jahre, S. 15; hinsichtlich des Hofgerichts und der dort beisitzenden Hofgerichtsassessoren gilt dies jedoch nicht.

45 „Ihr. Königl. Majest. zu Schweden, in Dero Hertzogthümer Bremen und Verden, Angeordneter Policey-Ordnung" vom 20. Juli 1692; abgedruckt in Auszügen bei Ebhardt, Band 2, S. 216 – 234; dazu „Verordnung, wegen Gelebung der Policey etc. Ordnung" vom 18. Juli 1693, abgedruckt bei Ebhardt, Band 2, S. 234f.; daneben verfügten die Städte Stade, Buxtehude und Verden über eigene städtische Statuten, in denen teilweise vergleichbare Sachverhalte geregelt wurden, dazu im Einzelnen unten 2.1.2.2.4.17 bis 19.

46 Zu den Polizeiordnungen als obrigkeitliche Anordnungen s. bei Gerhard Köbler, Deutsche Rechtsgeschichte, 4. Aufl., München 1990, S. 160; zum ursprünglichen Begriff der Polizei als „Zustand guter Ordnung" und zu der weiteren Entwicklung im 18. Jahrhundert bei HRG,

tung ausmachte. Für die Mitglieder der Bremischen Ritterschaft galt daneben das Ritterrecht von 1577[47]. Dieser Zustand einer fehlenden einheitlichen materiellen Rechtsordnung erhielt sich bis in die Mitte des 19. Jahrhunderts. So teilte die Kgl. Landdrostei in Stade noch im Jahre 1833, im Zuge der Beteiligung an den Gesetzesarbeiten zum Erlaß eines Polizeistrafgesetzes, dem Ministerium des Innern bei Übersendung eines Verzeichnisses derjenigen Vergehen, die im Verwaltungsbezirk der Landdrostei mit einer Polizeistrafe belegt waren, in einer Vorbemerkung folgendes mit:

> „1. die Bestimmungen des in der Spalte 3 dieses Verzeichnisses häufig angeführten Cammer-Ausschreibens vom 5. November 1783[48] gelten nur in den Königl. Aemtern und Königl. Gerichten, nicht aber im Lande Hadeln, im Lande Kehdingen-Freiburg und Bützfleth, im Alten Lande, in den Städten und in den Patrimonialgerichten, von letzteren werden sie jedoch gewöhnlich als Herkommen subsidiarisch befolgt.
> 2. die älteren Verordnungen aus der Zeit vor dem Jahre 1731 gelten nicht für die Herzogthümer Bremen und Verden, nicht im Lande Hadeln, und auch die späteren von 1731 bis 1813 nur dann, wenn sie auf dieselben ausdrücklich miterstreckt sind; wogegen aber auch die Hadeln'schen Verordnungen in den Herzogthümern Bremen und Verden keine Gültigkeit haben. Ebenso haben die Verordnungen vor 1741 keine Gültigkeit für das Amt Blumenthal."[49]

Allein hieraus ist zu ersehen, dass die Grundlagen des Handelns für die jeweiligen Gerichte nicht einfach zu erkennen waren. Der „Wirrwarr der Gerichtsbarkeiten"[50] läßt sich generell und zwanglos auf den Wirrwarr der materiellen Rechtsgrundlagen ausdehnen. Es drängt sich sogar der Eindruck auf, dass die Gerichte ihre eigenen Zuständigkeiten und damit letztlich auch die Rechtsmaterien noch bis in das 19. Jahrhundert hinein nicht genau kannten. Es ist sonst wohl kaum zu erklären, wie der Richter v. Gruben für seinen Gerichtsbezirk Osten am 7. Juni 1806 an die Regierung in Stade berichten konnte,

---

Hans Maier, „Polizei". Der Begriff „Policey" umfaßte zur damaligen Zeit alles, was dem Wohl eines Landes nützte, letztlich hatte das Wort nach Hans Maier zwei Bedeutungen: „1. Zustand guter Ordnung des Gemeinwesens und 2. Rechtssatz, gerichtet auf die Herstellung und (oder) Erhaltung des Zustandes guter Ordnung des Gemeinwesens." Der Begriff leitet sich ab von lat. politia = Staat.

[47] „Des Herzogthums Bremen Ritter-Recht, von dem ehemaligen Bremischen Herrn Ertz-Bischoffe Henrico, im Jahre 1577 gnädigst bestätiget" abgedruckt bei Pufendorf, Observationes, Band IV Ap. S. 1; ebenso „jetzo aber von neuen *revidir*et, erläutert, vermehret, und von Ihrer Königl. Majestät Georg dem Andern, ... *confirmir*et" vom 3. Oktober 1738, abgedruckt bei Ebhardt, Band 2, Seite 454 – 475.

[48] Abgedruckt bei Götz Landwehr, Die althannoverschen Landgerichte, Hildesheim 1964, S. 190.

[49] StaatsA Stade Rep. 80 Nr. 1114, Bl. 46.

[50] Bernhard Heile, Die Zeit von 1733 - 1866, in: Präsident des Oberlandesgerichts Celle (Hrsg.), Festschrift zum 275jährigen Bestehen des Oberlandesgerichts Celle, Celle 1986, S. 75.

„daß die Criminal-Jurisdiction im ganzen Umfange des Gerichts bloß vom Königl. Gerichte ausgeübet werde; und daß wahrscheinlich der Jurisdictionen noch mehrere finden, über welche ich indessen für jetzt nicht urtheilen kann, ob sie nicht vielleicht erst in neueren Zeiten bloß aus Mangel an Aufmerksamkeit des hiesigen Gerichts sich selbst fundirt haben. Ich behalte mir darüber noch eine nähere Erörterung vor, ...“[51].

In vergleichbarer Weise teilte der Richter Schaumburg des im Alten Land belegenen Gerichts Howe und Leswig[52] am 10. Juni 1806 der Stader Regierung mit,

„In dem Umfange des geschlossenen Patrimonial-Gerichts Howe und Leswig das zu beyden Seiten des Este-Stroms in der 2ten und 3ten Meile Altenlandes belegen und 50 bis 60 Feuerstellen zählt, befinden sich, soviel die eingezogenen Erkundigungen ergeben, keine ungeschlossenen und Streu-Jurisdictionen. Die Criminal-Gerichtsbarkeit wird von d. Grefen und dem Dreygeschworenen Rath des Altenlandes exercirt.“[53]

Diese mangelnde Kenntnis der eigenen Gerichtszuständigkeit erstaunt hier insbesondere deshalb, weil es sich bei diesem Gerichtsbezirk mit maximal 60 Häusern um ein recht kleines Gebiet handelte.

Das Gräfengericht Jork äußerte sich am 13. Juni 1806 durch die Gräfen[54] v. Lütcken[55] und Büttner wie folgt:

„Zu unterthäniger Befolgung des hohen Ausschreibens vom 27ten May v.M. zeigen wir unterthänigst an, daß uns über folgende Güter keine Civil-Gerichtsbarkeit zustehe, als:
Melau,
Bramstedt,
Broock,
Kochs Hof in Hollern,
Bergfried,
Nesshof,
Neuhof,
ehemals von Haaren Hof in Jork,
Münchhof
Indessen bezweifeln wir nicht, daß einige der genannten Güter die Civil-Gerichtsbarkeit bloß in Ansehung der Binnenhöfe hergebracht haben.
Ob das Wischgericht ein geschlossenes Gericht ausmache oder nicht, wagen wir nicht zu bestimmen.

---

[51] StaatsA Stade Rep. 50 Nr. 531, Bl. 46.
[52] Die Schreibweise der Ortsnamen variiert hier, wie auch in anderen Fällen, ohne erkennbares System. Auch die Schreibweisen Hove und Leeswig sind gebräuchlich.
[53] StaatsA Stade Rep. 50 Nr. 531, Bl. 48.
[54] Dies war im Alten Lande die Bezeichnung für die Richter.
[55] Zu diesem s. u. 6.1.1.

Die beiden geschlossenen Gerichte Francop und Rübcke sind die einzigen, welche die Criminal-Gerichtsbarkeit exerciren."[56]

Mithin waren nicht nur die Kompetenzen, sondern sogar das Bestehen etwaiger Gerichte überhaupt durchaus unsicher.

In diesen Bezirken konkrete Aussagen darüber zu treffen, welche Person welchem Gerichtsbezirk zuzuordnen war, ist unter diesen Umständen kaum möglich. Ganz anders, aber keineswegs überschaubarer, lagen die Verhältnisse z. B. im Amt Zeven, dessen Richter Niemeyer und Wyneken am 7. Juni 1806 sehr ausführlich über ihren Bezirk berichten konnten:

„In dem hiesigen Amte sind, wie wir auf das unterm 27ten May anhero erlassene Ausschreiben unterthänig berichten, außer dem seit 1785 damit vereinigten Gericht *Oberochtenhausen*, welches vorhin auch die Criminal-Jurisdiction gehabt, in Ansehung des Contributions-Districts jedoch schon vorher zu der Börde Selsingen gehört hat, nunmehro aber in jeder Hinsicht *partem integrantem* des hiesigen Amts ausmacht, annoch folgende *in criminalibus* und Hoheits-Sachen zu dem hiesigen Amte gehörige, mithin insofern nicht geschlossene Gerichte, als:
1. das Gericht *Gyhum*, welches sich über die Dorfschaften
a. Gyhum
b. Wehldorf
c. Brockel incl. Sick
erstrecket und dem Herrn *von Marschalck* zu Bockel zustehet.
2. das Gericht *Badenstedt*, welches über die Dörfer
a. Badenstedt
b. Bademühlen
c. Ovelgönne
d. Schohöfen
sich erstrecket und dem Gevattern *von Marschalck* gehört.
3. das den Erben weil. Präsidenten *Schulte* zu *Kuhmühlen* gehörige und über das Dorf *Groß-Meckelsen* sich erstreckende Gericht und
4. das dem Herrn *von Hollöber* zu *Daudieck* gehörige Gericht *Sauensiek*, wozu folgende Dorfschaften gehören als:
a. Bockhorst
b. Sauensiek
c. Bredehorn und
d. Löhe.
Außer diesen 4 Gerichten, von welchen das erste durch den *Dr. Spall* zu Rotenburg, und das 2te durch den Gerichtsverwalter *Toppert* zu Hechthausen verwaltet wird, das 3te und 4te aber so viel uns bekannt mit einem *Justitiario* dermalen nicht besetzt ist, sind noch verschiedene Gerichtsfreye oder sogenannte Streu-Meyer im Amte, über welche die Gutsherrn

[56] StaatsA Stade Rep. 50 Nr. 531, Bl. 60.

derselben *in civilibus* eine Art Pfahlgerichtsbarkeit ausüben die ihnen von hiesigem Amte nur bis auf den Tropfenfall[57] zugestanden wird.

Dahin gehören

A.an das Guth *Burg Sittensen*

a. 5 Vollmeyer, ein 2/3 Meyer und 6 Viertel Meyer zu Elstorf
b. 7 Vollmeyer und 2 Viertelmeyer zu Ehestorf
c. 1 Vollmeyer zu Nindorf
d. 2 Vollmeyer zu Poitzendorf
e. 1 Vollmeyer zu Grimshoop
f. 1 Vollmeyer zu Marschhorst
g. 1 Halbmeyer zu Ramshusen
h. 1 Vollmeyer und 2 Viertelmeyer zu Großen Sittensen

B. an das Guth *Kuhmühlen*

a. 1 Viertelmeyer zu Elstorf
b. 1 zweydrittel Meyer zu Poitzendorf
c. 1 Vollmeyer, 1 dreyviertel und 1 viertel Meyer zu Sothel
d. 2 Vollmeyer zu Wenneloh
e. 1 Halbmeyer zu Alpershusen

C. an das Guth *Daudieck*

a. 1 Viertelmeyer zu Elstorf
b. 1 Vollmeyer zu Hunhorn
c. 1 Voll- und 1 Halbmeyer zu Marschhorst
d. 1 Vollmeyer zum Rehr
e. 1 Vollmeyer zu Vierden

D. an das *von Zesterflethsche* Guth *Wiegersen*

1 Vollmeyer zu Elstorf

E. an das Guth *Bockel*

1 Vollmeyer zu Elstorf

F. an die Pfarre zu *Elstorf*

4 ein Drittel Meyer zu Elstorf

G. an das Guth *Lühe*

1 Vollmeyer zu Hazte

H. an das Guth *Donnerstedt*

1 Vollmeyer zu Badenhorst

J. das Amt *Rotenburg*

hat in der Börde *Sittensen* einige Streumeyer und exercirt darüber die Gerichtsbarkeit, obwol selbige von der Gutsherrschaft des hiesigen Amts releviren, namentlich:

a. über einen Halb- und einen Viertelmeyer zu Hamersen
b. über einen Brink-Köther zu Groß-Sittensen

und

---

[57] Zedlers Großes Vollständiges Universal-Lexikon, von 1749, Nachdruck Graz 1963: „Tropfenfall, ...welche sonst auch die Trauff-Gerechtigkeit (genannt) wird, (mit der) Befugniß, vermöge deren einer berechtigt ist, das auf seinem Gute oder Dache zusammen gelauffene Regen- oder Trauff-Wasser auf seines Nachbarn Grund und Boden oder auch auf dessen Dach zu leiten und dahin ablauffen zu lassen." Der Tropfenfall stellte mithin in diesem Fall die räumliche Begrenzung der Gerichtsbarkeit des Gutsherrn dar.

c. über einen Voll- und einen Halbmeyer zu Klein-Sittensen, wovon der Grund darin liegen soll, daß diese Meyer zu Schwedischen Zeiten einem Grafen *von Königsmark*, dem das Amt Rotenburg eingeräumt gewesen, mit *donirt*, nachgehends aber den hiesigen Amtsregistern wieder beygelegt worden.
K. das Amt Zeven
selbst hat zu der Zeit, da die Börden Selsingen, Elstorf und Sittensen noch unter besonderen Voigten gestanden, in letzgedachten und beiden Börden und namentlich in den Dörfern Frankenbostel und Helvesiek die Gerichtsfreiheit hergebracht gehabt; seit der im Jahre 1728 erfolgten Vereinigung jener Börden mit diesem Amte ist zwar für letzteres die Gerichtsbarkeit darin völlig *consolidirt*, es ist aber in jenem Umstande noch der Unterschied begründet, daß das Guth Burg Sittensen, welches sonst von den in den Börden Elstorf und Sittensen vorfallenden Brüchen *tertiam* zu genießen hat, von denjenigen Brüchen, welche in den gedachten beyden Dorfschaften Frankenbostel und Helvesiek binnen dem Tropfenfall vorkommen, nicht mit *participirt*; sondern selbige dem hiesigen Amte *privative* berechnet worden.
Letztlich machen wir noch unterthänig bemerklich, daß der Herr Cammerrath *Schulte* als Besitzer des Guts *Burgsittensen* die Gerichtsbarkeit über die zu dessen Guthe gehörige Streumeyer dem hiesigen Amte einstweilen aufgetragen habe."[58]

Letztlich galt, und das macht gerade diese detaillierte Aufzählung deutlich, dass jeder Untertan im Grundsatz seinem jeweiligen Grundherrn bei Streitigkeiten auch als Gerichtsherrn gegenüberzutreten hatte und damit dieser in mehrfacher Funktion Herrschaft ausübte[59]. Das Gut war ein geschlossenes Herrschaftsgebiet und der Gutsherr war die Obrigkeit[60]. Diese vier, hier nur beispielhaft angeführten Äußerungen einiger Untergerichte machen zugleich deutlich, worin auch eine Aufgabe dieser Arbeit liegen sollte: zu versuchen, einen selbst für die damaligen sachkundigen Zeitgenossen oftmals unübersichtlichen Zustand der Justiz zu sichten und, soweit irgend möglich, zu ordnen und zu bewerten. Dabei wird nicht verkannt, dass dies nur in Ansätzen erfolgen kann, weil allein spezielle Einzeluntersuchungen eine umfassende Darstellung geben können.

[58] StaatsA Stade Rep. 50 Nr. 531, Bl. 56.
[59] Vgl. Wehler, S. 143, der dies im einzelnen anschaulich beschrieben hat für die Zustände der Untertanen auf dem Lande: „Dadurch trat dem Erbuntertänigen sein 'gnädiger Herr' als Arbeitgeber, Richter, Jagd- und Patronatsherr und als Kompaniechef, also in nahezu allen Lebensbereichen des Alltags, im Frieden und im Krieg als Inbegriff herrschaftlicher Gewalt gegenüber."
[60] Winkler, S. 27.

1.3 Die Quellenlage

Die öffentlichen Archive im Untersuchungsgebiet sind wegen verschiedener zeitlicher Unterbrechungen letztlich erst in jüngster Zeit eingerichtet worden.

Das Niedersächsische Staatsarchiv in Stade führt seine Entstehung zurück auf das Jahr 1651, in dem von der schwedischen Herrschaft erstmals in der damaligen Hauptstadt der Herzogtümer, also in Stade, ein hauptamtlicher Archivar eingesetzt wurde. Die Archivalien dieses Gebiets waren wegen beengter räumlicher Verhältnisse jedoch zwischen 1864 und 1869 aus Stade in das Staatsarchiv in Hannover verbracht worden. Dort sind Teile der Bestände im Jahr 1943 durch Kriegseinwirkung vernichtet worden, wozu insbesondere Amtsbücher gehörten; mithin gerade Quellen, die für diese Untersuchung bedeutsam sind. Die heutigen Bestände des 1959 wieder errichteten Staatsarchivs Stade sind demnach lückenhaft. Ein für diese Arbeit umfangreiches Depositum stellt der Bestand des Stader Geschichts- und Heimatvereins dar, der sich im Kern aus den Schenkungen bzw. Vermächtnissen seiner Mitglieder speist und zu denen ein umfangreicher Bücherbestand aus älterer Zeit gehört.

Im Stadtarchiv Stade stammt die älteste Urkunde aus dem Jahr 1204. Durch den Stadtbrand von 1659 sind erhebliche Lücken entstanden, danach sind die Unterlagen nahezu lückenlos. Die für die Stadtentwicklung wichtigsten Urkunden haben die Zeitläufte unbeschadet überstanden und sind in einem Urkundenbuch[61] in Regestenform erschlossen. Die Stadt Buxtehude verfügt über ein eigenes Stadtarchiv; die Urkunden der Stadt aus der Zeit vor dem Jahr 1774 befinden sich jedoch im wesentlichen als Depositum im Staatsarchiv Stade[62]. Die Stadt Verden verfügt ebenfalls über ein eigenes Archiv, dessen wichtigste Urkunden erschlossen vorliegen[63]. Das Archiv des Landkreises Cuxhaven in Otterndorf enthält neben den Beständen des Kreises Cuxhaven und seiner Vorgänger als wichtigste Bestände aus der Sicht dieser Arbeit Archivalien der Stände und der Kirchspielsgerichte des vormaligen Landes Hadeln. Der Kreis Rotenburg verfügt ebenfalls über ein eigenes Archiv. Das Ritterschaftliche Archiv in Stade wird getragen von der Ritterschaft des Herzogtums Bremen und der Landschaft der ehemaligen Herzogtümer Bremen und Verden. Über weitere Unterlagen, die jedoch systematisch nur teilweise erschlossen sind, verfügen die privaten Archive der im Untersuchungsgebiet ansässigen Familien v. d. Decken, v. Düring, v. Gruben und v. Marschalck. Die Archivalien der Familien v. Behr, v.

[61] Jürgen Bohmbach, Urkundenbuch der Stadt Stade, Hildesheim/Stade 1981.

[62] Die Urkunden sind erschlossen bei Margarete Schindler, Buxtehude. Studien zur mittelalterlichen Geschichte einer Gründungsstadt, Wiesbaden 1959.

[63] Karl Nerger, Verfassung und Verwaltung der Stadt Verden (Aller) von den Anfängen bis in die Mitte des 19. Jahrhunderts, Verden 1981.

Zesterfleth sowie v. Marschalck, Ovelgönne, befinden sich als Depositum im Staatsarchiv Stade.

1.4 Die Arbeitstechnik

Die Begriffe „Regierung in Hannover", „Geheimer Rat" oder „Regierung in Stade" sowie „Kurfürstentum Hannover" bzw. „Kurhannover" oder „Herzogtümer" wurden statt der staatsrechtlich korrekten Bezeichnung jeweils wegen ihrer Kürze gewählt. Die vollständige Benennung erfolgt bei der ersten Erwähnung ab Kapitel 2. Das gleiche gilt für die Bezeichnungen der Gerichte und Behörden.

Die Schreibweise ist im Original beibehalten worden, nur offensichtliche Schreibfehler wurden stillschweigend berichtigt. Dieses schien mir angesichts der derzeitigen Unsicherheiten wegen einer Reform der Rechtschreibung angebracht zu sein, zumal dadurch deutlich werden kann, dass Unterschiede in der Schreibweise einem Wandel der Zeiten unterliegen und deshalb tatsächlich nur von relativer Bedeutung sind. Die Schreibweise ist im übrigen immer dann dem Original entnommen, wenn sie in Anführungszeichen gesetzt ist. Die Schreibweise von Ortsnamen entspricht dem heutigen Stand, es sei denn, sie sind im Einzelfall in Anführungszeichen gesetzt. Soweit in Zitaten Kursivschrift enthalten ist, handelt es sich im Original um lateinische Schreibweise. Die unterschiedlichen Zeitangaben in Zitaten aus Dokumenten des 18. Jahrhunderts resultieren aus der Verwendung des bis 1752 in Großbritannien geltenden Julianischen Kalenders, während in den Herzogtümern Bremen und Verden bereits seit 1700 der Gregorianische Kalender galt mit einer Differenz von zehn Tagen.

Beim Zitieren der Literatur ist nur beim erstmaligen Nennen der vollständige Titel mit der Verfasserangabe genannt, danach folgt in den Fußnoten allein der Nachname und die Seitenzahl, im übrigen wird auf das Literaturverzeichnis verwiesen. Die Angabe „a.a.O." entfällt mithin. Soweit Verfasser mit mehreren Titeln vertreten sind, steht sowohl bei der ersten vollständigen Zitierung wie im Literaturverzeichnis das in der Arbeit für den jeweiligen Titel gebräuchliche Kürzel.

Die Periodisierung folgt den für die Herzogtümer bedeutsamen historischen Einschnitten, wobei Überlappungen vorkommen können. Dies gilt insbesondere für die Ereignisse um 1803 und um 1848. Wegen der besseren Verständlichkeit befindet sich das Ende der Patrimonialgerichte (bis 1852) im Kapitel 5. Den einzelnen Kapiteln ist jeweils ein „Allgemeiner Überblick" vorangestellt. Damit soll nur ein kleiner Einstieg in die Situation der Zeit geschaffen werden, keineswegs ist damit eine Darstellung der historischen Lage beabsichtigt; es handelt sich also immer nur um grobe Anhaltspunkte.

Diese Arbeit hat drei Schwerpunkte: die Ausgangslage im Jahre 1715, die preußische Bestandsaufnahme des Jahres 1806 sowie die Neugestaltung der hannoverschen Gerichtsverfassung 1850/52. Für das Jahr 1715 liegt bislang weder eine Darstellung der allgemeinen Geschichte der Herzogtümer noch ihrer Justiz vor, so dass eine gewisse Grundlage für die folgenden Betrachtungen geschaffen werden mußte und deshalb diese umfassende Darstellung geboten war. Die Besetzung Hannovers im Jahre 1806 durch Preußen erbrachte eine zuvor nicht gekannte Bestandsaufnahme aller staatlichen Einrichtungen, die für die Gerichtsbarkeit eine ausführliche Darlegung als einmalig erscheinen läßt. Das Jahr 1852 führte mit der Umsetzung der gesetzlichen Reformen des Jahres 1850 zu einer Gerichtsverfassung, die im Kern noch heute fortwirkt. Die zwischen diesen Punkten erfolgten Veränderungen werden zwar auch näher betrachtet, aber sie werden nicht im einzelnen in gleicher Tiefe ausgeführt, sondern dienen im wesentlichen der Darstellung einzelner Entwicklungen.

2. Die Herzogtümer Bremen und Verden von 1715 bis 1803

2.1 Die Ausgangslage

2.1.1 Allgemeiner Überblick

Im Heiligen Römischen Reich Deutscher Nation finden sich zum Anfang des 18. Jahrhunderts die unterschiedlichsten Herrschaftsformen: von den Stadtrepubliken bis zu ständisch-feudal verfassten, absolutistisch regierten Ländern. Das Reich hatte kaum eigene Kompetenzen, der Umfang der Landesterritorien wechselte während dieser Zeit teilweise in schneller Folge, insbesondere durch häufige Kriege. Dabei blieb die wirtschaftliche Entwicklung des Reiches, das sich von den Auswirkungen des Dreißigjährigen Krieges kaum erholt hatte, zurück. Auch in der Wirtschaft der Herzogtümer waren die Folgen dieses Krieges noch zu spüren. Das Land war weit überwiegend agrarisch strukturiert und der Handel vergleichsweise recht schwach entwickelt[1]. Während Österreich und Preußen begannen, um die Vorherrschaft im Reich zu kämpfen, gehörte auch Hannover zu den Gewinnern, denn es erhielt mit Vertrag von 1692 die Kurwürde[2] und rückte somit in den Kreis der Territorien auf, die berechtigt waren, den Kaiser zu wählen. Der sich hierdurch für den Landesherrn ergebende deutliche Machtzuwachs vergrößerte sich in der Folge noch dadurch, dass der Kurfürst Georg Ludwig von Hannover im Jahr 1714 als Georg I. König von England wurde; diese Verbindung der beiden Länder in Form einer Personalunion sollte bis 1837 währen. Für das Kurfürstentum bedeutete dies in der Folge wegen der oftmals langandauernden Abwesenheit des Königs, dass es von dem Geheimen Rat in Hannover mit ausgedehnten Vollmachten verwaltet wurde, der nur durch gewisse Rücksichten auf die Stände der einzelnen Landesteile beschränkt war[3].

Die Herzogtümer Bremen und Verden als damaliges schwedisches Territorium wurden erst nach 1709 in den bereits seit 1700 währenden Nordischen Krieg zwischen Schweden einerseits und den Alliierten Dänemark, Rußland und Sachsen-Polen andererseits einbezogen, weil Hannover einen bestehenden Bündnis-

[1] Dies galt letztlich für Kurhannover insgesamt: vgl. v. Meier, Band 1, S. 246.

[2] Vgl. hierzu Georg Schnath, Geschichte Hannovers im Zeitalter der 9. Kur und der englischen Sukzession 1674 – 1714, Band I: 1614 - 1692, Hildesheim und Leipzig 1938, S. 642f.; die endgültige reichsrechtliche Anerkennung erfolgte erst 1708: ders., Band III: 1698 - 1714, Hildesheim 1978, S. 410ff., insbesondere S. 421.

[3] W. von Hassell, Geschichte des Königreichs Hannover, Erster Teil: Von 1813 bis 1848, Bremen 1898, S. 44.

vertrag mit Schweden nicht erneuerte[4]. Die hannoverschen politischen Aktivitäten waren während dieser Zeit darauf gerichtet, die Herzogtümer insgesamt in Besitz nehmen zu können[5]. Es wurde deshalb zu Beginn des Krieges eine weitgehend neutrale Position eingenommen, die nur von gelegentlichem Drohverhalten, auch unter versteckter Mithilfe der britischen Flotte[6], unterbrochen wurde. Im wesentlichen wurden diplomatische Aktivitäten entwickelt, die auch den Einsatz erheblicher finanzieller Mittel umfaßten. Das Kurfürstentum besetzte jedoch bereits 1712 den südöstlichen Teil der Herzogtümer, insbesondere das Herzogtum Verden[7]. In das übrige Gebiet drangen dänische Truppen ein, die wegen der starken schwedischen Besatzung die Festung Stade zunächst nicht erobern konnten, letztlich jedoch siegreich blieben und die Herzogtümer für drei Jahre besetzt hielten.

Das schließlich erfolgreiche diplomatische und militärische Handeln Hannovers führte zum Traktat vom 11. Juli 1715[8], mit dem die Abtretung der Herzogtümer Bremen und Verden[9] durch Dänemark an das Kurfürstentum Hannover vereinbart wurde[10]. Die Herzogtümer erhielten mithin einen neuen Landesherrn,

---

[4] Lutz E. Krüger, Der Erwerb Bremen-Verdens durch Hannover, Ein Beitrag zur Geschichte des großen Nordischen Krieges in den Jahren 1709 – 1719, Hamburg 1974, S. 24f.

[5] Lutz E. Krüger, S. 30ff.; dies insbesondere deshalb, weil der frühere Versuch der Jahre 1675/79, die Herzogtümer in Besitz zu nehmen, gescheitert war: vgl. Georg Schnath, Vom Sachsenstamm zum Lande Niedersachsen. Grundzüge der staatlichen Gebietsentwicklung im niedersächsischen Raum, Hannover 1966, S. 47 (künftig zitiert: Schnath, Sachsenstamm).

[6] Lutz E. Krüger, S. 86ff.; Christof Römer, Niedersachsen im 18. Jahrhundert (1714 – 1803), in: Christine van den Heuvel und Manfred von Boetticher (Hrsg.), Geschichte Niedersachsens. Politik, Wirtschaft und Gesellschaft von der Reformation bis zum Beginn des 19. Jahrhunderts, Dritter Band, Teil 1, Hannover 1998, S. 230.

[7] Römer, S. 229; der Erwerb dieses Territoriums durch Krieg sei für Kurhannover wegen des zuvor erfolgten Kriegserwerbs durch die Schweden „nicht so unantastbar wie (bei) durch Heirat und Erbe einer Krone zugefallenen ... Länder(n)“ gewesen, so Ernst Schubert, Niedersachsen um 1700, in: Niedersächsische Geschichte, hrsgg. von Bernd Ulrich Hucker, Ernst Schubert, und Bernd Weisbrod, Göttingen 1997, S. 298 (künftig zitiert: Schubert, Niedersachsen).

[8] Hierzu Lutz E. Krüger, S. 76.

[9] Hierzu gehörten als „Zubehör“ auch die Domkapitel in Bremen und Hamburg mit den jeweiligen Liegenschaften: Römer, S. 233, und Schnath, Sachsenstamm, S. 49.

[10] Mit Ausschreiben der Regierung in Hannover vom 26. Januar 1715 waren die Bedienten der zu dieser Zeit noch althannoverschen Landesteile davon unterrichtet worden, dass der Landesherr künftig „König Georg“ und nicht mehr „Kurfürst Georg Ludwig“ zu nennen sei: Reinhard Oberschelp (Hrsg.), Rechtsquellen aus den hannoverschen Landen, Band 1: 1501 - 1750. Hannover 1999, S. 300. Am 14. April 1716 erging zudem eine „Generalitäts-Ordre, sich schriftlich und mündlich nicht des Ausdruckes Chur-Braunschweig-Lüneburg zu bedienen“: Spangenberg, Vierter Teil, 4. Abt., Nr. 102. Mithin war der britische König Landesherr der Herzogtümer seit Anfang der Übernahme. Nach Schnath, Sachsenstamm, S. 48, wurde Hannover zwar nunmehr zu einer Vormacht im norddeutschen Raum, geriet aber hierdurch in einen fortwährenden Konflikt mit Brandenburg-Preußen.

der jedoch zunächst alles im alten Zustand beließ. Denn bereits vor der Übernahme war mit Kgl. Reskript vom 26. August / 6. September 1715 den Ständen und Untertanen zugesichert worden, „alle *jura privatorum* wie ein jeder solche zu Schwedischen Zeiten gehabt, in alle Wege *salva* und Keinen davon kränken zu lassen.“[11] Dieses Reskript wurde gleichsam bekräftigt und dessen Inhalt erneut ausdrücklich zugesagt im Stockholmer Friedensschluß vom 23. November 1719:

> „Alle Unterthanen, auf dem Lande sowol, als in den Städten ermeldeter Herzogthümer Bremen und Verden bei ihren wohlhergebrachten Freiheiten, Gütern, Rechten und Privilegien, insgemein und absonderlich, jederzeit unbekümmert und unbekränkt zu lassen, zu handhaben und zu schützen.“[12]

Die mehrjährige Auseinandersetzung im Nordischen Krieg und die damit verbundene Besetzung durch die Dänen hatten erhebliche negative wirtschaftliche und finanzielle Folgen für das Land; teilweise hatte dieser Krieg auch zu größeren Zerstörungen geführt[13]. Der Erwerb der Herzogtümer bedeutete für Hanno-

---

[11] Gustav Carl von Scharnhorst, Generale und speciale Nachricht und Collection von den in den Herzogthümern Bremen und Verden promulgirten oder sonst befindlichen Landes-Gesetzen; so dann von besondern *vim legis* habenden *Statutis* und Gewohnheiten zusammen getragen und verfertigt *Anno* 1736, in: Beiträge für das Hannoversche Landesrecht, in besonderer Beziehung auf die einzelnen Provinzial- und Local-Quellen. Eine Zeitschrift in zwanglosen Heften. Hrsgg. von E.W.G. Schlüter, Celle, 1834, S. 125 – 303, sowie handschriftlich in: StaatsA Stade Dep. 10 Hs. Nr. 37 (künftig zitiert: Scharnhorst, Nachricht; Seitenzahlen nach der gedruckten Quelle), S. 206f. Das Kgl. Reskript mit dem gegenüber Scharnhorsts Zitat (26. August / 5. September) abweichenden Datum 26. August / 6. September ist mit der Unterschrift des Königs enthalten, so dass es sich um die primäre Quelle handeln dürfte, in: StaatsA Stade Rep. 5a Fach 433a Nr. 1, Bl. 75. Anlaß dieses Reskripts waren drei Gesuche um Restituierung wegen der in dänischer Zeit enteigneten Güter gewesen.

[12] Der zitierte Artikel 4 des Vertrages ist abgedruckt bei ernst Wilhelm Gustav Schlüter, Ueber die Quellen des Bremen- und Verdenschen Privatrechts, in: Beiträge für das Hnnoversche Landesrecht, in besonderer Beziehung auf die einzelnen Provinzial- und Local-Quellen. Eine Zeitschrift in zwanglosen Heften. Herausgegeben von E. W. G. Schlüter, Erster Band, Celle 1834, S. 92 (künftig zitiert: Schlüter, Quellen).

[13] Bei der Belagerung und Beschießung Stades durch dänische Truppen im August 1712 waren insgesamt 97 Häuser sowie das Regierungsgebäude zerstört worden, vgl. Fiedler, Beate-Christine, Stade als Provinzhauptstadt unter schwedischer und dänischer Herrschaft, in: Stadt Stade (Hrsg.): Stade. Von den Siedlungsanfängen bis zur Gegenwart, Stade 1994, S. 198 (künftig zitiert: Fiedler, Stade); nach Scharnhorst, Nachrichten, S. 125, verbrannte im Regierungsgebäude auch der überwiegende Teil der Akten der drei dort untergebrachten Gerichte Justizkanzlei, Hofgericht und Konsistorium; nach einer wohl aus dem Jahr 1715 stammenden Beschreibung der Herzogtümer (StaatsA Stade Rep. 31 Tit. 1 Nr. 44, Bl. 10f.) „ist bey der Belagerung in *ao.* 1712 ungefähr der Vierte Theil der besten Häuser in die Asche geleget“ worden. Bereits zuvor hatten die schwedischen Truppen in Stade die Schleusen geöffnet und umliegende Dörfer niedergebrannt, um die Dänen fernzuhalten: Fiedler, Stade, S. 196. Erst im

ver einerseits zwar eine finanzielle Belastung in Höhe von insgesamt 793.000 Reichstalern[14], aber andererseits auch einen erheblichen Machtzuwachs, der zudem die Seeverbindung zu Großbritannien sichern half. Erst im Jahre 1733 wurde das Kurfürstentum Hannover mit den Herzogtümern durch kaiserlichen Erlaß reichsrechtlich belehnt, womit die langandauernden hannoverschen Bestrebungen auf den Besitz dieses Landes endgültig erfolgreich abgeschlossen werden konnten; ein kaiserlicher Lehnsbrief wurde aber wohl niemals ausgestellt[15].

Für das Verständnis der Justiz im 18. Jahrhundert, mithin in Zeiten absolutistischer oder feudaler Herrschaft, ist zunächst eine Bemerkung voranzustellen[16]: Die Gerichte eines jeden Landes waren von ihrem jeweiligen Gerichtsherrn abhängig. Dies war zwar häufig, aber nicht immer und notwendig, der Landesherr. Diese Abhängigkeit äußerte sich u. a. darin, dass der Landesherr jederzeit befugt war, in die Rechtspflege einzugreifen[17]. Aus damaliger Sicht war ein solches Verhalten nur richtig und auch konsequent, denn der Landesherr hatte die Pflicht, für einen guten Zustand des Landes (die „Policey“[18]) zu sorgen. Zudem waren die Richter beamtete Staatsdiener, denen, wie jedem Beamten, jederzeit Weisungen erteilt werden konnten. Außerdem bestand keine Gesetzgebung im heutigen Sinne, vielmehr konnte der Landesherr Anordnungen allgemeiner Art, also Gesetze, wie auch Anordnungen spezieller Art, also Einzelbefehle, erlassen. Beide Arten von Anordnungen waren in gleicher Weise verbindlich und von allen Untertanen zu befolgen. Eine noch stärkere Abhängigkeit dürfte bei den Richtern der Patrimonialgerichte auf dem Lande bestanden haben, zumal deren Gerichtsherr ihnen gegenüber sich weitgehend unkontrolliert verhalten konnte und die Richter dort zudem ausschließlich auf die Gerichtsgebühren als Ein-

---

Jahre 1735 wurden die in der Stadt Stade „annoch wüste liegende Stellen ... für dem Publico würcklich verfallen erklähret,“ so dass dort nunmehr neu gebaut werden konnte: Ausschreiben der Regierung in Stade vom 2. Dezember 1735 in StaatsA Stade Rep. 23a Nr. 86, mit dem letztmalig am 20. Januar 1736 publizierten Erlaß wurde die Enteignung endgültig angekündigt: StaatsA Stade Rep. 23a Nr. 87.

[14] Lutz E. Krüger, S. 95: dort auch eine detaillierte Aufstellung zu den einzelnen Ausgabenarten; die reine Kaufsumme war in diesem Betrag mit 300.000 Reichstalern enthalten; nach v. Meier, Band 1, S. 97, wurde Hannover nicht aufgrund der kriegerischen Auseinandersetzungen, sondern ausschließlich durch Geldzahlung Eigentümer der Herzogtümer. Für Schnath, Sachsenstamm, S. 48, handelte es sich wegen der Verpflichtungen gegenüber Dänemark und Schweden um „einen doppelten Akt des Ankaufs.“

[15] Die Bestätigung der kaiserlichen Kommission vom 28. Februar 1733 ist abgedruckt bei Lutz E. Krüger, S. 152; zu dem fehlenden Lehnsbrief ebenda, S. 151; Hannover mußte im Gegenzug die bisher bestrittene Reichsstandschaft der Reichsstadt Bremen anerkennen: Römer, S. 263. Nach v. Meier, Band 1, S. 97, sei die Belehnung am 7. Februar 1733 erteilt worden.

[16] Nach Kern, S. 40f.

[17] Vgl. Hattenhauer, S. 20f.

[18] Zum Begriff der „Policey“ s. o. 1.2, Fn. 46.

nahmen angewiesen waren. Über eine solch weitgehende Unabhängigkeit, wie sie dem Reichskammergericht sowohl in seinem Verfahren[19] zukam wie auch den seit dem Jahr 1507 auf Lebenszeit ernannten Richtern mit einer festen Besoldung zustand, verfügte zu dieser Zeit kein anderes deutsches Gericht.

Einen allgemeingültigen Überblick über den Zustand der Justiz in Deutschland zum Anfang des 18. Jahrhunderts zu geben, ist unter diesen Umständen nahezu ausgeschlossen. Wie die deutschen Regierungsformen der Zeit war eben auch die Rechtspflege außerordentlich vielgestaltig ausgebildet. Eine unparteiisch arbeitende und unabhängige Justiz war in den Ländern nicht einmal ansatzweise zu erkennen. Die Justiz war vielmehr als ein Teil der Obrigkeit nicht nur mit ihr verbunden, sondern ihren Wünschen und Befehlen direkt unterworfen. Allgemeine, länderübergreifende Merkmale in der Ausübung der Justiz und ihrer Gestaltung im einzelnen sind in Deutschland daher trotz einer „absolutistischen Tendenz zur Vereinheitlichung und Rationalisierung“[20] zu dieser Zeit kaum erkennbar. Auf der Ebene des Reiches bestand zwar das Reichskammergericht, jedoch war seine Zuständigkeit dadurch stark eingeschränkt, dass das *ius de non appellando* in vielen Territorien des Reiches galt, so auch in den Herzogtümern Bremen und Verden. Denn der Instanzenzug zum Reichskammergericht wurde für die Herzogtümer nach deren Übernahme nicht wiederhergestellt[21], vielmehr war das im Jahre 1711 errichtete Oberappellationsgericht in Celle an seine Stelle bzw. an die Stelle des Tribunals in Wismar getreten[22]. Mithin waren die Herzogtümer Bremen und Verden seit Bestehen des Reichskammergerichts im Jahre 1495 für mehr als die Hälfte der zeitlichen Existenz dieses obersten deutschen Gerichts von dessen Zuständigkeit ausgeschlossen, soweit nicht die Bestimmung der Goldenen Bulle von 1356 galt, nach der jedermann das Recht hatte, sich an den Kaiser und sein Gericht zu wenden[23]. Dieses Recht

---

[19] Dem Gericht solle sein „stracker, unverhinderter Lauf“ gelassen werden; es sollte also keinen äußeren Einflüssen unterworfen sein.

[20] Horst Möller, Fürstenstaat oder Bürgernation. Deutschland 1763 - 1815, Berlin 1989, S. 303.

[21] Vgl. zur Appellation in schwedischen und dänischen Zeiten oben 1.2.

[22] Peter Jessen, Die Gründung des Oberappellationsgerichts und sein Wirken in der ersten Zeit, in: Präsident des Oberlandesgerichts Celle (Hrsg.), Festschrift zum 275jährigen Bestehen des Oberlandesgerichts Celle, Celle 1986, S. 38 (künftig zitiert: Jessen, Festschrift); Jessen beschreibt dort auch ausführlich die keinesfalls selbstverständliche Einbeziehung der Herzogtümer in das erst 1711 mit der Gründung des Oberappellationsgerichts in Celle in Kraft getretene *ius de non appellando* für das Kurfürstentum Hannover. Dazu näher Peter Jessen, Der Einfluß von Reichshofrat und und Reichskammergericht auf die Entstehung und Entwicklung des Oberappellationsgerichts Celle, Aalen 1986.

[23] HRG, Laufs, „Goldene Bulle“; Jessen, Festschrift, S. 44.

war in der Reichskammergerichtsordnung von 1555[24] fortgeschrieben worden[25] und galt trotz des Appellationsprivilegs weiterhin.

Die Gerichtsbarkeit dieser Zeit war im wesentlichen eine territoriale, wenn nicht sogar eine lokale Angelegenheit. Dies wird schon allein aus der Fülle der bestehenden ausschließlich lokal gültigen Rechte und der verschiedenen Privilegien und Herkommen sowie einer nicht nur sehr großen, sondern in weiten Bereichen geradezu unüberschaubaren Zahl von Gerichten („Wirrwarr"[26]) auf der unteren Ebene deutlich. Die Vielzahl der hannoverschen Landschaften habe es „praktisch unmöglich (gemacht), für das ganze Land einheitliche Regelungen zu erarbeiten."[27] Diese fehlende Einheitlichkeit wird bereits deutlich erkennbar in der Benennung von Rechtssätzen:

> „Gesetz, Verordnung, Patent, Placat, Landes-Ordnung, Landtags-Abschied, Receß, Declaration, (Renovation, Extension u.s.w.) Resolution, Constitution, Edict, Mandat, Ordnung (welche letztere Benennungen häufig mit den Gegenständen, die sie betreffen, in Verbindung gesetzt werden, z. E. Census-Edict, Duell-Mandat, Polizei-Ordnung), Ausschreiben, Rescript, Befehl, Verbot, Intimation u.s.w. Die Benennung Reglement oder Regulativ kommt am seltensten vor."[28]

Aus der Verwendung dieser Fülle verschiedener Begriffe ist zu sehen, dass weder eine formalisierte Gesetzgebung im heutigen Sinne noch Ansätze zu einer einheitlichen Struktur der Gesetzgebung zu erkennen waren[29].

2.1.2 Der Verwaltungs- und Gerichtsaufbau

Die zuvor in den Herzogtümern geltende schwedische Instruktion vom 20. Juli 1652, „wonach Ihre Königliche Majestät zu Schweden gnädigst wollen, daß deren in den Herzogthümern Bremen und Verden verordnete Bediente sich reguliren und richten sollen," war durch die hannoversche Übernahme zunächst

---

[24] Hierdurch wurde die erste Reichskammergerichtsordnung von 1495 ersetzt; diese kann als das erste deutsche Gerichtsverfassungsgesetz bezeichnet werden; es kam mit 32 Paragraphen aus, vgl. Kern, S. 28.

[25] Teil 2, Titel 1, § 2; abgedruckt bei Adolf Laufs, Die Reichskammergerichtsordnung von 1555, Berlin 1976, S. 167.

[26] Heile, S. 75.

[27] Reinhard Oberschelp, Niedersachsen 1760 – 1820. Wirtschaft, Gesellschaft, Kultur im Land Hannover und Nachbargebieten, Hildesheim 1982, Band 2, S. 89; nach Römer, S. 286, habe Hannover im 18. Jahrhundert die „Kraft zu einer umfassenden Landesgesetzgebung" gefehlt.

[28] Schlüter, Quellen, S. 105f.

[29] Oberschelp, Band 2, S. 89; vgl. auch HRG, H. Krause, „Gesetzgebung".

weder geändert noch aufgehoben worden[30]. Die im Herbst 1715 von Hannover nach Stade entsandten drei Beamten, die Geheimen Kammerräte Cord Plato von Schloen gen. von Gehle und Albrecht Andreas Ramdohr sowie der „Grentz-Secretarius“ Klinger[31] hatten, soweit bekannt, zunächst keine ausdrücklichen schriftlichen Weisungen erhalten[32]. Allerdings war bereits mit dem genannten Kgl. Reskript vom 26. August / 6. September 1715 angeordnet worden, die bestehenden Rechte unangetastet so zu belassen, wie sie zu schwedischen Zeiten bestanden hatten[33]. Zudem hatte ein Kgl. Reskript vom 30. September / 1. Oktober 1715 an die „heimgelassenen Geheimbten Räthe“ in Hannover verfügt:

> „Was nun das dohrtige Regierungswesen betrift, so ist Unsere *Intention*, daß itzt ermelte beyde Geheimte Cammer-Rähte, so bald Stade von denen Dänen *evacui*ret seyn wird, in dem dohrtigen Regierungs-*Collegio* in Unserem Nahmen *ad interim* solange *Session* zu nehmen und die darin vorfallende Sachen zu *respiciren*, bis Wir wegen anderweiter und bestandiger Besetzung selbiger *Collegii* demnechst Verfügung gethan haben werden, welches ihr mehrged. Geh. Cammer-Rähten zu ihrer *Direction* bedeuten werdet. ... Wegen der bey denen dohrtigen übrigen *Collegiis* zu bestellenden oder zu behaltenden Rähten bleibet alles zu Unserer künftigen Verordnung, welche baldmöglichst erfolgen soll, ausgesetzet. Inzwischen werdet ihr von denen dohrt itzo befindlichen und *ad interim* bleibenden Rähten ein Handgelobniß der Treue für Uns nehmen, und dienet annebst zu eurer Nachricht, daß Wir den *Justiz*-Raht Scharnhorst bey einem itzterwehnter *Collegium* alß Raht mit zu *employ*ren gemeinet seyn, und er dazu gebrauchet werden solle. Der Rang unter denen dohrtigen Rähten insgesamp soll hiernegst von Uns *reglir*et werden. ... Die Amts- und übrige Landbedienungen im Brem- und Vehrdischen sollen bis zu Unserer anderweiten Verordnung denen gelassen werden, in deren Händen sie itzo seyn, welche aber deswegen *ad interim* mit einem Handgelöbnis der Treue sich Uns werden verwand machen müßen.“[34]

Ein weiteres Kgl. Reskript vom gleichen Tag befaßte sich mit der Regelung des „Cammer-Wesens“ in den Herzogtümern; dabei war zur Bestellung des Personals im übrigen ebenfalls festgelegt, dass alle Beamten „nach geleistetem Handschlag *ad interim*“ in ihren Ämtern bleiben konnten[35]. In diesen drei Reskripten, die vor der formellen Übernahme der Herzogtümer ergangen sind, kann

---

[30] Die Zeit der dänischen Herrschaft bleibt hier unberücksichtigt, weil sie wohl keine Veränderungen hinterlassen hat, auf die näher einzugehen wäre; vielmehr ist in hannoverscher Zeit von allen Beteiligten ausschließlich auf den Zustand zu schwedischen Zeiten zurückgegriffen worden. Dieser dreijährige dänische Zeitraum ist zudem gänzlich unerforscht.

[31] In Gegenwart dieser drei Beamten erfolgten die Vereidigungen der Justizbediensteten gemäß Protokoll vom 26. November 1715: StaatsA Stade Rep. 70 Nr. 111.

[32] Vgl. Axel Behne, Das Elbe-Weser-Dreieck im 18. Jahrhundert (1712/15 - 1803), in: Landschaftsverband der Herzogtümer Bremen und Verden (Hrsg.), Geschichte des Landes zwischen Elbe und Weser, Band III: Neuzeit, Stade, erscheint demnächst, S. 11. Diese Arbeit wird künftig nach dem Manuskript zitiert.

[33] S.o. 2.1.1.

[34] StaatsA Stade Rep. 40 Nr. 1142.

[35] StaatsA Stade Rep. 40 Nr. 1142.

durchaus eine erste summarische, aber gleichwohl planmäßige Regelung der künftigen Strukturen in dem neu erworbenen Territorium gesehen werden. Ein anderes Kgl. Reskript vom 22. November / 3. Dezember 1715 regelte die Rangfolge der Räte und die Besetzung der Kollegien[36]. Damit standen die Grundzüge der Regierungs- und Justizorganisation bereits nach dem ersten Monat der Besitznahme fest. Erst im Frühjahr 1716, nach der Ersetzung des Geheimen Kammerrates von Schloen durch den Landdrost Johann Friedrich von Staffhorst, bestimmte eine hannoversche *„vorgängige punctatio“*[37], bestehend aus 13 Artikeln, ausführlicher, „wornach der Geheimbte Rath und Land-Drost von Staffhorst und der Geheimbte Cammer Rath Ramdohr als Verordnete Regierungs Räthe der Herzogthümer Brehmen und Vehrden sich zu achten haben“. Hierbei dürfte es sich um die im kgl. Reskript vom 30. September / 1. Oktober 1715[38] angekündigte künftige Verordnung handeln. Nach den dort niedergelegten Grundsätzen hatten die beiden Regierungsräte, die unmittelbar der Regierung in Hannover unterstanden, die Aufsicht über die Verwaltungs- und Justizeinrichtungen der Herzogtümer. Zudem hatten sie Sitz und Stimme in der Justizkanzlei und im Konsistorium. Selbständig handeln durfte die Stader Regierung danach bei der Entscheidung über die ihr präsentierten Stellen der ländlichen und der städtischen Justiz, soweit dem Landesherrn überhaupt das Bestätigungsrecht zustand. Gegenüber den Verhältnissen zu schwedischen Zeiten war bei dieser Aufgabe der Stader Regierung keine Änderung eingetreten. Auch wenn die Mitglieder der Regierung jederzeit Sitz und Stimme in allen landesherrlichen Institutionen der Herzogtümer innehatten, bedeutete dies keineswegs, dass sie z. B. an allen Gerichtsentscheidungen mitgewirkt haben; es wäre ihnen jedoch möglich gewesen. Die generelle Aufgabe der Stader Regierung lag nach Artikel 1 darin,

> „die Landesherrlichen *Jura, regalia* und Hoheiten in gedachten Landen und was davon *dependi*ret, *tam in Ecclesiasticis quam in secularibus*, wohin unter andern auch die Gräntz- und Policey-Sachen gehöhren, denen dohrtigen Landes Ordnungen und Verfassungen gemäß zu *respici*ren und dahin zu sehen, daß alles desfalls in seiner gebührenden richtigen *consistentz*, Wesen, und Schranken der Landes Herrschafft und denen Einwohnern zum besten erhalten werden möge.“[39]

Auch in einer späteren kgl. Instruktion vom 18. August 1730 „wornach Unser in den Herzogthümern Bremen und Verden verordnetes Regierungs-Collegium

---

[36] StaatsA Stade Rep. 70 Nr. 111.

[37] „Vorgängige punctatio“ vom 15./26. Mai 1716 (vorgängig = vorläufig): StaatsA Stade Rep. 40 Nr. 1122, Bl. 13 - 18; s. Anlage 2 – 1. Sie wurde übersandt mit Anschreiben der Regierung in Hannover vom 16. Juni 1716: ebenda, Bl. 12.

[38] StaatsA Stade Rep. 40 Nr. 1142, s. o. Fn. 34.

[39] StaatsA Stade Rep. 40 Nr. 1122, Bl. 13; s. Anlage 2 – 1.

sich zu achten hat“[40] war in deren Artikel 1 weiterhin sehr allgemein gehalten bestimmt worden:

> „Hat das Regierungs Collegium in den Herzogthümern Bremen und Verden, welches nächst Uns *immediate* von dem Geheimten Raths *Collegio* zu Hannover *dependi*ret, und unter keinem andern *Collegio* als diesem stehet, *generaliter* die Landes-Herrliche Hoheiten, Gerechtigkeiten, *Regalia* und *Jura Ducalia*, und was davon abhänget, *tam in Ecclesiasticis quam in secularibus* in gedachten Landen, denen dortigen Landes-Ordnungen und Verfassungen gemäß zu *respici*ren.“

Eine selbständige Mittelinstanz war damit wohl nicht geschaffen worden, vielmehr war die Regierung in Stade wegen der postulierten Abhängigkeit gehalten, „bei den unbedeutendsten Kleinigkeiten“[41] das Einverständnis mit der Regierung in Hannover herzustellen. Gleichwohl war in den Herzogtümern eine im Vergleich zu den althannoverschen Landen starke Regierung in Stade vorhanden, die durchaus Aufgaben einer Mittelbehörde wahrzunehmen hatte, zumal die bei v. Meier kritisierte Abhängigkeit von der Zentralgewalt keine Einschränkung bedeutet, sondern das geradezu typische Merkmal einer Mittelbehörde ausmacht. Die vier bislang in Stade bestehenden oberen Institutionen der Herzogtümer, nämlich die Regierung, das Justizkollegium, das Hofgericht und das Konsistorium, blieben, wie „der ganze Behördenorganismus bezüglich der Justiz und der Verwaltung“[42], bestehen. Es galt nunmehr als Arbeitsgrundlage der Verwaltungsbehörden die hannoversche Amtsordung vom 18. Juni 1674[43]. Kennzeichnend hierfür war die Zusammenfassung aller staatlichen Aufgaben auf der Ebene der Ämter, ausgenommen blieben nur die militärischen Befugnisse, soweit es nicht um die Erhebung der zur Dienstpflicht anstehenden Jahrgänge ging.

Die „*punctatio*“ war versehen mit einem Schreiben des Königs „An die heimgelassenen Geheimten Räthe zu Hannover“[44], das der Stader Regierung in Ab-

---

[40] Instruktion vom 7. / 18. August 1730: StaatsA Stade Rep. 40 Nr. 1122, Bl. 51 – 60; ebenso v. Meier, Band 1, S. 98; das folgende Zitat ist bei v. Meier sehr verkürzt wiedergegeben, hier entspricht es dem Text der Instruktion.

[41] v. Meier, Band 2, S. 292; der hier einschlägige Artikel 3 der „*punctatio*“ lautete: „Das Regierungs *Collegium* der Herzogthümer Bremen und Vehrden *depend*irt nechst Sr. Königlichen Mst. *immediate* von dem Geheimbten Raths *Collegio* zu Hannover und stehet unter keinem andern *Collegio*, als diesem.“

[42] v. Meier, Band 2, S. 291; ders., Band 1, S. 98f.

[43] Mit einer unbedeutenden Änderung aus dem Jahr 1683; vgl. Corpus Constitutionum Luneburgensium, Chur-Braunschweig-Lüneburgische Landesordnungen und Gesetze Zellischen Theils, Cap. V Nr. 6; v. Meier, Band 2, S. 311f.; die Amtsordnung sollte bis in das 19. Jahrhundert hinein gelten.

[44] „Wir vernehmen, daß die von euch und aus Unsern übrigen *Collegiis* zu Hannover in das Brem und Verdische angehende Verordnungen und Befehle bisher *recta* an die Örter, wohin

schrift übersandt worden war und in dem die Gründe für den Erlaß dieser „*punctatio*“ näher dargelegt wurden. Danach sollte gewährleistet sein, dass die Stader Regierung von allen Befehlen und Verordnungen der Regierung in Hannover[45] Kenntnis haben sollte, weil bemängelt worden war, dass zuvor Anordnungen aus Hannover unter Auslassung der Stader Regierung direkt an die betreffenden Ämter geschickt worden waren. Hieraus könnte für sich genommen die Einsetzung der Stader Regierung als selbständige Mittelbehörde gefolgert werden. Jedoch scheint sich der König in London selbst nicht sicher gewesen zu sein, wie die neue Stader Regierung letztlich einzurichten war, denn dem vorgenannten Schreiben ist noch ein vom gleichen Tag datiertes und ebenfalls vom König und dem Minister Hattorf unterzeichnetes „P.S.“ beigefügt gewesen, das die vorherige Aussage relativierte oder zumindest in einem Punkt aufhob. Denn die Rentkammer sollte, „so viel insonderheit die *oeconomica* und Haushalts Sachen bey denen Ämbtern“ betroffen waren, weiterhin direkt mit diesen kommunizieren[46]. Die Mittelinstanz war mithin bei der Bewirtschaftung des in den Herzogtümern erlangten Steueraufkommens außerhalb der Kontributionserhebung nicht autonom; was allenfalls erlaubt, von einer eingeschränkten Selbständigkeit zu sprechen[47]. Dass wegen der „unbedeutendsten Kleinigkeiten“[48] Einverneh-

---

sie gehören, ohne daß sie durch Unserer Stadischen Regierung Hände gegangen oder dieselbe *avis* davon bekommen, abgelassen werden. Weil nun eine Landes Regierung füglich nicht geführt werden kann, wenn nicht dieselbe umb alles, was im Lande geschieet, verordnet und befohlen wird, Wissenschaft hat, als finden Wir nöthig, daß nicht allein von euch, sondern auch aus Unsern übrigen *Collegiis* zu Hannover alle diejenigen Verordnungen, die nach dem Brem und Verdischen angehen sollen, es mag seyn, in was für Sachen es wolle, entweder an Unsern Geheimten Rath und Land-Drosten von Stafhorst und Unsern Geheimten Cammer-Rath Ramdohr samt und sonders zu gehörigen Verfügungen *per Rescriptum* aufgegeben, oder in Sachen, da sich solches etwa nicht mögte thun lassen wollen, die nach dem Brem und Verdischen ergehende Befehl Schreiben und Verordnungen an unserm Geheimten Rath und Geheimten Cammer-Rath zur Verschickung an gehörigen Ort *adressi*ret, oder zum wenigsten ihnen jedesmahl *copia* davon zu ihrer Wissenschaft zuzufertigen werden möge. Ihr werdet demnach nicht allein solches bey Unserm Geheimten Canzley also verfügen und darüber halten, sondern auch zu gleichem Ende Unsern übrigen dortigen *Collegiis*, aus welchen *Rescripta* und Verordnungen nach dem Brem und Verdischen ergehen können, diesen Unsern Willen Kund machen.“ London St. James, den 8. / 19. Mai 1716, StaatsA Stade Rep. 40 Nr. 1122, Bl. 13 – 18.

[45] Zum Aufbau der Regierung in Hannover zu dieser Zeit bei F. B. Grefe, Hannovers Recht, 3. Aufl., Erster Theil Hannover 1860, S. 221ff.

[46] StaatsA Stade Rep. 40 Nr. 1122, Bl. 139, Unterstreichung wie im Original.

[47] Zum Steuerwesen der damaligen Zeit im Kurfürstentum Hannover und in den Herzogtümern, insbesondere zur Erhebung der Kontributionen, sollen in dieser Arbeit keine näheren Ausführungen erfolgen; es wird insoweit verwiesen auf Peter von Kobbe, Geschichte und Landesbeschreibung der Herzogthümer Bremen und Verden, Zwei Bände, Göttingen 1824, Band 1, S. 311ff. (künftig zitiert: von Kobbe, Band).

[48] So v. Meier, Band 2, S. 292, s. o. in diesem Abschnitt.

men mit der Regierung in Hannover herzustellen war, dürfte aber angesichts der genannten Kgl. Reskripte sowie der sich daraus für die Stader Regierung gegebenen eigenständigen Handlungsmöglichkeiten nicht in dieser Schärfe zu halten sein. Zudem hat der Geheime Rat die Vorschläge der Stader Regierung, zumindest soweit es um Bestallungen ging, fast ausnahmslos bestätigt. Der Geheime Rat und das Oberappellationsgericht waren die ausschließlichen Zentralbehörden des Kurfürstentums Hannover, in das die Herzogtümer Bremen und Verden integriert worden sind. Früher erworbene Landesteile, wie z. B. das Herzogtum Celle haben weitaus weniger Eigenständigkeit behalten.

Im einzelnen enthielt die „*punctatio*" Regelungen zu den Deichen und deren Oberaufsicht (Artikel 2), zu der Aufsicht über die anderen Stader Kollegien (Artikel 4), über das Verfahren der Justizkanzlei in Strafsachen (Artikel 5), über die Aufsicht hinsichtlich der Dome zu Bremen und Verden (Artikel 6) und wegen der Etats-Kirche zu Stade (Artikel 7), über Regelungen bei der Präsentation der Bedienten auf dem Lande (Artikel 8), über die Bestellung der Einnehmer (Artikel 9), über den Fortgang der Landgerichte (Artikel 10), die Besetzung der dem Landesherrn zustehenden Pfarrstellen (Artikel 11), das Archiv zu Stade (Artikel 12) und schließlich über die Signatur unter die nach außerhalb der Herzogtümer versandten allgemeinen Schreiben sowie die Signatur in Justizsachen (Artikel 13). Hierauf wird im einzelnen, soweit erforderlich, im folgenden bei den jeweiligen Abschnitten eingegangen werden.

Zwar war der neue Landesherr daran interessiert, einen verläßlichen Überblick über die neue Provinz[49] zu erhalten, aber dieses scheint im 18. Jahrhundert nicht mehr hinreichend zuverlässig gelungen zu sein. Bereits hinsichtlich der Zahl der Ämter gab es stark voneinander abweichende Zahlenangaben[50]. So führte eine Beschreibung des Zustandes der Herzogtümer[51], entstanden wohl im Jahr 1715 anläßlich der Übernahme[52], als Verwaltungseinheiten 18 größere Be-

[49] Eine Verwaltungsgeschichte der Herzogtümer im 18. Jahrhundert fehlt bislang, sie kann hier nicht geleistet werden, vielmehr soll lediglich ein Überblick über die vorhandenen Institutionen gegeben werden, damit vor diesem Hintergrund die Ausübung der Justiz verständlicher wird.

[50] v. Meier, Band 2, S. 322.

[51] StaatsA Stade Rep. 31 Titel 1 Nr. 44 mit einem Umfang von 248 Seiten und dem Titel „Kurtze Beschreibung der *Situation* und Größe, wie auch *Intraden* und Einkümfte der Hertzogthümer Bremen und Verden, und darunter gelegenen Marsch Landtschafften, Ämbtern, Börden, Gerichte, Kirchspiele und Flecken *item* Freyen Stände und Städte, nebst angehängeten *Rollen, Extracten* und anderen Nachrichten."

[52] Jürgen Bohmbach, Der politische, wirtschaftliche und soziale Zustand des Landdrosteibezirks Stade bis 1849, in: Heinz-Joachim Schulze (Hrsg.), Die Herzogtümer Bremen und Verden und das Land Hadeln in späthannoverscher Zeit (1848 - 1866), Stade 1981, S. 10 (künftig zitiert: Bohmbach, Zustand); dies folgt auch aus dem Gesamtzusammenhang dieser Quelle,

zirke und die drei Städte Stade, Buxtehude und Verden auf. Sie kann jedoch nur mit Vorbehalt als zutreffend angesehen werden, denn die Volkszählung des Jahres 1740 kannte bereits 69 Verwaltungsbezirke[53]. Im Jahr 1753 erfolgten auf das Ausschreiben der Stader Regierung vom 16. November 1752[54] jedoch nur Antworten von 49 Ämtern und Gerichten. Die „General-Tabellen der Ämter" in den Herzogtümern aus dem Jahr 1758 umfaßten 56 Ämter, Gerichte und andere untere Verwaltungseinheiten im Herzogtum Bremen und drei im Herzogtum Verden[55]. Im Jahr 1766 wurden sogar 94 Verwaltungseinheiten aufgezählt[56]. Diese erhebliche Differenz der Ämterzahlen zeigt bereits, dass eine überschaubare oder gar straffe Verwaltungsgliederung für das gesamte 18. Jahrhundert nicht erwartet werden darf[57]. Selbst für den neuen Landesherrn mit seinen ihm zu Gebote stehenden Machtmitteln scheint es nicht möglich gewesen zu sein, sich den angestrebten verläßlichen Überblick über die erworbenen Territorien zu verschaffen. Zu den für die einzelnen Jahre genannten Verwaltungseinheiten können nämlich noch in den jeweiligen Ämtern und Landschaften regional unterschiedlich weitere Verwaltungsuntergliederungen hinzukommen, ohne dass allerdings deren Kompetenzen immer klar voneinander zu trennen sind. Im Zuständigkeitsbereich dieser Ämter bestanden im Jahre 1715 allein 115 Kirchspiele, etliche Börden[58], Flecken und Dörfer, Hauptmannschaften, Vogteien und Schulzengerichte. Diese Aufstellung belegt ein gewisses „Wirrwarr" in den unteren Instanzen. Für den Zustand der Verwaltung, und damit auch der Justiz dieser Zeit, kann eine solche Unübersichtlichkeit ganz allgemein als kennzeichnend angesehen werden. Gleichwohl soll versucht werden, den Aufbau der Herzogtümer zum Beginn der hannoverschen Herrschaft möglichst umfassend darzustellen[59]. Dabei wird die bereits genannte Darstellung des Jahres 1715 zugrunde

---

die sich einerseits mehrfach auf die schwedischen und dänischen Zeiten bezieht, aber andererseits über Zustände zu hannoverscher Zeit nichts mitteilt.

[53] StaatsA Stade Rep. 40 Nr. 429 (alte Signatur: Rep. 80A Titel 78 Nr. 1).

[54] StaatsA Stade Rep. 23a Nr. 103; s. u. 2.3.2.2.3.

[55] Hierbei handelt es sich um ein Verzeichnis der Feuerstellen und der männlichen Bevölkerung über 14 Jahre: StaatsA Stade Rep. 31 Titel 8a Nr. 30, Bl. 38ff.

[56] Hierbei handelt es sich um ein Verzeichnis der Feuerstellen: StaatsA Stade Rep. 31 Titel 38 Nr. 20.

[57] Vgl. Bohmbach, Zustand, S. 10.

[58] Der Begriff der Börde ist im Untersuchungsgebiet verbreitet; er bedeutete hier ursprünglich einen Steuereinnahmebezirk, woraus sich eine Bezeichnung für die unterste Verwaltungseinheit entwickelt hat; vgl. näher zu diesem Begriff bei Erich von Lehe, Grenzen und Ämter im Herzogtum Bremen, Göttingen 1926, S. 9, sowie bei Ehrhardt, S. 3.

[59] Im Hinblick darauf, dass die Regierung in Hannover selbst im Jahre 1849 z. B. die Anzahl der Patrimonialgerichte in den Herzogtümern noch nicht genau kannte (vgl. u. 5.3.6.2), kann hier nur eine Annäherung an den tatsächlichen Zustand erfolgen. Es kann mithin nicht erwartet werden, an dieser Stelle eine derart umfassende Darstellung vorzufinden, wie sie die Richter Niemeyer und Wyneken für ihr Amt Zeven im Jahre 1806 aufgestellt haben (vgl. o. 1.2), zumal dies für die Darstellung der Gerichtsbarkeit nicht zwingend erforderlich ist; wün-

gelegt werden[60]. Zusätzlich herangezogen werden die Arbeiten des Archivars Dietrich von Stade[61], die er im Jahr 1684 begonnen hat, sowie die des Stader Gymnasialrektors M. Georg Roth[62] aus dem Jahr 1718, letztere ist eine sehr ausführliche Darstellung, die die Herzogtümer bis hin zu Dörfern und einzelnen Höfen beschreibt[63].

Eine Unterscheidung nach Verwaltungs- und Gerichtsinstitutionen erfolgt in diesem Zeitabschnitt nicht, weil zur damaligen Zeit die landesherrlichen Einrichtungen unterhalb der Obergerichte aufgrund der geltenden Amtsordnung insoweit nicht differenziert aufgebaut waren. Gleiches gilt für die Inhaber privater Jurisdiktions- und Verwaltungsbefugnisse. Zunächst werden im folgenden die Verwaltungs- und Justizeinrichtungen auf der oberen Ebene der Herzogtümer dargestellt (Abschnitt 2.1.2.1) und danach auf die landesherrlichen Ämter und Gerichte sowie auf die ländlichen und städtischen Patrimonialgerichte eingegangen (Abschnitt 2.1.2.2). Dabei soll versucht werden, für die gesamten Herzogtümer möglichst auf die kleinsten Verwaltungseinheiten, nämlich die Kirchspiele, zurückzugehen, denn hier nahmen die Verwaltungs-, Justiz-, Kirchen- und Steuerbezirke ihren Ausgang. Ebenfalls mit aufgeführt werden bei den ein-

---

schenswert aus der Sicht einer allgemeinen Geschichte der Herzogtümer im 18. Jahrhundert wäre eine solche Aufstellung schon.

[60] StaatsA Stade Rep. 31 Tit. 1 Nr. 44; eine tabellarische Auflistung der Ämter, Landschaften, Bedienten und Kirchspiele aus der schwedischen Zeit bis 1712 ist bei Fiedler, Herzogtümer, S. 142 – 146, aufgeführt, die weitgehend mit der Aufstellung des Jahres 1715 übereinstimmt.

[61] Dietrich von Stade, Beschreibung der beiden Herzogthümer Bremen und Verden aus glaubwürdigen Documentis und eigener Erfahrung zu colligiren und zusammen zu tragen angefangen Anno 1684, in: Archiv des Vereins für Geschichte und Alterthümer der Herzogthümer Bremen und Verden und des Landes Hadeln zu Stade, 1877, S. 12 – 72.

[62] M. Georg Roth, Geographische Beschreibung der beyden Herzogthümer Bremen und Verden nebst einer Anlage vom Lande Hadeln, vom Ambte Ritzebüttel, wie auch von der Insul Hilgeland, welchen allen beygefüget ist ein vollständiges Register der Städte, Flecken, Kirchdörffer, Dörffer, Höfe und Flüsse, Stade 1718, in: Archiv des Vereins für Geschichte und Alterthümer der Herzogthümer Bremen und Verden und des Landes Hadeln zu Stade, 1877, S. 73 – 297; diesen Bericht sieht von Lehe, S. 149 als „kaum vollständig" an; eine umfassendere Darstellung für diese Zeit vermag er allerdings auch nicht zu benennen. Roth war von 1714 bis zu seinem Tod im Jahr 1723 Direktor des Stader Gymnasiums Athenaeum, für seine regionalgeschichtlichen Arbeiten erhielt er von der Regierung jährlich 50 RTlr zusätzlich zu seinem Einkommen, so Karen Jäger, Stade als Provinzhauptstadt 1715 - 1852, in: Stadt Stade (Hrsg.): Stade. Von den Siedlungsanfängen bis zur Gegenwart, Stade 1994, S. 281 (künftig zitiert: Jäger, Stade).

[63] Über die jeweilige Entstehung der Berichte von Stades und Roths sowie die weitere Entwicklung, auch zu deren Vergleichbarkeit, bei K. E. H. Krause, Dietrich von Stade`s und Georg von Roth`s Geographie der Herzogthümer Bremen und Verden aus den Handschriften herausgegeben. Mit einer geschichtlichen Uebersicht über die Topographie dieser Lande, in: Archiv des Vereins für Geschichte und Alterthümer der Herzogthümer Bremen und Verden und des Landes Hadeln zu Stade, 1877, S. 1 – 11.

zelnen Verwaltungseinheiten die Amts- und Landbedienten mit ihrem jeweiligen Jahreseinkommen, soweit dies in den Quellen der Zeit belegt ist.

2.1.2.1 Die oberen Verwaltungs- und Justizeinrichtungen

Die schwedische Herrschaft hatte den Sitz der Regierung nach Stade verlegt, nachdem er zuvor in erzbischöflichen Zeiten in Bremervörde bzw. für das Stift Verden in Rotenburg belegen war. Dabei blieb es bis zum Ende des Untersuchungszeitraumes. Das Personal der Stader Regierung hatte zum Ende der schwedischen Zeiten im Jahre 1712 aus folgenden Personen bestanden[64]:

Titel und Name der Bedienten		Jahresbesoldung in Reichstalern[65]
General-Gouverneur Mauritz von Vellingk-Sandberg		6.000
	sowie Reisegelder über	500
Kanzler Berthold Clemens von der Kuhla		1.000
Regierungsräte Georg Bernhard von Engelbrecht		
und Adolf Friedrich von Düring	zu je	800
Sekretär Dietrich von Stade jun.		500
Archivar Dietrich von Stade sen.		450
ein Registrator		250
ein Geheimer Kanzlist		200
ein „Copiist“		100
ein Pedell		80
ein Gouvernements-Bote		100

Daneben waren für die gesamten Herzogtümer angestellt ein Deichgraf („Teichgräfe“) mit 800 RTlrn sowie ein ihm zugewiesener Schreiber mit 100 RTlrn, ein „Landfiscal“[66] mit 150 RTlrn und ein Henker („Scharffrichter“) mit 24 RTlrn Jahreseinkommen. Als Jagd- und Forstbediente waren 21 Personen in den Herzogtümern tätig unter der Leitung eines „Oberjägermeisters“, der ein Jahreseinkommen von 300 RTlrn bezog. Beim Elbzoll zu Brunshausen bei Stade standen ein „Commandeur“ mit 240 RTlrn, ein Schiffer mit 160 RTlrn, ein

[64] StaatsA Stade Rep. 31 Tit. 1 Nr. 44, Bl. 223; ohne die Mitglieder des Justizkollegiums, des Konsistoriums und die Kammerbedienten.

[65] Hinsichtlich der Besoldung ist anzumerken, dass diese nicht regelmäßig gezahlt wurde und dass teilweise sehr große Rückstände entstehen konnten, vgl. Fiedler, Herzogtümer, S. 183ff.

[66] Seine Aufgabe bestand gemäß der „Policey- Teich- Holtz- und Jagt-Ordnung“ vom 20. Juli 1692 in der Untersuchung und Bestrafung der Verstöße gegen diese Ordnung, vgl. Landwehr, S. 43. Mit dem „Commissarius fisci“ ist er nicht identisch; zu diesem s. u. 2.2.2.1.

Oberbootsmann mit 88 RTlrn, ein „Constabel“ mit 84 RTlrn sowie acht Matrosen mit je 60 RTlrn Jahreseinkommen[67].

In den Herzogtümern bestanden als Gerichte zweiter Instanz zum Zeitpunkt der Übernahme die Justizkanzlei und das Konsistorium jeweils mit Sitz in Stade und der örtlichen Zuständigkeit für die gesamten Herzogtümer. Für diese Institutionen galt als prozessuale Grundlage ausschließlich die Hofgerichtsordnung von 1672, diese war „das Haupt-Landes-Gesetz in processualibus“[68]. Das Hofgericht hatte zuletzt im Jahre 1712, also zu schwedischen Zeiten, getagt und wurde vom Landesherrn nach der Übernahme erst 1716 wieder eingerichtet. Zwischen den Obergerichten und der Regierung bestanden weitgehende personelle Überschneidungen. So war das Personal der Justizkanzlei und des Hofgerichts bereits zu schwedischen Zeiten unter dem Begriff „Justitz Collegium“ zusammengefaßt gewesen[69]. Eine personelle Verknüpfung war seit der Einrichtung beider Gerichte im Jahre 1716 einerseits mit der Regierung dadurch gegeben, dass die Regierungsräte gleichzeitig Mitglieder der Justizkanzlei waren. Andererseits bestand eine ähnliche Verknüpfung mit dem Hofgericht. Denn die Regierungs- und Justizräte der Justizkanzlei waren überwiegend ebenfalls gleichzeitig Mitglieder des Hofgerichts. Die personelle Identität beider Gerichte wurde jedoch durchbrochen bei den Assessoren des Hofgerichts, die gewählte Vertreter der Stände waren. Diese Identität des Personals galt weitgehend auch für den gesamten „Unterbau“ beider Gerichte. Das „Justitz-Collegium“ der schwedischen Zeit lebte mithin fort; es hatte zu schwedischen Zeiten zuletzt aus folgenden Bedienten bestanden[70]:

Zahl und Titel	Jahresbesoldung in Reichstalern
ein Vice Director	500
zwei Justizräte zu je	500
ein „Protonotarius“	300
zwei Sekretäre zu je	250

[67] Die Kirchen- und Schulbedienten der Herzogtümer sollen hier nicht aufgeführt werden; zu den Kirchenbedienten gehörten neben den Pastoren die Küster; ferner sind hier die ehrenamtlich Tätigen der Kirchspiele zu nennen, die „Juraten“, zum Aufgabenkreis der letzteren ist Näheres dargelegt bei Hans Otte, Vernünftig und christlich. Der Entwurf einer Brem- Verdischen Kirchenordnung von 1769, Göttingen 1989, S. 290ff.

[68] Scharnhorst Nachricht, S. 258, in: StaatsA Stade Dep. 10 Hs. Nr. 37; wenn Behne, S. 15, meint, dass für die Justizkanzlei „kein ausdrückliches Reglement überliefert“ sei, dann verkennt er die allgemeingültige prozessuale Grundlage der Hofgerichtsordnung für die Gerichte der Herzogtümer.

[69] Kgl. Schwedische Resolution vom 20. Mai 1663: hierzu Einzelheiten bei Schlüter, Hofgericht, S. XXVII, Fn. 11.

[70] StaatsA Stade Rep. 31 Tit. 1 Nr. 44, Bl. 223f.

ein „Advocatus fisci“[71]	250
ein Botenmeister	150
vier Kanzlisten zu je	100
ein Pedell	80
vier Kanzleiboten zu je	40
ein Pförtner	24
vier Landräte als Hofgerichtsassessoren zu je	200

Die unterschiedlichen Aufgaben aller vorgenannten Bedienten kamen zum Ausdruck in separaten Eidesformeln, die zusammen mit dem Huldigungseid zu leisten waren. Die Eide hatten die jeweilige dienstliche Aufgabe des Bedienten zur Grundlage und knüpften daran die eidlich zu versichernden Pflichten. Die Eide nach der Übernahme entsprachen den Formulierungen zu schwedischen Zeiten, so dass sie sich ausschließlich wegen des Wechsels der Herrschaft in den Formulierungen unterschieden[72].

[71] Zu diesem Amt, das dem des Landfiskals entsprach, in der Bremen-Verdenschen Polizeiordnung vom 20. Juli 1692 sowie oben bei der Aufstellung der Regierung zur schwedischen Zeit.

[72] Sämtliche Eide sind abgedruckt bei Ernst Wilhelm Gustav Schlüter, (Hrsg.), Gemeine Bescheide und gerichtliche Verordnungen der Königlichen Justiz-Canzlei und des Königlichen Hofgerichts zu Stade. Nebst den Formularen der bei diesen Collegien gebräuchlichen Diensteide, der Warnung vor dem Meineide und der am häufigsten vorkommenden sonstigen Eide. Begleitet mit einem Real-Index und als Anhang zur Hofgerichts-Ordnung herausgegeben, Stade 1824 (künftig zitiert: Schlüter, Bescheide), S. 63 – 72: „Formular für den Canzley-Director zu Stade“ auf S. 63f., „Eides-Formular für den Vice-Director zu Stade“ auf S. 64f., „Formul der Justiz-Räthe Dienst-Eydes“ auf S. 65f., „Hofgerichts-Assessoren-Eyd“ auf S. 66, „Eyd der Auditoren bey den Justiz-Collegiis zu Stade“ auf S. 66f., „Formul der Canzley-Secretarien Dienst-Eydes“ auf S. 67, „Eydes-Formel für einen Auditor in der Secretarien-Stube“ auf S. 67f., „Eides-Formul für den Commissarium Fisci“ auf S. 68, „Eyd der Advocaten und Procuratoren“ auf S. 69, „Eydes-Formel für den Botenmeister“ auf S. 69f., „Diensteyd für den Canzley- und Hofgerichts-Pedellen“ auf S. 70, „Eydes-Formel für die Canzlisten“ auf S. 71, „Dienst-Eyd der Canzley-Boten zu Stade“ auf S. 71, „Dienst-Eyd der Königlich Hannoverschen Notarien“ auf S. 72; beigefügt ist auf S. 72 die „Allgemeine Anmerkung zu den Vorstehenden Diensteiden. Da fast alle diese Eides-Formulare zu einer Zeit entworfen sind, in welcher das jetzige Königreich Hannover noch ein Churfürstenthum war, und das praesidium in den hiesigen Justiz-Collegien der Königl. Regierung in Stade übertragen war, so versteht es sich von selber, daß die darauf Bezug habenden Ausdrücke den jetzigen veränderten Verhältnissen angepaßt, mithin theils abgeändert, theils weggelassen werden müssen.“ Diese aus dem Jahr der Zusammenstellung bei Schlüter stammende Anmerkung, nämlich 1824, kann nahezu gleichermaßen für den Wechsel von der schwedischen zur hannoverschen Herrschaft gelten.

2.1.2.1.1 Die Regierung

In Hannover lag nach dem Regierungsreglement vom 29. August 1714, erlassen anläßlich der Übernahme der britischen Krone, die Regierung beim Geheimen Rat als der zentralen Einrichtung mit Zuständigkeit für die Verwaltung und die Justiz sowie daneben die Kammer mit der Zuständigkeit für die Domänen und Finanzen und das Konsistorium mit der Zuständigkeit für Kirchen- und Schulsachen[73]. In den Herzogtümern wurde im Jahre 1715 das Regierungspersonal vom Registrator bis zum Boten weitgehend übernommen. Die übrigen höheren Regierungsmitglieder waren bereits vor der dänischen Besatzung geflüchtet und überwiegend nicht wieder in ihre Ämter zurückgekehrt, einige inzwischen auch verstorben[74]. Nach 1715 waren die Ämter des General-Gouverneurs[75] und des Kanzlers entfallen. An der Spitze der Regierung und der übrigen Verwaltungs- und Justizeinrichtungen der Herzogtümer in Stade standen nunmehr die beiden hannoverschen Geheimen Kammerräte, die als die neue Regierung fungierten. Der Leiter der Regierung wurde der ältere der beiden Kammerräte: Cord Plato von Schloen gen. Gehle, dem bereits im folgenden Jahr[76] Johann Friedrich von Staffhorst in diesem Amt folgte, der Präsident des Regierungskollegiums bis 1730 blieb[77]. Mit ihnen leitete der Kammerrat Albrecht Andreas Ramdohr bis zum Jahr 1724 die Regierungsgeschäfte.

Die korrekte Bezeichnung der Stader Regierung lautete nunmehr:

> „Königl. Groß Britannische und Churfürstliche Braunschweig-Lüneburgische zur Regierung der Hertzogthümer Brehmen und Vehrden Verordnete Geheimbte Räthe."

---

[73] Nach Römer, S. 248f. Die Kriegskanzlei kann in diesem Zusammenhang unberücksichtigt bleiben.

[74] von Vellingk-Sandberg ging zunächst nach Hamburg und war später in schwedischen diplomatischen Diensten tätig, vgl. Fiedler, Herzogtümer, S. 303, zu dessen Person Angaben zudem bei Rauch, Die Chefs der Stader Regierung bis 1866, in: Jahrbuch der Männer vom Morgenstern, Band 24 (1930), S. 73; von der Kuhla starb am 22. September 1712, vgl. Fiedler, Herzogtümer, S. 308; von Düring starb am 11. September 1711, vgl. Fiedler, Herzogtümer, S. 311; von Engelbrecht sei 1716 zum Kanzler ernannt worden, vgl. Fiedler, Herzogtümer, S. 311; von Stade ging 1711 zunächst nach Hamburg, dann nach Bremen, wo er am 19. Mai 1718 starb, vgl. K. E. H. Krause, Archiv des Vereins für Geschichte und Alterthümer der Herzogthümer Bremen und Verden und des Landes Hadeln zu Stade, 1877, S. 6.

[75] Während der dänischen Zeit bestand das Amt des General-Gouverneurs fort, es wurde von Jobst von Scholten wahrgenommen: zu diesem bei Rauch, S. 74f.

[76] Über die Ursachen war nichts zu ermitteln; bei Rauch, S. 75, heißt es lediglich, er „wurde nach Hannover zurückberufen."

[77] Zu dessen Person bei Rauch, S. 75f.

Die „*punctatio*“ hatte in Artikel 13 vorgeschrieben, dass alle Schreiben der Regierung, „die außerhalb Landes gehen“, von beiden Regierungsräten zu unterschreiben waren, jedoch reichte bei Schreiben innerhalb der Herzogtümer die Unterschrift eines der beiden Räte[78].

Die Übergabe der Regierung und damit der Herzogtümer an Hannover war für den 15. Oktober 1715, 8 Uhr morgens, auf dem Stader Rathaus vorgesehen, wie durch eine Veröffentlichung des dänischen Generalgouverneurs bekanntgemacht worden war[79]. Danach hatten sich bereits am Tag zuvor in Stade bei der Regierung zu melden: der Präsident der Ritterschaft mit den Landräten, aus jedem Bezirk der Ritterschaft ein Deputierter, aus den Städten die Bürgermeister mit einigen Abgeordneten, von der Kirche die Konsistorialräte, Superintendenten, Pröpste sowie Senioren und aus jedem Kirchspiel zwei Personen mit „einer förmlichen und auf diesen *Actum* gerichteten Vollmacht.“[80] Erst am folgenden Tag hatten sich sämtliche öffentlichen Bedienten der Herzogtümer in Stade einzufinden, um einen neuen Huldigungs- und Diensteid zu leisten[81]:

> „Nicht weniger wird denen Grefen, Ambtmännern, Richtern, Voigten, Schultzen, dem Jäger-Meister, Ober- und Holtz-Förstern, auch Holtz-Voigten, sodann dem Zoll-*Inspectori*, sambt andern Zoll- und *Accise*-Bedienten, wie auch denen *Contributions*-Einnehmern und allen übrigen, welche bey Ihr. Königl. Majest. zu Dennemarck-Norwegen etc. pp. bishero in allerunterthänigsten Diensten gestanden, bedeutet, daß sie den 15. dieses Monaths *Octobris* sich ebenfalls hieselbst einstellen und gewärtigen, wie ihnen die *Dimission respective* von der Königl. Regierung und Cammer ertheilet und in anderweitige Bedienung zu treten vergönnet werde.“[82]

Zu den ersten Handlungen der neuen Regierung gehörte es, für die Erhebung der laufenden Einnahmen zu sorgen. Bereits mit Ausschreiben vom 16. Oktober 1715[83] wurde verfügt, dass mit Wirkung vom 1. dieses Monats „alle und jede Gefälle und Auffkünffte, sie mögen Nahmen haben wie sie wollen“, zu erheben und „nach dem bißherigen Fuß ... fleissig einzutreiben“ seien. Nur wenige Tage später[84] erging eine Aufforderung an alle Inhaber derjenigen Domanialgüter, die aus schwedischen Zeiten Rechte innehatten, dass sie innerhalb von zwei Mona-

---

78 StaatsA Stade Rep. 40 Nr. 1122; s. Anlage 2 – 1.

79 Ausschreiben vom 2. Oktober 1715: StaatsA Stade Rep. 23a Nr. 66; s. Anlage 2 – 2.

80 Auch hier wird die Bedeutung des Kirchspiels für die Herrschaft der Zeit deutlich: wenn zwei Bevollmächtigte des Kirchspiels anwesend waren, konnte damit gleichsam die gesamte Bevölkerung dieses Gebiets in die Pflicht genommen werden.

81 Zum Diensteid für einen Acciseeinnehmer: StaatsA Stade Rep. 23a Nr. 66; s. Anlage 2 – 3.

82 Ausschreiben vom 2. Oktober 1715: StaatsA Stade Rep. 23a Nr. 66; s. Anlage 2 – 2.

83 StaatsA Stade Rep. 31 Titel 46 Nr. 1, Bl. 10, dort auch das folgende Zitat; s. Anlage 2 – 4.

84 Ausschreiben vom 21. Oktober 1715: StaatsA Stade Rep. 31 Titel 46 Nr. 1, Bl. 11; s. Anlage 2 – 5.

ten „allhier in Stade vor Unser Regierung erscheinen, Ihre in Händen habende Pfand-Verschreibungen und *Obligationes in Originali produci*ren“, weil diese Rechte sonst verloren gehen sollten. Die erwünschte Reaktion auf die Aufforderung zur Steuerablieferung vom 16. Oktober 1715 scheint jedoch ausgeblieben zu sein, denn schon am 4. November 1715 erging ein erneutes Ausschreiben[85], weil „Wir doch ganz mißfällig vernehmen, daß sich bis *dato* annoch kein Beamter, Zoll- und *Accis*-Bedienter oder *Contributions*-Einnehmer allhier in Stade angemeldet und die von verflossenen Monathe fällige *Intraden* geliefert und bezahlet habe.“ Deshalb wurde darauf hingewiesen, dass die Regierung nunmehr „einen eigenen Land-*Cassirer*, nemlich *Johann Christof Meinhelf* allergnädigst bestellet“ habe und dass von säumigen Beamten „der Nachstand von ihnen selbst gefordert werden solle.“

Allerdings war mit Ausschreiben vom 2. März 1716[86] das ursprünglich und auch in den Jahren zuvor fällig gewesene „*Quantum Contributionis*“ von 24.000 RTlrn im Jahr „in betracht des elenden Zustandes, in welchen diese gute Hertzogthümer durch die bishero getragene schwere Beytrags-Lasten gesetzet worden, als auch Deroselben wahre Landes väterliche, und zur *Conservation* Dero getreuen Stände und Unterthanen gerichtete Vorsorge“ bis zum Ende dieses Jahres auf 15.000 RTlr herabgesetzt worden. Für jeden Amtsbezirk wurde zur Verbesserung des Finanzaufkommens und der Finanzverwaltung die Anlegung einer „Contributions-Rolle“ angeordnet, die nach herrschaftlichen sowie adeligen und gutsherrlichen Meyern zu unterscheiden hatte[87]. Die Wahrnehmung der Finanzverwaltung lag letztlich jedoch nicht in Stade, sondern bei der „Königl. und Chur-Fürstl. Cammer“ in Hannover[88], so dass die Regierung in Stade insoweit nur im Auftrag tätig werden konnte. Bereits in einer frühen Kgl. Resolution vom 8. Mai 1716 war der Rang der Beamten, mithin die Hierarchie in den Herzogtümern, festgelegt worden. An der Spitze standen demnach die beiden Regierungsräte, danach folgte der Präsident der Bremischen Ritterschaft, danach der Vizedirector, darauf die adeligen Landräte und schließlich die Justiz- und Kanzleiräte[89].

[85] StaatsA Stade Rep. 31 Titel 46 Nr. 1, Bl. 13, dort auch das folgende Zitat; die Bestellung des „Land-Cassirers“ wurde mit Ausschreiben vom 28. Dezember 1715 bekräftigt: StaatsA Stade Rep. 31 Titel 46 Nr. 1, Bl. 17.

[86] StaatsA Stade Rep. 31 Titel 46 Nr. 2, Bl. 46, dort auch die folgenden Zitate.

[87] Ausschreiben vom 22. November 1715: StaatsA Stade Rep. 31 Titel 46 Nr. 1, Bl. 15.

[88] Ausschreiben vom 6. November 1715: StaatsA Stade Rep. 31 Titel 46 Nr. 1, Bl. 14.

[89] Scharnhorst, Nachricht, S. 194; die Behauptung Behnes, S. 15, im Rang sei das Justizkollegium das zweithöchste der Kollegien der Herzogtümer gewesen, läßt sich angesichts dieser eindeutigen Vorgabe wohl nicht halten, zumal Statusfragen in der damaligen Zeit eine große Bedeutung hatten. Hierzu bei v. Meier, Band 1, S. 543ff., der den Rangverhältnissen und ihrer Entwicklung seit dem Rangreglement von 1696 einen eigenen Abschnitt widmet. S. auch die Auseinandersetzung zwischen dem früheren Vizedirektor von Uffeln und der Stader Regie-

2.1.2.1.2 Die Landstände[90]

Auf nahezu gleichberechtigter Ebene mit der Regierung bestanden in den Herzogtümern die Landstände, die Mitwirkungsrechte wahrnahmen, die überwiegend die Gesetzgebung und die Steuerbewilligung betrafen und dort letztlich bis zum Recht der Vetoeinlegung reichen konnten. Diese Rechte beruhten auf althergebrachten Privilegien, die den Ständen bereits in schwedischer Zeit bestätigt worden waren und ebenso zu Beginn der Übernahme durch kgl. Reskript vom 28. Oktober / 8. November 1715[91]. Die landständische Organisation wurde getragen von Vertretern der Bremischen und der Verdenschen Ritterschaft sowie denen der Städte Stade, Buxtehude und Verden und einem Verteter des Klosters

---

rung um Anrede und Titulatur weiter unten und in StaatsA Stade Rep. 40 Nr. 1122, Bl. 35 – 45.

[90] Zu den Landständen in den Herzogtümern im 18. Jahrhundert gibt es bislang keine eingehendere Darstellung neuerer Zeit; selbst in der umfassenden Darstellung bei Wolf-Rüdiger Reinicke, Landstände im Verfassungsstaat. Verfassungsgeschichte und gegenwärtige Rechtsstellung der Landschaften und Ritterschaften in Niedersachsen, Göttingen 1975, S. 75f., (künftig zitiert: Reinicke, Landstände) werden nur 1 ½ Seiten auf die Bremen-Verdenschen Verhältnisse im 18. Jahrhundert verwandt; bei Römer, S. 255ff., dominieren die althannoverschen Landesteile. Hier wird deshalb nur ein kurzer Überblick über Stellung und Aufgaben der Stände gegeben werden können. Auf die Entstehung der Landstände wird nicht eingegangen; vgl. hierzu näher bei von Kobbe, Band 1, S. 278ff. Die Rechte der Stände sind näher ausgeführt bei Scharnhorst, Nachricht, S. 184ff., sowie bei Urban Friedrich Christoph Manekke, Kur- und fürstlich Braunschweig-Lüneburgsches Staatsrecht. Bearbeitet bis zum Jahre 1800, Celle 1859, S. 291ff.

[91] Kgl. Reskript vom 28. Oktober / 8. November 1715, abgedruckt in: Johann Hinrich Pratje, Die Herzogthümer Bremen und Verden. Oder vermischte Abhandlungen zur Erläuterung der Politischen-, Kirchen-, Gelehrten- und Naturgeschichte wie auch der Geographie dieser beiden Herzogthümer, 6 Bände, Bremen 1757 bis 1762 (zitiert: Pratje, Herzogtümer, Band), Band 3, 1759, S. 400 – 402. Mit Schreiben vom 2. Dezember 1715 bedankte sich die Ritterschaft des Herzogtums Bremen beim König für die gewährten Privilegien: „Ewer Königliche Majestät getreueste Ritterschaft Hertzogthumbs Bremen kan keine Worte finden, mit welchen Sie dero hertzinnigste Freude, ... an den Tag legen mögen. Allergnädigster König und Herr, Ewer Königliche Majestät allertheuerste Versicherung von bestätigung unserer privilegiorum und der davon dependirenden immunität a Collectis und daß Sie dasjenige was in denen letztern Jahren zu unseren Bedruck vorgenommen seyn möchte, zum model nicht nehmen wollten. Solches sind Wohrte, die nicht anderß alß aus einem so gerecht König allergütig sey und höchst genereusen Hertzen haben fließen können, aber anbey auch würdig, wan es uns möglich wär, daß sie in unserer aller Hertzen eingepräget würden. Wir können uns indeß gantz sicher alß auf das allerheiligste darauf verlaßen, und unsere bishero, durch die übertragene und zwingliche Bürde, belaßtete Gemüther, in Ruhe setzen. Ewer Königl. Majestät statten wir dabey auf allerdemüthigsten Dank vor die hohe Gnade, so sie uns erwiesen, indem Ewer Majestät uns vergönnet, einen Raht bey dero Oberappellationsgericht zu Zelle praesentiren zu mögen, ...“ in: RASt Landschaft 95, Bl. 163.

Neuenwalde[92]; die ursprünglich zu ihnen gehörenden Vertreter des Hamburger Domkapitels hatten schon zu schwedischen Zeiten nicht mehr teilgenommen, während das 1648/49 aufgehobene Bremer Domkapitel und die gleichfalls säkularisierten Klöster notwendigerweise ebenfalls nicht mehr vertreten waren. Die früher bestehende Kurienverfassung war damit faktisch nicht mehr existent. Während die drei Städte insgesamt vier Deputierte entsandten, davon stammten zwei aus Stade, standen der in sechs „Circul" (= Kreise) unterteilten Bremischen Ritterschaft sechs Sitze und der Verdenschen Ritterschaft ein Sitz zu[93]. Die Landstände dürften demnach als Vertretung der Interessen des grundbesitzenden Adels bezeichnet werden, obgleich sie nach damaligem Verständnis „das Land" waren[94]. Ihre Aufgabe lag in der Wahrung der Interessen dieses Landes, also der Herzogtümer, gegenüber dem Geheimen Rat in Hannover und mithin auch der Regierung in Stade. Bei Vorhaben der Landesherrschaft, die die Landesverfassung betrafen, stand ihnen ein Anhörungsrecht[95] zu; entscheidender war jedoch das Recht der Steuerbewilligung[96]. Die Landstände lagen allerdings in nahezu beständigen Auseinandersetzungen um den Umfang dieser Rechte mit der Regierung in Stade und dem Geheimen Rat in Hannover, weil sie nach deren Auffassung ihre Rechte „ungebührlich extendieren"[97]. Die Stände wurden bei beabsichtigten Gesetzesänderungen beteiligt, zu denen sie nicht nur folgenlos Stellung nehmen konnten, sondern, soweit ihre Interessen berührt waren, gelegentlich durchaus erfolgreiche Verhandlungen zur Änderung der Gesetzesvorhaben führten. Bereits aus der Regelung zur Hierarchie in den Herzogtümern[98] wird nicht nur die generelle Bedeutung des Status einer Person in der damaligen Zeit deutlich, sondern auch die durchaus herausgehobene Stellung der Landstände in diesem Gebiet.

Der Präsident der Bremischen Ritterschaft erhielt aus deren Mitteln jährlich 300 RTlr, die sieben adeligen Landräte (sechs aus der Bremischen, einer aus der Verdenschen Ritterschaft) jährlich 200 RTlr sowie die drei städtischen Landräte jährlich 100 RTlr[99]. Die Ritterschaft des Herzogtums Bremen hielt zweimal

---

[92] StaatsA Stade Rep. 31 Titel 1 Nr. 44, Bl. 91.
[93] Manecke, S. 282.
[94] Carl Haase, Das ständische Wesen im nördlichen Deutschland, Göttingen 1964, S. 8.
[95] v. Meier, Band 1, S. 260.
[96] Wolf-Rüdiger Reinicke, Die Rechtsstellung der Landschaften in Niedersachsen, Göttingen 1966, S. 4; (künftig zitiert: Reinicke, Rechtsstellung), dieses Recht, und mit ihm die Macht der Stände, sei gegen Ende des 17. Jahrhunderts „zu einer bloßen Formalität" zusammengeschrumpft, so W. von Hassell, Erster Band, S. 35, dies galt aber wohl nicht mehr nach der Übernahme durch Hannover: Reinicke, Landstände, S. 75f.
[97] So in § 3 der Kgl. Instruktion vom 18. August 1730: StaatsA Stade Rep. 40 Nr. 1122, Bl. 125; hierzu näher s. u. 2.2.2.1.1.
[98] S. o. 2.1.2.1.1.
[99] Scharnhorst, Nachricht, S. 194.

jährlich bei den „Rittertags-Conventen" in Basdahl[100] ein Rittergericht, das eine ausschließliche Zuständigkeit für zivilrechtliche Streitigkeiten zwischen den in der Ritterrolle eingetragenen Mitgliedern hatte[101].

2.1.2.1.3 Die Justizkanzlei

Die Justizkanzlei wurde am 26. November 1715 eingerichtet. An diesem Tag wurden laut Protokoll in Gegenwart der Regierung[102] zunächst der Justizrat von Scharnhorst[103], danach die Justizräte Spilcker und von Püchler vereidigt, sodann die drei Sekretäre Salder, Frieligehausen und Bötticher.[104] Zudem war am 16. Dezember 1715 von der Regierung in Hannover der Regierung in Stade mitgeteilt worden, der bisherige Sekretär beim Oberappellationsgericht Johann Friedrich Börries[105] sei vom König zum Justizrat ernannt worden[106]. Mit diesem Kgl.

---

[100] Einzelheiten zu diesem Versammlungsort und dessen Entwicklung bei Elfriede Bachmann, Tagungsorte der Landstände im Erzstift und späteren Herzogtum Bremen, Stader Jahrbuch 1996 (Band 86), S. 83 – 130.

[101] Kgl. Schwed. Reskript vom 16. September 1651, bestätigt am 20. Mai 1663 und nach Aufhebung der Reichsexekution erneuert im Jahre 1693; vgl. Scharnhorst, Nachricht, S. 189f.

[102] Protokoll vom 26. November 1715: „Praesent. Herr Geh. Cammer Raht von Gehle, Herr Geh. Cammer Raht Ramdohr, *et me* Grentz *Secret.* Klinger": StaatsA Stade Rep. 70 Nr. 111.

[103] Gustav Carl von Scharnhorst, geb. am 27. Oktober 1660 in Verden, gest. am 5. Oktober 1736 in Stade; zu schwedischen Zeiten im Jahre 1711 zum Justizrat ernannt, vgl. Fiedler, Herzogtümer, S. 117; „Vice-Director" der Stader Justizkollegien im Jahre 1716. Mit Wirkung von Ostern 1718 wurde er hinsichtlich seiner Einkünfte den Direktoren der Justizkanzleien in Hannover und Celle gleichgestellt, nicht jedoch im Titel. Der Grund für diese Abstufung ist nicht ersichtlich; Ausschreiben des Geheimen Rats in Hannover vom 16. Juni 1718, StaatsA Stade Rep. 71 Stade Nr. 59. Zu Scharnhorsts Lebenslauf bei Theodor Haasemann, Die Stader Kanzleidirektoren, in: Stader Jahrbuch 1929 (19), S. 56f.

[104] Spilcker und von Püchler waren vorher in Celle tätig; der Geheime Rat in Hannover hatte ihnen ihre Ernennung zu Justizräten in Stade mit Schreiben vom 2. November 1715 mitgeteilt „daß Ihr Euch fordersahmst nach Stade begebet" in: StaatsA Stade Rep. 70 Nr. 111.

[105] Er wurde am 4. Januar 1716 in Stade vereidigt und trat an diesem Tag seinen Dienst an gemäß Bericht der Regierung in Stade an die Regierung in Hannover vom gleichen Tag. Börries war bereits vorher von den „Verdischen Ständen zum Ober-Appallations-Rath praesentirt worden" gemäß Ausschreiben des Geheimen Rats in Hannover vom 30. Dezember 1715; eine deshalb von der Regierung in Stade nach Hannover gestellte Anfrage, ob er angesichts dessen überhaupt noch beeidigt werden solle, wurde vom Geheimen Rat dahin beantwortet, dass die Bestätigung durch den König für die Oberappellationsratsstelle nicht vorliege und er deshalb in Stade seinen Dienst anzutreten habe, er müsse jedoch noch zur Ableistung der nötigen „praestandorum" an das Oberappellationsgericht verwiesen werden, so die Ausschreiben des Geheimen Rates in Hannover vom 30. Dezember 1715 und vom 3. Januar 1716; alles nach StaatsA Stade Rep. 70 Nr. 111. Bei Haasemann, S. 58, heißt es ohne Begründung: „Er zog die Stelle in Stade vor", jedoch dürfte er wohl angesichts der fehlenden Bestätigung für die Stelle

Reskript wurden zugleich der „*rang* und die *anciennität*" unter den Justizräten und ebenso die Aufgaben der Regierung gegenüber diesen neuen Justizräten festgelegt:

> „... so ist Unser Wille, daß *Scharnhorst primus, Spilcker secundus, Püchler tertius* und *Börries quartus in ordine* seyn, auf *Scharnhorst* als *primus*, und weil er schon vorhin bey dem dortigen Cantzley *Collegio* gestanden und des Landes und der Sachen dort kündig ist, *ad interim* das *Directorium* bey solchem *Collegio* führen solle. Es versteht sich aber, daß Unser Geheimbte Cammer-Rähte von *Gehle* und *Ramdohr votum et sessionem* in allen *Collegiis* zu Stade, dabey den Vortritt vor allen Rähten und der von *Gehle*, wan er gegenwärtig ist, nechst Ihm aber und in seinem abwesen der Geheimbte Cammer-Raht *Ramdohr* das *Directorium* in denen *Collegiis*, worin Sie sich finden, haben sollen."

Die Justizkanzlei war nach der hannoverschen Übernahme der Herzogtümer sachlich zuständig für sämtliche anfallenden weltlichen obergerichtlichen Verfahren, weil sie zunächst das einzige Obergericht war[107]. Eine Einschränkung ihrer Zuständigkeiten erfolgte erst mit der Etablierung des Hofgerichts im Mai 1716. Danach war die Kanzlei nur noch für jene Verfahren zuständig, die nicht unter Titel XIV des ersten Teils der Hofgerichtsordnung „Von der Jurisdiction des Hofgerichts, was für Personen und Sachen davor gehören"[108] fielen, mithin bestand wieder der Zustand wie zu schwedischen Zeiten. Hierzu gehörten in Zivilsachen als erstinstanzliche Verfahren insbesondere Vormundschafts-, Arrest- und Konkurs- sowie sonstige Vollstreckungssachen der ihr oder dem Hofgericht gerichtsunterworfenen Personen, zudem Appellationen gegen Entscheidungen der Untergerichte. In den übrigen Zivilverfahren war sie nur im „summarischen Verfahren" zuständig. Ferner hatte sie die Kompetenz für Kammerprozesse, darunter waren Klagen gegen die Ämter oder Gerichte des Bezirks zu verstehen, was aber nicht dem heutigem Verständnis eines Verwaltungsgerichtsverfahrens entspricht, sondern bei dem es um die Geltendmachung von Ansprüchen gegen die Regierung oder ihre Ämter ging.

In Strafsachen war sie zuständig für alle vorkommenden „Criminalsachen", es sei denn, solche Verfahren stammten von adeligen Gerichten sowie aus dem Alten Land oder aus dem Lande Kehdingen und die Rechtsmittelführer konnten sich auf althergebrachte privilegierte Rechte berufen. In solchen Fällen bestand eine erst- oder zweitinstanzliche Zuständigkeit des Hofgerichts. In den verblie-

---

in Celle keine andere Wahl gehabt haben. Der Name wird gelegentlich auch als „Borries/Börries" oder „von Borries/Börries" geschrieben.

[106] Kgl. Reskript „London den 22. Nov. / 3. Dez 1715": StaatsA Stade Rep. 70 Nr. 111; dort auch die folgenden Zitate.

[107] Schlüter, Hofgericht, S. XXXII, Fn. 22.

[108] Dieser Titel ist auszugsweise beigefügt als Anlage 2- 6.

benen Strafsachen stand der Justizkanzlei die Hoch-[109] oder Halsgerichtsbarkeit zu, hierzu gehörten u.a. die Verhängung und Vollstreckung von Todesurteilen. Jedoch war diese Spruch- und Vollstreckungstätigkeit durch die oberstrichterliche Stellung des Staatsoberhauptes als Ausfluß der „plenetudo potestatis" eingeschränkt. Die Stader Regierung hatte deshalb entsprechend Artikel 5 der *punctatio* von 1716 die Erkenntnisse an den Geheimen Rat in Hannover einzusenden, der die beabsichtigten Urteile beliebig schärfen oder mildern konnte und zudem besondere Fälle dem König in London vorzutragen hatte, um dessen endgültige Entscheidung einzuholen[110]. Bei dem in den Herzogtümern stattfindenden Strafverfahren bestand das Amt eines Commissarius fisci, der als Beamter der Stader Regierung Aufgaben eines Anklägers wahrzunehmen hatte, also nach heutigem Verständnis teilweise mit einem Staatsanwalt zu vergleichen ist; ihm stand 1/5 der dem Fiskus zuerkannten Strafen zu[111]. Die landesherrlichen Untergerichte führten in Strafsachen die Ermittlungen unter Anleitung der Justizkanzlei, jedoch nur, wenn sich die Tat in deren Bezirk ereignet hatte. In den drei Städten der Herzogtümer sowie in einigen Patrimonialgerichten wurde eine eigene Kriminalgerichtsbarkeit ausgeübt. Eine landesherrliche Bestätigung war in Strafsachen nur bei den Erkenntnissen einzuholen, die über Gefängnis und die „Pfahlstrafe" hinausgingen[112]. Demgegenüber konnte die Stader Regierung die Tortur der Beschuldigten als ein „lediglich" prozessuales Zwangsmittel, über deren Anwendung nach Aktenversendung an eine Juristenfakultät entschieden wurde, eigenständig anordnen und durchführen.

Die Justizkanzlei war, im Gegensatz zum Hofgericht, ein ständig präsentes Gericht, dessen Erkenntnisse nicht nur an wenigen festen Terminen des Jahres

---

[109] Vgl. HRG, Merzbacher, „Hochgerichtsbarkeit".

[110] „*In Criminalibus* kan die *Justitz*-Canzley der Hertzogthümer Bremen und Vehrden *usque ad Sententiam* verfahren, vor deren *publicir* und *exequir*ung aber müßen solche *Sententiae* nicht nur, welche *poenas Capitales,* sondern auch welche sonst *poenas Corporis afflictivas* betreffen oder *infamiam inferiren, inclusive* die Landes Verweisungen *in perpetuum* nach Hannover an das dohrtige Geheimbte Raths *Collegium* mit einem Bericht von der Regierung zu Stade mit Zuziehung des *Vice-Directoris* alda eingeschicket und vernommen und abgewartet werden, ob und was gedachtes Geheimbte Raths *Collegium* wegen *mitigir*- oder auch nach Befinden wegen *exaspirir*ung der *in sententia* gesetzten Straffe zu meinen habe, welches alsdann wird zu *attendir*en und die *Sententia* darauf einzurichten seyn. Ermeltes Geheimbte Raths *Collegium* wird in sonderbahren Fällen, da entweder wegen *qualitet* und Beschaffenheit der zu bestraffenden *person,* oder sonst umbstände von Wichtigkeit bey der Sache sich finden, kein von Stade einkommendes *Criminal*-Urtheil *confirmir*en oder *reformir*en ohn den *casum* zuforderist Sr. Königl. Majestät vorgetragen und Dero *decisum* darüber eingehohlet zu haben." in: StaatsA Stade Rep. 40 Nr. 1122, Bl. 14R, 15; s. Anlage 2 – 1. Hier kommt das landesherrliche Bestätigungsrecht für Urteile in Strafsachen als Ausfluß der „plenetudo potestatis" deutlich und detailliert zum Ausdruck.

[111] Scharnhorst, Nachricht, S. 161.

[112] Vgl. Fn. 110.

ergingen und das deshalb einen laufenden Behördenbetrieb unterhielt. Seit dem Erlaß der *„punctatio"*[113] hatte die Stader Regierung nach deren Artikel 4 die Oberaufsicht auch über das Justizkollegium.

2.1.2.1.4 Das Hofgericht

Das Hofgericht war zu erzbischöflichen Zeiten und darüber hinaus bis zum Jahr 1652 das einzige höhere Gericht im Erzstift Bremen gewesen, aber es verlor mit der Entwicklung und dem Aufbau der landesherrlichen Gerichtsbarkeit zunehmend seine Bedeutung[114]. Es hatte die erstinstanzliche Kompetenz für alle den Untergerichten nicht unterworfenen Personen, hierzu zählten in den Herzogtümern insbesondere die Angehörigen der Ritterschaft sowie alle Beamten. Es war zudem Appellationsinstanz für die Entscheidungen der Landgerichte[115]. Besetzt war es sowohl mit den von der Regierung ernannten „Justizräten", wie auch mit den gewählten Vertretern der Stände, den „Hofgerichtsassessoren". Zu schwedischen Zeiten war der Kanzler der Stader Regierung der Präsident des Gerichts, die Geschäfte wurden jedoch von dem „Vice-Director" geführt. Seit der hannoverschen Zeit war der Präsident der Stader Regierung gleichzeitig Präsident des Hofgerichts, jedoch wurden die Geschäfte vom „Vice-Director", mithin zu dieser Zeit von von Scharnhorst, geführt. Das Gericht war demnach eine von den Vertretern der Stände geprägte Einrichtung und es hatte, wie diese, in den Herzogtümern eine besonders starke Stellung. Hierfür spricht auch die Entwicklung bei der erneuten Einrichtung, denn nach der Abschaffung des Hofgerichts zu schwedischer Zeit war es nach Übernahme der Herzogtümer vom Landesherrn zunächst nicht wieder eingerichtet worden, vielmehr erfolgte die Wiedererrichtung erst auf ausdrückliches Ersuchen der Landstände[116]; es war als Gericht zuständig u. a. für die Streitigkeiten der Mitglieder der Ritterschaft.

Dem Hofgericht diente als Verfahrensgrundlage eine umfangreiche Gerichtsordnung, die zugleich mit seiner Begründung im Jahr 1517 erlassen worden war[117]. Dieses Verfahrensrecht galt auch für die übrigen Obergerichte der Her-

---

[113] S. o. 2.1.1, StaatsA Stade Rep. 40 Nr. 1122, Bl. 14.

[114] So jedenfalls v. Meier, Band 1, S. 291f.; für diesen waren die Hofgerichte eine „absterbende Institution": ebenda, S. 293; erkennbar wird dies auch an der o.g. Kgl. Schwedischen Resolution vom 20. Mai 1663 über die Zusammenlegung der oberen Gerichte.

[115] S. u. 2.1.2.1.6.

[116] von Kobbe, Band 2, S. 7.

[117] „Ertzbischfs Christoph's, des Capitels und der Landstände, wie auch der Städte: Bremen, Stade und Buxtehude, Receß, in welchem das Bremische Hofgericht aufgerichtet und angeordnet wird, de Anno 1517"; der Rezeß ist abgedruckt bei Schlüter, Hofgericht S. V – XXIII, die Hofgerichtsordnung ebenda, S. 1 – 224.

zogtümer[118]. Die Hofgerichtsordnung wurde zur Zeit der schwedischen Besetzung im Jahre 1672 erneuert unter Bestätigung aller vorhandenen Privilegien[119]. Das Hofgericht trat in jedem Quartal einmal zu sogenannten Juridiken von etwa einer Woche Dauer zusammen[120], davon hatte zu schwedischen Zeiten die Sitzungswoche im Sommer jeweils in Bremen stattgefunden. Denn insoweit war in Titel XV § 2 der Hofgerichtsordnung vorgesehen gewesen, dass eine der vier Sitzungsperioden in Bremen abzuhalten sei; diese fanden jedoch in der Zeit nach der Wiedereinrichtung des Gerichts zunächst nicht statt.

Nach der Übernahme der Herzogtümer durch den neuen Landesherrn wurde dieses Gericht auf das genannte Ersuchen der Stände durch Kgl. Reskript vom 8. November 1715 bestätigt[121], ohne dass es sofort seine Tätigkeit aufnehmen konnte. Am 26. November 1715 wurden die drei Justizräte Gustav Carl von Scharnhorst, J. H. von Spilcker sowie Johann von Püchler vereidigt, am 4. Januar 1716 zudem der Justizrat Johann Friedrich von Borries[122]. Die Stände präsentierten der Regierung zunächst fünf Personen, nämlich von der Bremischen Ritterschaft die Assessoren Jürgen von der Lieth und Claus v. der Decken, von der Stadt Stade den Bürgermeister Joachim Heisling, von der Stadt Buxtehude den Syndicus David Wehner und von der Verdenschen Ritterschaft den Assessor Benedix Bremer auf Dobrock. Diese fünf von den Ständen präsentierten Hofgerichts-Assessoren wurden mit Schreiben der Stader Regierung vom 19. März 1716[123] wie folgt angeschrieben und geladen:

> „Demnach die Eröfnung des von Ihro Königl. Majtt. zu *retablir*en allergnädigst guthgefundenen Hofgerichts auf d 4ten erstkommenden Monaths *May* anberaumt, und *partes* durch ein offentliches *Proclama* zu verhandlender Nothdurft angewiesen worden. Und dann
> 1. *Praesident* Land Räthe und Ritterschaft Herzogthums *Bremen*
> 2. Bürger Meister und Rath der Stadt *Stade* und *Buxtehude*
> 3. Ritterschaft Herzogthums *Verden*
> euch zum Hofgerichts-*Assessore praesentir*et, diese *Praesentation* auch von Hochstgedachter Königl. Majett. Allergnädigst angenommen, und *approbir*et worden. So haben wir Euch nun solches mittelst dieses *intimir*en, und dabey Nahmens pp. anbefehlen wollen, daß

[118] Bereits am 3. Dezember 1715 hatte die Regierung in Stade nach Hannover berichtet, daß „die hiesige Hoff-Gerichts-Ordnung auff beyde Collegia als das Jusitz Collegium undt Hoff-Gericht gerichtet sey." StaatsA Stade Rep. 71 Stade Nr. 58. Hier hatte sich offenbar eine Observanz herausgebildet, deren Entstehungszeit nicht näher eingegrenzt werden kann.

[119] S. o. 1.2; sie ist abgedruckt bei Schlüter, Hofgericht, S. 1 – 225; die schwedische Bestätigung des Jahres 1672 ist bei Schlüter, Hofgericht, S. XXV- XXXII enthalten; s. Anlage 1 – 1.

[120] v. Meier, Band 1, S. 293.

[121] Vgl. Schlüter, Hofgericht, S. XXXII.

[122] Die Behauptung Schlüters, Hofgericht, S. XXXIV, Borries sei erst nach der Ernennung Scharnhorsts zum „Vice-Director" eingestellt worden, trifft daher nicht zu.

[123] StaatsA Stade Rep. 71 Stade Nr. 58.

ihr auf dem 1ten nächstkommenden Monaths *May* Morgends umb 9 Uhr vor hiesiger Königl. Regierung *ad praestandum solennia*, und demnechst an dem darauf folgenden 4ten Tag desselben Monaths zur würklichen *Introduction*, und Beobachtung der im *Termino* etwan vorfallenden Ambts-Verrichtungen einfindet."

Der am 1. Mai 1716 geleistete Eid der Hofgerichtsassessoren lautete vollständig:

„Ihr sollt schweren einen Eyd zu Gott, nachdem Sr. Königl. Majst. und Churfürstl. Durchl. Euch zum Assessore des hiesigen Königl. Hoffggerichts confirmiret, daß Ihr dem Euch anbefohlenen Ambte getreulich und redlich vorstehen und so wohl in Sr. Königl. Majst. und dero Ämbter angehendem eygenem als andere Hoffgerichts Parthey und Justitz Sachen, eurem besten Verstande nach getreulich richten, männiglichen hoch und niedrigen Standes gleich urtheilen und handeln und Euch weder durch Liebe, Neid, Gabe, Freund- oder Ferwandtschafft noch keinerley Weise oder Wege da wieder bewegen laßen wollet, auch daß insonderheit Ihr, auf Sr. Königl. Majst. Hoffgericht, wann die gewöhnliche Rechts-Gänge seyend, oder sonst der das Directorium jedes mahl führet, es ansagen läßet, Vor und Nach Mittags, so lange was zu verrichten und zu berathschlagen vorfält, mit bey wohnen, aus den Acten, so euch anvertrauet werden, mit allem Fleiß referiren, eure *Vota* nach Gottes Wort und nach der in diesen Hertzogthümern publicirten Hoffgerichts Ordnung in so weit solche in richtiger Observance ist, denen Kayserlichen beschriebenen Rechten, Reichs- und Land-Tages-Abschieden, ehrbahren vernünfftigen Gewohnheiten, wann selbige glaubwürdig gemachet werden, dirigiren und richten, und darnach ein *liberum votum*, wie Ihr solches nach eurem besten Verstande zu führen euch getrauen werdet, ungehindert haben und behalten, demjenigen, so das Praesidium (und Directorium) führet, schuldige Folge leisten, und ohne dessen Vorwissen nicht abwesend seyn, daneben auch solange dieses Euer Assessorat währet, ohne Sr. Königl. Majett. und Churfürstl. Durchl. sonderbaren Vorbewußt und Consens von niemandem, wer der auch seyn möchte, einige Pension, Bestallung oder Jahr-Geld annehmen, sondern euch deßen gäntzlich enthalten, und was ihr in Sr Königl. Majett. und Churfürstl. Durchl. geheimbten und anderen Angelegenheiten, auch dero Land und Leute betreffenden Sachen erfahren werdet, Niemandem, als wem es seiner Bestimmung halber zu wißen gebühret, Ihr seyd noch in Sr. Königl. Majtt. und Churfürstl. Durchl. Diensten oder nicht, offenbahren, sondern bey Euch bis in die Sterb-Grube behalten, und sonst alles andere thun und laßen wollet, was einem treuen, fleißigen Hoff Gerichts Assessori wohlan stehet und gebühret, (ihr auch vor Gott, eurem Gewissen und wem ihr weiter Rede und Antwort halten zu haben schuldig, euch vertrauenswert getrauet. Alles) getreulich und ohne Gefährde."[124]

[124] Schreiben der Regierung in Hannover an die Regierung in Stade vom 15. April 1716, danach kann die Beeidigung der Assessoren „nach dem bey Schwedischen Zeiten üblich gewesenen Formular geschehen": StaatsA Stade Rep. 71 Stade Nr. 58. Dieser Quelle liegen drei Eidesformulare bei, die sich in den oben in Klammern gesetzten Texten unterscheiden und zudem Zusätze hinsichtlich der von der schwedischen Zeit abweichenden hannoverschen Titulatur enthalten. Bei Schlüter, Bescheide, S. 66, sind die Klammerzusätze im dort abgedruckten Eidestext nicht vorhanden.

Aus dem Wortlaut der Eidesformel ist nicht nur die dienstrechtliche Stellung der Hofgerichtsassessoren zu erkennen, sondern er enthielt zugleich einen Überblick der anzuwendenden materiell-rechtlichen Grundlagen[125]. Zudem läßt die Wortwahl des „liberum votum“ auf eine durchaus bestehende Unabhängigkeit der Richter in der Entscheidung der Rechtssachen schließen. Ob dieses faktisch so gehandhabt wurde, läßt sich nicht mehr feststellen.

Die erste Sitzung des Hofgerichts in hannoverscher Zeit fand am „Montag nach Jubilate“[126], dem 4. Mai 1716, statt. Sie war, entsprechend einem Wunsch der Stader Regierung[127], durch ein Kgl. Patent vom 9. März 1716[128] angekündigt worden, damit die Prozesse „aus K. Schwedischer Zeit wieder in Gang gebracht“[129] werden konnten. Zu den landesherrlichen Richtern kamen die bereits genannten Vertreter der Stände hinzu. Die personelle Besetzung des Hofgerichts zum Zeitpunkt der Schließung und der Öffnung soll anhand der folgenden Übersicht gezeigt werden:[130]

Richter des Hofgerichts

	bis 1712	im Jahre 1716
Canzler, Präsident und Director[131]	Berthold Clemens von der Kuhla	Geheime Kammerräte Cord Plato von Schloen gen. von Gehle Albrecht Andreas Ramdohr
Vice-Director und Justizrat	Hermann Joh. Christoph von Uffeln[132]	

[125] S. u. 2.1.3.

[126] Erlaß der Regierung in Hannover an die Regierung in Stade vom 18. Februar 1716: StaatsA Stade Rep. 71 Stade Nr. 58.

[127] Schreiben der Regierung in Stade an die Regierung in Hannover vom 13. Februar 1716: StaatsA Stade Rep. 71 Stade Nr. 58.

[128] „Das vorhin in dortigem Hertzogthum gewesene Hofgericht soll gleichfalls auf seinen vorigen Fuß underweilet wieder bestellet und gehalten werden, und wollen Wir eurer Präsentirung so vieler Personen dazu, als vorhin vorhin üblich gewesen, zu Unserer Confirmation erwarten.“ nach Schlüter, Hofgericht, S. XXXIII – XXXVI.

[129] Die letzte Sitzung zuvor hatte im Juni 1712 stattgefunden: StaatsA Stade Rep. 71 Stade Nr. 58.

[130] Die Übersicht ist zusammengestellt aus Schlüter, Hofgericht, S. XXXI und S. XXXIV; Unterschiede in den Schreibweisen sind stillschweigend berichtigt.

[131] Diese Bezeichnungen gelten nur für die schwedische Zeit, danach gab es für die präsidierenden Räte der Stader Regierung keinen eigenständigen Titel.

[132] Dieser hatte mit der Stader Regierung eine langwierige Auseinandersetzung wegen seiner Anrede, weil er in Fürstlich Waldeckischen Diensten als „Geheimter Rat und Praesident“ gestanden hatte und wegen dieses dort bekleideten Ranges sowohl eine andere Anrede wie die entsprechende Titulatur erwartete, was ihm die Stader Regierung jedoch hinsichtlich des Titels versagte und ihn als „Königl. Schwedischen Vice-Director“ weiterhin anschrieb, mithin sein letztes Amt in den Herzogtümern zugrundelegte: StaatsA Stade Rep. 40 Nr. 1122, Bl. 35 – 45.

Justizrat	Carl Gustav von Scharnhorst	Carl Gustav von Scharnhorst (ab 15. Mai 1716 Vice-Director)
Justizrat		Johann Heinrich von Spilker
Justizrat		Ludwig Johann von Püchler
Justizrat		Johann Friedrich von Borries
Justizrat	Johann Georg Beckhoff	*Johann Georg Beckhoff* (erst wieder ab 1721 in hannoverschen Diensten)
Hofgerichts-Assessoren präsentiert von der		
Bremischen)	Hinrich Otto von der Kuhla[133]	
Ritterschaft)	Christoph Jürgen von der Lieth	Christoph Jürgen von der Lieth[134]
)		Goerd von der Lieth[135]
)	Claus von der Decken	Claus von der Decken[136]
)		Christoph Henrich von Issendorff[137]
Stadt Stade	Joachim Heisling	Joachim Heisling
Stadt Buxtehude	David Wehner	David Wehner
Verdenschen Ritterschaft		Benedix Bremer[138]
Stadt Verden	Theodor Wolff	Theodor Wolff (am 6. Juli 1720 vereidigt)

Den Bedienten des Landesherrn standen also zunächst zumindest sechs von den Ständen präsentierte Richter zur Seite. Dabei ist die personelle Kontinuität bemerkenswert hoch trotz des Wechsels in der Landesherrschaft. Diese Kontinuität erstreckte sich, wie gezeigt, auch auf den von den ständischen Richtern zu

133 Die Präsentation dieses Assessors hatte die Ritterschaft im Schreiben vom 21. Dezember 1715 an die Regierung in Stade zunächst zurückgestellt, weil er sich noch nicht entschieden hatte: StaatsA Stade Rep. 70 Nr. 2209. Eine Entscheidung für den Wiedereintritt in dieses Amt erfolgte nicht.

134 Dieser schied bereits Ende 1716 aus, denn er ist am 29. Januar 1717 als Oberappellationsrat in Celle vereidigt worden, vgl. Präsident des OLG Celle, Festschrift 1986, S. 437.

135 Mit Kgl. Reskript vom 8. Oktober 1716 wurde die Präsentation der Bremischen Ritterschaft des Goerd von der Lieth zum Hofgerichtsassessor bestätigt. Die Vereidigung sollte nach einem Schreiben der Regierung in Stade vom 15. Oktober 1715 an den Assessor am 26. Januar 1716 erfolgen: StaatsA Stade Rep. 70 Nr. 2210.

136 Es handelte sich um Claus von der Decken auf Rittershausen, der mit Schreiben des Präsidenten und der Landräte des Herzogtums Bremen vom 21. Dezember 1715 zum Hofgerichtsassessor präsentiert wurde unter Hinweis darauf, dass er bereits bis Juni 1712 als solcher tätig gewesen war: StaatsA Stade Rep. 70 Nr. 2209.

137 Mit Kgl. Reskript vom 8. Oktober 1716 wurde die Präsentation der Bremischen Ritterschaft des Christoph Henrich von Issendorff zum Hofgerichtsassessor bestätigt. Die Vereidigung sollte nach einem Schreiben der Regierung in Stade vom 15. Oktober 1715 an den Assessor am 26. Januar 1716 erfolgen: StaatsA Stade Rep. 70 Nr. 2210.

138 Benedix Bremer auf Dobrock wurde mit undatiertem Schreiben der Stände des Herzogtums Verden präsentiert: StaatsA Stade Rep. 70 Nr. 2209.

leistenden Eid, bei dem aus der schwedischen Vorlage lediglich die Bezeichnung des Landesherrn zu ändern gewesen war.

Die Titulatur des Hofgerichts lautete zunächst:

> „Königl. Groß Britannische und Churfürstliche Braunschweig-Lüneburgische zum Hofgericht der Hertzogthümer Brehmen und Vehrden Verordnete Räthe."[139]

Mittlerweile hatte jedoch die Stader Regierung von der Ernennung des Justizrates von Scharnhorst zum „Vice-Director" bei Gelegenheit der Übersendung des aus London kommenden Ziviletats erfahren und deshalb mit Schreiben vom 17. April 1716[140] in Hannover angefragt, wie die Titulatur dieses Gerichts nunmehr lauten solle, worauf die Antwort bereits unter dem 20. April mit der folgenden neuen Bezeichnung erging:

> „Königl. Groß Britannische und Churfürstliche Braunschweig-Lüneburgische zum Hofgericht der Hertzogthümer Brehmen und Vehrden Verordnete Vice-Director und Räthe"[141]

Die Arbeit des Hofgerichts unterschied sich zwar insbesondere dadurch erheblich von der der Justizkanzlei, dass es nur viermal jährlich tagte. Dies ist aber nur auf den ersten Blick aus der Sicht der Rechtsuchenden ein Mangel, weil die vom Plenum zu entscheidenden Sachen auch nur von diesem durch Urteil beendet werden konnten. Alle unaufschiebbaren Sachen waren von dem im übrigen identischen Personal wahrzunehmen, das jedoch ausschließlich Verfügungen, mithin keine verfahrensbeendenden Entscheidungen, im Namen des Hofgerichts erlassen konnte. Die ständischen Kläger konnten daher sicher sein, dass ihre Vertreter bei den abschließenden Entscheidungen mitwirkten.

Mit Erlaß der „*punctatio*"[142] hatte die Stader Regierung nach deren Artikel 4 die Oberaufsicht über das Hofgericht, also letztlich wegen der späten Aufnahme der Tätigkeit von deren Beginn an.

---

[139] Diese Bezeichnung wurde festgesetzt mit Schreiben der Regierung in Hannover an die Regierung in Stade vom 20. April 1716: StaatsA Stade Rep. 71 Stade Nr. 58.

[140] StaatsA Stade Rep. 71 Stade Nr. 58.

[141] Schreiben der Regierung in Hannover an die Regierung in Stade vom 15. Mai 1716: StaatsA Stade Rep. 71 Stade Nr. 58.

[142] S. o. 2.1.1, StaatsA Stade Rep. 40 Nr. 1122, Bl. 13 – 18; s. Anlage 2 – 1.

2.1.2.1.5 Das Konsistorium

Das Konsistorium war zwar schon 1618 von Erzbischof Johann Friedrich geplant, aber erst zu schwedischen Zeiten auf Verlangen der Landstände mit Landtagsrezeß vom 30. Juni 1651 begründet und am 20. Mai 1663 bestätigt worden[143]. Grundlage seiner Arbeit im Herzogtum Bremen war die pommersche Kirchenordnung, mithin eine Rechtsgrundlage aus einem anderen schwedischen Territorium in Deutschland[144]. Denn eine eigene Kirchenordnung bestand nur für das Herzogtum Verden seit dem Jahre 1607[145]. Im Herzogtum Bremen gab es zwar langwierige Versuche zur Einführung einer eigenen Kirchenordnung, aber sie blieben alle erfolglos[146]. Das Konsistorium war als obere Verwaltungsbehörde für Kirchen- und Schulsachen zuständig in beiden Herzogtümern, die sich unterteilten in die Bremische und die Verdische Superintendentur, die erstere war zudem in acht Probsteien oder Präposituren untergliedert[147], denen jeweils mehrere verschiedene Kirchspiele angehörten.

Die Aufgaben des Konsistoriums bestanden nicht nur in der Aufsicht über die landesherrrliche kirchliche Lehre und in der Prüfung und Anstellung der Prediger und Lehrer, sondern auch in der Wahrung der *„Iura episcopalia et patronatus"* des Landesherrn[148], zu denen auch die Vermögensaufsicht und die Gerichtshoheit über die geistlichen Personen, also über die Pastoren, die Schul- und Kirchenbedienten und deren Personal sowie deren Angehörigen, zählte. Diese Personen waren mithin von der Gerichtsbarkeit der Untergerichte eximiert. Ohne eine Einschränkung auf diesen Personenkreis wurden die gerichtlichen Aufgaben generell wahrgenommen hinsichtlich aller Vergehen, die den geistlichen Bereich betrafen, z. B. bei Vorwürfen der Gotteslästerung oder bei Verstößen gegen den Schutz der Sonn- und Feiertage, aber auch bei Delikten wie Ehebruch und überhaupt alle nach damaligem Recht als „Unzuchtsdelikte" bezeichnete Vergehen, ferner insbesondere bei Dispensationen, also der Ausnahme vom Heiratsverbot für Minderjährige oder Verwandte, sowie bei Streitigkeiten über das kirchliche Vermögen[149]. Das Konsistorium hatte also einerseits eine auf be-

---

[143] Scharnhorst, Nachricht, S. 127; von Kobbe, Band 1, S. 317.
[144] Nach Otte, S. 13.
[145] Scharnhorst, Nachricht, S. 193f.; Otte, S. 13.
[146] Nach Otte, S. 57, waren es „beinahe hundertvierzigjährige Bemühungen." Hierzu auch bei von Kobbe, Band 1, S. 319.
[147] Es waren dies die Altenlandische, Kehdingische, Neuhausische, Wurster, Osterstadische, Bederkesische, Bremervörder, Otterbergische Präpositur, vgl. StaatsA Stade Rep. 40 Nr. 429, sowie Roth, S. 85. Nach von Stade, S. 13, gab es zu schwedischen Zeiten noch die Probstei Zeven. Die Probstei Bederkesa soll erst später eingerichtet worden sein, so von Kobbe, Band 1, S. 317.
[148] Es war letztlich Ausdruck des „landesherrlichen Kirchenregiments", so Winkler, S. 14.
[149] Vgl. Scharnhorst, Nachricht, S. 141ff.

stimmte Personen beschränkte Kompetenz hinsichtlich deren zivil- wie strafrechtlicher Angelegenheiten sowie andererseits die generelle Gerichtsbarkeit der ersten Instanz für alle Ehesachen[150]. Soweit zudem die Städte der Herzogtümer eine eigene erstinstanzliche geistliche Gerichtsbarkeit ausüben konnten, war es für deren Entscheidungen zugleich Rechtsmittelinstanz.

Das Konsistorium wurde geleitet vom Generalsuperintendenten, dem die beiden genannten Superintendenten als Konsistorialräte zur Seite standen und von mehreren Räten. Direktor des Konsistoriums hatte nach dem genannten Rezeß ein juristischer Rat zu sein. Dies war zur schwedischen Zeit der jeweilige Kanzler der Regierung, so dass auch hier eine ständige personelle Verflechtung der beiden Behörden bestand. Ihm gehörten zu schwedischen Zeiten zuletzt folgende Bediente an:

Zahl und Titel	Jahresbesoldung in Reichstalern
ein General Superintendent	600
ein Konsistorialrat und Pastor bei der „Etats-Kirche“	300
ein Sekretär	250
ein Kanzlist	150
ein Buchdrucker	40[151].

Hinzu kamen der Kanzler als Präses, der älteste Justizrat als „Vice-Director“ sowie zwei Justizräte[152]. Zu dänischer Zeit ist zwar der Superintendent Bussing aus Oldenburg, also aus einem anderen dänischen Territorium in Deutschland, zum Generalsuperintendenten ernannt worden, „allein kein ordentliches Consistorium wieder bestellet, sondern die Dänische Regierung“ hatte die Konsistorialsachen in eigener Zuständigkeit entschieden. Nach der Übernahme hatte sich Bussing bei der Regierung in Stade „nicht gemeldet, hingegen der vormalige Superintendent Dr. Dicemann sich hier eingefunden.“

Beispielhaft für die Kompetenz des Konsistoriums soll hier die erste Verordnung der neuen Stader Regierung in dieser Regelungsmaterie erwähnt werden, die vom 14. Januar 1716 stammte und sich an alle Obrigkeiten und Untertanen

---

[150] Zur Ausnahme bei den drei Städten der Herzogtümer s. u. 2.1.3.1 bis 2.1.3.3.

[151] Hierbei handelt es sich um die bereits genannte Aufstellung der Herzogtümer, die wohl aus dem Jahre 1715 stammte: StaatsA Stade Rep. 31 Tit. 1 Nr. 44, Bl. 224.

[152] Bericht der Regierung in Stade an die Regierung in Hannover vom 3. November 1715. Danach auch der folgende Abschnitt und die Zitate. Soweit sich Abweichungen zwischen der ersten Bestandsaufnahme des Jahres 1715 und dieser Quelle ergeben, könnte dies daran liegen, dass die Bestandsaufnahme ausschließlich die geistlichen Mitglieder berücksichtigt hat: StaatsA Stade Rep. 40 Nr. 1135.

richtete[153]. Danach waren Klagen auf Eingehung der Ehe vom Konsistorium „von dem Anfang dieses 1716ten Jahres anzurechnen ... so fort“ abzuweisen, sofern ihnen ein heimliches Verlöbnis vorausgegangen war, und das anschließende Verfahren „*Fiscali*scher Ahndung“ zu überlassen; sollte jedoch das heimliche Verlöbnis „mit dem Beyschlaff bekräfftiget worden“ sein, war die „Abstattung öffentlicher Kirchen-Busse unausbleiblich.“ Die Bekanntmachung dieser Verordnung war in ihr ebenfalls, und zwar recht subtil hinsichtlich des Zeitpunktes, geregelt:

> „Und damit sich niemand zu beschweren haben möge, ob sey ihm diese Verordnung nicht zu seiner Wissenschafft gekommen, sollen sie die *Superintendenten, Praepositi* und *Pastores* dieser Hertzogthümer nicht nur dieses mahl, sondern auch künfftig alle Jahr einmahl, und zwar an dem Sonntage, da von der Hochzeit zu Cana in Galiläa geprediget wird, öffentlich und vernehmlich von den Cantzelln ablesen, und ihre Zuhörer so wohl alsdann, als sonst bey der *Catechisation* und ander gegebener Gelegenheit, für allen Nachtheil und Schaden, Leibes und der Seelen, welchen solche unordentliche und unchristliche Verlöbnissen nach sich ziehen, treufleißig warnen.“

Die Verkündung von der Kirchenkanzel dürfte im übrigen, neben öffentlichen Anschlägen, in damaliger Zeit das hauptsächliche Veröffentlichungsmedium neuer Gesetze und Verordnungen gewesen sein. Mit Erlaß der „*punctatio*“[154] hatte die Stader Regierung nach deren Artikel 4 die Oberaufsicht auch über das Konsistorium übertragen bekommen. Dort war zum Konsistorium im übrigen keine allgemeine Anordnung getroffen worden, jedoch in Artikel 11 eine Regel zu denjenigen frei werdenden Pfarrstellen aufgestellt, bei denen der Landesherrschaft das *ius patronatus* zustand. Hier hatte auf den jeweiligen Vorschlag des Konsistoriums die Stader Regierung die Stellen zu besetzen; dies galt jedoch nicht für die Stellen der Superintendenten, Pröbste oder „Kirchen-Inspectores“, denn diese waren zunächst dem Geheimen Rat in Hannover zu präsentieren und konnten erst nach dessen Bestätigung bestellt werden.

Über Rechtsmittel gegen Entscheidungen des Konsistoriums hatte nicht das Oberappellationsgericht, sondern ausschließlich der Geheime Rat in Hannover zu entscheiden.

---

[153] „Fügen hiemit allen und jeden Grefen, Ambt-Leuten, Richtern, Schultzen, Voigten und anderen Bedienten, wie auch Bürgermeistern und Rähten in denen Städten, und insgemein denen sämbtlichen dieser Hertzogthümer Einwohner und Unterthanen, nebenst gebührendem zu entbieten, hiemit zu wissen“: StaatsA Stade Rep. 31 Titel 46 Nr. 2, Bl. 29. Die folgenden Zitate ebenda.

[154] S. o. 2.1.1, StaatsA Stade Rep. 40 Nr. 1122, Bl. 13 – 18; s. Anlage 2 – 1.

2.1.2.1.6 Die Landgerichte

Die Landgerichte[155] gab es in Bremen und Verden seit erzbischöflichen bzw. bischöflichen Zeiten, ohne dass eine eigene Gerichtsordnung ihrer Tätigkeit zugrundelag, vielmehr beruhten diese Gerichte überwiegend auf Herkommen[156]. Ob in den Herzogtümern in jedem Amt ein Landgericht gehegt wurde, scheint nicht sicher belegt zu sein[157]. Sie sollen hier nur beiläufig erwähnt werden, weil ihre Bedeutung auch schon zu dieser Zeit bereits zurückging[158] und weil sie zunächst nicht wieder eingerichtet worden waren. Von ihrer Aufgabe und Struktur sind sie weder zu den Obergerichten noch zu den Untergerichten zu zählen; sie standen vielmehr „außerhalb der regulären Gerichtsverfassung"[159]. Ihre Kompetenz bestand einerseits in der Entscheidung über die im Laufe eines Jahres in einem bestimmten Amts- oder Gerichtsbezirk zusammengetragenen Rügesachen[160] und andererseits in der landesherrlichen Aufsicht über die einzelnen Ämter und Gerichte. Letzteres stand seit 1706 stärker im Vordergrund[161]. Sie hatten sich danach von ihrer Rechtsprechungsfunktion zunehmend entfernt und zu Inspektionen der ländlichen Ämter und Gerichte durch die Landesherrschaft entwickelt[162]. Bei dieser Gelegenheit übten sie auch noch Rechtsprechungsaufgaben aus. Die Gründe für ihr baldiges Ende dürften auch darin zu sehen sein, dass diese Inspektionsreisen zunehmend zu kostspieligen Gelagen ausarteten[163].

---

[155] Die Aufgaben und die Bedeutung der Landgerichte in der Rechtspflege der hannoverschen Lande sind bei Landwehr erschöpfend dargestellt: S. 12ff. zu deren Verfassung, S. 51ff. zur Jurisdiktion, S. 86ff. zum Verfahren und S. 119ff. zu deren Zuständigkeiten in der Rechtspflege. Hier sollen deshalb im wesentlichen territoriale Besonderheiten aufgeführt werden. Die Landgerichte der Herzogtümer können mit denen der übrigen hannoverschen Lande nur bedingt gleichgesetzt werden, hier zeigt die Rechtslage nach Landwehr, S. 5, vielmehr ein „teilweise unübersichtliches Bild."

[156] Obwohl es sie zu schwedischen Zeiten gab, werden sie in der sonst sehr umfassenden Polizeiordnung von 1692 nicht erwähnt, vgl. Landwehr, S. 5, zum Herkommen ebenda, S. 11f.

[157] So jedoch Landwehr, S. 20, was sich aber wohl eher auf die übrigen hannoverschen Landesteile beziehen dürfte.

[158] Thomas Krause, S. 96.

[159] Thomas Krause, S. 96; nach Landwehr, S. 80, waren sie in Strafsachen Teil der Niedergerichtsbarkeit.

[160] Dabei war die Abgrenzung zu den peinlichen Sachen „niemals eindeutig", Landwehr, S. 125. Die einzelnen Delikte sind dargestellt bei Landwehr, S. 55ff.

[161] Gunkel, Zweihundert Jahre Rechtsleben in Hannover. Festschrift zur Erinnerung an die Gründung des kurhannoverschen Oberappellationsgerichts in Celle am 14. Oktober 1711, Hannover 1911, S. 17; Landwehr, S. 109f. und S. 119.

[162] Landwehr, S. 119; zu den Aufgaben zählte auch die Verlesung von Gesetzen, Landwehr, S. 107; hierzu s.u. 2.2.2.1.8.

[163] Landwehr, S. 49ff., mit einem Beispiel für den erheblichen materiellen Aufwand, der im jeweiligen Amt anzustellen war.

Daneben hatten die Landgerichte als Mittelinstanz der Herzogtümer bis zum Ende der schwedischen Zeit bestanden. Sie waren hier eine Einrichtung der altbremischen Gerichtsverfassung gewesen und deshalb nur in einem Teil des Untersuchungsgebietes vorhanden. Ihre Zuständigkeit beschränkte sich im Herzogtum Bremen auf Rechtsmittel gegen Urteile aus den Ämtern Osterholz, Lilienthal, Hagen, Stotel, Vieland, Neuhaus, Bederkesa und den Gerichten Osten, Lehe und Dorum[164]. Der Rechtsmittelführer hatte jedoch die Wahl, seine Appellation entweder vor das Landgericht oder aber direkt an das Hofgericht zu bringen. Es handelte sich um „ambulatorische Gerichte", die einmal jährlich oder alle zwei Jahre an verschiedenen, seit altersher festen Orten tagen sollten, jedoch wegen unterschiedlicher Ursachen, u.a. wohl wegen der vorgenannten Möglichkeit der Umgehung, langsam zu einem Ende kamen, gleichsam abstarben. Besetzt waren sie mit einem Regierungsrat, einem Justizrat und einem Kanzleisekretär[165]. Gegen die Entscheidungen der Landgerichte konnten die Rechtsmittel ursprünglich an das Hofgericht gebracht werden. Im Herzogtum Verden hatten ebenfalls früher Landgerichte bestanden[166]. Diesen Gerichten nicht unterworfen waren Soldaten sowie alle Personen von Adel[167]. Die Landgerichte und der mit ihnen verbundene Aufwand waren letztlich wohl auch „der Zeit nicht mehr angemessen."[168] Die neue Regierung hatte die Landgerichte möglicherweise auch deshalb zunächst nicht wieder etabliert. In der *„punctatio"* war hierzu in Artikel 10 niedergelegt:

> „Weil die Ausschreibung und *direction* der Landgerichte im Brehm- und Vehrdischen zu Schwedischen Zeiten, dem Vernehmen nach bey der Regierung zu Stade gewesen, so wird sie bis zu anderweiter Verordnung dabey ferner gelassen."[169]

Die Stader Regierung hätte hiernach die Möglichkeit der neuen Einrichtung dieser Gerichte gehabt, aber sie hat davon, aus nicht mehr zu klärenden Gründen, zunächst keinen Gebrauch gemacht. Für den Beginn der hannoverschen Herrschaft in den Herzogtümern Bremen und Verden sind demnach keine Landgerichte festzustellen.

---

[164] von Kobbe, Band 1, S. 263; zum Landgericht im Amt Stotel s. u. 2.2.2.1.6, danach dürfte es bei von Kobbe wohl falsch aufgeführt worden ist.

[165] Vgl. Bericht der Regierung in Stade vom 30. Juni 1738: StaatsA Stade Rep. 31 Titel 8b Nr. 3, Bl. 12. Dort heißt es zu den Aufgaben: „zur Abthuung der Brüche, ... zu Entfriedung derer durch die Appellation dahin gebrachten Sachen, und was sonsten die Eingesessenen bey dem Land-Gericht wieder eine oder andern zu erster Instanz angebracht haben."

[166] Landwehr, S. 6.

[167] Hinsichtlich deren Bedienten ist jedoch stark zu differenzieren, vgl. Landwehr, S. 29f.

[168] von Kobbe, Band 1, S. 260.

[169] StaatsA Stade Rep. 40 Nr. 1122, Bl. 16R; s. Anlage 2 – 1.

2.1.2.1.7 Das Oberappellationsgericht[170]

Für den Bereich der weltlichen Gerichtsbarkeit war bereits kurz nach der Übernahme der Herzogtümer mit Ausschreiben vom 16. Dezember 1715[171] verfügt worden, dass die Appellationen gegen Entscheidungen der Justizkanzlei und des Hofgerichts an das erst im Jahre 1711 gegründete Oberappellationsgericht in Celle zu richten seien[172]. Durch den Zuwachs der Gerichtseingesessenen, bedingt durch die Übernahme der Herzogtümer, waren beim Oberappellationsgericht drei neue Stellen eingerichtet worden, die sämtlich von den Ständen der Herzogtümer besetzt wurden, zwei von den Bremischen und die dritte von den Verdenschen Ständen[173]. So wie zuvor die Einwohner der Herzogtümer während der Schwedenzeit für den Unterhalt des Wismarischen Tribunals gesorgt hatten, legte ihnen das Ausschreiben vom 4. Mai 1716[174] nunmehr die gleiche Pflicht hinsichtlich des OAG Celle auf:

> „Gestalt dann die davon auffkommende Gelder an den Land-*Cassirer Meinhelff quartali*ter anhero geliefert, und gegen Quitung ausgezahlet werden sollen."

---

[170] Die Erwähnung des Oberappellationsgerichts unter den Obergerichten der Herzogtümer ist zwar systematisch falsch, gleichwohl soll es hier kurz beschrieben werden, weil es die Rechtsmittelinstanz der hiesigen Obergerichte war und deshalb ein Bezug zu den Herzogtümern besteht. Das OAG Celle wird in dieser Arbeit aber nur am Rand betrachtet werden können, soweit die Gerichtsbarkeit der Herzogtümer zumindest mittelbar berührt wird.

[171] „daß die Appellationes von denen Ober-Gerichten Dero Hertzogthümer Bremen und Vehrden künfftighin an das Ober-Appellations-Gerichte zu Celle gehen sollen.": StaatsA Stade Rep. 31 Titel 46 Nr. 1, Bl. 16.

[172] Zur Geltung des *ius de non appellando* in den Herzogtümern s. o. 2.1.1. Das OAG Celle hatte 1713 seine eigene Gerichtsordnung erhalten: „Churfürstliche Braunschweigisch-Lüneburgische Ober-Appellations-Gerichts-Ordnung, von dem Durchlauchtigsten Fürsten und Herrn, Herrn Georg Ludwig, Herzogen zu Braunschweig und Lüneburg, des heil. Römischen Reiches Ertz-Schatzmeister und Churfürsten, ausgelassen und publiciret Anno 1713"; sie wurde am 26. Januar 1713 landesherrlich genehmigt und am 13. Juli 1713 publiziert, abgedruckt bei Ebhardt, Band 1, S. 608 – 633.

[173] v. Meier, Band 1, S. 301f.

[174] „Es wird verhoffentlich aus dem, was allbereit beym Schluß vorigen Jahres *publici*ret worden, männiglichen kund geworden seyn, was gestalt Ihro Königl. Majestät fort Anfangs, bey der ersten Einrichtung hiesigen *Etats*, Dero auff die Handhabung der *Justitz* zielenden, höchstrühmlichen Eyfer darinnen absonderlich mit erscheinen lassen, daß Sie dem abgegangenen Wißmarischen Tribunal ein anderes Ober-*Appellations*-Gericht zu Celle *surrogi*ren lassen, bey welchem auch die aus diesen Hertzogthümern dorthin auf einige Arth erwachsene Sachen angenommen, ohne große Weitläufftigkeit und Kosten geführet und entschieden werden sollen, damit ein jedweder bey seinen guten Befugnissen Recht, Schutz und Sicherheit zu erhalten gnugsame Gelegenheit und Mittel finden möchte.": StaatsA Stade Rep. 31 Titel 46 Nr. 2, Bl. 89.

Das OAG Celle war letztinstanzlich zuständig für Zivilsachen, bei denen das Rechtsmittel der Appellation zulässig war. In Strafsachen war mit einer Nichtigkeitsbeschwerde lediglich die Rüge von Verfahrensfehlern der Vorinstanz möglich[175].

2.1.2.1.8 Die Militärgerichtsbarkeit[176]

Mit Erlaß des hannoverschen Kurfürsten vom 1. Februar 1712, also vor Übernahme der Herzogtümer, war für alle Ämter und Gerichte des Kurfürstentums geregelt worden, wie sie sich bei strafbarem Verhalten von Soldaten zu verhalten hatten. Dabei war diese Verordnung beschränkt auf „*Militair*-Standes-Persohn(en) als Unter-*Officie*r oder gemeiner Soldat, wie auch *Compagnie*-Feldscher, Pauker, *Trompeter, Hautbois* und dergleichen." Die Straftäter aus dieser Gruppe waren unverzüglich dem nächsten Regiment zu melden, denn sie unterstanden nicht der allgemeinen Gerichtsbarkeit. Die zivilen Gerichte durften lediglich im ersten Zugriff gegenüber diesem Personenkreis tätig werden. Dieser Erlaß dürfte in den Herzogtümern seit Beginn der hannoverschen Herrschaft gültig gewesen sein, obgleich es sich nicht unmittelbar feststellen läßt. Jedoch wird in einem Schreiben des Geheimen Rates in Hannover an die Stader Regierung vom 30. März 1735, mit der ein Abdruck dieses Erlasses aus dem Jahre 1712 übersandt wurde, daran erinnert, dass die genannte Verordnung dort „bekannt seyn"[177] dürfte[178]. Für Offiziere war eine solche Verordnung wohl nicht erforderlich, weil bei ihnen der eximierte Gerichtsstand für alle Beteiligten offenkundig war.

2.1.2.2 Die unteren Verwaltungs- und Justizeinrichtungen

In den Quellen der Zeit wird das Herzogtum Bremen häufig nach Bremischen Marsch- und Bremischen Geestgebieten unterschieden. Diese Differenzierung findet sich sogar noch im Jahre 1840 im Staatsgrundgesetz bei der Aufzählung

---

175 Die Zuständigkeiten des Oberappellationsgerichts zur damaligen Zeit sollen hier nicht näher dargestellt werden, wegen Einzelheiten für die Zeit bis 1733 wird deshalb verwiesen auf Jessen, Festschrift, S. 43ff.

176 Die militärische Gerichtsbarkeit galt für das gesamte Kurfürstentum bzw. Königreich Hannover. Sie wird deshalb erwähnt, weil die Angehörigen des Militärs einen besonderen Gerichtsstand hatten und weil sich daraus Folgen für die örtlichen Gerichte ergaben.

177 Schreiben der Regierung in Hannover vom 30. März 1735: StaatsA Stade Rep. 40 Nr. 1.

178 Nach Scharnhorst, Nachricht, S. 177, sind zwei weitere kgl. Verordnungen aus den Jahren 1715 (zur Landmiliz) und 1716 (zu den Oberoffizieren) erst 1732 der Justizkanzlei in Stade übersandt worden, so dass sie wohl gültig gewesen sein dürften, aber erst aus Anlaß eines Einzelfalles der Regierung in Stade bekannt gemacht wurden.

der ständischen Verteter, sie hat mithin durchaus Bedeutung für das Untersuchungsgebiet. Gleichwohl soll diese Aufteilung hier nicht notwendig zugrundegelegt werden, weil sie für die gewählte Darstellung der Herzogtümer ohne Einfluß und Bedeutung ist. Die nachstehende Auflistung folgt der Reihenfolge in der primär genutzten Quelle[179], die allerdings diese Unterscheidung nach Marsch- und Geestgebieten verwendet. Ergänzend werden die Aufzeichnungen von Stades und Roths herangezogen, um eine sicherere Grundlage zu gewinnen. Die Beschreibungen Pratjes kommen nur hilfsweise in Betracht, weil sie aus späterer Zeit stammen[180].

2.1.2.2.1 Die Ämterverfassung

Die Verwaltungs- und Gerichtsfunktionen lagen auf dem Land in einer Hand, die Bezeichnung „Königliches Amt" oder „Königliches Gericht" entspricht deshalb nicht notwendig einer inhaltlichen Differenzierung nach den überwiegend wahrgenommenen Aufgaben. Den verschiedenen Begriffen kommt vielmehr keinerlei unterschiedliche Funktion zu, es handelt sich ausschließlich um den Gebrauch althergebrachter Bezeichnungen für im übrigen identische Aufgaben. Diese Aufgaben der landesherrlichen Ämter waren generell in der Nutzung der Kammergüter sowie der Abgabenerhebung, der Wahrnehmung der Gerichtsbarkeit, der Wahrung des Landesschutzes sowie des Landfriedens, also der „guten Polizei"[181], der Verwaltung der Regalien (Zoll und Jagdrechte) sowie regional unterschiedlich in der Ausübung des Kirchenregimentes zu sehen[182]. An der Spitze der örtlichen Verwaltung stand der Amtmann, der diese höchst verschiedenen Aufgaben wahrzunehmen und deren Einhaltung und Durchsetzung zu überwachen hatte. Eingesetzt wurde er zwar von der Kammer in Hannover, aber er hatte auch Weisungen der Regierung in Stade entgegenzunehmen und auszuführen, denn ausschließlich wegen der „Domanialia" war er der Kammer allein verantwortlich[183]. Für die Aufgabe der Amtmänner wurden erst gegen Ende des

---

[179] StaatsA Stade Rep. 31 Titel 1 Nr. 44.

[180] Johann Hinrich Pratje, Die Herzogtümer Bremen und Verden, 6 Bände, Bremen 1757 bis 1762 (zitiert: Pratje, Herzogtümer, Band) sowie Johann Hinrich Pratje, Altes und Neues aus den Herzogthümern Bremen und Verden, 12 Bände, Stade 1769 – 1781 (zitiert: Pratje, Altes).

[181] S. o. 2.1.1, zum Begriff der „Policey" s. o. 1.2, Fn. 46.

[182] Dietmar Willoweit, Die Entwicklung und Verwaltung der spätmittelalterlichen Landesherrschaft, in: Kurt Jeserich, Hans Pohl und Georg-Christoph v. Unruh (Hrsg.), Deutsche Verwaltungsgeschichte, Band 1, Stuttgart 1983, S. 118ff.

[183] Dass sich hier ein „Dualismus der Abhängigkeiten," so Behne, S. 21, ergeben haben soll, ist nicht zwingend an der Wahrnehmung unterschiedlicher Aufgaben durch eine Behörde festzumachen, sagt im übrigen auch nur wenig aus in einer Zeit, die von hierarchischem Denken geprägt war.

18. Jahrhunderts zunehmend Juristen eingesetzt[184]. Zwar galt der hannoversche Amtmann als bestbezahlter im ganzen Reich[185], aber auch hier waren die Amtmänner auf die Sportelneinnahmen aus den gerichtlichen Angelegenheiten angewiesen, was ursächlich für das häufig beklagte „Sportelnunwesen" gewesen sein dürfte. Zudem waren die Bezahlung der Bedienten des Amtmannes sowie die mit dem Amt verbundenen sachlichen Ausgaben von ihm aus den Einnahmen aufzubringen[186]. Bei der Gerichtsbarkeit hatte der Amtmann in der Niedergerichtsbarkeit die Tendenz, die Zuständigkeiten der „althergebrachten Goh- Wrogen- Zaun- Rüge- Dorf- oder Landgerichte"[187] zu übernehmen. Bei den Landgerichtsdelikten hatte er alle Wrogensachen zu untersuchen und erst dann vor das Landgericht zu bringen[188]. In Zivilsachen stand den Amtmännern eine umfassende Zuständigkeit hinsichtlich aller Streitigkeiten der nicht privilegierten Bevölkerung ohne eine Streitwertgrenze zu sowie die gesamte freiwillige Gerichtsbarkeit[189]. Zu seinen Aufgaben gehörte auch die Vollstreckung der Erkenntnisse. In der Strafgerichtsbarkeit war die eigene Aufgabe zwar auf die Niedergerichtsbarkeit beschränkt, insoweit aber umfassend ausgestaltet. Denn der Amtmann leitete die Untersuchung des Falles, führte die Verhandlung durch, verkündete das Urteil und sorgte auch hier für die Vollstreckung. Er war also Ankläger, „Verteidiger"[190], Richter, eventuell sogar Zeuge, und auch Vollstrek-

---

[184] Hierzu Carl August Agena, Der Amtmann im 17. und 18. Jahrhundert. Ein Beitrag zur Geschichte des Richter- und Beamtenstatus, jur. Diss., Göttingen 1972, S. 146ff.. Zur Herkunft der Amtsinhaber in Hannover ist ebenda, S. 145, ausgeführt, dass sie vorwiegend (bis zu 90%) aus den „hübschen Familien" stammten, d. h. der Vater war bereits Landesbedienter gewesen. Zu den „hübschen Familien" bei v. Meier, Band 1, S. 496.

[185] So Agena, S. 178; vgl. hierzu die Aufstellung der bei dem Amtmann Volckmar in Schartzfels in der Nacht vom 21. auf den 22. Oktober 1718 entwendeten Gegenstände, die u. a. an Privatgeldern 1.800 RTlr. sowie Gold und Medaillen über 450 RTlr. und diverse Ringe und Diamanten enthielt, ein für die damaligen Verhältnisse erheblicher Wohlstand kommt hier zum Ausdruck: StaatsA Stade Rep. 23a Nr. 69 vom 29. November 1718.

[186] Agena, S. 176.

[187] Agena, S. 41.

[188] Landwehr, S. 90.

[189] Agena, S. 55.

[190] Erst die „Criminal-Instruction" von 1748 wies in Cap. VIII § 6 dem „Commissario fisci" in seiner Rolle als Ankläger u. a. die Aufgabe der Verteidigung zu, damit „kein Unschuldiger um Leben, Ehre und Guht" komme. Als Verteidiger waren dem Beschuldigten jedoch dann „Advocaten" zu bestellen, wenn Todesstrafe oder andere erhebliche Strafen drohten, vgl. Cap. IX §§ 1, 2 der „Criminal-Instruction", dies galt auch dann, wenn der Beschuldigte eine Verteidigung nicht wollte (Cap. IX § 3: „Defensor ex officio"). Diese Normen entsprechen der heutigen Regelung in § 160 StPO, wonach die StA auch die den Beschuldigten entlastenden Beweise zu erheben hat und dem § 140 StPO, wonach bei Vorliegen bestimmter Voraussetzungen zwingend ein Verteidiger zu bestellen ist. S. u. 2.3.3.5. zur „Criminal-Instruction" im einzelnen.

kungsbeamter in einer Person, was schon damals Anlaß zu Kritik bot[191]. Ein weiterer Kritikpunkt der Zeit war häufig der Verhandlungsort, der zwar üblicherweise das Amtshaus war, in dem jedoch der Amtmann mit seiner Familie auch wohnte, so dass dienstliche und private Angelegenheiten gelegentlich vermischt wurden[192].

Der Begriff des Amtes wurde im 16. Jahrhundert anstelle der Vogtei üblich, verstanden wurde hierunter der Bezirk, in dem der Amtmann Gericht hielt und aus dem das Amt einen Teil der Geldbußen und Strafen erhielt, unberücksichtigt blieben dabei der landesherrliche Grundbesitz und dessen Einnahmen[193]. Gleichwohl war diese Amtsstruktur nicht durchweg eindeutig, denn für diese Zeit war festzustellen, dass „die Ämter bisweilen in absonderliche Vogteien und Unterämter geteilt wurden"[194], was im einzelnen die folgende Aufstellung gelegentlich recht deutlich bestätigt.

Hinsichtlich der Aufgaben der Justiz in der ersten Instanz, also bei den durchweg so benannten Untergerichten, können trotz der vorgenannten Aufzählung allgemeinverbindliche Aussagen zu ihrer Kompetenz nicht getroffen werden; dies gilt sowohl für die Zivil- wie für die Strafgerichtsbarkeit[195]. Eine Ausnahme machen allein die städtischen Gerichte sowie weitgehend die Königlichen Ämter und Gerichte, in denen die Zuständigkeiten örtlicher wie sachlicher Art im wesentlichen feststanden, wovon bei den ländlichen Patrimonialgerichten hinsichtlich beider Zuständigkeiten keineswegs die Rede sein kann. Deren Inhaber nahmen häufig die Funktion des Landesherrn gegenüber den ihnen Unterworfenen wahr: „Auch in Hannover waren die Rittergüter kleine Staaten"[196]. Es soll deshalb in diesem Abschnitt bei den Untergerichten nicht nach sachlichen Zuständigkeiten unterschieden werden. Im Vordergrund wird vielmehr der Umfang der örtlichen Gerichtszuständigkeiten stehen, der jedoch in jedem Fall, soweit dies nach den Quellen möglich ist, auch hinsichtlich der sachlichen Zuständigkeit näher erläutert werden soll.

---

[191] Vgl. Agena, S. 74 m. w. N.

[192] Hierzu sind recht drastische Beschreibungen bei Agena, S. 52ff. aufgeführt; so wurde es zum Beispiel als unanständig empfunden, wenn der Richter „in dem äußersten Neglige expediret, dabei Tabak rauchet und den Gerichtstisch mit Bierkrügen, Kuchen und dergleichen vollstehen hat, auch wenn er seiner Frau, Kindern oder Haußhälterin den Aufenthalt in der Gerichtsstube während seiner Expetitionen, ja, daß diese sich zuweilen gar in der Partheien Sachen mengen, gestattet, ..." ebenda, S. 53.

[193] von Lehe, S. 10.

[194] v. Meier, Band 2, S. 335.

[195] Vgl. Agena, S. 40f.

[196] So zutreffend für die Herrschaft auf dem platten Lande v. Meier, Band 2, S. 377; dabei wird nicht verkannt, dass es Rittergüter in den Herzogtümern nicht gab, es handelte sich eher um große Höfe, die in der Ritterschaftsrolle als „Stammgüter" eingetragen waren.

2.1.2.2.2 Die Patrimonialgerichtsbarkeit

Die Patrimonialgerichtsbarkeit war ein aus dem Mittelalter stammendes und nicht dem römischen, sondern dem deutschen Recht angehörendes Rechtsinstitut[197], das mithin die Zeit der Rezeption des römischen Rechts weitgehend unbeschadet überstanden hatte. Die konkrete Herleitung dieses Rechts ist nicht einheitlich festzustellen, sie kann vielmehr auf vielen verschiedenen Gründen beruhen. Dieses rechtliche Herkommen in jedem einzelnen Fall genau zu bestimmen, ist deshalb nahezu unmöglich. Teilweise sind diese Gerichte entstanden aus Burgmannschaften, teilweise brachten von den Landleuten gewählte Richter diese Gerichte erblich an ihre Familie und schließlich entstanden sie aus der faktischen Herrschaft über Landleute[198]. Diese Gerichtsbarkeit fußte seit dem Spätmittelalter wohl letztlich überwiegend auf Verleihungen durch den Landesherrn, die seit dem Mittelalter gegen entsprechende Bezahlung üblich waren und sie war verbunden mit dem Grundbesitz und nicht mit der Person des Eigentümers[199]. Teilweise waren die Rechte eines Gerichtsherrn bei schwachen Landesherren aber auch schlicht usurpiert worden[200]. Diese Gerichtsbarkeit ist zudem zu unterscheiden nach der ländlichen und der städtischen Patrimonialgerichtsbarkeit.

Soweit die Städte eigene Gerichtsbarkeit ausübten, war dieses auch eine Art Patrimonialgerichtsbarkeit, weil sie ebenfalls auf der unteren Instanz tätig und vom Landesherrn unabhängig war, mithin letztlich auf der gleichen Grundlage wie die gutsherrliche Gerichtsbarkeit beruhte. Hier ist die nachweisbare Verleihung des Rechts allerdings der Regelfall. Zunächst wird die sehr viel weiter verbreitete ländliche Gerichtsbarkeit dargestellt werden. Sie stand den jeweiligen adeligen Gutsherren zu über ihre Bediensteten und die im Bezirk des Gutes wohnenden Personen, mithin insbesondere über ihre Meier und Bauern. Personen von Adel, Staatsbeamte und Geistliche waren ihr jedoch nicht unterworfen. Bei der ländlichen Patrimonialgerichtsbarkeit ist zudem zwischen den geschlossenen und den ungeschlossenen Gerichten zu unterscheiden. Letzteren stand nur die grundherrliche Gerichtsbarkeit auf ihren freien Höfen und die Zivilgerichtsbarkeit über ihre Meier sowie teilweise die Zaun- und Feld- oder Forstgerecht-

---

[197] Werthmann, S. 75ff.

[198] Vgl. die Beispiele bei von Kobbe, Band 1, S. 266.

[199] v. Meier, Band 2, S. 376, Fußnote 1, in einer polemischen Auseinandersetzung mit einer für ihn überholten Auffassung.

[200] Die oben 1.2 genannte Möglichkeit, dass sich Gerichte „selbst fundirt" haben, könnte eine Umschreibung hierfür darstellen.

same zu, die sich auf den jeweiligen Besitz bezogen[201]. Alle weiteren hoheitlichen Angelegenheiten in dem Umfang dieser Gerichte lagen bei den Ämtern[202].

Die geschlossenen Gerichte übten in ihrem Bereich darüber hinaus sämtliche sonst dem Landesherrn zustehenden Rechte, also auch die allgemeine Verwaltung, aus. Für die Patrimonialgerichtsbarkeit kennzeichnend ist der private Besitz der Justiz, eine „Alltäglichkeit"[203] für das Mittelalter und die Frühe Neuzeit, heute jedoch eine eher befremdliche Vorstellung. Auf dem Lande ist für den Beginn des Untersuchungszeitraumes keine genaue Feststellung zur Zahl und zum Umfang der bestehenden Patrimonialgerichte möglich, vielmehr gab es hier häufige Wechsel, z. B. durch Kauf oder Rückgabe[204]. Einen Anhaltspunkt gibt die oben genannte Ausarbeitung aus dem Jahr 1715 über den Zustand der Herzogtümer[205], ohne dass hieraus eine Zahl oder gar genaue Aufstellung über Art und Umfang der vorhandenen Patrimonialgerichte zu ersehen ist. Im Kurfürstentum Hannover war die Zahl der geschlossenen adeligen Gerichte in den übrigen Provinzen überall bekannt, nur in den Herzogtümern handelte es sich um „eine nicht näher bezeichnete Zahl."[206] Ursprüngliche Grundlage der Rechtsprechung und der Gerichte dürfte in den Marschgebieten Land Wursten, Kehdingen und Altes Land die gemeinsame Verantwortung für die Deiche gewesen sein[207]. Bemerkenswert ist zudem, dass adelige Gerichte nur im Herzogtum Bremen vorhanden waren, jedoch nicht ein einziges im Herzogtum Verden existierte[208], obwohl dort durchaus adelige Familien wohnten.

Die *„punctatio"* führte zu der Präsentation der Bedienten auf dem Lande in Artikel 8 aus:

> „Die *Jura praesentandi und Conferendi* dererjenigen Land Bedienungen, die bloß in *Administration* der *Justitz* bestehen, als Gräfen, Richtern, Vögten pp, müßen denenjenigen, *Sal-*

---

[201] Hierzu HRG, Adalbert Erler, „Patrimonialgerichtsbarkeit" sowie Neef, HRG, „Niedergerichte, Niedergerichtsbarkeit".
[202] v. Meier, Band 2, S. 380.
[203] Werthmann, S. 1.
[204] Beispielhaft sei hier folgendes genannt: Das Patrimonialgericht Ober-Ochtenhausen war im Jahre 1711 vom damaligen Grundherrn für 1.000 RTlr der Landesherrschaft abgekauft und aus der Börde Selsingen herausgetrennt worden, im Jahre 1785 wurde es an die Landesherrschaft zurückgegeben und in die Börde Selsingen wieder eingegliedert; vgl. Ehrhardt, S. 157.
[205] StaatsA Stade Rep. 31 Titel 1 Nr. 44.
[206] v. Meier, Band 2, S. 381.
[207] von Kobbe, Band 1, S. 266; von Lehe, S. 10 und 42; so wurde bereits zu schwedischer Zeit im Jahr 1693 eine Teichordnung erlassen, die erst am 29. Juli 1743 durch eine neue hannoversche Deichordnung für das Herzogtum Bremen ersetzt wurde: hierzu bei Hans Peter Siemens, Das Alte Land. Geschichte einer niederelbischen Marsch, Stade 1951, S. 58.
[208] von Kobbe, Band 1, S. 265; von Lehe, S. 163f.

va verbleiben, die solche *Jura* bey Schwedischen Zeiten hergebracht gehabt. Wenn es dann *privati* oder *Communen* seyn, die sich in *possession* sothaner *Jurium* befinden, und welche etwa die zu gedachten Land Bedienungen zu bestellende *person*en der Regierung zu Stade zu *praesenti*ren dem Herkommen nach schuldig seyn, so sollen solche *praesentationes* an das dohrtige Regierungs *Collegium* ferner geschehen, und soll dasselbe nach seinem befinden wegen *Confirmi*rung solcher *praesentatorum* zu *disponi*ren haben. Diejenige von oberwehneten in bloßer *administrirung* der *Justitz* bestehenden Land-Bedienungen aber, welche etwa die vormahlige Schwedische Regierung zu Stade zu besetzen gehabt, soll zwar das dohrtige Regierungs *Collegium* ferner zu besetzen Macht haben, jedoch dergestalt, daß die dazu in Vorschlag kommende *person*en zuvor dem Geheimbten Raths *Collegio praesenti*rt, und dessen *Confirmation* darüber eingehohlet werde. Solten gedachte Bediente an ein- oder anderem Ohrte zugleich *Domanialia* zu *respici*ren haben, stehen sie in so weit unter Unserer Rent-Cammer zu Hannover."[209]

2.1.2.2.3 Deich- und Holzgerichte

Zu den Untergerichten sind auch die regional zu unterscheidenden Deich- und Holzgerichte zu zählen, die jedoch nicht nach örtlicher, sondern ausschließlich nach sachlicher Zuständigkeit, beruhend auf den örtlichen Liegenschaften, aufgebaut waren. Unterworfen waren ihnen sowohl die Anlieger wie auch dort sich aufhaltende Dritte. Bemerkenswert bei den Deichgerichten ist insbesondere, dass es weder eine Befreiung von diesem Gerichtsstand gab, noch dass Rechtsmittel eine aufschiebende Wirkung hatten. Mithin waren hier auch adelige Grundbesitzer verpflichtet, dem Spruch des Deichgerichts zu folgen. Dies ist sicherlich in der Regelungsmaterie begründet, weil bei notwendigen Anordnungen an den Deichen jede Ausnahme oder Verzögerung zu unabsehbaren Folgen für viele Menschen hätte führen können.

2.1.2.2.4 Die einzelnen Ämter und Gerichte

Bereits am 4. April 1716 wurde eine Gebührenordnung für die Untergerichte[210] erlassen, die vorsah, die zu schwedischen Zeiten üblichen Gebühren zu „re-

---

[209] StaatsA Stade Rep. 40 Nr. 1122, Bl. 15R, 16; s. Anlage 2 – 1.

[210] „*Reglement* und Verordnung, wie hinkünfftig auf dem Lande bey vorkommenden Parthey-*Commissions-* und andern Sachen, worbey Richterliche *Authorität* erfordert wird, es eigentlich zu halten. Nebenst angefügter *Taxa*, wornach jeden Orths die Gerichts-*Sportuln* und Kosten einzurichten und zu erheben; samt was insgemein von *Advocaten* und *Procuratoren* ihrer Belohnung und Gebühr halber in unabweichliche Obacht zu nehmen.": StaatsA Stade Rep. 23a Nr. 67 und StaatsA Stade Rep. 31 Titel 46 Nr. 2, Bl. 63ff. Bei den dort aufgeführten Gerichten und Ämtern wird in der folgenden Aufstellung die Gebührentaxe ohne weitere Zitatzusätze erwähnt.

noviren“[211], weil „auch die auff dem Lande befindlichen Gerichts-Bediente bei Königl. Dänischen Zeit mit Ansetzung der Gerichts-Kosten nach belieben verfahren“ waren. Aus heutiger Sicht überraschend ist einerseits die Aufstellung 29 inhaltlich verschiedener „Taxa“ für einzelne Ämter und Gerichte[212], weil das Belieben dadurch nahezu uneingeschränkt weitergalt, und andererseits die Zahl der 29 im einzelnen benannten Ämter und Gerichte, zu denen noch die drei Städte der Herzogtümer hinzuzurechnen sind, so dass bereits 1716 von einem Mindestbestand von 32 Ämtern und Gerichten auszugehen ist, während die Aufstellung des Jahres 1715 noch 21 Ämter und Gerichte einschließlich der drei Städte gezählt hatte.

Soweit es um die Darstellung der Ämter und Gerichte innerhalb der folgenden Aufzählung geht, gilt generell, dass hier nur ein Einblick in deren Strukturen gegeben werden kann, detaillierte Angaben sind Einzeluntersuchungen vorzubehalten[213]. Soweit im folgenden einzelne Patrimonialgerichte benannt sind, handelt es sich nur um einen belegbaren Mindestbestand; es ist durchaus möglich, dass weitere Gerichte bestanden haben.

2.1.2.2.4.1 Das Alte Land[214]

Das „Alte Landt“ unterteilte sich in drei Teile, die erste, zweite und dritte Meile genannt. In ihnen lagen die zehn Kirchspiele Neuenfelde, Estebrügge, Borstel, Jorck, Middelnkirchen, Neunkirchen, Steinkirchen, Grünendeich, Twielenfleth und Hollern. Es war weiterhin unterteilt in zwölf Hauptmannschaften, die für die Erhebung der Steuern und weiterer Landeseinnahmen zuständig waren. Diese Hauptleute waren gewählte Vertreter des Altländer Hausmannsstandes, also der Grundbesitzer; sie hatten die Kontributionen zu erheben und an den von der Kammer bestellten Obereinnehmer abzuführen. Dem Alten Land standen zwei Grefen mit einem Gerichtssekretär vor, die die Gerichtsbarkeit verwalteten[215]. Die Grefen erhielten als Landbediente jährlich jeweils 50 RTlr.

---

[211] Schreiben der Stader Regierung vom 17. April 1716 an die Regierung in Hannover, dort auch das folgende Zitat: StaatsA Stade Rep. 31 Titel 46 Nr. 2, Bl. 62.

[212] Soweit Gebührentaxen bestehen, werden diese in der folgenden Aufstellung bei den Ämtern und Gerichten mit der fortlaufenden Zählung in der Quelle, vgl. Fn. 209, genannt.

[213] Vgl. zur Börde Selsingen Ehrhardt, s. o. 1.1 Fn. 7, und zur Börde Rhade Elfriede Bachmann, Hanstedt und die Börde Rhade im Landkreis Rotenburg (Wümme), Stade 2001.

[214] StaatsA Stade Rep. 31 Titel 1 Nr. 44, Bl. 17 – 19, 116f., 225.

[215] Für das Alte Land bestanden zwei Gebührentaxen, eine für die Grefen, Nr. 8 der Taxe, und eine für den Sekretär, Nr. 9 der Taxe.

Im Alten Land befanden sich zudem mehrere adelige Gerichte sowie der Gerichtsbarkeit und Verwaltung anderer Ämter und Gerichte unterstehende Meierhöfe. Im einzelnen handelte es sich um die geschlossenen Gerichte Francop, Nincop, Rübke, Hove und Leswig sowie das Wischgericht an der Lühe, die einzelnen Personen zustanden. Die dem Klosteramt Stade zugehörige Fläche im nördlichen Teil des Alten Landes zwischen den Flüssen Lühe und Schwinge und die zu den Klosterämtern Altkloster, Neukloster und Harsefeld gehörende und bis an die Lühe reichende Fläche des Alten Landes im südlichen Teil stand jeweils unter der Jurisdiktion der Altländer Grefen, war also nicht den Ämtern zugelegt.

2.1.2.2.4.2 Das Land Kehdingen[216]

Das „Land Kehding" unterteilte sich in den südlichen „Bützflehtischen" und in den nördlichen „Freyburgischen" Teil mit zusammen acht Kirchspielen. Der Bützflehtische Teil umfaßte die vier Kirchspiele Bützfleth, Assell, Drochtersen, Hamelwörden und der Freiburgische Teil die vier Kirchspiele Oederquart, Freiburg, Krummendeich und Balje. Die Bewohner der zum Land Kehdingen gehörenden Insel Krautsand unterstanden dem Verwalter der landesherrlichen Domänen; sie waren wegen häufiger Überschwemmungen von Abgaben befreit. Als Amtsbediente waren der Verwalter mit 130 RTlrn Jahreseinkommen sowie 20 RTlrn Reisegeldern und ein Vogt mit 40 RTlrn tätig. Die beiden Gräfen waren für die Justiz der beiden Landesteile zuständig und erhielten als Landbediente jeweils jährlich 50 RTlr und jedem von ihnen stand ein Sekretär zur Seite, der jeweils ebenfalls mit 50 RTlrn besoldet wurde. Im Land gab es zwar von der Gerichtsbarkeit der Gräfen befreite adelige Sitze, aber sie stellten keine geschlossenen Patrimonialgerichte dar[217]. Hier lebten „mehr alß 100 Edelleute ... , diese Adeliche wohnen sonsten zwischen die Haus Leute und Erbexen vermenget."[218] Es gab mithin eine erhebliche Zahl von Bewohnern dieses Landes, die den Gräfen weder in Verwaltungs- noch in Justizangelegenheiten unterstanden.

---

[216] StaatsA Stade Rep. 31 Titel 1 Nr. 44, Bl. 20 - 23, 116f., 225, 227, 229; für das Land Kehdingen bestanden drei Gebührentaxen: für die beiden Landesteile die Nrn. 2 und 11, für das Deichgericht Oederquart die Nr. 15.

[217] Die Rechte der Gutsherren über die Meier reichten „nicht weiter als bis zum Tropfenfall", so von Kobbe, Band 1, S. 267. Es handelte sich mithin um ungeschlossene Patrimonialgerichte.

[218] StaatsA Stade Rep. 31 Titel 1 Nr. 44, Bl. 21; Dazu führt von Kobbe, Band 1, S. 137, aus: „Die Art wie das Land Kedingen (um das Jahr 1300) von den Erzbischöfen unterworfen ward, hat hier die Entstehung einer großen Menge von adelichen Gütern veranlaßt, da das eroberte Land die Beute der Ritter ward, welche den Erzbischof auf seinem Zug begleiteten." Vgl. hierzu auch Arthur v. Düring, Ehemalige und jetzige Adelssitze im Herzogtum Bremen, Stade 1938.

2.1.2.2.4.3 Das Amt Neuhaus[219]

Das am Unterlauf der Oste gelegene „Ambt Neuhauß" umfaßte die acht Kirchspiele Belum, Oppeln, Bülkau, Cadenberge, Kehdingbruch, Oberndorf[220], Geversdorf und Neuhaus. Die Justiz wurde vom Amtmann wahrgenommen, jedoch bestanden in jedem der acht Kirchspiele „Unter-Obrigkeiten", die zum Teil Richter, zum Teil Schultzen genannt wurden. Als Amtsbediente waren ein Amtmann zu 250 RTlrn Jahreseinkommen, ein Hausvoigt zu 40 RTlrn, zwei Fußknechte sowie ein Pförtner zu je 15 RTlrn tätig. Hier gab es „nur wenige Edelleute"[221].

2.1.2.2.4.4 Das Land Wursten[222]

Das „Landt Wursten" war ein Marschland an der Weser, das aus den neun Kirchspielen Dorum, Cappeln, Wremen, Mulsum, Imsum, Midlum, Padingbüttel, Missewarden und Spieka bestand. Es wurde weiter unterteilt in das Alte und das Neue Land Wursten, letzteres war erst in neuerer Zeit eingedeicht worden und mußte deshalb immer noch mit hohem Aufwand geschützt werden; seine Einwohner waren deshalb von allen Abgaben freigestellt. Die Gerichtsbarkeit wurde von Vögten wahrgenommen. Der Obervogt war zuständig für die vier Kirchspiele Dorum, Cappel, Misselwarden und Mulsum, die beiden ältesten Vögte für jeweils zwei Kirchspiele, nämlich der Vogt in Wremen für die Kirchspiele Wremen und Imsum und der Vogt in Spieka für die Kirchspiele Spieka und Padingbüttel sowie der jüngste Vogt in Midlum für dieses Kirchspiel, der auch bis 1712 für das Kloster Altenwalde[223] mit zuständig war. Aus den Vogteien wurde appelliert an das einmal monatlich stattfindende „Sambt-Gericht" unter Vorsitz des Obervogtes und der Vögte als Beisitzer, jedoch war vom Beisitz ausgeschlossen jeweils der Vogt, dessen Urteil angefochten worden war. Der

---

[219] StaatsA Stade Rep. 31 Titel 1 Nr. 44, Bl. 23 – 25, 226; in der Gebührentaxe ist dieses Amt unter Nr. 14 aufgeführt.

[220] In diesem Kirchspiel lag der adelige Hof Brobergen, Roth, S. 141, der nach Otto Merker, Die Ritterschaft des Erzstifts Bremen im Spätmittelalter. Herrschaft und politische Stellung als Landstand (1300 – 1550), Stade 1962, S. 52, zu Anfang des 18. Jahrhunderts ein geschlossenes Patrimonialgericht war.

[221] StaatsA Stade Rep. 31 Titel 1 Nr. 44, Bl. 24.

[222] StaatsA Stade Rep. 31 Titel 1 Nr. 44, Bl. 26 – 28, 225; vgl. näher bei von Lehe, S. 43ff.; zu der Einteilung der Vogteien ebenda, S. 53, zu deren Aufgaben ebenda, S. 84, und zum Zustand im Jahre 1715 ebenda S. 97f. Insgesamt bei von Lehe, S. 39 – 102, eine umfassende Übersicht zur Entwicklung des Landes Wursten. Die Gebührentaxe enthält das Land unter Nr. 7.

[223] Für Altenwalde bestand eine eigene Gebührentaxe, Nr. 26.

Obervogt und die beiden älteren Vögte waren Landbediente und erhielten jeder jährlich 30 RTlr, der jüngere Vogt 20 RTlr.

2.1.2.2.4.5 Das Vieland[224]

Das „Viehe Landt“ war gelegen an Weser und Geeste. Es bestand aus den vier Kirchspielen Geestendorf, Schiffdorf, Wulsdorf und Bramel. Das zu Schiffdorf eingepfarrte Dorf Aplär hatte eine eigene, der Regierung in Stade unterstehende Gerichtsbarkeit[225]. Zum Kirchspiel Wulsdorf gehörte das Dorf Welle, das aber der Amtsschreiberei Stotel unterstand[226]. Der Amtsvogt hatte seinen Amtssitz in Geestendorf und er erhielt als Landbedienter jährlich 25 RTlr. Die Gerichtsbarkeit war von ihm wahrzunehmen. Dieser Vogt war zu Beginn der hannoverschen Zeit „vor wenige Monathe in der *inquisition* verfallen“, so daß der benachbarte Einnehmer zu Lehe auch diese Aufgabe mit zu übernehmen hatte.

2.1.2.2.4.6 Die Amtsschreiberei Stotel[227]

Die „Ambtsschreiberey Stotell“ war benachbart zum oldenburgischen Land Würden und lag längs der Geeste. Hierzu gehörten das Kirchspiel Stotel und die dort eingepfarrte Dorfschaft Neeße. In diesem Gebiet befand sich das geschlossene Patrimonialgericht Beverstedt[228], das aus dem Gut und der Meierei „Bever-

---

[224] StaatsA Stade Rep. 31 Titel 1 Nr. 44, Bl. 28 – 30, Bl. 118f.; nach von Kobbe, Band 1, S. 91, bedeutet Vie eine „sumpfige, morastige Gegend.“ Für das Vieland bestand eine eigene Gebührentaxe, Nr. 6.

[225] Roth, S. 164, sonst ist diese Ausnahme nicht belegt; später (1753) nach von Lehe, S. 160, zum Gericht Beverstedt gehörig.

[226] Roth, S. 165.

[227] StaatsA Stade Rep. 31 Titel 1 Nr. 44, Bl. 30 – 32; von Lehe, S. 38. Zu schwedischen Zeiten war die Amtsschreiberei Stotel wegen einer Forderung an den Landgrafen Friedrich von Eschwege übereignet worden, dessen Erben es zur Zeit der Übernahme noch innehatten, vgl. von Kobbe, Band 1, S. 89f. Für die Amtsschreiberei bestand die gleiche Gebührentaxe wie für Osterholz und Lilienthal, Nr. 24.

[228] Nach Pratje, Herzogtümer, Band 3, S. 8, dürfte es sich im Jahre 1715 um ein eigenständiges Gericht gehandelt haben, das aufgrund eines am 20. März 1689 vor dem Tribunal in Wismar geschlossenen Vergleichs zwischen dem schwedischen Reichsrat Schering Rosenhane und den Burgmännern zu Altluneberg, nämlich Lütken, von Brobergenund von Oldenburg an letztere übertragen wurde, weil hier „von alten Zeiten“ (ebenda, S. 5) eine Gerichtsbarkeit bestanden hatte. Die Börde Beverstedt ist seit dem 14. Jahrhundert als adelige Gerichtsbarkeit feststellbar, war aber im 17. Jahrhundert durch das Amt Bremervörde geschwächt, vgl. Merker, S. 75ff. Zur Entwicklung der Börde im 17. Jahrhundert und dem Umfang der Gerichtsbarkeit bei von Lehe, S. 37f.; danach ist die rechtliche Lage unsicher: es sei „ein Mitteldding

stedter Mühle“ bestand, die den „Hochfürstl. Braunschweig-Lüneburgischen Erben von der Beverschen Linie“ gehörte[229]. Es umfaßte alle Regalien, wie „Gerichte, Brüche, Jagten“ und wurde von einem Baron von Lilienburg verwaltet. Ferner lagen in diesem Bezirk die adeligen Güter Hetthorn und Holte[230], die jedoch keine geschlossenen Patrimonialgerichte ausmachten.

2.1.2.2.4.7 Das Amt Hagen[231]

Das „Ambt Hagen“, auch genannt „Marsch Osterstade“, umfaßte die neun Kirchspiele Meyenburg, Schwanewede, Bramstedt, Wulsbüttel, Uthlede, Wersabe, Bracke, Sandstedt und Büttel. Dieses Amt war zudem unterteilt in die Börde Bramstedt und die Marsch Osterstade, letztere umfaßte sieben Süder- und vier Norderdörfer, von denen zwei in das benachbarte oldenburgische Land Würden zum dortigen Kirchspiel Dedesdorf eingepfarrt waren. Ferner befanden sich hier die vier freien Dämme Meyenburg, Schwanewede, Cassebruch und Dammhagen[232]. Der Damm Hagen bestand aus der Ortschaft Hagen mit dem burgartigen Amtshaus[233], er lag vom Dorf Hagen getrennt und ist daher von die-

---

zwischen adeligem und landesherrlichem Gericht“ gewesen. Für dieses Gericht bestand eine eigene Gebührentaxe, Nr. 19.

[229] StaatsA Stade Rep. 31 Titel 1 Nr. 44, Bl. 31; nach Roth, S. 166, von den „Fürstl. Hessen-Eschwegischen Erben“ verwaltet. Nach von Lehe, S. 38, Fußnote 5, habe der Landgraf Friedrich v. Hessen dieses Gericht vor 1726 an die Herzöge v. Braunschweig-Bevern verkauft, jedoch findet sich dazu bei von Kobbe, Band 1, S. 89f., nichts; vielmehr ist richtig, dass dieser Besitz durch Erbschaft und Heirat erlangt wurde, denn eine Tochter des Landgrafen von Hessen hatte einen Herzog von Braunschweig-Bevern geheiratet: StaatsA Stade Rep. 31 Titel 1 Nr. 16 sowie von Kobbe, Band 1, S. 67f.

[230] Roth, S. 167.

[231] StaatsA Stade Rep. 31 Titel 1 Nr. 44, Bl. 59 – 63 und 226. Für dieses Amt bestand eine eigene Gebührentaxe, Nr. 12. Die Osterstader Marsch kennzeichnet von Kobbe, Band 1, S. 79f., unter Hinweis auf eine frühere Beschreibung als „einen Inbegriff der historischen, moralischen und politischen Merkwürdigkeiten des Herzogthums.“ Es dürfte sich hierbei um einen Ausdruck der wirtschaftlichen wie der rechtlichen Lage der Bevölkerung handeln.

[232] „Ein Adelicher freyer Damm hat einige Freyheiten mehr als ein Adeliches Gericht. Denn nebst den Gerichten hat ein Adelicher freyer Damm das *jus Patronatus*, die hohe und niedrige *Jurisdiction*, und wo nicht alle, doch die meisten Freyheiten und *Privilegia*, derer ein Aedelmann fähig ist.“ so Roth, S. 75; von Kobbe, Band 1, S. 267f. hat diese Erklärung nur mit Einschränkung übernommen, denn nicht jeder Damm dürfte notwendig diese umfassenden Rechte gehabt haben, es könnte eher die Bezeichnung für einen burgartigen, oder jedenfalls befestigten adeligen Wohnsitz mit gewissen Privilegien gewesen sein. Nach Merker, S. 59, folgt aus einer Dammerrichtung allein die gemeindliche Sorge um dessen Instandhaltung und Schauung und damit das Deichgericht als Konsequenz zur Durchsetzung und Erhaltung der tatsächlichen Lage.

[233] Hier war nach von Kobbe, Band 1, S. 78, an der „Stalleiche der Gerichtsplatz der Osterstader und Bramstedter, und hier wurden ... die Land- und Junkerngerichte gehalten.“

sem zu unterscheiden. Bei den freien Dämmen handelte es sich um geschlossene Patrimonialgerichte, die bereits zu schwedischen Zeiten bestanden hatten und noch im Jahre 1718 ebenfalls aufgeführt wurden[234]. Von den in diesem Amt insgesamt belegenen 44 adeligen Höfen sollen nur zwei gerichtsfrei gewesen sein[235]. Demgegenüber wird an anderer Stelle ausgeführt, dass sich allein im freien Damm Cassebruch drei adelige Höfe mit eigener Gerichtsbarkeit befunden hätten und fünf weitere mit Ober- und Niedergerichtsbarkeit im freien Damm Schwanewede[236]. Als Amtsbediente waren ein Amtmann mit 230 RTlrn, ein Hausvogt mit 40 RTlrn sowie zwei Fußknechte mit je 7 ½ RTlrn Jahreseinkommen tätig.

2.1.2.2.4.8 Das Amt Osterholz[237]

Das „Ambt Osterholtz mit Lilienthal"[238] umfaßte die sieben Kirchspiele Lesum, Scharmbeck[239], Osterholz, Hambergen, Trupe, St. Jürgen, Ritterhude[240], Blumenthal, Neuenkirchen. In ihm lagen die Börde Lesum, die einen Teil des Kirchspiels Ritterhude ausmachte und als ein adeliges Gericht anzusehen war[241], sowie die Börde Scharmbeck, die das Kloster und den Flecken Osterholz umfaßte und ein landesherrliches Gericht war. Das „Truper und St. Jürgens Land" wurde auch das „Ambt oder Kloster Lilienthal" genannt. Es war zwar ein landesherrliches Amt, aber zu schwedischen Zeiten an den Ober-Kämmerer Schilden verpfändet gewesen und nunmehr dem Amt Osterholz zugelegt[242]. Trupe

---

234 Roth, S. 175, Merker, S. 52.

235 Roth, S. 168.

236 Roth, S. 175.

237 StaatsA Stade Rep. 31 Titel 1 Nr. 44, Bl. 63 – 67, 120, 225 und 227; für Osterholz und Lilienthal bestand eine Gebührentaxe wie für das Amt Stotel, Nr. 24. Aus diesem Amt war von der Kammer seit schwedischen Zeiten an die Töchter des Landgrafen von Hessen-Eschwege ein jährliches Gehalt zu zahlen, vgl. von Kobbe, Band 1, S. 67f.

238 Die Ämter Osterholz und Lilienthal wurden nach von Kobbe, Band 1, S. 8, auch „Moorämter" genannt, weil sie zum großen Teil aus Mooren bestanden.

239 In der Börde Scharmbeck hat nach Roth, S. 179, das Patrimonialgericht Sandbeck gelegen, das aber nur die Zivilgerichtsbarkeit innehatte.

240 Dieses dürfte zur Zeit der Übernahme ein geschlossenes Patrimonialgericht gewesen sein, denn es wird bei Roth, S. 184f., im Jahre 1718 als „adeliches Gericht" bezeichnet. Bei Merker, S. 52, wird es für den Beginn des 18. Jahrhunderts als geschlossenes Patrimonialgericht Ritterhude/Heilshorn bezeichnet.

241 Es wurde bereits in der Gebührentaxe von 1716 unter Nr. 22 als Gericht Lesum benannt; in dieser Börde lag zudem der „adeliche Hoff Schönebeck", so Roth, S. 184, der bei von Lehe, S. 162, als „Freier Damm Schönebeck" bezeichnet wird. Nach Merker, S. 52, war es zu Beginn des 18. Jahrhunderts ein geschlossenes Patrimonialgericht.

242 Die Feststellung bei Bohmbach, Zustand, S. 12, „die Zugehörigkeit Lilienthals zum Amt Ottersberg ist nicht eindeutig zu klären", läßt sich mit dieser Quelle nicht vereinbaren. Nach

war ursprünglich Filial des Klosters Lilienthal gewesen. Das kleine Amt Blumenthal und das Gericht Neuenkirchen waren 1654 an Schweden abgetreten worden, gehörten jedoch noch zur Gerichtsbarkeit der Stadt Bremen. Der Flekken Vegesack lag im Blumenthaler Bezirk, gehörte aber zum Amt Osterholz. Als Amtsbediente waren ein Amtmann mit 250 RTlrn, ein Hausvoigt mit 40 RTlrn sowie ein Pförtner mit 20 RTlrn und als Landbediente waren drei Gerichtsdiener mit zusammen 28 RTlrn Jahreseinkommen tätig.

2.1.2.2.4.9 Das Amt Bremervörde[243]

Das „Ambt Bremervörde" unterteilte sich in den Flecken Bremervörde, der auch das gleichnamige Kirchspiel umfaßte, sowie die Börde Oerel und Hesedorf, zu der die Kirchspiele Oerel und Bevern gehörten, die Börde Lamstedt mit den Kirchspielen Lamstedt und Basbeck, das Gericht Warstade, das zum Kirchspiel Lamstedt gehörte, sowie die Börde Beverstedt, „ein Junkerngericht", mit „an die 50 Dörfer" in den sieben Kirchspielen Beverstedt, Kuhstedt, Kirchwiste, Alt-Luneberg, Boxhöft, Hopt und Öse[244]. Vier adelige Güter[245] Alt- Luneberg[246], Düring, Poggemühlen und Wallen befanden sich in dieser Börde. Den Gerichtsinhabern stand in den meisten Kirchspielen das *ius patronatus* zu, die Gerichtsbarkeit wurde durch einen in Beverstedt wohnenden Gerichtsverwalter wahrgenommen. In der Börde Oerel lag das Patrimonialgericht Nieder-Ochtenhausen[247]. Die zu diesem Amt gehörende Dorfschaft Aplär war nach dieser Aufnahme des Jahres 1715 ebenfalls ein adeliges Gericht, das im Vieland

---

von Kobbe, Band 1, S. 63, ist die Gerichtsbarkeit des Amtes Lilienthal zwischen 1710 und 1733, als es dem hannoverschen Oberkämmerer von Schilden gehörte, vom Amt Osterholz verwaltet worden.

243 StaatsA Stade Rep. 31 Titel 1 Nr. 44, Bl. 50 – 56 und 225; auch dieses Amt wurde nach von Kobbe, Band 1, S. 8, als „Mooramt" bezeichnet.

244 Nach Roth, S. 150, handelte es sich im Jahre 1718 um den „adelichen Freyen Damm Oese", zu dem das Gut Poggemühlen gehörte. Nach Merker, S. 52, handelte es sich um das Patrimonialgericht Öse-Poggemühlen. Es dürfte sich mithin zur Zeit der Übernahme um ein geschlossenes Patrimonialgericht gehandelt haben.

245 Dazu s. o. 2.1.2.2.4.6. Die Zugehörigkeit dürfte nicht eindeutig gewesen sein, sie brauchte aber auch nicht festgelegt zu werden, weil Hannover ohnehin keine Rechte dort hatte.

246 Nach Roth, S. 148, als adeliges Gericht in der Börde Beverstedt bezeichnet, nach Merker, S. 52, zu Beginn des 18. Jahrhunderts „Burggericht Altluneberg" genannt, so dass es zur Zeit der Übernahme ein geschlossenes Patrimonialgericht gewesen sein dürfte. Die rechtliche Lage des Gerichts Beverstedt dürfte insgesamt für die Zeit der Übernahme nicht eindeutig festzustellen sein, s. o. Fußnote 224. Nach Pratje, Herzogtümer, Band 3, S. 5, umfaßte es die sieben Kirchspiele Beverstedt, Loxstedt, Alt-Luneberg, Bexhövede, Kirch-Wistedt, Kuhstedt und Oese, jedoch ist bei dieser Aufzählung des Jahres 1759 nicht klar, ob dieser Zustand ebenso im Jahre 1715 bestanden hat.

247 Roth, S. 142f., und Merker, S. 52.

lag, und dort dem Kirchspiel Schiffdorf eingepfarrt war[248]. Für die Börde Lamstedt und das Gericht Warstade war nach derselben Quelle zu schwedischen Zeiten ein eigener Vogt bestellt gewesen, aber seit 1712 sei diese Aufgabe dem Amtmann in Bremervörde mit zugelegt worden, „worüber die Eingeseßenen wegen der weiten beschwerlichen Wege immer queruliret"[249] hätten. Die Hechthauser Gerichtsinhaber hatten wegen ihrer in diesem Amt belegenen Meier Anteile an den anfallenden Brüchen. Als Amtsbediente waren ein Amtmann mit 250 RTlrn, ein Hausvogt mit 40 RTlrn sowie ein Pförtner mit 18 RTlrn und ein Vogt zu Kuhstedt mit 30 RTlrn Jahreseinkommen tätig. Von der in Bremervörde befindlich gewesenen erzbischöflichen „Residence" waren zu dieser Zeit nur noch einige alte Mauern übrig, auf deren Platz nunmehr das Amtshaus stand.

2.1.2.2.4.10 Das Amt Bederkesa[250]

Das „Ambt Bederkesa" umfaßte die sechs Kirchspiele Bargstedt, Ringstedt, Elmlohe, Flögeln, Debstedt und Hollstel. Zu ihm gehörten ferner der Flecken Lehe, der das eigene Gericht Lehe ausmachte, ein dem reformierten Glauben angehöriges Kirchspiel, in dem sich ein „Königliches Richthaus" befand, sowie das Kirchspiel Altenwalde. In diesem stand das Patronat dem Rat zu Hamburg zu und es war daher dem nahegelegenen hamburgischen Amt Ritzebüttel zugelegt. In der Gerichtsbarkeit unterstand es jedoch dem benachbarten Wurster Vogt in Midlum[251]. Die Börden Debstedt und Ringstedt unterstanden zwar dem Amt, jedoch befanden sich in der Börde Ringstedt in Kurstedt und Alfstedt jeweils ein adeliger Hof. Das Klosteramt Neuenwalde[252] gehörte seit der Schenkung durch die schwedische Krone im Jahre 1680 der Bremischen Ritterschaft, in ihm lebten im Jahre 1715 eine Priorin und „12 adeliche Fräuleins". Das Amt Bederkesa gehörte ursprünglich der Stadt Bremen, war jedoch seit dem Stader Vergleich von 1654[253] von dieser an die schwedische Krone abgetreten worden, die wiederum das Amt an den Grafen Königsmarck verpfändet hatte. Dessen Erben hatten dieses Amt im Jahre 1715 noch inne, so dass es nicht der Regierung in Stade unterstand. Als Bediente waren ein Amtmann mit 200 RTlrn, ein Hausvogt mit 40 RTlrn sowie ein Pförtner mit 20 RTlrn Jahreseinkommen tätig,

---

[248] Anders s. o. 2.1.2.2.4.5 in der gleichen Quelle. Nach Roth, S. 164, habe es ein besonderes Gericht und unterstehe ausschließlich der Regierung in Stade.

[249] StaatsA Stade Rep. 31 Titel 1 Nr. 44, Bl. 52f.

[250] StaatsA Stade Rep. 31 Titel 1 Nr. 44, Bl. 56f., 122f. und 226 sowie Roth, S. 151 – 157; für dieses Amt bestand eine eigene Gebührentaxe, Nr. 23.

[251] Hierzu oben 2.1.2.2.4.4.

[252] Für dieses Amt bestand eine eigene Gebührentaxe, Nr. 13.

[253] Roth, S. 151.

mithin handelte es sich bei den vorgenannten Bedienten ausschließlich um solche der Königsmarckschen Erben.

2.1.2.2.4.11 Das Klosteramt Himmelpforten[254]

Das „Ambt Himmelspforten“ umfaßte die Börde Oldendorf[255] mit dem gleichnamigen Kirchspiel, die Kirchspiele Horst, Großenwörden, Osten und Hechthausen sowie das Kirchspiel der Klosterkirche zu Himmelpforten. Das Kirchspiel Osten machte ein eigenes landesherrliches Gericht aus („Königliches Gericht Osten“[256]), das deshalb mit einem von der Regierung in Stade eingesetzten Richter besetzt war. Es umfaßte die drei Bauerschaften Altendorf, Hüll und Isensee[257]. Das Kirchspiel Hechthausen war ein geschlossenes Patrimonialgericht[258], das die Familien von Marschalck, von Uffeln „und Consorten“ verwalteten. Die Börde Oldendorf hatte zu schwedischen Zeiten einen eigenen Gerichtsvogt, aber bereits zu dänischer Zeit war die Gerichtsbarkeit dem Amt zugelegt worden. Als Amtsbediente waren ein Amtmann mit 220 RTlrn, ein Hausvogt mit 40 RTlrn sowie ein Pförtner mit 20 RTlrn Jahreseinkommen tätig.

---

[254] StaatsA Stade Rep. 31 Titel 1 Nr. 44, Bl. 25, 46ff. und 124f. Für dieses Amt bestanden vier Gebührentaxen, nämlich für das Gericht Osten, Nr. 3, für die Börde Oldendorf, Nr. 10, für Hechthausen, Nr. 17, und für das übrige Amt, Nr. 5. Der Begriff des Klosteramtes war trotz der im Jahre 1648 erfolgten Säkularisierung erhalten geblieben; inhaltlich war zu den übrigen Königlichen Ämtern kein Unterschied zu erkennen, beide wurden von einem Amtmann geleitet. Die frühere Geschichte dieses Amtes ist behandelt bei K. von Issendorff, Kloster und späteres Amt Himmelpforten. Von der Gründung des Klosters Porta coeli bis zum Jahre 1715, Stader Archiv 1911, (Neue Folge Band 1), S. 1ff.

[255] Die Börde Oldendorf wurde erst zu dänischen Zeiten im Jahre 1712 mit dem Klosteramt Himmelpforten vereinigt, vgl. von Kobbe, Band 1, S. 120.

[256] Roth, S. 132f. Nach Pratje, Herzogtümer, Band 6, S. 277f., handelte es sich um ein seit langem bestehendes Gericht, dessen Richter Peter Daniel Gohl im Jahre 1712 dieses Amt wegen der „hereinbrechenden Krieges-Unruhen“ verlassen hatte. Sein Nachfolger wurde zu dänischen Zeiten Adam Böhmer, der aber im Jahre 1715 von der neuen Regierung „seines Dienstes entlassen“ wurde und dessen Nachfolger Johann Casimir Kirchmann wurde, der bis zu seinem Tod im Jahre 1741 hier verblieb; soweit erkennbar, handelte es sich auf der Ebene der Ämter und Gerichte um eine Ausnahme von der im übrigen gegebenen Kontinuität zur Zeit der hannoverschen Herrschaftsübernahme im Jahre 1715.

[257] Nach Pratje, Herzogtümer, Band 6, S. 272f.

[258] In Hechthausen bestanden zwei Höfe der von Marschalcks, das gesamte Kirchspiel Hechthausen sei „adelicher freyer Damm,“ so Roth, S. 133, zu dem das ebenfalls den von Marschalcks gehörige Gericht Blumenthal gehört habe. Nach Merker, S. 52, wurde es für den Anfang des 18. Jahrhunderts als das geschlossene Patrimonialgericht Hechthausen mit dem freien Gericht Blumenthal bezeichnet. Es dürfte hier deshalb zur Zeit der Übernahme ein Patrimonialgericht bestanden haben.

2.1.2.2.4.12 Das Klosteramt Stade[259]

Das „Klosterambt Stade“ verfügte sowohl vor den Toren der Stadt wie im Alten Land über etliche Klostermeier, einige kleinere Dörfer und eine Wassermühle an der Schwinge. Von der Fischerei in der Schwinge und einigen zum Klosteramt gehörenden Teichen, die „jetzo ruiniret“ sind, „haben sich die Regierungs-, Cammer- und Ambts Bediente frey bedient.“ Das Klosteramt hatte seinen Sitz im Schloß in Agathenburg, dem früheren Stammsitz der Familie des schwedischen Generalgouverneurs Graf Königsmarck. Es war im Jahre 1715 das ärmste Amt der Herzogtümer, was an der dänischen Besetzung, der Brandschatzung des Dorfes Campe sowie den abzuliefernden Kontributionen an die dänische Garnison gelegen haben soll. Als Amtsbediente waren ein Amtmann mit 250 RTlrn, ein Hausvogt mit 40 RTlrn sowie ein Pförtner mit 20 RTlrn Jahreseinkommen tätig, die sich, was wohl nicht nur in diesem Amt üblich war, einiger Naturalien aus ihrem Verwaltungsgebiet bedienen konnten.

2.1.2.2.4.13 Die Klosterämter Altkloster, Neukloster und Harsefeld[260]

Die „Klosterämbter Alt Kloster, Neu Kloster und Harßfeld“ wurden von einem Amtmann verwaltet. Die im Alten Land belegenen und zu den dortigen Kirchspielen eingepfarrten „Alten Länder Mühlenambts Meyer“ unterstanden ebenfalls dem Amt wie auch der Flecken Harsefeld, der das Kirchspiel Harsefeld ausmachte. Die Kirchspiele Apensen und Bliedersdorf gehörten zum „Junckerngericht Dellm“[261]. Die Kirchspiele Mulsum, Bargstedt, Ahlerstedt machten die Börde Mulsum aus und unterstanden einem königlichen Vogt. Als Amtsbediente waren im „Ambt Harßfeld mit Alten Kloster“ ein Amtmann mit 250 RTlrn, zwei Hausvögte mit je 40 RTlrn sowie zwei Pförtner mit je 20 RTlrn Jahreseinkommen tätig. Im „Ambt Neukloster“ waren als Amtsbediente ein

[259] StaatsA Stade Rep. 31 Titel 1 Nr. 44, Bl. 42 – 46 und 227. Zum Begriff des Klosteramtes wie vorstehend beim Amt Himmelpforten. Hier kommt hinzu, dass dem dänischen Angriff des Jahres 1712 (s.o. 2.1) auch die letzte Stader Klosterkirche St. Marien zum Opfer gefallen war, so dass seither weder auf ein Kloster noch auf eine Klosterkirche hätte zurückgegriffen werden können, vgl. Heinrich Wittram, Die Stader Kirchen nach der Reformation, in: Stadt Stade (Hrsg.), Stade. Von den Siedlungsanfängen bis zur Gegenwart, Stade 1994, S. 594.

[260] StaatsA Stade Rep. 31 Titel 1 Nr. 44, Bl. 35f. Diese drei Ämter waren zu dänischen Zeiten im Jahre 1712 zu einem Amt zusammengelegt worden, vgl. von Kobbe, Band 1, S. 42. In diesem Amt bestanden zwei Gebührentaxen, nämlich für Altkloster, Nr. 1, sowie für Harsefeld, Nr. 21. Zum Begriff des Klosteramtes wie vorstehend beim Amt Himmelpforten.

[261] Es wurde später (1753) bei von Lehe, S. 161, als geschlossenes Patrimonialgericht verzeichnet.

Amtmann mit 220 RTlrn, ein Hausvogt mit 45 RTlrn sowie ein Pförtner mit 25 RTlrn und ein *monitor* mit 2 RTlrn Jahreseinkommen tätig[262].

2.1.2.2.4.14 Das Amt Zeven[263]

Das „Ambt Zeven" umfaßte die Kirchspiele „Kloster Kirche Zeven", Heeslingen, Gyhum, Sittensen, Selsingen, Elstorf. Die hierin belegene Börde Heeslingen sowie Gyhum[264] wurden vom Amt verwaltet. Die Börde Rhade[265] sowie Ober-Ochtenhausen seien jeweils „ein Junckerngericht", während in den Börden Selsingen, Elstorf und Sittensen zwar „einge adeliche interessirt" seien, aber diese zum Amt gehörten, jedoch mit einem eigenen Gerichtsvogt versehen waren[266]. Beim Etat der Amtsbedienten in der Aufstellung des Jahres 1715 ist nur das „Kloster Ambt Zeven"[267] aufgeführt, das trotz der Bezeichnung als Amt keinen Amtmann auf seiner Besoldungsliste vermerkt hat. Vielmehr sind als Amtsbediente ausschließlich ein Amtsschreiber zu 100 RTlrn, ein Hausvogt zu 40 RTlrn sowie ein Pförtner zu 20 RTlrn Jahreseinkommen aufgeführt. Als Landbedienter stand zudem der Vogt zu Sittensen mit 25 RTlrn Jahreseinkommen in der Liste.

---

[262] Diese Aufteilung im Etat der Amtsbedienten entspricht nicht der Aufteilung bei den Ämtern in der gleichen Quelle: StaatsA Stade Rep. 31 Titel 1 Nr. 44. Es ist nicht auszuschließen, dass hier inzwischen eine Änderung eingetreten war, die nicht berücksichtigt worden ist; welcher Bereich das ist, vermag ich derzeit nicht zu sagen.

[263] StaatsA Stade Rep. 31 Titel 1 Nr. 44, Bl. 39 - 41, 126f. und 226; in diesem Amt bestanden drei Gebührentaxen, für die Börde Sittensen, Selsingen und Elstorf, Nr. 18, für die Börde Rhade, Nr. 25, sowie für den übrigen Amtsbezirk, Nr. 20, dessen Taxe mit der des Amtes Ottersberg identisch war.

[264] Es wurde später (1753) nach von Lehe, S. 162, als geschlossenes Parimonialgericht verzeichnet.

[265] In dieser Börde hat bereits vor 1715 das Patrimonialgericht Hanstedt bestanden, es ist jedoch zweifelhaft, ob ihm von vornherein die gesamte Börde zugelegt gewesen sein dürfte: vgl. Elfriede Bachmann, Das ehemalige Issendorffsche Gut Hanstedt (Börde Rhade) im Landkreis Rotenburg (Wümme), in: Stader Jahrbuch 1997/98 Band 87/88), S. 126ff., dort eine Bestandsaufnahme des Jahres 1713; später (1753) nach von Lehe, S. 162, als „Erbgericht Hanstedt" verzeichnet, das aus der Börde Rhade bestand. Hierzu neuestens Bachmann, Fn. 212. Rhade wird gelegentlich auch „Rade" oder „Rahde" geschrieben.

[266] Im Kirchspiel Zeven zudem später (1753) nach von Lehe, S. 163, mit den geschlossenen Patrimonialgerichten Badenstedt und Oberochtenhausen verzeichnet.

[267] StaatsA Stade Rep. 31 Titel 1 Nr. 44, Bl. 226.

2.1.2.2.4.15 Das Amt Ottersberg[268]

Das „Ambt Ottersberg" umfaßte die drei Kirchspiele Otterstedt, Wilstedt, Kirchtimke nebst den Filialen zu Fischerhude und im Flecken Ottersberg. In ihm lagen keine Gebiete fremder Jurisdiktion. Als Amtsbediente waren ein Amtmann mit 200 RTlrn, zuzüglich 40 RTlrn Reisegelder, ein Hausvogt mit 40 RTlrn sowie ein Pförtner mit 20 RTlrn Jahreseinkommen tätig.

2.1.2.2.4.16 Die Struktur in Bremen[269]

Das „Thum-Capitul oder die sonst genandte Structur in Bremen" umfaßte fünf Börden und Gerichte, nämlich „Gericht Achim, Flecken Langwedel, Dorffschafft Schwachhausen, Bremer Vier Gohen, Stedinger Thum Capitells Meyer, der Thum und Capitells Häuser in Bremen." Das Gogericht Achim[270] umfaßte die fünf Kirchspiele Achim, Arbergen, Sagehorn, Etelsen und Davern. Die Verwaltung dieses Bezirks lag teils beim Structuarius des Bremer Domes, teils bei dessen Intendanten. Die Gerichtsbarkeit war von dem vormaligen schwedischen Residenten in Bremen ausgeübt worden, nunmehr war es ein landesherrliches Gericht[271], das mit fremder Gerichtsbarkeit „durchsetzt"[272] war. Die vier Bremer Goe[273] umfaßten acht Kirchen im Werderland, Niedervieland, Obervieland sowie Block- und Hollerland; diese Kirchspiele unterstanden Bremischem Recht. Auch hier übten Structuarius und Intendant die Verwaltung aus. Die aus etwa sieben Höfen bestehende Dorfschaft Schwachhausen lag inmitten

[268] StaatsA Stade Rep. 31 Titel 1 Nr. 44, Bl. 67 – 69, 126f., 226 und 229; auch dieses Amt wurde „Mooramt" genannt, vgl. von Kobbe, Band 1, S. 8. Für dieses Amt bestand eine eigene Gebührentaxe, Nr. 20, die mit der des Amtes Zeven identisch war.

[269] StaatsA Stade Rep. 31 Titel 1 Nr. 44, Bl. 69 – 75, 128f., 229 und 231f.

[270] Das Gogericht Achim verfügte über eine bemerkenswerte personelle Kontinuität: Der im Jahre 1695 zum Gogrefen ernannte schwedische Rat von Weissenfels trat dieses Amt zu hannoverscher Zeit mit Billigung der Regierung an seinen Sohn ab, der erst im Jahre 1769 aus Altersgründen das Amt niederlegte, vgl. von Kobbe, Band 1, S. 59, sowie von Lehe, S. 123. Für dieses Gericht bestand eine eigene Gebührentaxe, Nr. 27.

[271] Zum Gogericht Achim bei von Lehe, S. 147ff.

[272] von Lehe, S. 112, 123, 129f.

[273] Bei der Beschreibung des Jahres 1715 (StaatsA Stade Rep. 31 Titel 1 Nr. 44, Bl. 79 – 89) sind sie sowohl unter den „im Bezirck der Hertzogthümer belegenen Landschafften" aufgeführt, worunter z. B. auch die Stadt Bremen, das Land Hadeln und das hamburgische Amt Ritzebüttel zählten, wie auch bei den Ämtern und Gerichten der Herzogtümer (StaatsA Stade Rep. 31 Titel 1 Nr. 44, Bl. 72f.), so dass bereits hierin eine Zuständigkeitsstreitigkeit zum Ausdruck kommen könnte; später (1753) wurden die „Stadtbremischen Goen" nach von Lehe, S. 160, als eigenes Gericht der Herzogtümer verzeichnet, soweit darin ein „Königlicher Anteil" bestand, die Dörfer oder Höfe also zu Hannover gehörten.

der vier Bremer Goe, sie war zum Bremer Dom eingepfarrt und wurde von dessen Structuarius verwaltet[274].

Der „Thum" umfaßte den St. Petri Dom mit den erzbischöflichen und domkapitularischen Häusern in der Stadt Bremen, die um den Dom belegen waren und etwa 200 Wohnungen enthielten. Der Dom besoldete einen eigenen Gerichtsvogt, der an bestimmten Tagen „am Stadt Rechthause und offenen Marckte" in Kriminalsachen tätig war. Dieser Vogt hatte dann, wenn er ein Bremer Bürger war, bei Übernahme dieses Amtes sich seines Bürgerrechtes und -eides zu begeben[275]. Ihm gegenüber stand dem Bremer Senat danach keine Jurisdiktion mehr zu, die diesem jedoch gegenüber Bremer Bürgern in den Wohnungen des Domkapitels verblieben war, allerdings hatte der Senat sich im *„Palatio"*, dem Dienstsitz der Amtsbedienten, aller Amtshandlungen zu enthalten[276]. Das Stedinger Land mit den dortigen Dommeiern war an den Oberkämmerer Schildt verpfändet. Es stand „unter der *Superioritet*" der oldenburgischen Grafschaft Delmenhorst.

Der Flecken Langwedel war „nunmehro unter Ambt Verden verleget," an anderer Stelle hieß es, dieses sei „vor einiger Zeit" geschehen. Die Ausübung der Herrschaft war zwischen der Stadt Bremen und dem Geheimen Rat in Hannover streitig hinsichtlich der vier Bremer Goe und des Dorfes Schwachhausen[277]. Als Amtsbediente waren „ein Resident und *Ministre*" mit 800 RTlrn, ein Stadtvogt mit 300 RTlrn, ein Notarius mit 70 RTlrn, ein Gerichtsfron mit 50 RTlrn, ein „Structuarius" mit 400 RTlrn, ein „Capittelschreiber" mit 100 RTlrn, zwei Reitvögte zu je 60 RTlrn, ein Deichvogt im Stedinger Land zu 30 Rtlrn sowie ein Intendant mit 200 RTlrn Jahresbesoldung und 40 Rtlrn Reisegeldern tätig. Der Gorichter zu Achim erhielt als Landbedienter 50 RTlr jährlich. Dem Regierungskollegium in Stade war durch die *„punctatio"* (Artikel 6)[278] die Aufsicht und Verwaltung über den Dom und die Structur zu Bremen übertragen worden.

---

[274] Dieses wurde später (1753) nach von Lehe, S. 160, als „Gericht Schwachhausen" verzeichnet.

[275] Stader Receß von 1654, § 6; zu diesem und insbesondere den territorialen Veränderungen in der Folge dieser Vereinbarung und deren Auswirkungen auf die Herzogtümer bei Herbert Schwarzwälder, Geschichte der Freien Hansestadt Bremen, Band I, Von den Anfängen bis zur Franzosenzeit (1810), Bremen 1995, S. 367ff.; eine Skizze des abgetretenen Bremischen Gebietes ebenda, S. 370.

[276] Stader Receß von 1654, §§ 5 und 6.

[277] Zur weiteren Entwicklung s.u. 2.2.2.2.3, 2.3.2.2.3 sowie 2.4.2.2.3.

[278] StaatsA Stade Rep. 40 Nr. 1122, Bl. 15R.

2.1.2.2.4.17 Die Stadt Stade

Die Stadt Stade war nicht nur der älteste und größte Ort in den Herzogtümern, sondern seit der schwedischen Zeit Regierungssitz für das Land zwischen Elbe und Weser. In Stade, das zu dieser Zeit eine Festung war, bestanden noch zwei große und zwei mittlere Kirchen, nachdem die „Kloster- oder *Estats*-Kirche“[279] bei der dänischen Belagerung im Jahre 1712 durch ein „*bombardement ruinirt*“ worden war. Das von Bürgermeistern und Rat gebildete Stadtgericht Stade hatte neben einer umfassenden weltlichen Gerichtsbarkeit auch die geistliche Gerichtsbarkeit über die Gerichtseingesessenen.

2.1.2.2.4.18 Die Stadt Buxtehude

Der Stadt Buxtehude war die kleinste Stadt der Herzogtümer, sie verfügte nur über eine Kirche[280] und bestand mithin aus einem Kirchspiel. In der Stadt wurde durch Bürgermeister und Rat eigene Gerichtsbarkeit ausgeübt.

2.1.2.2.4.19 Die Stadt Verden

Die Stadt Verden war erst aufgrund des Rezesses von 1667 aus den zuvor selbständigen Orten Norder- und Süderstadt zusammengelegt worden[281]. Die Stadt hatte einen Dom („eine große Thum-Kirche“[282]) sowie drei weitere Kirchen. Sie hatte die gleichen „privilegia“ wie Stade und Buxtehude, die ebenfalls in schwedischen Zeiten bestätigt worden waren[283]. Dem Stadtgericht, bestehend aus Bürgermeister und Rat, stand eine umfassende Kompetenz in weltlichen wie in geistlichen Angelegenheiten über die Gerichtseingesessenen zu. Dem Regierungskollegium in Stade war durch die „*punctatio*“ (Artikel 6)[284] die Aufsicht und die Verwaltung über den Dom und die Structur zu Verden übertragen worden.

---

[279] Dieses und das folgende Zitat nach StaatsA Stade Rep. 31 Titel 1 Nr. 44, Bl. 10. In der „*punctatio*“ (Artikel 7) war dem Regierungskollegium in Stade insoweit übertragen worden: „Imgleichen gebühret selbigem Regierungs *Collegio* die Aufsicht auf die *Administration* der Gelder, welche zu der vormahligen, nunmehro abgebranten *Etats* Kirche zu Stade gehören.“: StaatsA Stade Rep. 40 Nr. 1122, Bl. 15R; s. Anlage 2 – 1.

[280] StaatsA Stade Rep. 31 Titel 1 Nr. 44, Bl. 11.

[281] Vgl. von Kobbe, Band 1, S. 202.

[282] StaatsA Stade Rep. 31 Titel 1 Nr. 44, Bl. 11f.

[283] Vgl. Fiedler, Herzogtümer, S. 159, 164ff.

[284] StaatsA Stade Rep. 40 Nr. 1122, Bl. 15R; s. Anlage 2 – 1.

2.1.2.2.4.20 Das Amt Verden[285]

Das „Ambt Verden“ enthielt die drei Kirchspiele Dom in Verden, Kirchlinteln und Wittlohe[286] und umfaßte die gesamte Verwaltungs- und Jurisdiktionstätigkeit. Als Amtsbediente waren ein Amtmann mit 200 RTlrn zuzüglich 40 RTlr Reisegelder, ein Hausvogt mit 40 RTlrn zuzüglich 16 RTlr Reisegelder sowie ein Pförtner mit 20 RTlrn Jahreseinkommen tätig[287].

2.1.2.2.4.21 Das Amt Rotenburg[288]

Das „Ambt Rotenburg“ umfaßte die sieben Börden oder Vogteien Sottrum, Scheeßel, Ahusen, Visselhövede[289], Woltern, Schneverdingen und Brackel. Diese wiederum enthielten zehn Kirchspiele, nämlich in der Börde Sottrum die Kirchspiele Rotenburg und Sottrum, in der Vogtei Ahusen die Kirchspiele Kirchwalde und Ahusen, in der Vogtei Woltern die Kirchspiele Neukirchen und Wolterding, die übrigen oben genannten Vogteien bestanden jeweils nur aus dem gleichnamigen Kirchspiel[290]. Das Amt und die Vogteien nahmen die Verwaltungs- und Gerichtsfunktionen wahr. Als Amtsbediente waren ein Amtmann mit 250 RTlrn zuzüglich 40 RTlr Reisegelder[291], ein Hausvogt mit 40 RTlrn zuzüglich 16 RTlr Reisegelder sowie ein Pförtner mit 20 RTlrn Jahreseinkommen tätig. Zudem war in jeder Vogtei ein eigener Vogt eingestellt.

---

[285] StaatsA Stade Rep. 31 Titel 1 Nr. 44, Bl. 75f., 128f. und 226. Für dieses Amt bestand eine eigene Gebührentaxe, Nr. 29.

[286] Nach von Kobbe, Band 1, S. 205, war der Flecken Langwedel bereits in schwedischer Zeit dem Amt Verden zugelegt worden.

[287] Nach von Kobbe, Band 1, S. 206, war ferner ein Structuar im Amt beschäftigt.

[288] StaatsA Stade Rep. 31 Titel 1 Nr. 44, Bl. 77f., 128f. und 226. Für dieses Amt bestand eine eigene Gebührentaxe, Nr. 28.

[289] Nach von Kobbe, Band 1, S. 212, hatte Visselhövede seit 1450 die Fleckensgerechtigkeit.

[290] Hierzu auch Friedrich Tamß, Das hannoversche Amt Rotenburg im 18. Jahrhundert. Beiträge zur Landeskunde, Rotenburg 1958, S. 7ff.

[291] Der Amtmann verfügte offenbar über einen herausgehobenen Amtssitz: „Das Ambt Haus nahe beim Flecken Rotenburg belegen, ist gleichfalls das beste im gantzen Lande, und ist der dabey gehörige Garten, wegen seiner Größe, guten Situation an der Wümme; fruchtbahren Obstbäumen und schönen Alleen berühmbt.“ So jedenfalls der Bericht in StaatsA Stade Rep. 31 Titel 1 Nr. 44, Bl. 78.

2.1.2.2.4.22 Die Flecken in den Herzogtümern Bremen und Verden[292]

Erwähnt werden sollen noch die Flecken der Herzogtümer. Hierbei handelte es sich um größere Dörfer oder kleine Orte, die zu den verschiedenen Ämtern gehörten oder in ihnen lagen, mithin keine oder nur sehr eingeschränkte Unabhängigkeit besaßen. Es waren dies im Herzogtum Bremen die Flecken Horneburg[293], Harsefeld, Bremervörde, Lehe[294], Neuhaus und Freiburg. Der Flecken Langwedel war inzwischen von der bremischen Struktur an das Amt Verden abgegeben worden und gehörte somit wie der Flecken Rotenburg zum Herzogtum Verden. Die Orte Zeven, Osterholz, Bützfleth, Lamstedt und Bederkesa im Herzogtum Bremen seien zwar auch Flecken genannt worden, „sindt aber nicht anders als große Kirchdörffer zu *consider*ieren."[295] Eigene Rechte innerhalb der sie umgebenden Ämter oder gar gegenüber der Landesherrschaft hatten diese letztgenannten Flecken nicht. Dies galt auch für die Festung Ottersberg, die an der „*passage* zwischen Bremen und Hamburg"[296] gelegen war.

2.1.3 Zum materiellen Recht

Für diese Zeit ist eine Trennung nach Zivil- und Strafrecht nicht angebracht, weil sich in den Gesetzen und sonstigen Vorschriften der Zeit nicht nur die materiellen Rechtsgrundlagen häufig vermischten, sondern auch mit prozessualen Normen verknüpft waren. Es wird deshalb nur eine grobe Abgrenzung vorgenommen; eine eingehende Darstellung des materiellen Rechts kann hier nicht geleistet werden. Vielmehr wird im wesentlichen nur nach den vorhandenen örtlichen Rechten differenziert. Für den Bereich des Strafrechts galt die „Carolina"[297] von 1532. Sie stellte in erster Linie eine Prozeßordnung dar[298], enthielt

---

[292] StaatsA Stade Rep. 31 Titel 1 Nr. 44, Bl. 10 – 16.

[293] Es wurde bereits 1716 als eigenes Gericht in der Gebührentaxe unter Nr. 16 verzeichnet. Nach Roth, S. 198, war es ein adeliges Gericht; nach Merker, S. 52, habe es das „Burggericht Horneburg" geheißen.

[294] Es wurde bereits 1716 als eigenes Gericht in der Gebührentaxe unter Nr. 4 verzeichnet.

[295] StaatsA Stade Rep. 31 Titel 1 Nr. 44, Bl. 16.

[296] StaatsA Stade Rep. 31 Titel 1 Nr. 44, Bl. 12.

[297] Dies ist die übliche Kurzform der „Constitutio Criminalis Carolina" oder in der deutschen Bezeichnung „Peinliche Halsgerichtsordnung Kaiser Karl V." Näher bei HRG, Lieberwirth, „Carolina".

[298] Die Vorrede lautete: „Wir Karl der fünfft ... Demnach haben wir ... aus gnedigem geneygtem willen ... wie vnd welcher gestalt inn peinlichen sachen, vnd rechtfertigungen, dem rechten vnd billicheyt am gemeßten gehandelt werden mag, zumachen, inn ein form zusammen zu ziehen." § 1 lautete: „Item erstlich: setzen, ordnen vnnd wöllen wir, daß alle peinlich gericht mit Richtern, vrtheylern vnd gerichtßschreibern, versehen vnd besetzt werden sollen, von frommen, erbarn, verstendigen vnd erfarnen personen, so tugentlichst vnd best die selbi-

jedoch auch materiellrechtliche Normen sowie Regelungen zum Strafvollzugsrecht[299]. Zivilrechtlich waren die Herzogtümer ein Teil des gemeinrechtlichen Gebietes des Kurfürstentums Hannover[300]. Beides bedeutete jedoch keine Einheitlichkeit der geltenden Rechtsnormen in diesem Territorium. Vielmehr sind neben den eigenen Rechten der drei Städte zumindest fünf Gebiete mit unterschiedlichen Landrechten erkennbar[301]. Hierbei handelte es sich um das Alte Land, das Land Kehdingen, das Land Wursten, das Osterstader Gebiet sowie um das übrige Bremen-Verdensche Land[302]. Des weiteren verfügte die Ritterschaft des Herzogtums Bremen über eigenes materielles Recht.

2.1.3.1 Das Recht der Stadt Stade

Der Rat der Stadt Stade hatte am 8. Januar 1716 der Regierung eine Aufstellung mit dem Titel „Gründlicher Entwurf der Stadischen Verfassung, sonderbaren Rechte, Privilegien, Freiheiten und Beschwerden“ übergeben[303]. Dies kann wohl als Reaktion auf die Ankündigung des neuen Landesherrn verstanden werden, die bestehenden Rechte unangetastet zu lassen[304]. Die Stadt Stade verfügte nämlich zu dieser Zeit bereits seit langem über ein eigenes, althergebrachtes Stadtrecht[305], materiell waren die städtischen Rechte niedergelegt im Stader Statut von 1279[306], das in späteren Jahren ergänzt worden war[307]. Es handelte

---

gen nach gelegenheyt jedes orts gehabt vnd zubekommen sein. Darzu auch Edeln vnnd gelerten gebraucht werden mögen.“ Beide Zitate nach Arno Buschmann, Textbuch zur Strafrechtsgeschichte der Neuzeit. Die klassischen Gesetze, München 1998, S. 105.

[299] § 215 lautete in der Überschrift: „Mit was maß die werckleut inn den peinlichen gerichten nottürftige galgen zu machen vnd zu bessern schuldig sein“; nach Buschmann, S. 175.

[300] Otto Rudorff, Das hannoversche Privatrecht, Hannover 1884, S. 1 und 43; ebenso Grefe, Band 1, S. 1.

[301] Einzelheiten bei Christian Hermann Ebhardt, Sammlung der Verordnungen für das Königreich Hannover vor dem Jahre 1813, Band 2, Hannover 1855, S. 1ff.

[302] Ebhardt, Band 2, S. 216 bis 235.

[303] Vgl. Schlüter, Quellen, S. 93; abgedruckt bei Schlichthorst, Beiträge, Band III, S. 1 – 138; hierzu auch bei von Bülow und Hagemann, 4. Band, S. 407ff.

[304] S. o. 2.1.1: Kgl. Resolution vom 28. Oktober / 8. November 1715.

[305] Der Zeitpunkt dieser Verleihung steht nicht fest, vgl. Hans Wohltmann, Die Geschichte der Stadt Stade an der Niederelbe, 3. Aufl., Stade 1956, S. 60 und 68; ausführliche Darstellung der Entwicklung bei von Bülow und Hagemann, 4. Band, S. 399 – 425. Zum Stader Stadtrecht bei Grefe, Band 1, S. 108ff.

[306] Hierzu Jürgen Bohmbach, 700 Jahre Stader Stadtverfassung, Stade 1979, S. 23ff.; §§ 1 bis 4 und 7, 8, 17 und 18 des Ersten Stücks zum Erbrecht abgedruckt bei Rudorff, S. 57f., § 6 des Ersten Stücks zum Nachbarrecht abgedruckt bei Rudorff, S. 83f.

[307] Die Statuten von 1279 sind auf niederdeutsch abgedruckt bei Pufendorf, Observationes, Tom I, App. nr. 6, S. 163 – 228; auf hochdeutsch bei Ebhardt, Band 2, Seite 361 – 392 sowie umfassend kommentiert bei Gustav Korlén, Norddeutsche Stadtrechte I. Das Stader Stadtrecht

sich um hamburgisches Recht und enthielt wie dieses in elf „Stücken“ Regelungen sowohl über zivilrechtliche Angelegenheiten, wie zum Schuld-, Familien-, Erb- und Dienstrecht, als auch Vorschriften zum Straf- und zum Prozeßrecht; es war also eine umfassende Rechtsgrundlage, die das Leben der Bürger „in praktisch allen Fragen regelte“[308]. Zum Erb- und Grundstücksrecht bestand zudem seit dem Jahr 1680 eine eigenständige materiellrechtliche Grundlage in einer Verordnung zum „Erb- und Rentenbuch“, letzteres vergleichbar mit dem heutigem Grundbuch[309].

In Strafsachen stand dem Stader Rat die Hochgerichtsbarkeit zu, die Todesstrafe konnte sogar ohne Bestätigung des Landesherrn vollstreckt werden. Das Stader Stadtgericht handelte auf der Grundlage seiner städtischen Gerichtsordnung aus dem Jahre 1606. Der Magistrat stellte aus seiner Mitte den Stadtrichter, im allgemeinen war dies der zweite Bürgermeister, gelegentlich auch „Justiz-Bürgermeister“ genannt. Rechtsmittel gegen die Urteile des Stadtgerichts gingen an das Hofgericht, soweit weltliche Rechtsstreitigkeiten betroffen waren. In Zivilsachen betrug die Appellationssumme 400 Rtlr. Der Rat der Stadt hatte innerhalb seiner örtlichen Zuständigkeit auch die Kompetenz über die geistliche Gerichtsbarkeit. Die Rechtsmittel gegen Entscheidungen aus diesem Zuständigkeitsbereich gingen jedoch an das Konsistorium. In Stade bestand zudem nach Titel 13 der Stader Gerichtsordnung von 1606[310] ein „Gastgericht“, das für Klagen Fremder zuständig war. Die Rechte der Stadt waren sowohl in schwedischen Zeiten[311] wie auch nach der hannoverschen Übernahme bestätigt worden.

von 1279, Lund und Kopenhagen 1950; Bohmbach, Urkundenbuch, S. 40ff.; die Ergänzungen von etwa 1400, 1401 und vom Anfang des 15. Jahrhunderts sind abgedruckt ebenda, S. 115f., S. 117 und S. 117f.; die Ergänzung von 1401 bei Ebhardt, Band 2, S. 393; das Siebente Stück hieraus zum Nachbarrecht ist abgedruckt bei Rudorff, S. 84.

[308] So zu den Stadtrechten allgemein Martin C. Lockert, Die niedersächsischen Stadtrechte zwischen Aller und Weser. Vorkommen und Verflechtungen, Frankfurt am Main und Bern 1979, S. 246.

[309] StaatsA Stade Dep. 10 Fach B b Nr. 8.

[310] Vgl. Ausführungen hierzu bei von Bülow und Hagemann, 2. Band, S. 64ff.

[311] Vgl. Fiedler, Herzogtümer, S. 159ff.; nach Bohmbach, Urkundenbuch, S. 254, am 9. Januar 1692 durch den schwedischen König Karl XI.; StaatsA Stade Rep. 31 Titel 1 Nr. 44, Bl. 12: „gleiche *privilegia*“.

2.1.3.2 Das Recht der Stadt Buxtehude

Der Stadt Buxtehude war im Jahr 1328 das Stader und damit hamburgisches Stadtrecht verliehen worden[312]. In Stadtrechtsbüchern aus dem Ende des 14. und der ersten Hälfte des 15. Jahrhunderts waren materiell-rechtliche Vorschriften niedergelegt[313]. Die Gerichtsbarkeit wurde vom Magistrat als Stadtgericht wahrgenommen. In Zivilsachen betrug die Appellationssumme 100 Rtlr. Das Stadtrecht war in schwedischen Zeiten bestätigt worden[314].

2.1.3.3 Das Recht der Stadt Verden

Die Stadt Verden verfügte über ein eigenes Stadtrecht aus dem Jahre 1582, das Bremer Recht enthielt[315]. Es war in niederdeutscher Sprache verfaßt und in 182 Statuten unterteilt. Das erste Statut regelte die Ordnung des Rates der Stadt und das letzte die bei einer Hinrichtung zu beachtenden Formalien. Zivil-, straf- und prozeßrechtliche Angelegenheiten waren auch hier vermischt und erfaßten alle Bereiche des täglichen Lebens. Die Gerichtsbarkeit wurde vom Magistrat wahrgenommen. Er hatte auch die Befugnis, in erster Instanz über Ehesachen zu erkennen[316]. Diese Zuständigkeit war seit langem streitig mit dem Stader Konsistorium. In einem verschiedene Punkte umfassenden Vergleich des Jahrs 1692 konnte dieser Streit nicht beigelegt werden, zudem hatte weder eine Entscheidung des Stader Hofgerichts vom 17. März 1710 noch des Tribunals zu Wismar vom 4. Juli 1712 eine abschließende Regelung getroffen, vielmehr war vom Tribunal beschlossen worden, es sei weiterer Beweis zu erbringen. Damit war diese Frage bei Übernahme der Herzogtümer und dem dadurch bedingten Ende der Zuständigkeit des Wismarer Tribunals noch anhängig. Die Appellationssumme

---

[312] Schlüter, Beiträge, S.73; Pratje, Herzogtümer, Teil IV, S. 194; Margarete Schindler, Blick in Buxtehudes Vergangenheit. Geschichte der Stadt, 2. Aufl., Buxtehude 1993, S. 120; Lokkert, S. 22f.

[313] Vgl. Margarete Schindler, Buxtehude. Studien zur mittelalterlichen Geschichte einer Gründungsstadt, Wiesbaden, 1959, S. 28ff. Die Belehnungsurkunde zum Stadtrecht von 1328 ist abgedruckt ebenda, S. 78; zum ehelichen Güterrecht galten die Stader Regelungen: Rudorff, S. XXIV, m. w. N. Insoweit lag auch die erste Instanz in geistlichen Sachen beim Stadtgericht. Hierzu auch bei Grefe, Band 1, S. 111f.

[314] Vgl. Fiedler, Herzogtümer, S. 159, 163f.

[315] Abgedruckt bei Ebhardt, Band 2, S. 393 bis 423 sowie bei Pufendorf, Observationes, Tom. I App. S. 77 – 136; dieses war ein Tochterrecht der Stadt Bremen. Inhaltsübersicht und Nachweise der Veröffentlichungen bei Rudorff, S. XXX. Die Vorschriften zum Erb- und Sachenrecht sind abgedruckt bei Rudorff, S. 59 und 84f. Hierzu auch bei Grefe, Band 1, S. 112f., sowie bei Carl Haase, Untersuchungen zur Geschichte des Bremer Stadtrechts im Mittelalter, Bremen 1953, S. 71 – 100.

[316] Vgl. hierzu von Bülow und Hagemann, 3. Band, 2. Aufl., 1815, S. 411ff.; s. o. 2.1.2.1.5.

des Verdener Stadtgerichts in Zivilsachen betrug 100 Rtlr. Zuvor gab es bereits die Statuten des Jahres 1330[317], die gemeinsam mit den weitgehend übernommenen Statuten der Stadt Bremen zur Grundlage geworden waren für das neuere Recht[318].

2.1.3.4 Das Recht der Bremischen Ritterschaft

Das Bremische Ritterrecht des Jahres 1577[319] galt für die Eigentümer „eines in der Rittermatrikel stehenden Gutes"[320]. Es regelte insbesondere das Familien- und Erbrecht der der Ritterschaft angehörigen Mitglieder und nahm dabei vor allem auf den Erhalt des Grundbesitzes, also die „Erb-Stamm-Güter" (Titel I § 1), Rücksicht.

2.1.3.5 Das Recht des Alten Landes

Das Landrecht des Alten Landes aus dem Jahre 1517[321] enthielt in 31 Artikeln Regelungen straf- und prozeßrechtlicher Art. Die zivilrechtliche Regelung des gleichen Jahres ist gesondert zusammengefaßt gewesen, jedoch nie vom Landesherrn publiziert worden; sie galt deshalb lediglich als Gewohnheitsrecht hinsichtlich weniger Rechtssätze. Hinsichtlich der „Siedesten Gerichte" im Alten Land gibt es keine eindeutige Zuständigkeitsabgrenzung[322].

---

[317] Statuten von 1330 abgedruckt bei Pufendorf, Observationes, Tom. I, S. 77 – 136; dazu bei Karl Nerger, Geschichte der Stadt Verden bis in die Anfänge des 20. Jahrhunderts, Verden 1992, S. 43ff.

[318] Schlüter, Quellen, S. 87.

[319] Hierzu bei Schlüter, Quellen, S. 76ff.; es galt nicht für die Verdensche Ritterschaft.

[320] Abgedruckt bei Ebhardt, Band 2, S. 454 – 476.

[321] „Des olden Landes Ordnunge und Rechte-Boek oder *Constitution* des Alten Landes." Schlüter, Quellen, S. 82ff., der einem weiteren Landrecht des Jahres 1588 jede Gültigkeit abspricht; Rudorff, S. XX f.; Landrecht des Jahres 1517 abgedruckt bei Pufendorf, Observationes, Tom I, S. 40 - 55. Zum Altländer Recht bei Grefe, Band 1, S. 117ff.

[322] Vgl. Scharnhorst, Nachricht, S. 238f.: „Noch ist eine andere Jurisdiction im alten Lande, die Siedeste, oder das siedeste Gericht genannt, so von unterschiedener Art. Wesfalls dann zwischen den Grefen und Hauptleuten, sodann den Inhabern solcher Gerichte ratione der Grenzen, oder was zu solchem Gericht gehöret, worin deren Jurisdiction bestehet, dann und wann Streit aufgegeben, und darin was decidiret, worin das Siedeste Gericht bestehet." Ein Beispiel für den Umfang der Gerichtsbarkeit ebenda, S. 300f. Danach ging es um kleine Schlägereien ohne erhebliche Folgen und um Verletzungen, „so mit den Kleidern können bedeckt werden".

2.1.3.6 Das Recht des Landes Kehdingen

Das Land Kehdingen regelte in den „Statuta Kedingensa"[323], deren Entstehungszeit nicht bekannt ist, in 33 Titeln zivil- und prozeßrechtliche Angelegenheiten. Wegen fehlender landesherrlicher Publikation galt es nur als Gewohnheitsrecht.

2.1.3.7 Das Recht des Landes Wursten

Im Land Wursten bestanden die Wurster Willküren aus dem Jahr 1508[324], die auch zivilrechtliche Fragen regelten, sowie das Wurster Landrecht des Jahres 1611[325] mit Normen zum Familien-, Erb- und Strafrecht. Letzteres galt wegen der niemals erfolgten Veröffentlichung jedoch ausschließlich als Gewohnheitsrecht[326].

2.1.3.8 Das Recht des Amtes Hagen

Das Rechtsbuch des Amtes Hagen oder auch genannt das Osterstader Landrecht des Jahres 1581[327] umfaßte acht Artikel zum Zivil- und Prozeßrecht.

---

323 „Statuta Kedingensia, das ist Kedinger Landrecht, wonach Greven und Hauptleute im Landgericht zu Hamelwührden zu richten haben. Wie dasselbe bisher in unterschiedlichen geschriebenen Exemplarien vorhanden gewesen, nunmehro aber zu mehrem der Eingesessenen Nutzen zum Druck befördert, durch *Johannem Kellern, Secretarium* Landes Kedings, Bützflethischen Theils." abgedruckt bei Pufendorf, Observationes, Tom. I, S. 141 – 162; hierzu bei Grefe, Band 1 § 42; nur die Titel XX und XXI sind abgedruckt bei Ebhardt, Band 2, S. 63f.; nach Schlüter, Quellen, S. 82 sei nur der Titel XXI über das Beispruchsrecht gewohnheitsrechtlich anerkannt gewesen. Inhaltsübersicht bei Rudorff, S. XXII. Hierzu auch bei Grefe, Band 1, S. 121.

324 Sie bestanden aus 19 Artikeln und sind abgedruckt bei Pufendorf, Observationes, Tom. III App., S. 113 – 119. Hierzu bei Grefe, Band 1, S. 119.

325 „Wurster Landrecht und alte Gebräuche, so auff gnädigsten Befehlig des hochwürdigsten durchlauchtigsten Hochgeborenen Fürsten und Herrn, Herrn Johann Friederichen, Erwehlten und Postulirten zu Erz- und Bischoffen der Stifter Bremen und Lübeck, ... in nachfolgender Form zu Papier bringen lassen, geschehen Anno 1611" abgedruckt bei Pufendorf, Observationes, Tom. I App., S. 60 – 76; hierzu bei Schlüter, Quellen, S. 79ff., bei Rudorff, S. XXIII, sowie bei Grefe, Band 1, S. 119f.

326 Bei Rudorff, S. XXIII, ist eine Inhaltsübersicht des Rechts aus dem Jahre 1611 abgedruckt sowie Anmerkungen zum Umfang seiner Geltung im Erbrecht.

327 Schlüter, Quellen, S. 78f.; Ebhardt, Band 2, S. 45 - 63; abgedruckt bei Pufendorf, Observationes, Tom. III App., S. 1 – 32, die erzbischöfliche Bestätigung von 1593 ebenda, S. 30. Anmerkung zum Osterstader Landrecht zudem bei von Bülow und Hagemann, 2. Band, S. 80f., sowie bei Rudorff, S. XXII und bei Grefe, Band 1, S. 116f.

Es war ein aus den bestehenden Gewohnheitsrechten „unter der Autorität des damaligen Landesherrn“ zusammengestelltes Gesetzbuch, das zwar zu schwedischer Zeit nicht als geltendes Recht angesehen wurde[328]; aber vom OAG Celle war dieses Rechtsbuch „von neuem anerkannt“[329] worden.

2.1.3.9 Das Recht der Herzogtümer im übrigen

Für das Gebiet der gesamten Herzogtümer galt im übrigen weiterhin die von „Ihr. Königl. Majest. zu Schweden, in Dero Hertzogthümer Bremen und Verden angeordnete Polizeiordnung vom 20. Juli 1692“[330] mit einer Ergänzung vom 18. Juli 1693[331]. Sie enthielt in 19 Kapiteln Vorschriften zur Religion (Kapitel I „Von der Furcht Gottes ...“), „Zum Unterschied der Stände ...“ (Kapitel II) sowie solche familien- und gewerberechtlicher Art mit Regelungen zu einzelnen Berufen und schließlich zu leichteren Straftaten und zum Forst- und Jagdrecht. Die Polizeiordnung war letztlich die einzige gedruckte Gesetzessammlung der Herzogtümer. Eine weitere Sammlung der geltenden Gesetze und Verordnungen gab es daneben nicht.

Der Eid der Hofgerichtsassessoren[332] macht vielleicht auch wegen der nur unzureichend vorhandenen schriftlichen Gesetzestexte deutlich, welche Rechtsgrundlagen überhaupt galten und deshalb zu beachten waren. Nach dem Eid waren dies sowohl kaiserliche Rechte, also das vom Reich gesetzte sowie das rezipierte römische Recht, wie auch Reichs- und Landtagsabschiede, also das Recht der Stände auf diesen beiden Ebenen, und schließlich das damals wohl umfassendste Gebiet, das des Gewohnheitsrechts. Letzteres sollte jedoch nur dann gelten, wenn es vernünftig sei; Abgrenzungsprobleme dürften deshalb alltäglich gewesen sein. Wegen der ländlichen Struktur der Herzogtümer war für einen großen Anteil seiner Bewohner das Meierrecht von wesentlicher Bedeutung. Insoweit bestanden als Rechtsgrundlage ausschließlich die Privilegien der Gutsherren gemäß Landtagsrezeß von 1651 sowie die Regelungen gemäß der Polizeiordnung von 1692[333], die den Gutsherren gerade zum Recht des Abmeierns weitgehende Freiheit einräumten, so dass die Existenz eines Meiers in den Herzogtümern immer als gefährdet anzusehen war.

---

[328] Das Tribunal zu Wismar hatte dieses Recht nicht anerkannt, so Schlüter, Quellen, S. 78.
[329] Schlüter, Quellen, S. 78 m. w. N.
[330] Diese ist auszugsweise abgedruckt bei Ebhardt, Band 2, S. 216 – 234; Gliederung und Inhaltsverzeichnis in StaatsA Stade Rep. 31 Titel 1 Nr. 26, Bl. 9 – 14.
[331] Abgedruckt bei Ebhardt, Band 2, S. 234f.: danach wurde allen Untertanen befohlen, sich nach der Polizeiordnung zu richten.
[332] S. o. 2.1.2.1.4.
[333] Grefe, Band 2, S. 160.

2.1.4 Zusammenfassung

Die dänische Herrschaft in den Herzogtümern Bremen und Verden blieb ein folgenloses Zwischenspiel, denn bei den Regelungen der Verwaltungs- und Justizeinrichtungen wurde nach 1715 ausschließlich auf die Strukturen und Rechtsgrundlagen der schwedischen Zeit zurückgegriffen, sofern nicht eigene hannoversche Regelungen, wie bei der Amtsordnung, galten. Der Übergang der Herrschaft an Kurhannover verlief ohne erkennbare Reibungen oder gar Brüche. Die Institutionen und deren Rechtsgrundlagen blieben weitgehend erhalten, was wohl durch eine gewisse Selbständigkeit der Regierung in Stade bedingt war. Alle arbeiteten weiter „wie auf dem vorigen Fuß."

2.2 Die Entwicklung bis zum Jahr 1740

2.2.1 Allgemeiner Überblick

Zwar hatte Hannover seit einigen Jahren den Besitz der Herzogtümer inne, aber eine offizielle Übergabe erfolgte erst am 20. Juni 1720 durch den schwedischen Residenten Graf Vellingk[334], was den Einwohnern der Herzogtümer mit Erlaß vom gleichen Tage bekanntgemacht wurde[335]. In die mitteleuropäische Friedenszeit von 1721 bis 1733[336] fiel der Tod König Georgs I. im Jahre 1727[337]. Sein Sohn und Nachfolger, Georg II., war deutlich seltener in Hannover als der Vorgänger, er ließ die Geschäfte in der „Schattenresidenz"[338] Hannover von seinem Ministerium, dem Geheimen Ratskollegium, verwalten. Die Tätigkeit des Geheimen Rats stand verstärkt unter dem Aspekt rationeller Aufgabenerfüllung, was sich in einem Bestreben nach Übersichtlichkeit der Verwaltung und der Be-

[334] Krüger, S. 133 und 136ff.; die dänische Besatzung ist offenbar als eine Zeit minderen Rechts angesehen worden, denn von diesen, der hannoverschen Übernahme zeitlich immerhin unmittelbar vorgehenden Besitzern, erfolgte keine solche Übernahme. Hier kommt wohl zum Ausdruck, dass Schweden die dänische Besetzung nie als rechtmäßig akzeptiert hatte und die hannoversche Sicht dem entsprach.

[335] StaatsA Stade Rep. 23a Nr. 71: s. Anlage 2 – 7; ein weiteres Ausschreiben der Stader Regierung vom 25. Juni 1720 nahm Bezug auf die „geschehene Cedirung allhiesiger Hertzogthümer" und sandte ein hierzu ergangenes Patent an die Geistlichen, das am 30. Juni 1720 von allen Kanzeln zu verlesen war: StaatsA Stade Rep. 23a Nr. 71; das Patent ebenda.

[336] Römer, S. 233.

[337] Bekanntmachung über den Tod des Königs vom 14. Juli 1727 sowie Text des von den Kanzeln zu verkündenden Erlasses und Formular der Eidesverpflichtung für die Bedienten auf König Georg den Anderen: StaatsA Stade Rep. 23a Nr. 78.

[338] Römer, S. 241.

hörden äußerte[339]. Auch hinsichtlich der Herzogtümer standen sowohl die Regierung in Hannover wie auch die Regierung in Stade nicht nur nach deren Übernahme, sondern noch bis zur Mitte des Jahrhunderts vor der Aufgabe, „zur Beseitigung der vielen Grenz- und Zuständigkeitsstreitigkeiten eine schärfere Abgrenzung der Bezirke vorzunehmen“[340]. Aber erst ab etwa 1736 versuchte die Regierung in Hannover verstärkt, die Vermischung der Gerichtsbarkeiten zwischen den Ämtern und den dort vorhandenen Patrimonialgerichten sowie die Grenzstreitigkeiten zwischen den einzelnen Ämtern zu ändern oder gar ganz zu beenden[341]. Es wurden deshalb mehrere Ansätze unternommen, das Territorium besser als bisher zu erfassen, wohl um es besser regieren zu können. Sichtbare Erfolge ließen jedoch auf sich warten. Erschwerend kam für die neue Regierung hinzu, dass die gesamte Nordseeküste im Dezember 1717 von einer verheerenden Sturmflut heimgesucht wurde, der allein in den Herzogtümern über 10.000 Menschen zum Opfer fielen[342].

2.2.2 Der Verwaltungs- und Gerichtsaufbau

2.2.2.1 Die oberen Verwaltungs- und Justizeinrichtungen

Weil die Form der Bekanntmachung allgemeiner Anordnungen zu dieser Zeit nicht geregelt war, verfügte ein Kgl. Reskript vom 20. Mai 1722 deshalb zur Veröffentlichung von Gesetzen und Verordnungen für die gesamten hannoverschen Lande:

> „Was die Form der *Publication* selbst anlanget, so wollen Sr. Königl. Maj., daß diejenigen Verordnungen, welche die gesammten Königl. teutschen Länder angehen, und *ad mandatum* zu erlassen sind, mit der Unterschrift des jedesmaligen hiesigen Geheimten *Consilii*, diejenigen aber, welche das Brem- und Verdensche, oder das Lauenburgische allein betref-

339 Römer, S. 284; hier sei auch auf die Gründung der Universität Göttingen im Jahre 1737 gemäß Kgl. Privileg vom 7. Dezember 1736 hingewiesen, vgl. v. Meier, Band 2, S. 97. Das Kaiserliche Privileg vom 13. Januar 1733 und das Kgl. Privileg sind abgedruckt bei Ebhardt, Band 2, S. 782ff. und S. 790ff.

340 Vgl. von Lehe, S. 149f.

341 Vgl. von Lehe, S. 150, unter Bezug auf ein Ausschreiben des Geheimen Rats vom 4. Juni 1736.

342 Dieses Ereignis ist umfassend dargestellt bei Manfred Jakubowski-Tiessen, Sturmflut 1717. Die Bewältigung einer Naturkatastrophe in der Frühen Neuzeit, München 1992; hier wird später in anderem Zusammenhang auf diese Flut und deren langfristige Auswirkungen eingegangen werden: s. u. 2.2.2.1.1 beim Regierungsrat Ramdohr (1724) und 2.3.2.2.1 bei der Gründung des Amtes Wischhafen (1746).

fen, und worüber mit denen *resp.* Landschaften vorher *communiciret* worden, unter der Unterschrift besagter Regierungen künftig *publicirt* werden sollen."[343]

Trotz dieser Regelung hinsichtlich der aus Hannover kommenden und damit an sich landesweit geltenden Verordnungen war es in den Herzogtümern durchaus üblich, solche Anordnungen durch die Stader Regierung mit dem Zusatz „*ad mandatum*" zu publizieren, was für eine gewisse Selbständigkeit dieser Provinz sprechen dürfte. Regierungserlasse ohne diese Klausel, die in der Form von Ausschreiben ergingen, sollten ausschließlich diejenigen Behörden verpflichten, an die sie gerichtet waren; waren sie jedoch ohne Klausel in der Form von Verordnungen erlassen, sollten sie nur in dem jeweiligen Regierungsbezirk oder, sofern ausdrücklich verfügt, nur in Teilen davon gelten[344]. Wegen dieser nicht sehr übersichtlichen Lage gab die Kammer in einem Pro Memoria vom 14. Juli 1736[345] aus Anlaß eines Einzelfalles zu bedenken, ob nicht „eine durchgängig gleiche Arth und Weise vorzuschreiben, wie die Verordnungen den Unterthanen und absonderlich denen Amts-Unterbedienten kund zu machen, und darüber ein documentum bey denen Amts- und Gerichts-Stuben zur Nachricht ad acta zu nehmen" sei. Ein Ergebnis dieses löblichen Ansatzes ist nicht ersichtlich.

Eine ganz besondere Art der Publizierung einer Norm enthielt das Kgl. Reskript vom 22. März / 2. April 1734[346], mit dem der Straftatbestand der „Hauß-Dieberey" auch auf solche Personen ausgedehnt wurde, die anderen „boßhaffter Weise Anleitung und Vorschub geben." Neben der Verlesung von den Kanzeln an dem Tag, „wenn das Evangelium vom ungerechten Haushalter verlesen wird", und dem Anschlag an öffentlichen Orten war angeordnet worden, dass „an dem Sonntage, da die *Publication* geschehen, von Herren und Frauen ihrem Haus-Gesinde insgesamt davon nach der Predigt Nachricht gegeben" werden solle, damit diese sich nicht „mit der Unwissenheit, wie bishero von den Dienstboten, so des Sonntags, wegen des Kochens oder anderer häuslichen Geschäfte, die Vormittags-Predigt nicht besuchen, geschehen ist, sich entschuldigen können." Die Bekanntmachung neuer Normen war damit von Staats wegen privaten Dritten übertragen worden.

---

343 Spangenberg, Erster Teil, S. XIII; mit Kgl. Reskript vom 30. November 1722 war zudem verfügt worden, dass die Regierung in Stade „auch hinkünfftig von allen Edicten, Patenten und Constitutionen, sie mögen nur die hiesigen, oder Zellische oder aber die gesamten Lande angehen", Exemplare erhalten sollte, was die Regierung in Stade mit Ersuchen vom 23. November 1722 erbeten hatte: StaatsA Stade Rep. 31 Titel 1 Nr. 14, Bl. 2 und 4.

344 Spangenberg, Erster Teil, S. XIII.

345 Im Amt Ricklingen war festgestellt worden, dass die eingehenden Verordnungen und dergl. „ad acta" genommen waren, ohne sie öffentlich anzuschlagen oder den Amtsunterbedienten bekanntzugeben: StaatsA Stade Rep. 31 Titel 1 Nr. 20, Bl. 2, dort auch das folgende Zitat.

346 StaatsA Stade Rep. 23a Nr. 85, dort auch die folgenden Zitate.

Die abstrakte Regelung von Zuständigkeiten und Instanzen scheint zur damaligen Zeit noch nicht allgemein akzeptiert worden zu sein, denn nicht nur Privatpersonen, sondern auch Rechtsanwälte reisten unmittelbar zum hannoverschen Ministerium oder gar nach London, so dass sich der König mit Reskript vom 14. / 25. Mai 1734[347] genötigt sah, das „Lauffen hieher nach Engelland" mit Leibesstrafe zu bedrohen und auf die Justiz- und andere zuständige „*Collegiis*" zu verweisen.

2.2.2.1.1 Die Regierung

Die Arbeit der Stader Regierung wurde während dieser Zeit auf eine neue, umfassendere Grundlage gestellt. Denn im Jahre 1730 erging eine Kgl. Instruktion für die Regierung[348], die an die „*punctatio*" des Jahres 1716 anknüpfte[349]. Sie sollte entsprechend dem Anschreiben des Geheimen Rats in Hannover vom 5. September 1730[350] dafür sorgen, dass die Stader Regierung „eine mehr vollständige Instruction, wie die bißherige gewesen," als Grundlage ihrer Arbeit hatte und auf die zudem nach diesem Anschreiben alle jetzigen und künftigen Regierungsräte zu beeiden waren[351]. Die Instruktion war in 23 durchnummerierte Abschnitte gegliedert[352]. Die generellen Aufgaben der Regierung hatte Artikel 1 festgelegt, die Zuständigkeit für die „Grenz-Sachen" regelte Artikel 2, die Rechte der Stände waren in Artikel 4 genannt und die folgenden sieben Artikel enthielten ein Programm zur wirtschaftlichen Belebung der Herzogtümer[353]. Artikel 11 legte die Oberaufsicht über die Deiche als Aufgabe der Regierung fest und Artikel 12 wies ihr die „General-Direction des Contributions-Wesens" zu. Nach Artikel 13 durften Änderungen in den vorgenannten Bereichen nur nach Genehmigung durch den Geheimen Rat in Hannover erfolgen. Die Regierung hatte ferner die Oberaufsicht über die übrigen Stader Kollegien (Artikel 14) und Artikel 15 bestimmte das Verfahren in Kriminalsachen. Die Aufsicht über die Dome in Bremen und Verden lag ebenso bei der Stader Regierung (Artikel 16) wie die Verwaltung der Stader Etats-Kirche (Artikel 17). Die Präsentations-

---

347 StaatsA Stade Rep. 23a Nr. 85, dort auch das folgende Zitat.

348 Instruktion vom 18. August 1730, in: StaatsA Stade Rep. 40 Nr. 1122, Bl. 51 - 60; dazu bei Schlüter, Quellen, S. 95, und bei v. Meier, Band 2, S. 291.

349 Hierzu oben 2.1.2.1.1; s. Anlage 2 – 1.

350 StaatsA Stade Rep. 40 Nr. 1122, Bl. 50, das folgende Zitat ebenda.

351 Die Vereidigung der beiden Regierungsräte von Bardenfleth und von der Lieth nahm am 2. Oktober 1730 der Geheime Rat von Münchhausen vor: StaatsA Stade Rep. 40 Nr. 1122, Bl. 74ff., Protokoll vom gleichen Tag.

352 Zum besseren Verständnis werden hier im Text die einzelnen Abschnitte jeweils als Artikel bezeichnet, statt bloße Nummern zu verwenden.

353 Hierin dürfte eine gegenüber der *Punctatio* deutlich erweiterte Aufgabe der Stader Regierung zu sehen sein; dies näher darzustellen, kann jedoch nicht Aufgabe dieser Arbeit sein.

rechte für die Gräfen und Richter auf dem Lande regelte Artikel 18 und der folgende Abschnitt schrieb die Einzelheiten bei der Bestellung der Kontributionseinnehmer vor. Schließlich waren noch die Ausschreibung der Landgerichte (Artikel 20), die Konsistorialsachen (Artikel 21), die Aufsicht über das Stader Archiv (Artikel 22) sowie die Form der Unterschriftsleistung der Regierung geregelt (Artikel 23).

Für den künftigen Aufgabenbereich der Stader Regierung und die an sie gestellten königlichen Erwartungen hatte Artikel 1 grundlegende Bedeutung:

> „Hat das Regierungs *Collegium* in den Hertzogthümern Bremen und Verden, welches nechst Uns *immediate* von dem Geheimten Rahts *Collegio* zu Hannover *dependir*et, und unter keinem andern *Collegio* als diesem stehet, *generaliter* die Landes-Herrliche Hoheiten, Gerechtigkeiten, *Regalia* und *Jura Ducalia*, und was davon abhänget, *tam in Ecclesiasticis quam in secularibus* in gedachten Landen, denen dortigen Landes Ordnungen und Verfassungen gemäß zu *respici*ren und hand zu haben, auch nicht zu thun und zu laßen oder zu gestatten, daß selbige in einige weise oder wege, verkürtzet, gekränket und *violi*rt werden, sondern dahin nach äußerstem Vermögen zu sehen, daß desfalls alles in seiner gebührenden richtigen *consistenz*, Wesen und Schrancken zu Unserem und der Einwohner bestem erhalten werden möge. *In specie* wie es auf alle Unsern als Hertzog zu Bremen an dem *Capitul* und Dohm Kirche zu Hamburg habende Rechtsahme und was denen anhängig ein wachendes Auge haben, damit selbige *in salvo et integro* bleiben, nicht minder die *Conservation* der bey der Stadt Bremen und denen dazu gehörigen *Districten* Uns *competirenden jurium* ihr äußerst angelegen seyn lassen."[354]

Zumindest der in den ersten zwölf Artikeln der Instruktion niedergelegte Aufgabenbereich war der ausschließlichen Verfügungsbefugnis der Regierung entzogen, denn insoweit war in Artikel 13 festgelegt:

> „Wenn in obengezogenen und andern die Landes Regierung betreffenden puncten und Sachen, Veränderungen vorzunehmen, oder auch neue *Constitutiones* und Verordnungen zu machen nothwendig seyn, und dergleichen vorfallen sollte, so wird solches nicht ohne Vorwißen und Genehmhaltung Unsers Geheimten Rahts *Collegii* zu Hannover geschehen und immittelst alles, wobey kein *periculum in mora in statu quo* bleiben müßen."[355]

Der Einfluß der Regierung auf die Justiz galt unabhängig von dieser Instruktion uneingeschränkt und in allen Bereichen. So hatte es zu schwedischen Zeiten für den Straftatbestand der Steuerhinterziehung *(„Accise Defraudationes")* das „*Licent*-Gericht" gegeben, das nicht mehr bestand und wohl auch nicht erneut begründet werden sollte. Deshalb waren die Ämter mit Ausschreiben der Stader Regierung vom 26. März 1720 angewiesen worden, in solchen Fällen „die *Facta* ohne grosse *Formalitäten*" zu erörtern und ohne Sportelnerhebung „durch den

---

[354] StaatsA Stade Rep. 40 Nr. 1122, Bl. 51f.
[355] StaatsA Stade Rep. 40 Nr. 1122, Bl. 56f.

kürtzesten Weg“ zu erledigen[356]. Aber auch auf die oberen Justizkollegien, also Justizkanzlei und Hofgericht, war dieser Regierungseinfluß in der faktischen Gerichtsverfassung der Herzogtümer angelegt und er wurde durchaus geltend gemacht[357]. So hatte der Geheime Rat in Hannover am 4. November 1720 der Regierung in Stade befohlen, „daß hinkünfftig Unsere dortige *Justitz Collegia* sich keiner *cognition* oder Entscheidung in Policey-Teich- und *Contributions* Sachen anmaßen wollen.“ Ganz offenbar wurde es als selbstverständlich angenommen, dass die Regierung für diese Anordnung die richtige Adresse war und dass diese das dann Erforderliche zur Durchsetzung des landesherrlichen Willens veranlassen würde: ein Befehl der Stader Regierung an die dortigen Gerichte zur Umsetzung dieses Willens in die Praxis wäre die zwingende und wohl auch erwartete Folge gewesen. Stattdessen hat auf diesen Befehl dann tatsächlich die Justizkanzlei geantwortet und nicht die Regierung. Mit einem Schreiben vom 14. November 1720, unterzeichnet vom Vizedirektor und den drei Justizräten, gab sie dabei eine ausführliche Begründung für ihr bisheriges Verhalten, zudem verwies sie auf mehrere bisher in solchen Sachen entschiedene Fälle, wie sie im Ausschreiben vom 4. November 1720 benannt worden waren. Gleichlautende landesherrliche Reskripte vom 29. November 1720 sowohl an die Regierung in Stade wie an die Justizkanzlei ließen es jedoch bei dem oben genannten Verbot bewenden. Auf diesen Eingriff in die Justiz wurde dann, zumindest nach der Quellenlage, offenbar nicht mehr erwidert.

Die Regierung in Stade wies mit einem Ausschreiben vom 26. Juni 1723 auf die bestehende Verfassung der Herzogtümer und die dort vorhandenen Behörden sowie auf den einzuhaltenden Rechtsgang und darauf hin,

> „daß, wiewohlen jedermänniglich so inn- als außerhalb Landes bekannt, daß von ... Seiner Königl. Majest. ..., so gleich bey Übernehmung allhiesiger Hertzogthümer, nach dem *Exempel* der vorgewesenen Königl. Schwedischen Zeiten und dieser Lande Verfassung, eine Regierung allhie zu *etabli*ren allergnädigst beliebet, bey welcher, wie auch übrigen allhie *introduci*rten *Collegiis*, in vorkommenden Fällen nach Beschaffenheit der Sachen, die Unterthanen sich mit ihren Klagen, Anliegen und Schrifften melden, Hülffe und Bescheid suchen und gewärtigen sollen, man jedoch vielfältig anmercken müssen, daß mit Vorbeygehung allhiesiger Königl. und Chur-Fürstl. Regierung und übriger *Collegiorum* sie sich *immediate* nach Hannover an die höhere *Collegia* wenden, und ihre habende oder vermeintliche Beschwerden allda anbringen.“

Um ein solches Verhalten für die Zukunft zu unterbinden, weil es nach Ansicht der Regierung nur zu Unordnung und Verzögerung führe, würden künftig nur noch von einem Anwalt unterschriebene Gesuche angenommen werden, die

[356] Ausschreiben vom 26. März 1720 mit dazugehörigem Anschreiben an die Ämter vom 3. April 1720: StaatsA Stade Rep. 23a Nr. 71.
[357] StaatsA Stade Rep. 31 Titel 38 Nr. 4, danach der folgende Abschnitt und das Zitat.

übrigen jedoch unbeantwortet gelassen. Auch hier erstaunt nach vielen Jahren immer noch der unmittelbare Rückgriff auf die schwedischen Zeiten vor 1712. Die Einnahmen des Landesherren scheinen durchgehend problematisch gewesen zu sein, jede auch nur geringe Einnahmequelle war zu nutzen. So wies ein „Verwarnungs-Patent“ vom 28. Januar 1726[358] auf den ordnungsgemäßen Gebrauch des Stempelpapiers hin und auf künftige Strafen bei Gebrauch ungestempelten Papiers für Schreiben an die Behörden; hierzu gehörten auch Urlaubsgesuche aller Bedienten sowie, worauf gesondert hingewiesen wurde, die Anzeige von Reisen außerhalb des Landes durch Schul- und Kirchenbediente.

In der Stader Regierung ergab sich im Jahre 1723 eine personelle Veränderung durch den Eintritt des bisherigen Landrats und Oberdeichgrafen Engelbert Johann von Bardenfleth als dritter Regierungsrat[359]. Im folgenden Jahr schied der Regierungsrat Ramdohr aus[360] und ein weiteres Jahr später trat Sebastian von der Lieth als dritter Regierungsrat ein[361]. Seither hat das Stader Regierungskollegium in der Regel aus drei Räten bestanden. Hierdurch ergab sich auch eine neue Titulatur:

---

[358] StaatsA Stade Rep. 23a Nr. 77.

[359] StaatsA Stade Rep. 40 Nr. 1143: Der Geheime Rat in Hannover teilte der Regierung in Stade mit Ausschreiben vom 19. / 30. November 1723 die Ernennung von Bardenfleths zum Regierungsrat mit, der am 2. Dezember 1723 durch den Geheimen Rat von Staffhorst vereidigt wurde. Er blieb bis 1738 im Amt.

[360] Nach Behne, S. 12, sei Ramdohr „unrühmlich“ ausgeschieden; nach Schlüter, Hofgericht, S. XXXVI, suchte er wegen der „vielen Verdrießlichkeiten“ im Zusammenhang mit dem Deichbau in Wischhafen um seine Entlassung nach, die am 28. Oktober / 7. November 1724 erteilt worden sei, so dass der bei Behne verwendete Begriff „unrühmlich“ nicht zwingend nachzuvollziehen ist; auch nicht unter Hinweis auf die dort genannte „Affäre Owens“ und die wohl erheblichen Unregelmäßigkeiten bei der Verwendung des Geldes für den Deichbau nach der Flut des Jahres 1717. Vielleicht ist jedoch in einer sich bereits negativ abzeichnenden Entwicklung für Ramdohr der Grund für die rechtzeitige Vergrößerung der Regierung zu sehen. Letzte Sicherheit kann insoweit jedoch nicht erlangt werden, allerdings dürfte feststehen, dass er nicht ganz freiwillig aus dem Amt geschieden ist. Näher beleuchtet wird die damalige Affäre bei Wilhelm Heinrich Jobelmann, Der Oberdeichinspector Jacob Owens. Ein Beitrag zur Geschichte der Sturmflut vom Jahre 1717 und der Entstehung des königlichen Amtes Wischhafen im Lande Kehdingen, in: Archiv des Vereins für Geschichte und Alterthümer der Herzogthümer Bremen und Verden und des Landes Hadeln zu Stade, Band 7 (1880), S. 75ff.

[361] Die Regierung in Hannover ernannte am 11. September 1725 den Assessor beim Tribunal in Wismar, Sebastian von der Lieth zu Niederochtenhausen, mithin einen Eingesessenen der Herzogtümer, zum Regierungsrat, der am 20. September 1725 vom Regierungsrat von Bardenfleth vereidigt wurde: StaatsA Stade Rep. 40 Nr. 1144. Er blieb bis 1739 im Amt. Die Ernennung wurde unter dem 18. September 1725 „An den Herren Praesidenten wie auch Beambte etc.“ als Druck verbreitet: StaatsA Stade Rep. 23a Nr. 76.

„Königl. Groß-Britannische und Churfürstl. Braunschweig-Lüneburgische, zur Regierung der Hertzogthümer Bremen und Verden verordnete Geheimter Rath und Regierungs-Räthe.“[362]

Im Jahre 1730 übernahm nach dem Tode des bisherigen Amtsinhabers von Staffhorst[363] als neuer „Geheimer und Erster Regierungsrat“ Philipp Adolph von Münchhausen[364] das Amt des Chefs der Stader Regierung, was diese mit Ausschreiben vom 9. August 1730 bekanntmachte[365]. Er war zugleich Mitglied des Geheimen Ratskollegiums in Hannover. Ob hierdurch allerdings eine beständige Verflechtung mit der Zentralverwaltung gegeben war, weil auch künftig alle der Stader Regierung vorstehenden Regierungsräte gleichzeitig außerordentliches Mitglied des Geheimen Ratskollegiums in Hannover waren, ist streitig[366]. Mit der Übernahme des Landes Hadeln im Jahre 1731 durch Hannover wurde jeweils der erste Regierungsrat in Stade künftig gleichzeitig erster Gräfe des Landes Hadeln, damit war die Hadelner Selbständigkeit gewahrt, aber faktisch wurde das Land aus Stade regiert[367].

Mit dem erstmaligen Erscheinen des Hannoverschen Staatskalenders auf das Jahr 1737[368] gab es eine konzentrierte Übersicht aller Zivil- und Militärbedienten des Kurfürstentums Hannover, so dass sich auch für die Herzogtümer die personelle Entwicklung seither leichter verfolgen läßt. Im Jahre 1736 standen bei der Regierung in Stade folgende Bediente:

Geheimer Rat Philipp Adolph von Münchhausen,
Regierungsrat Engelbrecht Johann von Bardenfleth,

---

[362] Vorgenanntes Ausschreiben der Regierung in Stade vom 18. September 1725, mit dem die Ernennung des dritten Regierungsrates verbreitet worden war: StaatsA Stade Rep. 23a Nr. 76.
[363] Er starb am 9. August 1730: StaatsA Stade Rep. 40 Nr. 1145; nach Rauch, S. 76, war das Todesdatum der 6. April 1730.
[364] StaatsA Stade Rep. 40 Nr. 1145; zu diesem bei Rauch, S. 76.
[365] StaatsA Stade Rep. 23a Nr. 81.
[366] Ob der präsidierende Regierungsrat dort jederzeit Sitz und Stimme hatte (so Benno Eibe Siebs, Die Stader Regierung im Wandel der Zeit, in: Jahrbuch der Männer vom Morgenstern, Jahrgang XX, 1922/23, S. 5, und ihm folgend Jäger, Stade, S. 260, oder ob es sich um eine mehr ehrenhafte Bezeichnung handelte ohne inhaltliche Folgen (so v. Meier, Band 1, S. 99, und Behne, S. 12), kann hier offen bleiben. Wenn jedoch der Stader Regierungschef nicht nur Titulatur-Geheimer Rat, sondern wirklicher Geheimer Rat war, hätte er an den Sitzungen des Geheimen Ratskollegiums teilnehmen können.
[367] S. u. 3.1.2.
[368] Nach Römer, S. 284, ist hierin auch ein Ausdruck des Bestrebens nach Übersichtlichkeit der Verwaltung zu sehen. Der Titel des Staatskalenders lautete: „Siebenfacher Königl. Groß-Britannisch- und Chur- Fürstl. Braunschweig-Lüneburgischer Staats-Calender, über Dero Chur-Fürstenthum Braunschweig-Lüneburg, und desselben zugehörige Lande, aufs 1737. Jahr. Hannover 1736“.

Regierungsrat Sebastian von der Lieth,
Ober-Land-*Commissarius* Christian Friedrich Klug[369],
die „Secretarien“
Hans Hinrich Lange,
Hans Christoph Sprinz,
der Sekretär und Archivar
Christian Stüve,[370]
die „Cantzellisten“
Hinrich Wilhelm Westphal, zugleich Botenmeister,
Bernhard Andreas Becker,
Johann Hinrich Valheimb, als „Cantzlist-*Adjunctus*“,
Georg Samuel Lehmann, zugleich Pedell.

Desweiteren waren allen Regierungs- und Justizkollegien zugeordnet:

der „*Commissarius Fisci*“ Hartwig Hintze,
der „*Advocatus Camerae*“ D. Otto Rosenbruch.

Letzterem stand als Sekretär und als

„*Adjungir*ter Amts-*Advocat*“ Christian Stüve zur Seite.

Zudem sind hier als weitere Bediente in den Herzogtümern zu nennen

„Land-*Cassier*“ Georg Friedrich Plate,
Zollinspektor Johann Siebes, Elbzoll in Brunshausen,
Zollkontrolleur Baltzer Garben, Elbzoll in Stade,
Zolleinnehmer Johann Christoph Schmidt, Burgdamm,
Zollverwalter Peter Ohling, Buxtehude,

sowie in der Verwaltung der Forsten

Oberforst- und Jägermeister Friedrich Graf von Oynhausen,
Forstschreiber Mackphaill.

Der am 9. September 1738 vereidigte Regierungsrat und damit für den verstorbenen Regierungsrat von Bardenfleth neu in die Regierung in Stade eintretende bisherige Oberappellationsrat Bodo Friedrich von Bodenhausen hatte, soweit ersichtlich erstmalig, eine Eidesformel unterzeichnet, die für die neu er-

369 Mit Ausschreiben der Regierung in Stade von 1725 (StaatsA Stade Rep. 23a Nr. 76) war der bisherige Amtmann in Hagen, Christian Friederich Klug, zum „Ober-Land-Commissarius“ bestellt worden und mit dieser Bestellung wurde gleichzeitig eine Instruktion zur Verbesserung des Kontributionswesens bekanntgemacht.
370 Dieser fehlt im Staatskalender, er war dort als „Strüve“ allen Kollegien zugeordnet; s. u. beim „Advocatus camerae“.

nannten Regierungsräte für den Rest des Jahrhunderts unverändert bleiben sollte[371].

2.2.2.1.2 Die Landstände

Die Bedeutung der Landstände in den Herzogtümern scheint groß gewesen zu sein, ebenso die Achtung des Geheimen Rats in Hannover gegenüber deren Privilegien. Mit Ausschreiben vom 16. Juni 1718 war versucht worden, dem Justizverfahren eine neue Grundlage zu geben, um „eine durchgehende Gleichheit und *uniformitet* in Unseren sämbtlichen teutschen Landen *ratione* dessen, was zu deren Regier- und *administri*rung gehöret, einzuführen"[372]. Durch diese Regelung wären einige Abschnitte der Hofgerichtsordnung geändert worden. Hiergegen wandte sich der Präsident der Landstände des Herzogtums Bremen unter Hinweis auf die den Ständen seit schwedischen Zeiten zustehenden Privilegien und auf

> „die wiederholte Versicherung, daß Ihro Königl. Majestät durch Einführung neuer Gerichts-Ordnungen wider den Löbl. Stände Privilegia, nichts vorzunehmen allergnädigst sich erkläret, und kann ich wohl versichern, daß Stände, sich ob solcher allergnädigsten Verheißung eine sonderbahre Freude machen"[373].

---

[371] „Formula Juramenti Consiliarii Regim. ... Insonderheit sollet und wollet ihr in dem euch anvertrauten Regierungs-Rahts-Amt euch allezeit fleißig, treu, redlich und auffrichtig finden laßen, auch Ihro Königl. Majestät und Churfürstl. Durchlaucht und Dero Mitbenahmten redlich und auffrichtig rahten, deroselben wie auch dieser Hertzogthümer Nothdurfft, Ehre, Regalien, Obrigkeitliche Herrlig- und Nutzbarkeiten in allen vorfallenden Sachen und Händelen eurem besten Verstande nach getreulich beobachten, Arges und Wiedriges aber nach äußerstem Vermögen verhüten, warnen, wenden, andere Ordnungen eures Amtes halber enthalten als einem getreuen Regierungs-Raht zustehet und gebühret, auch Lob- und rühmlich ist und ihr es vor Gott, Ihro Königl. Majestät und Churfürstl. Durchlaucht und eurem Gewißen zu verantworten euch getrauet. Alles getreulich und ohne gefehrde." in: StaatsA Stade Rep. 40 Nr. 1141. Dieses Formular ist offenbar während des restlichen Jahrhunderts in Gebrauch geblieben, denn es haben bis 1796 noch acht weitere Regierungsräte mit dem Datum ihrer jeweiligen Vereidigung dort unterschrieben.

[372] Ausschreiben vom 16. Juni 1718 des Geheimen Rats in Hannover an die Regierung in Stade; in dieser Quelle ist eine Abschrift des „*Reglement*: wornach sich künftig ein Königl. *Justitz Collegio* zu *reguli*ren haben wird" enthalten, das in den übrigen hannoverschen Landen eingeführt wurde: StaatsA Stade Rep. 70 Nr. 2148 (alte Signatur: Rep. 71 Stade Nr. 59 fasc. b).

[373] Schreiben des Präsidenten der Landstände vom 30. Juni 1718 an den Geheimen Rat in Hannover, dort auch das folgende Zitat: StaatsA Stade Rep. 70 Nr. 2148 (alte Signatur: Rep. 71 Stade Nr. 59 fasc. b).

Gegenüber dieser Verordnung, „so man hiernechst beym Königl. und Churfürstl. *Justitz Collegio* zur künftigen *Observance* einzuführen zu laßen vorhabe", seien allerdings *monita* vorzubringen, weil die Rechte der Stände beeinträchtigt würden[374]. Hierauf schien die Regierung in Hannover im Schreiben vom 25. Februar 1719 einzulenken:

> „Demnach Wir gern in Unseren Landen das Justitz Wesen auf so richtigen und guten Fuß alß möglich setzen lassen mögten; so wollen Wir von euch erwarten, wohin eure Gedanken gehen, wie solches heilsahme am besten zu fassen seyn werde."

Die Antwort ist hier nicht verzeichnet, jedoch bleibt als Ergebnis festzuhalten, dass das in den übrigen hannoverschen Landen seither geltende und als „Justizreglement" bezeichnete Gesetz in den Herzogtümern nicht eingeführt worden ist. Dies ist auf das Vorbringen der Stände und deren Festhalten an ihren anerkannten Privilegien zurückzuführen[375].

Die Regierungsinstruktion von 1730 hatte hinsichtlich der Aufgaben des Regierungskollegiums gegenüber den Landständen in Artikel 3 festgesetzt, die Regierung solle

> „die Stände und alle andern Unterthanen im Lande, bey ihren wohl hergebrachten *Privilegien* Recht und Gerechtigkeiten, in soweit sie in rechtlicher *possession* derselben befunden werden, handhaben, wieder alle Gewalt und Unrecht schützen, und sie insgesamt dadurch in beständiger *devotion* und Gehorsahm gegen Uns *conservi*ren, hinwiederumb auch zusehen und acht haben, daß sie ihre *Privilegia* und Gerechtigkeiten zu schmälerung und *praejuditz* Unserer *Jurium Ducatum Territorialium et Superioritatis* nicht misbrauchen und ungebührlich *extendi*ren."

In der „ungebührlichen" Ausdehnung der Rechte könnte noch ein Nachhall zum Festhalten der Stände an der unveränderten Hofgerichtsordnung gesehen werden, ohne dass dies belegt werden kann. Allerdings waren die Rechte der Stände vom neuen König am 30. Juli 1732 ohne Einschränkung bestätigt wor-

---

[374] Nach dem im Landtagsabschied und Rezeß von 1651 geltenden § 6 des Generalprivilegs galt bei Einführung neuer Gesetze: „Wenn auch neue Ordnungen in Kirchen- Justiz- Polizei- und anderen Sachen eingeführt oder die alten renovirt und vermehrt werden sollten, sollen die Stände darüber, ehe und bevor sie publiciret, vernommen und mit ihren monitis gehöret werden.": RASt Landschaft 95, Bl. 45.

[375] Dieses letztgenannte Schreiben aus Hannover könnte zwar auch im Zusammenhang stehen mit der „Göhrder Konstitution" vom 19. Oktober 1719, in der Regelungen zur Unterscheidung von Justiz und Kammersachen getroffen wurden, aber belegbar ist dies nicht. Die Göhrder Konstitution ist abgedruckt bei Spangenberg, 4. Abt., 2. Teil, Nr. 250, und v. Meier, Band 2, S. 244ff.; s. u. 2.2.2.1.6.

den[376], so dass ihre Stellung weiterhin rechtlich unangefochten war. Die Rolle der Landstände in den Herzogtümern wird auch deutlich in ihrer Beteiligung an der Gesetzgebung, die ebenfalls aus dem Generalprivileg des Jahres 1651 herrührt. So verlangte die Regierung in Stade im Jahre 1721 die gründliche Nachricht, „was unter einem gerichtsfreien Meyer verstanden werde“[377]. Darauf erfolgte ein

> „Pflichtmäßiger Bericht von der Beschaffenheit der gerichtsfreyen Meyer Hertzogthumbs Bremen von Seiten Praesident, Landräthe und Ritterschafft Hertzogthumbs Bremen“[378],

in dem Einzelheiten ausgeführt wurden zu deren Rechtsstellung aus der Sicht der Gutsherren[379], ohne dass sich im Meierrecht danach eine Änderung ergab.

Bei der Bewilligung der für das Oberappellationsgericht zu zahlenden Beträge für die von den Ständen präsentierten Stellen hatten diese einer Erhöhung zugestimmt, die danach von der Regierung in Stade publiziert wurde und mit der eine von den Einwohnern zu erbringende erhöhte Abgabe verbunden war[380]. Hier zeigt sich, dass die Rechte der Stände auch in dem Sinne Privilegien waren, dass einzelne ihrer Angehörigen hiervon persönliche Vorteile letztlich auf Kosten der übrigen Einwohner des Landes ziehen konnten.

Im Jahre 1736 standen bei den Landständen des Herzogtums Bremen folgende Personen[381]:

Arend von Schade, Ritterschafts- und *Statuum-Praesident*,
Erb-Herr zu Ritterhude und Feldthoff,
Landräte der Ritterschaft:
Benedix Georg Bremer, Erb-Herr zu Cadenberge und Bentwisch,
Garlev Jürgen von Sköllen, Erb-Herr zu Wipelnbusch,
Sebastian Plate, Erb-Herr zu Altenwisch,
Johann Christian von Düring, Erb-Herr und Burgmann zu Horneburg,

---

376 Die „Confirmatio privilegorum für die sämbtlichen Stände Hertzogthumbs Bremen“ ist mit der Unterschrift des Königs enthalten in: RASt. Landschaft 95, Bl. 165 bis 169; vgl. auch von Kobbe, Band 1, S. 291.

377 Schreiben der Regierung in Stade vom 21. Januar 1721: StaatsA Stade Rep. 40 Nr. 1044.

378 Bericht der Stände vom 7. Mai 1721, dieser wurde ergänzt unter dem 8. Oktober 1721: StaatsA Stade Rep. 40 Nr. 1044.

379 Die Bremischen und die Verdenschen Landstände haben sich nach von Kobbe, Band 1, S. 295, sowie Reinecke, Landstände, S. 75, nach 1722 getrennt; nach v. Meier, Band 1, S. 97, sei diese Trennung bereits im Jahre 1715 erfolgt.

380 Ausschreiben vom 11. Juni 1721: StaatsA Stade Rep. 23a Nr. 72.

381 Die Verdensche Ritterschaft ist im Staatskalender nicht aufgeführt. Für das Jahr 1732 erhielt der Präsident der Ritterschaft jährlich 200 RTlr und ebenso jeder der adeligen Landräte, während die städtischen Landräte nur die Hälfte erhielten: StaatsA Stade Rep. 23a Nr. 86.

Christoph Joachim Lütken, Erb-Herr zu Alten-Lüneburg,, Bexhövede und Nückel,
Otto Christoph von der Hude, Hofgerichtsassessor, Erb-Herr zu Ritterhude,
Landräte der Städte:
die drei Stader Bürgermeister
Nicolaus Georgius Pfannenstiehl,
Diedericus Lüders,
Hinrich Gustav Schuder,
die beiden Buxtehuder Bürgermeister
Frantz Hinrich Knust,
Theodorus Petri,
sowie als Ritterschaftsbediente
Caspar Dodt, Syndicus,
Peter Christoph Rieffestahl, Sekretär.

2.2.2.1.3 Die Justizkanzlei

In den Herzogtümern gab es neben der Hofgerichtsordnung keine allgemeingültige Rechtsgrundlage oder auch Gerichtsverfassung für die Justiz. Denn die Verordnung vom 29. November 1718 „welcher-gestalt es mit *Administrir*ung der *Justitz* in Unsern Teutschen Landen gehalten“[382] werden solle, war, wie dargestellt, in den Herzogtümern nicht durchgesetzt und deshalb auch nicht publiziert worden[383].

Mit einer Verordnung vom 19. Oktober 1719[384] sollten entstandene Zweifel hinsichtlich der geltenden Erlasse zur Verwaltung der „Domanialien“, also des von den Amtmännern verwalteten landesherrlichen Besitzes, ausgeräumt werden. Dies wurde geradezu radikal zu Lasten der Justiz dahin entschieden, dass nahezu alle hieraus resultierenden Streitigkeiten von der Kammer abschließend und endgültig unter völligem Ausschluß der Gerichte zu regeln waren. Nur soweit es um den kleinen Bereich der Strafverfahren gegen Beamte der Domänen ging oder soweit zu klären war, ob überhaupt Dienstverpflichtungen bestanden,

---

[382] Im Allgemeinen auch als „Justizreglement“ bezeichnet. Auf dieses Reglement wird aus den nachbenannten Gründen nicht näher eingegangen.

[383] Grefe, Band 1, S. 108 m. w. N. Sie ist in der Sammlung der Ausschreiben, Verordnungen usw., im StaatsA Stade weder in der Jahrgangssammlung (Rep. 23a Nr. 69) noch in der Sammlung der Regierung für dieses Jahr (Rep. 31 Titel 46 Nr. 4) enthalten, was die Äußerung Grefes und die vorstehenden Feststellungen bestätigen dürfte. Zudem habe ich spätere Bezugnahmen in Ausschreiben oder dergl. der Regierung in Stade auf dieses „Justizreglement“ nicht gefunden.

[384] Diese Verordnung bezog sich zum einen auf die Kgl. Verordnung vom 29. November 1718 (das „Justizreglement“), die in den Herzogtümern nicht in Kraft getreten war und auf eine Verordnung vom 17. Dezember 1663, die als Anlage beigefügt war: StaatsA Stade Rep. 31 Titel 8b Nr. 1, Bl. 23f. sowie Rep. 23a Nr. 70; abgedruckt bei v. Meier, Band 2, S. 244ff.

konnte dies als Rechtsstreit bei den jeweiligen Justizkollegien anhängig gemacht werden, im übrigen waren Klagen jedoch unzulässig[385]. Auf diese Verordnung berief sich auch das Ausschreiben der Kammer vom 8. Juni 1737[386], das weiter anordnete, nicht nur diese alte Verordnung zu beachten, sondern künftig auch besser als bisher geschehen künftig zu beachten, damit Weitläufigkeiten und Mißverständnisse zwischen den Kollegien vermieden werden könnten.

Die Bedeutung des Eides war in der damaligen Zeit sehr hoch, und wohl nur so läßt sich die Formulierung einer „Warnung des Mein-Eides“ für alle künftigen Eidesabnahmen erklären: diese Warnung war den Schwörenden vorzulesen, bei der in vier Punkten jeweils unter Anrufung Gottes geradezu die ewige Verdammnis über den Meineidigen heraufbeschworen wurde[387]. Ein besonderer „Judeneid“ galt nach Teil II Titel VIII der Oberappellationsgerichtsordnung, der in neuer Form 1730 in Stade gedruckt und publiziert wurde[388].

Kennzeichnend für die Stellung der Justiz im Rahmen der hierarchischen Ordnung und für den Umgang der Gerichte mit den Anwälten in der damaligen Zeit ist ein Protokoll vom 1. Mai 1731[389], das mit einer Frist von einem Tag (!) sämtliche „*Advocati* und *Procuratores*“ vorgeladen hatte und das dreizehn anwesende Anwälte verzeichnete, denen in Gegenwart eines Protokollanten geradezu die geschlossene Regierungsgewalt der Herzogtümer gegenübersaß, nämlich

> „Herr Geheimde Rath von Münchhausen,
> Herr Regierungs-Rath von der Lieth,
> Herr Vice-Director von Scharnhorst,
> Herr Justiz-Rath von Spilcker,
> Herr Justiz-Rath von Püchler,
> Herr Justiz-Rath Borries,
> Herr Justiz-Rath von Scharnhorst[390].“

---

385 v. Meier, Band 2, S. 246ff., führt hierzu den damaligen Streit der Stände um das Verfahren und dessen Anwendung insbesondere in Meiersachen näher aus. Er kommt dabei zu dem Schluß, dass die Regelung weiterhin ständig zu Kompetenzkonflikten geführt habe, die aber nicht selten vom Ministerium zugunsten der Justiz entschieden worden seien.

386 StaatsA Stade Rep. 23a Nr. 88.

387 Ausschreiben vom 29. August 1718, unterzeichnet allein von Gustav Carl von Scharnhorst; dessen Absatz 1 lautete: „So wahr als ich heute falsch schwehre; also bitte ich GOTT den Vater, GOTT den Sohn, GOTT den heiligen Geist, die heilige Dreyfaltigkeit, daß ich ausgeschlossen und ausgesetzt werde aus der Gemeinschaft Gottes und seiner Heiligen, sey ein Fluch meines Leibes, meines Lebens, und meiner Seelen.“ in: StaatsA Stade Rep. 23a Nr. 69.

388 StaatsA Stade Rep. 23a Nr. 81, undatiert; ein Grund hierfür ist nicht ersichtlich.

389 Abgedruckt bei Schlüter, Bescheide, S. 22f., als Nr. 25, dort auch die folgenden Zitate.

390 Zu diesem, einem Sohn des Vizedirektors, s. u. in diesem Abschnitt.

Den Anwälten wurde eröffnet, dass man „mit großem Mißfallen" habe vernehmen müssen, dass in anhängigen Verfahren teilweise dreimal um Fristverlängerung nachgesucht worden sei, obwohl die Hofgerichtsordnung darin durchaus „gewisse Maaße und Ziel setze". Solchem „Unwesen" sollte deshalb nicht länger nachgesehen werden, so dass Prorogationen künftig mit einem Eid über die eingetretenen Gründe zu versehen seien, sonst könne eine Strafe festgesetzt werden. Das Protokoll schloß mit den Worten:

> „Letztlich wurde den Anwesenden bedeutet, von obigen allen den abwesenden *Advocatis* und *Procuratoribus* gehörige Nachricht zu geben, damit sie solches in Acht nehmen und für Ungelegenheit sich hüten mögten. Worauf sie allesamt abgetreten."

Überhaupt ist in diesem Zusammenhang festzustellen, dass sich die überwiegende Zahl der bei Schlüter abgedruckten „Gemeinen Bescheide" an die Anwälte wandte und dabei durchweg Verzögerungen oder sogar Verfahrensverschleppungen gerügt und mit Strafe bei künftiger Nichtbefolgung bedroht wurden. Die Fülle dieser Bescheide läßt bereits ahnen, dass sie weitgehend wirkungslos geblieben sein müssen[391].

An „alle Obrigkeiten und Gerichts-Inhaber hiesigen Landes" wandte sich der Vizedirektor von Scharnhorst mit einem Ausschreiben vom 30. Januar 1719[392], weil er „mißfällig verspühren" mußte, dass die von den Ämtern eingesandten Akten auf „schlecht Papier abgefaßt" waren, also keine gestempelten und damit bezahlten Papiere verwendet wurden, „und folglich wieder Ihro Königl. Majest. *Interesse* läuffet". Den künftig hiergegen Handelnden wurde eine Strafe von 10 RTlrn. angedroht. Das Ausschreiben vom 4. Oktober 1719[393], unterzeichnet ebenfalls vom Vizedirektor, hatte „mißfällig wahr genommen, daß einige der

---

[391] Es sind für die Zeit von 1715 bis 1803 insgesamt 42 Gemeine Bescheide aufgeführt: Schlüter, Bescheide, S. 16 bis 44. Hiervon befassen sich 31 ausschließlich mit zu rügendem Verhalten der Anwälte, der Rest betrifft die Prozeßparteien unmittelbar oder die Beamten der Ämter. Es ist allerdings nicht auszuschließen, dass diese Bescheide gerade die Aufgabe hatten, den Anwälten Hinweise zu geben oder dass sie überwiegend zu diesem Zweck publiziert wurden; an der Auswahl Schlüters dürfte dieses nicht liegen, weil er die Bescheide vollständig aufgeführt haben will, so Schlüter, Bescheide, Vorrede.

[392] StaatsA Stade Rep. 23a Nr. 70, dort auch die folgenden Zitate.

[393] StaatsA Stade Rep. 31 Titel 8b Nr. 3, dort auch die folgenden Zitate. Nach einem Vermerk auf diesem Blatt ist es in 200 Exemplaren hergestellt worden. Mit Ausschreiben der Stader Regierung vom 10. Januar 1720 wurde dieses erneuert, mit einer Ausnahme für die Gerichte im Herzogtum Verden, ohne dass der Grund hierfür ersichtlich ist: „Jedoch wird denen Gerichten auf dem Lande Hertzogthums Verden von dem, was desfalls vor diesem alda beständig *observi*ret worden, und erwiesen werden kann, nichts benommen." StaatsA Stade Rep.23a Nr. 71. Bemerkenswert ist die Parallele zwischen dem Ausschreiben vom 4. Oktober 1719 und dem landesherrlichem Reskript an die Justizkanzlei mit nahezu identischem Sachverhalt: s. o. 2.2.2.1.3.

Beamten und Richter in den ersten *Instantzen* wieder ihre Urthel *Supplicationis Remedia*, und also eine neue *Instantz* bey ihnen verstatten, und dadurch den *Proceß* auff dem Lande gantz unnützer Weise verlängern", und deshalb „bey Vermeydung gehöriger Ahndung" angeordnet, dass diese künftig nach dem Urteil „keine neue *Instantz* bey euch selbst veranlasset ... und keine schriftliche Handlungen zulasset. So lieb euch ist, die angedrohete Ahndung zu vermeyden." Hier war wohl zur Erlangung weiterer Gebühreneinnahmen das Verfahren in derselben Instanz gleichsam neu geführt worden.

Weil es bei der Stader Justizkanzlei

> „bisher gebräuchlich gewesen, daß in Criminalsachen wider die abgesprochenen Urtheile *remedia suspensiva* ... eingewandt und zugelassen, ..., wodurch aber die Inquisitionsprozesse verzögert, folglich den Unterthanen die Last der Wachten, mithin auch die Atzungskosten, ... ohne Noth vermehret werden, (wurde von der Regierung in Hannover angeordnet), daß solches fürs künftige abgestellt werde, ..., daß soviel zuförderst die *remedia suspensiva* betrifft, gleichwie selbige nach den Reichsgesetzen und darauf sich beziehender Wißmarischer Tribunalordnung sowohl, als Unserer O.A.G. Ordnung nicht zu *admittiren*"[394]

seien. Hier hatte die Justizkanzlei offenbar ohne irgendeine Rechtsgrundlage Rechtsmittel in Strafsachen zugelassen und diese wohl auch selbst verhandelt. Möglicherweise wollte sie hierdurch, wie die von ihr gerügten Untergerichte, weitere Gebühren einnehmen, oder aber sie handelte vor dem Hintergrund, dass das Strafverfahren keine Appellation kannte, sondern nur die Nichtigkeitsbeschwerde, die vielfach als zu eng angesehen wurde. Unter letzterer Voraussetzung konnte sie deshalb bei neuen Tatsachen gleichwohl zu einem anderen Urteil kommen als zuvor.

Zur Aufgabe des Justizkollegiums gehörte offenbar auch die Verbreitung und der Erlaß von Steckbriefen, denn mit Schreiben an alle Obrigkeiten vom 23. August 1719[395], ausgefertigt in 200 Exemplaren, wurde auf Ersuchen der Justizkanzlei Celle mitgeteilt, dass aus dem dortigen Zuchthaus ein „Capitain Anthon Dieterich von Weyhe" ausgebrochen war, der zu arrestieren sei[396].

---

394 Landesherrliches Reskript vom 17./28. August 1744: Spangenberg, Erster Teil, Nr. 324.

395 StaatsA Stade Rep. 23a Nr. 70.

396 Ein Steckbrief war jedoch auch von der Regierung mit Ausschreiben vom 7. Januar 1720 unmittelbar erlassen worden nach dem Ausbruch des „Cancellist Engelhard" aus dem Celler Zuchthaus: StaatsA Stade Rep. 23a Nr. 71; hier könnte jedoch der Grund darin zu sehen sein, dass es sich um einen Stader Beamten gehandelt hatte; vgl. auch StaatsA Stade Rep. 40 Nr. 1219.

Das Justizkollegium bestand im Jahre 1736 aus folgenden Bedienten:[397]

Geheimer Rat Philipp Adolph von Münchhausen,
Regierungsrat Engelbrecht Johann von Bardenfleth,
Regierungsrat Sebastian von der Lieth,
Justizrat Johann Heinrich von Spilcker[398],
Justizrat Ludwig Johann von Püchler, *mit dem Zusatz:* als Geheimer Rat in Mecklenburgischen Diensten,
Justizrat Johann Friedrich von Borries[399],
Justizrat Johann Georg Beckhoff,
Rudolph August von Scheiter,
Anthon Gerlach von Schwarzenfels,
Detleff Alexander von Wenckstern, die drei letzteren ohne einen Titelzusatz.
die „Secretarien“
Johann Hinrich Anthon Friligehausen,
Michael Georg Diecmann,
Ioachim Wilhelm Wege,
die „Cantzellisten“
Hinrich Wilhelm Westphal, zugleich Botenmeister,
Iohann Peter Ibenthal,
Burchard Hermann Wolff,
Hinrich Strigel,
Barthold Bargstede, zugleich Pedell.

Nach dem Tod des Vizedirektors von Scharnhorst am 4. / 5. Oktober 1736 wurde Johann Heinrich von Spilcker zunächst Vizedirektor und noch im gleichen Jahr Direktor der Justizkanzlei, in welchem Amt er bis zu seinem Tod im Jahre 1746 blieb[400].

Die Personalstellen der damaligen Zeit waren wohl überwiegend weniger aufgrund persönlicher Qualifikation, sondern eher wegen persönlicher Bezie-

---

[397] Nach dem Staatskalender auf das Jahr 1737; dort war noch als „Vice-Director“ Gustav Carl von Scharnhorst aufgeführt, der jedoch in der Nacht vom 4. auf den 5. Oktober 1736 verstorben war, so dass dieses Ereignis für den Kalender nicht mehr berücksichtigt werden konnte.

[398] Der im Jahre 1712 geadelte von Spilcker hatte das Gut Oese in der Börde Beverstedt erworben und war danach Mitglied der Bremischen Ritterschaft geworden, vgl. von Kobbe, Band 1, S. 299.

[399] von Borries hatte im Jahre 1733 seinen Adel vom Kaiser erneuern lassen, er hatte in die Familie von Düring geheiratet, dadurch wurde er Mitinhaber der Burgmannschaft Horneburg und im Jahre 1769 in die Bremische Ritterschaft aufgenommen, vgl. von Kobbe, Band 1, S. 297.

[400] Zu Spilckers Lebenslauf bei Haasemann, S. 57f.: danach wurde er am 24. März 1675 in Hannover geboren und er starb am 20. Juni 1746 in Stade; s. auch bei Schlüter, Hofgericht, Anhang.

hungen besetzt worden[401]. So hatte der Sohn des Vizedirektors von Scharnhorst seit 1726 als Auditor für zunächst zwei Jahre bei der Justizkanzlei und dem Hofgericht in Diensten gestanden, ihm war bereits einmal eine Verlängerung um zwei Jahre bewilligt worden[402]. Er hatte sich dort später als Justizrat beworben, was vom Geheimen Rat in Hannover am 10. Januar 1730 mit der Maßgabe bewilligt wurde, dass er „so lange bis eine Justitz-Rath-*vacanz* sich daselbst ergeben wird, ohne Besoldung zu dienen habe, jedoch *cum voto & sessione,* und daß, in vorkommenden Fällen, wann seines Vaters und seine *vota* nicht *discrepi*ren, beydes nur für eines zu nehmen sey“[403]. Hier wirkt sich die personelle Verflechtung so weit aus, dass letztlich ein selbständiges Votieren des Sohnes, trotz Sitz und Stimme, kaum möglich gewesen sein dürfte, weil insoweit Vater und Sohn gleichsam als eine Person galten.

Nachdem der Stader Justizrat von Püchler in mecklenburgische Dienste getreten war, bat der junge von Scharnhorst „wegen des von Sr. Königl. Majestät mir allergnädigst zu reichenden Lohnes“[404] um Püchlers Gehalt und berief sich auf seine bislang schon siebenjährige unentgeltliche Tätigkeit und darauf, dass er während dieser Zeit „an meiner Treue und möglichstem Fleiße, Eyd- und Pflichtmäßig es nie habe mangeln lassen.“ Die Regierung in Stade unterstützte ihn, wenn auch recht spät, bei seinem Gesuch und bescheinigte ihm, dass „er sein *officium* mit Treu, Fleiß und *Promtitude* jederzeit verrichtet, daneben in vorkommende Fälle die *extraordinair* Arbeit willig übernimmt und mit *Application* vollbringt.“[405] Gleichwohl scheint dieses Gesuch ohne Erfolg geblieben zu sein, denn noch im gleichen Jahre war durch Ausschreiben des Geheimen Rats in Hannover auf ein Ersuchen des Justizrats von Püchler verfügt worden, sein Platz sei frei zu halten, ihm sei aus den Sachen, an denen er früher mitgearbeitet habe, das anteilige Gebührenaufkommen zuzugestehen und er könne, „so offt er zu Stade sich finden wird, sein Sitz und *Votum* im *Collegio* ungehin-

[401] Dies läßt sich bei Durchsicht der Personalien aufgrund mancher Vorgänge belegen, hier soll nur ein Beispiel gezeigt werden. Noch offenkundiger ist das Merkmal der persönlichen Beziehung bei der Einstellung der Sekretäre und ähnlicher Beamtenränge. In deren Lebensläufen ergibt sich durchweg, dass sie zuvor in Dienstfunktionen wie Kammerdiener oder dergl. zu höheren Beamten gestanden hatten, was häufig als Qualifikationsmerkmal ausreichte.

[402] StaatsA Stade Rep. 70 Nr. 2154.

[403] Ausschreiben des Geheimen Rats in Hannover vom 10. Januar 1730; seine Vereidigung „mit dem gewöhnliche Justitz-Rahts-Eide“ erfolgte am 18. Januar 1730 durch den Regierungsrat von Bardenfleth, Protokoll vom gleichen Tage: StaatsA Stade Rep. 70 Nr. 116.

[404] Gesuch vom 31. Juli 1733: StaatsA Stade Rep. 70 Nr. 116, dort auch das folgende Zitat.

[405] Schreiben der Regierung in Stade vom 31. Juli 1739: StaatsA Stade Rep. 70 Nr. 116.

dert"[406] wahrnehmen. Dies wurde später vom König noch um ein weiteres Jahr verlängert[407].

2.2.2.1.4 Das Hofgericht

In dieser Zeit stand für die Regierung die Wiedereinführung der Sitzungen des Hofgerichts während einer Juridike im Jahr in Bremen offenbar als wichtiges Anliegen im Vordergrund. Denn solche Sitzungen hatte es, trotz der entsprechenden Norm der Hofgerichtsordnung, nach der Übernahme noch nicht wieder gegeben, so dass die Regierung in Stade zunächst 1727 beim Geheimen Rat in Hannover anfragte, ob, wie zu schwedischen Zeiten, überhaupt in Bremen getagt werden könne[408]. In den folgenden Jahren wurde zunächst die Kostenfrage bei Sitzungen des Hofgerichts in Bremen näher untersucht, wohl weil zu dieser Zeit gespart werden mußte. Der Geheime Rat entschied nicht selbständig, sondern holte im Jahre 1727 erst die Meinung des Königs ein[409], der sieben Jahre später erwiderte[410], die Hegung des Hofgerichts möge wie zu schwedischen Zeiten geschehen, allerdings solle geprüft werden, ob es nicht ausreiche, wenn nur ein Mitglied des Hofgerichts nach Bremen reise, worüber er einen Bericht erwartete. Ob dieser Bericht ergangen ist, kann nicht mehr festgestellt werden. Sitzungen des Hofgerichts in Bremen hat es wieder in den Jahren 1734, 1736 und 1738 gegeben. Der Tagungsort in Bremen war die „Glocke", ein am Dom belegenes Gebäude, das zu den hannoverschen Liegenschaften in der Stadt gehörte[411]. Für die erste auswärtige Sitzung 1734 rechnete der Regierungsrat von der Lieth für seine Teilnahme 95 RTlr ab[412]. Die übrigen Diäten waren für den Vizedirektor von Scharnhorst über 92 RTlr 8 sch, für die Justizräte von Spilcker, von Borries und Beckhoff zu je 82 RTlr sowie die Sekretäre Frieligehausen und Dieckmann zu je 42 RTlr abgerechnet worden. Die Prüfung, ob nur ein Mitglied des Hofgerichts nach Bremen reisen solle, dürfte demnach negativ ausgefallen sein, wie sich aus den Reisekostenabrechnungen des Jahres 1736 noch deutli-

406 Ausschreiben vom 17. Januar 1733: StaatsA Stade Rep. 70 Nr. 2258.

407 Ausschreiben des Geheimen Rats in Hannover vom 30. September 1737: StaatsA Stade Rep. 70 Nr. 2258.

408 Schreiben vom 5. Mai 1727: StaatsA Stade Rep. 71 Stade Nr. 58 Vol. f.

409 Schreiben vom 13. Mai 1727: StaatsA Stade Rep. 71 Stade Nr. 58 Vol. f.

410 Reskript vom 20. April 1734: StaatsA Stade Rep. 71 Stade Nr. 58 Vol. f..

411 Nach dem Bericht des Structuarius Renner vom 27. Mai 1734 waren zur Ausbesserung der „*Capitul*-Häuser", zu denen auch der Tagungsort gehörte, vor der ersten Tagung Material- und Arbeitskosten über 6 RTlr 9 sch erforderlich: StaatsA Stade Rep. 71 Stade Nr. 67. (Die „Glocke" in Bremen ist im übrigen heute noch ein beliebter Tagungsort.)

412 Abrechnung vom 20. August 1734: „Zur Abhaltung des Königl. Hoffgerichts in Bremen bin den 28ten Juni 1734 dahin abgereiset, und den 10ten July e. a. von da in Stade zurückgekommen." Dort auch die folgenden Angaben, alles in: StaatsA Stade Rep. 71 Stade Nr. 67.

cher zeigt. An dieser Sitzung des Hofgerichts in Bremen hatten mit folgenden Diäten teilgenommen[413]:

Regierungsrat von der Lieth	91 RTlr 32 sch
Vizedirektor von Scharnhorst	94 RTlr 32 sch
Justizrat von Spilcker	77 RTlr
Justizrat von Borries	77 RTlr
Justizrat Beckhoff	77 RTlr
Justizrat von Scheither	77 RTlr
Justizrat von Schwartzenfels	77 RTlr
Justizrat von Wenckstern	77 RTlr
Sekretär Frieligehausen	40 RTlr 32 sch
Sekretär Dieckmann	40 RTlr 32 sch
Botenmeister Westphal	28 RTlr
Pedell Bargstedt	25 RTlr 8 sch
Kanzleibote Engelken	6 RTlr 24 sch
	789 RTlr 16 sch.

Unter diesen Umständen ist nicht anzunehmen, dass der vom König geforderte Bericht über die Frage, ob die Reise nur eines Richters des Hofgerichts nach Bremen ausreiche, überhaupt jemals erstattet worden ist. Der Aufwand bei der Sitzung des Jahres 1738 war mit einer Abrechnungssumme von 569 RTlr 8 sch um mehr als ¼ geringer als zuvor[414].

Ein Kgl. Mandat vom 15. Juli 1721 legte fest, dass sich Hofgerichtsassessoren künftig einer Prüfung zu unterziehen hatten[415]. Hintergrund war gewesen, dass

---

[413] Hier war in den einzelnen Abrechnungen bis zum Trinkgeld für den Postillon (18 Groschen) alles detailliert aufgeführt worden: StaatsA Stade Rep. 71 Stade Nr. 67.

[414] StaatsA Stade Rep. 71 Stade Nr. 67.

[415] Kgl. Verordnung vom 15. Juli 1721: „Was zum anderen das verordnete *Examen* derer zu einigen *Justitz*-Bedienungen *praesentirten Candidaten* betrifft, lassen Wir es bey Unserer euch unterm 7ten *Junii* kund gemachten Willens Meinung lediglich bewenden, es verstehet sich aber von selbsten dabey, daß die von denen Ständen zu *Assessoribus* im Hofgericht zu *praesentirende Subjecta* gleichwie die *Nobiles* solchem *Examini* unterworfen seyn sollen. Und ist Unser Wille, daß dergleichen *Candidati* sich dem *Examini* vor Unserem Ober-*Appellations*-Gericht zu Zelle sistiren sollen, welches ihnen sodann ein *Testimonium* ihrer *Erudition* halber zu Unserer dem Befinden nach zu ertheilenden *Confirmation* geben wird. Sollte dan ein oder der ander in solchem *Examine* nicht solchergestalt bestehen, daß er tüchtig zu der *ambirten* Stelle befunden würde, sollen die *praesentantes* befugt seyn, ein anderes *Subjectum* zur *praesentation* auszumachen. Ihr werdet also in *Conformität* dieser Unserer gnädigsten *Resolution* die zu Adelichen Hofgerichts *Assessoren praesentirten* den von Schwanewede und von Marschalck *ad hibeundem examen* den gedachten Unser Ober-*Appellations*-Gericht verweisen, darauf ist dann dem Befinden nach ihrer *Confirmation* halber weiter Verordnung erfolgen soll.“: StaatsA Stade Rep. 71 Stade Nr. 58 Vol d. Nach Manecke,

die Landstände zwei Richter präsentiert hatten, deren Eignung wohl in Frage gestellt gewesen sein könnte. Dabei ging es um die am 7. Juli 1721 erfolgte Präsentation von Borchard Jürgen von Schwanewede und des Georg August von Marschalck[416] durch die Landstände und Ritterschaft des Herzogtums Bremen. Die Bestätigung der Präsentationen erfolgte nach dem in Celle abgelegten Examen bei von Schwanewede am 15. September 1721 und bei von Marschalck am 17. November 1721[417]. Nachdem von Marschalck im Jahre 1730 auf Vorschlag der Bremischen Ritterschaft an das Oberappellationsgericht berufen worden war, schlug man Otto Christoph von der Hude als seinen Nachfolger vor[418]. Mit Resolution der Stader Regierung vom 26. Januar 1731 teilte diese mit, dass das weitere veranlaßt werde, sobald er, gemäß Kgl. Resolution vom 15. Juli 1721, beim Oberappellationsgericht zum Examen erschienen und darüber ein „*attestatum* wegen seiner *erudition*“ vorlege. Eine solche Bescheinigung aus Celle wurde am 17. Mai 1731 erteilt, nachdem man ihm

> „zwey Band *Acten* zugestellet hat, woraus von Ihm die verfertigte Prob-*Relation* dergestalt *in pleno* würcklich abgestattet, und selbige also gefunden worden, daß man an seiner Wissenschafft und zu einem Richterlichen Ambt erforderlichen Geschicklichkeit keinen Zweiffel hat, sondern dessen versichert ist.“

In einer Verhandlung der Stader Regierung am 28. Mai 1731 wurde darauf von allen drei Regierungsmitgliedern beschlossen, dass die Präsentation nach Hannover berichtet werden solle, was am gleichen Tage geschah. Die Antwort erfolgte am 4. Juni 1731 unter dem Vorbehalt, dass die Regierung „nun der gethanen *praesentation* wegen nichts zu erinnern findet.“ Die Regierung in Stade lud von der Hude zum 6. Juli 1731 vor, so dass er an diesem Tag von den beiden Regierungsräten von Bardenfleth und von der Lieth als Hofgerichtsassessor mit dem „gewöhnlichen Assessoren-Eid“ vereidigt wurde. Bei dem am 13. Mai 1734 als Nachfolger des verstorbenen Assessors von Issendorff vereidigten bisherigen Auditors Bernd Friedrich von Schade war das Verfahren offenbar beschleunigt worden, damit er an der am gleichen Tage beginnenden Sitzungs-

---

S. 287, sind mit diesem Erlaß „die bei den landschaftlichen Wahlen überhaupt eingerissenen Mißbräuche, vornehmlich derer, die da erwählet werden wollen, ... abgestellet worden.“

[416] StaatsA Stade Rep. 70 Nr. 2211; von Marschalck schied beim Hofgericht aus, weil er am 8. November 1730 als Oberappellationsrat in Celle vereidigt wurde: OLG Celle, Festschrift 1986, S. 437.

[417] Beide Schreiben der Regierung in Hannover „ad mandatum regis“ mit den genannten Daten; die Vereidigung des von Schwanewede erfolgte am 6. Oktober 1721, die des von Marschalck am 23. Januar 1722: StaatsA Stade Rep. 70 Nr. 2211.

[418] Undatiertes Schreiben des Präsidenten, der Landräte und der Ritterschaft des Herzogtums Bremen an die Regierung in Stade mit Eingangsvermerk vom 25. Januar 1731: StaatsA Stade Rep. 70 Nr. 2212, dort auch die folgenden Zitate.

periode des Hofgerichts noch teilnehmen konnte[419]. Hieraus entspann sich ein Streit um die Höhe der zu zahlenden Besoldung, denn insoweit trug von Schade in seiner Erinnerung vom 7. Januar 1735 gegen die ihm erst ab dem 13. Mai 1734 gewährte Zahlung im wesentlichen vor, er habe die Akten des vorherigen Quartals insgesamt bearbeitet und es sei nicht von ihm zu vertreten, dass die Bestätigung aus Hannover eine Zeitlang liegengeblieben sei. Während die Regierung in Stade dieses Gesuch am gleichen Tage mit der Anmerkung nach Hannover weitergab, dass sie „nicht abgeneigt sey", solches zu bewilligen, erwiderte die Kammer unter dem 22. Januar 1735 eindeutig, „daß ihm die *Gage a dato introductionis*, nemlich ihrer geschehenen Beeydigung *assigni*ret worden, und man sich darunter an dasjenige, was etwa zu Königl. Schwedischen Zeiten mag beliebt seyn, nicht binden kann." Hier kommt nicht nur die Bedeutung des Eides als Amtsübernahme deutlich zum Ausdruck, sondern auch die ausdrückliche Ablehnung eines angeblich zu schwedischen Zeiten bestehenden Rechts, das wohl nicht unter die Privilegien der Stände zählte, denn mit der Eröffnung dieses Bescheides an den Assessor am 4. Februar 1735 endet jedenfalls der Vorgang. Nach dem Tod des Assessors von Schade wurde Claus Friedrich von Plate im Juni 1739 als Nachfolger vorgeschlagen, legte das Examen in Celle am 14. September 1739 ab und wurde darauf am 3. Oktober 1739 vereidigt[420].

Eine solche Verordnung zur Examinierung der zu präsentierenden Assessoren wurde erneut im Jahre 1738 erlassen[421]. Es stellt sich die Frage nach dem Grund einer solchen Anordnung zur Prüfung der präsentierten Richter: lag er ganz konkret in der Person der Kandidaten, die Anlaß gaben, an deren Fähigkeiten zu zweifeln, und die deshalb überprüft werden sollten, oder war der Grund darin zu sehen, dass die Stände in ihrer Macht eingeschränkt werden sollten, um ihnen deren Grenzen aufzuzeigen? Eine eindeutige Antwort wird nicht gefunden werden können, denkbar scheint mir jedoch angesichts der widerstreitenden Interessen zwischen dem Landesherrn und den Landständen, dass die Macht des Königs zu Lasten der Stände ausgeweitet werden sollte. Diese Ausweitung der Befugnisse ging jedoch nicht so weit, die präsentierten Kandidaten genehmigen zu wollen oder sich bei deren Ernennung einen sonstigen Vorbehalt zu erlauben, vielmehr beschränkte sie sich auf eine als durchaus sinnvoll und vernünftig anzusehende Weisung, dass die Kandidaten für ein angestrebtes Amt hinreichend qualifiziert sein sollten.

---

419 StaatsA Stade Rep. 70 Nr. 2213, dort auch die folgenden Zitate.

420 Er schied beim Hofgericht aus mit der Vereidigung als Oberappellationsrat in Celle am 24. März 1744: OLG Celle, Festschrift 1986, S. 438.

421 Ausschreiben der Regierung in Hannover vom 31. Oktober 1738: StaatsA Stade Rep. 70 Nr. 2259.

Das Hofgericht bestand im Jahre 1736 aus folgenden Bedienten:[422]

Geheimer Rat Philipp Adolph von Münchhausen,
Regierungsrat Engelbrecht Johann von Bardenfleth,
Regierungsrat Sebastian von der Lieth,
Justizrat Johann Heinrich von Spilcker,
Ludwig Johann von Püchler[423],
Justizrat Johann Friedrich von Borries,
Justizrat Johann Georg Beckhoff,
Rudolph August von Scheiter,
Anthon Gerlach von Schwarzenfels,
Detleff Alexander von Wenckstern, (die drei letzteren ohne einen Titelzusatz)
aus dem Herzogtum Bremen als Verteter der Ritterschaft:
Burchard Georg von Schwanewede,
Otto Christoph von der Hude,
Bernhard Friedrich von Schade,
und als Vertreter der Städte:
Dieterich Lüders, Bürgermeister zu Stade,
Samuel Iohann Hartmann, Syndicus zu Buxtehude,
aus dem Herzogtum Verden als Vertreter der Ritterschaft:
Ulrich Detlef von Rönne,
und als Verteter der Stadt:
Albrecht Andreas von Ramdohr, Syndicus zu Verden.

An der Sitzung in Bremen haben demnach nahezu sämtliche Hofgerichtsmitglieder teilgenommen, allerdings fehlen die Hofgerichtsassessoren. Möglicherweise ist deren Fehlen jedoch darauf zurückzuführen, dass sie an anderer Stelle abgerechnet haben; Sitzungsprotokolle, die eine Anwesenheit in Bremen feststellen ließen, sind nicht ersichtlich.

2.2.2.1.5 Das Konsistorium

Die bisherige Befreiung aller Geistlichen sowie Kirchen- und Schulbedienten vom Erscheinen als Zeugen vor den Untergerichten wurde mit Ausschreiben vom 4. April 1718 beendet[424], so dass sie ihr Privileg, nur vom Konsistorium einvernommen zu werden, verloren hatten. Eine „Erneuerte Ehe-Verordnung. Wie sich die Einwohner der Hertzogthümer Bremen und Verden, bey Verlöbnis-

---

[422] Nach dem Staatskalender auf das Jahr 1737. Für von Scharnhorst gilt dasselbe wie vorstehend unter 2.2.2.1.3.

[423] Für von Püchler war an dieser Stelle im Staatskalender der Zusatz „in mecklenburgischen Diensten", wie bei der Justizkanzlei, nicht enthalten; möglicherweise hat er an den jährlich nur wenigen Sitzungstagen des Gerichts teilgenommen, zumal ihm dies ausdrücklich zugesichert worden war und die Diäten die Anreise aus Mecklenburg wohl zuließen.

[424] StaatsA Stade Rep. 23a Nr. 69.

sen und Ehe-Vollenziehungen zu verhalten haben" wurde am 9. Januar 1720 von der Stader Regierung erlassen[425]. Nicht nur dem Konsistorium und allen Predigern der Herzogtümer oblag danach die Einhaltung und Überwachung der dort aufgestellten Regeln, sondern auch allen Beamten wurde zur Pflicht gemacht, darauf zu achten, „ob und wo sich dergleichen verlobte Leute zusammen in einem Hause wohnhafft antreffen lassen," weil dann beide Verlobte „ins Bruch-Register zu setzen" seien. Für das Konsistorium wurde durch Kgl. Reskript vom 27. Mai 1724[426] geregelt, dass bedeutsame Sachen der Regierung in Hannover vorzulegen seien und dass das Regierungsreglement von 1680 „dessem buchstäblichen Inhalt gemäß"[427] anzuwenden sei. Danach waren nicht nur alle Bestallungen neuer Superintendenten, sondern auch der Pfarrer dem Geheimen Rat in Hannover zu unterbreiten[428]. Das Konsistorium war im Jahre 1727 besetzt mit den drei Regierungsräten, dem Vizedirektor von Scharnhorst, den drei Justizräten von Spilcker, von Püchler und von Borries sowie dem Generalsuperintendenten und dem ersten Pastor der St. Wilhadikirche in Stade, das weltliche Element hatte also ein deutliches Übergewicht.

Dies galt unverändert im Jahre 1736, in dem das Konsistorium aus folgenden Bedienten bestand[429]:

Als weltliche Räte:

Geheimer Rat Philipp Adolph von Münchhausen, Präsident des Konsistoriums,
Regierungsrat Engelbrecht Johann von Bardenfleth,
Regierungsrat Sebastian von der Lieth,
Justizrat Johann Heinrich von Spilcker,
Ludwig Johann von Püchler,[430]

---

[425] StaatsA Stade Rep. 23a Nr. 71, dort auch die folgenden Zitate.

[426] StaatsA Stade Rep. 40 Nr. 1122, Bl. 32f., dort auch das folgende Zitat.

[427] Danach waren dessen Artikel V und X einschlägig. Artikel V lautete: „In Unserem *Consistorio* gehören die *Matrimonial*-Kirchen und Schulen *concernir*ende auch andere geistliche Sachen, wie es hergebracht, und erscheinen daselbst zu gewöhnlicher Zeit alle bisher dahin gehörige Rähte." Artikel X lautete: „Die *Consistorial*-Sachen, so von sonderbahrer *Importantz*, sollen, insonderheit die Bestellungen der Pfarren und *Superintendenten*, wenn jemand zum *examine* zuzulaßen, und nach dem *examine* der befundenen oder nicht befundenen *qualification* nach zu bestellen, oder abzuweisen, im Geheimbten Raht vorgebracht werden." Dieses Reglement war durch Artikel 1 des Regierungs-Reglements vom 29. August 1714 bestätigt worden, beide in Auszügen in StaatsA Stade Rep. 40 Nr. 1122, Bl. 34.

[428] Hintergrund war wohl die zuvor erfolgte Auseinandersetzung um die Einführung eines neuen Katechismus in den Herzogtümern durch den Generalsuperintendenten Backmeister, die nicht mit der Regierung in Hannover abgesprochen war.

[429] Nach dem Staatskalender auf das Jahr 1737; zu von Scharnhorst gilt dasselbe wie unter 2.2.2.1.3.

[430] von Püchler ist auch hier, wie beim Hofgericht, ohne Titel und Zusatz aufgeführt worden.

Justizrat Johann Friedrich Borries;

als geistliche Räte:

General-Superintendent Lucas Bacmeister,
Konsistorialrat und Pastor zu S. Nicolai in Stade M. Meinhard Plefken;
als „Cantzellist" Johann Adam Baumgärtner,
als Pedell Daniel Sieben.

2.2.2.1.6 Die Landgerichte

Erst im Jahre 1725 unternahmen die Landstände der Herzogtümer den Versuch, die Landgerichte wieder an allen Orten einrichten zu lassen[431], und ersuchten die Regierung in Stade, dass Appellationen gegen die vom Landgericht ausgesprochenen Brüche vom Hofgericht angenommen werden sollten, weil letztere seit einer königlichen Verordnung des Jahres 1719 nicht mehr zulässig waren[432]. Dabei führten die Landstände des Herzogtums Bremen in ihrem Antrag an die Stader Regierung aus, dass bisher diese Gerichte nur an wenigen Orten wieder tätig geworden seien, davon aber keines auf der Geest, obwohl

> „dem armen Land-Mann allhier, nicht weniger dem *publico*, sehr viel gelegen sey: und zwar jenem darinnen, daß, wann die Land Gerichte auf der Geest in Parthey-Sachen nicht mehr gehalten werden, die Unterthanen daselbst wider die Aussprüche und Urthel der ersten *Instance* hülflos gelaßen, und da sie so viel Geld, als zu Fortsetzung des *Processes* ans Hoffgericht erfordert wird, nicht auffbringen können, die Sache auch selbten offt so viel nicht werth ist, als die erfoderte Kosten sich betragen, immitelst kein Land Gericht, wohin sie *appelli*ren können, haben, *obligi*ret werden, sich schlechterdings denen Urtheln der ersten Gerichte, es mögen dieselben gerecht oder ungerecht seyn, zu *submitti*ren: wodurch

---

[431] Undatiertes Schreiben der Landstände des Herzogtums Bremen an die Regierung in Stade mit dortigem Eingangsvermerk vom 5. Februar 1725: StaatsA Stade Rep. 31 Titel 8b Nr. 1, Bl. 15ff. Weiteres undatiertes Schreiben der beiden Landstände der Herzogtümer Bremen und Verden an die Stader Regierung mit dortigem Eingangsvermerk vom 18. August 1725: StaatsA Stade Rep. 31 Titel 8b Nr. 1, Bl. 19ff.

[432] Nach einer für das gesamte Kurfürstentum gültigen Verordnung vom 19. Oktober 1719 („Göhrder Constitution") in StaatsA Stade Rep. 31 Titel 8b Nr. 1, Bl. 23f.: „Als auch bishero von denen auf den Land-Gerichten *dictir*ten Strafen zu *appelliren* nicht verstattet worden, es wäre dann, daß Unsere Aemter und Beamte *intendir*et, einem *Tertio* durch Bestraffung auf den Land-Gerichten, sein Recht zu nehmen oder aus der *Possession* seines Rechts und Gerechtigkeit zu setzen, und solches auf beschehene Vorstellung nicht geändert wird, oder daß zwar bey der Bestraffung an sich nichts zu erinnern, von einem *Tertio* aber die *cognitio* und Straffen *praetendir*et worden; So ist Unser gnädigster Wille, daß es auch hierinnen bey Obigem sein Verbleiben behalten, und ausser angeführten Fällen von den *dictir*ten Land-Gerichts-Straffen, keine *Appellation* zugestanden werden solle." Hierzu näher bei Landwehr, S. 7 und 103.

zwar denen ersten *Instancen* und deßelben Richtern eine große *authoritaet* und Gewalt zuwächset, denen Unterthanen aber grundschädlich ist: wir geschweigen, daß denen unvermögenen Unterthanen, das von Alters her gehabte *remedium appellationis, quod juris naturalis est, et defensionis species, hinc nemini auferri potest, per indirectum*, würde entzogen werden: welches gewiß diesen Leuten die größte Beschwerde, und dadurch zu allerhand Klagen rechtmäßige Uhrsachen geben würde."

Neben diesen behaupteten Interessen Dritter führten die Landstände beider Herzogtümer als Begründung in eigener Sache aus, dass bei einem tatsächlichen Ende der Landgerichte das „dem hiesigen Adel und andern Guths Herren" zustehende Privileg, bei Rechsstreiten in eigenen Meiersachen dem Landgericht

„*pro interesse* mit beyzuwohnen, gäntzlich wegfallen, die Beambte und übrigen *Judices prima instantiae* aber in solchen Sachen, in ihren Gerichten in Abwesenheit der Guths Herren, die daselbst zu erscheinen nicht schuldig seyn, ohne ihren Vorbewust und oftmahlen zu ihren großen Nachtheil verfahren."

Die Regierung in Stade gab ihrerseits mit einer Stellungnahme diese beiden Gesuche an den Geheimen Rat in Hannover weiter[433], in der sie u. a. bemerkte, dass nach der von der Kammer verfügten Trennung in Bruch- und Justizsachen die

„*Justitz*-Landgerichte aber zum Theil ihren Fortgang nicht gehabt, weilen die Beambten in ihren desfals von ihnen geforderten Berichten nur eine kleine und so gar geringe Anzahl solcher Landgerichts-*Justitz*-Sachen angezeiget, daß zu deren Untersuch- und Entscheidung, wan von andern angelegenen Ambts-Verrichtungen sich abzumüßigen, die Reisen auch viele Meile ins Land zu thun, auch die Kosten darauf zu verwenden, der Mühe nicht wehrt, noch gerathen finden können."

Für die Stader Regierung scheint diese Aufgabe danach eher eine lästige Pflicht gewesen zu sein, die sie wohl nur ungern auf sich nahm. Andererseits verwies die Regierung in Stade darauf, dass die Beamten auf dem Lande geradezu selbstherrlich die Strafen festsetzen könnten, was für die Bevölkerung und deren Vertrauen in die Regierung sehr schädlich sei[434]. Zur mangelnden Appellationsmöglichkeit unterstützte die Regierung in Stade dagegen ausdrücklich die Ansicht der Landstände[435] und verwies auf die ihnen zustehenden Privilegien.

[433] Schreiben vom 24. August 1725: StaatsA Stade Rep. 31 Titel 8b Nr. 1, Bl. 11ff.
[434] Das Verfahren der Amtstätigkeit als „Vorgericht", Landwehr, S. 93, scheint zu einem endgültigen Zustand geworden zu sein.
[435] Im Protokoll des Ausschusses der Landschaft in der Sitzung vom 12. bis zum 14. September 1729 in Stade war unter Punkt 5 beschlossen worden: „In Bruch Sachen muß appellatio vom Land Gericht an das hiesige Hoffgericht verstattet werden." Der Ausschuß bestand aus dem Präsidenten Schulte, dem Obrist von Offen und dem Major von Düring, in: RASt. Landschaft 95, Bl. 173.

Eine unmittelbare Reaktion auf dieses Ersuchen ist zwar erst mit Schreiben der Kammer vom 17. August 1731 zu erkennen, aber inzwischen war mit der Regierungsinstruktion vom August 1730 in deren Artikel 20 zu der Aufgabe des Regierungskollegiums in Stade hinsichtlich der Landgerichte bereits bestimmt worden, es habe

> „die Ausschreibung und *Direction* der *Justitz* Landgerichte im Bremen und Verdischen bis zu anderweiter Verordnung zu verfügen und zu führen, zugleich aber zu beobachten, daß solche auf die Ämpter und Gerichte, wo dergleichen bey Schwedischen Zeiten nicht gehalten, nicht *extendi*ret, auch, daß die Kosten möglichst eingezogen werden."[436]

Damit war die Einführung der Justizlandgerichte in den Herzogtümern sowohl örtlich, mit der genannten Einschränkung, wie hinsichtlich der Kosten durchaus in das Ermessen der Regierung gestellt worden. Gerade hierauf berief sich die Stader Regierung deshalb in ihrem Ersuchen an die Regierung in Hannover vom 30. Juni 1738[437], im Amt Bederkesa das Justiz-Landgericht wie zu schwedischen Zeiten wieder einzurichten. Sie hatte jedoch Zweifel, weil dieses Amt früher an die Familie Königsmarck „versetzet worden" war und deshalb die Beamten des Amtes gegen die Einführung schon bei der Kammer vorstellig geworden waren, sie wollte sich mithin absichern. Erst nach langwierigen Erkundigungen der Stader Regierung und folgenden Rückfragen des Geheimen Rats zum Umfang der Landgerichte zu schwedischen Zeiten wurde mit Erlaß vom 24. November 1745[438] die Einrichtung des Landgerichts im Amt Bederkesa von der Regierung zugelassen, nicht ohne mit einem Blick auf die Kosten zu schließen:

> „... und wollen Wir nach geendigten *Justitz*-Land-Gerichte jedesmahl die Zehrungs-Rechnung von dem dabey gegenwärtigen Regierungs- und *Justitz*-Raht unterschrieben *ad ratificandum* anhero erwarten."

Im Bezirk des Amts Stotel wurde die Haltung eines Justizlandgerichts von der Kammer in Hannover dagegen ausdrücklich verboten[439]. Dort hatte der Hofgerichtsassessor von Issendorff als Drost zu Stotel bereits vor September 1730 ein „Appellations- und *Justitz*-Landgericht" gehalten[440] sowie für den 24. Oktober 1730 ein weiteres solches Landgericht terminiert. Ihm war jedoch mit Reskript der Kammer in Hannover vom 18. September 1730 mitgeteilt worden, dass die

---

436 StaatsA Stade Rep. 40 Nr. 1122, Bl. 59.

437 StaatsA Stade Rep. 31 Titel 8b Nr. 3, Bl. 10f.

438 StaatsA Stade Rep. 31 Titel 8b Nr. 3, Bl. 67, dort auch das folgende Zitat.

439 Reskript der Kammer vom 8. März 1731 an die Regierung in Stade; dort auch die weiteren Zitate aus dem Reskript in diesem Abschnitt: StaatsA Stade Rep. 31 Titel 8b Nr. 2, Bl. 2.

440 Bericht des Drosts von Issendorff an die Regierung in Stade vom 29. Oktober 1730; das genaue Datum des ersten Landgerichts ist nicht festzustellen: StaatsA Stade Rep. 31 Titel 8b Nr. 2, Bl. 7.

entstandenen Kosten für die Vergangenheit übernommen werden sollten, aber nicht mehr für künftige Landgerichte, weil „die *quaestion,* ob die *Justitz*-Land-Gerichte zu *continuir*en oder nicht, annoch *ventilir*et wird." Der Drost zeigte diesen Sachverhalt mit Schreiben vom 29. Oktober 1730 der Stader Regierung unter Hinweis darauf an, dass er das Schreiben aus Hannover erst am 21. Oktober 1730 erhalten habe und zu diesem Zeitpunkt für das weitere Landgericht bereits alles vorbereitet gewesen sei. Die Regierung in Stade wiederum wies hierauf in ihrem Schreiben vom 6. November 1730 an die Kammer hin, die jedoch erst unter dem 8. März 1731 zum einen erwiderte, dass die Kosten des zweiten Landgerichts inzwischen angewiesen worden seien, zum anderen aber die Hegung künftiger Landgerichte in diesem Bezirk verbot. Sie berief sich dabei auf die Kgl. Instruktion vom August 1730, weil „dergleichen Landgerichte in gedachtem Amte vorhin und bey Schwedischen Zeiten durch gewisse Räthe aus dortigen Königlichen *Collegiis* nicht abgehalten worden." Dies sei auch zu der Zeit so gewesen, als das Amt „den Landgräflichen Hessen-Eschwegischen Erben als Pfand-Einhaber" zugestanden habe und es entspreche auch der Absicht der Kgl. Instruktion, so dass die Landgerichte „dort künftig eingestellet und nicht wieder ausgeschrieben werden."

Materiellrechtlich war bei der örtlichen Zuständigkeit der Bruch-Landgerichte dadurch eine Änderung eingetreten, dass die Kammer mit Ausschreiben vom 22. Februar 1735 für Unzuchtswrogen den Tatort dort festsetzte, wo das nichteheliche Kind geboren war, was zur Folge haben konnte, dass der in einem anderen Amtsbezirk lebende Vater dort festzunehmen und an das Amt des „Tatortes" auszuliefern war[441].

2.2.2.1.7 Das Oberappellationsgericht

Die Ansicht des Königs zur Justiz, und damit wohl die vorherrschende Ansicht des Geheimen Rats, kommt in einer Verordnung vom 29. November 1718[442] deutlich zum Ausdruck, die zum Gegenstand hatte, dass alle Dekrete des OAG Celle ohne Ansehen der Person zu befolgen seien:

> „Gleich wie nun ein Regent von Gottes und Gewissens wegen verbunden ist, nichts Heiligeres als die Handhabung Rechtes und Gerechtigkeit, über und zwischen denen ihm anvertraueten Unterthanen zu halten, Wir Uns auch dessen jederzeit beflissen und deswegen verordnet, daß von Unsern Gerichten in denen an sie kommenden Rechts- und *Proceß*-Sachen die *Justitz* nicht minder gegen als für Uns ohne alles Absehen und *Respectum per-*

[441] Landwehr, S. 36.
[442] StaatsA Stade Rep. 23a Nr. 69.

*sonarum administrir*et werden solle, dem Wir dann ferner mit allem erforderten Ernst nachsetzen und nachgesetzet wissen wollen."

Im Jahre 1733 wurde die seit der Gründung des Gerichts bestehende Gerichtsordnung für das OAG Celle von 1711 u. a. dahin ergänzt, dass zwei Senate eingeführt wurden, die die bisherigen Plenarsitzungen ersetzten. Gleichzeitig wurde die Zahl der Räte um zwei auf 14 erhöht und eine Zuständigkeitsverteilung nach örtlichen Gesichtspunkten festgelegt: der „Lüneburger Senat" war zuständig für die Verfahren aus Celle-Lüneburg sowie aus den Herzogtümern Bremen und Verden und der „Calenberger Senat" für die übrigen Landesteile[443]. Danach hat es bis zum Jahre 1803 nur noch eine bemerkenswerte Veränderung gegeben in der Schaffung der zweiten Vizepräsidentenstelle im Jahre 1740, die mit einem Angehörigen des althannoverschen Adels besetzt werden mußte[444]. Dieser Vizepräsident saß dem für die Herzogtümer zuständigen „Lüneburger Senat" vor, jedoch nur dann, wenn der Präsident den Vorsitz nicht wahrnahm[445]. Auch das OAG konnte für alle Justizkanzleien verbindliche Reskripte erlassen. So verfügte es unter dem 20. November 1742[446], dass die Prokuratoren den Tag der Zustellung auf allen ihnen zugehenden Erkenntnissen zu vermerken und eigenhändig zu unterzeichnen hatten. Anzumerken ist noch, dass mit Ausschreiben der Stader Regierung vom 25. Juni 1717[447] das restliche Gehalt der vormaligen schwedischen Bedienten beim Tribunal in Wismar für zwei Quartale des Jahres 1712 durch den Kontributionseinnehmer zum Ende Juli einzuziehen war, es sei denn, dass eine Quittung vorgelegt werden könne. Die Höhe des von den Zahlungspflichtigen zu leistenden Betrages wurde als bekannt vorausgesetzt[448].

Der Versuch der Stände, Verfahren aus dem Herzogtum Bremen auf der Grundlage der Wismarschen Tribunalsordnung beim Oberappellationsgericht verhandeln zu lassen, schlug fehl[449]. Es war wohl nicht Gegenstand der Privilegien, die Prozeßordnung bestimmen zu können.

---

443 StaatsA Stade Rep. 23a Nr. 84; abgedruckt bei Ebhardt, Band 1, S. 634 – 638: „Neues Königliches Reglement wegen verbesserter Einrichtung des Ober-Appellations-Gerichts vom 20./31. März 1733"; zu den Gründen dieser „Justizreform" bei Karl Lühr, Die ersten zweihundert Jahre, in: Präsident des Oberlandesgerichts Celle (Hrsg.), 250 Jahre Oberlandesgericht Celle. 1711 - 1961, Celle 1961, S. 23ff.

444 Lühr, S. 24; Heile, S. 64.

445 Heile, S. 65.

446 Spangenberg, Erster Teil, Nr. 238.

447 StaatsA Stade Rep. 23a Nr. 68.

448 „... wie hoch dessen Quartaler Beytrag dazu sich besteige, euch ohnedem allschon bekandt ist," StaatsA Stade Rep. 23a Nr. 68.

449 Unter Punkt 7 im Protokoll des Ausschusses der Ritterschaft des Herzogtums Bremen vom 12. bis zum 14. September 1729 hieß es: „Ist gut befunden, von Seiner Königl. Majestät zu erbitten, daß die Wismarsche Tribunalsordnung bei dero Oberappellationsgericht in ansehung

2.2.2.1.8 Die Militärgerichtsbarkeit

Mit Verordnung vom 15. Juni 1718[450] waren die Untergerichte angewiesen worden, zur Vermeidung bestehender Unsicherheiten künftig bei Delikten von Soldaten aller Dienstränge nur dafür zu sorgen, des Delinquenten habhaft zu werden und die ersten Ermittlungen anzustellen, aber das Amt oder Gericht sei „nicht befugt, sich einiger Bestraffung in der Sache anzumassen", vielmehr sei der Täter in die nächste Garnison zu bringen. Allerdings galt dies dann nicht, wenn der Soldat während der Untersuchung aus dem Militärdienst entlassen worden war und das Kriegsgericht das Verfahren nicht weiter betreiben wollte. In einem solchen Fall hatten sich die örtlich zuständigen Gerichte der Sache anzunehmen und sie zu Ende zu führen[451]. Am 16. November 1719[452] hatten der König von Preußen und der britische König „wegen *reciproquer* Ausfolgung Beyderseitiger *Trouppen Deserteurs*" für die Dauer von zehn Jahren vereinbart, solche desertierten Soldaten jeweils in Haft zu nehmen und an die andere Seite auszuliefern. Die mit Preußen geschlossene Vereinbarung war nicht verlängert worden, so dass die Regierung in Stade mit Ausschreiben vom 30. Dezember 1729 an alle Obrigkeiten mitteilte, dass sie „wegen *arretirung* der Preußischen *Deserteurs* fernerhin weder Bemühung noch Kosten machet."[453]. Eine vergleichbare Vereinbarung war für die Dauer von sechs Jahren mit dem Landgrafen von Hessen-Cassel getroffen worden[454].

Von „Officiers, gemeine Soldaten und andere Militar-Personen" durften keine Gerichtssporteln erhoben werden, es sei denn, es handelte sich um Klagen aus Grundbesitz (*„in Actionibus realibus"*)[455]. Dieses Privileg dürfte nicht sehr bedeutsam gewesen sein, weil dieser Personenkreis ohnehin weitgehend einen privilegierten Gerichtsstand genoß.

Die Soldaten standen unter der Aufsicht ihrer militärischen Vorgesetzten auch in privaten Angelegenheiten, so dass sie für beabsichtigte Heiraten eine Genehmigung einzuholen hatten, zumal die Ehefrauen dann, wie üblich, bei der Truppe mitzogen. Heiraten ohne Genehmigung wurden mit Karrenstrafen belegt, kamen aber immer wieder vor, so dass mit kgl. Verordnung vom 9. / 20. März

---

dieser provincien möge introduciret werden;" in: RASt. Landschaft Nr. 95, Bl. 173R; vgl. 2.3.2.1.

450 StaatsA Stade Rep. 23a Nr. 69.

451 Kgl. Reskript vom 24. Juli / 4. August 1724: StaatsA Stade Rep. 23a Nr. 75.

452 StaatsA Stade Rep. 23a Nr. 70, dort auch das folgende Zitat.

453 StaatsA Stade Rep. 23a Nr. 80.

454 Ausschreiben vom 2. Oktober 1720: StaatsA Stade Rep. 23a Nr. 71.

455 Ausschreiben vom 6. Mai 1720: StaatsA Stade Rep. 23a Nr. 71.

1722[456] daran erinnert wurde, dieses „höchst verderbliche Unwesen zu steuern“, und festgelegt wurde, dass bei Ehen, die ohne die Genehmigung des Regimentschefs eingegangen worden waren, nicht nur die genannte Strafe festgesetzt, sondern die Ehe „null und nichtig seyn solle.“ Der Sold der Soldaten war von Pfändungen freigestellt, die Gläubiger konnten sich deswegen nicht an die „Krieges-Casse“ wenden, sondern hatten sich am übrigen Vermögen der Schuldner schadlos zu halten[457].

Ein kgl. Reskript vom 16. / 27. November 1731[458] verordnete für alle Landeskinder, die sich in fremde militärische Dienste begeben hatten und noch begeben sollten, dass deren Eigentum und künftige Erbteile in den hannoverschen Landen verloren gingen, wozu es sich auf ein Edikt aus dem Jahre 1701 berief. Insoweit hatte es wohl insbesondere Auswüchse fremder Soldatenwerber gegeben, denn mit kgl. Reskript vom 3. / 14. Dezember 1731[459] war angeordnet worden, dass Werber für fremde Truppen, „die sich insgemein für Preußische ausgeben,“ sofort zu arrestieren und zu lebenslangem Karrenschieben, die dabei befindlichen Frauen zu lebenslangem Zuchthaus zu verurteilen seien.

Unter dem 18. August 1732 erließ Georg II. ein

> „*Reglement* wie es auf des Feld-Marschalls Freyherrn von *Bülow* erfolgenden Todes-Fall, und inzwischen bey anhaltender-desselben Kranckheit mit *Administrirung* der *Militair-Justitz* in Unsern Chur-Fürstenthum und Landen bis zu anderweiter Verordnung zu halten.“[460]

Anlaß dürfte, wenn diese Überschrift wörtlich zu nehmen ist, der wohl krankheitsbedingt bald zu erwartende Tod des Feldmarschalls von Bülow gewesen sein, der bislang Inhaber der militärischen Gerichtsbarkeit gewesen war. Die aus zwölf Punkten bestehende neue Regelung, sah weiterhin vor, dass die Gerichtsbarkeit bestimmten Personen zugewiesen wurde. So waren für Sachen, die aus dem Bereich der Infanterie kamen, der Generalleutnant von Melville, und für solche aus dem Bereich der Kavallerie der Generalleutnant von Hardenberg

---

[456] StaatsA Stade Rep. 23a Nr. 73.

[457] Kgl. Reskript vom 23. August 1723, von der Regierung in Stade bekanntgemacht am 26. Januar 1724: StaatsA Stade Rep. 23a Nr. 75.

[458] StaatsA Stade Rep. 23a Nr. 82.

[459] StaatsA Stade Rep. 23a Nr. 82, dort auch das folgende Zitat. Mit Ausschreiben der Regierung in Stade vom 1. Februar 1732 war angeordnet worden, dieses Kgl. Reskript nicht nur wie üblich anzuschlagen, sondern auf den Landgerichten verlesen zu lassen: StaatsA Stade Rep. 23a Nr. 83.

[460] Herrenhausen 18. August 1732, mit einem Anschreiben des Königs vom gleichen Tag: StaatsA Stade Rep. 40 Nr. 1 sowie Rep. 23a Nr. 83.

künftig zuständig[461]. Das Recht der Begnadigung hatte sich der König in Kriminalsachen jedoch selbst vorbehalten[462]. Im übrigen wurde bei den Gerichtszuständigkeiten unterschieden zwischen „Ober-Officiers" einerseits und „Unter-Officiers und gemeine Soldaten" andererseits. Strafsachen der Unteroffiziere und Soldaten waren dann vom jeweiligen Regimentschef zu behandeln, wenn es sich nicht um Kapitalverbrechen handelte. Diese leichteren Delikte waren zu bestrafen „mit dem Straff-Pferde, Pfahl, Gassenlauff, und dem Sprenger[463]."[464] Bei Strafsachen der Oberoffiziere war die Generalität zuständig, hier durften die Regimentschefs lediglich den Beschuldigten in Arrest nehmen. Waren Soldaten der beiden Waffengattungen gemeinsam straffällig geworden, war die Sache auch von beiden Generälen gemeinsam zu untersuchen[465].

In Zivilsachen war die Kriegskanzlei, also die höchste Verwaltungseinrichtung in militärischen Dingen, zuständig, die in diesen Fällen als „Kriegs-Gerichts-Commission"[466] handelte und gegen deren Urteile unter der Voraussetzung, dass die Appellationssumme erreicht wurde, das Oberappellationsgericht in Celle angerufen werden konnte[467]. Zivilsachen, die *„brevi manu"* entschieden werden konnten, hatten die Regimentschefs zu entscheiden, erst auf Beschwerde kamen solche Sachen an die Kriegskanzlei[468]. Für Oberoffiziere mit im Kurfürstentum belegenen Gütern, die auf Schuldforderungen über 50 RTlr verklagt wurden, war das Zivilgericht des belegenen Gutes zuständig[469]. Die Witwen und Waisen verstorbener Oberoffiziere unterlagen zwar der zivilen Gerichtsbarkeit, aber nicht den Untergerichten, sondern den Justizkollegien[470]. Pensionierte Oberoffiziere erhielten die Zuständigkeit vor den Militärgerichten, womit eine anderslautende Anordnung vom 2. April 1716 aufgehoben wurde[471]. Nr. 12 des Reglements bestimmte eindeutig: „Die Ehesachen gehen nach wie vor an das Konsistorium." Soweit reichte die militärische Zuständigkeit also nicht, dass neben den anfallenden Zivilsachen auch Familiensachen zu entscheiden gewesen wären, obwohl, wie oben erwähnt, Ehen ohne Genehmigung als nichtig be-

---

[461] Nr. 1 des Reglements.
[462] Nr. 2 des Reglements.
[463] Der „Sprenger" oder die „Springerstrafe" war eine der Arbeitsstrafen (opera publica); danach hatten die Verurteilten öffentlich Straßenreinigungs- und Erdarbeiten „in eisern Banden" zu verrichten, HRG, E. Kaufmann, „opera publica".
[464] Nr. 3 des Reglements.
[465] Nrn. 4 und 5 des Reglements.
[466] Nr. 6 des Reglements.
[467] Nr. 7 des Reglements.
[468] Nr. 8 des Reglements.
[469] Nr. 11 des Reglements.
[470] Nr. 9 des Reglements.
[471] Nr. 10 des Reglements.

handelt wurden. Ergänzend wurde mit kgl. Reskript vom 21. August 1732[472] verordnet, dass in Konkursen derjenigen Offiziere, die für die Regiments- und Kompaniekassen verantwortlich waren, um „Sicherheit gegen üblen Haushalt oder andere zu besorgende *Fatalitäten* zu verschaffen," der Fiskus Vorrang in deren Gütern und ihnen anhängenden Rechten haben sollte.

Die bereits genannte Verordnung vom 1. Februar 1712[473] brachte die Kriegskanzlei mit Schreiben an die Stader Regierung[474] wieder in Erinnerung, so dass diese seit Beginn der Übernahme der Herzogtümer zunächst ausschließlich und nunmehr neben dem neuen Reglement weiterhin gültig gewesen sein dürfte. Nur vier Jahre später wurden zunächst ein „Krieges-Recht oder *Articulus*-Brief"[475] und kurz darauf ein „*Militair-Justitz-Reglement*"[476] veröffentlicht. Danach bestimmte das Kriegsrecht, „wornach sich Unsere sämmtliche Teutsche *Trouppen* gebührend zu achten" hatten. An der Spitze stand in Kapitel I „Von der Gottesfurcht und christlichem Wandel", die Kapitel VII bis XIV befaßten sich mit Straftaten und deren Rechtsfolgen. Bei „Vollsauffen und Trunckenheit" im Dienst bestimmte Kapitel VII für den ersten Fall die Strafe des Sprengers und im Wiederholungsfall „starcken Gassenlauff." Auf von Soldaten begangene Tötungsdelikte stand die Todesstrafe durch das Rad, wenn jedoch solche Taten gegenüber Verwandten begangen worden waren, war die Todesstrafe mit dem Schwert zu vollstrecken und danach der Kopf auf einen Pfahl zu stecken (Kapitel XIII). Diebstähle (Kapitel XIV) wurden bei geringem Wert mit dem Sprenger oder Gassenlauf und im Wiederholungsfall mit starkem Gassenlauf und sechs Monaten Festungsbau geahndet. Ein dritter begangener Diebstahl war mit dem Tod durch den Strang zu bestrafen, bei Werten unter fünf Dukaten jedoch mit lebenslangem Festungsbau[477]. Der Diebstahl militärischer Ausrüstungsgegenstände hatte immer, unabhängig vom Wert des Diebesgutes, den Tod durch den Strang zur Folge. Gegenüber Gnadenerweisen der zum Tode Verurteilten in Militärsachen scheint der König ablehnend gewesen zu sein, denn mit Kgl. Reskript vom 25. Juli 1740[478] an das Generalkriegsgericht war verfügt worden,

---

[472] StaatsA Stade Rep. 23a Nr. 83.

[473] S. o. 2.1.2.1.8.

[474] Schreiben vom 30. März 1735: StaatsA Stade Rep. 40 Nr. 1. Die Stader Regierung sandte dieses an die Ämter und Gerichte mit gedrucktem Schreiben vom 13. April 1735 weiter, vgl. ebenda sowie in StaatsA Stade Rep. 23a Nr. 86; s. o. 2.1.2.1.8.

[475] Verordnung vom 15. November 1736: StaatsA Stade Rep. 40 Nr. 5.

[476] Gesetz vom 1. Dezember 1736: Spangenberg, 4. Abt., 2. Teil, Nr. 447; auch in StaatsA Stade Rep. 40 Nr. 5 und Rep. 23a Nr. 87.

[477] Letzteres wurde mit Kgl. Reskript vom 1. November 1743 dahin geändert, dass die Wertgrenze entfiel, mithin beim dritten Diebstahl immer die Todesstrafe zu verhängen war, Spangenberg, Erster Teil, Nr. 285.

[478] Spangenberg, Erster Teil, Nr. 48.

„daß hinkünftig, wenn nicht einige besondere Umstände, die Uns zur Begnadigung bewegen könnten, vorhanden sind, auf solche *provocationes* nicht *attendi*rt, sondern es bey dem ergangenen Erkenntniß lediglich gelassen werden solle."

Ergänzend zum Reglement verfügte ein landesherrliches Reskript vom 8. Juni 1741[479], dass zur Vermeidung entstandener Zweifel gegen Entscheidungen des Generalkriegsgerichts nicht an das Oberappellationsgericht appelliert werden konnte, es sei denn in Zivilsachen bei entsprechender Appellationssumme. Eine Verordnung über die Durchsetzung zivilrechtlicher Ansprüche gegenüber verschuldeten Soldaten erging ebenfalls zu dieser Zeit[480]. Hierdurch wurde angeordnet, dass Ansprüche Dritter, die „durch das übermäßige *Crediti*ren derer Wein- und *Caffée*-Schencker" entstanden waren, ab dem 1. März 1737 als unzulässig abzuweisen waren; sie stellte mithin einen erheblichen Eingriff in rechtmäßig entstandene Ansprüche dar.

2.2.2.2 Die unteren Verwaltungs- und Justizeinrichtungen

Mit Ausschreiben vom 8. November 1717 waren die Beamten auf dem Lande aufgefordert worden, alljährlich eine Liste einzusenden, aus der die Zahl ihrer Bedienten hervorzugehen habe, weil von deren Gehalt ein Anteil an die „*Hospital-Casse*" abzugeben sei. Hieraus kann gefolgert werden, dass die Amtmänner und Richter auf dem Lande ein eigenes Recht hatten, Personal nach Bedarf einzustellen, ohne die Regierung hiervon zu unterrichten. Bereits im gleichen Jahr mußten die Beamten und Richter auf dem Lande mit einem „ernstlichen Befehl"[481] an die Einhaltung der Sporteln-Taxe des Vorjahres[482] erinnert werden. Danach war festgestellt worden, dass viele Ämter und Gerichte nicht, wie es vorgeschrieben war, den zu leistenden Betrag auf die den Parteien erteilten Ausfertigungen setzten, so dass die jeweils tatsächlich erhobenen Beträge nicht zu erkennen waren und die Regierung daher wohl eine überhöhte Gebührenerhebung befürchtete. Dieses Thema schien nicht zu enden, denn im nächsten Jahr wollte die Regierung mit Ausschreiben vom 27. Mai 1718[483] von allen „Obrigkeiten auff dem Lande ... eine *accurate Designation* aller bey euch vorfallenden *Actuum judicalium* und Ausfertigungen, auch was ihr euch dafür an Gerichts-Gebühren bezahlen lasset," innerhalb 14 Tagen erhalten, deren Ergebnis jedoch

---

[479] Spangenberg, Erster Teil, Nr. 131.

[480] Verordnung vom 27. November 1736: StaatsA Stade Rep. 40 Nr. 5 und Rep. 23a Nr. 87.

[481] Ausschreiben vom 13. Dezember 1717; auf dem Exemplar ist vermerkt, dass dieses Ausschreiben in einer Auflage von 100 Stück gefertigt worden war, also deutlich mehr, als Ämter vorhanden waren: StaatsA Stade Rep. 23a Nr. 68.

[482] S. o. 2.1.2.2.1.

[483] StaatsA Stade Rep. 23a Nr. 69, dort auch das folgende Zitat.

nicht erkennbar ist. Denn insoweit scheint die nötige Sorgfalt auch bei der Regierung gefehlt zu haben. Mit Ausschreiben vom 15. November 1734[484] erinnerte nämlich die Regierung in Stade alle „Gerichte auf dem Lande“ daran, die Verzeichnisse „noch vor Ablauff dieses Monats ohnfehlbar anher zu schikken,“ denn solche Berichte „seynd zwar von einigen Orten eingelanget, wollen sich aber vorerst nicht auffinden lassen,“ was offenbar nach 16 Jahren erstmals aufgefallen war.

Mit Ausschreiben der Stader Regierung vom 28. Dezember 1720[485] „An alle Beamte und Gerichts-Junckere, Vögte und andere Obrigkeits-Personen in Städten und Flecken hiesiger Hertzogthümer“ wurden diese ersucht, ein Verzeichnis der „Aemter, Städte, Adelichen Gerichte und Districte, auch zu jedem derselben gehörigen Flecken, Dörffer, Vorwercke und eintzelnen Höfe, imgleichen der Forsten, Seen und Flüsse und notablen Berge“ zu erstellen. Den gleichen Gegenstand betraf ein Ausschreiben der Regierung vom 12. August 1735[486]. Im Jahre 1720 begann zunächst in den Ämtern Osterholz und Ottersberg die Kolonisation der Moore, danach auch in den Ämtern Bremervörde und dem 1733 neu gebildeten Amt Lilienthal[487]. Die Amtsschreiberei Stotel wurde 1726 vom Kurfürstentum Hannover eingelöst[488] und das Königsmarcksche Amt Bederkesa im Jahre 1735[489]. Zum Amt Bederkesa gehörten neben dem gleichnamigen Kirchspiel und Flecken die Börden und Kirchspiele Debstedt und Ringstedt sowie die Kirchspiele Flögeln, Elmlohe und Holßel. Das Amt Nordholz wurde in den Jahren 1736 bis 1739 dadurch gegründet, dass zunächst den Erben des Oberamtmanns Voigt drei Güter im Norderneufeld von der Kammer abgekauft wurden und danach der Familie von der Lieth ein Hof[490].

Ein weiteres Ausschreiben der Regierung in Stade betraf die Einhaltung der Formalien bei Zeugenvernehmungen, insbesondere in Inquisitions- und sonstigen Strafverfahren. Denn es sei aufgefallen, dass die üblichen *„Interrogataria generalia“* trotz Regelung in der Hofgerichtsordnung nicht eingehalten worden seien, hierzu gehörten notwendig die Fragen

„Woher der Zeuge gebürtig?
Wo er wohne?

---

[484] StaatsA Stade Rep. 23a Nr. 85, dort auch die folgenden Zitate.
[485] StaatsA Stade Rep. 23a Nr. 71.
[486] StaatsA Stade Rep. 23a Nr. 86.
[487] von Kobbe, Band 1, S. 8; zum hannoverschen Amt Lilienthal bei von Kobbe, Band 1, S. 63: danach waren die bisherigen Inhaber des Amtes, die Erben des Oberkämmerers von Schilden in Hannover, vom Kurfürstentum Hannover ausbezahlt worden
[488] von Kobbe, Band 1, S. 89f.
[489] von Kobbe, Band 1, S. 111f., danach auch die folgenden Angaben.
[490] von Kobbe, Band 1, S. 155.

Wessen er sich nähre?"

Diese drei Fragen seien deshalb künftig allen Zeugenvernehmungen voran zu stellen[491]. Mit Ausschreiben der Regierung in Stade vom 6. Dezember 1726[492] wurden alle Drosten, Beamte, Richter und Vögte der Herzogtümer aufgefordert, Verzeichnisse aller in den Ämtern vorhandenen „*Acta*, *Documenta* und Briefschafften" einzusenden[493].

Die Amtmänner wurden mit kgl. Instruktion vom 14. / 25. September 1731[494] angewiesen, die Rechte „des Ihnen anvertrauten Amts mit solcher Geschicklichkeit *in integro* zu erhalten, daß es keiner *Processe* noch Weitläuffigkeiten bedürfe (und sich so zu verhalten, dass) die Aemter nicht nöhtig haben, Kläger zu sein." Sollte dieser Fall gleichwohl eintreten, sei unter Bezug auf die kgl. Verordnung vom 19. Oktober 1719 („Göhrder Constitution") sofort und so umfassend an die Kammer zu berichten, dass keine weiteren Erklärungen nötig seien. Bei Klagen gegen die Ämter hätten sie den Anweisungen der Justizkanzlei unverzüglich Folge zu leisten. Angesichts der in den Akten der Zeit ständig zu erkennenden Weitläufigkeiten dürfte hier wohl ein Wunschdenken vorgeherrscht haben; als Zielvorstellung einer guten Verwaltung ist diese Instruktion aber durchaus geeignet.

Die Kontributionseinnehmer, die für das Land tätig waren, wurden mit Ausschreiben der Regierung in Stade vom 1. April 1737[495] für „Amts-säßig" gehalten soweit es nicht ihr Amt betraf, sie standen mithin „unmittelbar unter des Amts-*Jurisdiction*."

Der Kanzlist Ibenthal hatte im Jahre 1717 gegenüber der Regierung in Stade bemängelt, dass die Beamten auf dem Lande die der Justizkanzlei zustehenden Gebühreneinnahmen nur zögerlich oder gar nicht weitergeleitet hatten, so dass die Regierung mit Ausschreiben vom 13. Juli 1717[496] befahl,

> „daß, wann hinführo zu hiesiger Königl. und Chur-Fürstl. *Collegiorum* Diensten, obberegter Cantzelliste *Ibentha*, eure *Assistance* begehren wird, ihr selbige mit schuldigster *promitude* leisten und die etwanigen Cantzeley-*Sportuln* nicht, wie mehrmahlen geschehen, nur zum Theil und in Abschlag, sondern nach der erhaltenen *Designation* gäntzlich bey nechst vorfallender Gelegenheit demselben *remitti*ren sollet."

---

[491] StaatsA Stade Rep. 23a Nr. 73.
[492] StaatsA Stade Rep. 23a Nr. 77.
[493] Solche Verzeichnisse sind im StaatsA Stade vorhanden unter Rep. 40 Nr. 1273, allerdings von sehr unterschiedlicher Qualität und Aussagekraft.
[494] StaatsA Stade Rep. 23a Nr. 82, dort auch das folgende Zitat.
[495] StaatsA Stade Rep. 23a Nr. 88, dort auch das folgende Zitat.
[496] StaatsA Stade Rep. 23a Nr. 68, dort auch das folgende Zitat.

Ein weiterer Mangel der Untergerichte bestand wohl darin, nicht genügend Stempelpapier bei der Regierung zu kaufen, so dass dieser dann entsprechende Einnahmen entgingen. Mit Befehl vom 25. August 1717 wurde an eine entsprechende Vorschrift der schwedischen Polizeiordnung erinnert, weil die bisherige Praxis dem Interesse des Landesherrn „schnur stracks zuwider läufft."[497] Ein Ausschreiben der Regierung in Stade vom 7. März 1732[498] stellte an alle Ämter und Gerichte die Frage, wohin „die in ihren Gerichten wegen Übertretung des Stempel-Papier-Reglement erkannten Straf-Gelder hinkünftig zufliessen mögten?" ohne diese Frage jedoch zu beantworten. Möglicherweise sollte in dieser verkleideten Form an die Einhaltung dieser Regeln erinnert werden.

Den Berichten der einzelnen Beamten und anderen Obrigkeiten kam große Bedeutung in der Verwaltung des Landes zu, so dass hierauf besonderes Augenmerk gerichtet wurde. Mit kgl. Reskript vom 13. Juni 1729[499] war deshalb angeordnet worden, dass

> „wenn jemand von Unsern *Militair*- oder *Civil*-Bedienten hohen oder niedren, er sey wer er wolle, Uns oder Unsern Regierungs-Cammer-*Justitz*- und anderen *Collegiis* von *essentiellen* Sachen, die in seine *speciale* Amts-Verrichtung oder Pflicht lauffen, vorsetzlicher Weyse, wider besser Wissen und Gewissen falsche und verkehrte Berichte zu Unserm oder Unserer Lande, oder auch eines unschuldigen *Tertii* Nachtheil abzustatten, oder die Warheit zu hinterhalten sich gelüsten lassen, oder auch in denen Dingen, die in seine *speciale* Amts-Pflicht lauffen, das befohlne und verordnete der Gebühr nach nicht auszurichten, sich erkühnen, desgleichen in Regierungs-Cammer-*Justitz*- und andern Sachen Geschencke zu nehmen, oder durch die Seinige, unter was für *Praetext* es wolle, nehmen zu lassen, sich unterstehen sollte, und dessen einen oder mehreren überführet werden würde; derselbe wegen solcher seiner vorsetzlich und aus böser Absicht begangenen Untreue und verletzten Eydes-Pflicht nicht nur so fort ohne einige Gnade seiner obhabenden *Charge* und Bedienung verlustig erkläret, sondern auch wenn absonderlich in mehr als einem *Punct* dieser Unser allergnädigsten Verordnung zuwieder gelebet wäre, dem Befinden nach am Leib und Leben unausbleiblich gestraffet werden sol."

Die Untergerichte waren zudem ermahnt worden, von Auswärtigen keine doppelten Gerichtsgebühren zu nehmen, nur weil auswärts dergleichen von Einheimischen ebenfalls verlangt werde[500], denn „ohne *Consens* der Oberen" sei dieses nicht zulässig. Vielmehr seien bekanntwerdende Fälle der Regierung mitzuteilen, damit diese dann Weiteres veranlassen könnte.

---

[497] StaatsA Stade Rep. 23a Nr. 68.

[498] StaatsA Stade Rep. 23a Nr. 83, dort auch das folgende Zitat.

[499] StaatsA Stade Rep. 23a Nr. 80, dort auch das folgende Zitat.

[500] Ausschreiben der Regierung in Stade vom 25. Februar 1732; diese Verordnung war sowohl von den Kanzeln zu verlesen wie auch öffentlich anzuschlagen: StaatsA Stade Rep. 23a Nr. 83.

2.2.2.2.1 Die Ämterverfassung

Eine Übersicht über die vorhandenen Ämter und Gerichte sowie die dort tätigen Beamten gibt die „*Instruction* für die Quartals-Verschläge Commissarien“[501] im Jahre 1718. Dort waren nicht nur Anweisungen zur Beitreibung der Gelder, zur Behandlung ausstehender Posten sowie des Eides der „Quartals-Verschlags *Commissarien*“ aufgeführt, sondern auch die Einteilung des Landes in Steuerbezirke und die hierfür zuständigen Beamten:

1. Im Alten Lande	Greffe Nicolaus von Höpken,
	Obrist und Greffe Johann Dieterich von Düring,
	Greffe Heye,
2. Land Kehding Butzfletischen Theils	Oberst Anton Henrich von Offen,
	Greffe Ludewig Peter Jacobi,
Land Kehding Freyburgischen Theils	Augustin Göbe,
	Greffe Doct. Nicolaus Sylm,
3. Neuhaus	Benedix Bremer,
	Legations-Raht Benedix Georg Bremer,
	Drost Detleff Reinhold von der Pahlen,
4. Amt Hagen/Börde Bramstedt und den freyen Dämmen Hagen, Meyenburg, Schwanewedel, Cassebruch	
	Hans Adolff von Wersabee,
	Amtmann Conrad Wierichs,
5. Im Goh-Gericht Achim, Langwedel und Schwachhausen	
	Land-Raht Henrich Adolff von Düring,
	Christian Friderich von Weissenfels,
6. Im Ottersbergischen	Carl Henrich Clüver,
	Amtmann Johann Martin Strakerjan.
7. Zu Stotel und Nesse	Hans Adolff von Wersabee,
	Amtmann Conrad Wierichs,
8. Im Alten und Neuen Lande Wursten	Land-Raht Görd von der Lieth,
	Ober-Vogt Hans Casper Kirchmann,
wegen des Neuenfeldes	Eckard Koch,
9. Im Viehland und Applär	Land-Raht Görd von der Lieth,
	Amts-Vogt Damm,
10. Alt- und Neuenwalde	Land-Raht Görd von der Lieth,
	Amtmann Henrich Ottens,
11. Im Amte Bederkesa	Land-Raht Görd von der Lieth,
	Amtmann Johann Ernst Erich,
12. Zu Lehe	Land-Raht Görd von der Lieth,
	Richter Lange,
13. Börde Beverstedt	Capitain Jacob Henrich von der Pahlen,
	Amtmann Johann Nicolaus Rohde,
14. Börde Lamstedt und Warstade	Georg Friedrich Marschalck,

[501] StaatsA Stade Rep. 23a Nr. 69. Die drei Städte der Herzogtümer sind dort nicht aufgeführt, sie sind mithin der Übersicht anzufügen.

	Amtmann Johann Nicolaus Rohde;
15. Oehrell, Hesedorff, Bremervörde	Hoffmeister Christoff Daniel von Arenschild,
	Amtmann Johann Nicolaus Rohde,
16. Börde Oldendorff	Hoffmeister Christoff Daniel von Arenschild,
	Amtmann Christian Friederich Klug,
17. Kirchspiel Horst, Grossen Wörden	Georg Friederich Marschalck zu Laumühlen,
	Amtmann Ernst Friedrich Pflug,
18. Hechthausen	Georg Friederich Marschalck zu Laumühlen,
19. Osten	Land-Raht Marquard Katte,
	Richter Joh. Casimir Kirchmann,
20. Mulsum	Land-Raht Otto Jürgen von der Lieth,
	Amtmann Christian Friederich Klug,
21. Börde Sittensen, Selsingen, Elstorff	Land-Raht Otto Jürgen von der Lieth,
	Drost von Quiter,
22. Heesling, Gyhum, Zeven, Rahde	Land-Raht Jürgen Otto von der Lieth,
	Drost von Quiter,
23. Kloster Meyerey um Stade	Obrist-Leutenant Anton Henrich von Offen,
	Amtmann Christian Friederich Klug,
24. Horneburg	Land-Raht Otto Jürgen von der Lieth,
	Amtmann Johann Christian Danckwerth,
25. Delm, wie auch zum Alt- und neuen Kloster, desgleichen zu Agathenburg	
	Land-Raht Jürgen Otto von der Lieth,
	Amtmann Johann Christian Danckwerth,
26. Börde Lesum, Ritterhude und übrige freye Dämme	
	Land-Raht Otto Magnus von Düring,
	Capitain Arend von Schade,
	Amtmann Johann Friederich Günther,
27. Trup und St. Jürgen	Capitain Arend von Schade,
	Amtmann Günther,
28. Börde Scharmbeck und Osterholtz	Johann Volmer von der Lieth,
	Amtmann Johann Friederich Günther,
29. Blumenthal und Neu-Kirchen	Land-Raht Rudolff August von Schwanewedel,
	Amtmann Günther,
30. Amt Verden	Land-Raht Johann Levin von Schlepegrell,
	Amtmann Tappe,
31. Amt Rotenburg	Land-Raht Johann Levin von Schlepegrell,
	Amtmann Johann Wilhelm Bösenius.[502]

Die personelle Besetzung der Ämter und Gerichte nach dem Stand des Jahres 1736 gibt der Staatskalender wieder, nach dem die folgende Amts- und Personalliste erstellt ist:[503]

[502] Instruktion vom 15. August 1718 mit Anhang: StaatsA Stade Rep. 31 Titel 46 Nr. 4, Bl. 28ff.
[503] Staatskalender auf das Jahr 1737.

Achim	Go-Greve Christian Friedrich von Weissenfels,
Altes Land zu Jork	Greve Johann Diederich von Dühring, Greve Daniel tho Aspern,
Alt-Kloster	Drost Clemens Daniel von Haaren,
	Amtmann Johann Christian Danckwerths,
Bederkesa	Amtmann Nicolaus Heinrich Wienicke,
Bremervörde	Amtmann Thomas Achgelis,
	Amtsschreiber Iohann Christian Palm,
Bremen	Oberhauptmann Anton Diederich von Wersabe, Erb-Herr zu Meyen burg und Rechbe,
	Stadt- und Gerichtsvoigt Iohann Georg Zierenberg,
	Structuarius Caspar Friedrich Renner,
	Intendant Paul Meyer,
Dorum	Obervoigt Michael Biehl,
Götzdorf im Lande Kehdingen	
	Amtsverwalter Friedrich Heinrich Koch,
Harsefeld	Drost Johann Thomas Matthias, genannt von Berchem,
	Amtmann Johann Christian Danckwerths,
Himmelpforten	Amtmann Ernst Friedrich Pflug,
Hagen	Amtmann Johann Balthasar Pott,
	Amtsschreiber Goert Bernhard Matthei,
Lehe	Richter Eide Siade Johannes,
Lilienthal und Osterholtz	
	Drost Burchard Georg von Schwanewede,
	Amtsschreiber Anthon Friedrich Meiners,
Midlum	Voigt Ludwig Peter Jacobi,
Mulsum	Voigt Christian Mensing,
Neuhaus	Oberamtmann Johann Julius Salder,
	Amtsschreiber Ernst Friedrich Eibsen,
Neukloster	Drost Clemens Daniel von Haaren,
	Amtmann Johann Christian Danckwerths,
Ottersberg	Landrat und Drost Johann Heinrich Frese genannt von Quiter,
	Amtsschreiber Johann Heinrich Gerhard,
Osten	Richter Johann Casimir Kirchmann,
Rotenburg	Drost Wolrath von Dreves,
	Amtmann Friedrich August Leidenfrost,
	Amtsschreiber Otto Ludolph Otto,
Spieka und Padingbüttel	
	Voigt Heinrich Salomo Henelius,
Stade	Amtmann Detlev Christian Mensing,
Stotel	Amtmann Christian Wilhelm Schönezahl,
Viehland	Drost Gustav Friedrich von Meiher,
Verden	Landrat und Drost Johann Levin von Schepegrell,
	Amtmann Joachim Gerhardi,
Wremen und Imbsum	
	Voigt Johann Christoph Wienecken,
Zeven	Amtmann Johann Vagt,
	Amtsschreiber Justus Diederich Niemann.

Aus dieser Aufstellung, ihre Vollständigkeit unterstellt[504], ergibt sich ein Bestand von 27 Ämtern und Gerichten, mithin vier weniger als bei der vorgenannten Einteilung in Kontributionsdistrikte. Dies könnte zum einen darin begründet sein, dass diese Distrikte anders zugeschnitten waren als die Ämter und Gerichte, zum anderen aber auch in redaktionellen Fehlern des Staatskalenders.

Ein Ausschreiben der Regierung in Stade vom 4. April 1732[505] an alle Ämter, Gerichte und Städte ersuchte die Beamten um „eine Nachricht, welchergestalt die in hiesigen Hertzogthümern belegenen Königlichen Aemter, *Clöster*, geschlossenen Gerichte, Städte und Länder, gegen Morgen, Mittag, Abend und Mitternacht an einander ligen und grenzen, imgleichen wieweit solche angrenzende Aemter, *Clöster*, adeliche Sitze, Städte und Länder, nach der Meilen-Zahl von jeglichem Amt und anderem Ort, so die Beschreibung tuht, *situiret* seynd." Die Ergebnisse sind nicht ersichtlich.

2.2.2.2.2 Die Patrimonialgerichtsbarkeit

Die Stände des Herzogtums Bremen waren auch gegenüber kleineren Eingriffen in ihre althergebrachten Rechte wachsam und versuchten, Änderungen unter Berufung auf ihre Privilegien abzuwehren. Weil die landesherrliche Regierung die Beamten der adeligen Gerichte durch einen zu leistenden Eid verpflichten wollte, beschloß der Ausschuß der Landschaft, in Erfahrung zu bringen, wie diese Eidesleistung im einzelnen ausgestaltet sein sollte. Einen üblichen Offizialeid wollte man vermeiden, vielmehr nur dahin den Eid leisten, dem König treu zu sein[506]. Die endgültige Form der Eidesleistung ist nicht ersichtlich.

Die Rechte der Gutsherren reichten auch in den privaten Bereich, so dass die bei ihnen ansässigen Meier ihre Genehmigung zur Heirat benötigten, die Gutsherren aber diese auf ungestempeltem Papier zu geben hatten und auch sonst

---

[504] Es dürfte der Kehdingen-Freiburgische Teil fehlen, der wohl nicht mit Götzdorf in Kehdingen identisch ist.

[505] StaatsA Stade Rep. 23a Nr. 83, dort auch das folgende Zitat.

[506] Unter Punkt 6 des Protokolls des Ausschusses der Ritterschaft des Herzogtums Bremen vom 12. bis zum 14. September 1729 in Stade hieß es: „Weilen die Gerichts Beambte, welche die Adeliche Richter ihren Gerichten vorsetzen, vermöge Resolution ao. 1663 und privil. gen 5 p.m. 111 von Königl. Regierung in Eyd genommen werden sollen, so wird bei gedachter Königl. Regierung nachzuforschen sein; mit welchen Formalina solcher Eyd von denen Bedienten Adelicher Gerichte bishero abgestattet worden, und da es sich befinden sollte, daß derselbe einem ordentlichen Official-Eyde gleichete, solchem Beginnen zu wider sprechen, und zu bitten wäre, den selben bloßerdings dahin zu richten: daß vorgedachte Bediente dem Könige treu pp sein, und das jenige verrichten wollen, was ihnen von Königl. Regierung werde anbefohlen werden." in: RASt Landschaft 95, Bl. 173.

dafür von den künftigen Eheleuten nichts fordern durften[507]. Hier dürfte es wohl zuvor Mißbräuche seitens der Gutsherren gegeben haben. Dies ist offenbar auch hinsichtlich der Bestellung ihrer Gerichtsverwalter vorgekommen. Denn mit Ausschreiben vom 25. Mai 1736[508] mußte die Regierung in Stade alle Inhaber von Erbgerichten auf dem Lande an die Einhaltung einer kgl. Schwedischen Resolution vom 20. Mai 1663 erinnern, nach der die Bedienten dieser Gerichte vor deren Enennung der Regierung zu präsentieren seien, was nur gelegentlich geschehe. Ein Bezug auf die Regierungsinstruktion des Jahres 1730, in deren Artikel 18 der gleiche Sachverhalt in eben dieser Weise geregelt war, erfolgte bezeichnenderweise nicht; das schwedische Recht hatte offenbar als älteres Recht immer noch stärkere Überzeugungskraft hinsichtlich der hergebrachten Pflichten der landständischen Gutsherren.

2.2.2.2.3 Einzelne Ämter und Gerichte

Die Streitigkeiten der Ämter mit den Patrimonialgerichten und der Gerichtsunterworfenen in den Patrimonialgerichten dürften ihre Ursache auch in der zunehmenden inneren Zersplitterung der Patrimonialgerichte, z. B. durch Erbgang, gehabt haben, die auch Auswirkungen auf die Gerichtsbarkeit haben konnten. Dies zeigt ein Vergleich, der wegen des **Patrimonialgerichts Beverstedt** im Jahre 1720 geschlossen worden war. Danach gab es zwar nur drei Vergleichsparteien, aber erhebliche Unterschiede in deren Gewichtung und der späteren Stimmenverteilung, was wohl keine halbwegs berechenbare Justiz und Verwaltung mehr zuließ, so dass der Vergleich und seine Entwicklung deshalb beispielhaft genannt wird[509].

---

[507] Ausschreiben der Regierung in Stade vom 29. Juli 1729; dieses Ausschreiben war von den Kanzeln zu verkünden und in allen Orten anzuschlagen: StaatsA Stade Rep. 23a Nr. 80.

[508] „Der Königlichen Schwedischen Resolution vom 20. Mai 1663 zufolge, sollen alle den freien Adelichen oder anderer *privatorum* Erb-Gerichten auf dem Lande, zur Verwaltung der *Jurisdiction* vorgesetzte Bediente, wann sie von den Gerichts-Herren bestellet werden, zuerst bey hiesiger Regierung *praesentiret*, und von derselben in Eid und Pflicht genommen werden. Solche Beeidigung dergleichen Bedienten ist zwar auch mehrenteils geschehen; etliche Einhaber obgedachter Erb-Gerichte aber haben es an der erforderlichen *praesentation* derer, welchen sie die Gerichts-Verwaltung aufgetragen, bisher ermangeln lassen. So wird ... befohlen, daß jeglicher Erb-Richter auf dem Lande, er sey Adelichen oder Bürgerlichen Standes, der jemand zur Hegung des Gerichts bevollmächtigt hat, welcher deshalben bey hiesiger Königlichen Regierung noch nicht beeidiget ist, denselben, innerhalb vier Wochen *a dato* dieses, zur Abstattung der Eides-Pflicht, allhie stellen, wie auch daß künftig allemal, alsbald jemand von einem obgemeldten Erb-Richter zur Gerichts-Verwaltung angenommen wird, solcher gebührend allhier *praesentirt* werden soll.“: StaatsA Stade Rep. 23a Nr. 87

[509] Nach Roth, S. 146f.: „Das Erbgericht zu Beverstedt hat ehemals denen von Luneberg und Bickern zugestanden. Als aber diese *famille* unter einander uneins geworden, ist dasselbe von

Ergänzend ist bei einzelnen Ämtern noch folgendes zu bemerken: Das **Amt Bederkesa** war bis zum Jahre 1724 verpfändet, danach ging es an die Landesherrschaft über[510]. Die vier **Bremischen Goe** dürften in der oben aufgeführten Liste der Quartalsverschlagskommissarien unter „Nr. 5 Schwachhausen" enthalten gewesen sein, denn im übrigen sind sie namentlich nicht aufgeführt. Hier könnte aber auch der Streit mit der Stadt Bremen über diesen Bezirk zum Ausdruck kommen, der über dieses Bremische Landgebiet schon seit schwedischen Zeiten trotz des ersten Stader Vergleichs vom 28. November 1654, möglicherweise auch gerade wegen dieses Vergleichs und seiner insoweit unklaren Bestimmungen, bestanden hatte[511]. Im oben genannten Staatskalender aus dem Jahre 1736 ist allerdings unter „Bremen" eine eindeutige Zuordnung getroffen, die mit diesem Begriff sicherlich zu weit gegangen ist. Dieser Streit hatte in den Jahren ab 1739 zu Verhandlungen zwischen Bremen und Hannover geführt, ohne jedoch zu einem schnellen Abschluß zu gelangen. Dem **Amt Zeven** wurden

---

anno 1653 durch einen von der Stadischen Regierung bestellten Gerichtsverwalter administriret, nachher von der Crone Schweden an den von Rosenhan verliehen. Joh. v. Rosenhan, Präident in Wismar, hat sich aber *anno* 1689 mit den Lunebergischen und Bickerschen Erben verglichen und das Gericht denselben wieder abgetreten, in welchem Vergleich als Gerichtsinteressenten auffgeführt werden: Christoph Lütken, Arend Jürgen v. Brobergen, Joachim von Oldenburg. Der von Brobergen hat nachher seinen Anteil an Christian von Düring verkauffet, der von Lütken aber deshalb einen Retractsprozeß erhoben, der *anno* 1699 durch einen Vergleich gehoben, und dabey beschlossen ward, daß künftig bey diesem Gerichte 4 *Vota* sein sollen. Wenn es sich aber durch Zu- oder Erbfälle begäbe, daß 2 Antheile des Gerichts auf eine Person kämen, sollte selbige nur ein *Votum* führen, die *emolumenta* aber unter den Interessenten *pro ratis quotarum*, die jeder am Gerichte hätte, getheilet werden, welcher Vergleich am 3. April 1720, nachddem verschiedene Fälle inzwischen sich eräuget, bestätiget, und dem v. Lütken 3 Theile (nämlich sein eigener, seines Bruders und des Landraths v. Oldenburg), dem v. Düring ¼ zugetheilet worden. Wegen Führung der *votorum* ist es bei vorigem geblieben. Des v. Düring Portion ist nach dessen Tode *ex testamento* auf den v. Issendorff gefallen. Die Hälfte der Oldenburgischen Portion aber, die der Landrat v. Lütken gehabt, und welche v. Lütken-Portion 1/8 beträgt, nach Christ. Joach. Lütken Tode auf dessen Witwe, sodann deren Schwester, eine verehelichte v. Ahrenschild und deren 5 Kinder vererbet worden. Die Rittmeisterin v. Lütken, welche vor sich 2 Lütkensche und die halbe Oldenburgische Portion, die zusammen 5/8 betragen, gehabt, hat nachhero von 2 Ahrenschildschen Kindern deren 2/5 von ihrem 1/8 gekauffet, so daß also die anderen v. Ahrenschild nur 3/5 von ihrem 1/8 oder *ratione totius* nur 24/40 am Gericht behalten haben." Bei „nur 24/40" hatte von Stade „sic!" angemerkt und hinzugefügt: „Endlich hat die Witwe v. Lütken zu Alten Lunebergen alle Oldenburgischen Portiones an sich, und auf ihren 3. Ehemann, den Justizrath von Scheither, gebracht; welchem also nunmehro ¾ und dem von Issendorff zu Düring ¼ an dem Erbgerichte in der Börde zustehet."

510 Bei Roth, S. 151, hat von Stade angemerkt, dass das Amt „anno 1736 nach geendigtem Reluitions-Proceß der Königlichen Kammer wieder eingeräumet worden, die es durch 2 Beamten verwalten läßt."

511 Vgl. Schwarzwälder, Band 1, S. 367ff.; S. 368: „Die Frage des ius territoriale über die vier Gohe und das Erbgericht Borgfeld wurde trotz schwedischer Ansprüche nicht geregelt."

im Jahre 1728 nach dem Tod des dortigen Vogtes die Börden und Kirchspiele Selsingen, Elstorf und Sittensen zugelegt[512]. Im Amt Rotenburg wurde im Jahre 1737 die Amtsvogtei Neuenkirchen neu gegründet[513].

2.2.3 Zum materiellen Recht

2.2.3.1 Zum Strafrecht

Mit Ausschreiben vom 10. März 1718[514] waren die Strafen des Staupenschlages[515] und des Schandpfahles in den Herzogtümern abgeschafft worden. An deren Stelle waren die lebenslange Strafe des Arbeits- oder Zuchthauses bzw. die entsprechende Strafe „auff eine nach *Proportion* des Verbrechens zu *determinirende* Zeit" getreten. Als Begründung zur Aufhebung des Staupenschlages wurde ausgeführt, dass hierdurch nicht nur keine Besserung der Delinquenten eingetreten sei, sondern sie zu gar nichts anderem mehr fähig seien, als „wol annoch grössere und enormere Übelthaten, als sie vorhin begangen," künftig auszuüben. Dieses Ausschreiben nahm gleich eingangs Bezug auf die „Halsgerichts-Ordnung Kaysers Caroli V.", die also noch als geltende Strafrechtsgrundlage der Herzogtümer angesehen wurde, wie sie es im übrigen Reich weitgehend ebenfalls noch war. Eine kgl. Verordnung vom 21. September 1719[516], die sich auf die „Policey-Ordnung" aus schwedischer Zeit bezog, war anläßlich einer Feuersbrunst im Flecken Sulingen, verursacht durch unvorsichtige Pfeifenraucher, erlassen worden. Danach war es „bey zwey Thaler Straffe, so offt jemand betroffen wird," verboten, eine Pfeife ohne eine aufgesteckte Metallkapsel zu rauchen. Dabei war die Strafe zwischen „dem *Denuncianten* ... und der Obrigkeit des Ortes" zu teilen. Erkennbar wird hieran zum einen der weitgehende Regelungsbereich der polizeilichen Anordnungen und zum anderen die auch sonst übliche Einbeziehung des Anzeigeerstatters in den Genuß der Rechtsfolgen.

---

[512] Roth, S. 199, mit einer entsprechenden Anmerkung von Stades. Von Kobbe, Band 1, S. 43 und 46f. Zu Einzelheiten bei Ehrhardt, S. 154 und S. 160f.

[513] Jürgen Bohmbach, Die Amtsvogtei Neuenkirchen, in: Gemeinde Neuenkirchen (Hrsg.), Neuenkirchen 1283 – 1983. Beiträge zur älteren Geschichte eines Kirchspiels im ehemaligen Stift und Herzogtum Verden, Neuenkirchen 1983, S. 84.

[514] StaatsA Stade Rep. 23a Nr. 69.

[515] Prügelstrafe oder Auspeitschen.

[516] StaatsA Stade Rep. 23a Nr. 70, dort auch die folgenden Zitate.

Abgeschafft wurde die Todesstrafe bei der Bigamie[517], insoweit war eine von der Carolina abweichende Regelung für das Kurfürstentum Hannover getroffen worden. Bei der Ausweisung Straffälliger waren gemäß Ausschreiben des Rats in Hannover vom 25. Februar 1735[518] künftig sämtliche hannoverschen Landesteile in die zu schwörende Urfehde mit aufzunehmen, damit die Auszuweisenden sich nicht bei einer etwaigen Rückkehr in einen anderen Landesteil darauf berufen konnten, dieser Landesteil sei nicht vom Schwur umfaßt gewesen. Auch hier tritt die geradezu herausragende Bedeutung des Eides zu Tage. Das damalige Strafrecht kannte keine Unterscheidung nach dem Alter, auch Kinder waren strafrechtlich verantwortlich und die Strafe konnte ihnen gegenüber nahezu beliebig und aus heutiger Sicht geradezu unverhältnismäßig sein. Weil die „Widerspenstigkeit und Bosheit gegen ihre Eltern gar zu sehr einzureissen beginne," wurde mit Ausschreiben der Regierung in Stade vom 17. Februar 1736[519] verordnet, dass diese Kinder, wie bisher, bei den Landgerichten oder bei der Justizkanzlei zu bestrafen seien, dass darüber hinaus solche Taten „hinführo jedesmal für *criminel* angesehen ... und die Verbrecher *respective* mit dem Zucht-Hause und Karrenschieben dem Befinden nach bestrafet werden sollen."

Die Verkündung der Urteile in Strafsachen bei mehrjähriger oder lebenslanger Strafe sowie bei Verurteilung zur Karrenarbeit hatte „an einem Sonntage nach vollbrachtem Gottesdienst auf dem Kirchhofe in Gegenwart der ganzen Gemeine" zu geschehen.[520] Den Ansatz zu einer gänzlich neuen Regelung einer geschlossenen Rechtsmaterie stellte die „Criminal-Instruction" vom 30. April 1736 für das Kurfürstentum Hannover dar, die jedoch nicht in den Herzogtümern galt, sondern den Ständen zur Stellungnahme übersandt worden war, ohne dass ein Abschluß während dieses Untersuchungsabschnittes zu erkennen ist[521].

2.2.3.2 Zum „Hagestolzenrecht"

Das bislang geltende „Hagestolzenrecht" wurde mit kgl. Reskript vom 24. Juli 1732[522] abgeschafft. Danach fiel nun nicht mehr der Besitz einer unverheirateten Person bei deren Tod unter bestimmten Voraussetzungen trotz vorhan-

[517] Ausschreiben der Regierung in Hannover vom 14. November 1729 an alle oberen Justizkollegien, Spangenberg, Vierter Teil, 4. Abt., Nr. 131.
[518] StaatsA Stade Rep. 23a Nr. 86.
[519] StaatsA Stade Rep. 23a Nr. 87, dort auch das folgende Zitat.
[520] Ausschreiben der Regierung in Stade vom 14. September 1736: StaatsA Stade Rep. 23a Nr. 87.
[521] S. u. 2.3.3.5.
[522] Scharnhorst, Nachricht, S. 153; StaatsA Stade Rep. 23a Nr. 83, dort auch das folgende Zitat; auch Rep. 31 Titel 21 Nr. 2.

dener Verwandter an den Landesherrn[523]. Hannover schaffte deutlich früher als andere deutsche Länder dieses landesherrliche Recht ab. Denn in den deutschen Territorien, in denen bislang noch keine Regelung getroffen war, erging noch im Jahre 1803 durch den Reichsdeputationshauptschluß eine allgemeine Anordnung zu diesem überkommenen Recht[524]. Die Gründe für die vergleichsweise frühe Aufhebung dieses Rechts im Kurfürstentum Hannover sind nicht ersichtlich, nach dem Reskript hieß es nur, „da Uns jede Gelegenheit, Unseren getreuen Unterthanen einiges *Soulagement*[525] wiederfahren zu lassen, lieb ist."

2.2.3.3 Zum Meierrecht

Mit Ausschreiben der Regierung in Stade vom 18. November 1735[526] wurden zum Meierrecht Regelungen dahin getroffen, dass Verpfändungen der Amtsmeiereien sowie der Verkauf „der grünen Saat auf dem Felde" ohne Zustimmung der Kammer verboten wurden und jeder, der auf Meierrechte Geld lieh, aller Rechte verlustig ging. Zudem wurde die Genehmigung zur Ehe der Meier davon abhängig gemacht, dass das Gut nicht hierdurch beschwert werde. Beides waren Regelungen im Sinne der Gutsherren.

2.2.3.4. Zur Fortgeltung alten Rechts

Die aus schwedischer Zeit stammenden Ordnungen wurden im Jahre 1732 neu publiziert, sie waren damit als weiterhin geltendes Recht anerkannt. Zuvor waren sie bereits ohne erneute Publizierung uneingeschränkt verwandt worden[527]. Die Privilegien des Alten Landes wurden durch kgl. Reskript vom 12. Juli 1735[528] und das Recht der Bremischen Ritterschaft mit kgl. Reskript vom 22. September / 3. Oktober 1738 bestätigt[529].

---

[523] HRG, Graf Korff Schmising, „Hagestolz".
[524] HRG, Graf Korff Schmising, „Hagestolz".
[525] Erleichterung, Linderung.
[526] StaatsA Stade Rep. 23a Nr. 86.
[527] Nach Schlüter, Quellen, S. 94; Diese Sammlung erschien unter dem Titel „Der Hertzogthümer Bremen und Verden Policey-, Teich-, Holtz- und Jagt-Ordnung, wiederaufgeleget sammt einem zweyfachen Anhange, dazu gehörigen Verordnungen und 2 Registern" im Jahre 1732 in Stade, sie enthielt 387 Verordnungen. Die Ordnung ist auszugsweise abgedruckt bei Ebhardt, Band 2, S. 216 – 234.
[528] Schlüter, Quellen, S. 93.
[529] RASt. Landschaft 95; Schlüter, Quellen, S. 77.

2.2.3.5 Zum städtischen Recht

Der zwischen der Stadt Verden und dem Konsistorium anhängige Rechtsstreit wurde, nach Abgabe vom Tribunal in Wismar, am 31. Oktober 1724 vom Oberappellationsgericht in Celle zugunsten der Stadt Verden entschieden[530]. Die Trennung der gerichtsunterworfenen von denjenigen anderen Bürgern der Stadt Stade, die nicht der städtischen Gerichtsbarkeit unterstanden, führte dazu, dass die Regierung in Stade für diese ein gesondertes Ausschreiben vom 9. Oktober 1739[531] erließ wegen der Stader Feuerordnung des gleichen Jahres. Denn dort war zwar vorgeschriebenen worden, welche Geräte zur Feuerbekämpfung für jedes Haus anzuschaffen waren, aber es war nicht geregelt worden, ob die Eigentümer oder die Mieter hierdurch verpflichtet wurden. Daher bestimmte die Regierung in Stade,

> „daß die von des *Magistratus* Gerichtbarkeit ausgenommene Einwohner Unser Stadt Stade, sie seyen von was Stande und *Condition* sie wollen, absonderlich auch von der *Garnison* und *Militair*-Stande, welche Häuser Mieths-weise inne haben, die Feuer-Eymer, Sprützen, Feuer-Deckel und Aexte auf ihre Kosten anschaffen und halten sollen, ...; dahingegen die Feuer-Leitern und Haken in den vermietheten Häusern von den *Proprietariis* zu liefern und zu erhalten."

Diese Folge der Gerichtsfreiheit überrascht, denn insoweit wirkt sich eine auf den ersten Blick ausschließlich prozessuale Lage ganz erheblich auf das materielle Recht aus. Allerdings bedeutete Gerichtsfreiheit auch die Freiheit von obrigkeitlichen Anordnungen wegen der Einheit von Gericht und Obrigkeit, so dass hieraus die Anordnung erklärbar ist.

2.2.4 Zusammenfassung

Während der ersten zweieinhalb Jahrzehnte nach Begründung der hannoverschen Herrschaft in den Herzogtümern im Jahre 1715 stand für die Regierung die Festigung der Herrschaft in dem neu erworbenen Territorium im Vordergrund. Dabei wurde auf die zu schwedischen Zeiten üblich gewesenen Gewohnheiten und althergebrachten Institutionen durchweg in einer derart umfassenden Weise Rücksicht genommen, dass wohl von einer Übernahme der zu schwedischen Zeiten entstandenen Herrschaftsform gesprochen werden kann. Sie wurde nur zu einem Teil an die übrigen hannoverschen Einrichtungen angepaßt. Eine gewisse Eigenständigkeit der Herzogtümer innerhalb der Hannoverschen Lande hatte die Regierungsinstruktion von 1730 gewährleistet.

---

[530] S. o. 2.1.3; von Bülow und Hagemann, 3. Band, 2. Aufl. 1815, S. 411ff.
[531] StaatsA Stade Rep. 23a Nr. 90, dort auch das folgende Zitat.

2.3 Ansätze zu einer Neuordnung zwischen 1740 und 1760

2.3.1 Allgemeiner Überblick

Hannover als emporstrebende norddeutsche Großmacht geriet in eine eher defensive Rolle, als im Kurfürstentum Brandenburg mit dem Regierungsantritt des preußischen Königs Friedrich II. im Jahre 1740 einerseits eine aggressive Politik der Gebietserweiterung und andererseits eine rationale, den Gedanken der Aufklärung verpflichtete Politik nach innen verbunden war. In Preußen wurde noch im gleichen Jahr die Folter, jedenfalls außerhalb von Bandenkriminalität und des Militärstrafrechts, abgeschafft. Diese Zeit ist für das Kurfürstentum Hannover gekennzeichnet durch kriegerische Auseinandersetzungen, insbesondere mit Frankreich und dessen Verbündeten im Rahmen des österreichischen Erbfolgekrieges. Der sodann seit 1756 andauernde und später so benannte Siebenjährige Krieg zog das Land sowohl durch die zeitweilige Besetzung mit französischen Truppen als auch durch erhöhte Kontributionserhebungen für die Bevölkerung in Mitleidenschaft. Wenige Jahre vor dem Ende des Krieges übernahm nach dem Tod seines Vaters am 25. Oktober 1760 Georg III. die englische Krone und den hannoverschen Kurhut.

2.3.2 Der Verwaltungs- und Gerichtsaufbau

2.3.2.1 Die oberen Verwaltungs- und Justizeinrichtungen

Die Bemühungen um eine stärker einheitlich ausgerichtete Landesverwaltung und um eine bessere Aufgabenerfüllung, insbesondere auf dem Lande, setzten sich fort. Eine Beendigung der Mißstände in der ländlichen Justiz sollte zwar erreicht werden, aber es ist weiterhin kein erfolgreicher Abschluß zu erkennen. Wie schon im Jahr 1736 forderte die Regierung im Jahre 1749 von allen Ämtern einen Bericht über die Vermischung der landes- mit den grundherrlichen Gerichtsbarkeiten und über die deshalb weiterhin bestehenden Grenzstreitigkeiten[532]. Am 9. / 20. Juni 1749[533] wurde ein kgl. Reskript zur „*Administration* der *Justitz*" erlassen, das ausschließlich für die Herzogtümer galt. Dieses war „nach vorgepflogenem Rath mit Unseren getreuen Land-Ständen der Hertzogthümer Bremen und Verden" ergangen, so dass letztlich eine dem „Justizreglement"[534] vergleichbare Ordnung in den Herzogtümern vorhanden war. Es galt für alle Gerichte der Herzogtümer und nahm mehrfach ausdrücklich Bezug auf die Hofge-

[532] Vgl. von Lehe, S. 150, Ausschreiben der Regierung in Hannover vom 28. Januar 1749.
[533] StaatsA Stade Rep. 23a Nr. 100; zum Inhalt s. u. 2.3.3.
[534] S. o. 2.2.2.1.

richtsordnung und ebenso auf die Wismarsche Tribunalsordnung[535], sah diese Gesetze mithin als grundsätzlich fortgeltendes Recht an.

Mit Ausschreiben der Kammer vom 28. Januar 1749[536] „wegen vorhabender Aufhebung der zwischen den Aemtern und anderen Benachbarten bislang obgeschwebt habender Streitigkeiten und Gemeinschaften, wegen der Gränzen, Gerichtsbarkeit und Gutsherrschaft“ sollte diesem langwierigen Problem bald ein Ende bereitet werden, was jedoch nicht zu dem gewünschten Erfolg führte. Bei der häufigen Abwesenheit des Königs lagen offenbar bei dessen Aufenthalten in Hannover etliche schriftliche Eingaben vor, die Anlaß für ein Edikt vom 31. August 1748[537] gaben, mit dem bei „willkührlicher Strafe“ verboten wurde, künftig an den König unmittelbar zu appellieren.

2.3.2.1.1 Die Regierung

Die Stader Regierung versuchte mit Ausschreiben vom 27. August 1740[538] und vom 9. September 1740[539] weiterhin, einen Überblick über die Zahl der

---

[535] Hierin könnte noch ein gewisser Erfolg der Stände gesehen werden, die die Wismarsche Tribunalsordnung generell als Prozeßordnung beim Oberappellationsgericht sehen wollten, s. o. 2.2.2.1.7.

[536] Spangenberg, Erster Teil, Nr. 585.

[537] Das Edikt ist enthalten in StaatsA Stade Rep. 31 Titel 1 Nr. 25, dort auch das Schreiben der Regierung in Stade nach Hannover vom 18. September 1748, dass sie dieses Edikt 500mal gedruckt und an alle Ämter, Gerichte, Beamten und Advocaten verteilt sowie zum öffentlichen Anschlag bestimmt habe. Das Ausschreiben der Regierung in Stade vom 16. September 1748 an alle Beamten, Stadtmagistrate und Erbgerichte auf dem Lande war mit der Anweisung verbunden, dieses Reskript sofort wie üblich anschlagen zu lassen. Es lautete: „Nachdem Wir bey Unserer Dermaligen Anwesenheit in Unsern teutschen Landen mit vielen *Suppliquen* behelligt werden, ..., so sind Wir zwar aus landesväterlicher Hulde und Gnade, womit Wir einem jeden Unserer getreuen Unterthanen zugethan sind, nicht gemeinet, en an Uns gerichteten unmittelbaren Weg der *Suppliquen* gänzlich zu hindern, erinnern jedoch einen jeden gnädigst, ohne erhebliche Ursach und hinlänglichen Bewegungsgrund, Uns damit selbst nicht anzugehen, sondern bey denen *Collegiis* sich zu melden, denen die Sachen ihrer Art und Eigenschaft nach anvertrauet sind. Wenn aber jemand mit *Suppliquen* sich an Uns unmittelbar zu wenden für nöthig finden sollte, so soll der Verfasser derselben, er sey, wer er wolle, sich darunter nahmhaft machen, und, wenn derselbe sich gelüsten lassen sollte, solches zu unterlassen, oder in vorerwähnten unstatthaften Sachen, *Suppliquen* zu entwerfen, oder auch jemand den *Conticipienten* durch unrichtigen Vortrag und Erzählung dazu zu verleiten, derselbe mit Gefängniß oder dem Befinden nach, mit Geld oder sonstiger willkührlicher Strafe angesehen werden soll.“: StaatsA Stade Rep. 31 Titel 1 Nr. 25 und Rep. 23a Nr. 99 sowie Spangenberg, Erster Teil, Nr. 555.

[538] StaatsA Stade Rep. 23a Nr. 91.

[539] StaatsA Stade Rep. 40 Nr. 429 und Rep. 23a Nr. 91, s. Anlage 2 – 8, dort auch das folgende Zitat und die Einwohnerzahlen; Anlage 2 – 9.

Einwohner in den Herzogtümern zu gewinnen. Dabei zeigt das letztgenannte Ausschreiben, dass hinsichtlich der rechtlichen Situation vieler Einwohner bei der Regierung immer noch kein sicherer Wissensstand vorlag, denn insoweit waren bei den gerichtsfreien Meiern und den der Patrimonialgerichtsbarkeit nicht unterworfenen Personen ausdrücklich Vorbehalte ausgesprochen worden,

> „daß erwehnte Untersuch- und Aufzeichnung, von Königlichen Beamten und Obrigkeiten in ihren *Districten* nicht nur *ratione* der darinn wohnenden und ihrer Gerichtsbarkeit Untergebenen; sondern auch wegen der allda sich befindenden Gerichts-freien Meyer (deren Gerichtsfreiheit im übrigen ganz vorbehältlich) geschehen; desgleichen von denen Erbrichtern, welche geschlossene Gerichte haben, nicht nur bey denen, die in solchen *patrimonial*-Gerichten wohnen und ihnen untergehören; sondern auch bey den davon *eximirt*en, dasigen Königlichen oder anderen Gutsleuten, (jedoch ebenfalls in übrigen mit Vorbehalt der *Exemtion* von der *Jurisdiction*) verrichtet werden soll."

Die eingehenden Berichte zeigten insgesamt 68 Obrigkeiten in den Herzogtümern[540] und damit deutlich mehr, als in der ersten Aufnahme des Jahres 1715 verzeichnet waren. Es ist anzunehmen, dass dies nicht auf eine Vermehrung der Ämter und Gerichte zurückzuführen ist, sondern ausschließlich auf der inzwischen vorhandenen genaueren Kenntnis des Territoriums und seiner Verwaltungsorganisation beruhte. Für 1740 wurde im Herzogtum Bremen eine Bevölkerung von 123.437 und für das Herzogtum Verden von 16.723, mithin insgesamt 140.160 Einwohner, gezählt.

Mit mehreren Bestandsaufnahmen versuchte die Regierung in den Jahren 1752/53[541], 1758[542] und 1760[543] weiterhin, ihren Wissensstand über die Herzogtümer zu verbessern. Die eingehenden Berichte auf das Ausschreiben des

---

[540] Die Aufstellung der Ämter und Gerichte dieser Zählung s. u. 2.3.2.2.3.

[541] Das Ausschreiben vom 13. November 1752 (Anlage 2 – 10) ist in StaatsA Stade Rep. 23a Nr. 103 enthalten; diese Erhebung ist Grundlage der Arbeit von Lehes gewesen, s. u. 2.3.2.2.3.

[542] „Summarisches Verzeichniß der in den Herzogtümern Bremen und Verden befindlichen Feuer-Stellen, und Mannschaften so über 14 Jahr, imgleichen vierspännigen Wagen." Kennzeichnend für die Bearbeitung derartiger Aufträge durch die örtlichen Obrigkeiten dürfte eine Vorbemerkung auf dem Verzeichnis zur Ermittlung der Wagen sein: „Wobey zu bemerken: daß da alhier keine *exacte* Liste von der Wagen-Anzal vorhanden, in diesem Verzeichniß, den hiesigen *Principiis* gemäß, auf einen Beamten auch adelichen oder sonstigen freyen und vollen Bauer Hof vier Pferde, also ein Gespann, auf einen Pfarr- und halben Bauer-Hof indeß nur ein halbes Gespann oder zwey Pferde gerechnet, für die Köther und Brinksitzer aber, da sie keine Pferde halten, auch gar keine aufgeführet worden." in: StaatsA Stade Rep. 31 Titel 8a Nr. 39. Hier sind also hinsichtlich der Wagen ausschließlich pauschale Ansätze und Berechnungen den aufgeschriebenen Zahlen zugrundegelegt worden; die Vermutung liegt nahe, dass dies bei den übrigen Erhebungen teilweise ähnlich gehandhabt worden ist.

[543] StaatsA Stade Rep. 31 Titel 38 Nr. 20.

Jahres 1752 sind unvollständig geblieben, nach von Lehe sind zumindest 68 Ämter und Gerichte zu verzeichnen, mithin war gegenüber 1740 keine Änderung in der Zahl eingetreten. Das gleiche gilt für das Jahr 1758, denn im Herzogtum Bremen sind 56 Ämter und Gerichte sowie im Herzogtum Verden 12 Ämter und Gerichte festgestellt worden.

Änderungen, die den Willen zu einem neuen und inhaltlich den Anforderungen der Zeit gerechter werdenden Ansatz erkennen lassen, häufen sich in dieser Zeit. So sind die Verordnung zu einer verbesserten Justiz, das Projekt der neuen Amtsregistratur, die Publizierung weiterer Verordnungen als Anhang zur Polizeiordnung, wie auch die Schul- und insbesondere die Untergerichtsordnung zu nennen. Alle Vorhaben lassen jeweils die Absicht erkennen, ihren Regelungsbereich nach stärker rationalen Kriterien zu ordnen und damit eine berechenbarere Verwaltungs- und Justizstruktur zu schaffen. Zudem wurde zur Verbesserung der wirtschaftlichen Lage in den Herzogtümern weiterhin versucht, die ausgedehnten Moore durch die unter der Leitung des Moorkolonisators Jürgen Christian Findorff stehenden Arbeiten als zusätzliche landwirtschaftliche Fläche zu nutzen, was einerseits zu einer erheblichen Erweiterung der nutzbaren Flächen führte[544], andererseits aber auch zu Streit mit den Landständen[545].

Personell ergab sich bei der Regierung nach dem Abgang des bisherigen „Ersten Regierungsrates" von Münchhausen im Jahre 1746[546], dass Bodo Friedrich von Bodenhausen[547] dieses Amt übernahm, in dem er bis zum Jahre 1782 bleiben sollte. Als Regierungsräte wurden während dieser Zeit eingestellt[548]:

Claus von der Decken sen. am 12. August 1740[549],
Johann Wilhelm Ludwig von Berlepsch 1748[550],
Otto Wilhelm von Wersebe am 21. April 1758[551],

[544] Nachdem hier die Kultivierung 1753 begonnen worden war, konnte bereits 1759 in Worpswede eine Kirche errichtet werden, dieses Kirchspiel bestand damals größtenteils aus neuen Moordörfern, vgl. von Kobbe, Band 1, S. 9 und 68; s. die Anmerkung von Stades bei Roth, S. 182, Fußnote **.

[545] S. u. 2.4.2.1.2.

[546] v. Münchhausen war nominell bis 1757 Erster Regierungsrat in Stade, seit seiner Tätigkeit in London 1749 wurde er von v. Bodenhausen vertreten; nach Rauch, S. 76, war er 1741 zum Staatsminister ernannt worden und bekleidete seit 1749 das Amt des Chefs der Deutschen Kanzlei in London, sei aber weiterhin bis 1758 Landdrost (?) in Stade geblieben. Er starb am 11. Dezember 1762.

[547] Zu diesem bei Rauch, S. 76f.

[548] StaatsA Stade Rep. 40 Nr. 1141: jeweils Unterschrift und Datum auf dem Eidesformular, jedoch nicht für von Berlepsch, dessen Vereidigungsdatum ist bislang nicht nachweisbar; s. im übrigen oben 2.2.2.1.1.

[549] Claus von der Decken blieb bis 1759 im Amt.

[550] von Berlepsch blieb bis 1757 im Amt.

Ernst August Wilhelm von dem Bussche am 18. Juni 1759[552].

Der bisherige *Commissarius fisci* Hartwig Hintze war im Jahre 1743 in einem derart hohen Alter, dass ihm der Stader Advocat Hinrich Eitzen als Vertreter beigeordnet wurde[553]. Er wurde nach sechs Jahren, in denen er schon „*cum spe succendi* ...umsonst gedienet"[554] hatte, nach Hintzes Tod dessen Nachfolger. Die Aufgaben dieses Amtes waren sehr vielgestaltig, letztlich gehörte dazu, die Einhaltung aller Rechtsnormen im zivil- wie im strafrechtlichen Bereich zu überwachen und die Interessen des Landesherrn wahrzunehmen[555].

---

[551] von Wersebe war zuvor Oberappellationsrat und blieb bis 1769 im Amt.

[552] von dem Bussche blieb bis 1772 im Amt.

[553] Schreiben der Regierung in Stade vom 15. Februar 1743: StaatsA Stade Rep. 31 Titel 7m Nr. 2, Bl. 12ff., dort auch die folgenden Zitate.

[554] Schreiben der Regierung in Stade vom 29. Juni 1795, in dem es um die Nachfolge Eitzens ging: StaatsA Stade Rep. 31 Titel 7m Nr. 2, Bl. 2.

[555] Die Bestallungsurkunde vom 15. Februar 1743 enthielt den Aufgabenkatalog: „Uhrkunden hiemit: daß nachdemmahlen Wir gut gefunden, dem zeitigen *Commissario Fisci* Hartwig Hintzen bey seinem herannahenden hohen Alter ein tüchtiges *subjectum* zu seiner *sublevation in officio* zu *adjungi*ren und deßfals auf den ehrbaren und hochgelahrten Hinrich Eitzen *Doctorem juris* und hiesigen *Advocatum ordinarium* zu *reflecti*ren, durch deßen bezeigten Fleiß und Aufrichtigkeit, auch Geschicklichkeit veranlaßet worden Nahmens Sr Königl. Majestät ... Wir besagten *Doctorem* Eitzen dem *Commissario Fisci* Hintzen *in officio cum spe succedendi* jedoch also, daß dieser die Besoldung und *accidentien* Zeit seines Lebens allein völlig und ungeschmählert behalten soll, *adjungi*ret haben. Thun dieses auch nochmahls krafft dieses dergestalt, daß Seiner Königl. Majestät ... er der vorhin abgestatteten allerunterthänigsten Huldigungspflicht gemäß, getreu, hold und gewärtig seyn, höchst Deroselben und besonders dieser Hertzogthümer Bremen und Verden nutzen und bestes nach äußerstem Vermögen suchen und betreiben, Schaden und Nachtheil aber beyzeiten warnen, kehren und abwenden, im Rath und That, da wieder Sr. Königl. Majestät ... und Dero Lande auch Dero hiesige Regierung gehandelt werden mögte, sich nimmer finden laßen, sondern im Gegentheil, wenn er dergleichen etwas erfahren oder vermerken sollte, solches also fort der hiesigen Königl. Regierung schrifft- oder mündlich anzeigen soll. Insonderheit soll er den *Commissarium Fisci* Hintze so lange er lebet, in seinem Amte und den Sachen die er ihm übergeben wird, bey hiesigen Königl. *Collegiis* vertreten, nach deßen Ableben aber solches Amt als *Commissarius Fisci* wahrnehmen, darinn jederzeit alle Treue und Fleiß beweisen; da hin sehen, daß Sr. Königl. Majestät ... *Regalia*, *Jura* und Gerechtigkeiten beobachtet und nicht geschmälert werden und wo etwas wieder Dero Hoheit und Gerechtigkeit verübet, in Dero *Jurisdiction* und Gräntzen eingegriffen, Ströhme, Päße und Wege verletzet, falsch Geld gemüntzet, Lehn-Güter verschwiegen, Sr. Königl. Majestät ... Hand und Siegel gemißbrauchet oder Verrätherey und Untreue auf dem Lande und in den Städten fürgenommen: Sr. Königl. Majestät *Intraden* geschmählert oder nicht treulich gehandhabet. Die *Executiones* der bey Sr Königl. Majestät Gerichten ausgesprochenen *Sententien* nicht verrichtet, noch den Richtern auf dem Lande die *Justitz* nicht *administri*ret, noch die *Concurs*-Sachen gebührlich befordert werden, oder sonst etwas strafbahres im Lande vorgehen oder denen bereits ergangenen Verordnungen und künftigen Verfügungen zu wieder gehandelt werden sollte und ihm zur Wissenschaft kommen, solches alles an hiesige Königl. *Collegia* bringen und auf deren Anordnung in strafbaren Sa-

2.3.2.1.2 Die Landstände

Die Bremische und die Verdensche Ritterschaft schlossen sich zur Mitte des 18. Jahrhunderts wieder zusammen[556], weil die Verdensche Ritterschaft wohl als eigenständige Korporation zu klein war und damit ihre Einflußmöglichkeit sehr begrenzt blieb.

Für den neuen Landrat Drost Nicolaus Benedix von der Decken wurde mit Ausschreiben der Regierung in Stade vom 26. August 1748[557] eine Besoldung von 200 RTlr jährlich festgesetzt, die zusätzlich zum bisherigen Quantum von den Einwohnern der Herzogtümer zu erbringen war. Bei der Bestellung des neuen Landrats Friedrich von Brummer ersetzte dieses gleich hohe Quantum an „Salariengeldern" das für den bishrigen Landrat Bremer.

Mit einem Urteil des Oberappellationsgerichts vom 18. März 1741[558] hatten die Stände bei „Notfällen ... nach Befinden der Landesherrschaft und Königlichen Regierung" finanzielle Leistungen zu erbringen, hier war mithin eine Ausnahme von der im übrigen bestehenden Kontributionsfreiheit festgesetzt worden, deren Anwendungsbereich aber sehr eingeschränkt war.

---

chen gerichtlich verfahren: darauf Acht haben und befordern, daß den Unmündigen Vormünder bestellet, von diesen gebührende *Caution* beschaffet und jährliche Rechnungen abgeleget werden. Ueberdem soll er auch schuldig seyn, alle im Lande bey Königl. Justitz-*Collegio* vorkommende *Criminalia* anzunehmen, vor Gericht zu bringen und bis zur Urthel und Bestrafung zu befordern, die Straf-Gelder einzutreiben und gehörigen Ortes abzuliefern, und im übrigen alles so ihm krafft dieser *Charge* eignet und gebühret, mit aller Treu und Fleiß wahrnehmen und verrichten, wie es einem getreuen Diener in solchen seinem Amte zustehet, er auch vor Gott offt höchstgedachten Sr Königl. Majestät ... und allen denen, welchen er desselben Rechenschafft zu geben schuldig, auch in seinem eigenen Gewissen zu verantworten sich getrauet. Dahigegen soll er nach Ableben des jetzigen *Commissarii Fisci* Hintzen würcklicher *Commissarius Fisci* seyn und alles dasjenige, was sein *Antecessor in officio* von *Salario,* Antheil der Straf Gelder und sonsten rechtlicher Gebühr genoßen hat, gleichfalls zu genießen haben.": StaatsA Stade Rep. 31 Titel 7m Nr. 2, Bl. 12.

[556] Reinicke, Landstände, S. 76; nach v. Meier, Band 1, S. 97, blieben sie während des gesamten 18. Jahrhunderts getrennt.

[557] StaatsA Stade Rep. 23a Nr. 99.

[558] Nach Behne, S. 31, dort auch das folgende Zitat.

2.3.2.1.3 Die Justizkanzlei

Nach dem Tod von Spilckers am 20. Juni 1746 wurde der bisherige Justizrat Johann Friedrich von Borries[559] neuer Direktor der Justizkanzlei, nachdem er bereits 1743 Vizedirektor geworden war. Er bekleidete dieses Amt bis zu seinem Tod. Sein Nachfolger wurde Diederich Basilius von Stade[560], der wiederum bis zu seinem Tod im Amt blieb. Im Jahre 1771 stand als Auditor bei der Stader Justizkanzlei Friedrich Ludewig von Berlepsch, Sohn des im Jahre 1757 gestorbenen Stader Regierungsrates[561]. Dieser sollte später als „hannoverscher Mirabeau" eine gewisse Berühmtheit erlangen[562].

2.3.2.1.4 Das Hofgericht

Die Tagungen des Hofgerichts in Bremen wurden offenbar zu einer festen Einrichtung wie zu schwedischen Zeiten. Es tagte dort in den Jahren 1742, 1746, 1750, 1754 sowie 1759[563]. Der Aufwand blieb in diesen Jahren etwa gleich hoch. Im Jahre 1754 bemängelte die Kammer mit Schreiben vom 27. Juli 1754 an das Geheime Ratskollegium den entstandenen Aufwand und die diesjährige Rechnung über 823 RTlr 40 sch, was der Geheime Rat zum Anlaß nahm, in Stade anzufragen, ob künftig statt des vier- nicht auch ein achtjähriger Turnus ausreiche. Die Regierung in Stade erwiderte unter dem 2. Dezember 1754, dass zwar Kurhannover als Inhaberin des Herzogtums Bremen die Reichsstandschaft der Stadt Bremen inzwischen anerkannt habe, dass aber die „Hoff-Gerichts-Haltung noch itzo der Stadt als eine beständige Erinnerung ihrer vormahligen *subiectiva* sehr anstößig ist und dieselbe wegen deßen gäntzlicher Einstellung bey *Tractaten* gern ein *aequivalent* darbiethen dürffte." Mit diesem Angebot zu einem künftigen Verhandlungsgegenstand mit der Stadt Bremen schien der Geheime Rat in Hannover zufrieden zu sein, so dass nach weiteren vier Jahren, und damit turnusgemäß, das Hofgericht wieder in Bremen hätte gehalten werden können. Hierzu kam es jedoch nicht, denn der Geheime Rat ordnete mit Aus-

---

[559] Zu diesem bei Haasemann, S. 58f.: er wurde geboren am 16. Dezember 1684 in Einbeck, er starb am 21. März 1751 in Stade; s. auch Schlüter, Hofgericht, Anhang: danach war Geburtstag der „16. oder 26."

[560] Zu diesem bei Haasemann, S. 59: er wurde am 13. Oktober 1705 wohl in Stade geboren, wo sein Vater bei der schwedischen Regierung tätig war (s. o. 2.1.2.1), er starb am 3. September 1783; das Amt des Kanzleidirektors „übernahm" er von seinem Schwiegervater von Borries.

[561] Bei Pratje, Altes, Band 3 am Ende, befindet sich die Stammtafel der Familie von Berlepsch.

[562] Vgl. von Hassell, Band 1, S. 117f., sowie Jessen, Festschrift, S. 45. Nach Gunkel, S. 371, war er mit seinen Vorschlägen „seiner Zeit weit voraus geeilt".

[563] StaatsA Stade Rep. 71 Stade Nr. 67, dort auch die folgenden Zitate.

schreiben vom 19. April 1758 an, „daß wegen der jetzigen Zeit Läuffte, sothane Hoff-Gerichts Zusammenkunfft in der Stadt Bremen auf das nächstfolgende Jahr versetzet werde." Mit Schreiben des Geheimen Rats vom 15. Mai 1759 wurde die Haltung des Hofgerichts in Bremen für dieses Jahr aber wiederum gestattet[564]. An der Sitzung nahmen teil mit jeweils folgendem Aufwand:

Geheimer Rat von Bodenhausen	121 RTlr 16 sch,
Kanzleidirektor von Stade	111 RTlr 16 sch,
Justizrat von Schlütter	106 RTlr 16 sch,
Justizrat von Bremer	106 RTlr 16 sch,
Justizrat von Spilcker	106 RTlr 16 sch,
Justizrat von Berger	106 RTlr 16 sch,
Justizrat von Borries	106 RTlr 16 sch,
Sekretär Backmeister	61 RTlr 16 sch,
Sekretär Mönner	61 RTlr 16 sch,
Rath von Finckh	20 RTlr,
Commissarius fisci Dr. Eitzen	20 RTlr,
Botenmeister Sieben (einschl. Post- und Trinkgelder)	37 RTlr 40 sch,
Pedell Fritsche (er hatte wegen des Transports der Akten zweimal zu fahren, wodurch erhöhte Auslagen, u. a. für die Pferde, entstanden)	28 RTlr 24 sch,
Kanzleibote Weinmann	9 RTlr,
Summe	1002 RTlr 16 sch.

Bemerkenswert ist zum einen, dass die Regierung in Stade vor jeder Sitzung des Hofgerichts in Bremen um die Einwilligung des Geheimen Rats nachsuchte, obwohl ihr die Instruktion des Jahres 1730 insoweit eine weitgehende Ermächtigung zu selbständigem Handeln eingeräumt hatte, und zum anderen, dass der 1734 vom König erforderte Bericht[565] über die wünschenswerte Kosteneinsparung dadurch, dass nur ein Richter nach Bremen reisen solle, nach der Quellenlage wohl niemals erstattet worden ist und dass nach dem regelmäßig entstandenen Aufwand diese Sitzungen des gesamten Gerichts faktisch nicht mehr in Frage gestellt wurden.

---

[564] Statt der sonst üblichen Tagungszeit im Sommer konnte das Hofgericht in diesem Jahr erst im Oktober in Bremen tagen, weil die für den Juli gemieteten Zimmer „wegen der zahlreichen Suite des Landgrafen von Hessen-Cassel" wieder abgesagt worden waren: Schreiben der Regierung in Stade vom 25. Juni 1759, dieses wurde mit Schreiben des Geheimen Rats in Hannover vom 4. Juli 1759 gebilligt: StaatsA Stade Rep. 70 Nr. 2312 (alte Signatur: Rep. 71 Stade Nr. 67).

[565] S. o. 2. 2.2.1.4.

Das Hofgericht[566] wandte sich wegen fehlerhafter Erstellung der Protokolle in den Ämtern und Patrimonialgerichten an diese und wies unter Androhung einer Strafe von 5 RTlr auf die Einhaltung der im Reichsabschied von 1654, der Hofgerichtsordnung Teil 2 Titel 14 und den Titel 7 der Untergerichtsordnung von 1753 vorgegebenen Regeln bei Zeugenverhören hin. Hier ist bei den Ämtern und Gerichten auf dem Lande die Kenntnis der prozessualen Grundlagen wohl nicht sehr umfassend ausgebildet gewesen.

2.3.2.1.5 Das Konsistorium

Das Konsistorium in Stade wurde seit 1749 wesentlich geprägt von Johann Hinrich Pratje, der sein Amt als Generalsuperintendent in diesem Jahr antrat[567]. Seit dieser Zeit waren nur noch zwei Mitglieder des Justizkollegiums im Konsistorium tätig, die Ursache hierfür ist nicht ersichtlich.

Eine Schulordnung für die Landschulen der Herzogtümer wurde im Jahre 1752 erlassen[568]. Sie setzte sowohl den äußeren Rahmen fest, wie die erforderlichen Räume zu beschaffen seien und welche unterschiedlichen Zeiten des Schulbesuchs im Sommer wie im Winter zu gelten hatten, als auch den Inhalt des Unterrichts und die Fähigkeiten und Aufgaben der Schulmeister sowie das zu entrichtende Schulgeld. Auch regelte sie die Aufsicht über die Schulen, die vom nächsten Prediger wahrzunehmen war.

Für die Herzogtümer wurde eine „Erneuerte Eheverordnung" am 18. Mai 1753[569] erlassen, die dem Konsistorium, wie bisher, insbesondere die Ahndung heimlicher Verlöbnisse auferlegte. Für Landeskinder, denen wegen Verwandtschaft die Ehe zu schließen verboten war, die diese gleichwohl außerhalb des Landes schlossen, verfügte ein kgl. Reskript vom 31. August 1748[570], dass solche Ehen vom Konsistorium auf Antrag des *Commissarius fisci* für nichtig zu erklären seien und dass die „Frevler bey Unserer *Justitz*-Cantzley wegen getriebener Blutschande zur *Inquisition* gezogen werden." Hier war die Kompetenz des Konsistoriums mithin zugunsten der Justizkanzlei eingeschränkt, was in Ehesachen bislang nicht ersichtlich gewesen ist. Den Eltern dieser Paare stand es danach zudem frei, nicht nur von sich aus die Annullierung der Ehe zu beantragen, sondern ihren Kindern zusätzlich den Pflichtteil zu entziehen. Für solche Paare, die zwar „Constitutions-mäßig sich verlobt gehabt", aber außerhalb des

---

566 Generalausschreiben vom 27. Januar 1755: Spangenberg, Erster Teil, Nr. 1041.
567 Behne, S. 20.
568 Vom 10. Februar 1752: Spangenberg, Erster Teil, Nr. 815.
569 Spangenberg, Erster Teil, Nr. 900.
570 StaatsA Stade Rep. 23a Nr. 99, dort auch das folgende Zitat.

Landes hatten trauen lassen, konnte die Ehe auf Antrag eines der Partner annulliert werden, die Übertreter waren mit Gefängnis zu bestrafen. Alle übrigen Personen, denen wegen naher Verwandtschaft zunächst vom Konsistorium gemäß Eheverordnung vom 9. Januar 1720 die Dispensation hätte erteilt werden müssen und die dessen ungeachtet außerhalb des Landes geheiratet hatten, waren mit sechswöchigem Gefängnis, abwechselnd bei Wasser und Brot, und solche, für die keine Dispensation erforderlich gewesen wäre, mit dreiwöchigem Gefängnis zu bestrafen.

Kriminaluntersuchungen gegen Geistliche lagen in der Zuständigkeit des Konsistoriums, so dass diese dem allgemeinen Gerichtsstand in Kriminalsachen entzogen waren. Dies war mit einem landesherrlichen Reskript vom 25. Januar 1741[571] verfügt worden, das sich für diese Auffassung auf ein ungedrucktes Gutachten des OAG Celle bezog.

2.3.2.1.6 Die Landgerichte

Inzwischen hatte sich die Finanzlage des Kurfürstentums derart verschlechtert, dass die Ausschreibung der Bruch-Landgerichte für das Jahr 1740 wegen der „gegenwärtigen schlechten Zeiten“[572] unter Hnweis darauf, dass alle nicht unumgänglichen Ausgaben einzusparen und den Untertanen keine unnötigen Kosten aufzubürden seien, wie z. B. die an den Landgerichtstagen erforderlichen Wagenfuhren für die Fahrten der Beamten. Auf dieses Verbot konnte die Regierung in Stade nur damit erwidern, dass

> „das Viehländische, Leher und Wurster Justitz-Land-Gericht, welches daselbst jährlich gewöhnlich ist, allbereits gehalten worden; zu Neuhauß, Osten, Hagen und Osterholtz aber, allwo es nur alle zwey Jahre geheget wird, jetzo noch bevorstehet.“[573]

Nachdem die Stader Regierung zudem für den Fall der diesjährigen Aufhebung der zweijährigen Landgerichte erhebliche Nachteile für die Untertanen sah und zudem meinte, diese hätten an den Landgerichtstagen nur Wagenfuhren von jeweils wenigen Meilen zu leisten, ließ sich der Geheime Rat in Hannover da-

---

[571] Spangenberg, Erster Teil, Nr. 101.

[572] Ausschreiben des Geheimen Rats in Hannover vom 13. Oktober 1740: StaatsA Stade Rep. 31 Titel 8b Nr. 4.

[573] Bericht der Regierung in Stade vom 17. Oktober 1740: StaatsA Stade Rep. 31 Titel 8b Nr. 4.

von überzeugen und gab zu erkennen, dass er „die Landgerichte in diesem Jahr noch geschehen“[574] lassen wolle.

Mit Ausschreiben der Kammer vom 15. Februar 1752[575] hatte sich diese an die Ämter gewandt, um eine verbesserte Bearbeitung der Landgerichts- und Forstwrugen zu erreichen und dabei eine detaillierte Vorgabe hinsichtlich der in den anzufertigenden Protokollen zu treffenden Feststellungen gemacht. Offenbar waren wegen Schlägereien und Beleidigungen auf dem Lande häufig Verfahren in Gang gesetzt worden, die sich aus der Sicht der Opfer nicht mit den bei den Landgerichten festgesetzten Strafen begnügten, sondern es wurden von den Beleidigten „Injurien- und Satisfactions-Klagen“ erhoben, die mit Verordnung vom 3. Mai 1753[576] künftig untersagt wurden. Ebenso wurde in solchen Fällen die Einlegung eines Rechtsmittels verboten, so dass es mit den „bey denen Land-Gerichten und Aemtern abgegebenen Erkänntnissen sein Bewenden behalte.“ Der zur Verfolgung der Polizeivergehen eingesetzte Landfiskal wurde im gleichen Jahr abgeschafft[577]. Bei den Strafen der Landgerichte kam es wohl häufiger vor, dass wegen des Unvermögens der Delinquenten, Geldstrafen erbringen zu können, diese in Leibes- und Arbeitsstrafen umgewandelt wurden, so dass dann von den Ämtern und Gerichten den Anzeigeerstattern der Anteil an der Strafe nicht ausbezahlt wurde. Für diese Fälle ordnete die Kammer mit Ausschreiben vom 10. August 1754[578] an, dass hier „die gewöhnliche Quota“ gleichwohl zu leisten sei. Hinsichtlich der Arbeitsleistungen der Delinquenten war zudem verfügt worden, dass diese ausschließlich zu Diensten der Ämter heranzuziehen waren, „mithin zu keiner privat-Garten- oder anderer Haushalts-Arbeit gehalten werden.“[579] Hier dürfte wohl bei manchen Amtsbedienten eine gern genutzte Möglichkeit zum Mißbrauch dieser Einrichtung gesehen worden sein.

2.3.2.1.7 Das Oberappellationsgericht

Die Besoldung des beim Oberappellationsgericht im Jahre 1740[580] neu bestellten zweiten Vizepräsidenten führte in den Herzogtümern erstmalig im Jahre 1745 zu einem erhöhten Kontributionsquantum. Mit Ausschreiben der Regie-

---

574 Reskript des Geheimen Rats in Hannover vom 21. Oktober 1740: StaatsA Stade Rep. 31 Titel 8b Nr. 4.

575 Spangenberg, Erster Teil, Nr. 819.

576 Spangenberg, Erster Teil, Nr. 895.

577 Spangenberg, Erster Teil, Nr. 918, dazu unten 2.3.2.2.1.

578 Spangenberg, Erster Teil, Nr. 1006; zu den Landgerichtsstrafen im allgemeinen bei Landwehr, S. 70ff.

579 Ausschreiben vom 16. Oktober 1754: Spangenberg, Erster Teil, Nr. 1017.

580 v. Meier, Band 1, S. 302.

rung in Stade vom 18. Dezember 1744 wurde verfügt, dass „dessen Besoldung, von Michaelis 1743 an, pro rata in hiesigen Landen mit aufzubringen ist, deren Contingent für die bisherigen 5 Quartale in 723 Rthlr. 19 ßl 6 ¼ pf. bestehet.“[581] Auch für die von den Ständen präsentierten Ratsstellen beim OAG waren die Kosten von den Einwohnern der Herzogtümer aufzubringen. Mit Ausschreiben der Regierung in Stade vom 13. August 1744[582] waren für die Räte von Plate und Voigt jeweils 200 RTlr zu erbringen, desgleichen für den Rat Bremer gemäß Ausschreiben der Regierung in Stade vom 11. Juli 1746[583]. Dagegen waren 200 RTlr „Transportkosten“ ohne konkreten personellen Bezug für eine Oberappellationsratsstelle aufzubringen[584].

Mit landesherrlichem Reskript vom 20. November / 1. Dezember 1747[585] war das OAG angewiesen worden, „daß ihr künftig in allen Regierungs *ad curam publicam* gehörigen, von Unserer Brem- und Verdischen Regierung verordneten oder entschiedenen Sachen keine Appellation annehmet,“ und zur Begründung wurde auf die Instruktion von 1730 verwiesen, daß die Regierung in Stade „nächst Uns immediate von Unserm Geheimrathscollegio zu Hannover bloß und allein ihre Dependenz hat, und unter keinem andern Unserer Collegiorum als diesem stehet.“ Offenbar hatte das OAG hiergegen Bedenken vorgebracht, denn mit weiterem landesherrlichen Reskript vom 13. November 1748 wurde verordnet, dass „die Regierungssachen nicht appellabel sind“; für den Fall eines weiterbestehenden Dissenses mit der Stader Regierung seien die Fälle entweder dem König oder bei dessen Abwesenheit dem Geheimen Ratskollegium vorzulegen.

2.3.2.1.8 Die Militärgerichtsbarkeit

In diesem Bereich hatten sich, wohl auch im Hinblick auf das bestehende Reglement[586], die Strukturen zu dieser Zeit offenbar derart gefestigt und eingefahren, dass bemerkenswerte Änderungen nicht zu verzeichnen sind, zumal die

---

581 StaatsA Stade Rep. 23a Nr. 95.

582 „Auf die, von Seiten des *Praesidenten*, der Land-Raethe und Ritterschaft Herzogtuhms Bremen, wie auch von Ständen Herzogtuhms Verden *respective* geschehene Ansuchung, ist *resolvir*et, 200 Rthlr. *Transport*-Kosten für den von ersteren ohnlängst *praesentirt*en Ober-*Appellations*-Rath von *Plate*, und eben soviel dergleichen Kosten für den von erwehnten Ständen, *Anno* 1728 *praesentirt*en Ober-*Appellations*-Rath *Voigts* über beide Herzogthümer anlegen zu lassen.“: StaatsA Stade Rep. 23a Nr. 95.

583 StaatsA Stade Rep. 23a Nr. 97.

584 Ausschreiben der Regierung in Stade vom 7. August 1755: StaatsA Stade Rep. 23a Nr. 106.

585 Spangenberg, Erster Teil, Nr. 510, dort auch das folgende Zitat.

586 S. o. 2.2.2.1.8.

hannoverschen Truppen während dieser Zeit in militärische Auseinandersetzungen verwickelt waren und deshalb allgemeine Regelungen nicht erforderlich wurden oder zumindest zurückzustehen hatten. Allerdings ergab sich gerade aus diesen militärischen Verwicklungen eine neue Regelung zu den Nachlässen der gefallenen Unteroffiziere und gemeinen Soldaten. Mit kgl. Reskript vom 16. November 1748[587] wurde deshalb verfügt, dass deren Nachlässe künftig nicht mehr dem Kompaniechef zufallen sollten, sondern diese nur eine Bestandsaufnahme zu fertigen und den Nachlaß an die nächsten Verwandten auszukehren hatten. Bei den Offizieren, die bisher schon keine Beeinträchtigung ihres Erbrechts erlitten hatten und mithin von ihren Verwandten beerbt worden waren, verblieb es jedoch ausdrücklich bei der Regelung des Militair-Justitz-Reglements, dass deren Pferde weiterhin an die jeweiligen Vorgesetzten fielen. Für die vielen Deserteure in dieser kriegerischen Zeit, die in mehreren Regierungsausschreiben an alle Ämter namentlich benannt worden waren[588], verfügte ein Reskript des Chefs der Armee vom 13. Januar 1759[589] einen General-Pardon, sofern sie sich bis Ende Februar 1759 wieder den Truppen zur Verfügung stellen sollten.

2.3.2.2 Die unteren Verwaltungs- und Justizeinrichtungen

Das bereits genannte Ausschreiben des Jahres 1740[590] enthielt Antworten von 68 Ämtern oder Gerichten in den Herzogtümern, davon fünf im Herzogtum Verden[591]. Ein Ausschreiben der Regierung in Stade vom 9. August 1745[592] forderte die Ämter zur Aufstellung einer jährlichen Bevölkerungsliste auf; aber der Erfolg war wohl zu gering oder der Aufwand zu groß, denn mit Ausschreiben der Regierung vom 1. September 1747[593] wurde diese Verordnung ausgesetzt. Allerdings erließ die Stader Regierung am 3. November 1755[594] nunmehr eine „Instruction" dahin, dass nicht mehr von den Ämtern, sondern von den Predigern jährlich eine Liste der in ihrem Kirchspiel Geborenen, Gestorbenen und „am Leben seyenden" zu erstellen sei.

[587] StaatsA Stade Rep. 23a Nr. 99.
[588] StaatsA Stade Rep. 23a Nr. 95 und Nr. 98.
[589] StaatsA Stade Rep. 23a Nr. 110.
[590] Ausschreiben vom 9. September 1740, in: StaatsA Stade Rep. 40 Nr. 429; s. o. 2.3.2.1.1.
[591] Ausschreiben als Anlage 2 – 8 und Liste als Anlage 2 – 9.
[592] StaatsA Stade Rep. 23a Nr. 96.
[593] StaatsA Stade Rep. 23a Nr. 98.
[594] StaatsA Stade Rep. 23a Nr. 106.

Mit Ausschreiben der Regierung in Stade vom 13. November 1752[595] wurden die Ämter und Gerichte aufgefordert, ein Verzeichnis der Gebäude und der Rechtsverhältnisse in ihren Bezirken einzureichen. Dem Ausschreiben war ein Formular beigefügt, nach dem folgende Eintragungen vorgenommen werden sollten:

„1 Bewohnte Amts-Gebäude
2 Königliche Vorwercker
3 Adeliche Sitze
4 Wohnungen der Kirch- und Schulbedienten
5 Mühlen
6 Voll-Meier
7 Halb-Meier
8 Große und kleine Köther
9 Brincksitzer
10 Summa der Feuerstellen“

Die eingehenden Berichte waren unvollständig und nur teilweise nach dem vorgegebenen Schema gestaltet worden. Erkennbar wird jedoch, dass neben den drei Städten zumindest 46 Ämter und Gerichte in den Herzogtümern bestanden. Dies waren entsprechend einer Liste der eingegangenen Berichte:

1. Land Kehdingen Freyburgschen Theils
2. Amt Kehdingen; und Land Kehdingen Bützflethschen Theils
3. Gericht Osten
4. Amt Himmelpforten und Börde Oldendorf
5. Amt Stade Agathenburg
6. Alte Land
7. Wisch-Gericht
8. Bergst-Gericht an der Este
9. Gericht Rüpke
10. Gericht Neuenfelde und Ninkop
11. Gericht Frankop
12. Amt Alt- und Neukloster
13. Horneburg
14. a Gericht Delm b Gericht Sauensiek
15. Amt Harsefeld und Börde Mulsum
16. Amt Zeven und Börde Heeslingen, Selsingen, Sittensen, Elstorf
17. Gericht Behrste, Börde Gyhum
18. Amt Rotenburg
19. Amt Verden
20. Gohgericht Achim
21. Bremische Gohen
22. Gericht Schwachhausen

[595] StaatsA Stade Rep. 23a Nr. 103; s. Anlage 2 – 10.

23. Gericht Ritterhude
24. Börde Lessum
25. Freyer Damm Schönebeck
26. Amt Blumenthal
27. Freyer Damm Schwanewede
28. Freyer Damm Meyenburg
29. Gericht Cassebruch
30. Amt Hagen
31. Amt Osterholz
32. Gericht Sandbeck
33. Amt Lilienthal
34. Amt Ottersberg
35. ---------[596]
36. Börde Rahde
37. Börde Beverstedt
38. Amt Stotel
39. Amt Viehland
40. Gericht Lehe
41. Land Wursten
42. Amt Nordholz
43. Closter Neuenwalde
44. Amt Bederkesa
45. Amt Bremervörde, Börde Lamstedt und Gericht Warstade
46. Gericht Hechthausen und Blumenthal
47. Amt Neuhaus.

Im Vergleich zur vorhergehenden Beschreibung ergeben sich erhebliche Unterschiede in der Zahl der Ämter und Gerichte, ohne dass hier jedoch eine durchgreifende organisatorische Änderung in der Struktur der Ämter und Gerichte zu erkennen wäre, vielmehr sind wohl schlichtweg die nunmehr jetzt angelegten sorgfältigeren Maßstäbe hierfür ursächlich geworden.

Im Jahre 1758 waren 59 Ämter und Gerichte zu verzeichnen, davon drei im Herzogtum Verden. Dort gab es 6.051 männliche Einwohner über 14 Jahren und im Herzogtum Bremen 44.347, so dass in den Herzogtümern nach dieser Zählung insgesamt 50.398 männliche Einwohner über 14 Jahre lebten. Bei den Verwaltungseinheiten handelte es sich im einzelnen um folgende Ämter und Gerichte:

Im Herzogtum Bremen:
1 Gericht Achim
2 Amt Agathenburg vid. Stade
3 Alte-Land

[596] Hier war zunächst eingetragen „Börde Gyhum“, jedoch gestrichen und offensichtlich nachträglich bei Nr. 17 eingefügt worden.

4 Amt Alt- und Neukloster
5 Voigtey Altenwalde vid. Neuenwalde
6 Gericht Aplär vid. Beverstedt
7 Gericht Badenstädt vid. Hechthausen
8 Amt Bederkesa
9 Bergsten Gericht zu Leswig vid. Alte-Land
10 Gericht Beverstädt inclusive Aplär
11 Blockland vid. Bremische Gohen
12 Amt Blumenthal
13 Bremische Gohen
14 Amt Bremervörde
15 Stadt Buxtehude
16 Gericht Cassebruch
17 Gericht Delm und Sauensieck
18 Gericht Francop vid. Alte Land
19 Gericht Gyhum
20 Amt Hagen
21 Gericht Hanstät oder Rahde
22 Amt Harsefeld
23 Gericht Hechthausen
24 Amt Himmelpforten
25 Hollerland vid. Bremische Gohen
26 Flecken Hornburg
27 Amt Kehding und Krautsand im Bützflethschen Teile Landes Kehdingen
28 Land Kehdingen, Bützflethischen Teils
29 Land Kehdingen Freyburgischen Teils
30 Gericht Leesum
31 Flecken Lehe
32 Amt Lilienthal
33 Gericht Meyenburg und Neuenhausen
34 Gericht Neuenfelde und Nincop vid. Alte Land
35 Closter-Amt Neuenwalde und Voigtey Altenwalde
36 Amt Neuhaus
37 Amt Nordholtz
38 Gericht Osten
39 Amt Osterholtz inclusive des Gerichts Sandbeck
40 Amt Ottersberg
41 Gericht Ritterhude
42 Gericht Rübcke vid. Alte Land
43 Gericht Sandbeck vid. Osterholtz
44 Gericht Sauensieck vid. Delm
45 Gericht Schönebeck
46 Gericht Schwachhausen
47 Gericht Schwanewede
48 Amt Stade und Agahtenburg
49 Stadt Stade
50 Amt Stotel
51 Amtsvoigtey Viehland

52 Gericht Warstade vid. Bremervörde
53 Werder-Land vid. Bremer Gohen
54 Wischgericht zu Neuenfelde vid. Alte Land
55 Land Wursten mit drei Voigteyen
56 Amt Zeven,

im Herzogtum Verden:
1 Amt Rotenburg mit acht Voigteyen
2 Amt Verden
3 Stadt Verden.

Die Aufstellung scheint im Vergleich zu manchen anderen der Zeit sorgfältig aufgestellt zu sein, was bereits aus der Auflistung aller Gerichte zu schließen ist, die ausschließlich bei den jeweiligen Dörfern oder Kirchspielen erfaßt sind, sofern dort deren Gerichtseingesessene leben, und was durch den Hinweis in der laufenden Zählung auf diese Ämter zum Ausdruck kommt.

Mit Ausschreiben der Kammer vom 24. Dezember 1749[597] war angeordnet worden, dass den „Bruchfälligen auf ihr Verlangen Quitungen über die bezahlten Strafgelder gegeben werden“ sollten. Die Zahl der Advokaten auf dem Lande war offenbar nicht bekannt, denn mit Ausschreiben der Regierung in Stade vom 31. Januar 1744[598] wurden alle Beamten und Gerichtsinhaber auf dem Lande aufgefordert, ein Verzeichnis der bei ihnen auftretenden Anwälte zu erstellen. Für alle Advokaten auf dem Lande wurde mit Ausschreiben der Regierung in Stade vom 17. Februar 1747[599] ein neuer Eid eingeführt. Die Einnahmen waren wohl zu allen Zeiten eine vordringliche Aufgabe der Ämter, allerdings gab es gelegentlich Auswüchse, die nur durch unmittelbare Eingriffe in bestehende Rechte eingedämmt werden konnten. Hierzu gehörte die Verpachtung der Musik in den Ämtern und insbesondere in den Patrimonialgerichten, denn mit Ausschreiben der Regierung in Stade vom 11. September 1758[600] wurde angeordnet, „aller Verpachtung der nunmehro jedermann frey gelaßenen Music sich künftig gänzlich zu enthalten,“ so dass Abgaben der Musikanten nicht mehr gefordert werden durften. Diese Verordnung galt jedoch nicht für das Amt Blumenthal und das Gericht Neuenkirchen, ohne dass sich für diese Differenzierung eine Ursache erkennen läßt.

---

597 Spangenberg, Erster Teil, Nr. 647.
598 StaatsA Stade Rep. 23a Nr. 95.
599 StaatsA Stade Rep. 23a Nr. 98.
600 StaatsA Stade Rep. 23a Nr. 109.

2.3.2.2.1 Die Ämterverfassung

Eine Neuordnung der inneren Organisation der Ämter war mit einem Ausschreiben vom 8. April 1752[601] angegangen worden, das mit einem „Project, nach welchem die Amts-Registraturen verbessert und eingerichtet werden können“ versehen war. Diese im heutigen Sinne als Aktenordnung anzusehende Verordnung bezeichnete und unterteilte die Aufgaben der Ämter in fünf Abteilungen und darin jeweils in Unterabschnitte. Es waren dies folgende Abteilungen:

> Von Regierungs-Sachen (mit sieben Unterteilungen),
> Von Cammer- und Domainen-Sachen (mit 28 Unterteilungen),
> Von Justiz- und Proceß-Sachen (mit zwei Unterteilungen),
> Von Kriegs-Sachen (mit fünf Unterteilungen),
> Von Consistorial- und Kirchensachen (mit zwei Unterteilungen).

Allein die Summe von 44 Unterteilungen zeigt die Fülle der Aufgaben, die von den Amtmännern wahrzunehmen waren; sie zeigt aber auch, dass Fehler angesichts der unzureichenden Ausbildung und der geringen Kommunikationsmöglichkeiten geradezu zwangsläufig eintreten mußten. Die dritte Abteilung über die Justiz zeigt den Umfang der wahrzunehmenden Justizangelegenheiten; sie war wie folgt aufgebaut:

> „I. Civilia
> 1. Civil-Injurien, Lehns-Concurs-Processe etc., welche nach dem Alphabeth, und zwar dem Initial-Buchstaben des Beklagten geleget werden.
> 2. Depositen-Sachen.
> 3. Von Testamenten.
> 4. Von Vormündern und Curatoren etc.
>
> II. Criminalia
> 1.Untersuchung gegen Beamte, Forst-Amts-Unterbediente etc.
> 2. Commissiones in Criminal-Sachen.
> 3. Von Besichtigungen und Sectionen.
> 4. Inquisitions-Processe.
>
> Hiervon sind die Acten nach den Anfangs-Buchstaben deren Partheyen, oder wie es sonst hergebracht, einzutragen.“

Es wird hier der deutliche Wille erkennbar, den Ablauf der Amtsgeschäfte zu ordnen und überschaubarer zu machen; ob sich die Amtmänner daran gehalten haben, darf allerdings angesichts der immer wieder zu Tage tretenden Mißstände bezweifelt werden. Ergänzt wurde dieses Reglement im Jahre 1759 durch die

---

[601] Spangenberg, Erster Teil, Nr. 828.

Anweisung an sämtliche Ämter, künftig ein separates Register über alle anhängigen „Herrschaftlichen Processe“ zu führen, wohl weil die Regierung die auf sie anfallenden Kosten besser überschauen wollte[602].

Im Jahr 1752[603] wurde in den Herzogtümern die Einrichtung des Landfiscalats abgeschafft. Er sollte zwar die Einhaltung der Polizeiverordnungen auf dem Lande überwachen, aber er konnte nicht „allezeit an allen Orten seyn, und seine Obliegenheit wahrnehmen,“ so dass dessen Amt wohl als zu wenig effektiv angesehen wurde. Seine Aufgaben hatten fortan die „Bauermeistern der Dorffschaften auch Voigten und Geschwornen“ zu übernehmen, denen dafür der „vierte Theil der Strafe, so dem Landfiscal zugekommen, *durante officio* genießen zu lassen“ war.

2.3.2.2.2 Die Untergerichtsordnung von 1753

Zu den bemerkenswertesten Ansätzen einer Neuordnung der Gerichtsbarkeit in den Herzogtümern gehörte zu dieser Zeit die am 5. November 1753 fertiggestellte Untergerichtsordnung[604], die noch im gleichen Jahr in Stade gedruckt wurde. Der Zustand der Rechtszersplitterung hatte sich in der ersten Hälfte dieses Jahrhunderts, insbesondere auf dem Lande bei den Untergerichten, unverändert erhalten. Erstmalig wurde deshalb im Jahre 1753 mit der UGO ein bedeutender Ansatz zur Vereinheitlichung der Justiz erkennbar, denn diese galt für alle erstinstanzlichen Gerichte, mithin auch für die Gerichtsbarkeit der Ämter und Städte. In deren Vorwort wurden zum Anlaß dieser Prozeßordnung und zu deren erstrebten Zielen recht deutliche Worte gefunden. Dort hieß es nämlich:

> „Fügen hiemit zu wissen: Demnach bey der unermüdeten Sorgfalt vor die Handhabung der Gerechtigkeit / Wir unter andern erwogen / wie zu Abschaffung unterschiedener auf dem Lande bey Verwaltung der *Justitz* eingeschlichenen Misbräuche / und zu Beforderung der *Processe*, es eine heilsahme Sache sey / die Unter-Gerichte der Herzogthümer Bremen und Verden mit einer vollständigen Unter-Gerichts-Ordnung zu versehen;
> Als haben Wir davon ein *Project* verfertigen / solches Unseren *Justitz-Collegiis* auch getreuen Land-Ständen / zu Abgebung ihres rathsahmen Gutachtens / *communici*ren, und darauf diese Ordnung / wie selbige von Wort zu Wort lautet / entwerffen lassen.
> Setzen demnach, befehlen und wollen / daß selbige bey allen gerichtlichen Handlungen auf dem Lande / zur immerwährenden Richtschnur dienen möge; Gestalt denn Unsere Regierung und *Justitz-Collegia* der Herzogthümer Bremen und Verden hierauf fleißige Obsicht

[602] Spangenberg, Erster Teil, Nr. 1471.
[603] Ausschreiben der Stader Regierung vom 3. September 1753 abgedruckt in: Pratje, Altes und Neues, Band 3, S. 375 – 377 sowie bei Spangenberg, Erster Teil, Nr. 918 und StaatsA Stade Rep. 23a Nr. 104; dort auch das folgende Zitat.
[604] Spangenberg, Erster Teil, Nr. 942.

zu haben / und die Uebertreter ohne Nachsicht zu bestrafen / hiemit angewiesen werden."[605]

Mithin haben damals bei den Untergerichten, wie oben schon mehrfach festgestellt, wohl recht unerfreuliche Zustände bestanden, wenn die Einhaltung der Prozeßordnung mit einer Strafe bei Mißachtung sanktioniert werden mußte. Aber trotz dieser recht drastischen Worte dürften sich, wie nach den bisherigen Erfahrungen zu vermuten, nur wenige konkrete Änderungen für die Gerichtsunterworfenen ergeben haben. Dieses kann auch kaum verwundern angesichts der Tatsache, dass manche Patrimonialgerichtsherren sich durch Usurpation[606] dieses Recht angeeignet hatten, denn anders kann der Ausdruck, diese Gerichte hätten sich „selbst fundirt"[607], wohl kaum verstanden werden.

Das Ziel dieses Gesetzes wird in Titel I § 9 Satz 1 UGO mit den Worten „Wie wir nun vorangezeigter maassen wollen, daß jegliche Sache vor das Gericht, wovor sie zuerst gehöret, gebracht, und alle Unordnung sorgfältig vermieden werde", dargelegt. Dieses Ziel scheint sich aber mit Titel I § 1 UGO nicht zwingend vereinbaren zu lassen, denn danach sollen „alle *Justitz*-Sachen ... in der ersten *Instantz*, vor Unsern Beamten, Bürgermeister und Rath, (in den Flecken, wo es hergebracht) oder denen von Adel, und andern, welche die Gerichtsbarkeit haben, eingeklaget" werden. Jedoch trugen gerade diese „andern, welche die Gerichtsbarkeit haben", wesentlich zum genannten „Wirrwarr der Gerichtsbarkeiten"[608] bei, weil insoweit nahezu keine festen Regeln vorgegeben waren. Der Erlaß der UGO kann wohl auch im Zusammenhang mit dem Versuch gesehen werden, die landesherrlichen Zuständigkeiten im einzelnen für die Zukunft fester zu umreißen als es bisher der Fall war[609]. Denn die UGO sollte erklärtermaßen der Niedergerichtsbarkeit eine gemeinsame einheitliche Struktur geben. Diese betraf sowohl das Verfahren der Gerichte wie auch dessen Personal sowie solche Regelungen, die aus heutiger Sicht als Gerichtsverfassung und Aktenordnung zu bezeichnen sind. Aber am Erfolg dieser Gerichtsordnung im Sinne einer allgemeinen Befolgung der darin enthaltenen Regelungen bestehen erhebliche Zweifel. Denn Titel II § 5 UGO[610] legte z. B. fest, dass alle Untergerichte inner-

---

605 Die Vorrede wurde im Auftrag des Kurfürsten und Königs („Ad mandatum Regis & Electoris speciale") von den drei Regierungsräten v. Bodenhausen, v. der Decken sowie v. Berlepsch unterzeichnet. Zum Inhaltsverzeichnis s. Anlage 2 - 11.

606 Vgl. die Ausführungen zu dieser Begründung bei Werthmann, S. 76f.

607 S.o. 1.2.

608 Heile, S. 75.

609 von Lehe, S. 149ff., geht bei seiner Darstellung der UGO auf diesen denkbaren Zusammenhang nicht ein.

610 § 5 lautete: „Jedoch auf die Maasse und Weise, daß (1) *a dato publicationis* binnen einem halben Jahre, jeglicher, so dergleichen zerstreuete *Iurisdictiones* besitzet, selbige mit Benennung des Meyers oder *Pertinentis* bey Unserer Regierung anzeigen und dabey sich erklähren

halb von sechs Monaten nach Erlaß der UGO ihr Bestehen gegenüber der Regierung in Stade anzuzeigen hatten. Das spricht dafür, hierin eine Begrenzung oder sogar Beendigung der genannten Zuständigkeitsstreitigkeiten zu sehen. Aus dieser Norm wird jedoch auch deutlich, dass nach nahezu 40 Jahren hannoverscher Herrschaft in den Herzogtümern der Regierung die dort bestehende innere Struktur immer noch nicht vollständig bekannt war, so dass die diversen bisher angeordneten Erhebungen zur Bevölkerung und zu den Ämtern und Gerichten wohl weitgehend als Fehlschläge anzusehen sein dürften. Denn auch noch im Jahre 1806 konnte festgestellt werden, dass die genaue Zahl der Gerichte in den Herzogtümern nicht bekannt sei, weil sich solche ohne landesherrliches Zutun eben durchaus „selbst fundirt"[611] haben können. Diese Anzeigepflicht des Tit. II § 5 UGO scheint demnach weder strikt befolgt noch auf deren Durchsetzung geachtet worden zu sein, obwohl die mangelnde Anzeige an die Regierung dahingehend durch die Androhung sanktioniert war, dass die Regierung solches Fehlverhalten „ernstlich bestrafen könne".

Eine weitere mangelnde Befolgung der UGO, nämlich Mißachtung von Titel VII § 12 bei Aufnahme des Zeugenbeweises, wird in einem Ausschreiben des Königlichen Hofgerichts an alle Ämter und Patrimonialgerichte vom 27. Januar 1755[612] gerügt und bei künftig vorkommenden Fällen mit einer Strafe von 5 Reichstalern gegenüber den tätigen Beamten und Richtern belegt.

2.3.2.2.2.1 Die Gerichtsunterworfenen

Bei den jeweiligen Gerichtsunterworfenen wurde weiterhin sehr stark differenziert nach deren Stand und Beruf, so dass hier für die sonst statthabende rationalere Gestaltung der Lebens- und Rechtsverhältnisse kein Ansatz zu erkennen ist. Immerhin ist der von den Untergerichten ausgenommene Personenkreis nunmehr eindeutig festgelegt. In Titel I § 9 UGO heißt es zu den der Nieder- und Patrimonialgerichtsbarkeit unterworfenen Personen:

> „So sollen auch vor den Unter-Gerichten *passivé* sich einzulassen, oder als Beklagte davor zu stehen verbunden seyn, und zwar *in personalibus*, alle Eingesessene auf dem Lande, wie auch Bürgermeister und Rath in den Flecken: Die *Pastores* zu Ablegung eines Zeug-

---

müsse, ob er selbst oder durch jemand anders, die Gerichte verwalten lassen wolle. (2) Daß diese Anzeige, so offt derjenige, so die Gerichte versiehet, verändert wird, daselbst wiederholet werden müsse. (3) Daß Unsere Regierung auf den Fall, daß dergleichen Gerichte nicht gehörig verwaltet werden, allemahl frey bleibe, die Annehmung eines Gerichts-Halters zu befehlen, oder auch denjenigen, so die Gerichte bis daher *respicir*et hat, nach Befinden ernstlich bestrafen könne."

[611] StaatsA Stade Rep. 50 Nr. 531, Bl. 46; s.o. 1.2.

[612] Abgedruckt bei Schlüter, Bescheide, Nr. 32b.

nisses, ihr Gesinde und *Domestiquen* überhaupt: Nicht minder Förster, Einnehmer, Schulmeister, Organisten, Küster, soviel nemlich, was letztere Fünfe betrifft, Sachen vorkommen, so ihr Amt nicht angehen. Und mit dem Unterscheid, daß die Herrschaftliche Bedienten, als Förster, *Contributions*-Zoll-Einnehmer und Vögte, nach der Verordnung vom 1. *Aprilis* 1737 und *Disposition* der Hof-Gerichts-Ordnung P. I T. 14. § 2 blosserdings unter den Aemtern, welchen die *Iurisdiction* über selbige beygeleget, und nicht unter denen *Patrimonial*-Gerichten stehen sollen. Desgleichen stehen unter den Unter-Gerichten die *Notarien* und *Advocat*en, die sich auf dem Lande aufhalten, *Studiosi*, die in *Pension* stehende Unter-*Officiers* und Gemeine, auch alle Fremde, in so ferne selbige erweißlich nicht *Nobiles* seyn, etwa auswärtig in ansehnlichen Ehren-Aemtern gestanden, oder *Gradum Doctoris* erlanget haben; Dann dergleichen Personen, gleichwie auch die von Adel in hiesigen Landen, Unsere Räthe, Beamte und andere Bediente, so Amtschreibers Rang haben, wie auch deren Wittwen, Kinder und Gesinde, so lange jene *statum* nicht *muti*ret: Nicht minder die in Unserm *Militair-Justitz-Reglement* benahmte Personen überhaupt, *eximi*ren Wir von der Nieder-Gerichtsbarkeit, und lassen es dabey, daß selbige nirgends anders, als vor den höheren Gerichten besprochen werden können, verbleiben. Betreffend die *Actiones reales* und *in rem scriptas*, wo nemlich um liegende Güter meistentheils gestritten wird; So bleibet es bey der Verordnung der gemeinen Rechte, daß selbige auch in dem *foro*, wo die Güter belegen, nach der Wahl des *Actoris institui*ret werden können; Es wäre dann der Beklagte eine jetzt *eximi*rte Person, als welche, auch auf diesen Fall, unter die höhere Gerichte gehöret."

Mithin kam es in jedem einzelnen Fall für die Zuständigkeitsregelung nicht allein darauf an, gegen wen sich eine Klage richtete, sondern auch darauf, in welcher Funktion die betreffende Person gehandelt hatte und ob diese vielleicht durch nicht sofort erkennbare Merkmale („auswärtig in ansehnlichen Ehren-Aemtern") dem allgemeinen Gerichtsstand enthoben war. Dies dürfte für einen Kläger ohne nähere Kenntnisse der Person oder deren Lebensumstände eine wohl eher abschreckende Wirkung gehabt haben. Allerdings wird angesichts der damaligen großen Seßhaftigkeit der Bevölkerung der „Stand" eines Fremden wohl recht schnell bekannt gewesen sein.

2.3.2.2.2.2 Die Richter

Zu den Voraussetzungen, das Amt eines Richters ausüben zu können, äußert sich Titel II UGO mit der Überschrift „Von den Gerichts-Personen, deren *Praesentation*, auch Obliegenheit *in genere*". Titel II § 1 verlangt von der Regierung der Herzogtümer, nur solche Personen für die „Verwaltung der Justitz" vorzuschlagen, die neben einem guten Leumund auch erfahren in den Rechten sind sowie, soweit möglich, auch Kenntnisse in den Landesgewohnheiten besitzen, die sich mithin in den lokalen Rechtsgrundlagen auskannten. Soweit jedoch die „Land-Stände und andere, die die Gerichte selbst haben", die Richter in eigener Zuständigkeit einsetzen können, wird lediglich gehofft, „hinkünfftig die *Iustitz* durch rechtschaffene, geschickte und diesem schweren Amte gewachsene Leute verwalten“ zu lassen. Hieran ist zu erkennen, dass letztlich in der ersten Instanz in den Patrimonialgerichten eine private Gerichtsbarkeit bestand, in die sich zu dieser Zeit die staatliche Herrschaft noch nicht im einzelnen einmischte, sondern lediglich versuchte, einen geregelten Rahmen vorzugeben. Ein Bezug zur Regierungsinstruktion von 1730, bei der hinsichtlich des Präsentationsrechts eindeutige Regelungen getroffen worden waren, wurde vermieden. Hier dürfte die Gefahr bestanden haben, dass sonst die Regierung in die Privilegien der Stände eingegriffen hätte.

Weitere Forderungen werden in den Titel II §§ 2 bis 4 aufgestellt, jedoch offensichtlich nicht allzu streng genommen, denn sie werden gleich wieder relativiert. Insoweit heißt es zwar einerseits in § 2, „So können Wir den bis daher eingeschlichenen Misbrauch, Krafft welches Adeliche und andere, welche öffters nicht einmal *studi*ret, auch auf die *Iustitz* nicht geschworen haben, die Gerichte verwalten, nicht anders als höchstens misbilligen.“ § 3 ergänzt diese negative Aussage dahin, „Wir wären ... wol befugt, darauf zu dringen, daß alle und jede *Patrimonial*-Gerichte in Unsern Herzogthümern Bremen und Verden durch Leute, so der Rechte erfahren, und *in specie* auf die *Iustitz* und die Gerichte, welche sie versehen sollen, beeydiget wären, *administri*ret und verwaltet würden.“ Aber letztlich wird diese Befugnis des Landesherrn nicht ausgeübt. Vielmehr läßt § 4 den alten Zustand hinsichtlich der ungeschlossenen Gerichte bestehen und dies wird zudem als eine kluge Entscheidung des Landesherrn herausgestellt:

> „Nachdem jedoch soviel nur immer möglich, Wir Unsern Unterthanen die Beybehaltung ihrer alten Gewohnheiten und der damit verknüpften Erspahrung der Kosten gerne gönnen; So lassen Wir Uns auch annoch in Gnaden gefallen, daß von den von Adel und andern, so keine geschlossene Gerichte, sondern zerstreuet hin und wieder liegende Gerichtsfreye Meyer und *Pertinenti*en haben, die *Iurisdiction* auf den vorigen Fuß fernerhin verwaltet werde.“

Demgegenüber war zu den geschlossenen Gerichten in Titel II § 6 UGO eindeutig festgelegt, „die Annehmung eines ordentlichen *Iustitiarii* hiermit zu verordnen.“ Für diese Personen wurden darüber hinaus Ansprüche an deren Lebenswandel sowie an die „erforderliche Geschicklichkeit und Wissenschaft“ gestellt, wobei die Möglichkeit eines Examens durch die Regierung bei Zweifeln am Wissen gegeben war. Damit sollte wohl einem verbreiteten Übel abgeholfen werden, dass Personen ohne hinreichende Kenntnisse dieses Amt ausüben konnten. Schließlich wurde in § 7 die Erwartung ausgedrückt, wie die Gerichtshalter ihr Amt versehen sollten, nämlich „alles mögliche thun, was zu Beforderung der Gerechtigkeit, zu Beschleunigung der Sachen und zu Spahrung unnöthiger Kosten und *Processe* gereichet und abzielet.“ § 8 bestätigte die Verordnungen vom 13. Juni 1729 und vom 29. September 1741 über das Verbot einer

Annahme von Geschenken. Offensichtlich wurde für erforderlich gehalten, dieses Verbot in einem Gesetz festzuhalten.[613]

2.3.2.2.2.3 Die weiteren Gerichtsbeamten

In Titel XIII „Von Beobachtung dieser Ordnung" ist unter §§ 1 bis 8 eine Regelung hinsichtlich der Behandlung eingehender Klagen und der Akten überhaupt niedergelegt, die der heutigen Aktenordnung vergleichbar ist und die sich in erster Linie an die übrigen Gerichtsbeamten gewandt haben dürfte. Die §§ 9 bis 11 dieses Titels befassen sich mit dem „Commissarius fisci", der letztlich berechtigt war, die Tätigkeit der Untergerichte zu überwachen und etwaige Verstöße der Regierung anzuzeigen. Die ihm insoweit entstehenden Kosten hatten die Gerichtshalter zu erstatten, jedoch wurde dem Drang zur ausufernden Überwachung und Ermahnung dadurch Einhalt geboten, dass der „Commissarius fisci" bei unbegründeten Rügen den Gerichtshaltern wiederum deren Kosten zu ersetzen hatte.

In Titel III § 6 UGO, der sich nach seiner Überschrift nur mit den Rechtsanwälten beschäftigte, wurde auch das ausdrückliche Verbot für Amtsschreiber, Vögte und andere Unterbediente aufgestellt, als Advocaten tätig zu werden. Sanktioniert wurde es dadurch, dass Schriftsätze vom jeweiligen Verfasser zu unterzeichnen waren, um den Urheber feststellen und unberechtigte Personen damit zurückweisen zu können.

2.3.2.2.2.4 Die Rechtsanwälte

Titel III UGO befaßte sich mit „den Advocaten und Sachwaltern auf dem Lande" und begann in § 1 mit der sehr restriktiven Vorschrift:

> „Auf dem Lande sollen ohne *expresse* Erlaubnis Unserer Brem- und Verdischen Regierung gar keine *Advocat*en geduldet werden."

Zwar bestimmte § 3 als Ausnahme hiervon:

> „*Concessiones* zu *advoci*ren auf dem Lande sollen nur an den Orten, wo es nöthig, und dabey nicht *in perpetuum*, sondern nur auf 3 bis 6 Jahre ertheilet werden. Wer alsdann um fernere *Prolongation* anhält, hat zuforderst von seinem Wohlverhalten *Atteste* zu *produci-*

---

[613] Hiermit durchaus vergleichbar ist die heutige Übung, jedenfalls in Niedersachsen, jeden Justizbediensteten einmal jährlich einen Umlauf mit entsprechendem Hinweis abzeichnen zu lassen: eine bemerkenswerte Kontinuität der Justizverwaltung.

ren. Kann aber von den Beamten oder Gerichts-Herren das Gegentheil *ex Actis* oder sonst klahr und deutlich beygebracht werden, (maassen deren Gutachten darüber zuforderst zu erfordern) ist die gebetene *Prolongation* nicht zu ertheilen, sondern es soll vielmehr einem solchen *Advocato*, der gegen seinen Eyd, nicht auf die Endigung der *Processe*, und seiner Partheyen Wolfahrt, sondern vielmehr auf seinen eigenen Vortheil nur gedacht, das Handwerk geleget werden."

Aber auch hierin kann nicht gerade der Vorläufer einer freien Advokatur gesehen werden, vielmehr bleibt die anwaltliche Tätigkeit streng reglementiert. Ob und gegebenenfalls wie Rechtsanwälten „das Handwerk geleget"wurde, ist nicht ersichtlich; ebensowenig ist zu erkennen, wie das Verfahren der Amtsverlängerung vor sich ging.

2.3.2.2.3 Einzelne Ämter und Gerichte

Basierend auf einer Auswertung der Berichte der Ämter und Gerichte aus dem Jahre 1753 hat von Lehe eine Bestandsaufnahme der Herzogtümer erstellt, die hier zu Grunde gelegt werden soll. Danach bestanden insgesamt 58 Verwaltungseinheiten, davon 54 im Herzogtum Bremen. Diese sollen im folgenden nur insoweit näher dargestellt werden, als sich mittlerweile Abweichungen von der bisherigen Darstellung[614] ergeben hatten.

Zwischen den Patrimonialrichtern der **Börde Beverstedt** und dem Amt Bremervörde wurde am 28. April 1752 ein Vergleich insbesondere über den Ort Aplär geschlossen, wonach die Gerichtsbarkeit über dieses Dorf, zu dem sechs zu Schiffdorf eingepfarrte Meyerhöfe gehörten, der Kammer überlassen wurde[615]. Im Jahre 1759 waren Erbrichter der Börde der Landrat von Issendorff und der Justizrat von Scheither[616]. Im **Klosteramt Stade** wurde im Jahre 1744 das der Familie von Königsmarck gehörige Schloß Agathenburg von der Kammer erworben und zum Sitz des Amtmannes bestimmt[617]. Das **Amt Lilienthal** wurde im Jahre 1759 durch eine mittlerweile landwirtschaftlich nutzbar gemachte Moorfläche, die zuvor zum **Amt Ottersberg** gehört hatte, erweitert[618]. Das im Jahre 1759 neu errichtete Kirchspiel Worpswede umfaßte die neuen Dörfer

[614] S. o. 2.1.2.2.3.

[615] Vgl. die Anmerkung von Stades bei Roth, S. 164. Bei Spangenberg, Erster Teil, Nr. 833 wird der Vergleich lediglich benannt, bei Pufendorf, Obs. Tom. III, S. 283 ist er abgedruckt.

[616] Nach Pratje, Herzogtümer, Band 3, S. 9; danach hatte zudem „innerhalb dieses Bezirks ... der Herr Justiz-Rath von Scheither eine privative Jurisdiktion zu Altluneberg in civilibus und criminalibus und der Herr Land-Rath von Issendorff zu Poggemühlen ein solches Gericht in civilibus zur Oese." Ebenso von Kobbe, Band 1, S. 168; s. o. 2.2.2.2.3.

[617] von Kobbe, Band 1, S. 28.

[618] von Kobbe, Band 1, S. 66.

Hüttenbusch, Vieh, Überhamm, Weyerdeelen, Wackhusen und Worpswede im **Amt Osterholz,** Neu St. Jürgen, Heudorf und Wörpedorf im **Amt Ottersberg** sowie Lüninghausen im **Amt Lilienthal**[619].

Die Verhandlungen zwischen Bremen und Hannover über das **Bremische Landgebiet** hatten zum zweiten Stader Vergleich geführt, der am 23. August 1741 abgeschlossen wurde[620]. Danach trat Bremen an Hannover Randgebiete des zu den Bremer Goen gehörigen Block- und Hollerlandes, das einen Go ausmachte, sowie den Ort Burg mit dem dortigen Zoll, das Gebiet Vahr, das Gericht Blumenthal und Vegesack ab. In allen abgetretenen Orten behielt Bremen die Jurisdiktion in Zivil- und Kriminalsachen sowie Patronatsrechte, nicht aber das Kontributionsrecht. Die Berufungen gingen aus diesen Gerichten jedoch an das Hofgericht in Stade. In den drei anderen Bremischen Goen verblieb Bremen die volle Landeshoheit, wie auch in Vegesack. Das Kirchspiel Schwachhausen wurde von dem Struktuar der Herzogtümer in Bremen verwaltet[621].

Das Gericht Hanstedt, also die **Börde Rhade** im Amt Zeven, wurde mit Kaufvertrag vom 23. Juni 1744 veräußert, der hier beispielhaft für den ansatzweisen Wert einer Gerichtsbarkeit gezeigt werden soll. Bei einem Gesamtkaufpreis von 22.516 RTlrn wurden „die Gebäude, der Binnenhof (der Gutshof im Dorf), die Jurisdiktion, die Jagdgerechtigkeit u. a." mit 2.500 RTlrn. bewertet[622].

Im Jahre 1746 wurde das **Amt Wischhafen** neu errichtet[623], was letztlich zurückzuführen war auf die verheerende Weihnachtsflut des Jahres 1717[624]. Durch die Sturmflut war ein Deichbruch in Wischhafen entstanden, der erst im Jahre 1741 wieder geschlossen werden konnte. Zwar sollte ursprünglich ein eigener Amtmann in Wischafen tätig sein, hierzu kam es aber nicht. Vielmehr sollte seit der Einrichtung dieses Amtes eine personelle Identität mit dem Gräfen des Landes Kehdingen Bützflethschen Teils bestehen.

---

619 Vgl. die Anmerkungen von Stades bei Roth, S. 182, Fußnote **.

620 Nach Schwarzwälder, Band 1, S. 455ff.; bei Herbert Schwarzwälder, Grenzsteine im bremischen Werder- und Blockland. Die Grenzmarkierung nach dem Zweiten Stader Vergleich von 1741, in: Bremisches Jahrbuch Band 58, 1980, S. 68 zu den bremischen Gebietsabtretungen im einzelnen; die Zahl und die Lage der abgetretenen Hofstellen bei von Kobbe, Band 1, S. 217ff.; s. auch bei von Lehe, S. 160.

621 von Kobbe, Band 1, S. 218.

622 Bachmann, Stader Jahrbuch 1997/98, S. 144.

623 von Kobbe, Band 1, S. 143, danach das folgende; vgl. auch von Lehe, S. 95, Fußnote 1.

624 S. o. 2.2.2.1.

Für das **Land Wursten** wurde am 18. Januar 1748 eine Verordnung erlassen[625], nach der in den Kirchspielen ein Deichgericht als erste Instanz sowie für das gesamte Land zwei weitere Instanzen eingerichtet wurden. Dabei war das Deichgericht erster Instanz von den Deichgeschworenen des Kirchspiels „zu hegen, so oft es nöthig." Die Appellationsinstanz, das „Landes-Teich-Gericht" war einmal jährlich von beiden Deichvorstehern und sämtlichen Deichgeschworenen zu halten, während die dritte Instanz alle zwei Jahre abzuhalten und durch öffentliche Anschläge an allen Kirchtüren im ganzen Land Wursten bekannt zu machen war. In diesem Gericht führte der Oberdeichgräfe das Präsidium, während der Obervogt und die Vögte des Landes sowie die beiden Deichvorsteher und sämtliche Deichgeschworenen Beisitzer waren. Die Deichvorsteher und -geschworenen, die in erster oder zweiter Instanz tätig gewesen waren, waren zwar von der Abstimmung, nicht jedoch von der Teilnahme, ausgeschlossen. Die Zuständigkeit der Deichgerichte bezog sich auf alle „Sachen wegen Teiche und Dämme, Schleusen, Sielen und Sielteichen, Wetterungen, Wasserläufe, Außendeichs-Landes, Wege und Stege" sowie solche Injuriensachen, die bei der Deicharbeit anfielen. Die Erkenntnisse aller Gerichte waren sofort vollstreckbar, Rechtsmittel hatten lediglich Devolutiv-, nicht jedoch Suspensiveffekt. Für die erste Instanz war Sportelnfreiheit festgesetzt, bei Appellationen waren 4 Schilling zu entrichten, „die jedoch den Armen zufallen." Insoweit waren zudem Protokollgebühren zu zahlen, die dem Protokollanten, das war in der dritten Instanz der Oberdeichgräfe, zustanden. Als Zehrungskosten wurden bei den Gerichten zweiter und dritter Instanz für jede Person 16 Schilling bewilligt „und das übrige muß jeglicher selbst stehen." Im Land Wursten wurde im Jahre 1755 eine Vogtei eingezogen, so dass nur noch drei Vogteien bestanden[626].

Die allgemein unruhigen Zeiten kamen in den Herzogtümern u. a. darin zum Ausdruck, dass im Jahre 1757, dem Beginn des Siebenjährigen Krieges, die Befestigungswerke der **Stadt Stade** vermehrt[627] sowie im **Flecken Rotenburg** die verfallenen Befestigungen wiederhergestellt wurden[628].

---

625 Spangenberg, Dritter Teil, Nr. 2, bei den Verordnungen des Jahres 1780 bei Spangenberg abgedruckt, weil sie in diesem Jahr erneuert worden war, dort auch die folgenden Zitate; im Jahre 1748 ist sie bei Spangenberg, Erster Teil, nicht enthalten,.

626 von Kobbe, Band 1, S. 150; von Lehe, S. 98f.

627 von Kobbe, Band 1, S. 16.

628 von Kobbe, Band 1, S. 210.

2.3.3 Zum materiellen Recht

2.3.3.1 Zum Konkursrecht

Die Verordnung zu den Konkursen aus dem Jahre 1726 war wohl nicht in der damit beabsichtigten Weise befolgt worden, denn es war „zu Unserm besonderen Mißvergnügen in Erfahrung gekommen, daß seither ... dennoch verschiedene Banquerotten entstanden" waren, so dass ein erneutes kgl. Patent hierzu erlassen wurde, das die alte Verordnung gleichsam ein zweites Mal veröffentlichte[629].

2.3.3.2 Zum Dienstrecht

Ein in allen Provinzen und für alle Landesbedienten geltendes kgl. Reskript vom 29. September 1741[630] verfügte die Entlassung aller Bedienten, die wegen ihrer Dienstgeschäfte Geschenke annehmen sollten und legte gleichzeitig deren Verpflichtung zum Schadensersatz sowie eine Bestrafung fest, wenn hierdurch Dritte geschädigt worden waren.

2.3.3.3 Zum Gebührenrecht

An alle „Justitz-Collegiis, Obrigkeiten und Gerichte in den Städten und auf dem Lande" richtete sich eine kgl. Verordnung vom 20. Mai 1745[631], die die Erhebung von Gerichtsgebühren und Sporteln in Inquisitionsprozessen verbot, weil diese Verfahren den Obrigkeiten „ex officio und Amts- und Gerichtswegen obliegen."

2.3.3.4 Zum Nachlaßrecht

Eine Verordnung zu den gerichtlich niedergelegten Testamenten[632] wurde in den Herzogtümern Bremen und Verden am 31. Juli 1750 bekanntgemacht. Sie zeigt einen Einblick in einen kleinen Bereich der Justiz sowie in deren bisherige

---

629 Verordnung vom 2. / 13. Januar 1750: Spangenberg, Erster Teil, Nr. 653 sowie StaatsA Stade Rep. 23a Nr. 101.

630 Spangenberg, Erster Teil, Nr. 173.

631 StaatsA Stade Rep. 23a Nr. 96.

632 „Verordnung, wie es mit Verwahrung und Publication der gerichtlich niedergelegten Testamente gehalten werden soll, vom 22. Mai 1750", abgedruckt bei Ebhardt, Band 1, S. 663 – 665.

Arbeitsweise, die nunmehr gewissermaßen rationalisiert werden sollte. Hier ging es im wesentlichen darum, eine Regelung zur Behandlung der bei den Ämtern und Gerichten abgelieferten Testamente zu treffen. Insoweit war nämlich festgestellt worden, dass

> „*Testamenta* und andere *ultima Elogia* hin und wieder in denen Gerichten, insonderheit aber bei unseren Aemtern, nicht in eine ordentliche Verzeichniß gebracht, weniger mit der gehörigen Vorsicht und Sorgfalt aufbehalten, sondern in der gemeinen und offenen Registratur unter und zwischen anderen Sachen, auch letztere wol gar unversiegelt hingeleget werden, wodurch gar leicht verursachet werden kann, daß eines Theils der Inhalt solcher *Testamenta* und Dispositionen wider die Gebühr und wider die etwaige Absicht des *Testatoris* vor der Zeit bekannt wird; andern Theils aber selbige wol gar verlohren gehen und abhanden kommen, und sodann, nach Ableben des *Testatoris*, unter den nachgebliebenen Erben, wie die Erfahrung bezeuget, sowol *ratione existentia testamenti* als *ejusdem contentorum*, allerhand beschwerliche und verdrießliche Irrungen und Processe entstehen."

Zur künftigen Vermeidung dieser Mißstände waren letztwillige Verfügungen deshalb noch in Gegenwart der sie abliefernden Person zu versiegeln und anschließend in ein Verzeichnis einzutragen, dessen Anlegung bei jedem Amt und Gericht angeordnet wurde.

2.3.3.5 Zum Strafrecht

Im Strafrecht wurde für den Diebstahl eines Pferdes mit kgl. Reskript vom 30. September 1740[633] eine lebenslange Freiheitsstrafe festgesetzt. Es ergingen Patente zur „Bestrafung der Münzverringerung"[634] und zur „Bestrafung der Giftmischerey"[635]. Bei ersterem Delikt wurde die Todesstrafe durch den Strang angeordnet wie auch bei dem zweiten für alle Beteiligten, auch für jene, die das Gift wissentlich gekauft hatten, und selbst dann, wenn es beim Versuch verblieben war. Die Vollstreckung der Todesstrafe war „nach Beschaffenheit der Umstände" zu erkennen. Zum Einbruchdiebstahl wurde wegen entstandener Bedenken in den Justizkanzleien angeordnet[636], dass dieser immer mit dem Tode zu bestrafen sei, „ohne Unterschied, ob die Häuser leimerne[637] oder gemauerte Wände haben." Dabei berief sich diese Verordnung zur Begründung ausdrücklich auf die Carolina, die insoweit keinen Unterschied bei der Deliktsqualifizierung mache. Wohl wegen weiterhin nicht ausgeräumter Zweifel wurde unter

---

[633] StaatsA Stade Rep. 23a Nr. 91.

[634] Patent vom 1. Februar 1744: Spangenberg, Erster Teil, Nr. 303.

[635] Patent vom 9. März 1744: Spangenberg, Erster Teil, Nr. 310, dort auch das folgende Zitat.

[636] Landesherrliches Reskript vom 30. Juni 1745: StaatsA Stade Rep. 23a Nr. 96 und Spangenberg, Erster Teil, Nr. 371, dort auch das folgende Zitat.

[637] Leim = Lehm.

Bezug auf Artikel 159 der Carolina ergänzend verfügt[638], dass dort nur von „Behausung oder Behaltung" die Rede sei, was der königlichen Intention entspreche, so dass die Justizkanzleien „nach solchem Artikel und nicht nach ein und andern darüber gemachten Interpretationen auf die von Uns vorgeschriebene Art *in judicando* sich zu richten hätten."

Auf die Einhaltung der Strafvorschriften beim Diebstahl wurde wiederholt und unter Berufung auf die Artikel 159 und 162 der Carolina, die die Todesstrafe androhten, hingewiesen[639], denn die Justizkanzleien waren wohl häufiger hiervon abgewichen, so dass an entsprechende frühere Verordnungen erinnert wurde und vom König ausdrücklich bekundet, „wie Unsere Meinung nicht dahin gehe, daß die Todes-Strafe nicht statt haben solle" bei mehrfachem Diebstahl. Hinsichtlich der Diebstähle durch im Haus beschäftigte Personen wurde unter Bezug auf das kgl. Reskript vom 22. März / 2. April 1734[640] die entstandene Zweifelsfrage, ob die Handwerksgesellen, die bei den Meistern in Kost und Lohn standen, auch dazu zu zählen seien, mit kgl. Reskript vom 3. / 14. März 1747[641] dahin beantwortet, dass „alle Haus-Bediente, so in eines andern Kost und Lohn stehen, sie haben Namen, wie sie wollen" damit gemeint gewesen seien.

Mit kgl. Reskript vom 4. Mai 1740[642] war auf entwichene Gefangene aus den Festungen, die dort zum Karrenschieben verurteilt worden waren, eine Belohnung von 10 RTlrn ausgesetzt und mit Verordnung vom 1. Dezember 1742[643] bestimmt worden, dass die Wächter und andere Unterbediente, wenn eine Flucht durch von ihnen verursachte Nachlässigkeit erfolgen konnte, „wasmaaßen bisher vielfältig sich begeben," mit Karrenschieben bestraft werden konnten. Hinsichtlich des Strafvollzuges wurde mit Ausschreiben der Regierung in Stade vom 20. Juli 1748[644] versucht, eine Übersicht über die aus den Herzogtümern stammenden, aber auf Kosten der Kammer, eines Amtes oder Gerichts außerhalb der Herzogtümer sich in Werk- oder Zuchthäusern aufhaltenden Personen zu erlangen.

---

[638] Kgl. Reskript vom 29. Dezember 1745: Spangenberg, Erster Teil, Nr. 413, dort auch das folgende Zitat.
[639] Kgl. Verordnung und Declaration vom 28. Mai 1754: Spangenberg, Erster Teil, Nr. 998.
[640] S. o. 2.2.2.1.
[641] StaatsA Stade Rep. 23a Nr. 98.
[642] Spangenberg, Erster Teil, Nr. 23.
[643] Spangenberg, Erster Teil, Nr. 243, dort auch das folgende Zitat.
[644] StaatsA Stade Rep. 23a Nr. 99.

Die „Criminal-Instruction“ vom 6. Dezember 1748[645] wurde im Jahre 1749 in den Herzogtümern publiziert. Sie beruhte auf der in den übrigen hannoverschen Landen bereits seit 1736 geltenden Kriminalinstruktion, die nach Einschaltung der hiesigen Stände und nach deren Stellungnahmen für die Herzogtümer erst mit deutlichem Verzug und in geänderter Form erlassen werden konnte[646]. In 15 Kapiteln enthielt sie Regelungen materieller wie formeller Art, sowie auch solche Vorschriften, die nach heutigem Verständnis zum Ermittlungs- und zum Vollstreckungsverfahren gehören. Leitend für diese Ordnung war der „processus mixtus“ (Kapitel IX § 7)[647], der damit für die Herzogtümer die verbindliche Verfahrensart geworden war. Dieses Verfahren galt zwar in weiten Teilen der übrigen deutschen Länder ebenfalls[648], es wurde aber, insoweit einmalig in Deutschland, ausschließlich in dieser „Criminal-Instruction“ ausdrücklich so benannt[649]. Kennzeichnend hierfür war die Einrichtung des amtlichen Fiskals, der den zuvor und an anderen Orten der Zeit noch üblichen privaten Ankläger ablöste. Das Strafverfahren war dadurch geteilt in die von den Beamten auf dem Lande, den Magistraten in den Städten sowie sonstigen Gerichtspersonen durchzuführende Generalinquisition (Kapitel IV der „Criminal-Instruction“), bei der es um die Ermittlung der Tat und ihrer Umstände ging und bei der der Fiskal

---

645 StaatsA Stade Rep. 23a Nr. 99; Inhaltsverzeichnis sowie letztes Kapitel s. Anlage 2 – 12. Das Vorwort lautete: „Demnach uns unsere Regierung der Hertzogthümer Bremen und Verden, allerunterthänigst zu vernehmen gegeben, wasgestalt in Betracht, des daselbst unter Direction Unser Justitz-Cantzeley, annoch zum Theil üblichen processus accusatorii, die in Unsern übrigen teutschen Landen, publicirte Criminal-Instruction vom 30. April / 11. May 1736 nicht allerdings bey allen Vorfällen statt haben, und darvon Gebrauch gemacht werden könne: Wir aber nicht minder wollen, daß auch daselbst, sowohl bey der Justitz-Cantzeley, und dieser unterworffenen Aemtern, als andern Gerichten, die die Criminal-Jurisdiction hergebracht haben, die peinlichen Sachen, mit möglichster Sorgfalt, mögen geführet, und dabey, so viel es nach Gestalt der Sachen angehet, beschleuniget werden; Als haben Wir nöhtig erachtet, die vormahls in Unsern übrigen teutschen Landen publicirte Criminal-Instruction, so viel diese beyde Hertzogthümer betrifft, nach Maaßgebung des daselbst üblichen processus, in etwas zu ändern: Setzen, wollen und befehlen aber hierbey, daß Unsere Justitz-Cantzeley und Beamte, wie auch Magistrate und übrige Gerichts-Persohnen, in so weit der Einhalt dieser Verordnung, sich auf jeglichen schicket, bey allen künfftig vorkommenden Fällen, selbiger genau nachkommen, und dagegen auf keine Weise handeln, als lieb einem jeden ist, GOttes schweren Zorn und Ungnade, auch Unsere unausbleibliche Straffe und Ahndung zu vermeiden.“ Abgedruckt bei Spangenberg, Vierter Teil, 3. Abt., Anhang Nr. II.

646 Zur Übernahme in den Herzogtümern vgl. Thomas Krause, S. 30ff.

647 Kapitel IX § 7 lautete u. a.: „So viel aber Unsere *Justitz*-Cantzelley betrifft, so bleibet, nach dem daselbst gebräuchlichen *Processu mixto* es bey dem hergebrachten, ...“; ebenso erwähnt in Kapitel XI § 4 und XII § 11.

648 Nach Eberhard Schmidt, Geschichte, S. 179, galt er u. a. auch in den Verfahren des Ostpreußischen Landrechts von 1620 sowie im Verfahren der Hessen-Darmstädtischen Peinlichen Halsgerichtsordnung von 1726.

649 Vgl. Eberhard Schmidt, Geschichte, S. 178f.

mitwirkt; er war jedoch immer dann zu beteiligen, wenn der Täter nicht sofort die Tat gestand: in solchen Fällen hatten die Beamten und sonstigen Gerichtspersonen seinen „Verhaltungs-Befehl zu gewärtigen“ (Kapitel IV § 5). Diese durchaus eingeschränkte Einflußnahme mag auch damit zusammenhängen, dass für die gesamten Herzogtümer lediglich ein Fiskal als Beamter der Stader Regierung tätig war. Erst nach dieser „Vorermittlung“ ging es um die Anklage oder auch die Spezialinquisition (Kapitel VII der „Criminal-Instruction“), in der der Fiskal im schriftlichen Verfahren zunächst die Zeugenbeweisartikel einzureichen hatte, auf die vom Verteidiger des Beschuldigten erwidert werden konnte, wozu wiederum der Fiskal Stellung zu nehmen hatte. Ob darin tatsächlich eine Abkehr vom bisherigen Strafverfahren zu sehen gewesen ist, muß bezweifelt werden, denn noch im Jahre 1788 war die Frage der Aufgabe des gemischten Prozesses zugunsten des inquisitorischen vom Justizkollegium im Auftrag der Stader Regierung gutachtlich erörtert worden[650].

Der hannoverschen Justizkanzlei war vom Geheimen Ratskollegium im Jahre 1740 mitgeteilt woden[651], dass bei Delinquenten, die die Tortur überstanden hatten, die Justizkanzlei ein Gutachten darüber zu erstatten und die Entscheidung des Geheimen Ratskollegiums abzuwarten habe, „ob der Inquisit nach ausgestandener Tortur zu dimittiren, oder der wider ihn vorgekommenen Umstände halber, mit Karrenschieben zu belegen sey, so wird solches auch hinführo gelten.“ Auch wenn ein solches Reskript ausschließlich an die hannoversche Justizkanzlei gerichtet war, zeigt dies doch, dass im ganzen Land offenbar Verdachtsstrafen verhängt werden konnten und wohl auch verhängt wurden, wenn in der Tortur kein „gewünschtes Ergebnis“ erzielt worden war.

2.3.3.6 Zur Veröffentlichung der Rechtsnormen

Eine erneute Publizierung der geltenden Normen unter Bezug auf die Polizei- und Deichordnung des Jahres 1732, und damit letztlich auf das seit schwedischen Zeiten geltende Regelwerk, erfolgte im Jahre 1749 unter dem Titel „Fernerweiter Anhang zu der in anno 1732 aufgelegten Polizei-, Teich-, Holtz- und Jagd-Ordnung der Herzogthümer Bremen und Verden“. Es handelte sich um eine nach verschiedenen Rechtsmaterien geordnete und nunmehr 584 Verordnungen umfassende Sammlung. Auch hier hatten die Stände umfangreiche Bedenken und Stellungnahmen vorgetragen hinsichtlich der aufzunehmenden und damit zum Teil neu zu publizierenden Vorschriften[652].

---

650 S. u. 2.4.3; nach StaatsA Stade Rep. 31 Titel 7m Nr. 2, Bl. 6 - 9.

651 Reskript vom 28. September 1740: Spangenberg, Erster Teil, Nr. 71.

652 Die Fülle der 197 Verordnungen, die hier enthalten waren, sowie die vorhandenen umfangreichen Stellungnahmen der Stände und der Regierung, lassen im Rahmen dieser Arbeit

2.3.4 Zusammenfassung

In der Mitte des Jahrhunderts war nach dem Abschluß der Machtsicherung in den Herzogtümern nunmehr der Wille zur Gestaltung dieses Territoriums erstmals deutlich in den Vordergrund getreten. Dies betraf insbesondere die Regelung der Amts- und Justizverhältnisse auf dem Lande.

2.4 Die weitere Entwicklung bis 1803

2.4.1 Allgemeiner Überblick

Das öffentliche Denken der Zeit war zunehmend geprägt vom Geist der Aufklärung[653]. Diese umfaßte als ein „Reformprogramm ... nahezu alle Lebensbereiche"[654], sie äusserte sich mit Kritik an Traditionen und Autoritäten; ihr politisches Ideal war „die gute Regierung"[655]. Der ideengeschichtliche Hintergrund der Zeit umfaßte ferner u. a. Montesquieus Gedanken zur Gewaltenteilung und zur konstitutionellen Monarchie[656] sowie Rousseaus Vorstellung vom Staatswesen auf der Basis einer vertraglichen Gestaltung seiner Mitglieder[657], dies waren gegenüber dem bisherigen Zustand umwälzende Neuerungen; beide Autoren gehörten damals „zu den am meisten gelesenen und gefeierten Autoren im Deutschland der zweiten Hälfte des 18. Jahrhunderts."[658]

---

eine nähere Auseinandersetzung mit diesem „Fernerweiten Anhang" und dessen Entstehung nicht zu; die Entstehung und die Stellungnahmen der Stände sind in StaatsA Stade Rep. 31 Titel 1 Nr. 26 enthalten. Die insgesamt 584 Verordnungen aus dem vorgenannten „Fernerweiten Anhang" und der Polizeiordnung des Jahres 1732 sind zwar nach Materien geordnet, aber „sehr mangelhaft und gewähren in Beziehung auf das Privatrecht nur eine kärgliche Ausbeute" so Schlüter, Quellen, S. 94.

[653] Ulrich Eisenhardt, Deutsche Rechtsgeschichte, 3. Aufl., München 1999, Rdnr. 281, der dies auch auf die herrschende Staatsauffassung bezieht.

[654] Franklin Kopitzsch, Grundzüge einer Sozialgeschichte der Aufklärung in Hamburg und Altona, Hamburg, 2. Aufl. 1990, S. 667.

[655] So im Kern Immanuel Kant in seiner Schrift „Idee zu einer allgemeinen Geschichte in weltbürgerlicher Absicht", 1784. Hierzu gehörte nach seiner 1795 erschienenen Schrift „Zum ewigen Frieden" auch die republikanische Staatsform, bei der für ihn als entscheidendes Kriterium gesetzgebende und ausführende Gewalt getrennt waren, vgl. Winkler, S. 43f.

[656] Seine Schrift „De l'esprit des lois" erschien 1748.

[657] Seine Schrift „Du contrat social" erschien 1762.

[658] Winkler, S. 40.

Insgesamt fand in den Strukturen der Staaten ein „grosser Umbruch“[659] statt, der sich deutlich in der Verfassung der Vereinigten Staaten von Amerika vom 4. Juli 1776 manifestierte, ohne dass dem hierzulande merkbare Veränderungen der Normen oder gar Konstitutionen[660] folgten. Das Ancien Régime begann gleichwohl nunmehr auch in Europa abzudanken zugunsten einer in Ansätzen bürgerlichen Gesellschaft. Über eine weitgehend unparteiisch arbeitende Justiz, die sich „dem, was man später den Rechtsstaat nannte,“[661] schon annäherte, sowie über eine rationale Verwaltungsstruktur[662] verfügte unter den deutschen Flächenstaaten in der zweiten Hälfte des 18. Jahrhunderts allein Preußen[663], das gemeinhin als ein fortschrittlicher Staat galt. Zu den damaligen deutschen Zuständen der staatlichen Strukturen bemerkte ein hannoverscher Beamter, der „Reichsverband war seit geraumer Zeit, in Rücksicht etwas bedeutender Staaten, äußerst schlaff. Und dennoch wirkte dieses schlaffe Band im allgemeinen viel mehr und viel länger, als die tief sehendsten Politiker im voraus zugegeben hätten“[664]. Insoweit bemerkte Brandes wohl weiter zutreffend: „Die Zentralpunkte der politischen Gesamtheit Deutschlands, Regensburg[665] und Wetzlar[666], stellten bei näherer Betrachtung keinen sehr ehrwürdigen Anblick des Reichsverbandes dar“[667]. Allgemein respektierte, übergeordnete staatliche Einrichtungen, so kann man hieraus folgern, bestanden nur sehr begrenzt, weil letztlich eine Staatsbildung nur auf partikularer Ebene möglich war[668]. Nach der Französischen Revolution herrschte bei den Regierungen aller deutschen Staaten eine große Furcht vor einem Übergreifen der revolutionären Stimmung auf die eigenen Territorien, was sich im Kurfürstentum Hannover u.a. darin äußerte, dass am 29. Oktober 1792 ein Aufenthaltsverbot für reisende Franzosen erlassen wurde, das im folgenden Monat zudem auf alle Emigranten ausgedehnt wurde, weil unter diesen

---

[659] Thomas Nipperdey, Deutsche Geschichte. 1800 – 1866, München 1984, S. 11.

[660] Eine Chronologie der Verfassungen seit 1789 ist verzeichnet bei Dieter Grimm, Die verfassungsrechtlichen Grundlagen der Privatrechtsgesetzgebung, in: Helmut Coing (Hrsg.), Handbuch der Quellen und Literatur der neueren europäischen Privatrechtsgeschichte, Band III, München 1982, S. 51f.

[661] Golo Mann, Deutsche Geschichte des 19. und 20. Jahrhunderts, Frankfurt/M 1964, S. 40.

[662] Nach Winkler, S. 43, war in den preußischen Domänen bereits ab 1777 die Bauernbefreiung eingeführt worden, dagegen im Reich erst ab 1808.

[663] Durch die in den 1790er Jahren einsetzende Säkularisierung und die damit einhergehende Gebietserweiterung wurde Preußen in Norddeutschland zunehmend zu einer die hannoverschen Interessen berührenden Macht, vgl. Schnath, Sachsenstamm, S. 48f.

[664] E(rnst) Brandes, Betrachtungen über den Zeitgeist in Deutschland in den letzten Decennien des vorigen Jahrhunderts, Hannover 1808, S. 4f.

[665] Seit 1663 Sitz des Immerwährenden Reichstages.

[666] Sitz des Reichskammergerichtes seit 1693.

[667] Brandes, S. 11.

[668] Dieter Grimm, Deutsche Verfassungsgeschichte 1776 - 1866, Frankfurt/M 1988, S. 45.

Agenten vermutet wurden[669]. Die Staatsform der Republik wurde zu dieser Zeit wegen der in Frankreich bald einsetzenden Gewalttätigkeiten und dessen aggressiv-militärischer Politik der Gebietserweiterung zunehmend weniger als Vorbild für eine Änderung der hiesigen staatlichen Strukturen angesehen[670].

In dem am 5. April 1795 zu Basel geschlossenen Frieden zwischen Preußen und Frankreich erwirkte Preußen, dass Norddeutschland neutral blieb. Kurhannover konnte sich dem preußischen Drängen nach Beitritt zum Vertrag nicht entziehen und schloß sich dem Bündnis im August 1795 an[671]. Zur Sicherung vor Übergriffen fremder Staaten auf die bestehende Neutralität organisierten die norddeutschen Staaten eine Observationsarmee unter dem Kommando des Braunschweiger Herzogs mit Hauptquartier in Minden. Zur Beschlußfassung über die Finanzierung dieser Armee wurde erstmals nach über einhundertjähriger Pause zum 22. April 1796 der Niedersächsische Kreistag nach Hildesheim einberufen, dem bis auf Goslar alle kreisangehörigen Territorien nachkamen[672]. Mit dem Ende des Kreistages im Juni 1797 war die norddeutsche Neutralität reichsrechtlich sanktioniert. Während dieser nun folgenden „norddeutschen Friedenszeit"[673] befand sich Norddeutschland in einem Zustand gewisser wirtschaftlicher Prosperität[674].

Die Justiz im Heiligen Römischen Reich Deutscher Nation war, entsprechend den staatlichen Strukturen, von einem einheitlichen Zustand weit entfernt. In der Entwicklung zur Öffentlichkeit der Verfahren sowie im Strafverfahren überhaupt, z. B. Festhalten an der Folter in Hannover[675], kann eine vergleichbare Diskrepanz in den verschiedenen deutschen Territorien festgestellt werden. Der Prozess einer „Verstaatlichung der Justiz"[676] ist erst in Ansätzen erkennbar. Für Hannover kam während dieser letzten Jahrzehnte des 18. Jahrhunderts erschwe-

---

[669] Römer, S. 335.

[670] Dies ist nicht zuletzt auf die Schriften Edmund Burkes zurückzuführen, vgl. Winkler, S. 44.

[671] Römer, S. 338f.

[672] Römer, S. 340f.

[673] Römer, S. 341.

[674] Walter Achilles, Die Lage der hannoverschen Landbevölkerung im späten 18. Jahrhundert, Hildesheim 1982, S. 128ff., insbesondere die Tabelle S. 133 mit der Gegenüberstellung von 1765 und um 1800; ders., Ländliche Wirtschafts- und Sozialgeschichte von der Mitte des 17. Jahrhunderts bis zum Beginn des 19. Jahrhunderts, S. 723f., in: Christine van den Heuvel, Manfred von Boetticher (Hrsg.), Geschichte Niedersachsens, Dritter Band, Teil 1, Hannover 1998.

[675] Zu deren Anwendung und endgültiger Abschaffung vgl. Thomas Krause, S. 32ff.

[676] Wehler, S. 228.

rend hinzu, dass der seit dem Jahre 1760 regierende König Georg III.[677], der erste Landesherr werden sollte, der seine hannoverschen Lande nie betrat[678]. Der Geheime Rat in Hannover war auch im Hinblick auf die eingeschränkten Kommunikationsmöglichkeiten der damaligen Zeit weitgehend auf sich gestellt, eine Tendenz zur Entwicklung eigener Initiativen ist kaum erkennbar. Kennzeichnend für die damalige Zeit war die „Sekretariokratie“[679], die Herrschaft der den zehn Geheimen Räten oder Ministern zuarbeitenden Sekretäre. Die in den Jahren 1801/02 durchgeführte Neuorganisation der Regierungszentrale in Hannover änderte an diesem Zutand wohl nicht sehr viel. Das Geheime Ratskollegium hieß nunmehr „Königlich-Kurfürstliches Staats- und Kabinettsministerium“, es wurde zudem zweigeteilt in das Kabinettsministerium, das sich mit den Verfassungs- und Verwaltungsangelegenheiten sowie der Außenpolitik des Landes zu beschäftigen hatte, und das Staatsministerium, das u. a. für die Verwaltung der Provinzen zuständig war und des weiteren in Departements unterteilt wurde. Weil über einen längeren Zeitraum die an der Spitze der Zentralregierung in Hannover frei werdenden Stellen nicht wieder besetzt wurden, galt schließlich das alte ministerielle Kollegialprinzip statt des Ressortprinzips[680]. Dies ist für das Untersuchungsgebiet deshalb erwähnenswert, weil 1789 das Ressort der „Bremer Landessachen“ und 1796 das Justizressort vakant wurden und beide bis zum Beginn der französischen Herrschaft nicht wiederbesetzt worden sind[681].

Ein Patent vom 1. Januar 1801[682] gab die Veränderung des Königlichen Titels bekannt, „nach der glücklich zu Stande gebrachten Union Unserer Königreiche Großbritannien und Irrland“, die damit auch für die hiesigen Behörden und Gerichte eine notwendige Änderung in deren Titulatur zur Folge hatte. Die Hannoversche Flagge änderte sich darauf gemäß Ausschreiben vom 28. August 1801[683]. Dies war die wohl bemerkenswerteste Änderung für die hannoverschen Untertanen, die jedem erkennbar war.

---

[677] Seine Amtszeit begann mit dem Tod seines Großvaters Georg II. am 25. Oktober 1760 und endete mit seinem Tod am 29. Januar 1820, jedoch krankheitsbedingt faktisch bereits im Jahre 1811.

[678] Vgl. Oberschelp, Niedersachsen 1760 – 1820, S. 11ff.

[679] v. Meier, Band 1, S. 491.

[680] Römer, S. 318; das Patent vom 8. Februar 1802 ist abgedruckt bei Spangenberg, Vierter Teil, 1. Abt, Nr. 258.

[681] Römer, S. 318; vgl. auch v. Meier, Band 2, S. 94 und S. 120.

[682] Spangenberg, Vierter Teil, 1. Abt, Nr. 153.

[683] Spangenberg, Vierter Teil, 1. Abt, Nr. 212; zur neuen Schiffsflagge mit Flaggenzeichnungen s. StaatsA Stade Rep. 40 Nr. 230.

2.4.2 Der Verwaltungs- und Gerichtsaufbau

2.4.2.1 Die oberen Verwaltungs- und Justizeinrichtungen

Die bisherigen Regelungen zum Erlaß allgemeiner Anordnungen wurden mit Reskript vom 12. Mai 1772 neu gefaßt[684]. Danach wurde bestimmt, dass die für das gesamte Kurfürstentum gültigen Verordnungen mit der Unterschrift des Geheimen Ratskollegiums in Hannover, jedoch solche nur für die Herzogtümer geltenden Verordnungen, die vorher mit den Landständen beraten worden waren, mit der Unterschrift der Stader Regierung zu publizieren waren. Die Bekanntmachung hatte in der Weise zu erfolgen, dass die Verordnungen als Patente einzeln zu drucken und danach öffentlich anzuschlagen und zu verlesen waren. Insoweit galt für die Stadt Stade eine Sonderregelung, denn die dort anzuschlagenden oder von den Kirchenkanzeln zu verlesenden Verordnungen mußten zuvor dem „worthaltenden Bürgermeister“ zugesandt werden, der die Publikation dann „ohne einen Zusatz“ zu veranlassen hatte. Es handelte sich mithin um ein sehr formales Mitwirkungsrecht, aber es zeigt gleichwohl die durchaus eigene und recht selbstbewußte Vorrangstellung dieser Stadt in den Herzogtümern. Die Bekanntmachung der Verordnungen und dergl. gegenüber der Bevölkerung war jedoch weiterhin mangelhaft geregelt, denn eine generelle Anordnung zum einzuhaltenden Verfahren bestand insoweit nicht.

Die Bemühungen um die Neuordnung der ländlichen Gerichtsbarkeit verliefen sich ohne greifbares Ergebnis. So arbeiteten die Beamten im Amt Bremervörde noch im Jahre 1762 an der Aufforderung des Geheimen Rats in Hannover aus dem Jahr 1749, über die dortigen ländlichen Gerichtsbarkeiten Auskunft zu erhalten, ohne bislang zu einem Abschluß gekommen zu sein[685]. Im Jahre 1767 erinnerte die Kammer noch einmal an den Fortgang der Arbeiten, nach dem Tod des Kammerpräsidenten von Münchhausen im Jahre 1770 ist sie darauf nicht wieder zurückgekommen[686]. Eine Bestandsaufnahme der Herzogtümer kann für das gesamte 18. Jahrhundert deshalb weiterhin nur unter Vorbehalt gemacht werden. Erst das 19. Jahrhundert erreichte hier einen Fortschritt[687].

---

[684] Dies wurde der Regierung in Stade mit Schreiben des Geheimen Rates in Hannover vom 20. Mai 1772 bekanntgegeben: StaatsA Stade Rep. 31 Titel 1 Nr. 44, Bl. 5; die Angabe bei Schlüter, Quellen, S. 106, das Reskript sei am 20. März erlassen, ist falsch. Die hannoverschen Verordnungen sind wohl häufig in 500 Exemplaren von Hannover nach Stade gesandt worden, aber dies war nicht üblich, „wenigstens ist eine gewisse Regul davon aus den vorkommenden Fällen nicht zu *abstrahi*ren,“ und auch die Verordnungen der übigen Hannoverschen Länder seien nur unregelmäßig übersandt worden, so der Sekretär Wehner in einem Pro Memoria vom 17. Mai 1774: ebenda, Bl. 6.

[685] von Lehe, S. 150, s. o. 2.3.2.1.

[686] von Lehe, S. 150f.

[687] von Lehe, S. 150.

Die an die Landesregierung abzustattenden Berichte waren künftig ohne Titulatur und Curialien zu versehen, was mit einem Beispiel in der Verordnung vom 16. Juli 1800[688] bestimmt worden war und was den künftigen Stil der Berichte ersichtlich sachlicher gestalten sollte.

2.4.2.1.1 Die Regierung

Der seit 1746 amtierende stellvertretende Chef der Stader Kollegien, Bodo Friedrich von Bodenhausen, wurde 1757 auch nominell Erster Regierungsrat und erhielt im Jahre 1769 den Rang eines „Wirklichen Staatsministers". Zu seinem Nachfolger[689] wurde Gotthelf Dietrich von Ende ernannt, der zuvor Oberappellationsrat gewesen war und nunmehr „Wirklicher Geheimer Rat und ordentlicher Staatsminister" wurde. Von Ende blieb bis zu seinem Tod am 13. Oktober 1798 im Amt[690]. Sein Nachfolger wurde nach einer längeren Zeit der Vakanz dieses Amtes der „Wirkliche Geheime Kammerrat" Christian Ludwig von Hake, der zudem im Jahre 1801 den Titel eines Staatsministers erhielt[691] und der während der Zeit dieses Untersuchungsabschnittes im Amt blieb.

Als Regierungsräte wurden bei der Regierung in Stade in dieser Zeit eingestellt[692]:

Ernst Josua von Bülow am 28. Oktober 1765[693],
Eberhard von der Decken am 23. Februar 1770[694],
Claus von der Decken jun. am 11. Februar 1780[695],
Johann Georg von Uslar am 22. September 1788,
Moritz von Borstel am 14. Oktober 1796.

Mitglieder der Regierung waren im Jahre 1761

Geheimer Rat Bodo Friedrich von Bodenhausen,
Regierungsrat Otto Wilhelm von Wersebe,
Regierungsrat Ernst August Wilhelm von dem Bussche,
als Sekretäre:
Christian Strüve,

[688] Spangenberg, Vierter Teil, 1. Abt, Nr. 67.
[689] Nach Rauch, S. 76, verstarb von Bodenhausen am 25. Dezember 1782.
[690] Rauch, S. 76.
[691] Rauch, S. 76f.
[692] Unterschriften und Daten auf dem Eidesformular: StaatsA Stade Rep. 40 Nr. 1141; s. o. 2.3.2.1.1 und 2.2.2.1.1.
[693] von Bülow blieb bis 1789 im Amt.
[694] Eberhard von der Decken blieb bis 1779 im Amt.
[695] Claus von der Decken jun. blieb bis 1797 im Amt.

Chr. Adolph Brandes,
Carl Friedrich Lodemann,
sowie vier Kanzlisten.[696]

Der Regierung unterstanden zudem

Dr. Peter Christian von Finckh, *Advocatus Camerae*,
Dr. Hinrich Eitzen, *Commissarius fisci*.[697]

Der *Commissarius fisci* ersuchte die Regierung im Mai 1795[698] um seinen Ruhestand, weil er nunmehr über 80 Jahre alt sei seit und mehr als 50 Jahren dieses Amt bekleidet habe[699]. Die Regierung in Stade unterstützte in ihrem Schreiben vom 29. Juni 1795[700] an den Geheimen Rat in Hannover seinen Wunsch, „daß er bei seinem hohen Alter von fernerer Wahrnehmung seiner Dienstgeschäfte, jedoch unter Beybehaltung seiner Besoldung, dispensiert werden möge." Es schlug zugleich „einen der geschicktesten hiesigen Anwälde, den Niedergerichts *Secretarium* Georg Ernst Cammann" als Nachfolger vor. Weil Eitzen am 10. März 1796 verstarb, mußte die Frage seines Ruhestandes nicht mehr entschieden werden, vielmehr konnte unmittelbar danach Cammann dieses Amt übernehmen. Das Gesuch Cammanns vom 21. Februar 1800[701] um eine Erhöhung seines Gehaltes von jährlich 300 RTlr wurde zwar von der Regierung in Stade mit Schreiben vom 12. März 1800[702] an den Geheimen Rat in Hannover grundsätzlich unterstützt, aber mit der Begründung versehen, daß das Gehalt „nach dem jetzigen Werth des Geldes in keinem Verhältniß stehe, solches leidet keinen Zweifel; dies ist aber die allgemeine Klage aller herrschaftlichen Bedienten, deren Gehalt in alten Zeiten bestimmet worden ist"[703] und deshalb in das Ermessen des Geheimen Rats in Hannover gestellt, ohne dass dessen Antwort ersichtlich ist.

Für alle Bedienten galt weiterhin das alte Amtsreglement vom 29. August 1714, das anläßlich einer strafrechtlichen Untersuchung gegen einen Beamten

---

[696] Staatskalender auf das Jahr 1762.
[697] Staatskalender auf das Jahr 1762.
[698] Dies und das folgende nach StaatsA Stade Rep. 31 Titel 7m Nr. 2.
[699] Eitzen war mit Urkunde vom 15. Februar 1743 in dieses Amt berufen worden: StaatsA Stade Rep. 31 Titel 7m Nr. 2, Bl. 12 - 15.
[700] Die bei dieser Gelegenheit von der Regierung in Stade angestellten Überlegungen zum Ende dieses Amtes wegen des geänderten Verfahrens in Kriminalsachen werden unter 2.4.3 näher dargestellt.
[701] StaatsA Stade Rep. 31 Titel 7m Nr. 2, Bl. 38 - 41.
[702] StaatsA Stade Rep. 31 Titel 7m Nr. 2, Bl. 37.
[703] StaatsA Stade Rep. 31 Titel 7m Nr. 2, Bl. 37.

wegen unterschlagener Gelder in Erinnerung gerufen wurde[704] und das in seinem Artikel 25 „Unsern heimlassenden Geheimten-Rähten" freistellte, wie sie in solchen Fällen verfahren und ob sie den Beamten in Haft nehmen wollten. Es war sowohl in der Behandlung der Sache wie bei den möglichen eintretenden Folgen geradezu eine Blankettermächtigung.

2.4.2.1.2 Die Landstände

Die Landstände setzten sich für eine umfassende Erneuerung einer Publikation aller Landesverordnungen ein, nachdem sie von der Regierung in Stade mit Schreiben vom 8. März 1776 von deren entsprechendem Plan in Kenntnis gesetzt worden waren[705]. Beigefügt waren von den Ständen neben allgemeinen Anmerkungen auch ein Verzeichnis, das die aufzunehmenden Verordnungen umfaßte und das insgesamt 91 Anordnungen enthielt sowie 14 einzelne Punkte zum Anhang der Polizeiordnung des Jahres 1749.

Die Bremischen Stände hatten einen Streit mit der Kammer über Anbauern auf der Geest und in den Mooren durch einen Vergleich vom 30. September 1780 beigelegt[706]. Hier hatten sich „Mißhelligkeiten" dadurch ergeben, dass die Gutsherren an den von den neuen Anbauern zu erlegenden Kontributionen beteiligt werden wollten. Die Kammer hatte bislang behauptet, das Recht zu haben, Anbauern auch an den Orten setzen zu können, an denen sie selbst keine landesherrlichen Meier hatte. Hierauf verzichtete sie für die Zukunft und erkannte dieses Recht „als ein wesentliches Stück des Gutsherrn-Rechts" an, so dass die Gutsherren künftig einen Anteil am Meierzins verlangen konnten. Weil bei manchen Orten verschiedene Gutsherren Rechte innehatten, wurden die Ämter beauftragt, insoweit Untersuchungen anzustellen und sodann den Gutsherren mit den größten Anteilen zum „Principal-Gutsherrn" zu erklären und ihm die gutsherrlichen Rechte zuzuweisen, jedoch mit der Maßgabe, dass im Meierbrief die Zinsanteile der übrigen Gutsherren gesondert aufzuführen seien. Zudem verpflichteten sich die Vergleichsparteien dahin, keine einseitigen Verfügungen vorzunehmen, sondern alles gemeinschaftlich zu regeln; es wurde mithin eine Art Schiedsgerichtsvereinbarung getroffen. Erst nach deren Scheitern war die Sache der Landesregierung vorzulegen, weil es sich um „eine bloße Policey- und Regiminal-Sache, welche für die Justitz-Collegia nicht gezogen werden kann", handele. Die „Contributions- und Einquartirungs-Freyheit" der Anbauern

---

[704] Reskript des Geheimen Ratskollegiums vom 30. Oktober 1780: Spangenberg, Dritter Teil, Nr. 51.
[705] Schreiben der „Land-Stände Hertzogthums Bremen" vom 4. Juni 1777: StaatsA Stade Rep. 31 Titel 1 Nr. 26.
[706] Spangenberg, Dritter Teil, Nr. 50, dort auch die folgenden Zitate, s. o. 2.3.

in den landesherrlichen Mooren blieb auch künftig erhalten, sollte sich jedoch nicht auf die übrigen Abgaben, die insbesondere in Kriegszeiten fällig wurden, erstrecken. Hinsichtlich der „von den Landes-Eingesessenen aufzubringenden Criminal-Atzungs- und anderer dahin gehörigen Kosten" war eine Regelung noch vorbehalten worden, jedoch sollten damit die alten Eingesessenen nicht beschwert werden, also keine Umlage auf die übrigen Einwohner des Gebietes erfolgen. Der Vergleich wurde wirksam mit der Unterschrift des Königs, die am 27. Oktober 1780 erfolgte. Wegen verschiedener Zweifel, welchem Gutsherrn die entstehenden Meiergefälle letztlich zustehen sollten und wie diese abzuführen waren, wurde insoweit mit kgl. Reskript vom 5. November 1784[707] angeordnet, dass der Prinzipalgutsherr der alleinige Inhaber des Weinkaufsrechts[708] sei und dieses nicht teilen müsse und dass die Meier die einzelnen Gefälle im übrigen aufzuteilen und an die verschiedenen Gutsherren anteilig zu bezahlen hätten, so dass dem Prinzipalgutsherrn keine Ermächtigung zum Einzug der Forderungen für die restlichen gutsherrlichen Anteile zustand.

Die Zahl der landtagsfähigen Güter belief sich im Jahre 1772 im Herzogtum Bremen auf 63 bei insgesamt 260 vorhandenen Gütern und im Herzogtum Verden auf 18[709]. Diese 81 stimmberechtigten Gutsherren nahmen mithin die Rechte des Landes wahr, dabei war es zudem möglich, dass einzelne Personen mehrere Güter und damit mehrere Stimmrechte besaßen. Sofern sich die Güter im Besitz nichtadeliger Bürger befanden, standen diesen keine Rechte auf den Landtagen zu, was in dieser Weise nur in den Herzogtümern Bremen und Verden geregelt war, nicht jedoch bei den übrigen Landständen des Kurfürstentums Hannover[710].

Bei den Landständen waren im Jahre 1761 folgende Personen im Amt:

Johann Christian von Düring, Ritterschaftspräsident,
als Vertreter des Herzogtums Bremen:
Nicolaus Benedix von der Decken, Landrat,
Johann Friedrich von Issendorff, Landrat,
Caspar Ludwig Schulte, Landrat,
Adolph Friedrich von Brummer, Landrat,
Johann Arend von der Lieth, Landrat und Oberhauptmann,
Johann Otto von Düring, Landrat,
Christian Ernst Benten, Bürgermeister der Stadt Stade und Landrat,

---

707 Spangenberg, Dritter Teil, Nr. 226.
708 Es handelte sich um einen Geldbetrag, der bei Eintritt in das Meierverhältnis und bei der Übernahme des Hofes zu zahlen war, HRG, Fischer, „Weinkauf".
709 Reinicke, Landstände, S. 76; nach v. Meier, Band 1, S. 231, beliefen sich diese Zahlen im letzten Jahrzehnt des Jahrhunderts auf 57 im Herzogtum Bremen und auf 18 im Herzogtum Verden; dort auch näher zum Erwerb der Rechte an den landtagsfähigen Gütern.
710 v. Meier, Band 1, S. 233.

Daniel Alb. Gottl. Poppe, Bürgermeister der Stadt Stade und Landrat,
Dr. Sam. Johann Hartmann, Bürgermeister der Stadt Buxtehude, Hofgerichtsassessor und Landrat,
Joh. Michael Matthaei, Bürgermeister der Stadt Buxtehude und Landrat,
als Vertreter des Herzogtums Verden:
Johann Christoph von Schlepegrell, Landrat,
Christ. Gustav Reboom, Syndicus der Stadt Verden, Hofgerichtsassessor und Landrat,
als Bediente der Ritterschaft:
Georg Heinrich Dodt, Syndicus,
Peter Christian Riefestal, Sekretär,
Johann Dieterich von Bremen, Sekretär und Rezeptor der Brandkasse[711].

2.4.2.1.3 Die Justizkanzlei

Nach dem Tode des Direktors von Stade am 3. September 1783 wurde Otto Diedrich Wilhelm von Schlütter[712] dessen Nachfolger, der bereits 1781 Vizedirektor geworden war. Nach dessen Tod im Jahre 1786 wurde es Georg Arnold von Spilcker[713], der bis 1794 im Amt blieb. Danach stand Johann Julius Conrad von Schlütter[714] der Justizkanzlei seit 1795 als Vizedirektor vor[715].

Im Jahre 1761 standen bei der Justizkanzlei folgende Bediente[716]:

Bodo Friederich von Bodenhausen, Geheimer Rat,
Otto Wilhelm von Wersebe, Regierungsrat,
Ernst August Wilhelm von dem Bussche, Regierungsrat,
Dieterich Basilius von Stade, Kanzleidirektor,
Otto Dieterich Wilhelm von Schlüter, Justiz- und Konsistorialrat und Hofgerichtsassessor;
Georg Arnold von Spilcker, Justizrat und Hofgerichtsassessor,[717]
Gottfried Otto von Berger, Justizrat und Hofgerichtsassessor,
Heinrich Otto von Börries, Justiz- und Konsistorialat und Hofgerichtsassessor,
Hermann Friedrich Riedesel von Eisenbach, extraord. Justizrat und Hofgerichtsassessor,

---

[711] Nach dem Staatskalender auf das Jahr 1762.
[712] Zu diesem bei Haasemann, S. 59f.: er wurde geboren am 15. April 1710, Geburtsort bisher nicht ermittelt, und er starb am 14. Dezember 1786 in Stade.
[713] Zu diesem bei Haasemann, S. 60: er wurde geboren am 5. Januar 1722 in Stade als Sohn des Kanzleidirektors Johann Hinrich von Spilcker und er starb 1795; nach Schlüter, Hofgericht, Anhang, starb er am 30. November 1794.
[714] Zu diesem bei Haasemann, S. 60f.: er wurde am 25. Juli 1749 in Stade als Sohn des Kanzleidirektors Otto Dietrich von Schlütter geboren und er starb am 11. April 1825 in Stade.
[715] Er wurde erst 1806 Direktor, s. u. 4.1.2.1.3.
[716] Nach dem Staatskalender auf das Jahr 1762.
[717] Dieser erwarb im Jahre 1772 die beiden Güter Ohse und Poggemühlen im Amt Bederkesa für zusammen 35.000 RTlr, nach Roth, S. 151, dort als handschriftlicher Nachtrag von Stades im Manuskript.

als Auditor:
Henrich Wilhelm von Bülow,
als Sekretäre:
J. Friedrich Backmeister,
Henrich Friligehausen,
Otto Carl Mönner,
sowie fünf Kanzlisten und ein Pedell.

Aus Stade wechselten während dieser Zeit die Justizräte Georg Friedrich August von der Wense[718], Dietrich August Adolph von Wersebe[719], Dieterich Christian Arnold von Zesterfleth[720] und Ferdinand Adolf von Ende[721] als Oberappellationsräte nach Celle. Ein landesherrliches Reskript vom 5. April 1783[722] ordnete an, dass Räte in den Justizkanzleien nicht gleichzeitig Stellen bei der Landschaft bekleiden durften. In den Herzogtümern war hiervon kein Justizrat betroffen, denn eine solche Verflechtung bestand hier nicht[723]. Allerdings war z. B. der Justizrat von Spilcker als Gutsbesitzer Mitglied der Bremischen Ritterschaft, ohne jedoch dort ein Amt innezuhaben.

Hinsichtlich der Akteneinsicht in Zivilsachen war mit Bescheid der Justizkanzlei vom 10. Dezember 1783[724] darauf hingewiesen worden, dass diese nur auf Gesuch möglich sei, dass aber von Anwälten die Sekretarienstube nicht betreten werden dürfe, um von dort Akten mitzunehmen, weil dies zu Unordnung führe. Die vorhandenen Anwälte waren offenbar immer noch nicht allgemein bekannt, denn die Justizkanzlei mußte mit Bescheid vom 11. August 1787[725] „wegen der Winkeladvocaten" daran erinnern, dass Personen ohne Erlaubnis Prozesse führten, was zu Unordnung und nachteiligen Folgen für die Parteien führe.

---

[718] Er wurde am 27. August 1776 in Celle vereidigt, wurde dort später Vize-, und ab 1789 Präsident des Oberappellationsgerichts: OLG Celle, Festschrift 1986, S. 429 und 438.
[719] Er wurde am 27. November 1783 in Celle vereidigt und am 12. Mai 1800 als Landdrost im Range eines Generalmajors entlassen: OLG Celle, Festschrift 1986, S. 438; zu diesem s. u. 2.4.2.2.
[720] Er wurde am 15. März 1784 in Celle vereidigt: OLG Celle, Festschrift 1986, S. 438.
[721] Er wurde am 27. Februar 1792 in Celle vereidigt: OLG Celle, Festschrift 1986, S. 439.
[722] Spangenberg, Dritter Teil, Nr. 144.
[723] Jedenfalls geben dafür die Staatskalender auf die Jahre 1783 und 1784 nichts her.
[724] Spangenberg, Dritter Teil, Nr. 179.
[725] Spangenberg, Dritter Teil, Nr. 370, dort auch das folgende Zitat.

2.4.2.1.4 Das Hofgericht

Das Hofgericht hatte sich mit einem allgemeinen Bescheid vom 3. Juli 1780[726] an alle „Unter-Obrigkeiten" gewandt, um bei anstehenden auswärtigen Kommissionstätigkeiten, also der Vollstreckung von Erkenntnissen anderer als der eigenen Gerichte, die Kosten für die Parteien möglichst gering zu halten. Deshalb sollten die ergehenden Aufträge nicht an einen Rat des Justizkollegiums zu richten sein, sondern an die örtliche Ortsobrigkeit. Die Justizkanzleien des Landes waren vom Landesherrn mit kgl. Reskript vom 5. März 1789 angewiesen worden, dass künftig in Kriminalfällen die auszuzahlenden Belohnungen, Kosten und dergleichen nicht durch einen Befehl an die Beamten, sondern durch eine Anweisung zu geschehen habe, damit die Rentkammer das Weitere veranlassen könne.

Ein weiterer „Gemeiner Bescheid" des Hofgerichts vom 6. Juli 1780[727] ordnete unter Hinweis auf Titel IX § 5 der Hofgerichtsordnung an, dass die Anwälte zu Beginn ihrer Tätigkeit eine Vollmacht zu den Akten zu reichen hätten, weil es vorgekommen sei, dass diese erst nach Verkündung des Urteils eingereicht worden seien und dadurch gelegentlich die Urteile zu berichtigen gewesen seien, was als ein „zum Nachtheil des Gerichts und selbst der Partheyen herrührendes Unwesen ... nicht länger nachgesehen werden kann."

Die Sitzungen des Hofgerichts in Bremen wurden weiter unverändert abgehalten in den Jahren 1763, 1767, 1771, 1775, 1779, 1783, 1787 und 1791[728]. Die letztgenannte Sitzung wurde mit 13 Personen gehalten und mit einer Abrechnung über 1035 RTlr 4 sch abgeschlossen. Hier hatte der Geheime Rat in Hannover jedoch mit Ausschreiben vom 27. Juli 1791 die Abrechnung des Kanzleidirektors von Spilcker nicht zur Anweisung freigegeben, weil er statt der „seit der ersten Wiederherstellung der Hofgerichts-Sessionen in der Stadt Bremen im Jahre 1734 obgewalteten unveränderten Observantz" von 5 RTlr Tagegeld einen Tagessatz von 6 RTlr beantragt hatte. Der Ausgang dieses Verfahrens ist nicht ersichtlich.

Beim Hofgericht standen im Jahre 1761 folgende Bediente:

Bodo Friedrich von Bodenhausen, Geheimer Rat,
Otto Wilhelm von Wersebe, Regierungsrat,
Ernst August Wilhelm von dem Bussche, Regierungsrat,

---

[726] Spangenberg, Dritter Teil, Nr. 28 betr. das Hofgericht und ebenda, Nr. 23 betr. die Justizkanzlei in gleichem Wortlaut.
[727] Spangenberg, Dritter Teil, Nr. 30.
[728] StaatsA Stade Rep. 70 Nr. 2312 (alte Signatur: Rep. 71 Stade Nr. 67).

Dietrich Basilius von Stade, Kanzleidirektor,
Otto Dietrich Wilhelm von Schlüter, Justiz- und Konsistorialrat und Hofgerichtsassessor;
Georg Arnold von Spilcker, Justizrat und Hofgerichtsassessor,
Gottfried Otto von Berger, Justizrat und Hofgerichtsassessor,
Heinrich Otto von Börries, Justiz- und Konsistorialrat und Hofgerichtsassessor,
Hermann Friedrich Riedesel von Eisenbach, extraord. Justizrat und Hofgerichtsassessor,
als Hofgerichtsassessoren von den Landständen des Herzogtums Bremen:
Burch. G. von Schwanewede, Oberhauptmann zu Verden,
Adolph Friedrich von Brock,
Carl Heinrich Ernst Freiherr von Marschalck,
Henrich Sigismund Bacmeister, Syndicus der Stadt Stade,
Dr. Sam. Johann Hartmann, Bürgermeister der Stadt Buxtehude und Landrat,
als Hofgerichtsassessoren von den Landständen des Herzogtums Verden:
Levin von Schlepegrell, Obervoigt im Lande Wursten,
Christian Gustav Reboom, Syndicus der Stadt Verden und Landrat,
die Sekretäre und Kanzlisten waren mit denen der Justizkanzlei identisch.[729]

2.4.2.1.5 Das Konsistorium

Beim Konsistorium standen im Jahre 1762 folgende Bediente:

Bodo Friedrich von Bodenhausen, Geheimer Rat,
Otto Wilhelm von Wersebe, Regierungsrat,
Ernst August Wilhelm von dem Bussche, Regierungsrat,
Dietrich Basilius von Stade, Kanzleidirektor,
Otto Dietrich Wilhelm von Schlüter, Justiz- und Konsistorialrat und Hofgerichtsassessor,
Henrich Otto von Börries, Justiz- und Konsistorialrat und Hofgerichtsassessor,
als geistliche Räte:
Johann Hinrich Pratje, Generalsuperintendent,
Dan. Christ. Klee, Superintendent am Dom zu Bremen,
Johann Inselmann, Garnisonsprediger in Stade,
Johann Friderich von Stade, Superintendent in Verden,
als Sekretär
Joachim Wilhelm Wege,
sowie zwei Kanzlisten und ein Pedell[730].

Im Jahre 1769 hatte der Generalsuperintendent Pratje eine Kirchenordnung für die Herzogtümer fertiggestellt, die zwar Entwurf blieb, aber von der danach Teile als Verordnungen umgesetzt wurden[731]. Insgesamt scheiterte dieser Entwurf an den beständigen *monita* der Stände unter Hinweis auf ihre altherge-

[729] Nach dem Staatskalender auf das Jahr 1762.
[730] Nach dem Staatskalender auf das Jahr 1762.
[731] Otte, S. 56.

brachten Rechte, zu denen in diesem Zusammenhang das „ius patronatus" gehörte[732].

Die Bedeutung des Eides in der damaligen Zeit erhellt auch daraus, dass das Konsistorium mit Ausschreiben vom 21. Juni 1783 die Schullehrer anwies, „die Jugend fleißig über die Wichtigkeit des Eides und Meineides zu unterrichten, wie denn auch die Prediger diese Materie von Zeit zu Zeit durchnehmen, besonders sich bey der *Confirmation* davon überzeugen sollen, ob die *Confirmanden* darüber gehörige Begriffe haben."[733] Auch für den Strafvollzug war das Konsistorium in geistlicher Hinsicht zuständig, so dass es mit Ausschreiben vom 4. September 1788[734] feststellen konnte, „daß die zur Haft gebrachte Delinquenten mehrentheils im Christenthum unwissend sind und man Ursache habe, hierin den Grund ihrer Missethaten zu suchen." Es wurde deshalb den Predigern zur Aufgabe gemacht, die Gefangenen aufzusuchen und sie, „ohne sich auf ihr Verbrechen einzulassen," in der christlichen Lehre zu unterrichten.

Im übrigen dürfte die Schulordnung von 1752[735] nicht sehr erfolgreich gewesen sein, denn mit Ausschreiben des Konsistoriums vom 7. April 1785[736] mußte darauf hingewiesen werden, dass „in allen Schulen auf dem platten Lande" Rechnen und Schreiben zu lehren sei.

2.4.2.1.6 Die Landgerichte

Die allen Untertanen zukommende Rügepflicht, nach der sie zur Anzeige der vorfallenden Polizeivergehen bei der Obrigkeit verpflichtet waren, ist in den Herzogtümern gewohnheitsrechtlich anerkannt gewesen in den Ämtern Rotenburg, Schneverdingen und Zeven, für letzteres ist diese Pflicht in einer Entscheidung des OAG Celle ausdrücklich festgestellt worden[737]. Diese Pflichten konnten außerordentlich umfangreich sein, denn das Kammerausschreiben des Jahres 1783 kannte insgesamt 192 Delikte[738]. Ein Ausschreiben des Jahres 1778 legte zwar Grundsätze fest zur Abhaltung der Bruch-Landgerichte[739]. Das Verfahren war zu dieser Zeit aber wohl ohnehin schon einem starken Wandel un-

[732] Otte, S. 54f.
[733] Spangenberg, Dritter Teil, Nr. 151.
[734] Spangenberg, Dritter Teil, Nr. 429, dort auch das folgende Zitat.
[735] S. o. 2.3.2.1.5.
[736] Spangenberg, Dritter Teil, Nr. 249.
[737] Landwehr, S. 47f.
[738] Landwehr, S. 120, und S. 190ff.
[739] Ausschreiben vom 3. April 1778, Spangenberg, Zweiter Teil, Nr. 1280, näher bei Landwehr, S. 109f.

terworfen, denn gegen Ende des 18. Jahrhunderts sei es üblich geworden, ohne Beweisaufnahme nur noch die Brüche anhand der vorliegenden Protokolle festzusetzen und zu verkünden[740]. Das Verfahren war zumindest in den Herzogtümern anders gestaltet als in den übrigen hannoverschen Landen, denn ein Ausschreiben der Kammer vom 16. September 1790[741] über die Einrichtung der Landgerichtsbruchregister galt ausdrücklich nicht in den Herzogtümern. Mit Verordnung der Regierung in Stade vom 23. Januar 1801[742] wurde das bisherige Verfahren der Justiz-Landgerichte erheblich geändert. Danach waren Appellationen gegen die Entscheidungen der Untergerichte von diesen unmittelbar an die Landgerichtskommissionen zu senden, die danach über den Streitgegenstand zu befinden hatten. Damit war das Ende der einmal jährlich mit erheblichem Aufwand tagenden Justiz-Landgerichte faktisch eingetreten. Schließlich wurden 1803 keine Landgerichte mehr gehalten wegen der Besetzung Hannovers durch französische Truppen, die Vergehen wurden durch die örtlichen Behörden geahndet[743].

2.4.2.1.7 Das Oberappellationsgericht

Für Rechtssachen aus den Herzogtümern war vom Oberappellationsgericht am 30. Juni 1800[744] unter Berufung auf die Regelungen des Westfälischen Friedens und die von der schwedischen Krone erworbenen Rechte entschieden worden, dass keine weitere Nichtigkeitsbeschwerde an die höchsten Reichsgerichte zulässig sei, weil das Wismarer Tribunal die höchste Instanz der schwedischen Territorien im Deutschen Reich gewesen war, das über sich keinen weiteren Rechtszug kannte.

2.4.2.1.8 Die Militärgerichtsbarkeit

Aus Anlaß eines Einzelfalles erließ die Kriegskanzlei unter dem 29. August 1768[745] ein Ausschreiben an sämtliche Ämter und Gerichte, mit dem diese aufgefordert wurden, bei künftigem Erlaß von Steckbriefen gegenüber Soldaten darauf hinzuweisen, dass diese in die nächste Garnison abzuliefern seien und

---

[740] Landwehr, S. 102.
[741] Spangenberg, Dritter Teil, Nr. 562.
[742] StaatsA Stade Rep. 31 Titel 8b Nr. 5, Bl. 89f., bei Spangenberg, Vierter Teil, 1. Abt., Nr. 160 abgedruckt.
[743] Landwehr, S. 136f.; s. u. 4.1.2.1.6.
[744] von Bülow und Hagemann, 3. Band, S. 420.
[745] Mit einem Anschreiben der Kriegskanzlei an die Regierung in Stade vom gleichen Tage, in dem sie auf den Erlaß hinweist: StaatsA Stade Rep. 40 Nr. 1.

nicht an die Ämter und Gerichte, weil sonst unnötige Kosten entstehen würden. Ein weiterer Einzelfall gab Anlaß für eine Verordnung vom 13. Juni 1776[746] über die Vernehmung von Soldaten als Zeugen, die zwar als Soldaten in entfernten Garnisonen standen, sich aber im Amts- oder Gerichtsbereich, z. B. wegen Beurlaubung oder Einquartierung, aufhielten. Hier reichte künftig die Anfrage des Gerichts an die nächstgelegene Garnison, um die Verfahren fördern zu können. Ein allgemeines Dienstreglement für sämtliche Truppen erging unter dem 25. August 1786[747], das in seinem XXVIII. Kapitel die Militärgerichtsbarkeit regelte. Die im Jahr 1736 erlassenen „Krieges-Articuln" wurden mit kgl. Patent vom 4. Mai 1790[748] neu erlassen unter gleichzeitiger Aufhebung der Regelung des Jahres 1736 „mit Rücksicht auf die Beschaffenheit der Umstände".

Zu den Pflichten der Bewohner des Landes gehörte seit langem, den einquartierten Reitern und ihren Pferden Nahrung zu geben und auch fremde Truppen zu unterhalten, wozu es in diesen kriegerischen Zeiten häufiger kam. Deshalb waren Streitigkeiten entstanden, die vor den Justizkanzleien verhandelt worden waren. Mit Reskript des Geheimen Rats in Hannover vom 18. Mai 1790[749] wurde daher verordnet, solche Rechtsstreite bei den Gerichten nicht anzunehmen:

> „Ueber solche die landesherrlichen Hoheitsbefugnisse, deren rechtmäßige Ausübung und die daraus zwischen Landesherrn und Unterthanen etwa erwachsenden An- und Zusprüche zu urtheilen und Erkenntnisse abzugeben, steht überall nicht in der Macht der Landesgerichte, als welches eine Abhängigkeit der Landeshoheit involviren würde, die so wenig mit der ganzen Reichsverfassung als mit dem Wesen der Landeshoheit und mit dem eignen Besten der teutschen Reichslande zu vereinigen stände. Wenn teutsche Landesherren in Streitigkeiten mit ihren Landesunterthanen dem Erkenntniß ihrer eigenen Landesgerichte ... durch eine beinahe allgemeine Reichsobservanz sich unterworfen haben, so ist solches nur von solchen Fällen zu verstehen, wenn sie als *privati* und *ex jure privati in re* oder *ad rem*, oder doch in Ansehung solcher Befugnisse und Regalien, welche auch Unterhanen ex privilegio zu besitzen fähig sind, belanget werden. Nie ist aber diese Observanz dahin ausgedehnt und dem eigentlichen Reichsständischen *foro* teutscher Landesherren vor den Austrägal- und Reichsgerichten so weit entsaget worden, daß den Landesgerichten frey stehen könne, irgend eine Competenz auch in solchen Streitigkeiten zwischen Landesherrn und Unterthanen sich zuzueignen, wobey der Grund der Beschwerde in der Art der Ausübung eines wesentlichen Hoheitsrechtes gesetzet wird, und wobey mithin die Entscheidung des Streits im Grunde lediglich von der Frage abhängt, ob solches Reichsgesetz- und Landesverfassungsmäßig ausgeübt worden sey."

---

[746] Mit einem Anschreiben des Geheimen Rats in Hannover an die Regierung in Stade vom gleichen Tage: StaatsA Stade Rep. 40 Nr. 1.
[747] Spangenberg, Dritter Teil, Nr. 325.
[748] Spangenberg, Dritter Teil, Nr. 535, dort auch das folgende Zitat.
[749] Spangenberg, Dritter Teil, Nr. 538, dort auch das folgende Zitat.

In den Garnisonen Stade und Verden stand jeweils ein „Garnison-Auditeur" im Dienst, der die Militärgerichtsbarkeit vor Ort wahrzunehmen hatte.

2.4.2.2 Die unteren Verwaltungs- und Justizeinrichtungen

2.4.2.2.1 Die Ämterverfassung

Zwischen den Ämtern Rotenburg und Ottersberg wurde im Jahre 1764 die seit langem umstrittene Grenze bereinigt[750]. Die wirtschaftliche Erschließung der Moore führte im Jahre 1766 zum Beginn eines Kanalbaues aus dem Amt Osterholz bis in das Amt Bremervörde, um die natürlichen Wasserstraßen der Hamme und der Oste miteinander zu verbinden[751]. Der Geheime Rat in Hannover wandte sich mit Ausschreiben vom 31. Januar 1783[752] an alle Ämter und Gerichte in den Herzogtümern, um eine jährliche Aufstellung der anhängigen Verfahren zu erhalten, weil diese Pflicht bei einigen Ämtern „in Vergeßen gerathen zu seyn" schien. Sie bezog sich dabei auf Titel XIII § 6 der UGO und auf ein Ausschreiben vom 18. Juni 1767. Dergleichen verfügte die Regierung in Stade mit Ausschreiben vom 15. April 1783[753] ebenfalls unter Bezug auf die gleiche Norm der Untergerichtsordnung, dabei nutzte sie die Gelegenheit, die allgemeine Befolgung der UGO „auf das ernstlichste hiedurch von neuem einzuschärfen." Nach der genannten Norm war bestimmt, dass die Ämter jährlich an die Regierung in Stade über die anhängigen Prozesse zu berichten hatten, seit dem Kammerausschreiben vom 18. Juni 1767 war hierfür sogar ein Formular vorgesehen[754].

Die Kammer erinnerte mit Ausschreiben vom 6. März 1786[755] daran, dass alle Amtsregister beschleunigt einzusenden seien, weil hier einige Rückstände entstanden waren. Die Führung der Amtsregister war immer wieder neu in Erinnerung zu rufen und zu regeln. Mit Ausschreiben der Kammer vom 1. Juni 1795[756] wurde bei der Aktenführung insbesondere darauf Wert gelegt, das diese zeitnah zu erfolgen habe. Damit die Akten nicht einfach beiseitegelegt, sondern tatsächlich bearbeitet wurden, verfügte die Kammer sehr pragmatisch:

---

[750] von Kobbe, Band 1, S. 215.
[751] von Kobbe, Band 1, S. 8 und S. 117.
[752] Spangenberg, Dritter Teil, Nr. 135, dort auch das folgende Zitat.
[753] Spangenberg, Dritter Teil, Nr. 147, dort auch das folgende Zitat.
[754] Spangenberg, Dritter Teil, Nr. 147.
[755] Spangenberg, Dritter Teil, Nr. 294.
[756] Spangenberg, Dritter Teil, Nr. 931.

„Damit aber nicht, wie oft der Fall ist, von einer Zeit zur andern verschoben, sondern durch einen fortdauernd anschaulichen Überblick, dessen, was geschehen muß, befördert werden möge, so setzen wir allgemein fest, daß alle im *Repertorio* nachzutragende *Acten*, so weit sie nicht täglich mehr gebraucht werden, also zum Eintragen im *Repertorio*, und *reponi*ren bestimmt werden können, vorerst bis dahin, da dazu die Zeit gewonnen werden kann, nicht bald hier bald dorthin, sondern sämtlich auf einen dazu anzuschaffenden, eigenen, bloß dazu bestimmten, nicht zu großen Tisch auf der Amtsstube selbst, gelegt werden sollen, so daß sie daselbst beständig vor Augen liegen und zur fortdauernden Erinnerung dienen, daß sie, ehe sie sich dort zu sehr anhäufen, in das *Repertorium* eingetragen und *reponi*rt werden müssen."

Die bisherigen Berichte waren wohl von Titulatur und Anredeformalien überladen gewesen, so dass die Kammer mit Ausschreiben vom 21. April 1788[757] an die Ämter diesen aufgab, bei den einzusendenden Berichten künftig sowohl die Titulatur in der Anrede wie die Curialien in der Unterschrift wegzulassen, was als ein erster Ansatz zu einer sachlicheren Gestaltung dienstlicher Berichte zu sehen ist. Die Ämter waren von der Kammer mit Ausschreiben vom 12. September 1789[758] ermahnt worden, in Bruchsachen nicht mehr auf Pfahlstrafen zu erkennen, sondern allenfalls eine solche Strafe anzusetzen, jedoch mit der Vollziehung bis nach der Sitzung der Bruch-Landgerichte und deren Erkenntnis abzuwarten oder, sofern dies nicht tunlich sei, der Kammer sofort zu berichten. Die Gebührenerhebung blieb weiterhin ein beständiges Thema gegenüber den Ämtern. Mit einer kgl. Verordnung vom 26. September 1792[759] wurde ihnen auferlegt, bei Sachen, die von höheren Kollegien eingingen, nur die Gebühren zu nehmen, die ihnen in solchen Sachen zustanden, nicht jedoch die Gebühren der anderen Behörden zugrundezulegen. Für den Fall, dass in den mit zwei Beamten besetzten Ämtern in Justizsachen Stimmengleichheit bei der Abstimmung eintrat, hatte die kgl. Verordnung vom 25. Juni 1793[760] geregelt, dass die Sache darauf dem ersten Beamten des nächstbelegenen Amtes zu übersenden sei, der zwar zu entscheiden habe, aber dafür keine Gebühren erheben dürfe.

In den Ämtern wurde die Einforderung der „Einschließgebühren" von den Inhaftierten sehr unterschiedlich gehandhabt, so dass sich der Geheime Rat in Hannover mit Ausschreiben vom 28. Januar 1785[761] genötigt sah, wegen der „äußerst von einander abweichenden und zum Theil zweckwidrigen Einrichtung" ein Regulativ zu erlassen. Dabei erließ sie ausdrücklich keine Regelung zu den Gebühren „bey Inquisitionen und peinlichen Inhaftierungen," weil dies Sache der Regierung in Stade sei. Vielmehr wurde ausschließlich wegen der auf

[757] Spangenberg, Dritter Teil, Nr. 403.
[758] Spangenberg, Dritter Teil, Nr. 481.
[759] Spangenberg, Dritter Teil, Nr. 651.
[760] Spangenberg, Dritter Teil, Nr. 732.
[761] Spangenberg, Dritter Teil, Nr. 233, dort auch die folgenden Zitate.

den Bruch-Landgerichten erkannten Strafen und der „Civil-Strafen“ eine Regelung getroffen, die dahin ging, dass von „Vagabonden und Bettlern, (die) nichts in Vermögen haben,“ auch nichts gefordert werden sollte, bei Verurteilungen zu Pfahlstrafe stand dem Pförtner ein RTlr zu. Wegen der zu „Civil-Strafen“ verurteilten Personen wurde eine Gebührenerhebung „ernstlich verboten.“ Allerdings war dieses Regulativ mit einer salvatorischen Klausel versehen, die letztlich alles beim Althergebrachten beließ:

> „Wo nun bislang höhere Gebühren, vermöge eines langen Herkommens, statt gefunden haben, daselbst mögen sie beybehalten werden, so lange die jetzigen Pförtner vorhanden sind, damit Wir nicht mit Zulage-Gesuchen behelliget werden. Wenn aber neue Pförtner angenommen werden: So sind solche ausdrücklich auf diese Verordnung anzuweisen, und damit völlige Gleichförmigkeit in diesem Puncte bey allen Aemtern einzuführen.“

Im Anschluß hieran verordnete die Regierung in Stade für ihren Zuständigkeitsbereich mit Ausschreiben vom 4. April 1785[762] „gewisse gleichförmige *Principia* ... in Ansehung der Schließ-Gebühren bey *Inquisitionen*.“ Diese sollten nur noch für das Ein- und für das Ausschließen in Höhe von jeweils einem RTlr verlangt werden können, nicht jedoch für jeden Fall, in dem die Beschuldigten „vor Gericht gelassen oder wohl gar nur umgekleidet werden.“ Allerdings war auch hier eine salvatorische Klausel wie im Regulativ der Kammer enthalten, so dass von gewisser Gleichförmigkeit wohl noch für längere Zeit nicht die Rede gewesen sein dürfte.

Für die Ämter erließ das Ausschreiben der Kammer vom 30. Dezember 1800[763] eine neue Aufstellung über die Etats, die in diverse Rubriken gegliedert war. Unter Nr. 18 der Einnahmen des vorgegebenen Formulars waren „Strafgelder“ verzeichnet, die im Ausschreiben wie folgt erläutert wurden:

> „An Landgerichts- Forst- und Holzgerichts-Jagd- Zoll- Deich- Accise- und allen anderen Brüchen, die in den Amtsgeldregistern berechnet werden. Auch wird hierunter der Betrag für angesetzte Strafarbeitstage gerechnet.“

Bei den Ausgaben enthielt die Rubrik Nr. 6 „Amtsverwaltungs- und Jurisdictionsausgaben“, was zumindest aus fiskalischer Sicht die Einheit von Justiz und Verwaltung auf dieser Ebene belegt, und die Rubrik Nr. 18 „Landgerichtskosten“, was sichtbar macht, dass es sich hierbei nicht primär um Justizangelegenheiten handelte.

---

762 Spangenberg, Dritter Teil, Nr. 246, dort auch die folgenden Zitate.
763 Spangenberg, Vierter Teil, 1. Abt, Nr. 152.

2.4.2.2.2 Die Patrimonialgerichtsbarkeit

Mit den Rechten der Patrimonialgerichtsherren hatte sich das Oberappellationsgericht in seiner Entscheidung vom 15. September 1795 befaßt[764]. Danach waren zwar zivilrechtlich zwischen den Parteien vereinbarte Prorogationen zulässig, aber nicht gegen den Willen des Gerichtsherrn. Dem lag zugrunde, dass die Justizkanzlei einen Vormund für Kinder von Adel bestellt hatte, die in Stade wohnten. Dagegen wandte sich die Stadt und bekam vor dem Oberappellationsgericht Recht, weil die Entscheidung der Justizkanzlei „eine Kränkung der, der Stadt Stade verliehenen Patrimonialgerichtsbarkeit in sich schließt." Die ungeschlossenen Patrimonialgerichte waren wohl an manchen Orten nicht in die Verteiler für die ergehenden Landesverordnungen einbezogen worden, so dass der Geheime Rat in Hannover mit Ausschreiben vom 10. Oktober 1797[765] auf diesen Mißstand hinwies und allen Ämtern aufgab, diesen Gerichten sämtliche Landesverordnungen künftig zugehen zu lassen. Im Hinblick darauf, dass die ungeschlossenen Patrimonialgerichte nur wenige Rechte gegenüber ihren Gerichtseingesessenen hatten, ist dies zwar nicht zwingend, aber im Sinne einer einheitlichen Rechtsförmlichkeit im Lande ein durchaus löblicher Ansatz.

Die Gebührenerhebung der Beamten gab weiterhin Anlaß zu Mahnungen an die Ämter. Mit Ausschreiben der Kammer vom 17. November 1797[766] wurden deshalb einzelne Ausschlußtatbestände hinsichtlich der außergerichtlichen Akzidenzien geschaffen. Eine kgl. Verordnung vom 1. August 1798[767] regelte „nach vorgängiger Communication mit Unsern getreuen Landständen" die Ansetzung der Justitiarien und der Actuarien bei den adeligen Patrimonialgerichten. Danach waren Unregelmäßigkeiten bei der Bestellung dieser Stellen bemerkt worden, die es für die Zukunft abzustellen galt. Dabei ist bemerkenswert die Nr. 1 dieser Verordnung, die es „jeden studireten und der Rechte kundigen Gerichts-Inhaber" erlaubte, „seinen Untersassen selbst Recht zu sprechen", dass dies jedoch nicht in eigenen Angelegenheiten zulässig sei. Hier dürfte allerdings der Grund für erhebliche Unregelmäßigkeiten in der Gerichtsbarkeit auf dem Lande zu sehen sein. Dies gilt wohl weniger für die Vorschrift, dass die Stellen der Gerichtsverwalter nicht mit Personen besetzt werden durften, die außerhalb des Landes wohnten, zumal hiervon Dispens erteilt werden konnte. Wichtiger ist die Feststellung, dass unbeeidigte Richter tätig waren, so dass zwingend für jeden Gerichtshalter und Actuarius die Ablegung des Huldigungs- und eines Dienstei-

[764] von Bülow und Hagemann, 4. Band, S. 448ff., dort auch das folgende Zitat.
[765] Spangenberg, Dritter Teil, Nr. 1152.
[766] Spangenberg, Dritter Teil, Nr. 1160.
[767] Spangenberg, Dritter Teil, Nr. 1236, dort auch die folgenden Zitate.

des[768] vorgeschriebenen wurde. Dabei scheint auch hier das wohl übliche Erheben überhöhter Gebühren ebenfalls von großer Bedeutung gewesen zu sein. Die weiter in dieser Verordnung verlangte Anzeige aller Gerichtsverwalterstellen innerhalb einer Frist von sechs Wochen bei Androhung einer Strafe von 10 RTlrn dürfte wohl weitgehend ins Leere gelaufen sein, das gleiche wird für die regelmäßige Anzeige eintretender Veränderungen angesichts der bislang vielfach beobachteten Säumnis der Ämter und Gerichte zu vermuten sein. Beispielhaft für die mangelnde Konsequenz der Regierung bei der Einhaltung selbstgesetzter Normen dürfte die Verwaltung des Patrimonialgerichts Meyenburg sein[769]. Nach der „auf eine so huldvolle Art allergnädigst bewilligten Dienstentlassung" ersuchte der Inhaber des Gerichts Meyenburg, Landdrost von Wersebe, mit Schreiben vom 9. Juli 1800 an den König darum, „an der Verwaltung meines hiesigen kleinen Patrimonial-Gerichts, gemeinschaftlich mit dem bisherigen ... iustitiario Antheil zu nehmen," nachdem er zuvor von der Regierung in Stade mit Resolution vom 6. Juni 1800 abschlägig beschieden worden war, die sich auf Titel 2 § 6 Untergerichtsordnung[770] berufen hatte. Der Antragsteller hatte in seinem Antrag zwar auch die Verordnung vom 1. August 1798 benannt, aber gemeint, sie sei trotz des dort enthaltenen Begriffs „Churlande" nicht wirksam auf die Herzogtümer erstreckt worden; hierauf sind die Regierung in Stade und der Geheime Rat in Hannover nicht eingegangen, wohl weil hier eine offene Stelle in der Argumentation zu Tage trat, die nicht angerührt werden sollte. Auch gegenüber dem Geheimen Rat in Hannover hielt die Stader Regierung in einer ausführlichen Stellungnahme vom 25. August 1800 weiterhin an ihrer ablehnenden Auffassung fest. Gleichwohl erging unter dem 5. September 1800 im Namen des Königs die Zulassung des Landdrosten zur eigenen Gerichtsverwaltung „ohne jedoch ... die Vorschrift der Untergerichtsordnung zu derogiren" und mit den Bedingungen, dass er sich auf die Protokollführung eidlich verpflichten lasse und dass er nicht in eigenen Sachen gegen seine Gerichtseingesessenen tätig werden dürfe. Zudem mußte nach dem Ende des derzeitigen Justitiarius ein neuer bestellt werden, so dass dem Gerichtsinhaber die alleinige Gerichtsverwaltung nicht möglich gemacht wurde; die gemeinschaftliche Gerichtsverwaltung wurde aber durch die Verordnung vom 1. August 1798 nicht ausgeschlossen. Dies war verbunden mit dem Lob für die Regierung in Stade: „und können nicht anders, als es sehr billigen, daß von Euch auf die Beobachtung und Befolgung der vorhandenen Verordnungen mit sorgfältiger Genauigkeit gewachet und

---

[768] Dieser lautete: „Die Justitz nach den allgemeinen Rechten und den Landes-Gesetzen, einem Jeden ohne alle Partheylichkeit auf das schnellste und gewissenhafteste administriren, auch die bisher üblichen Gerichts-Taxen und Sporteln auf keine Weise erhöhen zu wollen."

[769] Der folgende Abschnitt ist dargestellt nach StaatsA Stade Rep. 31 Titel 7o Nr. 2, dort auch die folgenden Zitate.

[770] Diese Norm lautete u. a.: „In Absicht der geschlossenen Gerichte finden Wir aber nöthig, die Annehmung eines ordentlichen *Iustitiarii* hiermit zu verordnen."

gehalten wird." Letzteres kann unter diesen Umständen für das Ministerium nicht in gleicher Weise gelten.

Ebenfalls ausschließlich an die Patrimonialgerichte richtete sich ein Ausschreiben der Regierung in Stade vom 21. September 1802[771], mit dem daran erinnert wurde, dass bei Übersendung der Urteile für Delinquenten, die zur Karren-, Festungs- oder Zuchthaushaft verurteilt worden waren, die Urteile einschließlich der eingeholten Sprüche der Juristenfakultäten mit einzusenden waren.

2.4.2.2.3 Einzelne Ämter und Gerichte

Auf dem Lande standen in den Herzogtümern im Jahre 1761 folgende Bediente:

Altes Land: Eberhard von der Decken, Gräfe,
Daniel Georg Andreas Bergst, Gräfe,
Johann Georg Büttner, Landessekretär,
Lüder Westing, Landesconsulent,
Land Kehdingen Bützflethischen Teils: Hermann Adolph von der Beck, Gräfe,
von Bremen, Landessekretär,
Land Kehdingen Freiburgischen Teils: Johann Peter Eberhardi, Gräfe,
das Sekretärsamt war unbesetzt,
Achim: Christian Friedrich von Weissenfels[772], Go-Gräfe,
Alt- und Neukloster: Johann Friedrich von Haaren, Drost,
Johann Christian Danckwerth, Oberamtmann,
Bederkesa: Wilhelm Heinrich Grote, Oberhauptmann,
Just Heinrich Nanne, Amtsschreiber,
Amt Blumenthal und Gericht Neuenkirchen: Lucas Bacmeister, Amtmann,
Bremervörde: Arnold Friederich Meyer, Oberamtmann,
Johann Hermann Ruperti, Amtsschreiber,
Bremen: Christoph Achatz von Hake, Oberhauptmann,
Caspar Friederich Renner, Stadtvogt und Baumeister,
Johann Christian Danckwerth[773], Intendant,
Johann Georg Christoph Renner, adj. Baumeister,
Dorum, Cappel, Misselwarden und Padingbüttel im Land Wursten:
Levin von Schlepegrell, Obervogt und Hofgerichtsassessor,
Harsefeld: Johann Christian Danckwerth, Oberamtmann,

---

[771] Spangenberg, Vierter Teil, 1. Abt, Nr. 319.
[772] Er war seit 1715 im Amt, s. o. 2.1.2.2.4.16.
[773] Er wurde nach dem Tod des Achimer Gogrefen von Weissenfels dessen Nachfolger; dieses Amt bekleidete er bis zu seinem Tod im Jahre 1791, danach gab es das Amt des Gogrefen nicht mehr. Es wurde vielmehr die Amtsschreiberei Achim eingerichtet mit einem Amtmann als deren Leiter.

Arnold Johann Ludewig von Engelbrecht, Amtsschreiber,
Himmelpforten: Dieterich von Bremer, Drost und Justizrat,
Hagen: Johann David Grote, Amtmann,
Heinrich Andreas Plümejahn, Amtsschreiber,
Lehe: Johann Postels, Richter,
Osterholz: Conrad Friederich Meiners, Amtmann,
Melchior Siegfried Hofmeister, Amtsschreiber,
Lilienthal: Georg Ernst Meyer, Amtmann,
Midlum, Spieka und Altenwalde im Land Wursten: Friedrich Christian Schmidt, Vogt,
Nordholz: Eide Dithmar Lübs, Amtsschreiber,
Neuhaus: Julius Just Lobse, Amtmann,
Franz Gottfried Rautenberg, Amtsschreiber,
David Hinrich Voigt, Amtsschreiber,
Ottersberg: Kulbrunn, Amtmann,
Philipp Ernst Ludowig, Amtsschreiber,
Osten: Gustav Carl von Brand, Drost,
Rotenburg: Conrad Heinrich von Hugo, Drost und Reichshofrat,
Friederich Conrad von Harlem, Amtmann,
Georg Arnold Alberti, Amtsschreiber,
Stotel: Sigmund Friederich Cordemann, Amtmann,
Ziehn, Amtschreiber,
Stade Agathenburg: Carl Friederich Meiners, Amtmann,
Viehland: Ernst Johann Dieterichs, Amtmann,
Verden: Burchard Georg von Schwanewede, Oberhauptmann und Hofgerichtsassessor,
Georg Ernst Biehl, Amtsschreiber und Structuarius,
Jacob Wilhelm Luning, Zollverwalter,
Wremen, Imbsum und Mulsum im Land Wursten: Dieterich Anthon Biel, Vogt,
Zeven: Johann Christian Heider, Amtmann, Friedrich Ludwig Rudorff,
Amtsschreiber.[774]

Hieraus ist ein Bestand von nur 28 Ämtern und Gerichten zu erkennen, so dass der Staatskalender nicht die tatsächliche Amtsstruktur wiedergeben dürfte, sondern es sich lediglich um einen Mindestbestand handelt.

Die Bestandsaufnahme des Jahres 1766[775] („Der Herzogthümer Bremen und Verden Sumarisches Verzeichnis formiret Stade den 31ten Julii 1766") enthielt nicht nur im ersten Teil eine Aufstellung der Ämter und Gerichte, sondern im zweiten Teil auch eine Liste der Patrimonialgerichte, an die von der Regierung in Stade Ausschreiben versandt wurden, die mithin nach unbestrittener Auffassung sowohl der Regierung wie der Gerichtsinhaber alle Rechte der Zivil- wie der Strafgerichtsbarkeit als Niedergerichte hatten. Gleichzeitig wird bei den Ge-

[774] Staatskalender auf das Jahr 1762.
[775] StaatsA Stade Dep. 10 Hs Nr. 38 (= MSK 81); die Schreibweise ist überwiegend stillschweigend berichtigt, jedoch nicht bei den Personen- oder Ortsnamen.

richten auf dem Lande deutlich, wer Inhaber der Gerichtsherrschaft ist und teilweise auch, ob es Gerichtsverwalter gab und wer diese gegebenenfalls waren.

Teil 1 dieser Liste war überschrieben mit „Specification der Aemter und Gerichte, wie auch der Beamten, Gerichtsverwalter, Richter und Voigte der Herzogthümer Bremen und Verden“ und war aufgebaut in der ersten Spalte nach den Namen der Ämter oder Landschaften, in der zweiten Spalte war die Zahl der Bedienten und deren Titel angegeben und die dritte Spalte enthielt die Kirchspiele, die das jeweilige Amt ausmachten.

Landschaften und Ämter	Gerichtsbediente	Börden und Kirchspiele
Alte Land	2 Gräfen	Kirchspiele Neuenfelde, Estebrügge, Borstel, Jorck, Middelstekirche, Neuenkirchen, Steinkirchen, Grünendeich, Twielenfleth, Hollern
Land Kehding	1 Gräfe im Bützflethischen Theil	Bützfleth, Assel, Drochtersen, Hamelwörden
	1 Gräfe im Freyburgischen Theil	Oederquart, Freiburg, Krummendeich, Balje
Amt Neuhaus	Drost; jetzo Oberhaupt-Mann und Amtsschreiber	Behlum, Cappeln, Bülkau, Cadenburg, Kehdingbruch, Oberndorf, Neuhauß, Geversdorf
Land Wursten	Ober Voigt	Cappeln, Dorum, Misselwarden, Mulsum
	Drey Voigteyen:	Imsum, Wremen Midlum, Closter Altenwalde, so ihm beygeleget Spieka, Padingbüttel
	Nota: Jedweder Voigt hat in seinem Kirchspiel die erste Instanz; monatlich aber wird das Sambt-Voigt-Gericht gehalten, in welchem der Ober-Voigt *Praeses*; die 3 Voigte *Assessores* sind, und von den Leuten dahin *appellir*et wird	
Amts-Voigtei Viehland	Amts-Voigt	Geestendorf, Wulsdorf, Schiffdorf, Brauel
Amtsschreiberei Stotel		Kirchspiel Stotel und die Dorfschaft Neeße
Amt Hagen	Amtmann	Hagen, Börde Bramstedt, Marsch Osterstade, bestehend in 7 Süder- und 4 Norderdorffschaften

		IV freye Dämme (der 1ste Damm Hagen (der 2te Cassebruch (derer v Wersebe
	adeliche Gerichte	(der 3te Meyenburg (derer v. Wersebe zu Meyenburg (der 4te Schwanewede (derer v. Schwanewede
Amt Osterholz	Amtmann	Börde Scharmbeck, worunter das Closter und Flecken Osterholz nebst dem Kirchspiel Hambergen
	Adeliche Gerichte	Börde Lesum und Kirchspiel Ritterhude, wobey die adelichen Familien von der Burg v. Ritterhu de am meisten *interessir*et
Amt Lilienthal		Kirchspiel Trup und St. Jürgen
Amt Blumenthal Gericht Neukirchen	Amtmann Stadt Bremen	
Amt Bremervörde	Amtmann	Flecken Bremervörde, Börde Öhrell und Hese dorff, Börde Lahmstedt, Gericht Wahrstade
	Adeliche Gerichtsverwalter	Börde Beverstedt und Dorfschaft Aeplär
Amt Bederkesa	Amtmann	Gericht Bergstedt
	Voigt des Kirchspiels Midlum	Kirchspiel Altenwalde
	Amtmann	Closter Neuenwalde
	Gerichts-Verwalter	Flecken Lehe
		Diercks Ende an das adeliche Gut Northolt, dem Oberamtmann Voigt gehörig
Amt Himmelpforten	Amtmann	Börde Oldendorf Kirchspiel Horst und Großen-Wisch
	Richter[776]	Kirchspiel Osten
	Adelich Gericht	Kirchspiel Hechthausen, den Marschalcken, von Uffeln & Cons. gehörig
Closteramt Stade	Amtmann	Closter Meyerey Stade
Closter-Ämter Alt Closter, Neu Closter	Amtmann	Alten Landes Mühlen, Amts Meyer Flecken Harsefeld

[776] Hierzu hatte Pratje, Herzogtümer, Band 6, S. 274, für den Stand des Jahres 1761 ausgeführt: „Das ganze Kirchspiel stehet unter einem Richter, welchen die Königliche Regierung setzt."

und Harsefeld		Neu Closter
	Juncker-Gericht	Gericht Dellm, bestehend in dem Kirchspiel Apensen und Bliedersdorf
	die Burgmänner	Flecken Horneburg; drey Kirchspiele
	Voigt	Börde Mulsum: Mulsum, Bargstedt, Ahlerstedt
Amt Zeven	Amtmann	Börde Heßling und Börde Gyhum
	Voigt; vor diese 3 Börden sind jetzo auch, soweit sie Königlich, dem Amte beygeleget	Börde Sittensen) 2/3 Königlich Börde Selsingen) 1/3 Adelich Börde Elsdorf)
	Adelich Gericht	Gericht Oberochtenhausen
	Adelich Gericht, dem von Issendorff zu Hanstedt	Börde Rahde
Amt Ottersberg	Amtmann	Kirchspiele Otterstedt, Willstedt, Kirchtimke das Filial Fischerhude und der Flecken Ottersberg
Structur zu Bremen	Gogrefe	Gericht Achim bestehet in den Kirchspielen Achim, Arbergen, Sagehorn, Elsten, Davern
	aus Amt Verden	Flecken Langwedel
	Gerichts-Verwalter	Dorfschaft Schwachhausen
	der Bremische Raht	Bremer 4 Gohen
	nach Delmenhorst	Stadinger Thum-Capituls-Meyer
	Stadt-Voigt vom Thum zu Bremen	der Dom und Capituls-Häuser zu Bremen
Amt Verden	Amtmann	der Flecken Langwedel, der Thum in Verden Kirchspiel Wittlohe und Linteln
Amt Rotenburg	Drost und Amtmann	VII Voigteyen Sottrum Kirchspiel Sottrum (Rotenburg) Scheeßel Kirchspiel Scheeßel Ahausen Kirchspiel Ahausen Kirchwalsede Kirchspiel Kirchwalsede Visselhövede Kirchspiel Visselhövede Wolterding Kirchspiel Neukirchen und Wolterding Schneverding Kirchspiel Schultewede Brokel Kirchspiel Brokel

Der zweite Teil dieser Zusammenstellung vom gleichen Tage enthielt das Verzeichnis der „Adelichen Gerichte wohin Patente und Landes Verordnungen versand werden“ mit folgenden Gerichten, Gerichtsherrschaften und teilweise deren Gerichtsverwalter:

1.	Horneburg	Die Burgmänner
2.	Dellm	Die Gerichts Interessenten v. Düring, v. Schulte, v. Zesterfleth u. Howe[777]
3.	Nincop und Neuenfelde	Die v. Rönnen Erben zu Daudiek
4.	Bergsten Gericht[778], olim Putkammersch	Doct. Bergst in Buxtehude
5.	Gericht Gyhum	Majorin Marschalck zu Bockel
6.	Gericht Tarmstedt oder Börde Rahde	Commissarius Mackphaill, dessen Justitiarius der Post-Verwalter Brunck
7.	Gericht Wisch	der von Uffeln
8.	Gericht Hechthausen	die von Marschalck
9.	Kuhmühlen	die von Schulten
10.	Reimers Mohr	Land Rath Bremer
11.	Niederochtenhausen	Obristen Grote[779]
12.	Öse und Clus)	Land Rath von Issendorff
13.	Poggemühlen)	„
14.	Börde Beverstedt	die Erbrichter v. Schulte und v. Issendorff, deren Justitiarius Crüger
15.	Altluneberg	Burgmänner; jetzo der v. Scheither allein
16.	Cassebruch	der von Hörde
17.	Meyenburg	Oberteichgräfe v. Wersebe
18.	Schwanewede	die Interessenten, v. Schwanewede[780]
19.	Sandbeck	die von Sandbeck, der Justitiarius Mauer
20.	Schönebeck	Gen. Maj. v.d. Borck, dessen Justitiarius Werckmeister
21.	Ritterhude	die Interessenten v. Schade, v.d. Lieth, deren Justitiarius Ziehn
22.	Die Börde Lesum	die Interessenten, von der Hude, von der Borck
23.	Gericht Sauensiek	v. Rönne Erben zu Daudiek
24.	Das Wisch Gericht im Alten Lande bey Neukirchen	-„-
25.	Ger. Bentwisch	der Obrist Bremer
26.	Ober-Ochtenhausen	die Obersten v.d. Decken, zu Uffeln Schwinge, deren Justitiar der Amtmann Kirchbrunn zu Ottersberg
27.	Das Gericht Hohnhorst	v. Marschalck zu Hechthausen

[777] Nach Pratje, Altes, Band 3, Stade 1771, S. 146, waren im Jahre 1770 Gerichtsherren auf dem Delm „Kapitän von Düring, Burgmann zu Horneburg, Oberst von Horn zu Wiegersen, Christoph von Schulte, Burgmann zu Horneburg, die Erben des Präsidenten von Düring." Nach von Kobbe, Band 1, S. 157, stand dieses Gericht im Jahre 1771 den Burgmännern von Horneburg zu: „von Düring, Schulte und von Borries und dem Obersten von Horn zu Wiegersen." Hier dürfte von Kobbe unvollständig bei Pratje abgeschrieben haben.

[778] Nach von Kobbe, Band 1, S. 158f. wurde Leeswig und das frühere Putkamersche Gut Hove im Jahre 1771 „Bergstengericht" nach dem Gerichtsherrn Grefe Bergst benannt.

[779] Nach von Kobbe, Band 1, S. 171, habe dieses Gericht „von Altersher den von der Lieths" gehört, der General Otto XX. Grote habe es durch Heirat mit einer Tochter des Regierungsrates Sebastian von der Lieth erworben, Grote starb 1772.

[780] Nach von Kobbe, Band 1, S. 177, gehörte im Jahre 1774 von den ursprünglich vier adeligen Höfen einer der Witwe von Schwanewede, einer denen von Schwanewede und ein dritter dem von Sandbeck, der vierte war inzwischen distrahiert.

28.	Das Gericht Blumenthal	-„-
29.	Niederende-St. Jürgen	v.d. Hude[781]
30.	Das Gericht Neuenhausen	Drost v. Wersebe
31.	Das Gericht Brobergen	Obrist Hinck
32.	Das Gericht Poggemühlen	v. Issendorff
33.	Amt Neuenwalde	Die Brem. Ritterschaft
34.	Gericht Rübke	Schulte zu Esteburg
35.	Gericht Francop	v. Düring

Insgesamt bestand danach das Herzogtum Bremen aus zwei Städten und 53 Ämtern, darin befanden sich 35 geschlossene Patrimonialgerichte, sowie das Herzogtum Verden aus einer Stadt und zwei Ämtern, mithin hatten die Herzogtümer im Jahre 1766 eine Gliederung der Ämter und Gerichte in der ersten Instanz von insgesamt 58 Einheiten. Gegenüber der Erhebung des Jahres 1752 bedeutete dies eine Veränderung, während die Zahl gegenüber dem Jahr 1758 unverändert war. Eine Ursache dieser Unterschiede ist nicht zu erkennen, dürfte aber wohl in der Sorgfalt der Arbeiten in der unteren Instanz begründet sein.

Zu einzelnen Ämtern und Gerichten ist zudem folgendes anzumerken: Im Jahre 1768 wurde vor dem OAG ein Rechtsstreit zugunsten der Bewohner der Insel Krautsand beendet, der sie von der vom **Land Kehdingen** verlangten Pflicht befreite, dieses Land als Pachtland anzunehmen, vielmehr erhielten sie das Recht, für die von ihnen bewirtschafteten Flächen Meierbriefe zu erhalten[782]. Im Jahre 1773 wurde von der Landesherrschaft mit den Erbrichtern zu Lesum und zu Schönebeck ein Vergleich geschlossen, um die Grenzstreitigkeiten mit dem **Amt Blumenthal** zu beenden. Die Erbrichter traten für eine Entschädigung von 2.000 RTlr die Dörfer und Höfe Beckedorf, Hünertshagen, Lobbendorf, Löhnhorst und Wölpsche an das Amt ab[783]. Im Jahre 1784 wurde das Gericht Schwinge neu errichtet durch Abtretung der bislang vom **Amt Harsefeld** ausgeübten Gerichtsbarkeit[784]. Eine Grenzberichtigung erfolgte im Jahre 1791 zwischen den **Ämtern Verden und Ottersberg**, letzteres erhielt das zu Gyhum eingepfarrte Dorf Nartum[785]. Im **Amt Ottersberg** wurden im Jahre 1789 aufgrund der Moorkolonisation die beiden Moorvogteien Hüttenbusch und Heidberg eingerichtet[786]. Aus den gleichen Gründen wurde im Jahre 1791 im **Amt Bremervörde** in der Moorvogtei Gnarrenburg eine Kirche eingerichtet, mit der

[781] Nach von Kobbe, Band 1, S. 65, gehörte dieses Gut „seit undenklichen Zeiten den Herrn von Schade und von der Hude. Als letztere 1775 ausstarben, erstand der *Dr. juris* Gröning in Bremen das Dammgut und Gericht Niederende."
[782] von Kobbe, Band 1, S. 142.
[783] von Kobbe, Band 1, S. 76.
[784] von Kobbe, Band 1, S. 158, sowie von Lehe, S. 152.
[785] von Kobbe, Band 1, S. 52.
[786] von Kobbe, Band 1, S. 55.

die bisher zum Kirchspiel Beverstedt gehörige Ortschaft Kuhstedt vereint wurde[787].

Für das **Land Wursten** wurde die Regierungsverordnung über die Einrichtung des Deichgerichtes aus dem Jahre 1748 am 7. Januar 1780 erneuert, weil die Regierung in Stade bemerkt hatte, dass diese in Vergessenheit geraten war[788]. Im Lande Wursten endete die seit 1525 bestehende Einteilung der neun Kirchspielsvogteien als Gerichtsbezirke zum 1. Juni 1793 auf der Grundlage eines kgl. Reskripts vom 28. Dezember 1792[789]. Nunmehr gab es nur noch das „Vogteigericht Landes Wursten“, zu dessen Bezirk die neun Wurster Kirchspiele und das Gericht Altenwalde gehörten. Es war „nach dem Muster eines Amtes eingerichtet“ und mit zwei Richtern besetzt, deren Titel „Obervogt“ und „Vogt“ waren und die die Verwaltungs- und Justizsachen gemeinsam zu bearbeiten hatten[790]. Die Appellationen gingen von dort an das Hofgericht[791].

Im Jahre 1786 wurden die militärischen Befestigungen der **Stadt Stade**[792] geschleift und das Land zu Gärten gemacht, diese wurden der Gerichtsbarkeit des Amtes und nicht der Stadt Stade unterworfen, weil es sich zuvor um militärisches und damit landesherrliches Gebiet gehandelt hatte[793]. Hieraus entstanden in der Folge Kompetenzstreitigkeiten mit dem Stader Rat, die zunächst zur Einsetzung einer gemeinsamen Kommission führten, für die von der Regierung in Stade mit Schreiben vom 3. September 1799[794] an den Magistrat der Stadt Stade der „Cammer-Consulent Rath Wehner und der Commissarius Fisci Cammann“ benannt wurden. Diese Kommission tagte mit den Stadtvertretern „Prätor Cammann und Camerarius v. Allwörden“ erstmalig am 4. April 1800 und an weiteren 31 Tagen bis zum letzten Verhandlungstag am 25. März 1802[795]. Danach wurde zwar ein Bericht erstattet, aber kein Abschluß der Streitigkeiten gefunden. Diese sollten sogar noch in die Stader Stadtverfassungsurkunde von 1824 ihren Eingang finden[796].

Schließlich endeten im Jahre 1803 aufgrund des Reichsdeputationsschlusses die hannoverschen Rechte in **Bremen**, „am 25. Januar 1803 erfolgte die feierli-

---

[787] von Kobbe, Band 1, S. 119.
[788] Spangenberg, Dritter Teil, Nr. 2.
[789] von Lehe, S. 52f., 100f.
[790] von Lehe, S. 100.
[791] von Kobbe, Band 1, S. 151.
[792] Zur Befestigung s. o. 2.3.2.2.
[793] von Kobbe, Band 1, S. 16.
[794] StadtA Stade Fach C Nr. V Fach 6 Nr. 7a.
[795] Kommissionsbericht in StadtA Stade Fach C Nr. V Fach 6 Nr. 7a.
[796] S. u. 6.1.5.2.

che Übergabe des Doms und alles in den Ringmauern der Stadt belegenen königlichen Eigentums."[797] Ebenso endete auf der gleichen Rechtsgrundlage die hannoversche Herrschaft über das Gericht Schwachhausen sowie die Stadtbremischen Goe[798] mit dem Flecken Vegesack, dem Barkhof, der Hemelinger Mühle sowie der Vahr[799]. Hierdurch schieden das Gericht Schwachhausen sowie die Stadtbremischen Goe als geschlossene Einheiten aus der Zuständigkeit der Herzogtümer insgesamt aus und ferner wurde aus dem Zuständigkeitsbereich des Gogerichts Achim das Dorf Hastedt herausgenommen[800]. Der Stader Vergleich des Jahres 1741[801] war damit faktisch rückgängig gemacht worden[802].

2.4.3 Zum materiellen Recht

2.4.3.1 Zum Landrecht

Der Entwurf eines hannoverschen Landrechts aus dem Jahre 1772 ist für die hannoverschen Verhältnisse als eine herausragende Arbeit dieser Zeit zu nennen. Er wurde von Friedrich Esajas Pufendorf erarbeitet, hat aber keine Gesetzeskraft erlangt[803]. Der Entwurf enthielt in 1570 Paragraphen Regelungen materieller wie prozessualer, zivil- wie strafrechtlicher Art, bei dem alles „vielfach durcheinanderläuft ... (und bei dem) von einem systematisch gebauten Gesetz(entwurf) ... nicht gesprochen werden"[804] kann. Eine Ausnahme bildete das geschlossen abgehandelte Strafrecht der Titel 115 bis 127, das als eine „fortschrittliche Gesetzgebung"[805] bezeichnet werden kann, weil die Ideen der Aufklärung aufgenommen wurden und die Freiheitsstrafe an die Stelle der immer noch sonst üblichen Todesstrafe treten sollte. Hier galt im übrigen weiterhin, was bereits zu den rechtlichen Regelungen zu Anfang der Übernahme der Her-

---

[797] von Kobbe, Band 1, S. 235, ebenso Schwarzwälder, Band 1, S. 544.

[798] Schwarzwälder, Band 1, S. 544, danach erfolgte die Übergabe dieser Gebiete am 26. Januar 1803; zu beiden s. o. 2.1.3.2.

[799] von Kobbe, Band 2, S. 292. Nach Schwarzwälder, Band 1, S. 544, erfolgte die Übergabe dieser Gebiete am 27. Januar 1803.

[800] von Kobbe, Band 2, S. 292; von Lehe, S. 112 und S. 160.

[801] S.o. 2.3.2.2.

[802] Schwarzwälder, Band 1, S. 542ff., Karte der Gebiete ebenda, S. 543.

[803] Wilhelm Ebel (Hrsg.) Friedrich Esajas Pufendorfs Entwurf eines hannoverschen Landrechts (vom Jahre 1772), Hildesheim 1970 (künftig zitiert: Ebel, Pufendorf); zur Person Pufendorfs ebenda, S. X f., sowie bei Erich Döhring, Geschichte der deutschen Rechtspflege seit 1500, Berlin 1953, S. 432; Heile, S. 75f., bei letzterem mit Bild Pufendorfs.

[804] Ebel, Pufendorf, S. XIV f.

[805] Ebel, Pufendorf, S. XXV: dort insbesondere erläutert an dem Delikt der Gotteslästerung, das im 18. Jahrhundert durchweg mit der Todesstrafe bedroht wurde, jedoch nach Pufendorfs Entwurf nur noch mit der Landesverweisung zu ahnden war.

zogtümer ausgeführt wurde[806]: eine Trennung der Rechtsgebiete ist kaum möglich, obwohl anderen Orts zu dieser Zeit bereits systematisch aufgebaute Gesetzeswerke vorhanden waren[807]. Eine dem Preußischen Allgemeinen Landrecht von 1794 vergleichbare Kodifikation hat es in Hannover im 18. Jahrhundert nicht gegeben, der Versuch Pufendorfs ist der einzig vergleichbare im Lande geblieben.

2.4.3.2 Zum Strafverfahrensrecht

Zum Strafverfahren in den Herzogtümern liegt ein Gutachten der Justizkanzlei vom 4. Februar 1788 vor[808]. Danach war der Wunsch der Regierung in Stade geäußert worden, vom gemischten Verfahren in den inquisitorischen Prozeß überzugehen, wozu die Justizkanzlei Stellung nehmen sollte. Sie befürwortete diesen Wunsch nicht nur derart, dass sie ihn sich völlig zu eigen machte, sondern führte zur Begründung aus, dass das Amt des Anklägers (Commissarius fisci)[809] abgeschafft werden sollte und dem jeweiligen Referenten zu übertragen sei, was zu einer erheblichen Beschleunigung der Verfahren führen werde:

> „Er kann jedes mahl das Nötige ohne Weitläuftigkeit selbst besorgen, auf diese Art, da, wo es erforderlich ist, ein *excitatorium* an die Beamte veranlaßen, und in einer Minute das thun, was sonst erst nach Verlauf von Tagen hätte geschehen können."

Zudem habe der Commissarius fisci nach der Erfahrung der vergangenen Jahre ohnehin fast nichts zur Anzeige und Aufklärung der geschehenen Straftaten beigetragen. Der Kanzleidirektor fügte in einem eigenen Post Scriptum hinzu, die Stellung des Commissarii fisci sei bei dem neuen Verfahren nicht nur gänzlich überflüssig, vielmehr sei nach Abschaffung dieses Amtes deshalb die „wegfallende *Gage* unter die 5 *Justitz*-Räthe zu vertheilen" und dessen Anteil an den Sporteln falle dann der Kammer zu, was wohl auch für die Regierung zu durchsichtig war, um darauf einzugehen. Eine unmittelbare Reaktion auf das Gutachten ist nicht erkennbar, obwohl es letztlich dem Wunsch der Regierung entsprochen hatte. Allerdings wurde nach dem Tod des damaligen Commissarii fisci im Jahre 1795 trotz dieses Wunsches die Stelle neu besetzt, weil sonst der Einfluß der Regierung auf die Strafverfahren wohl zu stark beeinträchtigt worden wäre. Dieses Gutachten macht darüber hinaus deutlich, dass der bisherige Verfahrens-

---

[806] S. o. 2.1.3.

[807] Hierzu gehörte z. B. der „Codex Maximilianeus Bavaricus Civilis" aus dem Jahre 1756.

[808] StaatsA Stade Rep. 31 Titel 7m Nr. 2, Bl. 6 – 9 und Post Scriptum des Kanzleidirektors von Spilcker vom gleichen Tag, ebenda, Bl. 10, dort auch das folgende Zitat; beide s. Anlage 2 – 13.

[809] S. o. 2.3.3.5.

gang entscheidend von den Kenntnissen und Fähigkeiten des amtierenden Commissarii fisci geprägt zu sein schien, der in diesem Amt seit 1743, und damit vor dem Inkrafttreten der „Criminal-Instruction" des Jahres 1748, stand. Möglicherweise dürfte ein Übergang in das an sich gebotene neue Verfahren an dieser Person in diesem Amt gescheitert sein, anders ist die Problematisierung des Verfahrens angesichts der zu dieser Zeit bald 40jährigen Geltung der „Criminal-Instruction" kaum zu erklären. Allerdings setzte ein einziger Fiskal für alle Strafverfolgungen in den Herzogtümern dieser Funktion wohl Grenzen.

Mit Verordnung vom 3. Januar 1800[810] wurden zwei Normen der Hofgerichtsordnung und der Untergerichtsordnung aufgehoben und an die Oberappellationsgerichtsordnung hinsichtlich der Eidesleistung angepaßt. Hier kommt in die Vielfalt der sich widerstreitenden Rechtsnormen der erkennbare Wille zur Vereinheitichung der materiellen Grundlagen zum Ausdruck. Eine Verordnung vom 12. Mai 1800[811] legte Regeln für die „Criminal-Obrigkeiten" sowie für alle Ärzte, Wundärzte und Hebammen fest, „wie bey gerichtlichen Besichtigungen verwundeter oder anderer Körper auch bey Leichenöffnungen zu verfahren" war. Hier war die konkrete Vorgehensweise, auch in der Reihenfolge der vorzunehmenden Handlungen, für die genannten Beteiligten vorgeschrieben worden.

2.4.3.3 Zum Strafvollzug

Die Justizkanzleien des Landes wurden hinsichtlich des Strafvollzuges angewiesen, mit Wirkung vom 4. November 1780[812] bei zu Karrenarbeit verurteilten Straftätern diese künftig zu differenzieren. Die Absicht war, die bisher gemeinsam untergebrachten Verurteilten in zwei Gruppen zu trennen: solche ohne zu hoffende Besserung von denen, welche Besserung erwarten ließen. Die Trennung war

> „zu Vermeidung schädlicher und verführerischer Gemeinschaft unter denen zu der Strafe des Karrenschiebens verurtheilten gröbern Verbrechern, gefährlichen Landstreichern, und niemals wieder freyzulassenden Missetthätern, und solchen, die wegen zu hoffen habender Besserung, und nach Befinden der Umstände Begnadigungsweise, wieder freygelassen werden können, oder nur wegen minder strafbarer Vergehungen auf wenige Jahre oder Monate oder Wochen condemnirt sind, ... in der Maaße anzuordnen, daß die sämmtlichen

[810] Spangenberg, Vierter Teil, 1. Abt, Nr. 2.
[811] Spangenberg, Vierter Teil, 1. Abt, Nr. 43.
[812] Geheimratsrescript vom gleichen Tag: Spangenberg, Dritter Teil, Nr. 53. Zu dieser Reform im einzelnen bei Thomas Krause, S. 63ff.; dabei überrascht die relativ zügige „verwaltungsinterne" Umsetzung von nur vier Monaten, hierfür könnte ursächlich sein, dass die Karrenanstalten dem Militär unterstanden und dass dessen Wünsche Priorität hatten.

Karrengefangenen in zwey Classen vertheilt und in zwey besonderen Verhaftungsörtern aufbewahrt werden sollen."

Hier sind erste Auswirkungen der im Strafrecht und insbesondere hinsichtlich der Vollstreckung aus den Gedanken der Aufklärung herrührenden Folgen sowie bereits Ansätze zu einem spezialpräventiven Strafvollzug[813] zu erkennen sein[814]. Für den Vollzug ersuchte der Geheime Rat in Hannover mit Ausschreiben vom 5. März 1783[815] um einen „Bericht wegen der Beschaffenheit der Criminalgefängnisse," dessen Ergebnisse nicht bekannt sind.

Die bei der Kleinteiligkeit der deutschen Länder den Straftätern leicht mögliche Flucht in andere Länder ließ auch die Ausweisung von Tätern erforderlich werden. Mit Mecklenburg-Schwerin wurde eine solche Vereinbarung unter dem 22. Mai 1797[816] getroffen, die allerdings nicht für die Herzogtümer gültig war; ebenso stand es bei der Konvention mit Mecklenburg-Strelitz vom 30. November 1797[817] und mit Braunschweig-Wolfenbüttel vom 24. April 1798[818], es ist nicht ersichtlich, warum eine solche Ausnahme getroffen wurde.

Alle mit der Kriminalgerichtsbarkeit befaßten Stellen, auch die Patrimonialgerichte, wurden mit Verordnung vom 14. Juni 1800[819] ersucht, beginnend mit dem 3. Quartal 1800 vierteljährlich „Criminal-Berichte" nach einem vorgegebenen Formular an die Landesregierung zu senden. Dieses Formular enthielt sieben Rubriken mit folgenden aufzunehmenden Angaben:

„Benennung des Verbrechens, Tag der That und Tag der Wissenschaft des Gerichts;
Benennung des inhaftirten Verdächtigen oder Thäters;
Tag der Inhaftirung des Verdächtigen oder Thäters;
Benennung des nicht inhaftirten Verdächtigen oder Thäters;
Wie weit die Untersuchung gediehen und was zu deren Beendigung geschehen;
Tag des Eingangs und der Publication des Erkenntnisses und Inhalt desselben;
Zeit der Vollziehung des Erkenntnisses und Ursachen des etwanigen Aufschubs"

---

813 Eberhard Schmidt, Geschichte, § 243.

814 Bei der Lektüre des Tagebuches des Stader Scharfrichters scheint diese Vorstellungswelt allerdings in weite Ferne zu rücken; vgl. Gisela Wilbertz, Das Notizbuch des Scharfrichters Johann Zippel in Stade (1766 – 1782), in: Stader Jahrbuch 1975 (Band 65), S. 59 – 78. Für den Vollzug der Karrenstrafe war er allerdings nicht zuständig.

815 Spangenberg, Dritter Teil, Nr. 140.

816 Spangenberg, Dritter Teil, Nr. 1130.

817 Spangenberg, Dritter Teil, Nr. 1162.

818 Spangenberg, Dritter Teil, Nr. 1211.

819 Spangenberg, Vierter Teil, 1. Abt, Nr. 55.

Die männlichen Delinquenten wurden nach Auffassung der Kammer gemäß Verordnung vom 19. Februar 1801[820] zu häufig zu Zuchthausstrafen verurteilt, obwohl das Zuchthaus in Celle „hauptsächlich nur für weibliche Delinquenten sey", so dass bei männlichen Tätern künftig mehr zu Festungsbaustrafen zu verurteilen sein werde, es sei denn, der Verurteilte sei hierfür wegen seines Gesundheitszustandes nicht geeignet.

2.4.3.4 Zu den Wrogensachen

Die Ämter und Gerichte der Herzogtümer hatten bislang ihre Wrogensachen sehr unterschiedlich hinsichtlich der erkannten Strafen gehandhabt. Aus diesem Grund war mit Ausschreiben der Kammer in Hannover vom 5. November 1783[821] die „Vorschrift eines gehörigen Verfahrens bei den Wrogen-Untersuchungen und die verordneten allgemeinen Principia" bekanntgemacht worden. Zwar war mit Verordnung vom 28. August 1741[822] festgesetzt worden, dass die Injurienprozesse auf dem Lande abzukürzen und deshalb nicht mehr anfechtbar seien, aber eine Nichtigkeitsbeschwerde wurde gleichwohl für zulässig erachtet, wie das Oberappellationsgericht am 3. Mai 1800 entschieden hatte[823], wohl um sonst befürchtete Auswüchse der Untergerichte noch unter Kontrolle halten zu können.

2.4.3.5 Zum Depositenwesen

Das Depositenwesen in den Herzogtümern regelte die kgl. Verordnung vom 31. August 1798[824], die der für die „übrigen teutschen Provinzen" vom 18. / 29. November 1737 entsprach. Auch hier ist die eigenständige Regelung für die Herzogtümer gegenüber den anderen hannoverschen Landen auffällig, für das Land Hadeln war eine solche Ordnung bereits im Jahre 1744 mit gleichem Inhalt erlassen worden[825].

---

820 Spangenberg, Vierter Teil, 1. Abt, Nr. 266, diese wurde für die Herzogtümer gesondert „ad mandatum" am gleichen Tag publiziert.

821 Spangenberg, Dritter Teil, Nr. 171; ebenfalls abgedruckt bei Landwehr, S. 190, dort auch nähere Erläuterungen zu diesem Ausschreiben.

822 S. o. 2.3.3.

823 von Bülow und Hagemann, 3. Band, 2. Aufl., 1815, S. 74ff.

824 Spangenberg, Dritter Teil, Nr. 1243, dort auch das folgende Zitat.

825 S. u. 3.3.1.

2.4.3.6 Zum Recht der Stadt Stade

Das „Gastgericht" der Stadt Stade wurde schließlich durch eine Entscheidung des Oberappellationsgerichts vom 27. Januar 1798 bestätigt[826]. Danach konnten aber, entgegen anderweit vorgebrachter Auffassungen, als Kläger ausschließlich auswärtige Personen auftreten, so dass die Stader Bürger dort nicht gegen auswärtige Bürger klagen konnten, weil denen sonst ihr Gerichtsstand genommen worden wäre.

2.4.4 Zusammenfassung

Der Wechsel von der schwedischen zur hannoverschen Herrschaft vollzog sich ohne Brüche oder größere Einschnitte; letztlich hatte die von den Schweden eingeführte Verwaltungsstruktur eine gewisse Modernität[827] gebracht, die beibehalten werden konnte. Die ständische Herrschaft und die damit verbundenen Privilegien konnten sich verfestigen, weil die langjährige Abwesenheit des Königs eine Adelsherrschaft zuließ; diese war Neuerungen gegenüber nicht aufgeschlossen[828]. Bemerkenswert ist zudem, dass zwar einerseits die Bedeutung der Herzogtümer dadurch hervorgehoben war, dass die „Chefs der Stader Kollegien"[829] seit 1716[830] jeweils außerordentliches Mitglied des Geheimen Rats-Kollegiums, also der Hannoverschen Zentralregierung, waren, dass aber andererseits dieser Chef kein Eingesessener der Herzogtümer wurde[831].

Vor dem Hintergrund der Reformen im Gerichtswesen in Preußen und der allgemeinen politischen Entwicklung in Europa seit der französischen Revolution nehmen sich die Zustände im ausgehenden 18. Jahrhundert in den Herzogtümern Bremen und Verden zumindest auf dem Lande geradezu archaisch aus. Eine Ursache ist wohl auch darin zu sehen, dass es sich bei der Spitze der hannoverschen Verwaltung, und damit auch der Stader, letztlich um die Herrschaft

---

826 von Bülow und Hagemann, 2. Band, S. 64ff.; s. o. 2.3.3.

827 Vgl. Fiedler, Herzogtümer, S. 258ff.

828 Vgl. zur Wirtschaft des Landes Uriel Dann, Hannover und England 1740 – 1760, Hildesheim 1986, S. 2: „Die bemerkenswerteste wie auch die hartnäckigste Tatsache im Wirtschaftsleben des Kurfürstentums ist die Stagnation."

829 v. Meier, Band 1, S. 99, dort auch die folgenden Zitate.

830 Bereits von Staffhorst war Geheimer Rat, jedoch fehlt in den Quellen des StaatsA Stade seine Ernennungsurkunde.

831 Die Behauptung Behnes allerdings, S. 12f., es seien nur „Althannoveraner" zu diesem Amt gekommen, trifft nicht zu: v. Münchhausen kam aus Schaumburg-Lippe und v. Ende stammte aus Kursachsen; demgegenüber wurden die Stader Regierungsräte Klaus v. d. Decken jun. und Ernst August v. d. Bussche zu Geheimen Räten ernannt; eine Zurücksetzung der Landeskinder der Herzogtümer ist deshalb nicht erkennbar.

einer relativ festgefügten Gruppe Adeliger handelte. Diese konnten oder wollten wegen der ständigen Abwesenheit des Königs[832] keinen eigenen Antrieb zur Anpassung der staatlichen Strukturen an die sich verändernden gesellschaftlichen Verhältnisse entwickeln[833]. Beispielhaft sei hier der geradezu mangelnde Wille zu jeder Gesetzgebung[834] anhand des Meierrechts erwähnt[835]. Danach habe sich das hannoversche Meierrecht in einem mangelhaften Zustand befunden, es galt „als eines der kontroversenreichsten Gebiete des kontroversenreichen gemeinen Rechts." Nach Erlaß der Calenberger Meierordnung von 1772 hatten die Lüneburger Stände für ihren Bereich im Jahr 1779 ebenfalls eine Meierordnung beantragt, diese sogar selbst entworfen und an die Regierung in Hannover eingesandt. Erst im Jahre 1802 erhielten sie eine Antwort dahin, dass sich die Regierung mit dem Entwurf befasse[836].

Die nur unzureichende Publizierung der geltenden Normen scheint, trotz mancher geradezu fantasievoller Ansätze, Anlaß für ein beständiges Problem dahingehend gegeben zu haben, dass die Kenntnis der rechtlichen Rahmenbedingungen auf allen Ebenen der Verwaltung und der Justiz nur sehr lückenhaft war, wodurch regelmäßige Hinweise der Regierung auf die Einhaltung der geltenden Vorschriften erforderlich wurden. Hiermit läßt sich auch die häufige neue Publizierung bereits bekannt gemachter Gesetze und dergl. erklären.

Insgesamt gesehen brachte die Zeit von 1715 bis 1803 im hiesigen Bezirk im „Wirrwarr der Gerichtsbarkeiten"[837] bei Gerichtsverfassung, Verfahrensordnung und anzuwendendem Recht trotz einiger Reformbemühungen zur Mitte des Jahrhunderts praktisch kaum eine Änderung[838], zumal die konsequente Umset-

---

[832] König Georg III. regierte von 1760 bis 1811; er hat während dieser Zeit sein Kurfürstentum Hannover niemals betreten, vielmehr blieb er in Großbritannien, s. o. 2.3.1.

[833] Bei v. Meier, Band 1, S. 166f., wird die hannoversche Verwaltung dieser Zeit wie folgt charakterisiert: „Es gehört nun überhaupt nicht zu den Eigenschaften der Bureaukratie, sich Verantwortlichkeiten auf den Hals zu laden, oder nach oben anzustoßen, zu denen der Hannoverschen Bureaukratie des 18. Jahrhunderts aber am allerwenigsten. Weit entfernt von Kühnheit im Zugreifen, gebot die Vorsicht in allen irgend zweifelhaften Fällen, lieber zu berichten als zu entscheiden."

[834] „... eine für die hannoverschen Lande so charakteristische Zurückhaltung in der Setzung neuen Rechts" kennzeichnet Ebel, Pufendorf, S. XVII, diesen Zustand. Anders verhielt es sich jedoch dann, wenn militärische Belange berührt wurden, wie z. B. beim Strafvollzug in den Karrenanstalten, s. o. 2.4. 3.3.

[835] Nach v. Meier, Band 1, S. 262f., dort auch das folgende Zitat.

[836] Auf spätere Anträge der Stände wurde von der Regierung gar nicht mehr geantwortet; erst die Ablösegesetze der Jahre 1831 und 1833 machten eine solche Gesetzgebung schließlich überflüssig, vgl. v. Meier, Band 1, S. 263.

[837] Heile, S. 75.

[838] Heile, S. 64, der dies auf das Oberappellationsgericht Celle für die Zeit von 1733 bis 1803 bezieht; sehr anschaulich macht dies auch die Äußerung des Stader Amtmannes Hofmeister

zung der Untergerichtsordnung für die Gerichte auf dem Lande aus Opportunitätsgründen gegenüber den Gerichtsinhabern weitgehend unterblieb.

aus dem Jahr 1795, seine Besoldung entspreche immer noch dem des Amtmannes im Jahre 1716: Karen Jäger, „getreu, hold, gehorsam und dienstwärtig.“ Das Amt Stade und Agathenburg unter Leitung des Amtmannes Melchior Siegfried Hofmeister, in: Landkreis Stade (Hrsg.) Melchior Siegfried Hofmeister. Alltag eines Beamten in Agathenburg um 1780, Stade 1996, S. 10.

3. Das Land Hadeln von 1731 bis 1803

3.1 Die Verwaltung des Landes

3.1.1 Allgemeiner Überblick

Das Land Hadeln gehörte seit dem 13. Jahrhundert zum Territorium der askanischen Linie des Hauses Sachsen, aus der später die Herzöge von Sachsen-Lauenburg hervorgingen. Das Herzogtum Lauenburg und das Land Hadeln waren ausschließlich in der Person des in Ratzeburg residierenden Regenten miteinander verbunden; eine einheitliche Verwaltungsstruktur bestand nicht[1]. Die Aufgaben der oberen Polizeibehörde sowie allgemeine Aufsichtsfunktionen wurden von dem Gräfen in Otterndorf, einem Beamten des Landesherrn, wahrgenommen. Nach dem Aussterben der herzoglichen Linie im Jahre 1689 wurde das Herzogtum Lauenburg zwar zunächst unter kaiserliche Sequestration gestellt[2]. Es war aber schon im gleichen Jahr von den Herzögen zu Braunschweig-Lüneburg in Besitz genommen worden[3], gehörte also faktisch seither zum späteren kurhannoverschen Machtbereich. Das Land Hadeln als Teil des Herzogtums Lauenburg blieb jedoch unter kaiserlicher Sequestration, wobei der jeweilige kaiserliche Kommissar zumeist in Hamburg residierte. Erst durch das kaiserliche Patent vom 1. Mai 1731 übernahm das Kurfürstentum Hannover dieses Gebiet reichsrechtlich bestätigt in seinen Besitz[4]. Die Übergabe erfolgte am 23. Juli 1731; neuer erster Gräfe des Landes wurde der erste Regierungsrat

---

[1] Nach von Kobbe, Band 1, S. 196f., wurde das Land Hadeln „während der Lauenburgischen Herrschaft stets als abgesonderte Provinz, sowohl in geistlichen, wie in weltlichen Sachen betrachtet."

[2] Vgl. Dettmer, Stadtrecht., S. 28 m. w. N.; Hermann Uwe Dettmer, Recht, Gericht und Verfassung im alten Lande Hadeln, in: Lembcke, Rudolf (Hrsg.), Kreis Land Hadeln. Geschichte und Gegenwart, Otterndorf 1976, S. 54 - 64 (zitiert: Dettmer, Hadeln), S. 56; Dettmers erschöpfende Darstellungen werden diesem Kapitel im wesentlichen zugrundegelegt; hierzu auch bei Römer, S. 224; eine Übersicht aus dem Jahre 1799 bei von Bülow und Hagemann, 2.Band, S. 44 – 64.

[3] Vgl. v. Meier, Band 1, S. 90f., der auf Zweifel an der Berechtigung dieser Handlung hinweist: Hannover hatte sich in einem Rezeß vom 15. September 1702 auf ein Allod Heinrichs des Löwen berufen; die Rechtsgründe dürften jedoch selbst aus hannoverscher Sicht nur vorgeschoben gewesen sein, denn an den Kurfürsten von Sachsen wurden im Jahr 1697 1.100.000 RTlr gezahlt und an eine andere Linie des sächsischen Hauses im Jahre 1703 noch einmal 600.000 RTlr: ebenda; vgl. auch Schnath, Sachsenstamm, S. 47 unter Hinweis auf einen „langwierigen Erbfolgestreit".

[4] v. Meier, Band 1, S. 93f.; Eduard Rüther, Hadler Chronik. Quellenbuch zur Geschichte des Landes Hadeln, 2. Aufl., (Faksimile der 1. Aufl. 1932), Bremerhaven 1979, Nr. 1028 (künftig zitiert: Rüther, Chronik); Römer, S. 263; die kaiserliche Bestätigung für dieses Territorium erfolgte also noch vor der Bestätigung für die Herzogtümer, vgl. o. 2.1.1, Fn. 15.

der Stader Regierung, Philipp Adolph von Münchhausen[5]. Der Gräfe erhielt von den Ständen eine jährliche Besoldung von 3.000 Mark[6].

3.1.2 Der Verwaltungsaufbau

Einer Darstellung der Gerichtsverfassung hat ein Überblick zum Verwaltungsaufbau des Landes Hadeln vorauszugehen, weil bereits hierin die Grundlagen der Gerichtsstrukturen zu erkennen sind. Das Land Hadeln gliederte sich in drei Landesteile: das Hochland, das Sietland und die Stadt Otterndorf; die beiden ersten wurden weiter unterteilt in jeweils mehrere Kirchspiele[7]. Diese drei Landesteile wurden auch als Stände bezeichnet. Dabei kommt dem Begriff der Stände hier eine doppelte Bedeutung zu: zum einen sind damit diese drei Regionen gemeint und zum anderen auch deren jeweilige Repräsentanten[8]. Die Selbstverwaltung des Landes Hadeln wurde von Einflüssen des Landesherren weitgehend freigehalten; sie trug „stark autonome Züge"[9]. Diese Autonomie kann wohl auch darauf zurückgeführt werden, dass die Verwaltung Hadelns schon zuvor vom weit entfernten Landesteil Lauenburg getrennt war und beide Gebiete ihre eigenen Verfassungs- und Verwaltungsstrukturen entwickelt hatten. In vergleichbarer Weise setzte sich diese Lage nach der kurhannoverschen Übernahme fort. Denn der Präsident der Regierung in Stade war immer in Personalunion auch Gräfe des Landes Hadeln, damit war das Verhältnis Hadelns zu Hannover „dasselbe, wie das frühere zwischen Hadeln und Lauenburg"[10].

---

[5] v. Meier, Band 1, S. 94; ihm war mit Reskript vom 13. Oktober 1731 eine Anordnung, „die Verwaltung des Landes Hadeln betreffend" als Richtlinie an die Hand gegeben worden, Spangenberg, Vierter Teil, 3. Abt., Nr. 310; diese Anordnung wurde am 15., 20. und 29. November 1731 zu den Predigern, zu den Gnadenerweisen in Kriminalsachen sowie wegen der Dispensationen und wegen der Bedienten des Landes ergänzt: Spangenberg, Vierter Teil, 3. Abt., Nrn. 312, 313, 314 und 315.

[6] Rüther, Chronik, Nr. 1029.

[7] Ursprünglich stand dieser Begriff für kirchliche Organisationseinheiten, aber in der Zeit nach 1731 war dies ausschließlich die Bezeichnung für die unteren Verwaltungseinheiten, vgl. Rüther, Chronik, S. 35; Elke Freifrau von Boeselager, Das Land Hadeln bis zum Beginn der frühen Neuzeit, in: Landschaftsverband der ehemaligen Herzogtümer Bremen und Verden (Hrsg.), Geschichte des Landes zwischen Elbe und Weser, Band II, Stade 1995, S. 353.

[8] Nach Dettmer, Hadeln, S. 59, entspricht die hier genannte Reihenfolge der Stände auch einer Rangfolge: die Führung der Stände habe beim Hochland gelegen; nach Reinicke, Landstände, S. 77, unterschied sich die landständische Verfasung Hadelns erheblich von den übrigen hannoverschen Landesteilen, so dass der Begriff der Stände hier nicht mit dem in den Herzogtümern gleichgesetzt werden kann.

[9] Dettmer, Hadeln, S. 55; ders., Stadtrecht, S. 35; zu den Aufgaben der Stände ders., Stadtrecht, S. 113; die Privilegien des Landes Hadeln wurden mit Kgl. Reskript vom 20. / 31. August 1731 bestätigt: Spangenberg, Vierter Teil, 3. Abt., Nr. 306.

[10] v. Meier, Band 1, S. 94.

Seine Befugnisse wurden von der Gräfenkanzlei in Stade wahrgenommen[11]. Im übrigen blieb dem Land Hadeln die eigene Verfassungs- und Verwaltungsstruktur erhalten[12]. Diese wurde nach dem Erwerb durch Reskript Georgs II. gegenüber den Ständen ausdrücklich bestätigt[13]. Zwar ist aus dem Jahr 1735 der Versuch des Gräfen v. Münchhausen bekannt, die landesherrlichen Kompetenzen zu Lasten der Stände auszuweiten, indem er deren Versammlungen ohne seine Einwilligung nicht weiterhin zulassen wollte, aber damit konnte er sich nicht durchsetzen[14]. Es blieb mithin dabei, dass die ständische Organisation des Landes Hadeln von dem sonst in Hannover üblichen Typus grundsätzlich abwich[15].

3.2 Die Gerichtsverfassung

In der allgemeinen Gerichtsbarkeit bestanden im Land Hadeln 13 erstinstanzliche Gerichte sowie vier Obergerichte und drei Kriminalgerichte. Außerhalb der Hadelnschen Gerichtsverfassung stand als Untergericht das adelige Patrimonialgericht Wellingsbüttel mit dem Teilgericht Dörringworth. Der Gerichtsaufbau und die Besetzung der Gerichte sind in folgender Übersicht[16] anschaulich dargestellt:

---

[11] Die Gräfenkanzlei saß zu kurhannoverscher Zeit im Regierungsgebäude in Stade; die Expedition wurde von einem Stader Regierungssekretär mitverwaltet.

[12] Vgl. v. Meier, Band 1, S. 90 und 93, sowie ders., Band 2, S. 291.

[13] Reskript vom 13. Oktober 1731: „ ... die Gerichte Unsers Landes Hadeln und das gantze Justiz-Wesen in dem bisherigen Stande vor der Hand, auch die wohlhergebrachten Landes-Rechte in ihrem Vigore zulaßen ...", Spangenberg, Vierter Teil, 3. Abt., Nr. 309; erwähnenswert scheint mir zu sein, dass erst im Jahr 1773 ein eigenes kurhannoversches Gebäude (genannt „das Schloß") in Otterndorf errichtet wurde. Das hannoversche Amtshaus ist an der Stelle des alten lauenburgischen Schlosses errichtet worden; dort befindet sich im übrigen heute das Amtsgericht Otterndorf.

[14] Wilhelm Lenz, Die Stände des Landes Hadeln, in: Jahrbuch der Männer vom Morgenstern, Band 48 (1967), S. 287.

[15] Vgl. v. Meier, Band 1, S. 225; die Ausbildung einer ständischen Verfassung ohne starke adelige Elemente hat es nur in ganz wenigen deutschen Territorien gegeben: vgl. Volker Press, Steuern, Kredit und Repräsentation. Zum Problem der Ständebildung ohne Adel, in: ZHF 1975, Heft 2, S. 59ff., insbesondere S. 83f.

[16] Nach Rüther, Chronik, S. 38. Der bei Rüther gebrauchte Begriff des „Landschöpfen" ist hier durch „Landschöffe" ersetzt worden, der identisch ist mit dem Begriff des Schöffen; zu diesem Begriff allgemein vgl. Zedler's Universallexikon von 1743, Neuauflage 1961, der unter dem Stichwort „Schöpfen" auf das Stichwort „Schöffen" verweist.

I. Untergerichte

Des 1. Standes, des Hochlandes: 7 Kirchspielsgerichte: Schultheißen und Landschöffen	Des 2. Standes, des Sietlandes: 5 Kirchspielsgerichte: Schultheißen und Landschöffen	Des 3. Standes, der Stadt Otterndorf: Bürgermeister und Rat bezw. Stadtsekretär

II. Obergerichte

A. Obergericht In persönlichen Sachen für Exemte: Königl. Beamte	B. Landgericht des 1. und 2. Standes a) Justiz-Landgericht fürs Hochland in dinglichen Sachen: Königl. Beamte und Schultheißen b) Viergericht fürs Sietland in dinglichen Sachen: Königl. Beamte und Schultheißen
C. Oberstadtgericht In dinglichen Sachen: Königl. Beamte und Bürgermeister	

III. Kriminalgerichte

Des 1. Standes: Königl. Beamte und Schultheißen des Hochlandes	Des 2. Standes: Königl. Beamte und Schultheißen des Sietlandes	Des 3. Standes: Königl. Beamte und Bürgermeister der Stadt Otterndorf

Bemerkenswert ist in diesem Zusammenhang das Kammerausschreiben vom 9. April 1732, das sich mit der großen Zahl der Beisitzer des Konsistorial- und des Landgerichts sowie mit den entstehenden Kosten beschäftigte:

„... ist ersehen, was maßen das dortige Consistorial-Gericht aus 5 Assessoren, das Landgericht aus 7 Schultheißen, in Summa aus 17 Persohnen bestehen, welche Gerichte jedesmahl einen Tag nur dauern, und zwar 9 mahl jährlich gehalten werden sollten, solches aber bisher so genau nicht observiret worden, und nur 6 bis 7 mahl jährlich gehalten worden. Demnach nun aus denen hiebey bishero vorgekommenen Umständen dienlich geachtet, denen Assessoren und Schultheißen statt der bishrigen Defrayirung, vor jedesmahliger Abhaltung ermeldeter Gerichte ... jedwedem membro 1 RThlr, folglich 17 RThlr Diäten-Gelder reichen zu lassen, als womit denn diese friedlich seyn zu wollen sich erklähret.“[17]

[17] Spangenberg, Vierter Teil, 3. Abt., Nr. 325, bei der Zählung der Personen sind die Beamten des Gerichts hinzuzurechnen.

3.2.1 Die örtliche Zuständigkeit

3.2.1.1 Die Kirchspielsgerichte

Die Kirchspielsgerichte fungierten in den Ständen des Hoch- und des Sietlandes jeweils als Untergerichte[18]. Zum Hochland gehörten die sieben Kirchspielsgerichte Altenbruch, Lüdingworth, Nordleda, Neuenkirchen, Osterbruch, Osterende-Otterndorf und Westerende-Otterndorf. Zum Sietland gehörten die fünf Kirchspielsgerichte Wester-Ihlienworth, Oster-Ihlienworth, Steinau, Odisheim und Wanna.

Den Vorsitz der Kirchspielsgerichte hatte jeweils ein gewählter[19] Schultheiß inne. Ihm standen zwei bis vier[20] Landschöffen zur Seite, die ehrenamtlich tätig waren und auf Lebenszeit gewählt wurden. Zudem gab es in jedem Kirchspiel einen gewählten Kirchspielsschreiber, der mit den Aktuaren der Herzogtümer vergleichbar war[21]. Die Zuständigkeit dieser Gerichte bestand in der Wahrnehmung der Verwaltungsaufgaben, in der örtlichen Deichaufsicht sowie in der freiwilligen Gerichtsbarkeit[22]. Die Verwaltungsaufgaben bestanden u. a. darin, dass ihnen die ergangenen Verordnungen bekanntgegeben wurden, was sie durch ihre Unterschrift bestätigten, um dieses an ihr jeweiliges Kirchspiel weiterzugeben[23]. Diese Untergerichte waren weder landesherrliche Gerichte noch den Patrimonialgerichten vergleichbar; sie haben sich vielmehr „im Laufe der Zeit als Selbstverwaltungsorgane und kommunale Körperschaften ... ausgebildet, ohne den Charakter von Staatsbehörden jemals anzunehmen."[24] Die

[18] Dettmer, Hadeln, S. 60.

[19] Nach Ingeborg Mangels, Die Verfassung der Marschen am linken Ufer der Elbe im Mittelalter (Land Hadeln, Amt Neuhaus, Land Kehdingen und Altes Land). Eine vergleichende Untersuchung ihrer Entstehung und Entwicklung, Stade 1957 S. 70, war das Amt der Schultheiße bis in das 16. Jahrhundert erblich; zu deren Wahl bei Dettmer, Stadtrecht, S. 39; danach handelte es sich letztlich um die „Verwaltungsleiter" der Kirchspielsdistrikte

[20] Je nach Größe des Kirchspiels, so von Kobbe, Band 1, S. 199.

[21] Vgl. Dettmer, Stadtrecht, S. 39.

[22] Dettmer, Hadeln, S. 60.

[23] Ein Beispiel sei hier nach StaatsA Stade Rep. 23a Nr. 102 genannt: Der landesherrliche Erlaß vom 2. Januar 1751 schränkte das Beispruchsrecht gemäß Titel XI des zweiten Teils des Hadelschen Landrechts ein; diesen Erlaß haben am 25. Januar 1751 in Otterndorf die zwölf Kirchspielsvertreter mit ihren Unterschriften abgezeichnet mit dem Zusatz: „Vorstehende Verordnung uns heute *dato* zur *Publication* zugestellet worden; Bezeugen unserer Nahmens-Unterschrifften."

[24] Fritz Bayer, Der rechtliche Charakter der Kirchspielsgerichte des Landes Hadeln – Beiträge zum Hadler Recht, in: Jahrbuch der Männer vom Morgenstern, Band 14/15 (1913), S. 104; er schildert zur Verdeutlichung einen Vorgang aus dem Jahr 1868, bei dem die Landdrostei Stade den Antrag des Kirchspielsgerichts Altenbruch auf kostenlose Übersendung des

Kirchspiele wurden erst im 19. Jahrhundert dem königlichen Amt Otterndorf untergeordnet.

3.2.1.2 Das Stadtgericht Otterndorf

Die Aufgaben des Stadtgerichts entsprachen denen der vorgenannten Kirchspielsgerichte. Das Stadtgericht war mit dem Magistrat personengleich, es bestand aus den beiden Bürgermeistern, vier Ratsherren und zwei Prätoren[25]. Daneben fungierte das Stadtobergericht mit einer besonderen Zuständigkeit für alle exemten Personen, in dem der gesamte Magistrat mitwirkte[26]. Erst seit der hannoverschen Zeit hatte der 1. Bürgermeister der Stadt ein Jurist zu sein.

3.2.1.3 Das Patrimonialgericht Wellingsbüttel

Im Land Hadeln bestand als weiteres Untergericht das geschlossene Patrimonialgericht Wellingsbüttel mit dem Teilgericht Dörringworth[27]. Es gab in der frühen Neuzeit[28] mit der Familie von Klencke nur einen adeligen Gutsherren im Lande[29]. Dessen Zuständigkeit umfaßte die hohe und die niedere Gerichtsbarkeit[30]. Das Gericht nahm deshalb eine Sonderstellung ein, weil es nicht in die übrige Gerichtsverfassung des Landes Hadeln eingebunden war[31]. Vielmehr gingen Rechtsmittel gegen seine Erkenntnise bis 1731 an die

---

Gesetzblattes abgelehnt hatte mit der Begründung, dies Gericht zähle nicht zu den königlichen Behörden: ebenda, S. 102f.

[25] von Kobbe, Band 1, S. 199.

[26] Dettmer, Hadeln, S. 63.

[27] Dazu im einzelnen Martin Lenz, Das Patrimonialgericht Wellingsbüttel und das Teilgericht Dörringworth, jur. Diss. Göttingen 1963; dort lebten im ersten Viertel des 19. Jahrhunderts etwa 130 Menschen, für das 18. Jahrhundert liegen keine Zahlen vor, vgl. Martin Lenz, S. 13; der Begriff „Teilgericht" rührte daher, dass es nur für den Teil eines Kirchspiels zuständig war: Martin Lenz, S. 19.

[28] Dazu näher, jedoch ohne zeitliche Details („früher"), bei von Kobbe, Band 1, S. 200.

[29] Dettmer, Hadeln, S. 59; auch dies ist im Vergleich zu den Herzogtümern eine Hadeler Besonderheit.

[30] Martin Lenz, S. 7; nach von Kobbe, Band 1, S. 201, gehörte dazu auch die peinliche Gerichtsbarkeit.

[31] Martin Lenz, S. 7; nach Dettmer, Hadeln, S. 59, stand der Gutsherr „bedeutungslos außerhalb der Hadeler Stände." Die Sonderstellung ergibt sich auch daraus, dass nach der hannoverschen Übernahme des Landes Hadeln die Patrimonialgerichtsbarkeit Wellingsbüttel durch ein eigenes Reskript Georgs II. bestätigt wurde; die Gerichtsherrschaft über Dörringworth bestätigte der Landesherr erst im Jahre 1749, die Gründe der unterschiedlichen Behandlung sind nicht bekannt: Martin Lenz, S. 21.

Justizkanzlei in Ratzeburg[32] und seither an das Hofgericht in Stade. Insoweit war mithin die sonst autonome und einheitliche Gerichtsverfassung des Landes Hadeln aufgebrochen.[33] Bemerkenswert ist zudem, dass in Zivilsachen die Appellationen gegen Entscheidungen des Teilgerichts Dörringworth an das Patrimonialgericht Wellingsbüttel gingen[34], mithin der Gerichtsherr in zwei Instanzen tätig werden konnte.

3.2.1.4 Die Obergerichte

Rechtsmittelinstanz waren für die Kirchspielsgerichte des Hochlandes das Landgericht, für die des Sietlandes das Viergericht und für die Stadt Otterndorf das Stadtoberappellationsgericht[35]. Den Vorsitz in diesen Gerichten führte jeweils der Gräfe des Landes Hadeln[36]. Im Land- und im Viergericht wirkten sämtliche Schultheißen mit, jedoch ohne den Schultheiß des Kirchspielsgerichts, dessen Urteil angefochten worden war[37]. Im Stadtoberappellationsgericht wirkte der Magistrat nicht mehr mit, weil es um die Anfechtung der von ihm erlassenen Erkenntnisse ging, sondern es war ausschließlich mit drei landesherrlichen Beamten besetzt[38]. Hier waren also bei der Gerichtsverfassung die einzigen „Einbruchstellen landesherrlicher Gewalt“[39] in die im übrigen eigenständige Gerichtsverfassung des Landes zu verzeichnen.

---

[32] v. Meier, Band 1, S. 291f.

[33] Es bestand bis zum gesetzlich bedingten Ende aller hannoverschen Patrimonialgerichte am 1. Oktober 1852, s. u. 5.3.6.2.

[34] Martin Lenz, S. 116; dieser Zustand war in den Elbmarschen „ohne Parallele“, so Martin Lenz, S. 9; nach von Kobbe, Band 1, S. 201, war das Teilgericht dem Patrimonialgericht „untergeordnet.“

[35] Zu der Differenzierung bei den Rechtsmitteln gegen Entscheidungen des Stadt-, des Stadtober- und des Stadtoberappellationsgerichts vgl. die erschöpfende Darstellung bei Dettmer, Stadtrecht, S. 166ff.

[36] von Kobbe, Band 1, S. 197; danach soll dieser seit 1740 den Titel „Gerichtsdirector“ gehabt haben; nach Dettmer, Hadeln, S. 63, war ein Gerichtsdirektor im Amt, seitdem der Gräfe nicht mehr ständig in Otterndorf residierte; ähnlich Rüther, Chronik, Nr. 1740, der diesen Titel auf den bisherigen Gerichtsverwalter bezieht als dem ersten landesherrlichen Beamten; das landesherrliche Reskript vom 14. März 1740, „den Dienst des herrschaftlichen Gerichtsverwalters betreffend“ versah den bisherigen Gerichtsverwalter des Landes Hadeln mit dem Titel eines „Gerichtsdirectors“ und dem Rang eines Oberamtmannes: Spangenberg, Erster Teil, Nr. 18.

[37] Dettmer, Stadtrecht, S. 146.

[38] Dettmer, Hadeln, S. 63; ders. Stadtrecht, S. 146; ursprünglich waren dies der Gräfe mit zwei Beamten und ab 1740 der Gerichtsdirektor mit zwei Beamten.

[39] Dettmer, Hadeln, S. 63.

Ein eigenes, ausschließlich landesherrlich besetztes Obergericht war im Jahr 1589 errichtet worden, weil der Landesherr mehr Kompetenzen an sich ziehen wollte[40]. Es war erstinstanzlich zuständig für die exemten Personen[41] des Hoch- und des Sietlandes sowie als Rechtsmittelinstanz bei Remissionen und Appellationen in persönlichen, nicht jedoch in dinglichen Sachen. Besetzt war es mit dem Gräfen und zwei landesherrlichen Beamten, mithin war die sonst autonome Hadelner Gerichtsverfassung auch hier durchbrochen. Ob dieses Gericht mit dem früher für die Vollstreckung der Entscheidungen der Obergerichte zuständigen „Executionsgericht"[42] identisch war, kann hier nicht geklärt werden.

Das lauenburgische Hofgericht zu Ratzeburg war ein ständisches Gericht, bei dessen Besetzung zu hannoverscher Zeit auf die Ritterschaft und die Landschaft Rücksicht genommen wurde[43]. Eine eigenständige Justizkanzlei gab es in Ratzeburg nicht, vielmehr fungierte das Regierungskollegium gleichzeitig als Justizkanzlei, mithin lagen „Justiz und Verwaltung noch in einer Hand"[44]. Auch nach der Übernahme des Landes Hadeln ist es hinsichtlich der Appellationen bei diesem Rechtsweg geblieben, so dass im 18. Jahrhundert keine verwaltungsunabhängigen Gerichte für Hadelner Sachen tätig waren[45]. Mit Kgl. Patent vom 13. Oktober 1731 war nämlich angeordnet worden, dass Appellationen in Prozeßsachen mit einem Streitwert von mehr als 50 Gulden an die Lauenburgische Regierungskanzlei zu bringen seien[46].

Ein Streit hatte sich entsponnen an einer vom Amtmann in Otterndorf behaupteten eigenen Gerichtsbarkeit, an der das Obergericht keinen Anteil haben sollte. Diese Auffassung wurde mit einem Ministerialreskript vom 1.

---

40 Dettmer, Hadeln, S. 63; nach von Kobbe, Band 1, S. 198, hieß es auch „Extraordinairgericht." Dieser Begriff scheint im übrigen nicht gebräuchlich zu sein.

41 Nach von Kobbe, Band 1, S. 198, waren die Obergerichte der Stände für die Exemten zuständig; das Obergericht jedoch nur für die Exemten in persönlichen Rechtssachen, zudem sei es danach „competent über den Clerus", was angesichts der Zuständigkeit des Konsistoriums eher unwahrscheinlich gewesen sein dürfte.

42 Vgl. von Kobbe, Band 1, S. 199; nach Dettmer, Stadtrecht, S. 41, stellte dieses „eigentlich nur eine Abteilung des Fürstlichen Obergerichts dar." Bei Spangenberg, Erster Teil, Nr. 94, ist ein Gräfenreskript vom 11. Dezember 1740 abgedruckt, das sich mit der Kompetenz des „Executionsgerichts" beschäftigt und das „An Bürgermeister und Rath zu Otterndorf" adressiert war, so dass die Zuständigkeit eher dort zu vermuten sein dürfte.

43 v. Meier, Band 1, S. 290f.

44 v. Meier, Band 1, S. 293.

45 Wie Dettmer, Stadtrecht, S. 41, zum Vier- und Landgericht und ders., S. 147, zum Stadtoberappellationsgericht ausführt, ist dies erst seit 1816 der Fall gewesen. Eine Ausnahme bildete das Patrimonialgericht Wellingsbüttel, s.o. 3.2.1.3.

46 Rüther, Chronik, Nr. 1030.

November 1786[47] nach Einholung der verschiedenen Ansichten dahin beantwortet, dass dem Otterndorfer Amt nach der Verfassung des Landes Hadeln eine solche Gerichtsbarkeit nicht zustehe. Hier ist also die hergebrachte Hadelner Struktur von der Regierung in Hannover anerkannt worden, im übrigen gegen den eigenen landesherrlichen Amtmann.

3.2.1.5 Das Konsistorium

Im Land Hadeln bestand seit 1620 ein Konsistorium, dessen Aufgaben dem in Stade ansässigen entsprachen[48]. Es war das einzige Gericht des Landes Hadeln, das, ohne Ansehen der Person, erstinstanzliche Zuständigkeiten für alle drei Stände ausübte[49]. Eine „Herzogliche Constitution" des Jahres 1639 regelte seine Zuständigkeiten und das Verfahren. Mit Kgl. Patent vom 13. Oktober 1731 behielt das Konsistorium in Otterndorf seine Rechte, jedoch sollte in den Fällen, bei denen es um die *iura episcopalia*, die Bestätigung der Prediger und um Heiratsdispense ging, an die Regierung in Hannover berichtet werden[50]. Im 18. Jahrhundert ergingen zwei ergänzende Regelungen: Die „Hadeler Consistorial-Gerichts-Verordnung, wegen des Beichtsitzens am Sonntage", vom 9. März 1773[51], verbot die Beichte vor dem Sonntagsgottesdienst, wenn anschließend das Abendmahl folgen sollte, vielmehr war die Beichte am Sonnabend zuvor abzulegen. Die „Hadelnsche Eheordnung" vom 21. Februar 1786 legte den Predigern auf, sich vor der Proklamation (Aufgebot) der Eheschließung nach den nötigen Konsensen der Eltern, Großeltern und Vormünder zu erkundigen[52]. Die Überwachung der Einhaltung dieser Regeln gehörte auch zum Aufgabenkreis des Konsistoriums. Hieran ist zu erkennen, dass seine Zuständigkeit u. a. in der Kontrolle von Ordnungsvorschriften lag, die dem Bereich des kirchlichen Gottesdienst- und Eheschließungsrechts (Trauung)

---

47 Spangenberg, Dritter Teil, Nr. 334.

48 S.o. 2.1.2.1.5; Grundlage waren a) das Reskript des Herzogs August vom 29. Oktober 1621, „die Kirchen-Visitationen, Vocation und Dimission der Prediger betreffend", abgedruckt bei Ebhardt, Band 2, S. 550 – 554; b) „Visitations-Receß und Fürstliche Ordnung, nach gehaltener Visitation", abgedruckt bei Ebhardt, Band 2, S. 554 – 566; c) „Vertrag Herzog Augusts mit den Hadelnschen Ständen wegen Vocation, Nomination und Präsentation eines neuen Predigers" vom 3. März 1623, abgedruckt bei Ebhardt, Band 2, S. 566 – 570; Appellationen gegen Entscheidungen des Konsistoriums waren ausdrücklich nicht an das OAG Celle zu richten, sondern an die Geheime Ratsstube in Lauenburg: Landesherliches Reskript vom 12. März 1755, Spangenberg, Erster Teil, Nr. 1053.

49 Dettmer, Hadeln, S. 64.

50 Rüther, Chronik, Nr. 1030.

51 Abgedruckt bei Ebhardt, Band 2, S. 689f.

52 Ebhardt, Band 1, S. 38ff.

angehörten. Für die gesamte Untersuchungszeit bestand das Konsistorium mit seinen ursprünglichen Kompetenzen im wesentlichen fort[53].

3.2.2 Die sachliche Zuständigkeit

3.2.2.1 Zivilsachen

Die Zuständigkeit der Untergerichte erstreckte sich in Zivilsachen auf die gesamte freiwillige Gerichtsbarkeit und die meisten streitigen Sachen, jedoch ohne Streitigkeiten über Immobilien, Gerechtsame, Vormundschaften und Konkurse, die den Obergerichten der Stände erstinstanzlich zustanden[54].

3.2.2.2 Straf- und Wrugesachen

In Strafsachen führten die Kirchspielsgerichte sowie das Stadtgericht[55] nur die Generalinquisition, also nach späterem Verständnis eine Art Voruntersuchung.

Die Untergerichte waren befugt, leichtere Wrugesachen, also Polizeivergehen, in das Wrugeregister einzutragen, Sanktionen jedoch nur dann selbst endgültig festzusetzen, wenn die Strafe nicht über acht Wochen Gefängnis lag[56]. Für die Verhandlung der übrigen Wrugesachen tagte einmal jährlich für jeden der drei Stände getrennt das Landwrugegericht[57], um über die in das Wrugeregister eingetragenen Sachen abschließend zu entscheiden (Findung)[58]. Das letzte Wrugegericht im Land Hadeln wurde am 25. Juli 1800 gehalten[59].

Die Besetzung dieser Landwrugegerichte bestand immer aus dem Gräfen bzw. einem königlichen Kommissar und zwei weiteren landesherrlichen Beamten[60]. Als Beisitzer fungierten Repräsentanten der drei Stände in jeweils unterschiedlicher Zahl. Bei Entscheidungen wegen Verfahren aus dem ersten

---

[53] Die Auflösung erfolgte zum 13. Mai 1885, pr. GS 1885, S. 118.
[54] von Kobbe, Band 1, S. 198.
[55] Zum materiellen Strafrecht der Stadt Otterndorf bei Dettmer, Stadtrecht, S. 277ff.
[56] von Kobbe, Band 1, S. 200.
[57] Hierzu bei Dettmer, Stadtrecht, S. 40 und 261f.
[58] Rüther, Chronik, S. 40; zum Begriff bei Karl Kroeschell, „Rechtsfindung." Die mittelalterlichen Grundlagen einer modernen Vorstellung, in: Festschrift für Hermann Heimpel zum 70. Geburtstag, Göttingen 1972, Band 3, S. 498ff.
[59] Rüther, Chronik, Nr. 1148.
[60] Nach von Kobbe, Band 1, S. 200, war es besetzt mit einem „von der königlichen Cammer bestellten Commissarius." Ebenso Dettmer, Stadtrecht, S. 261, der den Kommissar auf die Zeit nach 1731 bezieht.

Stand waren dies die sieben Schultheißen der Kirchspielsgerichte mit 19 Schöffen, aus dem zweiten Stand die fünf Schultheißen mit elf Schöffen und aus der Stadt Otterndorf der gesamte Rat mit dem Bürgermeister, mithin acht Personen. Weil dieses Gericht nur an einem festgelegten Tag im Jahr verhandelte, kamen also immer 50 Beisitzer als Vertreter ihrer Stände mit den landesherrlichen Beamten zusammen; sicherlich auch ein gesellschaftlich wichtiges Ereignis[61] im Land Hadeln.

Die Kriminalgerichtsbarkeit, also die sachliche Zuständigkeit für alle Vergehen und Verbrechen außer den zuvor genannten, lag bei Land-, Vier- und Stadtobergericht[62]. Die örtliche Zuständigkeit war begrenzt auf den jeweiligen Stand. Hinsichtlich der Vollstreckung ist anzumerken, dass Todesurteile erst nach Bestätigung durch die Landesherrschaft vollstreckt werden konnten. Die gesamte Vollstreckung gehörte zur Zuständigkeit des jeweiligen Standes, der, wie auch sonst in Strafsachen, für die Kosten aufzukommen hatte[63]. Der Antrag der Stände, an diesen Kosten die herrschaftlichen Vorwerke und Meierhöfe dann zu beteiligen, wenn Kriminalfälle auf eben diesem herrschaftlichen Grund begangen worden waren, beschied eine Resolution des Gräfen vom 19. Februar 1740 abschlägig, es sei denn, „daß in Fürstlichen Zeiten die herrschaftlichen Vorwerke u.s.w. zu vergleichen Kosten mit *concurriret*, so werden sie desfalls rechtliche Entscheidung zu gewarten haben.“[64] Über den Ausgang ist nichts bekannt, vermutlich konnte der geforderte Nachweis nicht erbracht werden.

3.2.3 Das Appellationsprivileg für das Land Hadeln

Weil dem Kurfürstentum Hannover das *ius de non appellando* ausschließlich für seine im Jahr 1715 dem Land zugehörigen Besitzungen eingeräumt worden war[65], mußte dieses Recht für das Land Hadeln gesondert erwirkt werden. Dies geschah erst im Jahr 1747 mit einem kaiserlichen Appellationsprivileg für das Herzogtum Lauenburg und das Land Hadeln[66]. Für die Jahre davor ab der

---

[61] S. auch Landwehr, S. 48ff.

[62] Zum Strafverfahrensrecht der Stadt Otterndorf bei Dettmer, Stadtrecht, S. 250ff.

[63] Das Regierungsausschreiben vom 5. Oktober 1756 ließ „bey der bisherigen Observanz sein Verbleiben ..., mithin jeder Stand die sämmtlichen Unkosten, bis nach geendigter Inquisition, vorzuschießen fortfahren müsse.“ nach Spangenberg, Erster Teil, Nr. 1189; Dettmer, Hadeln, S. 63f.; zu den Einzelheiten der Hinrichtungsstätte und zu Konflikten aus Anlaß von Vollstreckungen zwischen den Hadelner Kriminalgerichten sowie den Ständen und dem Patrimonialgericht Wellingsbüttel bei Dettmer, Stadtrecht, S. 265f.

[64] Spangenberg, Erster Teil, Nr. 13.

[65] S.o. 2.1.1, Fn. 22.

[66] Vgl. Jessen, Festschrift, S. 43; das Kaiserl. Privilegium vom 20. Mai 1747 ist abgedruckt bei Spangenberg, Erster Teil, Nr. 492.

Übernahme des Landes müßte demnach die Möglichkeit der Appellation an das Reichskammergericht bestanden haben, denn das Herzogtum Sachsen-Lauenburg hatte kein Privileg de non appellando besessen. Die Frage, ob dieses Recht tatsächlich ausgeübt werden konnte oder ob „die normative Kraft des Faktischen in der Endphase des Alten Reiches“[67] dafür sorgte, dass schon zuvor Appellationen ausschließlich an das Oberappellationsgericht in Celle gingen, kann hier nicht beantwortet werden. Allerdings sind offenbar auch danach Appellationen noch an die Regierung in Ratzeburg gebracht worden, denn diese ließ mit einem Reskript vom 30. August 1757 an das Hadelnsche Obergericht mitteilen, Appellationen würden künftig „für desert erkannt.“[68]

3.2.4 Zum materiellen Recht

Materiell-rechtlich war das Land Hadeln gekennzeichnet durch eine Fülle von Privilegien, althergebrachten Statuten und Gesetzen[69]. Es waren dies insbesondere die Hadelnsche Verordnung von 1541[70], die sechs Regeln zum Kauf- und Erbrecht enthielt, sowie das Landrecht von 1583[71]. Dieses befaßte sich in fünf Abschnitten mit Prozeß-[72], Zivil-[73] und Strafrecht[74] und mit den

[67] Jessen, Festschrift, S. 43, der ausführt, dass „schon vor 1747 in aller Regel ... nach Celle appelliert wurde“ und dazu auf Akten im Bestand des Landesarchivs Schleswig, Abt. 216, verweist, ebenda, Fn. 84; s. auch Dettmer, Stadtrecht, S. 170; nähere Darstellung bei W. Prange, Die Organisation der Rechtspflege im Herzogtum Lauenburg bis 1879, in: Lauenburgische Akademie für Wissenschaft und Kultur, Kolloquium VIII: Geschichtliche Beiträge zur Rechtspflege im Herzogtum Lauenburg, hrsgg. von Kurt Jürgensen, Mölln 1956, S. 13ff.: danach wurde erst ab 1748 nach Celle appelliert.

[68] Spangenberg, Erster Teil, Nr. 1288.

[69] Dettmer, Hadeln, S. 57, ders., Stadtrecht, S. 45f.: danach war das 18. Jahrhundert gekennzeichnet von einer Ablösung des sächsischen gemeinen Rechts durch das römische Recht, was von Dettmer auf die entsprechende Ausbildung der Juristen zurückgeführt wird. Eine nähere Darstellung des materiellen Rechts unterbleibt hier, weil Dettmer dies im einzelnen und erschöpfend untersucht und dargestellt hat; vgl. insoweit die folgenden Fußnoten.

[70] „Hadelnsche Verordnung vom – 1541“, abgedruckt bei Ebhardt, Band 2, S. 1; für diese Verordnung steht kein Datum fest.

[71] „Verordnung des Hadelerischen Landgerichts und Rechtens, zu Fortsetzung und Erhaltung der ordentlichen Justitien, und gleichförmigen Rechtens, verfasset und publiciret 1583“, abgedruckt auszugsweise (ohne die Titel 4 und 5 zum Strafrecht) bei Ebhardt, Band 2, Seite 1 – 27, und insgesamt bei Spangenberg, Erster Teil, Nr. 58, sowie bei Hilmer v. d. Wense, Das Erbrecht des Hadler Landrechts, Göttingen 1961, im Anhang; Einzelheiten bei Dettmer, Stadtrecht, S. 309ff.

[72] Einzelheiten bei Dettmer, Stadtrecht; S. 308f.

[73] Einzelheiten bei Dettmer, Stadtrecht, S. 176ff. zum Personenrecht (Mündigkeit und Vormundschaft); S. 183ff. zum Grundstücksrecht (Eigentumsrechte und Grundpfandrechte); S. 203ff. zum Erbrecht und zum ehelichen Güterrecht.

Bereichen der freiwilligen Gerichtsbarkeit[75]. Die Polizeiordnung von 1597[76] gliederte sich in 42 Abschnitte, in denen allgemeine Ge- und Verbote zu verschiedenen Bereichen des täglichen Lebens geregelt waren. Die Konstitution von 1608 machte ihren Regelungsbereich bereits im Titel deutlich[77]. Für die Stadt Otterndorf galten die Statuten von 1541[78]. Sie enthielten Vorschriften des materiellen Rechts zivil- wie strafrechtlicher Art sowie des jeweiligen Verfahrensrechts.

3.3 Die weitere Entwicklung bis 1803

3.3.1 Änderungen der Gesetzeslage

Das im Land Hadeln bestehende materielle Recht und die dazugehörige Gerichtsverfassung blieben im 18. Jahrhundert im wesentlichen unverändert[79]. Für den Aufgabenbereich der erstinstanzlichen Gerichte wurde im Jahre 1744 eine Depositenordnung[80] erlassen, die den Umgang mit „deponirten Geldern und *Pretiosis* ... zu Verhütung aller Unrichtigkeit" regeln sollte. Eine Beschreibung

---

[74] Nach Thomas Krause, S. 22, war der strafrechtliche Teil „an der Carolina ausgerichtet." Die „Criminal-Instruction" des Jahres 1748, s. o. 2.3.3.5, wurde im Jahre 1750 in Hadeln publiziert, vgl. Thomas Krause, S. 32; abgedruckt ist sie bei Spangenberg, Vierter Teil, 3. Abt., Anhang Nr. II.

[75] Einzelheiten bei Dettmer, Stadtrecht, S. 176ff. zur Vormundschaft und S. 235ff. zu Testamenten.

[76] „Herzogs Franz Polizey-Ordnung für das Land Hadeln, von 1597", abgedruckt auszugsweise bei Ebhardt, Band 2, Seite 27 – 35; Einzelheiten bei Dettmer, Stadtrecht, S. 18 und 37ff.; diese Ordnung entsprach mithin dem, was zur damaligen Zeit unter „policey" verstanden wurde: s.o. 2.1.1.

[77] „Herzogs Franz Constitution d. d. Otterndorf den 6ten Juli 1608, von Concursen, Auspfändungen, Bürgen, *Crimine Stellionatus, Cessione bonorum, Reluitione* der jüngeren *Creditorum, Successione* der Halb-Geschwister und Lose der Kinder", abgedruckt bei Ebhardt, Band 2, S. 37 – 42; dazu als Vorarbeit „*Protocollum*, so bei Versammlung der Fürstlichen Niedersächsischen Räthe und der Deputirten der Hadelnschen Stände in Anno 1604, den 11ten September gehalten worden", abgedruckt bei Ebhardt, Band 2, S. 42 – 45.

[78] Die Statuten sind abgedruckt bei Dettmer, Stadtrecht, S. 318 – 330; hiermit beschäftigt sich die Arbeit Dettmers in erster Linie. Einige der zivilrechtlichen Normen der Otterndorfer Statuten galten bis zum Inkrafttreten des BGB am 1. Januar 1900: ebenda, S. 33; die früheren Abdrucke der Statuten werden bei Dettmer, Stadtrecht, S. 314ff., kritisch gewürdigt.

[79] Dettmer, Stadtrecht, S. 45f.; auf die Einschränkung des nachbarlichen Beispruchsrechts im Jahre 1751 ist bereits oben hingewiesen worden.

[80] „Depositenordnung d. d. Ratzeburg den 5. October 1744", abgedruckt bei Ebhardt, Band 1, S. 644 – 646.

des dafür zur Verwahrung dienenden Kastens[81] und zur Anlegung eines Depositenbuches waren darin ebenso enthalten wie Vorschriften zur Vertretung desjenigen, „der einen Schlüssel zu dem Depositen-Kasten hat." Eine „*interims*-Verordnung, einige bey dem gerichtlichen Verfahren eingerissene Unordnungen betreffend" vom 21. März 1750[82] stellte fest, „daß eines Theils die *Processe* sehr langsam fortgesetzet, anderntheils aber sehr weitläuffig, zum Bedruck der Partheyen, *tractiret* würden," und ordnete deshalb an, dass keine Fristverlängerung mehr gewährt und dass in keiner Sache mehrfach repliziert werden dürfe. Zudem seien unvorbereitet vor Gericht erscheinende Anwälte mit einer Strafe von 2 RTlr zu belegen sowie aus mehr als 12 Seiten bestehende Schriftsätze zurückzuweisen. Diese Anordnung wurde noch verschärft durch Gräfenbefehl vom 16. Dezember 1750[83], denn danach waren bei den Ober- und Konsistorialgerichten keine Schriftsätze über sechs und bei den übrigen Gerichten über vier Bogen anzunehmen, weil „die im Lande Hadeln practisirende Advocaten ihre Schriften über die Gebühr weitläufig gemachet" haben. Den Kirchspielsschreibern wurde verboten, als Advocaten tätig zu werden, anderenfalls ihnen der Verlust des Amtes drohte[84]. Ob zwischen diesen beiden Verordnungen ein Zusammenhang zu sehen ist, kann nicht festgestellt werden, könnte aber nahe liegen. Ein Gräfenbefehl vom 12. Dezember 1750[85] gestattete dann jedoch einem Kirchspielschreiber die weitere uneingeschränkte Tätigkeit als Advocat, während es einem anderen nur in einfacheren Sachen gestattet und ihm auferlegt wurde, „bey wichtigen Sachen Rechtsgelahrte zu Rath zu ziehen". Überhaupt scheint man in Hannover den Einwohnern des Landes Hadeln nicht wohlgesonnen gewesen zu sein, denn mit einer Verordnung vom 2. Januar 1751[86] wurde ihnen in Beleidigungsprozessen untersagt, einen Anwalt zu nehmen, vielmehr hatten sie die Sachen persönlich vor Gericht zu vertreten, denn es habe „bey vielen Einwohnern im Lande Hadeln die Liebe zum *Processiren* überhaupt, und besonders zu *Injurien-Processen*, mercklich überhand genommen."

---

[81] Nr. 1 der Depositenordnung lautete: „Soll bey jedem besagter Collegiorum, Aembter, Adelichen- und Stadt-Gerichten, wo dergleichen noch nicht vorhanden sind, ein mit Handgriffen und festen Schlössern, auch, wenn er groß seyn muß, mit Rollen, um bey Feuersgefahr leicht fortgebracht werden zu können, versehener Kasten von Eisen oder wohlbeschlagenem Eichenholtz angeschaffet werden."

[82] Spangenberg, Erster Teil, Nr. 665 sowie StaatsA Stade Rep. 23a Nr. 101.

[83] Spangenberg, Erster Teil, Nr. 724.

[84] Gräfenbefehl vom 20. April 1750: Spangenberg, Erster Teil, Nr. 671.

[85] Spangenberg, Erster Teil, Nr. 723, dort auch das folgende Zitat.

[86] StaatsA Stade Rep. 23a Nr. 102 sowie Spangenberg, Erster Teil, Nr. 734.

Ferner wurde eine Verordnung zu den gerichtlich niedergelegten Testamenten vom 22. Mai 1750[87] in den Herzogtümern Bremen und Verden am 31. Juli 1750 bekanntgemacht, die auch im Land Hadeln galt[88]. Das Hadelner Sonderrecht wurde in der Folge zunehmend zugunsten des hannoverschen Rechts zurückgedrängt[89]. Der Versuch des landesherrlichen Obergerichts jedoch, die Zuständigkeiten des Stadtgerichts Otterndorf zum Teil an sich zu ziehen, scheiterte[90].

3.3.2 Zusammenfassung

Es ist nicht zu erkennen, dass dem bäuerlich-republikanisch verfaßten Land Hadeln als Teil des ständisch-feudal verfaßten Kurfürstentums Hannover durch die neue Landesherrschaft die bestehenden Rechte im Kernbereich streitig gemacht wurden. Vielmehr hatte es sich um eine offensichtlich bewährte Verwaltungsstruktur gehandelt, die wohl auch wegen dieser vorzüglichen Erfüllung der Landesaufgaben noch für lange Zeit Bestand haben sollte[91].

Ein ähnlicher Gerichtsaufbau mit gewählten Schultheißen als Gerichtsvorsitzenden bestand innerhalb des Untersuchungsgebietes zu dieser Zeit nicht[92]. Eine weitere Besonderheit gegenüber den Herzogtümern ist darin zu sehen, dass über Appellationen die Regierung zu entscheiden hatte und mithin die Gerichtsverfassung auf dieser Ebene gegenüber anderen Territorien zurückgeblieben war. Das Land Hadeln hatte im Kurfürstentum Hannover eine einmalige und insbesondere einheitliche Gerichtsverfassung, die nur in dem kleinen Bereich des Patrimonialgerichts Wellingsbüttel durchbrochen wurde und deshalb ausschließlich in dieser Hinsicht mit den Gerichtsstrukturen der Herzogtümer übereinstimmte.

---

[87] „Verordnung, wie es mit Verwahrung und Publication der gerichtlich niedergelegten Testamente gehalten werden soll, vom 22. Mai 1750", abgedruckt bei Ebhardt, Band 1, S. 663 – 665 und bei Spangenberg, Erster Teil, Nr. 684, dort mit dem gedrucktem Zusatz: „Gilt auch im Lande Hadeln."

[88] Zu deren Inhalt s.o. 2.3.3.4.

[89] Dettmer, Hadeln, S. 57.

[90] Dettmer, Stadtrechte, S. 143f.

[91] Dettmer, Hadeln, S. 62, unter Hinweis auf eine Äußerung Bismarcks in diesem Sinne und auf die Tatsache, dass die Kirchspielsgerichte noch bis 1932 Verwaltungsaufgaben erfüllten.

[92] Vgl. Mangels, S. 56, die auf das einzige außerhalb des Landes Hadeln bis in das 16. Jahrhundert bestehende Schultheißengericht, das Dösegericht in Oederquart verweist; zu den Unterschieden zwischen diesen Gerichten bei Martin Lenz, S. 116f.

4. Die „Übergangszeit" von 1803 bis 1813

4.1 Die französische Herrschaft von 1803 bis 1805

4.1.1 Allgemeiner Überblick

Die französische Herrschaft im hannoverschen Territorium begann mit dem Einmarsch französischer Truppen in Osnabrück am 28. Mai 1803. Am 3. Juni 1803 wurde in der Konvention von Sulingen die Besetzung des Kurfürstentums Hannover vorläufig besiegelt und schon am 5. Juni 1803 die Residenzstadt Hannover besetzt. Der befehlshabende französische General Mortier bestimmte bereits am 12. Juni 1803 das Calenberg-Grubenhagensche Landschaftskollegium nach Zuwahl aus den Landschaften der übrigen Provinzen zum „Landes-Deputations-Collegium", das die oberste Regierungsgewalt ausüben sollte; nur zehn Tage später wurden diese Regierungsbefugnisse auf eine neu geschaffene „Executiv-Commission" übertragen, die unter dem Vorsitz des „Commissaire du gouvernement" stand[1]. Die übrigen hannoverschen Behörden und Einrichtungen blieben dagegen unverändert bestehen[2]. Nach der Konvention von Artlenburg vom 5. Juli 1803 löste sich die hannoversche Armee auf; die Okkupation wurde von der hannoverschen Regierung anerkannt. Damit begann eine sich mit Unterbrechungen bis 1813 hinziehende Zeit der französischen Besetzung, die deshalb gelegentlich für das Kurfürstentum auch als die „Franzosenzeit"[3] bezeichnet und in der allgemeinen Landesgeschichte überwiegend als eine geschlossene Einheit abgehandelt wird. Dem kann aber hier nicht gefolgt werden, weil dies wegen des Einschnittes der preußischen Annexion im Jahre 1806 und der während dieser Zeit erfolgten umfassenden Bestandsaufnahme der Justiz aus der Sicht dieser Arbeit eine zu geringe Differenzierung bedeuten würde.

---

[1] Vgl. Friedrich Thimme, Die inneren Zustände des Kurfürstentums Hannover unter der französisch-westfälischen Herrschaft 1806-1813, 2 Bände, Hannover und Leipzig 1893, Band I, S. 60f. Aus der Bremen-Verdenschen Landschaft wurde als Deputierter in das Landesdeputationskollegium der Oberappellationsrat von Zesterfleth zugewählt, ebenda, S. 62.

[2] Nach Thimme, Band I, S. 83, wurden sie „unangetastet" gelassen.

[3] Reinhard Oberschelp, Politische Geschichte Niedersachsens 1803 – 1866, Hildesheim 1988; dort ist das erste Kapitel mit diesem Titel überschrieben.

4.1.2 Der Verwaltungs- und Gerichtsaufbau

4.1.2.1 Die oberen Verwaltungs- und Justizeinrichtungen

Vor der Besetzung des Landes hatte sich die Regierung nach Lauenburg begeben; in Hannover blieb der Minister Claus v. der Decken in quasi halbamtlicher Funktion zurück[4]. Der fernere Kommunikationsweg mit der exilierten Regierung wurde unter diesen Umständen daher geradezu konspirativ aufgezogen[5]. Am 26. Oktober 1805 löste sich nach dem Rückzug der Franzosen

---

[4] Mit Ausschreiben der Regierung in Hannover vom 30. Mai 1803 an „alle Collegia und Obrigkeiten des Landes" war verlautet worden: „Nachdem die dringendsten Bewegungs-Gründe, welche mit der möglichsten Besorgung des ganzen Wohls des Landes unter den dermaligen Zeit-Umständen in der nächsten Verbindung stehen, das Königliche Staats- und Cabinets-Ministerium nöthigen, den Sitz seines Collegii vorerst von Hannover nach Lauenburg zu verlegen, und von dort ab die demselben anvertraueten Regierungs-Sachen zu verwalten; So wird solches den sämmtlichen Landes-Obrigkeiten zu dem Ende eröfnet, damit sie diejenigen Berichte, welche sie an das gedachte Staats- und Cabinets-Ministerium zu erstatten haben, nach Lauenburg richten, und von daher Verfügung darauf erwarten mögen. Da auch Unser geliebtester und sehr hochgeschätzter Herr College, des Herrn Staats- und Cabinets-Ministers von der Decken Excellenz, in Hannover zurück bleiben werden, um denjenigen, welche sich an ihn wenden, mit gutem Beyrath behülflich zu sein; So verstehet es sich zwar von selbst, daß Er an den Beschlüssen und Verfügungen des abwesenden Collegii auf die Zeit dieser Abwesenheit keinen Theil nehme, und solchergestalt ohne alle Function und Autorisation zu Geschäfts-Verfügungen Sich allhier befinde. Es wird jedoch auch solches zu allem Ueberfluß den sämmtlichen Obrigkeiten des Landes zu ihrer Nachricht und Direction hiedurch ohnverhalten."
Ein weiteres Ausschreiben der Regierung in Hannover vom 31. Mai 1803 an „alle Obrigkeiten des Landes" zeigte nicht nur die damalige Stimmungslage in der Regierung, sondern auch die von allen Landesbedienten erwartete Haltung; es lautete: „Da wir vernehmen, daß mehrere Obrigkeiten des Landes eine Vorschrift darüber zu erhalten wünschen, wie sie sich in dem Falle zu verhalten haben, wenn französische Truppen sich weiter den hiesigen Landes-Gränzen nähern sollten; So ertheilen Wir ihnen solche im allgemeinen dahin, daß sie 1. überhaupt ihr ganzes Benehmen nach dem Grundsatz der strengsten Neutralität abzumessen haben, welche den hiesigen Landen nach ihrer von der Krone Großbritannien und Irland ganz unabhängigen, von selbiger völlig separirten Eigenschaft zufolge der Reichs-Verfassung und der Guarantie des Lüneviller Reichs-Friedens zustehet; Daß sie daher 2. alles, was hoffentlich nur in diesen Gränzen von ihnen erfordert wird, willig zu leisten, und überhaupt 3. von ihren Aemtern und Posten sich nicht zu entfernen, sondern an dem Ort, wo sie ihr Amt und Beruf erfordert, zur Beobachtung ihrer Amts-Pflichten zu verbleiben haben. Wir verlassen Uns darunter auf ihre Wohlgesinnung und Vaterlands-Liebe ..." Beide Quellen sind enthalten in StaatsA Stade Rep. 23a Nr. 154. Hierzu auch bei Thimme, Band I, S. 60.

[5] Mit Ausschreiben der Kammer in Hannover an den Sekretär Wehner in Stade wurde diesem mitgeteilt: „Wir werden durch die jetzigen öffentlichen Zeit-Umstände auf Verfügung des Ministerii veranlasset, von jetzt an aus einander zu gehen, und solchergestalt das Cammer-Collegium gänzlich aufzulösen. Es sind demnach überall keine Berichte weiter anhero an die

in die Festung Hameln die „Executiv-Commission“ auf, das alte hannoversche Ministerium gab die Wiederherstellung der früheren Verhältnisse bekannt und übernahm erneut die Regierung; das Landesdeputationskollegium blieb allerdings bestehen, wie es hieß, zur Aufarbeitung „der noch rückständigen Sachen“[6].

4.1.2.1.1 Die Regierung

Dieses verheimlichende Verhalten in der Verbindung der Behörden wird deutlich in einem kurz nach der Besetzung, nämlich am 22. Juni 1803, an die Bremen- und Verdensche Regierung ergangenen „Pro Memoria“ des in Hannover residierenden Sekretärs Wehner, dessen Ursache im vorgenannten Ausschreiben der Kammer vom 30. Mai 1803 zu sehen ist. Dort hieß es zum künftigen Schriftwechsel:

> „Alle anhero zu erlassende Regierungs Berichte sind für die Zukunft in der Form eines Pro Memoria ohne Curialien zu fassen, und blos mit der äußeren Addresse: ‚An das Brem und Verdensche Departement‘ anhero gelangen zu lassen.“[7]

Bemerkenswert ist dabei zum einen die neue Bezeichnung des Adressaten künftiger Schreiben und zum anderen der Wegfall aller Curialien[8], d. h. der Eingangs- und Endfloskeln in allen Schreiben, die sich bisher, und auch später wieder, über jeweils mehrere Zeilen erstreckten. Bereits am folgenden Tag beschloß das Landesdeputationskollegium auf Vorschlag des Commerzrath Brandes den Geschäftsgang nicht zu unterbrechen und die Regierungssekretäre mit der Ausführung der einzelnen Regierungsanordnungen zu beauftragen[9].

Cammer zu erstatten, und nur in den eiligsten und dringendsten Fällen die Berichte an die einstweilen in Lauenburg etablirte Cammer, und zwar auf derjenigen Route, die nach den Umständen die sicherste zu sein scheint, abzusenden.“ in: StaatsA Stade Rep. 23a Nr. 154. Eine Darstellung des Regierungsverhaltens unter dem Aspekt der ferneren Kommunikation bei Thimme, Band I, S. 67.

[6] Thimme, Band I, S. 124f.

[7] StaatsA Stade Rep. 50 Nr. 225, Bl. 53.

[8] Zedlers Universal-Lexikon von 1733, Neudruck Graz 1961: „Curialien sind Worte, Titel und andere Ehren-Bezeugungen, wie man sie bey Hofe, nach eines jedweden Stand und Würde zu geben pflegt.“

[9] Der Vorschlag mit Begründung lautete: „Das Collegium werde sich ohne seine Erinnerung von selbst davon überzeugt finden, daß es zum Wohl des ganzen von der äußersten Wichtigkeit sey, daß der Geschäfts-Gang in solchen zum Regiminal-Departement gehörigen Angelegenheiten, wobey es auf keine auf die französische Occupation Bezug habende Expedition ankomme, nicht unterbrochen werde, mithin diese zu dem gewöhnlichen Ganzen der Landes-Administration zu wahrenden Geschäfte nach wie vor von den Regierungs Secretarien, zu deren Expedition sie gehörten, pflichtmäßig besorgt, und expedirt würden: Er

Der Stader Regierungssekretär Ecks verfaßte darauf am 28. Juni 1803 für die Regierung ein „Unterthäniges Promemoria", in dem er seine Bedenken hinsichtlich der Art und Weise künftiger Schreiben der Bremen- und Verdenschen Regierung äußerte, weil ihm die Anordnung nicht detailliert genug zu sein schien. Diese sollten künftig

„ ... während der gegenwärtigen öffentlichen Konjuncturen bloß in der Form eines Promemoria ohne alle Curialien abgefaßt werden und unter der äußeren Adresse ‚An das Brem- und Verdensche Departement zu Hannover' abgehen. An wen aber ein solches Promemoria inwendig zu richten, und von wem es zu unterschreiben sey, solches ist nicht vorgeschrieben worden. ... Denn von einer eigentlichen Regierung will man so wenig, als von einem Staats-Ministerio, etwas wissen; daher auch beykommende *depèche* nicht an die Regierung, sondern an mich addressiert worden ist."[10]

In der Sitzung der Stader Regierung vom 1. Juli 1803 wurde dieser Vorschlag genehmigt mit dem Zusatz, es solle „ein solches Promemoria inwendig an niemand namentlich gerichtet werden."[11] Das letztlich konspirative Verhalten wurde noch einmal bekräftigt in einem weiteren Pro Memoria des hannoverschen Sekretärs Wehner vom 6. Juli 1803, in dem inhaltlich wiederum Gleiches stand, woraus wohl gefolgert werden kann, dass entweder den Beteiligten keine andere Verhaltensweise denkbar oder möglicherweise zuvor nicht entsprechend diesen neuen Regeln in jedem Fall verfahren worden war[12].

---

gebe daher anheim, ob es dem Landes-Deputations-Collegio gefällig sey, gedachte Regierungs Secretarien und Expedienten dahin zu auctorisiren, daß sie sich ex commissione huius Collegii der ferneren Besorgung der ihnen angewiesenen Geschäfte in den eben bezeichneten Angelegenheiten nach obhabenden Pflichten und geprüften Kenntnissen und Ueberzeugungen ohne Unterbrechung zu unterziehen hätten. Das Collegium erklärte sich, mit diesem Antrage völlig einverstanden zu seyn und resolvirte daher sämtliche Regierungs Secretarien und Expedienten, vermittelst ihnen zuzufertigendem Extracts dieses Protocolls, dahin zu auctorisiren, die zu ihrem Departement gehörigen Angelegenheiten obiger Art in der proponirten Maasse ferner zu befolgen, und die vorkommenden *expedienda ex speciali commissione* auszufertigen, ... dieselben zu ersuchen, daß, wie sie in einigen oder anderen Falle Bedenklichkeit fänden, für sich allein zu procediren, oder auch Sachen, die zu den obbezeichneten *eximendis* gehörten, ihnen vorkommen sollten, sie solche an das Landes-Deputations-Collegium gelangen lassen und von daher das weitere erwarten mögen, gleich man denn auch von Seiten des *Directorii* die etwa bey diesen *Collegis* umlaufenden, zu jenen Expeditionen sich qualificirenden Sachen *brevi manu* an die Behörde abgeben werde." in: StaatsA Stade Rep. 50 Nr. 225, Bl. 34.

[10] StaatsA Stade Rep. 50 Nr. 225, Bl. 51; s. Anlage 4 - 1.

[11] StaatsA Stade Rep. 50 Nr. 225, Bl. 51; s. Anlage 4 - 1.

[12] „Unter Beziehung auf die der dorthin abgegangenen Expeditionen vom 20ten v. M. beigefügte Note soll Euer Hochwohlgebohren ich nochmals antragen, gütigst zu besorgen, daß die von dasiger Regierung anhero ergehenden Sachen lediglich mit dem Directorio An das Brem und Verdensche Departement versehen, keineswegens aber An des Herrn Staats und Cabinets Ministers von der Decken Excellenz gerichtet oder an Hochdieselben und am

Hieraus ist zudem zu erkennen, dass der Minister v. der Decken durchaus nicht nur eine halbamtliche Funktion ausübte, sondern seine Aufgabe offenbar darin bestand, der Adressat für die Berichte der dem Ministerium nachgeordneten Behörden zu sein, eventuell Weisungen zu erteilen oder auch die Verwaltung zu lenken[13]. Er war gewissermaßen der heimgelassene Rat der heimgelassenen Räte.

Erst zu Anfang des Jahres 1804 scheint das Verfahren zwischen den Beteiligten endgültig geklärt und gefestigt zu sein, wie in einer Note des Regierungssekretärs Ecks vom 13. Januar 1804 festgestellt wurde. Denn es werde

> „... vorzüglich nur darauf ankommen, die äußere Form zu bestimmen, wie solches am füglichsten geschehen kann, ohne sich gegen die gedachte französische Generalität von Seiten des Ministerio zu compromittiren. ... bey Sachen hingegen, welche eigentlich ministerial sind, werden die hiesigen Herren Minister Excellenzen eine solche Art der Communication, wie sie in dem jetzt vorliegenden Fall von hier geschiehet, durch ununterschriebene Noten von der Hand des Referenten, mit einem Privat Briefe zu deren Beglaubigung begleitet, Sich angenehm seyn lassen und darunter nach Erfordern mit den zu Schwerin anwesenden Herren Ministern Excellenzen zu Bewährung höherer Entschließungen Sich weiter concertiren."[14]

Dieses Verhalten wurde am 3. Februar 1804 in der Sitzung der Stader Regierung, an der der Staatsminister v. Hake und der Regierungsrat v. Borstel teilnahmen, als verbindlich für die gesamte Stader Regierung festgelegt[15].

4.1.2.1.2 Die Landstände

Durch die Abwesenheit des Ministeriums und die damit verbundene fehlende Möglichkeit einer Konvokation konnten die Landstände in den Herzogtümern während dieser Zeit nicht zusammentreten. Die bestehenden Aufgaben waren daher notwendigerweise vom Ausschuß der Stände wahrzunehmen[16]. Im übrigen

---

wenigsten, wenn solche mit dem Regierungs Siegel versiegelt sind, addressiert, sondern mit der äußeren Addresse: An das Brem und Verdensche Departement, oder an mich versehen werden mögen." in: StaatsA Stade Rep. 50 Nr. 225, Bl. 6.

[13] Bei Thimme, Band I, S. 67, ist das Verhalten v. d. Deckens in Regierungsangelegenheiten detailliert beschrieben; der Minister Grote kam später ebenfalls nach Hannover.

[14] StaatsA Stade Rep. 50 Nr. 225, Bl. 57 - 59; s. Anlage 4 - 2.

[15] StaatsA Stade Rep. 50 Nr. 225, Bl. 54 f.; s. Anlage 4 - 3.

[16] Thimme, Band I, S. 74.

ist aber die ständische Verfassung und deren Verwaltung zu dieser Zeit „durch die französische Okkupation nur geringfügig beeinträchtigt worden“[17].

4.1.2.1.3 Die Justizkanzlei

Das geschilderte konspirative Verhalten hatte auch Auswirkungen in der Entscheidung alltäglicher Rechtssachen. Es bestand das Problem, den verfassungsgemäß an sich von der Regierung zu erlassenden Rechtsakten „eine solche Form zu geben, daß ihre Rechtsbeständigkeit und öffentliche Gültigkeit unbezweifelt sei.“[18] In den Akten dieser Zeit liegen mehrere Quellen vor, in denen es um Verfahren ging, die sowohl unaufschiebbar waren wie auch formgültig zu sein hatten, so dass bis zu einem etwaigen Ende der Besetzung nicht gewartet werden konnte. Es ging in diesen Fällen um die Erteilung der venia aetatis (Mündigsprechung)[19] und um die Erteilung von Ehedispensen. In solchen Sachen war nach der Verfassung der Herzogtümer Bremen und Verden bislang die Entscheidung des Staatsministeriums in Hannover einzuholen. Eine solche verfassungsmäßig vorgesehene Beteiligung schien angesichts der veränderten äußeren Umstände nicht mehr angebracht zu sein. In diesen Angelegenheiten wurde deshalb kurzer Hand im Sinne der nachfolgenden vier Punkte des Staatsministers von Hake verfahren, die dieser in einem Pro Memoria vom 11. Juli 1803 als Konsequenz aus der politischen Lage gezogen hatte:

„1. daß, da das Königl. Staatsministerium aufgehoben sey, an dasselbe directu kein Bericht abgestattet werden kann,
2. daß alle nicht eilige Sachen, die sich zu einer Berichtserstattung qualificiren, zurückzulegen wären,
3. daß in solchen Fällen, wo die Verfügung nomine principis nothwendig sey, wie z. B. Ertheilung der Venia aetatis, für jetzo eine Berichterstattung unterbleiben könne, und daß man dagegen dem Supplicanten zum Ausgleich die Veniam aetatis erstatte, daß aber das vollständige Document ihm nicht mehr ertheilt werde,
4. bey Ehedispensationen, wo derselben nicht ausgesetzt werden könnten, sey dem Consistorio zu überlassen, sie zu ertheilen.“[20]

Vor diesem Hintergrund sind Verfahren zur Erteilung der Volljährigkeit und des Ehedispenses zu sehen, aus denen erkennbar wird, wie sich das heimliche Verhalten der Regierung in Stade letztlich auch in Angelegenheiten auswirkte, die aus heutiger Sicht keinerlei politischen Bezug aufweisen. Erkennbar wird

[17] Reinicke, Landstände, S. 108.
[18] Thimme, Band I, S. 67.
[19] Nach Zedlers Universal-Lexikon von 1745, Neudruck Graz 1962.
[20] StaatsA Stade Rep. 50 Nr. 225, Bl. 3.

zudem, dass solche bisher zur Zuständigkeit des Konsistoriums gehörigen Angelegenheiten wohl ohne erkennbare Probleme von einer Justizeinrichtung erledigt werden konnten, nämlich dem Präsidenten des Oberappellationsgerichts, allerdings in seiner Eigenschaft als Mitglied des Geheimen Rates.

Für eine Frau namens Margarethe Steffens aus Norder Oberndorf war beantragt worden, ihr die Volljährigkeitsrechte zu erteilen, ohne dass ein Grund hierfür aus den Akten zu erkennen ist. Am 29. Juli 1803 kam „aus dem Justitz-Departement“ in Celle und unterzeichnet vom Präsidenten des Oberappellationsgerichts an die Regierung in Stade sowohl die positive Entscheidung, nämlich die „venia aetatis“[21] als auch folgender Bescheid:

> „Nachdem das Gesuch der Margarethe Steffens gebohrene Wöhlken zu Norder Oberndorf um Ertheilung der Volljährigkeits-Rechte wegen der genauen Verbindung desselben mit den Justitz-Sachen an das Justitz-Departement abgegeben worden, so hat man sich durch die vorgekommenen Umstände bewogen gefunden, demselben in dem Anschlusse zu deferiren, bey dessen Uebermachung zu weiterer Verfügung annoch bemerklich gemacht wird, daß das Gesuch der Supplicantin Steffens von dem Doctor Eitzen als Concipienten unterschrieben ist und dem Amte Neuhaus als Obervormundschaftlichem Gerichte eine Abschrift des Documents von hier aus zugesandt worden.“[22]

Die Stader Regierung teilte daraufhin jedoch dem Präsidenten des Oberappellationsgerichts unter dem 11. August 1803[23] mit, sie habe der Antragstellerin bereits am 22. Juli 1803 die Volljährigkeitsrechte durch eine Resolution erteilt, weil sie sich dazu berechtigt gesehen habe, und verwies insoweit auf das Pro Memoria des Staatsministers von Hake sowie darauf, dass „vermöge der Convention vom 3. Juny d. J. und das darauf folgende *arreté* vom

---

[21] StaatsA Stade Rep. 50 Nr. 225, Bl. 48 mit folgendem Wortlaut: „Nachdem des Hermann Steffens Ehefrau, Margarethe gebohrene Wöhlken zu Norden Oberdorf, geziemend angesucht hat, derselben in Ermangelung ihrer Volljährigkeit veniam aetatis zu ertheilen, das Gesuch auch auf angestellte Erkundigung unbedenklich befunden, und solchem daher stattgegeben worden: so wird Kraft dieses erwähnter Margarethe Steffens gebohrene Wöhlken der Mangel ihrer noch unvollkommenen Jahre erfüllet und dieselbe für fähig erkläret, ihren Sachen selbst und allein vorzustehen, mithin von nun an alles dasjenige, wozu sie sonst eines curatoris bedürfen würde, für sich allein nach bestem Wissen und Vermögen gültig und verbindlich zu verrichten, zu handeln und zu schliessen. Urkundlich dessen ist dieses Document hierüber ausgefertiget. Celle den 29ten Julius 1803. Aus dem Justitz-Departement.“ Unterzeichnet war dieser Bescheid von „G.F.A. von der Wense.“

[22] StaatsA Stade Rep. 50 Nr. 225, Bl. 17; ein ähnlicher Antrag hat der gleichlautenden Erklärung des Justiz-Departements vom gleichen Tage für den Goldschmiedsgesellen Hans Jacob Balduin Boening aus Lehe zugrunde gelegen, auch hier sind die nötigen Dokumente an das Vormundschaftsgericht in Lehe abgesandt und später zurückgefordert worden.

[23] StaatsA Stade Rep. 50 Nr. 225, Bl. 45.

22. desselben Monats das Staats Ministerium fürerst keine weitere Auctorität ausüben solle, in Ansehung des eigentlichen Justitz-Departements als eines Zweiges des Staats Ministerii gleichfalls eine Abänderung erlitten habe"[24]. Die Celler Dokumente wurden deshalb nach dort zurückgesandt, weil die Stader Regierung der Auffassung war, sie könne

> „die sonst vom Staats-Ministerio einzuholenden Verfügungen allhier selbst ertheilen, namentlich auch veniam aetatis und dergl., jedoch von Einrückung der Clausel, daß das nothwendige Document demnächst werde verschickt werden, abstrahiren, weil dadurch in der Folge prozessualische Streitigkeiten veranlaßt werden könnten, ob die venia aetatis vor Ertheilung des für nothwendig erklährten Documents gültige Kraft gehabt habe; vielmehr wolle die Regierung mittels Resolutionen erklähren, daß die venia aetatis in Beziehung auf das von der Justizcanzley ertheilte rechtliche Gutachten verstattet werde; würde die Regierung die Ehedispensationen in Fällen, die sonst von der Verfügung des Staats-Ministerio abgehangen hätten, für jetzt selbst ertheilen und dem hiesigen Consistorio bekannt machen."[25]

Die Bedenken der Stader Regierung waren mithin ausschließlich formeller Art, weil für sie das Staatsministerium aufgehört hatte zu existieren und deshalb die bereits in Celle ausgefertigten Dokumente herkömmlicher Art mit der obengenannten Klausel nach ihrer Auffassung keinen Wert hatten. Sie stammten nur von einem Teil des aufgelösten Ministeriums und konnten also, nach dieser Auffassung, keine Bindungswirkung erzeugen. Dieses geschah vor dem Hintergrund, dass die aus Celle übersandten Dokumente inhaltlich vollständig und daher für die Antragstellerin sicherlich „wertvoller" waren als die ihr aus Stade zugegangenen Ausfertigungen[26]. Zudem ist offenbar das Ausschreiben des Geheimen Rates vom 1. Juni 1803 in Stade nicht berücksichtigt worden, dass das Justizdepartement durchaus weiterhin existierte, allerdings in veränderter Form, denn danach war verfügt worden:

> „Da das Departement der Justiz-Sachen von dem Herrn Ober-Appellations-Gerichts-Praesidenten von der Wense von Celle aus versehen werden wird; so dient solches hier zur Direction."[27]

---

[24] StaatsA Stade Rep. 50 Nr. 225, Bl. 45R.

[25] StaatsA Stade Rep. 50 Nr. 225, Bl. 14.

[26] Bei der zweiten französischen Besetzung ist bereits im Herbst 1806 wieder zu diesem Verfahren zurückgekehrt worden: StaatsA Stade Rep. 50 Nr. 225, Bl. 41; s. u. 4.2.4 (am Ende).

[27] StaatsA Stade Rep. 23a Nr. 154, unterzeichnet „von Kielmannsegge"; in der gleichen Quelle ist ein Pro Memoria des Amtsprocurators Dencke in Celle vom 8. Juni 1803 an alle Ämter enthalten mit folgendem Wortlaut: „Da dem Herrn Oberappellations-Gerichts Praesident von der Wense hieselbst alle zum Justiz-Departement gehörigen Sachen vorerst übertragen sind, so habe ich von demselben den Auftrag erhalten, den Aemtern anzuzeigen, daß sie in ihren an das Justiz-Departement gehörigen Berichten sich blos der Aufschrift – An

Die Stader Justizkollegien arbeiteten während dieser Zeit im übrigen unverändert weiter[28]. So hatten sie auf entsprechende Anträge der hier tätigen Procuratoren die bislang geltenden Gebührentaxen der Regierung in Hannover vorgelegt, die darauf mit Resolutionen vom 25. April an die Petenten und vom 30. April 1804 an die Justizkanzlei und das Hofgericht eine „Observanzmäßige Taxe der Advocatur- und Procuratur-Gebühren bey den Brem- und Verdenschen Justiz-Collegien" erließ. Bemerkenswert war die große Spannbreite, in der das Gericht sein Ermessen hinsichtlich der Gebühren für Schriftsätze festsetzen konnte, wobei gleichsam eine Bewertung der eingereichten Schriftsätze zu erfolgen hatte[29]. Ebenso beschäftigte sich der zweite Bescheid dieser Zeit[30] mit den Gebühren. Danach hatte jede Partei künftig einem Procurator bei dessen Beauftragung einen Vorschuß von „5 bis 10 Thalern Cassenmünze einzusenden", und gleiches sollte für alle anhängigen Verfahren ab dem 1. Juni 1804 gelten. Sofern Parteien mit der Zahlung dieser Gebühren in Rückstand geraten sollten, drohte ihnen deren „executivische Beitreibung" auf ihre Kosten, also die Vollstreckung der offenen Beträge. Hier zeigt sich, dass die Justizeinrichtungen in der Tat unverändert und offenbar ohne inhaltliche Vorgaben durch die französische Besatzung weitergearbeitet haben. Eine personelle Änderung ergab sich durch die Beförderung des bisherigen „Vice-Directors" von Schlütter zum „Canzley-Director" mit Kgl. Reskript vom 20. Januar 1806[31]. Dem war der Wunsch der Regierung in Stade vorausgegangen,

---

den Herrn Oberappellations-Gerichts Praesidenten von der Wense zu Zelle – ohne Hinzusetzung eines andern Praedicats bedienen, auch im Context selbst ein gleiches beobachten mögen, worin die Gesuche lediglich an das Justiz-Departement und nicht an das Staats-Ministerium zu richten, auch die Epitheta Königl. und Churfürstl. gänzlich wegzulassen seyn werden."

[28] Nach Thimme, Band I, S. 73, äußerte sich der französische Befehlshaber Mortier dahin, „dass in den Gang der Justiz bei den höheren und niederen geistlichen und weltlichen Gerichten der hannoverschen Lande auch nicht auf die entfernteste Weise eingegriffen werden solle."

[29] „Schriften; für größere, die einen Bogen und darüber betragen, ist das Maximum für den Bogen, ohne Abschrift und Stempel 1 Rtlr. Dieses Maximum wird aber nur denjenigen Schriftstellern gut gethan, welche ihre Aufsätze kurz und mit Vermeidung aller unnöthigen Nebendinge abfassen, für minder gute oder doch mittelmäßige 32 sch. Ist aber vollends der Inhalt ungebührlich und über einen unbedeutenden Gegenstand vielleicht ganz unverhältnismäßig ausgedehnt, oder die Schrift auf eine den älteren, bisher bestandenen Principien zuwiderlaufende Weise, in fraudem der Taxe weitschweifig mundiret, so werden für den Bogen, nach Gelegenheit der Umstände nur 24 sch – 16 sch gut getahn, wie denn hierunter das richterliche Ermessen natürlich nicht beschränkt werden kann." Schlüter, Bescheide, S. 45, dort auch die Darstellung zur Vorgeschichte dieser Taxe.

[30] Soweit diese Bescheide bei Schlüter überhaupt vermerkt sind, handelt es sich um den dort aufgeführten „zweiten Bescheid" dieser Zeit; er stammte vom 9. Mai 1804: Schlüter, Bescheide, S. 47, dort auch die folgenden Zitate.

[31] StaatsA Stade Rep. 31 Titel 7t Nr. 1.

dass der seit 1795 als Vizedirektor amtierende von Schlütter die Amtsbezeichnung eines Direktors ebenfalls erhalten solle, weil in Hannover der bisherige Vizedirektor Rumann nunmehr Direktor geworden war[32].

4.1.2.1.4 Das Hofgericht

Es ist aus den Quellen nicht zu erkennen, ob beim Hofgericht während dieser Zeit eine Änderung eingetreten ist. Ob es nach dem Reichsdeputationshauptschluß und dem damit verbundenen Wegfall der Bremischen Gebiete überhaupt noch zu Juridiken in Bremen gekommen ist, ist ebensowenig ersichtlich, dürfte aber kaum der Fall gewesen sein.

4.1.2.1.5 Das Konsistorium

Das Verfahren des Konsistoriums blieb im Kern unverändert, jedoch wurde die Ernennung der Pastoren und anderer kirchlicher Amtsträger erst dann bestätigt, wenn den in Hannover verbliebenen Ministern v. d. Decken und Grote eine Anzeige von der beabsichtigten Ernennung gemacht worden war. Die erforderliche Bestätigung des Königs wurde für spätere Zeiten vorbehalten[33].

4.1.2.1.6 Die Landgerichte

Die Landgerichte, die faktisch bereits gegen Ende des 18. Jahrhunderts nahezu zum Erliegen gekommen waren[34], tagten nach Beginn der französischen Besatzung nicht mehr[35].

---

[32] Schreiben der Regierung in Stade an die Regierung in Hannover vom 20. Juni 1805: „Wenn nunmehr der bisherige Vice-Director Rumann zum Canzley-Director ernannt wird; ... so vermeinen (der Minister von Hake), dem Dienst gemäß zu sein, daß ebenfalls der Vice-Director von Schlütter zu Stade daselbst zum Canzley-Director, wie er effective schon ist, declarirt werde.“ in: StaatsA Stade Rep. 31 Titel 7t Nr. 1.

[33] Thimme, Band I, S. 74.

[34] S. o. 2.4.2.1.6.

[35] Landwehr, S. 136f.; allerdings ist in dem Bericht der Regierung in Stade vom 20. Juni 1806 ein eigener Abschnitt den Landgerichten gewidmet, ohne dass auf deren faktisches Ende dabei eingegangen wird, so dass ihre Tätigkeit fortgedauert haben könnte, s. u. 4.2.2.1.6 sowie StaatsA Stade Rep. 50 Nr. 530, Bl. 24, Anlage 4 - 4.

4.1.2.1.7 Das Oberappellationsgericht

Mit Kgl. Verordnung vom 6. Januar 1806[36] war angeordnet worden, dass die während der französischen Besatzung aus dem Justizdepartement stammenden Verfügungen, die allein mit einer Unterschrift des „dirigirenden Ministers" versehen waren, obwohl verfassungsgemäß das gesamte Staatsministerium hätte unterschreiben müssen, gleichwohl gültig seien. Demnach wurden die vom Staatsminister und Präsidenten des Oberappellationsgerichts, von der Wense, ergangenen Resolutionen nachträglich trotz des ihnen innewohnenden Formmangels geheilt. Damit hatten die o. g. Bedenken der Stader Regierung ihre Grundlage verloren. Diese Bedenken waren zwar rechtlich nicht völlig unzutreffend, aber den Erfordernissen der Besatzungszeit, insbesondere aus der Sicht der Rechtsuchenden, nicht angepaßt.

4.1.2.1.8 Die Militärgerichtsbarkeit

Die Hannoversche Exekutivkommission erließ am 3. August 1803[37] eine Bekanntmachung über den Gerichtsstand der Militärangehörigen „mit Vorwissen und Genehmigung des commandirenden Herrn Generals der französischen Armee". Danach waren alle Oberoffiziere sowie deren Angehörige und alle dem Militär in anderen Funktionen angehörenden Personen, die mindestens den Rang eines Fähnrichs bekleideten, nur der Gerichtsbarkeit der Obergerichte, also der Justizkanzlei und dem Hofgericht, unterworfen. In Strafsachen unterstanden die sich im Land Hadeln aufhaltenden Offiziere ausschließlich der Regierung in Ratzeburg. Die übrigen Angehörigen des Militärs unterstanden in erster Instanz dem Amt oder Gericht, in dessen Bezirk sie sich aufhielten. Alle bei den Kriegsgerichten anhängigen Verfahren waren unter Beibehaltung der Sportelnfreiheit der Soldaten an die nunmehr zuständigen allgemeinen Gerichte abzugeben. Nach dem Rückzug der

[36] „Nachdem während der französischen Besetzung Unserer deutschen Lande, mehrere Verfügungen und Ausfertigungen, besonders in Fällen von ertheilten Volljährigkeits-Rechten, Legitimationen und sonstigen Dispensationen, welche sonst verfassungsmäßig in Unserm Höchsten Namen unter der Unterschrift Unsers dasselbe dirigirenden Ministers ergangen sind; so declariren Wir hiedurch, um allen künftigen Streitigkeiten über deren Rechts-Beständigkeit desto sicherer vorzubeugen, aus landesherrlicher Macht und Gewalt, und wollen: daß die in solcher Maaße während der Dauer der französischen Besetzung Unserer deutschen Lande aus Unserm Justitz-Departement ergangenen Ausfertigungen eine eben so vollgültige Kraft haben sollen, als ob sie in der sonst gewohnten Form in Unserm eignen Höchsten Namen und unter der Unterschrift Unsers ganzen Staats-Ministerii ergangen wären." in: StaatsA Stade Rep. 23a Nr. 157, sowie bei Spangenberg, Vierter Teil, 1. Abt, Nr. 1044, bei letzterem jedoch irrtümlich mit „1805" bezeichnet.

[37] Spangenberg, Vierter Teil, 1. Abt, Nr. 529; vgl. Thimme, Band I, S. 72.

Franzosen änderten sich sowohl die Sach- wie die Rechtslage. Mit Ausschreiben der Regierung in Hannover vom 30. Oktober 1805 wurde angeordnet:

> „Da ... das verfassungsmäßige General-Kriegs-Gericht über die zu den im Lande befindlichen Königlichen Truppen gehörigen Personen nunmehr wieder eröffnet worden ist; So werden die sämmtlichen Civil-Landes-Gerichte hiedurch angewiesen, in den zu dem Ressort des gedachten General-Kriegs-Gerichts gehörigen Angelegenheiten sofort sich aller weiteren Verhandlung zu enthalten, und die in solchen Angelegenheiten bey ihnen ergangenen Acten, so wie sie liegen, an dasselbe auszuliefern."[38]

Eine Verordnung vom 19. November 1805[39] schränkte die vorgenannte Weisung jedoch wieder ein. Denn die Gerichte sollten solche Zivilverfahren durchaus noch bearbeiten, aber sich auf die Verfahren beschränken, bei denen „eine Gefahr im Verzuge obwalte". Hier war offenbar auf die veränderten Zeitumstände und den zum Stillstand gekommenen Rückzug der Franzosen reagiert worden. Mit Verordnung vom 21. Dezember 1805[40] wurde die vorgenannte Verordnung aufgehoben und nunmehr auf alle Verfahren erstreckt.

4.1.2.2 Die unteren Verwaltungs- und Justizeinrichtungen

Hier haben sich seit dem Reichsdeputationshauptschluß des Jahres 1803[41] keine gravierenden Veränderungen in den Herzogtümern ergeben.

---

[38] StaatsA Stade Rep. 23a Nr. 156.

[39] „Die Civil-Gerichte des Landes werden hiedurch Namens Seiner Königlichen Majestät ausdrücklich autorisirt, sich zwar bis zu weiterer Verfügung der vor die Königliche Kriegs-Gerichts-Commission sonst gehörigen Rechtssachen annoch anzunehmen, nur auf diejenigen zu beschränken, bey welchem nach ihrem richterlichen Ermessen eine Gefahr im Verzuge obwaltet." in: StaatsA Stade Rep. 23a Nr. 156, sowie bei Spangenberg, Vierter Teil, 1. Abt, Nr. 1000.

[40] „Da zur Wieder-Eröfnung der Königl. Kriegs-Gerichts-Commission annoch einige vorgängige Vorkehrungen erforderlich sind, welche zu treffen bisher nicht thunlich gewesen ist; So wird diejenige Bestimmung, nach welcher, zufolge des unterm 19ten vorigen Monats erlassenen Ausschreibens, die Autorisation der Civil-Gerichte des Landes, sich der vor die gedachte Königl. Kriegs-Gerichts-Commission annoch ferner anzunehmen, blos auf diejenigen beschränket worden ist, bey welchen nach ihrem richterlichen Ermessen eine Gefahr im Verzuge obwaltet, hiedurch wiederum aufgehoben, vielmehr die obige Autorisation auf alle Militair-Justiz-Sachen der vorbemerkten Art damit, wiewohl nur vorerst und bis auf weitere Verfügung, extendirt." in: StaatsA Stade Rep. 23a Nr. 156, sowie bei Spangenberg, Vierter Teil, 1. Abt, Nr. 1034.

[41] S. o. 2.4.2.2.3, Fn. 797 zu den hannoverschen Rechten in Bremen.

4.1.3 Zum materiellen Recht

Eine gesetzgebende Tätigkeit durch die hannoverschen Behörden ist zu dieser Zeit faktisch zum Erliegen gekommen, was durch die Abwesenheit des Ministeriums bedingt ist, denn das Landesdeputationskollegium scheint nur der Aufrechterhaltung der Staatsaufgaben gedient zu haben, eigene Initiativen gingen von ihm nicht aus. Was die Bestätigung der Kriminalerkenntnisse betraf, die verfassungsgemäß vom ganzen Staatsministerium zu treffen waren, entschied der Oberappellationsgerichtspräsident von der Wense als Minister allein. Allerdings holte er sich bei der Bestätigung der Todesurteile die Zustimmung des Ministers v. d. Decken und später auch des inzwischen zurückgekehrten Ministers von Grote ein; ein Verfahren, das er sich zuvor aus London hatte bestätigen lassen[42].

Das Gnadenrecht stand, wie überall, dem Herrscher zu. Es ist letztlich ein Eingriff in die aufgrund eines formalen Verfahrens zustande gekommenen Entscheidungen der Gerichte und damit, bis heute, Ausdruck der alten Kabinettsjustiz. Dieses Recht konnte jederzeit delegiert werden, und es wurde auch davon Gebrauch gemacht. Unproblematisch aus der Sicht des Inhabers des Gnadenrechts war es, wenn die untere Instanz sich ausschließlich in diesen Grenzen bewegte. Allerdings wurde einer auch nur vermeintlichen Anmaßung des Gnadenrechts entschieden entgegengetreten. Eine bereits seit mehreren Jahren schwelende Auseinandersetzung zwischen der Stader Regierung und dem Geheimen Rat in Hannover gab es um den Umfang des der Stader Regierung zustehenden Begnadigungsrechts, die ursprünglich durch eine Vorstellung der Justizkanzlei vom 26. August 1797[43] in Hannover ausgelöst worden war. Die Justizkanzlei wollte sich nicht damit abfinden, dass ihre Strafurteile, wohl häufiger[44], von der Stader Regierung gemildert worden waren. Konkreter Anlaß für die Entscheidung des geheimen Rats in Hannover waren zwei Fälle aus dem Jahr 1805: Mit einer Resolution der Regierung in Stade vom 11. März 1805[45]

[42] Thimme, Band I, S. 73.

[43] Diese Vorstellung ist im einzelnen nicht ersichtlich, auf sie wird jedoch im Erlaß der Regierung in Hannover vom 2. Januar 1806 an die Justizkanzlei in Stade Bezug genommen: StaatsA Stade Rep. 50 Nr. 223, Bl. 2.

[44] In der Quelle werden in einem undatierten „Pro Memoria betreffend die Frage: Ob und in weit der Brem- und Verdenschen Regierung ein *ius aggratiandi* in Criminal Fällen zugestanden werden möge?" des Sekretärs Wehner neun Fälle genannt, die sich seit 1763 ereignet hatten: StaatsA Stade Rep. 50 Nr. 223, Bl. 6ff.

[45] Die Resolution lautete: „Nachdem über das von den Festungsbaugefangenen zu Harburg Heinrich Burmester und Jacob Christoph Kruse hieselbst übergebene Gesuch, daß ihnen die noch übrige Strafzeit erlaßen werden möge, das Gutachten der Brem- und Verdenschen Justitz-Canzley hieselbst vernommen worden, dernach aber der Bewilligung desselben mehrere Bedenklichkeiten entgegen stehen; so kann die gebetene Erlaßung der noch übrigen

war zwei Festungsbaugefangenen ein vorzeitiger Erlaß der Strafe versagt worden, und ebenfalls im Jahre 1805 waren zwei zu Zuchthaus verurteilten Frauen deren Begnadigungsgesuche abschlägig beschieden worden[46]. Hierin war in Hannover eine Anmaßung des nur dem König bzw. dem Ministerium zustehenden Begnadigungsrechts gesehen worden. Diese Kontroverse wurde dadurch ausgeräumt, dass gemäß einem Erlaß des Ministeriums vom 2. Januar 1806 nach der Schwere der Tat zu differenzieren war. Danach konnte die Regierung in Stade weiterhin bei leichteren Strafsachen („in delictis levioribus") vom Recht der Milderung der erkannten Strafe („ius aggratiandi") bei vorliegendem Gnadengesuch Gebrauch machen, jedoch nur dann, wenn sie zuvor von der Justizkanzlei oder dem erkennenden Patrimonialgericht ein Gutachten angefordert und deren jeweilige Entscheidungsgründe eingesehen hatte. Diese Praxis hatte die Stader Regierung in den vorliegenden Fällen bereits zuvor gehandhabt, so dass für sie keine Änderung im Begnadigungsverfahren erforderlich wurde. Bei schwereren Delikten durfte sie allerdings nach Einholung der gerichtlichen Gutachten diese nur mit einer eigenen Stellungnahme an das Ministerium zu dessen Entscheidung einsenden[47].

Strafzeit den Supplicanten nicht verwilligt werden." in: StaatsA Stade Rep. 50 Nr. 223, Bl. 22.

[46] Weder der genaue Sachverhalt noch das Datum der Entscheidung sind zu ermitteln, in der Quelle (undatiertes Pro Memoria des Sekretärs Wehner) heißt es lediglich: „ ... daß bemeldete Regierung mit dem Nachsuchen um Aufname einer gewissen *Catharine Marie von der Höden* und deren Mutter, - welche beyde wegen eines ihnen angeschuldigten Kindermordes von dem Gerichte Freyburg, Landes Kehdingen nach eingeholtem Urtheil der Juristen Facultät zu Helmstedt zu resp. 2 und 4jähriger Zuchthaus-Strafe verurtheilt waren" in: StaatsA Stade Rep. 50 Nr. 223, Bl. 4. Zu dem Fall der beiden Verurteilten von der Höden heißt es an anderer Stelle zum Tatvorwurf „wegen Verwahrlosung eines Kindes": StaatsA Stade Rep. 50 Nr. 223, Bl. 3. Es dürfte sich wohl um dasselbe Delikt und um dieselben Personen gehandelt haben.

[47] Der Erlaß des Ministeriums an die Regierung in Stade lautete: „Der im letztverwichenen Sommer sich ereignete Fall, da den beyden von der Höden, Mutter und Tochter, welche vom Gerichte Freyburg wegen Verwahrlosung eines Kindes zu resp. 4 und 2jähriger Zuchthausstrafe verurtheilet worden, denen euch eingebrachtes Begnadigungs Gesuch aber von euch ohne vorherige Berichterstattung an Unser Ministerial-Justitz-Departement *simpliciter* abgeschlagen worden, und die nachhero unterm 29ten Jul. v. von euch in solcher Hinsicht abgegebene Erklärung haben veranlasset, daß die vor einigen Jahren zwischen euch und Unserer dasigen Justitz-Canzley entstandene Differenz über die euch als Unserem dasigen Regierungs-Collegio zustehende Befugniß, in *delictis levioribus,* da den Rechten nach nur auf Gefängniß, Pfahl oder Geld-Strafen erkannt werden kann und erkannt worden ist, begnadigungsweise Milderungs-Verfügungen ergehen zu lassen, in Rückerinnerung gekommen und die in deren Betref von beyden Seiten angeführten Gründe in nähere Erwägung gezogen worden sind: Wenn Wir nun solchemnach Uns dahin bestimmet, auch Unserer Justitz-Canzley daselbst nach Innhalt des abschriftlichen Anschlusses unterm heutigen dato zu erkennen gegeben haben, daß Unserer dasigen Regierung die Befugniß, in denjenigen Criminal-Fällen, in welchen dem Regul nach die Erkenntnisse Uns nicht zur Bestätigung vorgeleget werden, nach ihrer Ermäßigung eine Begnadigung oder Milderung

Ebenfalls am 2. Januar 1806 wurde auch die Justizkanzlei in Stade hiervon unterrichtet[48]. Dass sich das Ministerium in seinen Erlassen an die Regierung und die Justizkanzlei in Stade zur Begründung unter anderem auf die seit langem praktizierte Übung der Stader Regierung bezog, ist angesichts eines seit offenbar 40 Jahren gepflegten Verfahrens wohl zutreffend, eine eigene Begründung ersetzt dies freilich nicht. Der Bezug auf die „Instruction", mit der nur die Regierungsinstruktion von 1730 gemeint sein kann, führt jedoch nicht weiter, denn dort wird hierzu, wie der Sekretär Wehner in seinem Pro Memoria zutreffend bemerkt[49], nichts Näheres ausgeführt.

Als Beispiel für eine ganz andere Art und Weise der Gerichtspraxis wurde der Bevölkerung durch ein zu verbreitendes Plakat vom 8. November 1803 die

---

und Verwandlung der erkannten Strafen zu bewilligen und eintreten zu lassen, - gleichwie solche von derselben im Gefolg deren habenden Instruction schon seit langen Jahren ausgeübet worden ist, - auch ferner für die Zukunft verbleiben, jedoch dieselbe gehalten seyn solle, in vorkommenden Fällen jedesmal zur Constatirung der Richtigkeit dem in den Begnadigungs Gesuchen angeführten *factorum* zuförderst das Gutachten der Justitz-Canzley oder des Patrimonial-Richters zu erfordern; So lassen Wir solches euch hiermit unverhalten seyn. In denjenigen schwereren Criminal-Fällen hingegen, in welchen Unsere Bestätigung des ergangenen Urtheils den betrefenden *principiis* gemäß erforderlich ist, sind von der Regierung die bey selbiger eingesandten Begnadigungs Gesuche ebensowenig zu bewilligen, als wie in dem von Hödenschen Falle geschehen ist, abzuschlagen, sondern künftig solche jederzeit, nachdem das Gutachten der Justitz-Canzley oder des Patrimonial-Gerichts und von diesen zugleich die *rationes decidendi* erfordert werden, mit hinzugefügter gutachtlicher Meinung der Regierung an Unser heimgelassenes Ministerium zu dessen desfalsigen Entscheidung mitzusenden." in: StaatsA Stade Rep. 50 Nr. 223, Bl. 3.

[48] Dieser Erlaß lautete: „Es ist bey einer neuerlichen Veranlaßung in Anerinnung gekommen, wasmaaßen von euch die Befugniß Unserer dasigen Regierung in *delictis levioribus*, in welchen den Rechten nach nur eine Gefängniß, Pfahl oder Geldstrafe stattnehmig werden kann und demnach auch auf solche von euch erkannt worden ist, begnadigungsweise Milderungs-Verfügungen ergehen zu lassen, hat in Zweifel gezogen werden wollen und nach solcherhalb Unserem Ministerio von euch unterm 26ten August 1797 vorstellig gemacht worden ist: Wenn Wir nun nach Erwägung der von euch aufgestellten Zweifels-Gründe Uns gleichwohl dahin bestimmt haben, daß bemeldeter Unserer Regierung die Befugniß in denjenigen Criminal-Fällen, in welchen Regul nach die Erkenntnisse Uns nicht zur Bestätigung vorgeleget werden, nach ihrer Ermäßigung Begnadigungen oder Milderung nur Verwandlung der erkannten Strafen zu bewilligen und eintreten zu lassen, gleichwie von demselben in Gefolg ihrer Instruction solche schon seit langen Jahren ausgeübet worden ist, auch ferner für die Zukunft in dem Maaße, daß in vorkommenden Fällen jedesmal zur Constatirung der Richtigkeit dem in den Begnadigungs Gesuchen angeführten *factorum* zuvor von euch oder dem Patrimonial-Richter ein Gutachten erfordert werde, verbleiben solle;" in: StaatsA Stade Rep. 50 Nr. 223, Bl. 2.

[49] „die ertheilte Instruction von 1730, ..., darunter überall keine Auskunft giebt," in: StaatsA Stade Rep. 50 Nr. 223, Bl. 6.

Arbeit eines französischen Gerichts dargestellt[50]. Danach war ein Sergeant Ahrens wegen seiner Werbung für die englischen Truppen zu einer Festungsstrafe von 15 Jahren verurteilt worden, was sicherlich in erster Linie abschreckende Wirkung haben sollte. In dieser Veröffentlichung war aber, und darin liegt die gegenüber allen bisherigen hannoverschen Strafverfahren geradezu umwälzende Neuerung, nicht nur die Öffentlichkeit des Verfahrens und die Abstimmung der sieben Richter zu erkennen, sondern es war ausdrücklich vermerkt worden, dass von den Richtern vier Stimmen für die Todesstrafe und drei für die Freiheitsstrafe votiert hatten, so dass bei der für das Strafmaß erforderlichen 3/4 Mehrheit zugunsten des Angeklagten auf das mildere Strafmaß erkannt werden mußte. Dies dürfte für die mit den hannoverschen Justizverhältnissen Vertrauten gewiß ein einmaliger Vorgang gewesen sein, der nicht nur der Abschreckung potentieller Täter, sondern wohl auch der Belehrung des gebildeten Publikums dienen konnte und sollte. Diese positiven Lehren wurden in der Folge jedoch durch einen kaiserlichen Erlaß vom 6. August 1804 derart geändert und in ihrer Wirkung geradezu umgekehrt, dass nunmehr galt:

> „Die Spione und unerlaubte Werber sollen, so wie deren Mitschuldige, forthin durch specielle Militair-Commissionen gerichtet werden. ... es findet keine Appellation von den Erkenntnissen dieser Commissionen Statt. Sie sollen binnen 24 Stunden, nachdem sie gefällt worden, vollzogen werden."[51]

Die Lage schien inzwischen insgesamt verändert zu sein, was sich aus dem Bestreben der Besatzung erklären läßt, primär nur noch den eigenen finanziellen Vorteil im Land zu suchen[52], ohne die französischen Neuerungen der Revolutionszeit umsetzen zu wollen. Der Unmut der Bevölkerung könnte gegenüber dem Anfang der Franzosenzeit wohl deutlich zugenommen haben, denn ein Erlaß der „Executiv-Commission an sämmtliche Obrigkeiten im Lande" vom 11. Februar 1804 untersagte den Wirten, nach 9 Uhr abends sitzende Gäste zu beherbergen mit folgender Begründung:

> „Es haben die Schlägereyen zwischen den Landes-Einwohnern und Französischen Militair-Personen seit einiger Zeit so überhand genommen, daß, um die daraus zu fürchtenden Folgen nach Möglichkeit zu vermeiden, es die Nothdurft erfordert, die Entstehung aller Streitigkeiten jener Art auf alle Weise zu verhüten. ... Alle vorfallende Schlägereyen

---

[50] Es handelte sich um ein Urteil „gesprochen von dem im Hauptquartier der Französischen Armee zu Hannover sich befindenden permanenten ersten Kriegs-Gerichte" vom 31. Oktober 1803 wegen „verräterischer Werbung (embauchage)"; das Plakat war nach Anweisung der Executiv-Commission „auf den Amtsstuben und an jeder Kirchthüre anzuschlagen": StaatsA Stade Rep. 23a Nr. 154.

[51] StaatsA Stade Rep. 23a Nr. 155.

[52] Vgl. Thimme, Band I, S. 92ff.

zwischen Französischen Militair-Personen und Landes-Einwohnern sind sofort zwar summarisch, jedoch aufs genaueste zu untersuchen, und die abgehaltenen Verhöre an das Justiz-Collegium der Provinz, zur Festsetzung der Bestrafung einzuschicken; Übrigens aber ist von den Umständen jeder vorfallenden erheblichen Schlägerey sofort, nachdem solche sich zugetragen, an die Executiv-Commission Bericht zu erstatten, und die vorhandenen Erläuterungen beyzufügen. ... Von der erkannten Strafe ist jedesmal der commandirenden Französischen Behörde Nachricht zu ertheilen, und solche schleunig zu vollziehen."[53]

Zudem erließ die Executivkommission am 31. Mai 1804 ein Ausschreiben zu Rechtsstreiten der Angehörigen der französischen Armee mit „Landes-Unterthanen vor den Landesgerichten"[54], das solchen Verfahren eine bevorzugte Behandlung zukommen lassen sollte:

„Diese Rechts-Streite sollen von allen und jeden Landes-Gerichten ohne Ausnahme woselbst sie anhängig sind, allemal denen besonders bevorzugten Sachen beygezählt und in solcher Qualität deren schriftliche oder mündliche Vorträge niemals andern Sachen nachgesetzt, sondern vielmehr denselben vorgezogen werden, wobey denn auch von den Gerichten ernstlich darauf zu achten ist, daß die in solchen Rechtsstreiten abgegebene Erkenntnisse in der Ausfertigung auf keinerley Weise aufgehalten werden. ... Schließlich wird allen mit der Criminal-Gerichtsbarkeit versehenen Obrigkeiten die möglichste Beschleunigung des Verfahrens in allen solchen Criminal-Fällen, bey welchen Corps oder einzelne Personen der französischen Armee irgend interessirt sind, auf das dringendste empfohlen."

Die Vorbildfunktion der französischen Justiz konnte durch diese Anweisung zur bevorzugten Behandlung der Rechtssachen der Franzosen geradezu in ihr Gegenteil verkehrt werden, was vielleicht sogar in der Absicht der Verfasser gelegen haben mag, denn für eine positive Aufnahme bei den „Landes-Unterthanen" hat dieser Erlaß sicherlich nicht gesorgt, vielmehr dürfte eine bereits vorhandene antifranzösische Stimmung hierdurch eher befördert worden sein. Möglicherweise handelte es sich hier jedoch ausschließlich um eine Anweisung der französischen Armee.

[53] StaatsA Stade Rep. 23a Nr. 155.
[54] StaatsA Stade Rep. 23a Nr. 155.

4.2 Die Übernahme durch Preußen 1806

4.2.1 Allgemeiner Überblick

Mit dem Vertrag von Schönbrunn vom 15. Dezember 1805 war dem Königreich Preußen das Recht eingeräumt worden, das Kurfürstentum Hannover zu annektieren. Vollzogen wurde diese Annexion hinsichtlich der Verwaltung und Justiz zum 1. April 1806[55]. An diesem Tag übernahm Preußen die „Staaten des Churhauses Braunschweig-Lüneburg in Deutschland", wie durch Patent[56] vom gleichen Tag bekanntgemacht wurde[57]. Die Übernahme war verbunden mit einem General-Pardon[58]. Diese preußische Besetzung dauerte zwar nur kurz, nämlich bis zum 4. November[59] des gleichen Jahres. Gleichwohl soll diese Zeit näher dargestellt werden, weil durch die preußische Regierung eine umfangreiche Bestandsaufnahme der Gerichtsbarkeit erfolgte, wie es sie davor nicht gab, und die auch danach in dieser Ausführlichkeit für längere Zeit nicht erkennbar ist.

---

[55] Anders Wehler, S. 366: „Preußen vollzog diese Annexion sofort."

[56] „ ... der Wechsel staatlicher Zugehörigkeit und Herrschaft, durch bürokratische Inbesitznahme - Patente - vollzogen, (blieb) eine Grunderfahrung vieler Deutscher", so Nipperdey, S. 19.

[57] StaatsA Stade Rep. 50 Nr. 491, Bl. 3, Anlage 4 - 5; anzumerken ist, dass die Berufung auf „Eroberungsrechte" in diesem Patent auch aus damaliger Sicht nicht unproblematisch gewesen sein dürfte. Der Anschein der Legalität sollte offenbar gewahrt werden.

[58] „Nachdem Sr. Königl. Majestät von Preußen etc. die wirkliche Besitzergreifung der Lande des Churhauses Braunschweig-Lüneburg in Deutschland, in Ihrem Namen, bewerkstelliget, und solche durch das Patent vom 27ten Januar 1806 öffentlich kund gethan haben; so wollen Allerhöchstdieselben, nach dem Beispiele dessen, was bey dem Regierungsantritt Ihrer Entschädigungslande in Deutschland durch den General-Pardon vom 2ten Juny 1802 geschehen ist, hierdurch und Kraft dieses, allen Einsassen und Einwohnern der obgedachten Lande des Churhauses Braunschweig-Lüneburg, welche schon vorher Königl. Preußische Unterthanen gewesen, und aus den ältern Provinzen und Ländern, sey es als Cantonisten und aus Furcht vor der Werbung, oder als wirkliche in Reihe und Gliedern stehende Soldaten, oder auch aus andern Ursachen sich entfernt haben und ausgetreten sind, aus landesherrlicher Milde, einen General-Pardon dieses ihres vorherigen Austrittes bewilligen, und feierlichst versichern, daß sie von aller verdienten Bestrafung in Gnaden befreiet seyn, und von Niemanden in ihrer gegenwärtigen Niederlassung und dem ruhigen Besitz ihres ergriffenen Gewerbes, weder durch das Militär, noch durch das Civile gestöret werden sollen.": StaatsA Stade Rep. 50 Nr. 491, Bl. 2.

[59] Heinrich Ringklib, Statistisches Handbuch der Provinz Hannover, 5. Ausgabe, Hannover 1885, S. 10.

4.2.2 Der Verwaltungs- und Gerichtsaufbau

Die Einzelheiten der geplanten Übernahme sind der alten Regierung in Hannover aufgrund eines Schreibens der preußischen Regierung vom 27. Januar 1806[60] bekannt gewesen, und sie richtete sich deshalb mit Ausschreiben vom 29. März 1806 an ihre Bedienten, um ihnen Verhaltensmaßregeln zu geben für den Fall der Übernahme durch die preußische Regierung[61]. Die von der preußischen

---

[60] Einzelheiten bei Thimme, Band I, S. 137.

[61] „Es wird, wie man aus zuverlässigen Quellen weiß, von Königlich Preußischen Commissarien den gesammten Landes-Collegien und der übrigen Königlichen Dienerschaft die Leistung einer Versicherung angesonnen werden, deren wörtlicher Inhalt aus der abschriftlichen Anlage zu ersehen ist. Die hier anwesenden Minister überlassen nun zwar jedem einzelnen der mit Ihnen verbundenen Dienerschaft, wie er nach seinem besten Wissen und Gewissen sich darauf entschließen wolle. Sie setzen jedoch, sobald Ihnen die obige Anlage zugekommen ist, nicht aus, Ihre darüber hegende Meinung sofort der Königlichen Dienerschaft freimüthig zu eröffnen. Sie glauben nemlich nach reifer, mehrmahls wiederholter Ueberlegung, die gedachte Versicherung so beschaffen zu finden, daß die Dienerschaft der Höhern Gewalt in so weit weichen könne, daß sie unter dem beizufügenden Vorbehalt ‚jedoch meiner mir nicht erlassenen Dienstpflichten unbeschadet' die begehrte Versicherung werde ertheilen, und, so fern, wie man nach den mildesten Gesinnungen Sr. Königl. Preußischen Maj. zuversichtlichst erwarten darf, etwas ihren abhebenden beschworenen Pflichten zuwiderlaufendes nicht gefordert wird, die Befehle der Königlich Preußischen Behörden werde befolgen dürfen; Und halten selbst dafür, daß die Dienerschaft durch möglichste Äußerung auf dem einem jeden anvertrauten Posten auch unter sehr unglücklichen Zeit-Umständen einen neuen Beweis ihres bisher rühmlichst bewährten Patriotismus geben werde. Uebrigens verlieret die den Collegiis unterm 10. v. M. gemachte Eröfnung unter den seitdem wesentlich veränderten Umständen von selbst ihre Anwendung. Und wird nach dem Ermessen der hier anwesenden Minister die den Collegiis dem Vernehmen nach vorzuschreibende Benennung „Von seiner Königlich-Preußischen Majestät provisorisch bestätigte Cammer, Königl. Canzley pp" und der ihnen vielleicht anzusinnende, mit dieser Benennung in Beziehung stehenden Gebrauch des Preußischen Wapens, wenn solcher nicht noch abzuwenden seyn sollte, für etwas bloß formelles angesehen werden können, dem man sich, um höherer Zwecke zum Wohle des Ganzen zu erreichen, wohl dürfte unterwerfen können.- Die Brem- und Verdensche Regierung wird ersucht, diese Eröfnung den Ihr untergeordneten Landes-Collegiis, ingleichen der Landschaft, gefälligst zur Kenntniß zu bringen." in: StaatsA Stade Rep. 50 Nr. 491 Bl. 4 - 6, unterzeichnet: „Decken Grote Bremer". Bei der vorgenannten Eröffnung vom 10. Februar 1806 handelte es sich um ein Ausschreiben aus Hannover an sämtliche Obrigkeiten im Lande: „Wir haben bey der nahe bevorstehenden Königlich-Preussischen Besetzung der hiesigen Lande beliebet, dem allgemeinen Landes-Deputations-Collegio hieselbst und sämmtlichen Landschaftlichen Deputations-Collegien in den verschiedenen Provinzen den Auftrag zu ertheilen, alle und jede von ihnen während der französischen Occupation besorgten Angelegenheiten wieder zu respiciren, und lassen Wir solches hiemit zur Nachachtung für sämmtliche Obrigkeiten und Unterthanen bekannt machen." Dieser Erlaß war unterzeichnet ausschließlich mit „v. d. Decken", in: StaatsA Stade Rep. 23a Nr. 157.

Regierung stammende und dem Schreiben beigefügte Anlage hatte folgenden Wortlaut:

„Den sämtlichen Administrations-Collegiis, den Justiz-Canzleien, Hofgerichten und Consistorien, auch den landschaftlichen Collegiis, den Ämtern und übrigen Behörden, sowie den Kassen, ist bei Publikation des Patents zu eröfnen: Daß Sr. Königl. Majestät von Preußen ihnen die Ausübung ihrer Functionen für jetzt zu belassen geruhet hätten. Sie würden also authorisirt und befehligt, diese Functionen noch ferner auszuüben, und in Hinsicht auf diese Functionen, bis auf weitere Ordre und nähere Instruction, auf ihren geleisteten Amtseid verwiesen. Dabei gewärtige und verlange man von ihnen, daß sie von den ihnen anvertrauten und in ihrem Gewahrsame befindlichen Papieren und Geldern nichts entfernen oder vorenthalten; über dasjenige worüber durch die jetzige Höchste Staatsgewalt von ihnen Erläuterung gefordert werden mögte, solche nach ihrer Kenntniß offen abgeben; überhaupt aber den Befehlen derselben überall ein gehöriges und schuldiges Genüge leisten würden."[62]

Noch am gleichen Tage des Eingangs, nämlich dem 1. April 1806, ließ die Stader Regierung „die abschriftlich hiebey kommende Direction"[63] der Justiz-Kanzlei, dem Hofgericht, dem Konsistorium und den Landständen der Herzogtümer Bremen und Verden zukommen, so dass die beteiligten Stellen umfassend informiert waren, als die preußische Übernahme am 14. April 1806 in den Herzogtümern faktisch erfolgte.

Diese Übernahme der Regierung in Stade ist sorgfältig dokumentiert in einem Protokoll[64]. Die Bedienten hatten einen Eid auf ihre Dienstpflichten unter dem oben erwähnten Vorbehalt zu leisten, was von jedem Bediensteten der Regierung, der Justizkanzlei und des Konsistoriums durch Unterschrift bestätigt wurde. Die preußische Übernahme des Landes war erkennbar auf längere Dauer angelegt. Der preußische Regierungsrat Albrecht, der als Kommissar für die Herzogtümer eingesetzt war[65], überbrachte der Stader Regierung unter dem 6. August 1806[66] eine Instruktion für die Regierung in Stade als undatierten Entwurf, der an die Regierungsinstruktion von 1730 anknüpfte. Die provisorische Regierung in Stade nahm hierzu am 22. August und, soweit

---

[62] StaatsA Stade Rep. 50 Nr. 491 Bl. 5.
[63] StaatsA Stade Rep. 50 Nr. 491 Bl. 7.
[64] StaatsA Stade Rep. 50 Nr. 491 Bl. 28 - 32, Anlage 4 - 6.
[65] Schreiben der Kgl. Preußischen Administrationskommission vom 6. Mai 1806 an die provisorische Regierung in Stade: „Es stehet dem Commissario frey, als Besuchender in der Regierung und dem Consistorio zu erscheinen, so oft er für nöthig oder nützlich findet, Informationes einzuziehen oder über einzelne Gegenstände mündliche Rücksprache mit dem Consistorio zu halten; die Archive und Registraturen der p. Regierung und des Consistorio stehen ihm völlig offen, und Acten, Papiere pp müßen auf Verlangen ihm zu jeder Zeit ohne Anstand verabreicht werden." StaatsA Stade Rep. 50 Nr. 492.
[66] StaatsA Stade Rep. 50 Nr. 510, Bl. 47

ersichtlich, letztmalig am 6. September 1806 Stellung; zu einer Umsetzung in die Praxis kam es wegen des preußischen Abzuges aus Hannover nicht mehr[67].

4.2.3 Die Gerichtsbarkeit

4.2.3.1 Die preußische Kenntnis der Verfassung der Herzogtümer

Die Zeit nach der Besitznahme war im Mai 1806 hinsichtlich des Gerichtswesens von umfassender preußischer Aktivität erfüllt. Zunächst erstrebte sie „vollständige Kenntniß"[68] der Gerichtsbarkeiten, richtete dabei ihr besonderes Augenmerk auf die Einnahmen und gleichzeitig übersandte sie einen Aufsatz, der ihren recht zuverlässigen Kenntnisstand vom Zustand der Regierung und Justiz in den Herzogtümern darstellte.

Die provisorische preußische Regierung in Hannover legte der Regierung in Stade mit Schreiben vom 12. Mai 1806[69], also gleichzeitig mit der vorgenannten Aufforderung zur Bestandsaufnahme, einen undatierten und lediglich mit drei Kreuzen unterschriebenen Aufsatz vor, „... um darüber die gutachtliche Meinung der ... Regierung zu vernehmen." Dieser Aufsatz beschäftigte sich sehr umfassend und systematisch mit den Institutionen der Herzogtümer, wie sich bereits anhand der nachfolgend wiedergegebenen Gliederung zeigt:

„I. Regierungs-Collegium
  A. Personal
  B. Ressort
II. Gerichte
  A. Untergerichte
  1. Die Gerichte auf den herrschaftlichen Cammer-Ämtern
  2. Die Gerichte in den Marschdistricten
    A. im Alten Lande
    B. im Lande Kehdingen
    C. im Flecken Lehe
    D. im Kirchspiel Osten
    E. im Gericht Wursten
  3. Patrimonial-Gerichte

67 „Instruction für die von Seiner Königlichen Majestät von Preußen provisorisch bestätigten Provincial Regierung zu Stade." Diese Instruktion bestand aus den Abschnitten „I. Geschäftskreis des Collegii" mit zwei Artikeln und 30 Unterpunkten, „II. Gränzen der Competenz der ... Regierung zu Stade und ihre Verhältnisse gegen die übrigen Landes-Collegii" mit neun Artikeln, „III. Allgemeiner Geschäftsgang des ... Regierungs-Collegii" mit 18 Artikeln: StaatsA Stade Rep. 50 Nr. 510.

68 Erlaß vom 12. Mai 1806: StaatsA Stade Rep. 50 Nr. 530, Bl. 3.

69 StaatsA Stade Rep. 50 Nr. 490, Bl. 2.

A. Adeliche

a) ungeschlossene

b) geschlossene

B. Städtische Patrimonial-Gerichte

Anmerkung: Das Bremische Ritter-Gericht

B. Mittlere Instanz oder Justitz-Land-Gerichte

C. Ober-Gerichte

1. Justitz-Canzley

A. Personal

B. Gerichtsbarkeit

2. Hofgericht

A. Personal

B. Gerichtsbarkeit

3. Konsistorium

A. Personal

B. Ressort

D. Oberappellations-Instanz“[70]

Es kann nur vermutet werden, dass der Verfasser dieses Aufsatzes entweder aus den Herzogtümern Bremen und Verden oder aus dem alten hannoverschen Ministerium stammte, was wegen der detaillierten Kenntnisse gerade auch hinsichtlich der Personalien naheliegt und zudem durch die Art der Unterzeichnung bestärkt wird. Mit der Vorlage dieses Aufsatzes war die Stader Regierung aufgefordert worden, zum Inhalt Stellung zu nehmen, mithin die Angaben auf ihre Richtigkeit zu überprüfen. Zu diesem Zweck gaben die vier Mitglieder der Stader Regierung jeweils getrennte Stellungnahmen ab. Diese einzelnen Berichte fanden Eingang in den Bericht der Stader Regierung vom 13. Juni 1806 an die „Königl. Preussische Hochlöbl. Administrations- und Organisations-Commission zu Hannover“[71].

Die Berichtsaufforderung durch die Administrationskommission in Hannover vom 12. Mai 1806 hatte folgenden Wortlaut:

„Der Administrations- und Organisations-Commißion liegt sehr daran, möglichst bald
1. eine vollständige Kenntniß von den verschiedenen geistlichen und weltlichen, sowohl *Civil* als *Criminal*-Gerichtsbarkeiten im Lande, und deren Verhältniße untereinander, ferner
2. eine zuverläßige Nachweisung über die Fonds zur Unterhaltung der Rechtspflege, und über das Sportelwesen, sowie auch über die dieserhalb bei den Ober- und Untergerichten existierenden Taxen, zu erhalten.
Der von Seiner Königl. Majestät von Preußen provisorisch bestätigten Regierung wird daher hiermit aufgegeben, eine kurze, jedoch zuverläßige und erschöpfende Darstellung dieser Gegenstände, in Betracht der Gerichtsbarkeiten und Justiz-Behörden ihres

[70] StaatsA Stade Rep. 50 Nr. 490, Bl. 4 – 13, Anlage 4 - 7.
[71] StaatsA Stade Rep. 50 Nr. 490, Bl. 36 – 47, Anlage 4 - 8.

Regierungs-Departements, sobald als es irgend möglich ist, zu verfertigen und an uns einzusenden."[72]

Entsprechend dieser Aufforderung zur Berichterstattung kam die Regierung in Stade mit ihrem Ausschreiben vom 27. Mai 1806 an alle Ämter und geschlossenen Gerichte dem Ersuchen nach[73].

Eine umfassende Bestandsaufnahme des Personals und der Rechtsnormen sowie der Kassen setzte ein. Bis zur Niederlage Preußens im Oktober 1806 und dem anschließenden Rückzug aus dem Kurfürstentum Hannover war diese Aufnahme noch nicht abgeschlossen. Allerdings erging am 20. Juni 1806 von Seiten der Stader Regierung ein erster Bericht „An die Königl. Preußische hochlöbliche Administrations- und Organisations-Commißion zu Hannover" [74], ohne dass alle Ämter und Gerichte dabei berücksichtigt worden waren. Dem folgte am 1. Oktober 1806 ein zweiter Bericht[75], der weitere Stellungnahmen mehrerer Ämter und Gerichte berücksichtigte; vollständig waren damit beide Berichte gleichwohl nicht.

Dieser Aufsatz sowie die Stellungnahme und die Berichte als Antwort hierauf lassen im einzelnen den Bestand an Gerichten in den Herzogtümern erkennen[76].

---

[72] Der Bericht ist unterzeichnet: „Hannover den 12. May 1806 Königliche Administrations- und Organisations-Commißion der Preußisch-Hannöverschen Provinzen": StaatsA Stade Rep. 50 Nr. 530, Bl. 3.

[73] „Da wir dermahlen eine zuverlässige Nachricht von allen im Lande vorhandenen Civil- und Criminal-Gerichtsbahrkeiten zu erhalten nöthig finden; so erwarten wir in den nächsten 8 Tagen von allen Aemtern, Landesherrlichen und geschlossenen Patrimonial-Gerichten in den hiesigen Herzogthümern eine genaue Anzeige der in ihrem Umfange befindlichen nicht geschlossenen, und Streu-Jurisdictionen, so wie auch in Ansehung der geschlossenen Jurisdictionen, ob selbige sich mit auf die Criminal-Gerichtsbarkeit erstrecken.": StaatsA Stade Rep. 50 Nr. 530, Bl. 6.

[74] StaatsA Stade Rep. 50 Nr. 530, Bl. 19 – 32, Anlage 4 - 4.

[75] StaatsA Stade Rep. 50 Nr. 530, Bl. 44 – 63, Anlage 4 - 9.

[76] In die folgenden Gliederungspunkte sind der preußische Aufsatz (Anlage 4 - 7), die dazu gehörige Stellungnahme der Stader Regierung (Anlage 4 - 8) sowie deren Berichte vom 20. Juni 1806 (Anlage 4 - 4) und vom 1. Oktober 1806 (Anlage 4 - 9) eingearbeitet worden. Dabei folgt der Aufbau dieses Abschnittes im wesentlichen dem Muster der vorangegangenen Kapitel, um eine Vergleichbarkeit zu gewährleisten. Der bereits genannte Aufsatz v. Langwerths (s. o. 1.1, Fn. 1) stimmt teilweise wörtlich mit den Berichten der Stader Regierung vom 20. Juni und vom 1. Oktober 1806 überein. Es ist deshalb zu vermuten, dass v. Langwerth sein Wissen ebenfalls aus diesen Berichten geschöpft hat.

4.2.3.2 Die Justizkanzlei

Der preußische Aufsatz von 1806 beschrieb den Zustand hinsichtlich des Personals dahin, dass die Justizkanzlei aus den Mitgliedern der Regierung bestehe, jedoch nähmen diese an den Sitzungen und Beratungen („Deliberationen") nicht immer teil, für diesen Fall jedoch hatten sie den Vorsitz inne. Das ordentliche Direktorium lag bei einem Direktor oder Vizedirektor, dem fünf ordentliche Justizräte beigeordnet waren, zu denen gelegentlich, jedoch nicht im Jahre 1806, auch einige außerordentliche Justizräte gehörten. Ferner standen in der Justizkanzlei durchweg einige Auditoren, die dem Kollegium beiwohnen konnten. Zudem gehörten drei Sekretäre, fünf Kanzlisten, von denen einer die Stelle eines Botenmeisters versah, sowie ein Pedell zum Personal des Gerichts. Demgegenüber bemerkte die Stader Regierung, dass zwei außerordentliche Sekretäre bei der Justizkanzlei angestellt seien, von denen der jüngste auch für die übrigen oberen Behörden und Gerichte tätig sei. Es zählten zudem nur vier Kanzlisten zur Justizkanzlei, weil der Botenmeister allen übrigen Kollegien ebenfalls angehöre und er lediglich die Verpflichtung habe, bei eilbedürftigen Sachen oder dann, wenn sehr viel Arbeit anfalle, wie in den Sitzungswochen des Hofgerichts, in der Kanzlei mitzuarbeiten. Dafür gebühre ihm ein Anteil in gleichem Umfang wie den übrigen Kanzlisten an den Schreibgebühren. Das Amt des Botenmeisters bestehe im Rechnungswesen des Commissarius fisci, der Kanzlisten und der Pedelle sowie in der Führung der Aktenregister für die Justizkanzlei, das Hofgericht und das Konsistorium.

Die Gerichtsbarkeit der Justizkanzlei sei von der des Hofgerichts eindeutig abgetrennt und unterscheide sich bereits hierdurch von den vergleichbaren Gerichten der alten Kurlande, wo „eine concurrente Jurisdiction" bestehe. Der Justizkanzlei ausschließlich zugewiesen seien folgende Sachen:

> „1. die Criminal-Sachen, sofern diese nicht von den Patrimonialgerichten herkommen. Die Justitz-Canzley verfährt in Criminal-Sachen bis zum Urtheil. Vor Publicirung und Exequirung solcher Urtheile aber, welche poenas capitales und corpores affictivas betreffen, oder infamiam inferiren, mit Einschluß der Landes-Verweisungen auf beständig, müssen selbige mit einem Bericht der Regierung und des Directors oder Vice-Directors an das Ministerium zur Genehmigung eingesandt werden,
> 2. fiscalische und Concurs-Sachen,
> 3. executivische Sachen,
> 4. Sachen, welche das possessorium summarissimum betreffen,
> 5. Arrest-Sachen,
> 6. Mandat-Sachen."[77]

[77] Aufsatz der preußischen Regierung vom 12. Mai 1806, Anlage 4 - 7.

Im Hinblick auf diese Aufzählung dürfte davon auszugehen sein, dass hier nicht benannte Rechtsmaterien in die Zuständigkeit des Hofgerichts fielen. Die Zuständigkeit der Justizkanzlei war mithin insgesamt bekannt und zutreffend wiedergegeben. Hinsichtlich des Personals waren der preußischen Seite jedoch nicht sämtliche Stellen im einzelnen bekannt. Bemerkenswert ist allerdings die Antwort der Stader Regierung vom 20. Juni 1806 auf die Berichtsaufforderung vom 12. Mai 1806, die bei den Zuständigkeiten nach Zivil- und Strafsachen differenziert und einen deutlich anderen Umfang der Gerichtsbarkeit aufweist. Danach hatte die Justizkanzlei Vormundschaftssachen sowie „die Cammerprocesse in Ansehung der ihrer, oder der Hofgerichts Jurisdiction unmittelbahr und in erster Instanz unterworfenen Persohnen wahrzunehmen". Die Strafgerichtsbarkeit der Herzogtümer lag in der Regel bei der Justizkanzlei, hiervon ausgenommen waren einige Patrimonial- und sonstige Gerichte sowie die Gerichte der drei Städte. Dabei hatten die Beamten und die landesherrlichen Gerichte auf dem Lande (Ämter) die Untersuchungen gemäß der „Criminal-Instruction" unter Leitung der Justizkanzlei zu führen, die die Erkenntnisse abgab.

In den Herzogtümern bestand das Amt des *Commissarii fisci.* Dieser hatte nicht nur nach beendigter Untersuchung die Aufgaben des Anklägers wahrzunehmen, sondern auch schon während der Untersuchung Anträge bei der Justizkanzlei zu stellen. Bis zum Urteilsspruch hatte die Justizkanzlei „die Erkenntnisse ohne Berichterstattung abzugeben und vollstrecken zu lassen, mithin auch die, welche auf die Tortur gerichtet sind, nicht weniger die Straferkenntnisse, welche nicht über Gefängniß und Pfahl-Strafe hinausgehen; dagegen werden aber die schärferen Straf-Erkenntnisse der Justizcanzley zur Landesherrlichen Bestätigung nach Hannover Namens der hiesigen Regierung eingeschickt"[78]. Die Städte Stade, Buxtehude und Verden nahmen die Strafgerichtsbarkeit im eigenen Namen wahr, wozu auch Todesurteile gehörten, ohne die Bestätigung des Landesherrn einzuholen. Allerdings waren die Akten zuvor „zum Spruch an eine Juristen-Facultät zu verschicken."[79] Ein Grund für diese voneinander abweichenden Darstellungen der Zuständigkeit innerhalb nur einer Woche ist nicht erkennbar.

Der preußische Kommissar Albrecht, der weitgehende Befugnisse gegenüber der Stader Regierung und dem Konsistorium hatte[80], war hinsichtlich der Gerichte offenbar zu keinen Handlungen ermächtigt worden. Möglicherweise hatte die Tätigkeit der Justiz für die preußische Seite zu dieser Zeit bereits eine stärkere Bedeutung als zuvor erkennbar.

---

[78] StaatsA Stade Rep. 50 Nr. 530, Bl. 26, Anlage 4 - 4.
[79] StaatsA Stade Rep. 50 Nr. 530, Bl. 26, Anlage 4 - 4.
[80] S. o. 4.2.2.

4.2.3.3 Das Hofgericht

Der preußische Aufsatz von 1806 bemerkte zur Besetzung des Hofgerichts, dass es aus den Mitgliedern der Regierung und der Justizkanzlei bestehe sowie aus acht Hofgerichtsassessoren. Von letzteren stammten drei aus der Bremischen und einer aus der Verdenschen Ritterschaft, ferner drei aus den Städten Stade, Buxtehude und Verden. Der weitere Assessor (der „Turnarius") werde in regelmäßigem Wechsel von der Bremischen Ritterschaft und den Städten Stade und Buxtehude gestellt. Die Beamten der Justizkanzlei hatten diese Funktion ebenso beim Hofgericht inne. Im Gericht stehe der Vorsitz dem ersten Regierungsrat zu, jedoch nehme gewöhnlicherweise der Direktor oder Vizedirektor der Justizkanzlei diese Funktion wahr. Alle Justizräte führten den Titel eines Hofgerichtsassessors, unabhängig davon, ob es sich um ordentliche oder außerordentliche Räte handele. Die landschaftlichen Assessoren würden in dieses Amt gewählt, die der Bremischen Ritterschaft auf den Rittertagen zu Basdahl und die der Verdenschen auf einer besonderen Zusammenkunft. Die städtischen Assessoren seien in der Regel die Stadtsyndici. Hierzu bemerkte die provisorische Stader Regierung, dass die landschaftlichen Assessoren ihr zu präsentieren seien, und sie dann hierüber nach Hannover berichte. Die Stellungnahme der Regierung vom 20. Juni 1806 enthielt zum Personal weder Abweichungen noch Ergänzungen.

Zum Hofgericht bemerkte der preußische Aufsatz zudem, dass es viermal jährlich gehalten werde. Seine Gerichtsbarkeit erstrecke sich auf alle Zivilsachen, sofern sie nicht ausdrücklich eximiert seien und zur Justizkanzlei gehörten. Erstinstanzlich gehörten zur Kompetenz des Hofgerichts alle Personen, die nicht den Untergerichten unterworfen seien. Es sei zugleich Appellationsinstanz für alle städtischen und ländlichen Untergerichte sowie für die in einigen Bezirken der Herzogtümer noch bestehenden Landgerichte. Hierzu bemerkte die Stader Regierung ergänzend, dass dem Hofgericht auch die Zuständigkeit als Appellationsinstanz für solche Strafsachen zukomme, die aus den mit der Kriminalgerichtsbarkeit versehenen Untergerichten stammten. Die Stellungnahme vom 20. Juni 1806 enthielt keinen abweichenden Inhalt.

4.2.3.4 Das Konsistorium

Die geistliche Gerichtsbarkeit lag mit Ausnahme der drei Städte allein beim Konsistorium, das aus den Mitgliedern des Regierungskollegiums bestand sowie aus den Superintendenten der Herzogtümer und einem geistlichen Rat[81]. Die

[81] StaatsA Stade Rep. 50 Nr. 490, Bl. 12, Anlage 4 - 7.

Rechtsmittel gegen die Entscheidungen der städtischen geistlichen Gerichtsbarkeiten gingen an das Konsistorium[82].

4.2.3.5 Die Justiz-Landgerichte

Der preußische Aufsatz von 1806 erwähnte hier ausschließlich die Justizlandgerichte als „Überbleibsel der älteren Bremischen Justitz-Verfassung", die nur noch im „Lande Wursten, in den Gerichten Lehe und Osten, und in den Ämtern Vieland, Bederkesa, Hagen, Lilienthal, Neuhaus und Osterholz gebräuchlich" seien. Sie seien früher nur einmal jährlich gehalten worden. Jetzt würden sie von einem Regierungsrat, einem Justizrat sowie einem Kanzleisekretär abgehalten, die zu Anfang eines jeden Jahres nach einem festen Turnus wechselten. Eine Appellation an die Landgerichte sei ab einer Appellationssumme von 50 Mark zulässig. Sie geschehe in der Art, dass die Appellationsrechtfertigung innerhalb sechs Wochen nach dem Urteil erster Instanz beim erstinstanzlichen Gericht einzubringen sei. Dieses habe die Rechtsmittelbegründung mit den Akten an die „Landgerichts-Commission" in Stade einzusenden, die dann das Urteil zu verfassen und dem Richter erster Instanz „zur Publication" zuzusenden habe. Das weitere Rechtsmittel gehe zum Hofgericht, jedoch stehe es dem Appellanten frei, unter Außerachtlassung des Justizlandgerichts die Appellation unmittelbar an das Hofgericht zu bringen. In ihrer Stellungnahme zu diesem Aufsatz führte die Stader Regierung zwar nichts weiter zu den Landgerichten aus, aber im Entwurf der preußischen Regierungsinstruktion dieses Jahres war unter Nr. 12 zu der alten Instruktion von 1730[83] angemerkt worden, dass die dort genannte „Ausschreibung der Justiz-Landgerichte nicht mehr anwendbahr (sei), weil die Landgerichts-Instanz nach der jetzigen Einrichtung das ganze Jahr hindurch fortdauret, mithin es jetzt keines Ausschreibens derselben bedarf"[84]. Die althergebrachte Einrichtung der ambulatorischen Landgerichte war damit in den Herzogtümern zu einem Ende gekommen; eine Landgerichtskommission mit dem Sitz in Stade war an deren Stelle getreten, die sich ausschließlich mit der Rechtsprechung der Ämter und Untergerichte beschäftigte, so dass die Kontrolle der Amtsführung nicht mehr zu ihren Aufgaben zählte.

---

[82] StaatsA Stade Rep. 50 Nr. 490, Bl. 47, Anlage 4 - 8.

[83] S. o. 2.2.2.1.1 und 2.2.2.1.6.

[84] „Bemerkungen in Ansehung der, der hiesigen, von Sr Königl. Majestät von Preussen provisorisch bestätigten Regierung sub dat Windsor den 7/18 August 1730 ertheilten Königl. Instruction." in: StaatsA Stade Rep. 50 Nr. 510, Bl. 15.

4.2.3.6 Das Land-Grefting des Alten Landes

Die Stader Regierung führte in ihrem Bericht vom 20. Juni 1806 im Abschnitt „Mittelinstanz" neben dem Landgericht zusätzlich das „Land-Grefthing" des Alten Landes auf. An dieses werde vom Gericht Jork appelliert und es setze sich zusammen „aus den Gräfen im Alten Lande und einigen Eingesessenen"[85]. Die Erwähnung einer Mittelinstanz geschah hier, soweit ersichtlich, erstmalig in den Berichten der Regierung.

4.2.3.7 Die Untergerichte

Bei den Untergerichten betrachtete der preußische Aufsatz die landesherrlichen Ämter, die Gerichte in den Marschdistrikten sowie die Patrimonialgerichte jeweils getrennt und differenzierte bei letzteren noch zwischen den geschlossenen und den nichtgeschlossenen Patrimonialgerichten. Die Stellungnahme der Stader Regierung nahm diese Einteilung auf, während der Bericht vom 20. Juni 1806 nicht nach der Struktur der Gerichte, sondern nach deren Kompetenz in Zivil- und Strafsachen unterschied.

4.2.3.7.1 Die landesherrlichen Ämter und Gerichte

Während die preußische Regierung nur 18 landesherrliche Gerichte kannte[86], fügte die Stader Stellungnahme noch das Amt Blumenthal, das Gogericht Achim sowie das landesherrliche Structurgericht in Verden hinzu, jedoch bei letzterem mit der Einschränkung, es gehöre „nicht zu den Gerichten auf den Cammer-Aemtern"[87]. Die „Gerichte in den Marschdistricten" waren unterteilt in solche des Alten Landes, des Landes Kehdingen, des Fleckens Lehe, des Kirchspiels Osten sowie des Landes Wursten. Dabei wurde auch die Ernennung der Richter berücksichtigt, die in der Stellungnahme nur unwesentlich korrigiert wurde. Danach wurde das Gericht im Alten Land von zwei Gräfen geleitet, deren einer adelig zu sein hatte und der von der Bremischen Ritterschaft präsentiert wurde, während der andere von den Eingesessenen des Alten Landes aus dem Hausmannsstand, also der Gruppe der Grundbesitzer, stammen mußte. Für diese Stelle hatten die Angehörigen dieses Altländer Standes vier Personen zu präsentieren, von denen drei studierte Landeskinder sein mußten. Das Gericht

---

[85] StaatsA Stade Rep. 50 Nr. 530, Bl. 25, Anlage 4 - 4.

[86] Nämlich: Alt- und Neukloster, Bederkesa, Bremervörde, Hagen, Harsefeld, Himmelpforten, Lilienthal, Neuhaus, Nordholz, Osterholz, Ottersberg, Rotenburg, Stade, Stotel, Verden, Vieland, Wischhafen und Zeven.

[87] StaatsA Stade Rep. 50 Nr. 490, Bl. 40, Anlage 4 - 8.

war neben den beiden Gräfen mit einem Sekretär besetzt, der den Titel „Landes-Secretair" trug, der ebenfalls vom Hausmannsstand präsentiert wurde und ein Studierter zu sein hatte. Bei dieser Stelle hatten die „Eingebohrenen der Regel nach den Vorzug". Das Gräfengericht Alten Landes war für die Kriminalgerichtsbarkeit zuständig, allerdings waren die Urteile vor der Vollstreckung von der Regierung in Stade zu genehmigen, wobei die Akten zuvor an eine Juristenfakultät zu versenden waren[88].

In Kehdingen hatten die beiden Landesteile jeweils einen Gräfen und einen Landessekretär, wobei der Gräfe im Freiburgischen Teil abwechselnd präsentiert wurde vom Adel und vom Hausmannsstand[89]. Der Gräfe im Bützflethschen Teil hatte zugleich das Amt des Beamten zu Wischhafen inne, dessen Stelle von der Kammer in Hannover zu besetzen war. Aus diesem Grund erfolgte zwischen der Stader Regierung und der Kammer vor Einsendung der Vorschläge nach Hannover eine Absprache über die zu präsentierende Person. Hier bestanden letztlich fünf landesherrliche Gerichte, nämlich im Bützflethschen Teil die Gerichte in den Kirchspielen Bützfleth, Assel, Drochtersen und Hamelwörden sowie im Freiburgschen Teil das dortige Gericht, das zugleich von dem Beamten in Wischhafen mit ausgeübt wurde[90]. Die Gerichte im Bützflethschen Teil waren auch für die Kriminalgerichtsbarkeit zuständig, sofern sie mit landesherrlichen Gräfen besetzt waren[91]. Hier saßen zudem die von den Bürgern gewählten Kirchspielshauptleute als Assessoren mit in den jeweiligen Gerichten[92].

Im Flecken Lehe wurde das Gericht von einem Richter wahrgenommen, den die Stader Regierung in Hannover vorzuschlagen hatte. Der Richter im Kirchspiel Osten wurde von der Regierung in Stade nach vorheriger Zustimmung aus Hannover ernannt. Das Gericht des Landes Wursten bestand aus einem Obervogt und einem Vogt, die beide von der Stader Regierung dem Ministerium vorzuschlagen waren.

4.2.3.7.2 Die städtischen Patrimonialgerichte

Bei den städtischen Patrimonialgerichten war angemerkt, dass die beiden Städte Stade und Buxtehude eine Appellationssumme von 400 Rtlr, Verden

---

[88] StaatsA Stade Rep. 50 Nr. 530, Bl. 27, Anlage 4 - 4. Die Gerichtsbarkeit des Alten Landes hat v. Langwerth, S.97f., in einer übersichtlichen Skizze dargestellt.

[89] Das Gericht wurde deshalb auch als „Gemeinheitsgericht" bezeichnet, so Schulze, Justiz, S. 51.

[90] StaatsA Stade Rep. 50 Nr. 530, Bl. 20, Anlage 4 - 4.

[91] StaatsA Stade Rep. 50 Nr. 530, Bl. 27, Anlage 4 - 4.

[92] StaatsA Stade Rep. 50 Nr. 530, Bl. 20, Anlage 4 - 4.

jedoch von 100 Rtlr hatte und dass die drei Städte sowohl ein Nieder- wie ein Obergericht hatten. Erst von letzterem gingen die Appellationen an das Hofgericht. Die Städte hatten zudem das Recht, ihr Gerichtspersonal selbst bestellen und wählen zu können, worüber sie der Stader Regierung lediglich Bericht abzustatten hatten, ohne auf deren Bestätigung angewiesen zu sein. Allerdings hatte die Regierung das Recht, bei den Wahlen des Magistrats, und damit der Richter, einen Kommissar zu bestimmen, der die Ablegung des Wahleides zu überwachen hatte, aber bei der Wahl nicht dabei sein durfte.

4.2.3.7.3 Die gutsherrlichen Patrimonialgerichte

Das Bremische Rittergericht wurde ebenso hierzu gezählt, zu dessen Zuständigkeit Streitigkeiten gehörten, die im „Ritter-Recht ihre Entscheidungs-Norm finden". Allerdings konnte der Kläger zwischen dem Antrag vor diesem Gericht oder vor dem Hofgericht wählen. Die geschlossenenen Patrimonialgerichte seien nach dem preußischen Aufsatz von 1806 solche, „die entweder den Gütern ankleben, oder über gewisse Districte von mehreren Familien gemeinschaftlich auszuübende Erbgerichte seien". Zu deren Kompetenz zählten zwar „die allgemeinen Gerichts-Sachen", aber sie waren nicht durchweg mit der Strafgerichtsbarkeit versehen. Die Inhaber dieser Gerichte seien zudem nach der Untergerichtsordnung verpflichtet, die Gerichtsverwalter der Stader Regierung zu präsentieren, die diese, „wenn sie sie tüchtig findet, annimmt und beeydiget". Der Bericht vom 20. Juni 1806 führte einschließlich der drei Städte insgesamt 26 geschlossene Patrimonialgerichte auf und bemerkte zudem, dass das Gericht Sandbeck behaupte, ein solches geschlossenes Patrimonialgericht zu sein, dieses werde „demselben aber vom Amte Osterholz angestritten." Auch hier kommt zum Ausdruck, dass eine eigene Entscheidung möglichst vermieden wurde, vielmehr der bisherige Zustand nicht angegriffen werden sollte.

Bei den ungeschlossenen Patrimonialgerichten handele es sich um solche „über zerstreuet liegende Meier und Pertinenzien (Streugüter)". Sie verfügten nur über eine eingeschränkte Gerichtsbarkeit, zu der keine Hoheitssachen gehörten; diese waren vielmehr von dem Amt wahrzunehmen, in dem sie lagen. Die Gerichtsbarkeit dieser Gerichte wurde ausgeübt entweder von deren Inhabern oder durch von ihnen beauftragte Personen, „die zuvor der Regierung angezeigt werden sollen, die aber der Regel nach nicht beherziget werden." Hier dürfte eine Ursache für den „Wirrwarr"[93] der Gerichtsbarkeiten bei den Untergerichten auf dem Lande gelegen haben. Die andere Ursache dürfte darin

[93] Heile, S. 75.

zu sehen sein, dass die Regierung keinen Überblick hinsichtlich deren Anzahl hatte und sie diesen wohl auch nicht haben wollte, denn es sei

> „bisher bedenklich gefunden ..., die Inhaber zu deren Angabe öffentlich aufzufordern, um keine Processe darüber zu veranlassen, weil verschiedene von den Aemtern und Gerichten, in deren Umfange sie sich befinden, angestritten werden.“[94]

In diesem bewußten Zustand des „Nicht-Wissen-Wollens“ seitens der Stader Regierung kann wohl die entscheidende Ursache dafür gesehen werden, dass die Untergerichtsbarkeit des 18. Jahrhunderts ein „Wirrwarr“ geblieben war, der nicht zu durchschauen war und an dessen Klärung trotz mancher Ansätze zur Änderung faktisch keinerlei Interesse bestanden hatte. Die von den einzelnen Ämtern und Gerichten erforderten Berichte über in ihrem Bezirk vorhandene Streujurisdiktionen zeigen eine große Unsicherheit über deren etwaiges Bestehen[95].

In den Herzogtümern bestanden zudem etliche Deich- und Holzgerichte, worüber der Bericht der Stader Regierung vom 1. Oktober 1806 detailliert Auskunft gab[96].

4.2.3.8 Das Land Hadeln

Für das Land Hadeln enthalten weder die Stader Berichte vom 13. und 20. Juni 1806 sowie vom 1. Oktober 1806 noch der Aufsatz der preussischen Regierung einen Hinweis. Hier dürfte unter diesen Umständen davon auszugehen sein, dass einerseits das Land Hadeln weiterhin als selbständig gegenüber den Herzogtümern angesehen wurde und dass andererseits die alte Hadelner Verfassung wohl unverändert fortbestand, dies allgemein bekannt war und deshalb keiner näheren Erörterung bedurfte. Möglicherweise ist die relativ selbständige Stellung des Landes Hadeln auch erst spät von preußischer Seite erkannt worden. Hierfür spricht ein Reskript der preußischen Administrationskommission vom 9. September 1806[97], mit dem verfügt wurde, dass die bisherigen Appellationen gegen Urteile der Hadelner Gerichte an die lauenburgische Regierung und vom Patrimonialgericht Wellingsbüttel an das Hofgericht in Ratzeburg „nicht allein von jetzt an völlig aufgehoben, sondern auch in dergleichen zu Ratzeburg bereits anhängigen Appellations-Sachen die

---

[94] StaatsA Stade Rep. 50 Nr. 530, Bl. 22, Anlage 4 - 4.
[95] S. o. 1.2.
[96] StaatsA Stade Rep. 50 Nr. 530, Bl. 54ff., Anlage 4 - 9.
[97] StaatsA Stade Rep. 50 Nr. 489, Bl. 2; das Reskript enthielt den Zusatz „citissime“ (= schnellstens).

Erkenntnisse und Executions-Verfügungen von dorther gänzlich ausgeschlossen" seien[98]. Mit Ausschreiben der Administrationskommission vom gleichen Tag war zudem verfügt worden, dass mit Behörden im Lauenburgischen keine offizielle Korrespondenz mehr gepflogen werden dürfe und ebensowenig Gelder oder Effekten dorthin gesandt werden durften[99]. Der Stader Justizkanzlei war von ihrer Zuständigkeitserweiterung mit Schreiben der Regierung in Stade vom 15. September 1806 Nachricht gegeben worden[100]. Schon am 31. Oktober 1806 teilte die Regierung in Stade der dortigen Justizkanzlei jedoch mit, dass entsprechend einem Ausschreiben der Landesregierung vom 24. Oktober 1806 „die vorhin bestandene verfassungsmäßige Ordnung von selbst wiederum" eintrete, so dass die Rechtsmittelzuständigkeit der Stader Obergerichte für die Hadelner Gerichte gerade sechs Wochen gewährt hatte.

4.2.3.9 Die Kosten der Rechtspflege

Die Regierung versuchte, die Summe der Einnahmen aus den Rechtsstreitigkeiten und Strafsachen für die letzten 10 Jahre aufzulisten, soweit dies möglich war, und mitsamt dem Zahlungsfluß aus den einzelnen Kassen darzustellen. Dabei ergab sich, dass bei den Untergerichten keine einheitlichen Gebühren erhoben wurden, obwohl eine Verordnung vom 4. April 1716 bestand, die jedoch unvollständig war[101]. Allein bei den Obergerichten, nämlich der Justizkanzlei, dem Hofgericht und dem Konsistorium, bestanden verbindliche Gebührensätze[102]. Sicherlich lag die Ursache für viele ältere Beschwerden „über das Sportuliren einzelner Aemter und Gerichte"[103] auch hierin, weil trotz eines Entwurfes aus dem Jahr 1749 keine Gebührenordnung für die Herzogtümer geschaffen werden konnte.

Die Ausgaben waren aufgrund der Anforderung der Administrationskommission detailliert erfaßt worden[104]. Dazu gehörte nicht nur eine Auflistung des regulären Gehalts und der zahlenden Kasse, sondern auch die Summe der durchschnittlichen Nebeneinnahmen („Emolumente"). Hierzu zählten ferner Angaben zum Lebens- und Dienstalter sowie zum Familienstand und zum privaten Vermögen, das auszufüllende Formular enthielt insgesamt elf

[98] S. o. 3.2.1.4 und 3.2.3.
[99] StaatsA Stade Rep. 50 Nr. 489, Bl. 3.
[100] StaatsA Stade Rep. 50 Nr. 489, Bl. 4.
[101] StaatsA Stade Rep. 50 Nr. 530, Bl. 28, Anlage 4 - 4, sowie auch o. 2.1.2.2.4.
[102] StaatsA Stade Rep. 50 Nr. 530, Bl. 28, Anlage 4 - 4.
[103] StaatsA Stade Rep. 50 Nr. 530, Bl. 29, Anlage 4 - 4.
[104] StaatsA Stade Rep. 50 Nr. 495.

Rubriken[105] und dürfte für die Personalübersicht die ausführlichste Darstellung dieser Zeit sein.

4.2.4 Zum materiellen Recht

Die materiellen Grundlagen des Rechts waren in einer mehrseitigen Aufzählung zusammengestellt, aus der als bemerkenswerte Tatsache zu verzeichnen ist, dass große Teile des zu Beginn des 19. Jahrhunderts geltenden Rechts noch aus der schwedischen Zeit des 17. Jahrhunderts stammten[106].

Eine Änderung im Gerichtswesen hat es in den Herzogtümern während der preußischen Besetzung nicht gegeben, so dass die Gerichte unverändert weiter arbeiten konnten. Die einzig erkennbare Ausnahme lag im geänderten Rechtsmittelzug des Landes Hadeln[107]. Diese Kontinuität entsprach der preußischen Absicht, das Kurfürstentum Hannover zunächst lediglich zu verwalten, wie es bereits in der Bezeichnung „Administrations-Commission" zum Ausdruck kommt[108].

Aus den Quellen ist neben der von preußischer Seite erforderten schlichten Bestandsaufnahme jedoch ein direkter Eingriff in die Tätigkeit der Justiz zu erkennen, nämlich hinsichtlich einer Tortur durch die Stader Justizkanzlei. Insoweit heißt es in einem Schreiben der provisorisch bestätigten Regierung in Stade vom 11. Juli 1806 an die „hiesige Justiz-Canzley":

> „Von der Königl. Preußischen Hochlöbl. Administrations- und Organisations-Commißion ist uns unterm 2. d. M. zu erkennen gegeben worden, daß, da von der hiesigen Justizcanzley bisher die auf die Tortur gerichteten Erkenntniße ohne eine vorgängige Berichterstattung, abgegeben und vollstreckt worden, dieses unter gegenwärtigen Verhältnißen nicht weiter gestattet werden kann, und es ist uns daher aufgegeben, zu verfügen, daß, wenn etwa, wie kaum zu erwarten sey, von hiesiger Justizcanzley ein auf die Territion oder die wirkliche Tortur gerichtetes Criminal-Erkenntniß abgegeben werden

105 Es ging um die folgenden elf Angaben: „ 1. Provinz und Sitz der Behörde. 2. Behörden und Aemter. 3. Namen der Beamten. 4. Stand derselben. 5. Lebensalter. 6. Dienstalter. 7. Ob sie verheirathet sind, auch ob und wie viel Kinder sie haben. 8. Ob und wie viel sie an eigenem Vermögen besitzen Rthlr. 9. Betrag der fixen Besoldungen Rthlr. 10. Betrag der Emolumente an Geld und Naturalien Rthlr. 11. Bemerkungen." In: StaatsA Stade Rep. 50 Nr. 495, Bl. 2ff.

106 StaatsA Stade Rep. 50 Nr. 530, Bl. 44ff., Anlage 4 - 9.

107 s. o. 4.2.3.8.

108 Vgl. Thimme, Band I, S. 137 unter Bezug auf die Instruktion des preussischen Königs an den mit der Zivil-Administration betrauten Graf von Schulenburg-Kehnert: „... in dem Begriffe der Administration, wonach die Landesverwaltung auf dem Fusse und mit den Behörden, wie sie vorhanden seien, fortgeführt werden müsse, ..."

solte, darüber an die Königl. Hochlöbliche Administrations- und Organisations-Commission berichtet und ohne deren ausdrückliche Genehmigung das Erkenntniß nicht vollstreckt werde. Wir ermangeln nicht, den Herren dieses zur Direction bekannt zu machen.“[109]

Wenn die Stader Regierung dort ausführte, dass es ihr „aufgegeben“ wäre, entsprechend zu verfügen, so ergibt sich die Ursache hierfür weder aus diesem Dokument, noch aus der gesamten Quelle. Zu vermuten ist jedoch, dass die preußische Besatzung direkten Einfluß ausgeübt hat, weil in Preußen die Folter bereits seit 1740 schrittweise abgeschafft worden war[110]. Hierfür spricht zudem der letzte Absatz des Berichts vom 1. Oktober 1806, in dem es heißt:

„Schliesslich fügen wir noch die berichtliche Anzeige gehorsamst hinzu, daß wir nicht ermangelt haben, gleich nach Einlieferung des Rescripts vom 2. July d. J. der darin am Schlusse enthaltenen Anweisung gemäß in Ansehung der nicht weiter ohne Berichterstattung zu vollstreckenden Tortur-Erkenntnisse der hiesigen Justiz-Canzley das nöthige zu deren Direction zu eröfnen.“[111]

Dass die Stader Regierung von sich aus die Unterbindung der Tortur verfügt haben sollte, ist als eher unwahrscheinlich anzusehen, weil sie trotz des Wechsels der Herrschaft personengleich geblieben war. Ausgeschlossen werden kann ein entsprechender Wandel in der Auffassung allerdings nicht. Ebensowenig kann allerdings ausgeschlossen werden, dass die Stader Regierung sich der preußischen Herrschaft und deren bekannter Auffassung schlicht angepaßt hatte. Hierfür kann durchaus sprechen, dass die Stader Regierung mit Schreiben vom 29. August 1806[112] die säumigen Ämter und Städte mit 10 Talern Strafe bedrohte, wenn sie ihrer Berichtspflicht nicht binnen 8 Tagen nachkommen sollten, und dass sie sich am 1. September 1806 in einem Schreiben nach Hannover für die bislang fehlenden Berichte wortreich entschuldigte:

„Das von der Königl. Preußischen Hochlöblichen Administrations- und Organisations-Commission unterm 2. July d. J. an uns erlassenen Rescript in Betref der Gerichtsverfassung in den Herzogthümern Bremen und Verden hat es nöthig gemacht, unserer Seits über verschiedene darin zur Erläuterung vorgeschriebenen Puncte von den sämtlichen Obrigkeiten einen Bericht zu erfordern. Dieses ist bereits am 11. July d. J. geschehen; es sind aber noch einige derselben rückständig und deswegen zur unverzüglichen Einsendung von uns in Erinnerung gebracht. Wir haben uns die Erlaubnis nehmen wollen, dieses auf das von der Königl. Preußischen Hochlöblichen

[109] StaatsA Stade Rep. 50 Nr. 530, Bl. 36.
[110] Unmittelbar vor dieser Zeit in der preußischen Kriminalordnung vom 11. Dezember 1805 (§ 285) festgeschrieben.
[111] StaatsA Stade Rep. 50 Nr. 530, Bl. 63, Anlage 4 - 9.
[112] StaatsA Stade Rep. 50 Nr. 530, Bl. 40.

Administrations- und Organisations-Commission unterm 22. August d. J. hochgeneigt erlassenen Erinnerungs-Rescript gehorsamst anzuzeigen, und werden nicht ermangeln, sobald die fehlenden Berichte eingekommen seyn werden, die uns obliegende Berichterstattung nach aller Möglichkeit zu beschleunigen."[113]

Hierfür könnte zudem sprechen, dass sie noch am 1. Oktober 1806, mithin kurz vor dem Zusammenbruch Preußens am 14. Oktober 1806 in der Schlacht von Jena und Auerstedt, einen ergänzenden Bericht[114] nach Hannover sandte.

Eher am Rand liegende Probleme und damit verbundene Kosten waren dadurch entstanden, dass die bisherigen Hoheitszeichen durch den preußischen Adler ersetzt werden mußten, wie sich beispielhaft aus der Stellungnahme eines Zolleinnehmers vom Mai 1806 ergibt:

„... zeigen hierdurch unterthänigst an: wie mir vom hiesigen Grefengerichte befohlen worden, an den Accise-Plätzen zu Twielenfleth, Lühe und Borstel, den Königl. Preußischen Adler der Vorschrift gemäß aufstellen zu lassen. Da nun die Verfertigung der Zoll- und Accise-Tafeln, und selbige machen zu lassen, einige Kosten erfordert, so ersuche ganz unterthänigst, mir gütigst Auskunft zu geben, ob ich gedachte Adler verfertigen lassen soll, und ob ich in diesem Fall meine deswegen gehabten Auslagen auf die Accise-Gelder bey Herrn Landcassirer von Bestenbostel in Abrechnung stellen kann; oder ob auch, da an den Accisestellen zugleich der Zoll mit eingehoben wird, vom Amte Agatenburg nicht die Hälfte der Kosten bezahlt werden müßen."[115]

Als Antwort wurde mitgeteilt:

„Da diese Kosten nicht auf die Accise-Casse zu legen sind, sondern, weil jene Tafeln eigentlich wegen des an den Stellen zu erhebenden herrschaftlichen Zolls, welcher in die dortigen Amts-Register fließet, vorgerichtet werden, aus den gedachten Amts-Registern zu bestreiten seyn werden, so wird der Voigt Stegmann solcherwegen von euch auf das baldigste mit der nöthigen Anleitung zu versehen, übrigens aber Eurer Seits davon an das Cammer-Collegium Bericht zu erstatten seyn."[116]

Der Versuch, Kosten von der eigenen Stelle fernzuhalten und an Dritte, hier die Landeskasse, zu verlagern, ist mithin nicht neu.

Am 30. Oktober 1806[117], als der Rückzug der Preußen und der erneute Einmarsch der Franzosen bevorstanden, ordnete ein Ausschreiben der Administrations- und Organisations-kommission in Hannover an, dass für

---

[113] StaatsA Stade Rep. 50 Nr. 530, Bl. 42.
[114] StaatsA Stade Rep. 50 Nr. 530, Bl. 44 – 63, Anlage 4 - 9.
[115] StaatsA Stade Rep. 50 Nr. 491, Bl. 80.
[116] StaatsA Stade Rep. 50 Nr. 491, Bl. 78.
[117] Spangenberg, Vierter Teil, 1. Abt, Nr. 1234.

Sachen aus dem Justizdepartement wiederum der Staatsminister von der Wense allein unterzeichnen könne. Der Zustand aus der Zeit vor der preußischen Besetzung war damit zumindest für die Gerichtsbarkeit wiederhergestellt worden.

4.3 Die französische Herrschaft bis 1810

4.3.1 Allgemeiner Überblick

Das Heilige Römische Reich Deutscher Nation war mit der Niederlegung der Kaiserkrone durch Kaiser Franz II. am 6. August 1806 zu einem Ende gekommen und mit ihm auch das Reichskammergericht in Wetzlar sowie der Reichshofrat in Wien als dessen oberste Gerichte. Eine höchste Gerichtsbarkeit sollte es danach in Deutschland für längere Zeit nicht mehr geben. Die einzelnen Staaten gerieten unter französischen Einfluß, der sich zunächst ausschließlich in der Besetzung des jeweiligen Territoriums, später auch in der Neuordnung der Länder mit eigenen und für die deutschen Verhältnisse neuen Verwaltungs- und Gerichtsverfassungen äußerte. Für Hannover kam hinzu, dass England der Feind Napoleons im Westen war und dass mit der Niederhaltung des immer noch in Personalunion verbundenen Kurfürstentums nach französischer Auffassung Druck auf England ausgeübt werden konnte, was die Lage im Kurfürstentum Hannover gegenüber anderen Territorien erheblich schlechter werden ließ. Als unter französischem Einfluß stehendes Territorium wurde mit Konstitution vom 15. November 1807 das Königreich Westfalen mit der Hauptstadt Kassel gegründet. Aus dem Kurfürstentum kamen zwar mit dem Gründungszeitpunkt der Harz und die Fürstentümer Göttingen und Grubenhagen zu diesem neuen Reich, das König Jérome, der Bruder Napoleons, regierte, aber es grenzte aufgrund der Einverleibung Braunschweigs und Hessens und deren Territorien Hoya und Thedinghausen nur an das Herzogtum Verden, ohne das Gebiet der Herzogtümer zu umfassen.

4.3.2 Der Verwaltungs- und Gerichtsaufbau

4.3.2.1 Die oberen Verwaltungs- und Justizeinrichtungen

4.3.2.1.1 Die Regierung

Die Verwaltungsorganisation blieb auch nach dem Abzug der Preußen zunächst weitgehend bestehen, es soll lediglich ein personeller Wechsel in der

Spitze der Regierungsämter erfolgt sein[118]. Der Schwerpunkt französischer Tätigkeit lag vorrangig auf der finanziellen Ausbeutung der besetzten Gebiete[119]. Eingriffe in die Justizverwaltung erfolgten nicht; die Geschäfte des Justiz-Departements konnten nach Auflösung des Staats-Ministeriums unangefochten vom Staatsminister und Präsidenten des Oberappellationsgerichts in Celle, von der Wense, wie zuvor wahrgenommen werden[120]. Die Gouvernementskommission erließ am 26. September 1807 ein Ausschreiben, „wodurch die Proclamation des Königs von Preussen, wegen Entlassung der Dienerschaft, und Entbindung derselben von ihrer Dienstpflicht" bekanntgemacht wurde. Damit standen die Landesbedienten, die nach ihrem eigenen Verständnis im Hinblick auf den abgegebenen Vorbehalt bei ihrer Vereidigung im Frühjahr 1806 ohnehin nicht ausschließlich auf den preussischen König verpflichtet waren, wieder in ihren alten Pflichten gegenüber dem hannoverschen Kurfürsten und König; eine individuelle eidliche Verpflichtung der Beamten auf die vorherige französische Herrschaft ist nicht erkennbar.

4.3.2.1.2 Die Landstände

Die Gouvernementskommission ordnete mit Proklamation vom 20. September 1807[121] die Aufhebung der Landstände an. Damit war diese

---

[118] Jäger, Stade, S. 303.

[119] Jäger, Stade, S. 303.

[120] Thimme, Band I, S. 365.

[121] „Seit längerer Zeit widerstanden die Stände der Hannöverschen Lande den Befehlen, welche die ersten französischen Behörden beauftraget waren, ihnen bekannt zu machen: oft haben sie sich herausgenommen, über den Grund dieser Befehle zu berathschlagen, da sie doch nur aufgefordert seyn konnten, die Mittel zu deren Ausführung anzuzeigen oder zu bestimmen. Nachdem endlich eine lange Erfahrung erwiesen hat, daß ihr Daseyn nicht vereinbar war mit derjenigen energischen Verwaltung, welche die Sicherheit und die Bedürfnisse der Armee in einem eroberten Land erforderet: So haben Seine Majestät der Kaiser und König Sich genöthiget gesehen, mir anzubefehlen, dieselben aufzuheben. Schon sind diese Stände nicht mehr! Es ist mir vorgeschrieben, an deren Statt eine administrirende Commission zu errichten. ... Diese Commission wird zusammengesetzt aus den Herren Patje, von Meding, von Münchhausen, Graf von Hardenberg, von Arnßwaldt, von Schulte, Kaufmann, von Marschalck und Baring. ... In jeder Provinz wird ein Subdelegirter der Commission ernannt werden: ich werde denselben aus drey Subjecten bestimmen, welche die Commission mir vorzuschlagen hat. Dieser Subdelegirte hat der Commission Folge zu leisten; derselbe hat niemals über die Befehle, welche ihm zukommen werden, zu deliberiren, vielmehr hat er nur deren promteste Ausführung zu bewerkstelligen. In allen anderen Theilen der öffentlichen Geschäfte in den Hannöverschen Ländern wird nichts verändert. Alle in Diensten stehende Personen und Gegenstände bleiben wie bisher beybehalten. Hannoveraner! Eine neue Administration ist ganz aus Euren Mitteln genommen: erkennet

althergebrachte Institution zu einem vorläufigen Ende gekommen, weil sie der französischen Besatzung weder politisch noch nach ihrem Verhalten während der Besatzung genehm war. Die in der Proklamation vorgesehenen Subdelegierten wurden gemäß Ausschreiben der „Commission des Gouvernements" vom 3. Oktober 1807[122] für die Herzogtümer Bremen und Verden der Landsyndikus Rose in Stade und für das Land Hadeln der Bürgermeister Götze in Otterndorf. Ihre Aufgabe lag nach diesem Ausschreiben darin,

> „allen von den Landschaftlichen Provinzial-Behörden vorhin besorgte Geschäfte ... in allen, nach Maaßgabe der bisherigen Verfassung zu dem Ressort dieser Landes-Behörden gehörenden Sachen, hinführo zu respiciren und die ihnen zugehenden Verfügungen in jeder Provinz zur Vollziehung zu bringen."[123]

Zwar hatte sich hierdurch rechtlich eine Änderung bei dieser alten Verfassungseinrichtung ergeben, aber faktisch haben die Landstände den Eingriff weitgehend unbeschadet überstanden[124].

4.3.2.2 Die unteren Verwaltungs- und Justizeinrichtungen

Die Zwischenzeit in den Wechseln der verschiedenen Herrschaften scheint von allgemeiner Unsicherheit gekennzeichnet gewesen zu sein. Dies ergibt sich aus einer Aufforderung des Oberappellationsgerichts in Celle vom 11. Januar 1810 an die Justizkanzlei in Stade, in der es heißt:

> „Da das Ober-Appellations-Gericht ein genaues und vollständiges Verzeichniß der sämmtlichen, im Brem- und Verdenschen befindlichen Patrimonialgerichte in der hiesigen

---

darin die fortdauernden Beweise des Zutrauens und des Wohlwollens meines Allergnädigsten Herrn. Administratoren! Erwidert dieses Zutrauen dadurch, daß Ihr Euch gänzlich Euren Schuldigkeiten widmet. Die dringendste von allen wird seyn, den Rückstand der Contribution, welcher durch die sträfliche Langsamkeit Eurer Vorgänger verursacht ist, mit Gleichheit zu vertheilen und prompt einzutreiben. Endlich: Ihr werdet Eure neue Ansprüche auf die Achtung Eures Landes erwerben, indem Ihr dessen Interesse mit den Lasten, welche der Zustand des Krieges unvermeidlich machen, zu vereinbaren Euch bestreben werdet." in: StaatsA Stade Rep. 23a Nr. 158, sowie bei Spangenberg, Vierter Teil, 1. Abt, Nr. 1362 sowie in Hannoversche Anzeigen 1807 Nr. 77. Bei Reinicke, Landstände, S. 111, wird dieser Vorgang fälschlich auf den 17. September datiert.

122 StaatsA Stade Rep. 23a Nr. 158.

123 StaatsA Stade Rep. 23a Nr. 158.

124 „Man darf überhaupt nicht glauben, dass durch die Aufhebung der Landstände die ständische Verfassung über den Haufen geworfen sei" bemerkt Thimme, Band I, S. 306, pointiert und zutreffend.

Registratur vermißet, so wünschen Wir, daß ihr solches allenfalls nach vorgängiger Communication der dortigen Regierung, entwerfen, und an Uns einsenden wollet."[125]

Die Justizkanzlei verfügte offenbar ebensowenig über eine entsprechende Liste der Patrimonialgerichte, so dass sie sich deshalb an die Regierung in Stade wandte, die ihr am 2. Februar 1810 antwortete:

„Auf das von den Herren unterm 17. v. M. gefälligst an uns erlassene Schreiben müssen wir erwidern, daß eine Nachricht von allen in den hiesigen Herzogthümern befindlichen Patrimonialgerichten, deren eine sehr große Anzahl ist, und wovon viele litigiös, und zum Theil von geringer Bedeutung seyn mögen, in der Registratur der Regierung nicht, sondern nur ein Verzeichnis derjenigen Patrimonialgerichte, die man in vorigen Zeiten als geschlossen angesehen hat und denen die Patentverordnungen und Ausschreiben zugeschickt werden, vorhanden ist, obgleich auch unter diesen einige seyn werden, denen die Qualität eines geschlossenen Gerichts in der Folge angestritten ist."[126]

Nachdem die Justizkanzlei am 10. Februar 1810 um die Übersendung dieser Liste gebeten hatte, kam die Regierung in Stade mit Schreiben vom 19. Februar 1810 diesem Ersuchen nach. Das diesem Schreiben beigefügte Verzeichnis[127] enthält 20 landesherrliche Ämter, sechs landesherrliche Gerichte sowie 23 Patrimonialgerichte, die als geschlossen angesehen wurden. Ersichtlich wird hieraus, dass es wohl zu keinem Zeitpunkt eine eindeutige Klarheit über die Zahl der tatsächlich bestehenden Patrimonialgerichte gab. Dies ist vermutlich darauf zurückzuführen, dass an einer solchen Klarheit über die tatsächlichen Verhältnisse gar kein Interesse bestanden hat. Denn die Regierung befürchtete sonst eine große Zahl von Prozessen mit den jeweiligen Gerichtsherrn, denen das Recht der Gerichtsbarkeit hätte bestritten werden müssen, wie sich aus dem Bericht vom 20. Juni 1806[128] ergibt.

Im einzelnen handelte es sich nach dem Verzeichnis vom 19. Februar 1810 um folgende Ämter und Patrimonialgerichte:

„A. Landesherrliche Aemter
1. Amt Alt- und Neu-Kloster,
2. „ Blumenthal,
3. „ Bremervörde,
4. „ Harsefeld,
5. „ Lilienthal,
6. „ Osterholz,
7. „ Ottersberg

B. Landesherrliche Gerichte
1. Gogericht Achim,
2. Gericht Lehe,
3. Gericht Osten,
4. Vogteygericht Landes Wursten,
5. Grefen Gericht Alten Landes,
6. Gericht Freyburg.

[125] StaatsA Stade Rep. 50 Nr. 534, Bl. 2.
[126] StaatsA Stade Rep. 50 Nr. 534, Bl. 4.
[127] StaatsA Stade Rep. 50 Nr. 534, Bl. 8.
[128] StaatsA Stade Rep. 50 Nr. 530, Bl. 22, s. o. 4.2.3.7.3 sowie Anlage 4 - 4.

8. „ Zeven,
9. „ Rotenburg,
10. „ Verden,
11. „ Bederkesa,
12. „ Hagen,
13. „ Himmelpforten,
14. „ Neuhaus,
15. „ Nordholz,
16. „ Stotel,
17. „ Vieland,
18. „ Agatenburg,
19. „ Wischhafen,
20. Kloster Amt Neuenwalde,

C. Patrimonial-Gerichte, die als geschlossene Gerichte angesehen und welchen die Verordnungen und Ausschreiben zugeschickt werden

1. Gericht Beverstedt,
2. „ Reimersmoor,
3. „ Hechthausen,
4. „ Leesum,
5. „ Schönebeck,
6. „ Meyenburg,
7. „ Schwanewede,
8. „ Cassebruch,
9. „ Neuenhausen,
10. „ Ritterhude,
11. „ Sandbeck,
12. „ Wohlenbeck,
13. „ Gyhum,
14. „ Harpstedt,
15. „ Groß-Meckelsen,
16. „ Howe,
17. „ Rübcke,
18. „ Delm,
19. „ Burweg,
20. „ Ninkop,
21. „ Niederochtenhausen,
22. „ Schwinge,
23. Burggericht Horneburg."

Gegenüber der letzten verzeichneten Bestandsaufnahme des Jahres 1766 mit insgesamt 58 unteren Verwaltungseinheiten einschließlich der Städte[129] waren nunmehr nur noch 52 Einheiten aufgeführt. Ein Grund für diese Änderungen ist nicht ersichtlich.

[129] S. o. 2.4.2.2.3, Fn. 775. Es fehlen bei einem Vergleich mit dem Bestand des Jahres 1766 in der Auflistung des Jahres 1810 a) die landesherrlichen Ämter Structur zu Bremen sowie das Klosteramt Stade, b) die Patrimonialgerichte Bergsten Gericht, Börde Rhade, Kuhmühlen, Öse und Clus, Poggemühlen, Altluneberg, Sauensiek, Bentwisch, Wisch, Francop, Oberochtenhausen, Hohnhorst, Niederende-St. Jürgen, Brobergen; die landesherrlichen Gerichte sind nicht separat aufgeführt gewesen, sondern bei den „Landschaften und Ämtern" verzeichnet, so dass Überschneidungen vorliegen und u. a. deshalb sich die Zahlen nicht decken. Ein ausschließlicher Vergleich der Zahlen führt deshalb nur bedingt weiter.

4.3.3 Zum materiellen Recht

Mit einem Ausschreiben der „Commission des Gouvernements" vom 14. Februar 1809[130] an „alle mit der Criminal-Jurisdiction versehene Aemter und herrschaftliche Gerichte" wurde eine neue Regelung der Kosten der Strafgerichtsbarkeit, insbesondere der Strafvollstreckung, zu erreichen versucht, die vom Gebot äußerster Sparsamkeit diktiert war. Erforderlich wurden Änderungen deshalb, weil solche Kosten nach den „Anweisungen des Französischen Gouvernements nicht weiter von den Domanial-Aufkünften aus den Amts-Geld-Registern bestritten werden können, und vielmehr vom Lande durch die eingehenden Steuern getragen werden müssen". In 15 Punkten wurden den Behörden detaillierte Auflagen vorgegeben, die vom täglichen Verpflegungsaufwand („Drey Mariengroschen, für Kinder die Hälfte") über die Kosten der Feuerung bis zum Wegfall der Kostenerstattung für Zeugen in Strafsachen („jetzt als ein ohnentgeldlich zu verrichtendes munus publicum zu betrachten") und des unentgeltlichen Beistandes der Verteidiger sowie der Prediger reichten.

4.4 Die französische Herrschaft von 1810 bis 1813

4.4.1 Allgemeiner Überblick

Mit der Gründung des Königreiches Westfalen im Jahr 1807 ergaben sich zunächst keine Änderungen in der Verwaltungs- und Justizstruktur der Herzogtümer Bremen und Verden, weil diese weiterhin unter kaiserlich-französischer Herrschaft blieben. Während in den übrigen Teilen des Kurfürstentums Hannover, die nunmehr zum Königreich Westfalen gehörten, die Leibeigenschaft sofort, die Patrimonialgerichte zum 27. Januar 1808 und die Justizkanzleien und Hofgerichte zum 29. Februar 1808 abgeschafft wurden[131], änderte sich in den Herzogtümern zunächst nichts. Die durchaus eigenständige Kriminalpolitik des Königs Jérome wirkte sich hier deshalb nicht aus[132].

Die Deklaration vom 14. Januar 1810 über die Übergabe der Herzogtümer Bremen und Verden an das Königreich Westfalen setzte fest, dass diese aufgrund Proklamation vom 1. März 1810 zum 1. September 1810 übernommen werden sollten. Danach traten tiefgreifende Veränderungen in der Verwaltungs-

[130] StaatsA Stade Rep. 23a Nr. 160, dort auch die folgenden Zitate.
[131] Thimme, Band II, S. 217.
[132] Raimund-Ekkehard Walter, Die Kriminalpolitk König Jéromes im Königreich Westphalen 1807 – 1813, Marburg 1971, S. 61f.

und Justizstruktur sowie in den Rechtsgrundlagen der Herzogtümer ein. Denn zum 1. September 1810 galten gleichzeitig die Westfälischen Gesetze[133] unter Aufhebung aller früheren Gesetze und eine neue Gerichtsorganisation, die vollständig der Verwaltungsstruktur angepaßt war. Im Departement der Niederelbe mit der Hauptstadt Stade wurden hier das Tribunal erster Instanz für Zivilsachen und ein Kriminalgericht errichtet; gleichzeitig endete damit die Tätigkeit aller früheren Gerichte. Weitere Distriktstribunale in den Herzogtümern bestanden in Bremervörde und Verden. Die Gerichte dieser Ebene konnten nur mit studierten Richtern besetzt werden[134]. Vorgeschaltet waren diesen Gerichten in den jeweiligen Hauptorten der Kantone die Friedensgerichte und in den Orten waren es die Polizeigerichte. Letztere konnten Geldbußen bis zu 20 Franken und Freiheitsstrafen bis zu acht Tagen Gefängnis verhängen[135]. Der Bereich der freiwilligen Gerichtsbarkeit wurde insgesamt aus der Justiz ausgegliedert und den Notaren zugewiesen.

Die Einrichtung des Tribunals erster Instanz in Stade ist gut dokumentiert[136], so dass sie hier dargestellt werden soll, obwohl eine eingehendere Betrachtung dieser Zeit aus der Rückschau ganz unterbleiben könnte. Diese Phase währte gerade vier Monate und hat sowohl aus diesem Grunde wie auch wegen der geradezu abwehrenden Haltung der hannoverschen Regierung späterhin keine nachhaltigen Spuren in der Gesetzgebung oder der Justiz hinterlassen. Der ursprünglich als Präsident des Tribunals in Stade vorgesehene Regierungsrat Böhmer hatte gegenüber dem Präfekten des Norddepartements seine Absage erklärt, so dass am Tag der Vereidigung der Richter dieses neuen Gerichts dessen Präsident fehlte. Am 1. September 1810 wurden deshalb vereidigt: der Königliche Procureur Wichmann sowie die Tribunalsrichter von Willich, von Engelbrechten, von Bobers und von der Osten[137], ferner am 3. September der im Land Hadeln wohnende und deshalb am Vortag an der Anreise gehinderte Tribunalsrichter Wehner[138]. Mit Ernennungsurkunde vom 23. September 1810

---

[133] Die Gesetzgebung des Königreiches Westphalen ist noch weitgehend unerforscht, vgl. Werner Schubert, Französisches Recht in Deutschland zu Beginn des 19. Jahrhunderts. Zivilrecht, Gerichtsverfassungsrecht und Zivilprozeßrecht, Köln und Wien 1977, S. 10, (künftig zitiert: Schubert, Frz. Recht). Eine Detailstudie zum Zustand in der Stadt Stade und im Flecken Harsefeld enthält Klaus Isensee, Die Region Stade in westfälisch-französischer Zeit 1810 – 1813. Studien zum napoleonischen Herrschaftssystem unter besonderer Berücksichtigung der Stadt Stade und des Fleckens Harsefeld, phil. Diss., Hannover 1991.

[134] Thimme, Band II, S. 217ff.

[135] Thimme, Band II, S. 220ff.

[136] StaatsA Stade Rep. 50 Nr. 62.

[137] StaatsA Stade Rep. 50 Nr. 62, Bl. 3.

[138] Der abgelegte Eid lautete wie folgt: „Ich schwöre hiemit Treue und Gehorsam dem Könige und der Constitution und strenge Gewissenhaftigkeit und Unpartheilichkeit in Erfüllung der

wurde der bisherige Tribunalsrichter in Eschwege, Ebert, zum Präsidenten des Tribunals in Stade ernannt[139]. Gemäß Protokoll vom 30. Oktober 1810 „hatte der Herr Präsident des Civil Tribunals erster Instanz vom Distrikt Stade eine Versammlung der Mitglieder dieses Tribunals angeordnet, um in derselben sich als ernannten Präsidenten solchen Tribunals zu legitimiren, gehörig zu verpflichten und einzuführen"[140], zudem legte er an diesem Tag in Anwesenheit der übrigen Richter den Eid ab. Die erste Ausstattung des Gerichts mit den Quellen des französischen Rechts war zwar unmittelbar vor der Eröffnung des Gerichts erfolgt, aber sie war nur sehr unvollständig. Im einzelnen gehörten zu einer Sendung des westfälischen Justizministers Siméon vom 31. August 1810:

„1. ein Exemplar des Code Napoléon, édition officiélle, für das Archiv des Greffier[141];
2. drei Exemplare des ersten Bandes des „bulletin du lois de 1808": eines für den Präsidenten, eines für den
Procureur, eines für den Greffier;
3. drei Exemplare des „bulletin des lois de 1809": zu verteilen wie vor;
mit dem Zusatz: im zweiten Exemplar fehlen die Nrn 3, 9, 13, 16, 23 und im dritten Exemplar die Nrn
3, 9, 13, 16, 23, 25, 27, 28, 31; die nicht mehr vorhanden waren;
4. drei vollständige Exemplare des „bulletin des lois" des laufenden Jahres;
5. drei Exemplare des „Circulaire du 23. Janvier 1808 sur l'éxécution du Code civil";
6. drei Exemplare „de mon instruction sur la rédaction des registres de l'état civil";
7. vier Exemplare „de ma circulaire au 29 X 1808 sur la police judiciaire et l'instruction criminelle".
8. vier Exemplare „de ma circulaire du 29 Novembre 1809 concernant les juges de paix."[142]

Es waren zu den neuen Rechtsmaterien also durchaus die entsprechenden Gesetze vorhanden, aber ausschließlich in französischer Sprache und nur in wenigen, teils unvollständigen Exemplaren, so dass den Richtern die Arbeit damit nicht leicht geworden sein dürfte.

---

mir obliegenden Pflichten, so wahr mir Gott helfe durch Jesum Christum." in: StaatsA Stade Rep. 50 Nr. 62, Bl. 3.

139 StaatsA Stade Rep. 50 Nr. 62, Bl. 16.

140 StaatsA Stade Rep. 50 Nr. 62, Bl. 17.

141 Der „greffier" hatte die Aufgabe eines Gerichtssekretärs, die in diesem Umfang für die bisherige einheimische Gerichtsverfassung neu war; die weitere neue Person in der Gerichtsverfassung war der „huissier", der nur bedingt mit dem Gerichtsvollzieher heutiger Art vergleichbar ist: vgl. Schubert, Frz. Recht, S. 528f.

142 StaatsA Stade Rep. 50 Nr. 62, Bl. 26.

4.4.2 Der Verwaltungs- und Gerichtsaufbau

4.4.2.1 Die oberen Verwaltungs- und Justizeinrichtungen

4.4.2.1.1 Die Regierung

Unmittelbar nach der Errichtung des westfälischen Verwaltungssystems wurden die Herzogtümer nunmehr „dem französischen Kaiserreiche einverleibt".[143] Denn mit „organischem Senatuskonsult" vom 13. Dezember 1810[144] war verfügt worden, mit Wirkung vom 1. Januar 1811 die nordwestdeutschen Gebiete als „Hanseatische Departements"[145], zu denen nunmehr auch die Herzogtümer Bremen und Verden zählten, direkt dem französischen Kaiserreich zu unterstellen. Für dieses Gebiet bestand ein Generalgouvernement mit dem Sitz in Hamburg, dem drei Präfekturen in Bremen, Hamburg und Osnabrück unterstanden. Die Herzogtümer waren aufgeteilt in das „Departement der Elbmündung" mit dem Sitz in Hamburg, zu dem die Arrondissements Hamburg, Lübeck, Lüneburg und Stade gehörten, sowie in das „Departement der Wesermündung" mit dem Sitz in Bremen, zu dem die Arrondissements Bremen, Bremerlehe, Nienburg und Oldenburg gehörten[146]. Die Trennung von Justiz und Verwaltung war erstmalig in den Herzogtümern verwirklicht worden.

Das Departement der Elbmündung umfaßte in den genannten vier Arrondissements insgesamt 36 Kantone mit 105 Kommunen. Das Departement der Wesermündung umfaßte in dessen vier Arrondissements insgesamt 35 Kantone mit 135 Kommunen[147], zu denen jeweils eine entsprechende Zahl von Gerichten gehörte.

4.4.2.1.2 Die Gerichte

In diesen nunmehr zum französischen Kaiserreich gehörenden Departements wurde am 13. Februar 1811[148] von der Regierungskommission eine Anordnung

---

[143] Thimme, Band II, S. 609; ebenso Jäger, S. 307.
[144] Thimme, Band II, S. 609 sowie Schubert, Frz. Recht, S. 154.
[145] Die Gesetzgebung dieser Departements ist fast gänzlich unerforscht, vgl. Schubert, Frz. Recht, S. 10.
[146] Thimme, Band II, S. 609.
[147] Thimme, Band II, S. 617.
[148] Diese Anordnung wurde mit Verfügung vom 21. Februar 1811 in zehn Exemplaren an den provisorischen Procureur am Tribunal erster Instanz in Stade, Wichmann, übersandt: StaatsA

zur künftigen Gestaltung der Justiz erlassen. Danach sahen die ersten sieben Artikel (Kapitel I. Allgemeine Anordnungen) vor, dass zunächst keine Änderung in den Justizverhältnissen erfolgen sollte[149]. Das aus drei Kapiteln mit insgesamt 25 Artikeln bestehende Dekret traf zudem Regelungen u. a. für die Appellationen in Zivilsachen bei den Gerichten, deren bisheriges Appellationsgericht „jetzt außer dem vereinigten Gebiete liegt" (Artikel 8), also für die Herzogtümer mit dem im Königreich Westfalen liegenden Oberappellationsgericht Celle. In solchen Fällen war das nächste Tribunal erster Instanz zuständig, das die Gesetze der bisherigen Appellationsrichter anzuwenden hatte. Danach konnte also geschehen, daß eine Appellation gegen ein Urteil des Tribunals in Stade an das Tribunal in Hamburg zu geben war, das nach der Celler Oberappellationsgerichtsordnung zu entscheiden hatte; ob dieser Fall tatsächlich eintrat, läßt sich nicht feststellen. In Strafsachen sollten Appellationen „vor das nächstgelegene Criminal-Gericht gebracht werden" (Artikel 10). Damit war ein zweistufiger Gerichtsaufbau eingeführt[150]. Kassationsgesuche waren an das „Cassationsgericht" in Paris einzureichen; bereits hieran wird die vollständige Einbindung der Justiz in die französische Gerichtsverfassung deutlich. Für die drei Departements war jeweils ein Obergericht („Tribunal supérieur") in Hamburg (mit 14 Richtern), in Bremen (mit zwölf Richtern) und in Lübeck (mit zehn Richtern) einzurichten (Artikel 12). In Strafsachen mußten an einer Entscheidung mindestens acht Richter mitwirken, jedenfalls durfte eine darüber hinausgehende Zahl niemals ungleich sein (Artikel 14), denn bei Stimmengleichheit hatte Freispruch zu erfolgen (Artikel 16). Die Einrichtung von Schwurgerichten erfolgte nach dieser Verordnung nicht. Die drei Obergerichte traten in den Fällen, in denen Akten bisher an eine Juristenfakultät versandt worden waren, wechselseitig an deren Stelle (Artikel 17). Damit waren die seit dem Mittelalter in den Herzogtümern üblichen Aktenversendungen in Strafsachen zu einem Ende gekommen.

Am 26. Februar 1811 legten der Präsident des Distriktstribunals in Stade, Ebert, sowie die Tribunalsrichter von Willich, von Engelbrechten, von Bobers

---

Stade Rep. 50 Nr. 166, Bl. 1. Nach Schubert, Frz. Recht, S. 155, habe es sich um ein arrêté vom 12. Februar 1811 gehandelt. Hierzu bei Schubert, Frz. Recht, S. 155f.

[149] Artikel 1 lautete: „Bis zur Definitiv-Organisation der Gerichte und Tribunäle soll die Justiz in den drei vereinigten Departements so wie vorher verwaltet werden, auch von denselben Beamten, nach derselben Form und nach den Gesetzen, die jetzt in dem Gebiet gültig sind; doch alles unbeschadet der besonderen Dispositionen, die in den beiden folgenden Kapiteln enthalten sind." Artikel 2 lautete: „Die Justiz soll im Namen Sr. Majestät des Kaisers der Franzosen, Königs von Italien, Beschützers des Rhein-Bundes und Vermittler des Schweizer-Bundes verwaltet werden." Artikel 3 lautete: „ Alle Justiz-Beamten sollen den Eid schwören, der durch das Decret vom 12. Februar 1811 vorgeschrieben ist." Die Artikel 4 bis 6 befaßten sich mit der Ableistung dieses Eides; in: StaatsA Stade Rep. 50 Nr. 166, Bl. 2.

[150] Schubert, Frz. Recht, S. 155.

und von der Osten den neuen Eid ab und am folgenden Tag der Tribunalsrichter Wehner[151].

Mit Dekret vom 4. Juli 1811 wurde die neue Gerichtsverfassung festgelegt: In allen Kantonshauptstädten waren Friedensgerichte einzurichten, im Departement der Elbmündung gab es vier Tribunale erster Instanz, nämlich in Hamburg, Stade, Lüneburg und Lübeck sowie im Departement der Wesermündung in Bremen, Bremerlehe, Nienburg und Oldenburg[152]. Damit bestanden für das Gebiet der Herzogtümer drei solcher Tribunale. Mit der Einrichtung des „Kaiserlichen Gerichtshofes zu Hamburg" am 20. August 1811 war der Aufbau der neuen Gerichtsverfassung der Hanseatischen Departements abgeschlossen[153].

An diesem Tag legten in Gegenwart des Staatsrates Faure den Eid ab: der Gerichtspräsident de Serre[154] und die drei Kammerpräsidenten Jochmus, Bartels und von Goldbeck, die Räte Jänisch, Brunnemann, Curtius, Horn, Böhmer, Degen, von Spilker, Ebert, Rosenthal, Stackemann, Schmidt, Gramberg, von Kielmannsegge, Diehle, von Hartmann, von Zesterfleth, von Pape, Oelrichs, Dorfmüller und Retenbacher sowie die Räteauditoren Lüder, Marcard, Oldenburg und Scholz, der Kaiserliche Generalprokurator Eichhorn, die Generaladvokaten von Beckmann-Schore und Spangenberg, die Substituten Rumann und Crell und der Greffier en Chef[155] Demeuré, der auch die Ausfertigung unterzeichnete[156]. Damit waren alle Justizbedienten auf Napoleon vereidigt worden. Seit dem Organisationsdekret vom 4. Juli 1811 galt nicht nur eine neue Territorialeinteilung, sondern es galten nunmehr seit dem Abschluß der neuen Gerichtsverfassung auch ausschließlich die französischen Gesetze. Die Anwendung der französischen Gesetzgebung als der einzigen materiell-

---

[151] StaatsA Stade Rep. 50 Nr. 166, Bl. 4 und 5; der Eid lautete: „Ich schwöre vor Gott, dem Allmächtigen, Gehorsam und Treue dem Kaiser der Franzosen, König von Italien, Protector des Rheinbundes, Mediateur des Schweizer Bundes. Ich schwöre auch, daß ich stetswährend sein Bestes suchen und mich aus allen Kräften jedem Uebel widersetzen will, das man gegen ihn vornehmen möchte, auch daß ich gegen ihn weder mit Worten noch mit Werken irgend eine Art feindlicher Handlung begehen will, und daß, im Fall ich etwas erfahre, das gegen sein Interesse gerichtet ist, ich solches getreulich der Commission des Gouvernements mittheilen will. So wahr mir Gott helfe und sein heiliges Wort." in: StaatsA Stade Rep. 50 Nr. 166, Bl. 3.

[152] Schubert, Frz. Recht, S. 159.

[153] Dies war nach Art. 45 des Dekrets vorgesehen, vgl. Schubert, Frz. Recht, S. 160.

[154] Zu diesem bei Schubert, Frz. Recht, S. 160.

[155] Ein „greffier en chef" hatte als Hilfen mehrere „greffiers commis", die von ihm bezahlt und vom Gericht auf seinen Vorschlag ernannt wurden, vgl. Schubert, Frz. Recht, S. 528f.

[156] StaatsA Stade Rep. 50 Nr. 166, Bl. 17.

rechtlichen Grundlage durch die Gerichte führte schon allein deshalb zu erheblichen Schwierigkeiten, weil Übersetzungen der Gesetze fehlten[157].

Vollkommen neu in der bisherigen Gerichtsverfassung waren die Einrichtung der Staatsanwaltschaft, des Notariats und der Rechtsanwaltschaft[158]. Es war hiermit verbunden einerseits der tiefste Einschnitt in das Gerichtswesen, seitdem überhaupt die bis dahin vorhandene Überlieferung reichte. Denn nicht nur die Gesetze, sondern auch die behördlichen wie gerichtlichen Institutionen des Kaiserreiches wurden eingeführt. Zwar geschah dies endgültig erst zum 20. August 1811, jedoch war damit eine eigenständige Rechtsentwicklung zu einem vorläufigen Ende gekommen, ohne dass diesem Zustand allerdings eine längere Dauer zukam. Andererseits kann diese nur kurzweilige Änderung der Rechtsverhältnisse deshalb eher beiläufig erwähnt werden, weil keinerlei Reste hiervon in der Zeit nach Abzug der Franzosen und Wiederherstellung der alten Herrschaft verblieben sind. Die nicht nur für die Herzogtümer neue Öffentlichkeit und Mündlichkeit der Verfahren[159] war eine nur kurzzeitige Errungenschaft, die aber sicher nicht nur in der Publizistik, sondern auch über die kommende Phase der Restauration fortleben sollte. Das Verfahren der Friedensgerichte war dem bisherigen Untergerichtsverfahren angepaßt[160], weil Konzessionen notwendig waren, um die Justiz ohne allzu große Brüche weiter betreiben zu können.

4.4.2.2 Die unteren Verwaltungs- und Justizeinrichtungen

Für das Amt Neuhaus ist eine Übersicht für das erste Halbjahr 1811 zu den dortigen Arrestanten vorhanden, die angelegt wurde, weil die Kosten des Vollzugs neu geregelt werden sollten[161]. Mit Schreiben des Procureurs Wichmann in Stade an den Friedensrichter in Neuhaus vom 26. Dezember 1810 wurde dieser darauf hingewiesen, nur das aufzunehmen, was tatsächlich zu den Kosten der Strafverfolgung gehörte[162]. Danach haben sich während dieses

---

157 Thimme, Band II, S. 194; vgl. auch Heile, S. 88; s. auch vorstehend 4.4.1.

158 Vgl. Schubert, Frz. Recht, S. 547ff.

159 Vgl. Schubert, Frz. Recht, S. 571.

160 Vgl. Schubert, Frz. Recht, S. 581.

161 StaatsA Stade Rep. 50 Nr. 106; hierbei könnte es sich um eine Folge des o. g. Ausschreiben vom 14. Februar 1809 gehandelt haben, s. 4.3.3. Eine sichere Feststellung läßt sich jedoch nicht treffen.

162 „Erinnern Sie sich indessen dabei, 1. daß in diese Rechnungen nichts aufgenommen werden darf, als was sich auf wirkliche Correctional- oder Criminal-Vergehen bezieht; die Kosten in Municipal-Polizei-Sachen, welche nicht von dem Delinquenten selbst herbeigezogen werden können, so wie die Beerdigungs-Kosten, zu deren Bestreitung die Verlassenschaft des zu Begrabenden nicht hinreicht, fallen den Gemeinden zur Last; 2. daß

halben Jahres zumindest 28 Personen in Haft befunden, wobei deren Dauer zwischen einem und zehn Tagen schwankte. In zehn dieser Fälle erfolgte eine „Ablieferung" an das Tribunal in Stade und in einem Fall an das Friedensgericht in Freiburg, soweit die entsprechende Rubrik überhaupt ausgefüllt war. Bei den Arrestanten handelte es sich, soweit etwas vermerkt war, in acht Fällen um „Vagabunden", in vier Fällen bestand der Verdacht eines Diebstahls, in einem Fall der Verdacht eines falschen Passes und in einem weiteren Fall um ein „Entweichen aus der Conscription", hier hatte sich der Inhaftierte der Werbung für die Armee entziehen wollen. Zu erkennen ist an dieser Aufstellung zudem, daß die „Ein- und Ausschließungsgebühr" von einem Reichstaler, bei „Vagabunden" die Hälfte, die wesentliche Einnahme des Gefängnisaufsehers ausmachte, der vom Amt mit monatlich 1 Rtlr 11 ggl besoldet wurde. Im übrigen dürfte er auch an den bei den einzelnen Arrestanten aufgeführten Positionen wie „Alimentation, Licht, Lager Stroh, Geschirr und Aufwartung, Feuerung und Einheitzen", für die feste Tarife vorgegeben waren, noch ein gewisses Zubrot verdient haben.

4.4.3 Zum materiellen Recht

Den tiefsten Einschnitt in die bisherigen Rechtsstrukturen brachte das Dekret vom 9. Dezember 1811 über die Aufhebung der Feudalrechte, wodurch alle Meierrechte und andere Abhängigkeiten in ein vollständiges Eigentumsrecht verwandelt wurden[163]. Ferner wurden entschädigungslos aufgehoben u. a. das Gesindezwangsrecht, die Abgaben bei Heiraten sowie alle unbestimmten Dienste[164]. Hierdurch dürfte sich in den durchweg agrarisch strukturierten Herzogtümern ein erheblicher Wandel vollzogen haben, sofern die Umsetzung ohne Einschränkungen möglich war und durchgeführt wurde. Im Jahre 1812 sind hierzu diverse Bescheinigungen der örtlichen Huissiers ergangen, die z. B. allein für die Ablösung der Feudalrechte des aufgehobenen Klosters Neuenwalde weit über 50 Urkunden ausmachen[165].

---

weder Sie noch der Greffier des Friedensgerichts, die geringste Vergütung für ihre Bemühungen in Correctional- oder Criminal-Sachen verlangen können; es fallen also in den einzusendenden Rechnungen namentlich auch alle Copialien aus; und 3. daß die Ansätze gehörig erläutert und bescheinigt werden müssen, widrigenfalls zu gewärtigen ist, daß sie gestrichen werden, ..." in: StaatsA Stade Rep. 50 Nr. 106, Bl. 21.

[163] Vgl. Schubert, Frz. Recht, S. 381.

[164] Vgl. Schubert, Frz. Recht, S. 381f.

[165] StaatsA Stade Rep. 50 Nr. 163.

4.4.4 Die Auflösung der französischen Herrschaft

Bereits seit dem Frühjahr 1813 waren die tatsächlichen Zustände und die rechtlichen Zuständigkeiten für die Beteiligten offenbar nicht mehr eindeutig festzustellen[166]. Die „Brem- und Verdensche Regierungs-Commision" erließ deshalb am 8. April 1813 ein provisorisches Ausschreiben[167], mit dem die Gerichtsverfassung jedenfalls notdürftig und für eine Übergangszeit geregelt wurde. Weil in diesem Ausschreiben die Deichgerichte unerwähnt geblieben waren, wurde mit weiterem Ausschreiben vom 26. April 1813[168] angeordnet, diese hätten,

> „ohne Unterschied ob solches Königliche oder Patrimonial-Gerichte sind, ihre Function wiederum auf den vorigen Fuß anzutreten".

Es scheint, als wäre zuvor wegen der für alle Beteiligten unklaren Lage ein zeitweiliger Stillstand der Rechtspflege (ius stitium) eingetreten, der durch diese Verordnungen behoben werden sollte.

Kennzeichnend für das Jahr 1813 mit seinen Verwirrungen dürfte die Plünderung eines französischen Warenlagers in Stade sein, die nach dem kurzzeitigen Rückzug der Franzosen am 8. März 1813 erfolgt war[169]. Nach dem Wiedereinrücken der französischen Macht in Stade wurde das Verfahren gegen die Plünderer mit Anklage vom 31. Juli 1813 vor dem „extraordinairen Gerichtshof der 32. Division" in Hamburg bereits am 28. August 1813 verhandelt. Bei den vier Tätern kam es zu einem Freispruch sowie zu erheblichen Freiheitsstrafen von zwölf und in zwei Fällen jeweils zehn Jahren Zwangsarbeit; die Vollstreckung mußte jedoch wegen des erneuten Abzuges der Franzosen, der diesmal endgültig sein sollte, unterbleiben.

---

[166] Dies zeigte sich z. B. im Verhalten einiger Teile der Bevölkerung, so wurden in Lehe am 12. März 1813 die französischen Adler von den Amtsgebäuden gerissen, nach Herbert Schwarzwälder, Geschichte der Freien Hansestadt Bremen, Band 2: Von der Franzosenzeit bis zum Ersten Weltkrieg (1810 – 1918), erw. Aufl., Bremen 1995, S. 30.

[167] StaatsA Stade Rep. 50 Nr. 503, Bl. 6 - 11, sowie Rep. 23a Nr. 164 und im Intelligenzblatt der Herzogthümer Bremen und Verden (künftig zitiert: Intelligenzblatt) vom 10. April 1813; Anlage 4 - 10.

[168] StaatsA Stade Rep. 50 Nr. 503, Bl. 17, sowie Intelligenzblatt vom 28. April 1813.

[169] Wilhelm Wittpenning, Episode aus der französischen Occupationszeit, Stader Archiv 1877, S. 517ff., zum Strafverfahren insbesondere S. 522.

Aus der Zeit der Herrschaft der napoleonischen Besetzung sind die einzelnen Staaten „mit einem geschärften Rechtsbewußtsein“[170] hervorgegangen, auch wenn, oder vielleicht gerade weil, „die gesetzgebende Thätigkeit der vaterländischen Behörden durch die feindliche Usurpation (vom 23. September 1811 bis zum 20. März 1813) unterdrückt“[171] war.

[170] So zutreffend Walther Hubatsch, Aufbau, Gliederung und Tätigkeit der Verwaltung in den deutschen Einzelstaaten (1815 – 1866), in: Kurt Jeserich, Hans Pohl und Georg-Christoph v. Unruh, (Hrsg.): Deutsche Verwaltungsgeschichte, Band 2, Stuttgart 1983, S. 185.

[171] E. Spangenberg, Allgemeines Repertorium über die von dem Jahre 1813 bis 1823 einschließlich erlassenen Königlich-Hannoverschen Verordnungen und Ausschreiben, Hannover 1824, Vorwort.

5. Im Königreich Hannover von 1813 bis 1850/52

5.1 Die Wiederherstellung der alten Gewalten

5.1.1 Allgemeiner Überblick

Entsprechend der Konvention von Reichenbach vom 14. Juni 1813 sollte das Kurfürstentum Hannover nicht nur wiederhergestellt, sondern erheblich vergrößert werden[1]. Nach der Leipziger Völkerschlacht im Oktober 1813 und dem Abzug der Franzosen aus den Herzogtümern war dieses Territorium zunächst unter provisorische kurfürstliche Verwaltung genommen worden[2]. Das Land Hadeln wurde gemäß dem Frieden von Wien vom Herzogtum Lauenburg abgetrennt und endgültig Hannover beigelegt[3].

Das Heilige Römische Reich Deutscher Nation hatte mit dem Reichskammergericht ein gemeinsames höchstes Gericht gehabt, das mit dem Ende des Reiches ebenfalls ein Ende gefunden hatte. Der seit 1815 bestehende „Deutsche Bund“[4] hatte über ein gemeinsames Bundesgericht lediglich beraten, die Entscheidung jedoch einem späteren Zeitpunkt überlassen[5]. Hierzu kam es zwar nicht mehr, aber eine eigene Gerichtsbarkeit des Bundes gab es gleichwohl. Es waren dies die Zuständigkeit des Bundes hinsichtlich der Überprüfung des Landesrechts mit dem Bundesrecht und eine „Austrägalinstanz“[6], die für Streitigkeiten zwischen den Bundesmitgliedern zuständig war. Weitere justizbezogene Regelungen der Bundesakte finden sich

---

[1] Vgl. Thomas Klein, Königreich Hannover, in: Kurt Jeserich, Hans Pohl, und Georg-Christoph v. Unruh (Hrsg.), Deutsche Verwaltungsgeschichte, Band 2, Stuttgart 1983, S. 680.

[2] Gundermann/Hubatsch, S. 272.

[3] Vgl. Rüther, Chronik, Nr. 1185.

[4] Er wurde errichtet gemäß Bundesakte vom 8. Juni 1815; abgedruckt bei Ernst Rudolf Huber (Hrsg.), Dokumente zur deutschen Verfassungsgeschichte, Band 1: Deutsche Verfassungsdokumente 1803 - 1850, S. 78f. (künftig zitiert: Huber (Hrsg.)); für das Verständnis der Bundesakte ist auch die „Wiener Schlußakte“ heranzuziehen, abgedruckt bei Huber (Hrsg.), Band 1, S. 91ff.

[5] Kern, S. 67.

[6] Artikel 11 der Bundesakte; nach Kern, S. 67, wurde diese Gerichtsbarkeit mehrfach ausgeübt, „wenn auch immer nur in politisch unwichtigen Streitigkeiten.“ Beispielhaft soll hier eine das Königreich Hannover betreffende Entscheidung genannt werden: Mit Urteil vom 30. November 1854 hatte das zuständige Oberappellationsgericht in Lübeck in einem Austrägalstreit zwischen der Krone Hannover und der Fürstlich Lippeschen Regierung dahin entschieden, dass Lippe verurteilt wurde, die Rückstände aus einer Rente, die das Königreich Hannover bzw. dessen Rechtsvorgänger im Jahre 1613 (!) gekauft hatte, für die Zeit „von Weihnachten 1810 bis Weihnachten 1845“ zu zahlen: Magazin für hannoversches Recht, Göttingen 1857, Band 7, S. 54ff.

in den Artikeln 14 und 29. Danach war ein privilegierter Gerichtsstand für die Häupter der standesherrlichen Familien in Strafsachen geschaffen worden, der eine Aburteilung nur durch Standesgenossen vorsah, zudem waren den Angehörigen des ehemaligen Reichsadels die Rechte der Patrimonialgerichtsbarkeit zugesichert worden[7]. Schließlich war eine seit der Goldenen Bulle[8] für alle Reichsangehörigen bestehende Regelung aufgenommen worden, die den Schutz vor einer Justizverweigerung gegenüber den Ländern sicherte[9].

Das Zeitalter der Aufklärung hatte als bedeutende politische Bewegung den Liberalismus hervorgebracht, der in der ersten Hälfte des 19. Jahrhunderts u. a. mit einer Vielzahl justizbezogener Themen die politische Diskussion weitgehend bestimmte. Die zentrale Aussage war der Kampf gegen den absoluten Staat und insbesondere hier gegen die Kabinettsjustiz. Dazu gehörten die Forderungen nach Abschaffung jedweder Strafgerichtsbarkeit der Polizei, nach einer eigenständigen Staatsanwaltschaft, nach dem unabhängigen und gesetzlichen Richter[10], nach der Beteiligung des Volkes sowohl an der Gesetzgebung wie auch an der Rechtsprechung und nach einer Verfassung als dem staatlichen Ideal. Die Forderung nach der Einführung von Schwurgerichten stand dabei aus politischer Sicht im Vordergrund[11]. Der Begriff des Rechtsstaates wurde in dieser Zeit geprägt[12]. In gewisser vorsichtiger Weise hatte die Bundesakte diesen Vorstellungen in § 13 mit der Verpflichtung der Mitglieder zur Einführung einer landständischen Verfassung[13] entsprochen. Dieser Pflicht kam Hannover mit dem Patent vom 7. Dezember 1819 nach[14];

---

[7] Kern, S. 68.
[8] Jessen, Festschrift, S. 22, s. o. 1.2.
[9] Kern, S. 68.
[10] Für die damalige Zeit sehr weitgehend hatte die bayerische Verfassung vom 26. Mai 1818 in Titel VIII § 3 festgelegt: „Die Gerichte sind innerhalb der Grenzen ihrer amtlichen Befugnis unabhängig, und die Richter können nur durch einen Rechtsspruch von ihren Stellen mit Verlust des damit verbundenen Gehalts entlassen oder derselben entsetzt werden.“ nach Huber (Hrsg.), Band 1, Nr. 53.
[11] Nach Kern, S. 56ff.; bei Eberhard Schmidt, Geschichte, S. 332ff., als „Kampf um die Schwurgerichte“ bezeichnet.
[12] Hierzu näher bei Kern, S. 57 m. w. N.
[13] Art. 13 der Bundesakte lautete: „In allen Bundesstaaten wird eine Landständische Verfassung statt finden“, nach Huber (Hrsg.) Band 1, S. 78; nach HRG, v. Reden-Dohna, „Landständische Verfassungen“, behauptete sich in derart organisierten Staaten „meist der landsässige Adel.“ Nach Reinicke, Landschaften, S. 18, sowie ders. Landstände, S. 115, hatte im Original der Bundesakte „landesständische Verfassung“ gestanden, einen inhaltlichen Unterschied zu dem vorgenannten und üblichen Zitat sieht er allerdings nicht, es gibt wohl auch keinen.
[14] „Patent, die Verfassung der allgemeinen Stände-Versammlung des Königreichs betreffend“, GS 1819 Abt. I, S. 135.

diese Verfassung war noch teils altständisch orientiert, teils entsprach sie dem Typus der Repräsentativverfassung[15]. Es wurden zwei Kammern eingerichtet, die jeweils zu einem Teil aus persönlich berechtigten und zu einem anderen Teil aus gewählten Mitgliedern bestanden. Eine direkte Wahl gab es bei letzteren jedoch nicht. In die erste Kammer waren aus den Herzogtümern sieben[16] und in die zweite Kammer elf Personen zu entsenden[17]. Die Ständeverfassung entsprang der konservativen Auffassung, nach der die Stände gleichsam naturgegeben die entscheidenden staatstragenden Organe waren, sie richtete sich letztlich gegen das neue Prinzip der Gleichheit. Demgegenüber war die Repräsentativverfassung zwar Ausdruck der demokratisch-liberalen Gesinnung[18], aber angesichts der Schlußakte der Wiener Konferenz vom 15. Mai 1820 faktisch als mögliches Staatsgrundgesetz ausgeschlossen[19].

5.1.2 Der Verwaltungs- und Gerichtsaufbau

5.1.2.1 Die oberen Verwaltungs- und Justizeinrichtungen

5.1.2.1.1 Die Regierung

Etwa seit Anfang bis Mitte März 1813 waren in den Herzogtümern keine französischen Truppen mehr stationiert und damit auch keine französischen Verwaltungs- und Justizeinrichtungen mehr vorhanden. Am 21. März erließ der Präsident der Bremen- und Verdenschen Ritter- und Landschaft daher ein Ausschreiben an alle Einwohner des Landes:

> „Der Kaiserlich Russische Herr ... Baron von Tettenborn hat unterm heutigen Tage den Ständen der Herzogthümer Bremen und Verden aufgetragen, aus Ihrer Mitte eine Commission zu ernennen, die provisorisch alle Behörden mit solchen Individuen besetze, die in diesem Augenblick großer Bewegungen und durchgreifender Maasregeln völlig dem Geschäfte gewachsen sind, zu dem sie berufen werden, und die zugleich das Vertrauen des

---

[15] Vgl. Ernst Rudolf Huber, Deutsche Verfassungsgeschichte seit 1789, Band 1: Reform und Restauration 1798 – 1830, Stuttgart 1957, S. 657 (künftig zitiert: Huber, Band 1).

[16] Es waren dies der Präsident der Bremischen Ritterschaft als Direktor des Klosters Neuenwalde sowie fünf Deputierte der Bremischen und einer der Verdenschen Ritterschaft. S. „Verzeichniß der Mitglieder der allgemeinen Stände-Versammlung", GS 1819 Abt. I, S. 140.

[17] Es waren dies je ein Deputierter der Städte Stade, Buxtehude und Verden sowie sechs Deputierte freier Gutsbesitzer der Herzogtümer, die nicht zur Ritterschaft gehörten und zwei Vertreter des Landes Hadeln, GS 1819 Abt. I, S. 141f.

[18] Vgl. Ernst Rudolf Huber, Deutsche Verfassungsgeschichte seit 1789, Band 2: Der Kampf um Einheit und Freiheit, Stuttgart 1960, S. 334f. (künftig zitiert: Huber, Band 2).

[19] In der Schlußakte hieß es, daß „die gesamte Staats-Gewalt in dem Oberhaupte des Staats vereinigt bleiben" müsse, nach Huber (Hrsg.), Band 1, S. 88.

Volks besitzen. In Gemäßheit dieser Aufforderung habe ich sämmtliche Stände der Herzogthümer Bremen und Verden zusammen berufen. Es wird unverzüglich von ihnen die Commission ernannt werden, welche die Regierung dieser Länder provisorisch übernehmen wird. Sämmtliche Einwohner dieser Herzogthümer werden dringend aufgefordert, die Verfügungen derselben ruhig abzuwarten, und sich alles eigenmächtigen Verfahrens zu enthalten."[20]

Zwar besetzten die französischen Truppen noch einmal die Herzogtümer, aber lediglich für eine kurze Zeit[21]. Am 5. Oktober 1813 schließlich ließ der Prinzregent an seine Untertanen verbreiten:

„Mit Sehnsucht habe ich den Augenblick erwartet, da ich euch zum Heiligen Kampfe für Freiheit und Vaterland und zur Wiedervereinigung unter Eurem rechtmäßigen Herrn, dem Eure Herzen unter den härtesten Prüfungen treu geblieben sind, würde aufrufen können."[22]

Damit einher ging zunächst keine Änderung gegenüber dem Zustand vor 1803; dies war wohl auch nicht beabsichtigt worden. Nachdem sich das Kurfürstentum Hannover am 26. Oktober 1814 aus eigener Machtvollkommenheit zum Königreich Hannover bzw. der Kurfürst zum König erklärt hatte[23], wurde am 14. Juli 1816 die Königlich hannöversche

---

[20] StaatsA Stade Rep. 23a Nr. 164. Die insgesamt unübersichtliche Lage kommt aus zwei anderen Urkunden in dieser Quelle zum Ausdruck: Am 12. März 1813 erließ der Präfekt der Elbmündung in Hamburg ein Publicandum: „Da die Umstände die Präfektur nöthigen, für den Augenblick das Departement zu verlassen; so werden alle Lokal-Autoritäten eingeladen, auf ihren Posten zu bleiben, und in der Ausübung ihrer Functionen fortzufahren. Die Herren Maires werden alle Maasregeln nehmen, die nöthig sind, um die Ordnung und Ruhe aufrecht zu erhalten." Am 20. März 1813 ließ der französische Marschall Cara St. Cyr in einem Tagesbefehl aus seinem Hauptquartier in Ottersberg verlauten: „Der Herr Brigade-General, Baron Yvendorff, wird morgen den 21. März, bey seiner Ankunft in Bremen, das Commando des Departements der Weser-Mündungen, welches im Belagerungs-Zustand ist, übernehmen. Er wird gleichfalls mit dem Ober-Commando meines Hauptquartiers, überall, wo es sich befinden wird, beauftragt seyn. Sämmtliche Autoritäten des Departements der Weser-Mündungen werden dem Herrrn General Baron Yvendorff die täglichen Berichte, welche er von ihnen verlangen wird, einsenden, und die Befehle, die er ihnen, Namens meiner, ertheilen könnte, ausführen." Unmittelbar nach letzterer Ankündigung erfolgte dann jedoch der Rückzug der Franzosen.

[21] S. o. 4.4.4.

[22] StaatsA Stade Rep. 23a Nr. 164.

[23] Kgl. Reskript vom 26. Oktober 1814 in StaatsA Stade Rep. 23a Nr. 165, sowie im Intelligenzblatt, Jahrgang 1814, S. 829; vgl. Ernst Schubert, Niedersachsen, S. 299, mit Darlegung der hannoverschen Gründe: wo es keinen Kaiser mehr gab, bedurfte es auch keiner Kurwürde; nach Schnath, Sachsenstamm, S. 54, geschah die Änderung bereits am 12. Oktober 1814: dieses Datum bezieht sich allerdings ausschließlich auf die beim Wiener Kongreß übergebene Note des hannoverschen Ministers Graf Münster, nicht auf die Bekanntmachung im neuen Königreich, s. Anlage 5 – 1.

Provinzialregierung für die Herzogtümer Bremen und Verden mit dem Sitz in Stade eingerichtet[24]. Mit Kgl. Verordnung vom 5. August 1816[25] über die Wiederherstellung der Provinzialregierung von Bremen-Verden unter gleichzeitiger Auflösung der bisherigen provisorischen Regierungskommission waren schließlich die alten Regierungsgewalten wiederhergestellt. Der Name der Stader Regierung lautete nunmehr:

„Königliche Großbritannisch-Hannoversche Provinzial-Regierung für die Herzogthümer Bremen und Verden und das Land Hadeln."[26]

Mit einer Verordnung der Stader Regierung vom 7. März 1814 war angeordnet worden, dass die im „Intelligenzblatt für die Herzogthümer Bremen und Verden" künftig publizierten Verordnungen zu befolgen seien[27]. Hier hatte sich die Stader Regierung also mangels eines allgemeinen landesherrlichen Publikationsorgans eine eigene regelmäßig erscheinende Veröffentlichungsmöglichkeit geschaffen. Diese Notwendigkeit entfiel im Jahre 1818 mit dem erstmaligen Erscheinen der „Sammlung der Gesetze, Verordnungen und Ausschreiben für das Königreich Hannover"[28]. Damit sollte wohl auch der in der Vergangenheit immer wieder beklagten Unkenntnis der rechtlichen Grundlagen insbesondere bei den Ämtern und Untergerichten entgegengewirkt werden. Mit Bekanntmachung vom 8. Oktober 1818 verfügte die Stader Regierung, dass „zu besserer Uebersicht der Geschäfts-Gegenstände" künftig Berichte der Ämter, Gerichte oder Magistrate einheitlich unter Weglassung der Curialien und unter Voranstellung einer kurzen Angabe des Inhalts zu verfertigen seien[29]. Auch hierin kann ein Zug zur rationelleren Tätigkeit der Justiz und Verwaltung gesehen werden. Der nach mehrjähriger

---

[24] Die neue Bezeichnung der Behörden ist dargelegt im Intelligenzblatt, Jahrgang 1814, S. 839.

[25] Intelligenzblatt, Jahrgang 1816, S. 513, sowie StaatsA Stade Dep. 10 C b Nr. 29. Die bei Gundermann/Hubatsch, S. 272, als Fundstelle angegebene Gesetzessammlung, S. 411, ist nicht nachvollziehbar, weil es diese Sammlung erst seit 1818 gab.

[26] Damit war gleichzeitig das Amt des Gräfen im Land Hadeln erloschen, vgl. Rüther, Chronik, Nr. 1189.

[27] Intelligenzblatt, Jahrgang 1814, S. 165.

[28] „Da die bisher Statt gefundene Art und Weise der Publication der Gesetze als völlig zweckmäßig sich nicht darstellt, es auch angemessen erachtet ist, von allen auf die bürgerlichen Verhältnisse der gesammten Unterthanen, so wie auf die Verwaltung der verschiedenen Zweige des öffentlichen Dienstes einwirkenden und neue oder erläuternde Dispositionen enthaltenden Bekanntmachungen unter öffentlicher Autorität eine Sammlung veranstalten zu lassen; so haben Wir beliebt, vom 1ten Januar d. J. angerechnet, eine Sammlung der Gesetze, Verordnungen und Ausschreiben bewerkstelligen zu lassen, ..." so in der „Verordnung, die Publication einer Sammlung der Gesetze, Verordnungen und Ausschreiben betreffend", GS 1818 Abt. I, S. 1.

[29] GS 1818 Abt. I, S. 202.

Unterbrechung wieder erscheinende Staatskalender wies folgende Mitglieder der Stader Regierung auf:

Staatsminister Christian Ludwig von Hake,
Regierungsrat Engelbert Johann von Marschalck,
Hofrat Georg Andreas Siegfried Haltermann,
die Sekretäre Johann Friedrich Müller und Friedrich Heise,
den Registrator Wilhelm Heinrich Völger,
den Revisor Franz Heinrich Wilhelm Hartung,
sowie sechs Kanzlisten und fünf Kanzleiboten[30].

Am 18. Oktober 1818 starb der Chef der Stader Regierung, Christian Ludwig von Hake[31], der zwar bis zu seinem Tode Anteil an den Regierungsgeschäften hatte nehmen wollen, aber wegen seines „beständigen Krankenlagers daran gehindert war ..., und da unter diesen Umständen überall keine currenten Regierungs-Akten sich in dessen Wohnung befinden können, so haben wir uns darauf beschränken dürfen, in dem Sterbehause darüber, ob einzelne ältere Regierungs-Acten dort annoch vorhanden sind, durch den Reg. Secr. Müller die nöthige Untersuchung anstellen zu lassen."[32] Nachfolger im Amt wurde Engelbert Johann von Marschalck[33].

5.1.2.1.2 Die Landstände

„In allen Bundesstaaten wird eine landständische Verfassung Statt finden" lautete Art. 13 der Bundesakte vom 8. Juli 1815[34]. Damit war auch hinsichtlich dieser Institution die Rückkehr zum alten Zustand vorgegeben, zumal in Hannover von vornherein beabsichtigt war, diesen Weg, im Gegensatz zu anderen deutschen Staaten, zu gehen[35]. Die „Erste allgemeine Ständeversammlung" des Königreichs Hannover wurde bereits am 12. August 1814 einberufen[36]. In ihr waren erstmals in einer hannoverschen

---

[30] Staatskalender auf das Jahr 1818, S. 44f.; der zuletzt erschienene Staatskalender lag 14 Jahre zurück.

[31] Zu diesem gibt es offenbar keinerlei Material zur Person, vgl. Gundermann/Hubatsch, S. 270.

[32] Bericht der Regierung in Stade an das Ministerium in Hannover vom 18. Oktober 1818: StaatsA Stade Rep. 80 Nr. 5535.

[33] Zu diesem s. o. 4.3.2 und u. 5.2.2 und 5.3.2.

[34] S. o. 5.1.1.

[35] Vgl. Reinicke, Landstände, S. 135.

[36] Das Kgl. Patent begann mit der für die Stände des Landes beruhigenden Feststellung: „Die Grundsätze, nach welchen seit Jahrhunderten Unseren Unterthanen eine völlig beruhigende Bürgschaft gewesen seyn, daß Wir niemals die Absicht hegen konnten, die gewaltsame Umwälzung der Teutschen Reichs-Verfassung zu benutzen, um ihre Rechte zu schmälern."

Ständeversammlung Abgeordnete der freien Bauern vertreten, nämlich aus den Herzogtümern ein Vertreter der Bremischen Marschlande und ein Vertreter aus dem Land Hadeln[37]. Auf diese Ständeversammlung wurden die Rechte der Landschaften übertragen, so dass sie auch zuständig war für die Gesetzgebung in Bezug auf die Hofgerichte und die Patrimonialgerichte[38]. Die Bremische und die Verdensche Landschaft bildeten künftig eine gemeinsame Provinziallandschaft[39]. Die zweite Ständeversammlung hatte im Jahre 1819 die personelle Gewichtung noch etwas stärker zu den neuen Mitgliedern verschoben[40]. Der Schwerpunkt landständischer Zuständigkeiten lag zunehmend in der Präsentation der Räte zum Oberappellationsgericht und zu den Justizkanzleien, jedenfalls in den Provinzen, in denen die Hofgerichte entfallen waren; dies war in den Herzogtümern jedoch nicht der Fall, so dass hier die Präsentation für das Amt der Hofgerichtsassessoren unverändert fortbestand.

5.1.2.1.3 Die Justizkanzlei

Die Gerichtsverfassung war mit der Verordnung vom 6. Dezember 1813 „wegen vorläufiger Herstellung des Justizwesens in den Herzogthümern Bremen und Verden"[41] auf eine etwas festere Grundlage gestellt worden, als es das Ausschreiben vom 8. April 1813[42] vermocht hatte. Als Zeitpunkt für den Wiederbeginn der Gerichte in den Herzogtümern war der 20. Dezember 1813 festgelegt worden „und zwar ganz nach den alten Regeln der Competenz". Für den gleichen Tag wurde das Ende aller Tribunale erster Instanz, der Distriktstribunale sowie der Friedensgerichte angeordnet; Übergangsregelungen für anhängige Verfahren gehörten ebenso dazu. Am gleichen Tag erfolgte eine weitere „Bekanntmachung der Königlichen Justiz-Canzley, die Ablieferung der Register, Repertorien und Depositen der Notarien betreffend"[43]. Dabei handelte es sich ausschließlich um eine Ausführungsbestimmung zu § IX der Verordnung

---

in: StaatsA Stade Rep. 23a Nr. 165. Zum damit einhergehenden Bedeutungsverlust der regionalen Ständevertretungen insbesondere bei der Gesetzgebung vgl. Hans-Eckhard Dannenberg, Vom Landtag zur Landschaft. 600 Jahre Landstände im Elbe-Weser-Raum, in: Jahrbuch der Männer vom Morgenstern Band 79 (2000), Bremerhaven 2001, S. 37.

[37] Reinicke, Landstände, S. 136; in dieser Ständeversammlung saß für die Marschländer der „Consulent Willemer" und für das Land Hadeln der Otterndorfer Bürgermeister Dr. Johann Nicolaus Götze; beides nach Staatskalender auf das Jahr 1818, S. 108.

[38] Reinicke, Landstände, S. 137.

[39] Vgl. Reinicke, Landstände, S. 143.

[40] S. o. 5.1.1.

[41] Die Bekanntmachung erfolgte im Intelligenzblatt vom 27. Dezember 1813; auch enthalten in StaatsA Stade Rep. 23a Nr. 164; s. Anlage 5 - 2.

[42] S. o. 4.4.4 sowie Anlage 4 - 10.

[43] Schlüter, Bescheide, S. 48.

vom 6. Dezember 1813[44]. Mit „Ausschreiben der Königlichen Justiz-Canzley an die vormaligen Friedensgerichte der Herzogthümer Bremen und Verden vom 31sten December 1813“[45] wurden die Friedensrichter ermahnt, ihrer Pflicht zur Ablieferung der Akten an die jetzt zuständigen Gerichte nachzukommen, weil dem „im mindesten nicht ein Genüge geleistet“ sei.

Mit einem „Publicandum der Königlichen Justiz-Canzley“ vom 5. Januar 1814 wurde darauf hingewiesen, dass die Stelle des „Commissarius fisci“ erledigt sei und dass sich nunmehr die Prokuratoren der Kriminalverfahren anzunehmen hätten[46]. In der Justizkanzlei standen im Jahre 1817 als Bediente:

Christian Ludwig von Hake, Staatsminister,
Johann Julius Conrad von Schlütter, Kanzlei-, Hofgerichts- und Konsistorialdirektor,[47]
Georg Ludwig Friedrich von Engelbrechten, Justiz- und Konsistorialrat sowie Hofgerichtsassessor,
Carl Ludwig von Bobers, Justiz- und Konsistorialrat sowie Hofgerichtsassessor,
Johann Caspar von der Wisch, Justizrat und Hofgerichtsassessor,
Friedrich Andreas Stromeyer, Justizrat und Hofgerichtsassessor,
Heinrich Ernst Wilhelm von Kneisen, Justizrat und Hofgerichtsassessor,
als Auditor Carl Friedrich Ernst August von Bothmer,
die Sekretäre Matthias Marcard, Ernst Friedrich Wehber und Georg Ernst Gössel,
sowie sechs Kanzlisten und die Kanzleiboten der Regierung[48].

Als Advokaten waren in Stade tätig:

als „Advocaten und Procuratores ordinarii“:
Johann Riper; der Rat Georg Heinrich Stakemann, auch „Cammer- und Amts-Advocat“; Johann Dietrich von Bremen, Commissarius fisci[49]; Ernst Christian Körber, auch „Cammer- und Amts-Procurator“; Carl Gabriel Domeier, auch Ritterschaftlicher Syndicus; Gottfried Christoph Willemer, Consulent der Marschländer und des Alten Landes, auch Notar;
als „Uebrige beeydigte Advocaten und Procuratores extraordinarii“:

---

[44] S. Anlage 5 - 2.
[45] Schlüter, Bescheide, S. 49.
[46] Schlüter, Bescheide, S. 49.
[47] Seit 1795 war er amtierender und seit 1803 tatsächlicher Direktor der Justizkanzlei (s. o. 4.1), mit der neuen Errichtung der alten Gerichte trat er in diese Funktion wieder ein. Seine Tätigkeit als Richter im Kaiserlichen Gerichtshof zu Hamburg während der Zeit der französischen Besetzung war dabei nicht hinderlich, vgl. Haasemann, Stader Jb. 1929, S. 60f.
[48] Staatskalender auf das Jahr 1818, S. 62.
[49] Die Abschaffung dieses Amtes, s. vorstehend, dürfte wohl doch nicht umgehend erfolgt sein.

Friedrich Carl August Cammann; Dr. Gottlieb Wilhelm Freudentheil[50]; Dr. Johann Christian Kobbe, auch Bürgerworthalter und beigeordneter Garnisonsauditor; Ernst Friedrich Körber; Dr. Henning Friedrich Siats; Dr. Carl Wilhelm Wedekind; Georg Ernst Alexander Willmanns, auch Prätor[51].

Das Königliche Obergericht des Landes Hadeln wurde vom Gerichtsdirektor Johann Christoph Wehner geleitet, dem der kgl. Assessor Drost Carl August von Goeben zur Seite stand[52].

5.1.2.1.4 Das Hofgericht

Zwar sollten alle alten Gewalten wieder „auf dem vorigen Fuße" eingerichtet werden, aber hiervon waren im übrigen Königreich Hannover die Hofgerichte ausgenommen, die dort nicht wieder auflebten. Die Herzogtümer Bremen und Verden bildeten eine Ausnahme: Die Landschaft der Herzogtümer, also die immer noch starke Vertretung der Stände, konnte durchsetzen, dass das Hofgericht in Stade erhalten blieb. Insoweit ergibt sich eine überraschende Parallele zu der Wiedereinsetzung des Hofgerichts zur Zeit der schwedischen Herrschaft im Jahr 1672[53]; offenbar war die Stärke der Stände weiterhin unverändert groß. Im Hofgericht standen im Jahre 1817 neben den Mitgliedern der Justizkanzlei:

als Assessoren aus der Bremischen Ritterschaft:
Drost Dietrich August Adolph von Wersebe,
Justizrat Eberhard Claus von Klenck, auch Oberhauptmann zu Bremervörde,
Wilhelm Friedrich von Borries, auch Obervogt im Lande Wursten;
als Assessor der Bremischen Stände der Stader Stadtsyndikus Christian Leopold Lübbren;
die beiden Assessorenstellen der Verdenschen Ritterschaft und der Stadt Verden waren vakant;
die Stellen der Sekretäre, Kanzlisten und Boten entsprachen denen der Justizkanzlei[54].

---

[50] Freudentheil sollte später über Stade hinaus dadurch eine gewisse Bedeutung erlangen, dass er im Jahre 1831 Abgeordneter der hannoverschen Ständekammer wurde, nach der Aufhebung des Staatsgrundgesetzes jedoch aus der Kammer ausschied. Er setzte sich für die Rechte der Anwälte ein, so dass er im Jahre 1846 Ehrenpräsident des Anwaltstages in Hamburg wurde, schließlich war er Abgeordneter der Frankfurter Nationalversammlung im Jahre 1848; nach Ludwig Fitschen, Stades erster Ehrenbürger: Gottlieb Wilhelm Freudentheil (1792 – 1869), Stader Jahrbuch 1969 (59), S. 32ff.
[51] Staatskalender auf das Jahr 1818, S. 63.
[52] Staatskalender auf das Jahr 1818, S. 69.
[53] S.o. 1.2. und Anlage 1 – 1.
[54] Staatskalender auf das Jahr 1818, S. 62f.

5.1.2.1.5 Das Konsistorium

Dem Konsistorium fielen nach dem Abzug der Franzosen die alten Aufgaben wieder zu, denn ihm war durch die französische Gesetzgebung über den Zivilstand der Ehe dieser Zuständigkeitsbereich entzogen gewesen. Beim Konsistorium standen im Jahre 1817 folgende Bediente:

> Christian Ludwig von Hake, Staatsminister,
> Johann Julius Conrad von Schlütter, Kanzlei-, Hofgerichts- und Konsistorialdirektor,
> Georg Ludwig Friedrich von Engelbrechten, Justiz- und Konsistorialrat sowie Hofgerichtsassessor,
> Carl Ludwig von Bobers, Justiz- und Konsistorialrat sowie Hofgerichtsassessor;
> sowie als „Geistliche Consistorial-Räthe“:
> Dr. Georg Alexander Ruperti, Generalsuperintendent,
> Johann Georg Schilling, Garnisonprediger,
> Georg Wilhelm Jäger, „Special-Superintendent“ und erster Prediger am Dom zu Verden;
> als Sekretäre Georg Ernst Hermann Hintze und Carl Wilhelm Wedekind sowie als Botenmeister Georg Heinrich Heidelberg und als Revisor der Kirchenrechnungen Johann Gottfried Vogel, ferner die Boten der Regierung[55].

Dem Konsistorium des Landes Hadeln stand der dortige Gerichtsdirektor Wehner vor, dem auch in diesem Amt der Assessor Drost von Goeben zur Seite stand[56].

5.1.2.1.6 Die Landgerichte

Die Verordnung vom 6. Dezember 1813 enthielt keine Ausführungen zu den Landgerichten[57]. Ebensowenig waren die Landgerichte in der Aufforderung der Regierung erwähnt worden, die Akten abzuliefern[58]. Dies könnte einerseits darauf hindeuten, dass sie im Gegensatz zu den übrigen ausdrücklich benannten Gerichten nicht wieder sofort wirksam wurden, andererseits aber auch dafür sprechen, dass ihre Tätigkeit als selbstverständlich angesehen wurde und deshalb nicht besonders erwähnt zu werden brauchte[59], zumal die von ihnen zu behandelnden Vergehen sicherlich weiterhin vorkamen, unabhängig von jeder Änderung der Rechtslage durch die Regierung. Letztlich muß die Frage nach

---

[55] Staatskalender auf das Jahr 1818, S. 51.
[56] Staatskalender auf das Jahr 1818, S. 53; s. o. 5.1.2.1.3.
[57] S. Anlage 5 - 2.
[58] StaatsA Stade Rep. 80 Nr. 4185.
[59] Insoweit drängt sich die Parallele zur Sammlung der Verordnungen der Herzogtümer in der Polizeiordnung von 1732 geradezu auf, die insgesamt 380 Gesetze und Verordnungen enthielt, jedoch nichts über die Landgerichte aussagte, vgl. Landwehr, S. 5.

ihrer Existenz in den Herzogtümern unmittelbar nach der Wiederherstellung der alten Gewalten jedoch mangels konkreter Belege offen bleiben[60].

5.1.2.1.7 Das Oberappellationsgericht

Auch das Oberappellationsgericht war in der Verordnung vom 6. Dezember 1813 aufgeführt worden. Als bisheriger Appellationshof endete es zum 13. Dezember 1813 und lebte am gleichen Tag als Oberappellationsgericht wieder auf[61]. Der bisherige Präsident Ernst August Rumann schied aus dem Amt. Erst nach langer Zeit der Vakanz wurde die Stelle des Präsidenten im Januar 1817 neu besetzt mit dem bisherigen Vizepräsidenten Otto Ludwig von Schlepegrell. Der Stader Justizrat August Friedrich Emil v. der Osten wurde am 10. Juli 1817 als Oberappellationsrat vereidigt und der Stader Justizrat Benedix Christian v. der Decken am 10. Januar 1818[62]. Die Städte Stade und Buxtehude sowie die Stände des Landes Hadeln einigten sich am 18. September 1820 über den Wahlmodus für die Präsentation eines Rates am Oberappellationsgericht, diese Wahlordnung bestätigte die Stader Regierung im Jahre 1821[63].

5.1.2.1.8 Die Militärgerichtsbarkeit

Mit der Verordnung vom 6. Dezember 1813 waren nicht nur die alten Gerichte wiederhergestellt, sondern zudem deren Kompetenz auf die Soldaten ausgedehnt worden[64]. Ob damit für alle Militärangehörigen, unabhängig vom Dienstgrad, der eximierte Gerichtsstand aufgehoben wurde, ist nicht ersichtlich, dürfte aber in dieser generellen Aussage eher unwahrscheinlich sein.

---

[60] Zur späteren Tätigkeit s. u. 5.2.2.1.6.

[61] Vgl. Heile, S. 89f., sowie das Ausschreiben des Hannoverschen Ministeriums vom 6. Dezember 1813 in der Fassung, die außerhalb der Herzogtümer galt. Dieses ursprüngliche Ausschreiben wurde durch mehrere Streichungen und Veränderungen den Bedingungen der Herzogtümer angepaßt, wie es das Ministerium in Hannover gemäß Schreiben vom 6. Dezember 1813 gewünscht hatte; der Druck des Hannoverschen Ausschreibens mit den darauf erfolgten handschriftlichen Stader Änderungen sowie das Schreiben des Ministeriums sind enthalten in StaatsA Stade Rep. 80 Nr. 4185.

[62] OLG Celle, Festschrift, S. 439; v. der Decken starb bereits am 12. März 1819.

[63] Vgl. Rüther, Chronik, Nr. 1198.

[64] § 1 der Verordnung, s. Anlage 5 - 2.

5.1.2.2 Die unteren Verwaltungs- und Justizeinrichtungen

Eine Bekanntmachung der Regierung in Stade an alle Ämter und Gerichte verlangte, „baldmöglichst zuverlässige Auskunft[65]" über die Gerichte zu erhalten. Mit der Wiederherstellung der alten Gewalten waren auf der unteren Ebene auch die Patrimonialgerichte erneut mit ihren angestammten Aufgaben tätig. Damit lebten jedoch folgerichtig auch die alten und seit langem bekannten Mißstände wieder auf. Zu diesen gehörten u.a. die „unkontrollierte Handhabung der Kriminaljustiz ..., geringer Umfang und unklare Abgrenzungen der Gerichtsbezirke, Abhängigkeit der Gerichtshalter von den Gerichtsherren"[66]. Deshalb versuchte die Regierung, die bestehenden Verhältnisse in der Folgezeit zu ändern, wozu jedoch zunächst eine Aufnahme des Bestandes der Patrimonialgerichte gehörte, die teilweise von ihrer Tätigkeit suspendiert waren[67]. Das Gräfengericht des Alten Landes erwiderte mit einem Bericht vom 11. Februar 1815[68] auf das Ausschreiben vom 31. Januar 1815. Darin stellte es zunächst fest, dass es „das sogenannte privative Wisch-Gericht an sich gezogen" habe und es nunmehr dessen Gerichtsbarkeit wahrnehme, die sich auf die Zivilgerichtsbarkeit beziehe und „vormals (auf) unbedeutende Criminal Fälle."[69] Es führte zudem aus, dass es unter geschlossenen Gerichten, wie sie im Ausschreiben genannt waren, ausschließlich diejenigen verstehe, „die nicht allein *jurisdictionem omnimodam*, sondern auch alle Gerichts Rechte, welche zum Ressort der herrschaftlichen Beamten gehören, ... verwalten." Unter dieser Prämisse sah es die Gerichte Francop, Nincop, Rübke, Esteburg und Howe im Alten Land als solche an, die es „hätte strenge genommen ... an sich ziehen können." Diesen stehe die Zivil- und Polizeigerichtsbarkeit zu, Rübke-Francop jedoch auch die Kriminalgerichtsbarkeit. Weil zudem mehrere Ansprüche anderer Grundeigentümer auf Ausübung der Gerichtsbarkeit bestanden[70], ersuchte das Gräfengericht um baldige Regelung durch die Regierung[71].

---

65 Bekanntmachung vom 31. Januar 1815, abgedruckt im Intelligenzblatt vom 1. Februar 1815.

66 Klein, S. 702; nach Eberhard Schmidt, Geschichte, S. 328, lag der „Kardinalfehler des reinen Inquisitionsprozesses" in der „unmöglichen psychologischen Lage des Inquirenten", dessen Pflicht, auch Entlastungsbeweise zu erlangen, angesichts der Konfrontation in diesem Verfahren illusorisch war.

67 S. Intelligenzblatt vom 1. Februar 1815 sowie StaatsA Stade Rep. 80H Titel 26 Nr. 5.

68 StaatsA Stade Rep. 74 Jork Nr. 6, dort auch die folgenden Zitate.

69 Der Bezirk dieses Gerichts bestand „aus etwa 20 Häusern, wovon indessen nach Herausnahme der Lüher Schleuse, mehrere abgebrochen oder durch die Wasserfluth weggetrieben wurden." Bericht des Gräfengerichts des Alten Landes vom 11. Februar 1815, in: StaatsA Stade Rep. 74 Jork Nr. 6.

70 Ansprüche auf eine ihnen zustehende Zivilgerichtsbarkeit behaupteten „1. Gero Wilckens zu Jorck, 2. Ober Appellations Rath von Zesterfleth wegen des Guts Bergfried, 3. Frau von Uckermann verwitwete von Cronhelm in Hollern, 4. Frau von Schlüter gebohrene von Brandt

Die bisherige Verwaltungsgliederung wurde allgemein als „unpraktisch zu handhaben und daher durchaus reformbedürftig“[72] angesehen. Diese für sämtliche deutschen Staaten für die Zeit des Wiener Kongresses getroffene Feststellung galt auch für das Königreich Hannover. Das frühere Kurfürstentum war von deutlich kleinerem Umfang gewesen und der Gebietszuwachs nach 1813 war wohl mit ursächlich dafür geworden, die verschiedenen Landesteile mit einer einheitlicheren Verfassungs- und Verwaltungsstruktur zu versehen als es bisher der Fall gewesen war.

Das Amt Nordholz wurde mit Verordnung vom 5. Juni 1819[73] aufgehoben und mit dem Land Hadeln und dem Land Wursten vereinigt. Zum 1. August 1819 wurde die Landschaft Hadeln eingerichtet, die in althergebrachter Weise ständisch organisiert war und bei der die Stadt Otterndorf, das Hochland und das Sietland wie bisher jeweils gleichberechtigt vertreten waren[74]. Für Appellationen gegen Urteile aus dem Land Hadeln galt weiterhin das Verfahren nach der Lauenburgischen Hofgerichtsordnung von 1681.

Die vormaligen Amtsschreiber erhielten gemäß Verordnung vom 22. Oktober 1816 den Titel eines Amtsassessors[75], worin deutlicher als bisher zum Ausdruck kam, dass es sich um Juristen handelte.

Die Verwaltungsgliederung des Jahres 1817 führte insgesamt 20 Ämter[76] sowie sieben Gerichte auf[77]. Als eigenständige Städte wurden in den Herzogtümern Stade, Buxtehude, Bremervörde, Visselhövede, Verden,

---

in Hollern, 5. Wittwe Beneke in Stade wegen des Jordan's Hofes in Hollern.“ Bericht des Gräfengericht des Alten Landes vom 11. Februar 1815 in: StaatsA Stade Rep. 74 Jork Nr. 6. Von den fünf genannten Anspruchstellern ist im weiteren Verlauf in den Quellen ausschließlich das Gut Bergfried als Patrimonialgericht nachweisbar, s. u. 5.2.2.2 und 5.3.2.2.

[71] Zur neuen Gerichtsverfassung des Alten Landes s. u. 5.2.2.2.

[72] Hubatsch, S. 167. Das Kgl. Reskript vom 12. August 1814 äußerte sich hierzu wie folgt: „Die veränderten Zeit-Umstände und der während der feindlichen Besetzung des Landes gesunkene Wohlstand der Unterthanen, erfordern eine verbesserte Organisation der Administration des Landes“, in: StaatsA Stade Rep. 23a Nr. 165.

[73] GS 1819 Abt. I, S. 49.

[74] S. o. 3.1.

[75] Intelligenzblatt, Jahrgang 1816, S. 727.

[76] Nämlich: Alt- und Neukloster, Bederkesa, Blumenthal mit dem Gericht Neuenkirchen, Bremervörde, Hagen, Harsefeld, Himmelpforten, Lilienthal, Neuhaus, Nordholz im neuen Lande Wursten, Osterholz, Otterndorf, Ottersberg, Rotenburg, Stade, Stotel, Verden, Viehland, Wischhafen und Zeven; nach dem Staatskalender auf das Jahr 1818, S. 374ff.

[77] Nämlich: Gohgericht Achim, Altes Land, Land Kehdingen Bützflethschen Teils, Land Kehdingen Freiburgschen Teils, Lehe, Osten und das Land Wursten; nach dem Staatskalender auf das Jahr 1818, S. 377f.

Rotenburg sowie Otterndorf genannt[78]. Damit bestanden zu dieser Zeit 34 untere Verwaltungs- und Justizeinrichtungen.

5.1.3 Zum materiellen Recht

Mit zwei Verordnungen vom Mai 1814 wurden transitorische Bestimmungen zum Straf-[79] und Zivilrecht[80] sowie Bestimmungen zum jeweils dazu gehörigen Verfahren erlassen. In ihnen wurden umfangreiche Anordnungen getroffen, welche strafrechtlichen Verurteilungen weiterhin gelten sollten; dabei wurde differenziert nach den Delikten, den Tatzeiten sowie den erkennenden Gerichten. Im Zivilrecht nahm in der aus 116 Paragraphen bestehenden Verordnung die französische Gesetzgebung zur Zivilehe breiten Raum ein. Das galt ebenso für die insoweit bisher ergangenen Entscheidungen und faktischen Auswirkungen, um diese Rechtsverhältnisse zwar einerseits aus Gründen der Rechtssicherheit als dauerhaft gültig bestehen zu lassen, aber andererseits wegen der wieder aufgelebten und hiervon völlig abweichenden rechtlichen Regelungen gleichwohl in dieses Gefüge einzubinden.

5.1.4 Reformansätze aus französischer Zeit

Von den Änderungen im Gerichtswesen während der französischen Zeit blieben weder die gewandelten Strukturen der Gerichte noch die Neuerungen im Verfahren übrig. Vielmehr wurden die alten Gerichte und Verfahrensweisen „auf dem vorigen Fuße“[81] wiederhergestellt. Der Einschnitt, der durch diese Neuerungen eingetreten war, kam damit derart zu einem Ende, als habe es diese Neuerungen niemals gegeben[82]. So wurden z.B. die Öffentlichkeit des Verfahrens und das Schwurgericht erst 1849 unter dem Druck der damaligen politischen Verhältnisse wieder eingeführt[83]. Die Änderungen im Bereich der freiwilligen Gerichtsbarkeit hatten ebenfalls keinen Bestand. Wenn Legalität und Legitimität aufgrund der Erfahrungen mit der französischen Justiz zu den

---

[78] Staatskalender auf das Jahr 1818, S. 347ff.

[79] „Transitorische Verordnung über peinliche Sachen, für die gesammten Königlichen Deutschen Staaten“ vom 20. Mai 1814: StaatsA Stade Rep. 23a Nr. 165.

[80] „Verordnung, die bürgerliche transitorische Gesetzgebung für Sr. Königl. Majestät sämmtliche deutsche Lande, mit Ausnahme des Fürstenthums Hildesheim, betreffend“ vom 23. Mai 1814, in: StaatsA Stade Rep. 23a Nr. 165.

[81] StaatsA Stade Rep. 50 Nr. 503, Bl. 17.

[82] Ganz anders war die Entwicklung z. B. in den rheinischen Staaten, die nunmehr zu Preußen gehörten. Dort blieb die französische Gerichtsverfassung bestehen, die Schwurgerichte in der ursprünglichen Form bestanden sogar von 1798 bis 1924, vgl. Kern, S. 65.

[83] S. u. 5.3.

neuen „Richtlinien der Justiz“[84] werden sollten, dann war davon im Königreich Hannover kaum etwas zu verspüren. Einzige erkennbare Ausnahme bildete die Festsetzung milderer Strafen, die mit Ausschreiben vom 25. April 1809[85] für „einige geringere Verbrechen“ eingeführt und mit Verordnung vom 8. Oktober 1824 „als überhaupt zweck- und zeitgemäß“[86] mit nur geringer Modifizierung aufrechterhalten wurde. Anzuführen ist hier zudem, dass im Jahr 1818 eine amtliche Gesetzessammlung[87] begründet wurde, die zur Verbreitung und allgemeinen Bekanntmachung der Rechtsgrundlagen beitrug, denn bislang waren diese nur innerhalb der Ämter bekannt und teilweise lediglich privat oder im Intelligenzblatt publiziert worden. Darin kann zumindest die Beachtung gewisser Förmlichkeiten als Ansatz einer rationalen Rechtsetzung gesehen werden. Die Folgen der „Franzosenzeit“ sind später treffend benannt worden:

> „ ... durch alles, was man von den fremden Einrichtungen vernommen, zum Teil selbst erfahren hatte, waren die Ansichten über die Bedürfnisse des gemeinen Wesens sehr erweitert, und ein lebhaftes Gefühl von der Notwendigkeit kräftiger Neuerungen erregt.“[88]

An einer Umsetzung dieser erkannten Notwendigkeit in die Realität fehlte es zu dieser Zeit allerdings noch; von „kräftigen Neuerungen“ war erst 1848 wieder die Rede.

5.2 Ansätze zu einer Neuordnung der Gerichtsverfassung (1820 – 1840)

5.2.1 Allgemeiner Überblick

Nachdem es im Königreich Hannover im Gefolge der französischen Revolution des Jahres 1830 zu Unruhen gekommen und König Georg IV. am 26. Juni 1830 verstorben war[89], wurde 1833 ein neues Staatsgrundgesetz[90] erlassen, das durchaus liberale Züge trug und wohl auch der Tatsache zu verdanken war, dass der Ständeversammlung seit 1829 zunehmend Verteter

[84] Hubatsch, S. 185.
[85] Dieses alte Ausschreiben war zugleich mit der Verordnung vom 8. Oktober 1824 erneut veröffentlicht worden: GS 1824 Abt. I, S. 490ff.
[86] GS 1824 Abt. I, S. 489.
[87] S. o. 5.1.1.
[88] August W. Rehberg, Zur Geschichte des Königreiches Hannover in den ersten Jahren nach der Befreiung von der westphälischen und französischen Herrschaft, Göttingen 1826, S. 2.
[89] GS 1830 Abt. I, S. 169, der neue Huldigungsrevers in GS 1830 Abt. I, S. 189 sowie die Veränderung der Hoheitszeichen in GS 1830 Abt. I, S. 201, und der Uniformknöpfe in GS 1830 Abt. I, S. 203.
[90] Gesetz vom 26. September 1833, GS 1833 Abt. I, S. 279; zur alten Verfassung s. o. 5.1.

angehörten, die nicht von Adel waren oder als ständische Honoratioren in dieses Verfassungsorgan entsandt waren[91]. Zuvor bestimmte nämlich über das Wohl des Landes nahezu ausschließlich der Adel, weil sich der König weiterhin durchweg in London aufhielt[92]. Dies änderte sich allerdings mit dem Tod Wilhelms IV. im Jahr 1837 und der Thronbesteigung durch Ernst August, denn damit war die Personalunion mit Großbritannien beendet. Deshalb gab es erstmals seit langem wieder einen ständig in Hannover residierenden König. Das Staatsgrundgesetz wurde von ihm bald nach seinem Regierungsantritt aufgehoben[93], was zu erheblichen Protesten im Lande führte („Göttinger Sieben"). Insgesamt wurde seither eine repressivere Politik erkennbar.

5.2.2 Der Verwaltungs- und Gerichtsaufbau

5.2.2.1 Die oberen Verwaltungs- und Justizeinrichtungen

5.2.2.1.1 Die Regierung

Im Edikt vom 12. Oktober 1822[94] war eine Reform der Verwaltungsstrukturen angekündigt worden, die gemäß Verordnung vom 18. April 1823[95] zum 15. Mai 1823 in Kraft trat. Die bisherige Provinzialregierung für die Herzogtümer Bremen-Verden und das Land Hadeln hieß nunmehr „Königliche Großbritannisch-Hannoversche Land-Drostei"[96]. Sie behielt ihren Sitz in Stade bei unverändertem Gebietsstand. Das Landdrosteireglement stellte in § 46 fest, dass das Verhältnis der Landdrostei einerseits und der Justizkanzlei und des Hofgerichts andererseits das einer „coordinirten Behörde" sei und dass die Regierungsräte gleichen Rang mit den Justizräten hatten. Hierin ist eine deutliche Aufwertung der Justiz innerhalb der staatlichen Strukturen zu erkennen. Ebenso ist die gemäß § 2 des Reglements vorgenommene Trennung von Justiz- und Verwaltungssachen durchaus als fortschrittlich gegenüber dem bisherigen Zustand anzusehen. Demgegenüber war die Berichterstattung über öffentliche Angelegenheiten noch für lange Zeit der Zensur unterworfen, das

[91] Die zweite Kammer setzte sich im Jahr 1833 zusammen aus 34 Staatsbeamten, 18 städtischen Beamten, 5 Advokaten, 5 Kaufleuten und Fabrikanten, 4 Geistlichen und 18 Gutsbesitzern; nach Hattenhauer, S. 114.
[92] S. o. 2.4.1, Fn. 677; s. auch Nipperdey, S. 354.
[93] GS 1837 Abt. I, S. 101.
[94] GS 1822 Abt. I, S. 367; v. Meier, Band 1, S. 189f.
[95] GS 1823 Abt. I, S. 43, ebenfalls im Intelligenzblatt vom 15. Mai 1823.
[96] Vgl. dazu „Reglement für die Land-Drosteien": GS 1823 Abt. I, S. 45ff.

galt selbst für Berichte aus den Versammlungen der Stände[97]. Hierzu zählte auch der strafbewehrte Verstoß gegen die „innere Ruhe und Sicherheit Deutschlands“[98]. Neu geschaffen wurde ein Schiedsgericht auf Bundesebene, das „Streitigkeiten zwischen den Regierungen und Ständen“ zu schlichten hatte und in dem aus dem Königreich Hannover der Landdrost Meyer aus Lüneburg und der Direktor der Celler Justizkanzlei, Graf v. Kielmannsegge, saßen[99].

5.2.2.1.2 Die Justizkanzlei

Eine Vereinfachung im Verfahren brachte der Gemeine Bescheid der Justizkanzlei vom 19. Juli 1823. Danach durften Gerichtstermine künftig von einem verordneten Richter durchgeführt werden, so dass die bisherige Praxis der Plenarsitzungen des gesamten Gerichts damit abgeschafft wurde. Die Justizkanzlei erinnerte mit Bescheid vom 29. August 1835[100] daran, dass jede Partei dem von ihr Bevollmächtigten Procurator einen Vorschuß zu zahlen habe, dieser konnte, wenn keine Gefahr im Verzug bestand, die Übernahme der Geschäfte bis zur Zahlung verweigern. Ein weiterer Bescheid dieses Jahres[101] ordnete an, dass solche Verfahren, die bereits bei der Justizkanzlei anhängig gewesen waren, als „Recurrent-Sachen“ im Rubrum kenntlich zu machen seien, wohl, um die alten bestehenden Vorgänge gleich bei Eingang der Akten beiziehen zu können. Bei Aktenübersendung durch die Ämter und Gerichte waren zudem die Formalien für jedes Verfahren mitzuteilen, anderenfalls zwei RTlr Strafe von den jeweiligen Ämtern oder Gerichten zu zahlen war[102]. Am

---

[97] „Publication des Bundes-Beschlusses vom 28ten April 1836, betreffend die Censur der Zeitungen hinsichtlich der Aufnahme von Berichten und Nachrichten über Verhandlungen deutscher Stände-Versammlungen“ vom 27. Juli 1836, GS 1836 Abt. I, S. 97.

[98] „Publication des Bundesbeschlusses vom 18ten August 1836 wegen Bestrafung von Vergehen gegen den deutschen Bund, und wegen Auslieferung politischer Verbrecher auf dem deutschen Bundesgebiete“ vom 8. September 1836, GS 1836 Abt. I, S. 135.

[99] „Des Königlichen Cabinets-Ministerii Bekanntmachung der in Gefolge Bundes-Beschlusses vom 30sten October 1834 für die Jahre 1835 – 1837 ernannten Spruchmänner“ vom 6. April 1835, GS 1835 Abt. I, S. 66.

[100] „Gemeiner-Bescheid der Königlichen Justiz-Canzlei zu Stade, die den bei derselben und dem mit selbiger verbundenen Pupillen-Collegio angestellten Procuratoren zu mehrerer Sicherheit ihrer Auslagen von den Parteien zu leistenden Vorschüsse betreffend“ vom 29. August 1835, GS 1835 Abt. III, S. 73.

[101] „Gemeiner-Bescheid der Königlichen Justiz-Canzlei zu Stade, wodurch den Parteien und insonderheit deren Sachführern bei zwei Thalern Strafe aufgegeben wird, im Rubro der Sache anzuzeigen, ob dieselbe eine Recurrent-Sache sey“ vom 25. September 1835, GS 1835 Abt. III, S. 83.

[102] „Ausschreiben der Königlichen Justiz-Canzlei zu Stade, die von den Ämtern und Gerichten auszustellenden Appellations-Apostel betreffend“ vom 25. Oktober 1835, GS 1835 Abt. III, S. 89.

gleichen Tag wurden die Ämter und Gerichte darauf hingewiesen, dass Protokolle nur von den Gerichten erstellt werden durften und dass Termine zum Austausch gegenseitiger Schriftsätze bei angeordnetem schriftlichen Verfahren nicht zulässig und jeweils mit zwei RTlr Strafe künftig belegt seien[103]. Zum 1. Januar 1837 änderte sich der Geschäftsgang bei der Justizkanzlei[104]. Danach wurden künftig bei abändernden Entscheidungen im Rechtsmittelverfahren keine Reskripte mehr an die Parteien ausgegeben, sondern bei Rückgabe der Akten an die erste Instanz dieses Gericht angewiesen, entsprechend einem beigefügten Dekret weiter zu verfahren. Bei der Justizkanzlei wurde nach dem Ausscheiden des Direktors von Schlütter im Jahre 1824 die Stelle zunächst unbesetzt gelassen, bevor im Jahre 1825 Georg Friedrich Falcke das Amt übernahm[105]. Nach dessen Ausscheiden im Jahre 1829 wurde Justus Christoph Leist sein Nachfolger[106] und danach wurde die Stelle im Jahre 1838 von Ernst Ludwig von Reichmeister besetzt[107].

5.2.2.1.3 Das Hofgericht

Mit einem Gemeinen Bescheid des Hofgerichts vom 7. Mai 1824[108] waren die Anwälte an die Einhaltung der Hofgerichtsordnung des Jahres 1675 in der Hinsicht erinnert worden, dass keine übermäßigen Fristverlängerungen zu beantragen seien. Ein weiteres Ausschreiben des Hofgerichts erinnerte die Ämter und Gerichte an die Einhaltung der Untergerichtsordnung von 1753[109]. Danach waren bei Prozessen keine Anwälte und kein schriftliches Verfahren zugelassen, was wohl nicht befolgt oder in Vergessenheit geraten worden war. Das Hofgericht judizierte nur noch bis 1832, dann wurde es in personeller

---

103 „Ausschreiben der Königlichen Justiz-Canzlei zu Stade, die von den Ämtern und Gerichten aufzunehmenden Protocolle und abzuhaltenden Termine betreffend" vom 25. Oktober 1835, GS 1835 Abt. III, S. 89. Der erste Absatz dieses Ausschreibens lautete: Wir haben aus vielen von den Ämtern und Gerichten eingesandten Proceß-Acten ersehen, daß die aufgenommenen Protocolle nicht ihrem ganzen Inhalte nach von den auf die Protocollführung beeidigten Mitgliedern der Ämter und Gerichte geschrieben, sondern daß von den Parteien oder deren Anwälden ohne Verwendung des etwa erforderlichen Stempelpapiers überreichte, in Form eines Protocolls verfaßte Schriften, als wirkliche gerichtliche Protocolle überschrieben und mit der gerichtlichen Unterschrift versehen worden sind."

104 „Bekanntmachung der Königlichen Justiz-Canzlei zu Stade, den vom 1sten Januar 1837 an veränderten Geschäftsgang bei den bei selbiger angebrachten Appellations-Sachen betreffend" vom 10. Dezember 1836, GS 1836 Abt. III, S. 130.

105 Zu diesem bei Haasemann, Stader Jb. 1929, S. 61f.

106 Zu diesem bei Haasemann, Stader Jb. 1929, S. 63f.

107 Zu diesem bei Haasemann, Stader Jb. 1929, S. 65ff.

108 GS 1824 Abt. III, S. 117.

109 Ausschreiben vom 23. November 1824, GS 1824 Abt. III, S. 292.

Hinsicht mit der Justizkanzlei vereinigt[110], die auch den bisherigen Aufgabenbereich übernahm[111].

5.2.2.1.6 Die Landgerichte

Das Reglement für die Landdrosteien[112] ordnete ihnen u. a. die Tätigkeit der früheren Landgerichtskommissarien zu. Die Landgerichtsbruchregister wurden mit Verordnung vom 17. Juni 1823 eingeführt[113], um einheitliche Strafzumessungen zu gewährleisten. Die Abhaltung der Landgerichte in den Herzogtümern wurde mit Ausschreiben vom 25. Mai 1824[114] im einzelnen dahin geregelt, dass die Ämter und Gerichte die Bruchregister an die Landdrostei einzusenden hatten, damit dort die abschließende Entscheidung getroffen werden konnte. Mit dieser Regelung war das faktische Ende der bisherigen Landgerichte eingetreten. Das formelle Ende der Landgerichte wurde schließlich durch die Einführung des Polizeistrafgesetzes vom 19. November 1840[115] bewirkt, denn danach waren im wesentlichen alle früheren Verordnungen betreffend die verschiedenen Polizeivorschriften aufgehoben worden, also der Bereich nichtkrimineller Sachen, der zuvor in die Gerichtsbarkeit der Landgerichte fiel. Diese Vergehen waren nunmehr den Ämtern zu ihrer alleinigen Entscheidung übertragen worden mit der Möglichkeit, Rechtsmittel gegen deren „Straferkenntnisse“ (Art. 83) bei der jeweiligen Landdrostei einzulegen (Art. 92). Dagegen konnte als dritte Instanz in den Fällen das Ministerium des Innern angerufen werden, „wenn auf Gefängniß über vierzehn Tage oder auf Geldbuße über vierzig Thaler oder auf Confiscation von Gegenständen über diesen Werth, oder auf Bezahlung eines Schadensersatzes von diesem Betrage, oder auf Verlust des Rechts zum Betriebe eines Gewerbes erkannt worden ist.“ (Art. 105). Damit war für eine Vielzahl von Delikten ein

[110] GS 1831 Abt. I, S. 173.
[111] GS 1831 Abt. I, S. 174.
[112] S. o. 5.2.2.1.1; zu diesem Reglement in Bezug auf die Landgerichte bei Landwehr, S. 140.
[113] GS 1823 Abt. I, S. 57.
[114] „An alle Aemter und Königlichen Gerichte. Die Abhaltung der diesjährigen Landgerichte betreffend. Demnach das Königliche Cabinets-Ministerium genehmigt hat, daß die diesjährigen Land- und Bruch-Gerichte nicht von mir dem Landdrosten auf meiner Umreise abgehalten werden, so sind die Königlichen Aemter und Gerichte hiedurch angewiesen, die Landgerichtsbruch-Register vom 1sten Mai 1823 bis Ende Juni 1824 nach vorgängiger ordnungsmäßiger Untersuchung der Wrogen zum Straf-Erkenntniß an Uns, vor Ablauf des Monats August dieses Jahres einzusenden. Königliche Landdrostei. von Marschalck“ Intelligenzblatt, Jahrgang 1824, S. 375.
[115] „Gesetz über das Verfahren in Polizeistrafsachen“, GS 1840 Abt. I, S. 479, vgl. hierzu Landwehr, S. 143.

zweistufiger Instanzenzug festgelegt worden. Dieses Gesetz wurde ergänzt durch eine Bekanntmachung, deren Artikel 1 klarstellte:

„Das Gesetz hat nur das Verfahren in S t r a f sachen zum Gegenstande, auf Maßregeln zur V e r h ü t u n g von Vergehen etc. (Präventivpolizei) ist es nicht anzuwenden.“[116]

Hierdurch wurden die zwei noch heute bestehenden Formen der polizeilichen Tätigkeit festgeschrieben.

5.2.2.1.7 Das Oberappellationsgericht

Für die Gerichtsbarkeit des gesamten Königreichs war das Gesetz vom 7. September 1838[117] von großer Bedeutung, denn damit wurde die verbindliche Kraft der vom Oberappellationsgericht in der Gesetzsammlung bekanntgemachten Entscheidungen für alle Gerichte des Königreiches angeordnet. Es blieb zwar dem Gericht überlassen, welche Entscheidungen es als verbindliche Präjudizien veröffentlicht sehen wollte, aber insoweit war es gleichwohl nicht völlig frei, denn die Entscheidung über die tatsächliche Veröffentlichung unterlag der Genehmigung durch den Landesherrn. Am 1. Oktober 1832 wurde der frühere Stader Justizrat v. der Osten[118] zum Vizepräsidenten des Oberappellationsgerichts ernannt und am 19. September 1840 zu dessen Präsidenten.

5.2.2.1.8 Die Militärgerichtsbarkeit

Eine Kgl. Verordnung vom 30. Juli 1821[119] änderte das „Militair-Justitz-Reglement“ von 1736[120] dahin, dass das „General-Kriegs-Gericht“ künftig aus fünf Mitgliedern bestehen sollte. Die Aktenversendung in Militärstrafsachen „soll in der Regel für die Zukunft gänzlich abgeschafft seyn“, nur für den Fall besonderer Umstände jedoch weiterhin, aber ausschließlich an die Landesuniversität in Göttingen zulässig sein. In Rechtsstreitigkeiten der

---

116 „Bekanntmachung des Königlichen Ministeriums des Innern, die Ausführung des Gesetzes über das Verfahren in Polizeistrafsachen betreffend“ vom 11. Dezember 1840, GS 1840 Abt. I, S. 529, gesperrter Druck auch im Original. Anzumerken ist, dass sich diese Bekanntmachung ausschließlich auf Polizeistrafsachen, jedoch nicht auf die Kriminaljustiz bezieht.

117 GS 1838 Abt. I, S. 213; abgedruckt bei Rudorff, S. 6f.

118 S. o. 5.1.2.1.7.

119 Veröffentlicht am 24. November 1821 in GS 1821 Abt. I, S. 249, dort auch die folgenden Zitate.

120 S. o. 2.2.2.1.8.

Militärangehörigen wurde mit Verordnung vom 20. Juli 1821[121] eine weitgehende Zuständigkeit der allgemeinen Gerichte festgesetzt, weil deren bisherige Kompetenz gegenüber Soldaten teilweise unklar geblieben war[122]. Damit war ein großer Bereich exemter Personen der allgemeinen Justiz neu zugeordnet worden. Für Strafverfahren gegen Militärpflichtige wies die Königliche Landdrostei Stade die Ämter und Gerichte auf die beschleunigte Erledigung dieser Verfahren hin[123]. Eingebunden in die militärischen Strukturen war auch das Konsistorium: Die Prediger jeder Gemeinde hatten die Aufgabe, jährlich die Listen der Militärpflichtigen bis zum August eines Jahres zu erstellen und an die jeweiligen Obrigkeiten zu senden[124].

5.2.2.1.9 Das Pupillenkollegium[125]

Mit Verordnung vom 30. April 1823[126] wurde für die Herzogtümer mit dem Sitz in Stade ein „Königliches Pupillen-Collegium" als eine Abteilung der Justizkanzlei eingerichtet, das am 17. Juni 1823 seine Tätigkeit aufnahm[127]. Seine Bezeichnung lautete:

---

121 „Verordnung über die Gerichtsbarkeit und das Verfahren der bürgerlichen Gerichte in Rechts-Sachen der Militair-Personen", GS 1821 Abt. I, S. 193.

122 Die Präambel dieses Gesetzes führte daher aus: „Die Gerichtsbarkeit über das Militair ist zwar in den letzteren Jahren bereits großen Theils den ordentlichen bürgerlichen Gerichten übertragen worden. Indessen hat über den genauen Umfang dieses, solchen Gerichten erst neuerlich anvertraueten Geschäftskreises, so wie über das von denselben darin zu beobachtende Verfahren, eine erschöpfende Verordnung bisher noch nicht können erlassen werden, weil der Militair-Verfassung wesentliche Veränderungen bevorstanden. Nachdem diese nun aber eingetreten und auch die Haupt-Grundsätze über den Gerichtsstand des Militairs durch Unsere Verordnung vom 14ten Julius 1820, betreffend die Verpflichtung der Unterthanen zum Militair-Dienste, bleibend festgestellet sind, so verordnen Wir ...." Diese Regelung wurde ergänzt durch ein Ausschreiben des Ministeriums vom 2. Januar 1824, um aufgetretene Zweifel zu klären, GS 1824 Abt. II, S. 1.

123 „Ausschreiben der Königlichen Land-Drostei zu Stade an sämmtliche Obrigkeiten des Landdrostei-Bezirks, das Straf-Verfahren gegen ausgebliebene und ausgetretene Militairpflichtige betreffend" vom 7. Januar 1830, GS Abt. III, S. 1.

124 „Ausschreiben des Königlichen Consistorii zu Stade an alle in dessen Verwaltungs-Bezirke angestellten Prediger, die Listen der Militairpflichtigen betreffend" vom 9. August 1836, GS 1836 Abt. III, S. 81.

125 pupilla (lat.): Vormund.

126 GS 1823 Abt. I, S. 181 und Abt. III, S. 141, ebenfalls im Intelligenzblatt vom 17. Juni 1823.

127 „Generelles Ausschreiben des Königlichen Pupillen-Collegii vom 17ten Juni 1823"; bei Schlüter, Bescheide, S. X.

„Zum Pupillen-Collegio der Königlichen Großbritannisch-Hannoverschen Justiz-Canzlei der Herzogthümer Bremen und Verden und des Landes Hadeln verordnete Räthe und Beisitzer".

Der Aufgabenbereich ergibt sich aus seinem Ausschreiben vom 27. Oktober 1823[128] an alle Ämter, Gerichte und Städte, mit dem Verzeichnisse

„A) über Vormundschaften und Curatelen für Minderjährige;
B) über Curatelen für Verschwender;
C) über Curatelen für Gemüthskranke, und
D) über Concurse und concursmäßige Debitverfahren"

erfordert wurden. Dieser Aufgabenbereich stand zuvor den Untergerichten zu, jedoch war die Rechnungslegung der Vormünder, soweit die betreffenden Personen nicht der Justizkanzlei unterfielen, weiterhin vom Konsistorium zu überprüfen[129]. Für kanzleisässige Personen war mit Ausschreiben vom 10. Juli 1830[130] angeordnet worden, dass bei deren Tod dann, wenn noch minderjährige Erben vorhanden seien, immer wegen der „zu bevormundenden präsumtiven Erben" ein Inventar des Nachlasses aufzustellen und an das Pupillenkollegium einzusenden sei. Ein Grund für die Einrichtung dieses Gerichts ist nicht unmittelbar ersichtlich. Gelegentlich ist jedoch zu erkennen, dass Vormundschaften zu Lasten der Vormünder geführt wurden, so dass wohl Mißbräuche durch Träger dieses Amts verhindert werden sollten. Es könnte jedoch auch sein, dass der Landesherr seine Zuständigkeiten zu Lasten der Untergerichte schlicht ausdehnen wollte. Die drei Städte der Herzogtümer hatten sich deshalb der Abgabe ihrer ihnen insoweit bislang zustehenden Kompetenz an das neue Gericht zunächst entziehen wollen. Sie waren, wie die übrigen Untergerichte, mit Schreiben der Justizkanzlei vom 17. Juni 1823 aufgefodert worden, die entsprechenden Akten abzuliefern. Hiergegen wandten sie sich mit einer gemeinsamen Beschwerde, auf die das Justizdepartement unter dem 30. Oktober 1823 erwiderte:

---

[128] Abgedruckt bei Schlüter, Bescheide, S. XI, zu den Aufgaben zählte offenbar auch, auf die Beachtung und Einhaltung der gesetzlichen Lage hinzuweisen bei der Behandlung und Anlage der Gelder durch die Vormünder, vgl. GS 1824 Abt. III, S. 177.

[129] „Bekanntmachung des Königlichen Consistorii zu Stade, die alljährliche Einsendung der bei selbigem abzulegenden Vormundschafts-Rechnungen betreffend" vom 17. Mai 1830, GS 1830 Abt. III, S. 101.

[130] „Ausschreiben der Königlichen Justizkanzlei zu Stade an sämmtliche Königlichen Ämter und Gerichte der Herzogthümer Bremen und Verden, enthaltend die Bestimmung darüber, wann die in Sterbefällen canzleisäßiger Personen aufzunehmenden Versiegelungs-Protocolle an das Königliche Pupillen-Collegium einzusenden sind" vom 10. Juli 1830, GS Abt. III, S. 147, dort auch das folgende Zitat.

„Es hat Uns nicht anders als befremdent seyn können, wenn die Magisträte der Brem- und Verdenschen drey Städte, in der, von dem Königlichen Pupillen-Collegio der Stadeschen Justiz-Canzley, bekannt gemachten Aufforderung sämmtlicher Untergerichte vom 17. Juny d. J., eine Beeinträchtigung ihrer vermeyntlichen eminenten Vorrechte, antreffen zu müssen, sich vorgebildet, und daher sich veranlaßt gefunden haben, die beschwerende Vorstellung vom 20. Sept. dieses Jahres bey Uns zu übergeben."[131]

Ergänzend machte der Geheime Rat mit deutlichen Worten zu Lasten der „querulirenden" Städte Ausführungen zum Verhältnis dieser städtischen Gerichte zu den Obergerichten und wies deren Ansinnen zurück, in gewisser Weise als Obergericht angesehen zu werden. Die „querulirenden Magisträte" trugen ihre Bedenken dem Provinziallandtag vom 8. Juli 1824 vor, der zu dem Schluß kam,

„daß man zwar im Allgemeinen die Beschwerde für wohl begründet halten müsse, demungeachtet aber eine Intercession der Provinzial-Stände beym Königlichen Cabinets-Ministerio zu Gunsten der gedachten drey Städte nach Lage der Sache nicht für zweckmäßig erachtet werden könne, dagegen es um so rathsamer erscheine, bey der allgemeinen Ständeversammlung in Hannover diesen Gegenstand zur Sprache zu bringen, als die, über die Einführung der Pupillen-Collegien publicirte Verordnung ohne vorgängige Berathung mit den Ständen des Königreichs erlassen sey; ..."[132].

Hier war also ein rein formaler, gleichwohl wirksamerer Weg aufgezeigt worden, als es die Berufung auf vermeintlich verletzte Rechte der Städte darstellte. Der Magistrat der Stadt Stade hatte mit Schreiben vom 4. August 1824 an den Magistrat der Stadt Verden diesem das Ergebnis des Landtags mitgeteilt und ihn um seine Ansicht wegen des weiteren Vorgehens ersucht. Ein Ausgang dieses Streits ist nicht ersichtlich, jedoch waren die Untergerichte 1849 wegen des Gesetzes vom 18. August 1848 über die Aufhebung des befreiten Gerichtsstandes wieder zu ihren alten Rechten gekommen[133].

Den Angehörigen des Militärs war es grundsätzlich untersagt, als Vormünder tätig zu sein[134], was aus „den Bestimmungen des gemeinen deutschen Rechts"

---

[131] Ausschreiben des Justizdepartements vom 30. Oktober 1823: StadtA Stade StV Fach 16 Nr. 8; dort auch die folgenden Zitate.

[132] Protokoll des Provinziallandtages vom 8. Juli 1824: StadtA Stade StV Fach 16 Nr. 8.

[133] GS 1849 Abt. III, S. 48; s. u. 5.3.6.

[134] „Bekanntmachung des Pupillen-Collegii der Königlichen Justiz-Canzlei zu Stade an sämmtliche Magistrate, Ämter und Gerichteder Herzogthümer Bremen und Verden, wie auch des Landes Hadeln, die den Militair-Personen untersagte Übernahme von Vormundschaften ohne vorgängige desfallsige Erlaubniß betreffend" vom 26. März 1827, GS 1827 Abt. III, S. 31. Diese Bekanntmachung wurde durch eine weitere vom 9. Juli 1827 dahin ergänzt, dass sich dieses nur „auf die zum Waffendienst verpflichteten und zur fechtenden Classe gehörigen

folge. Hintergrund dürfte gewesen sein, dass Soldaten wegen ihres beruflichen Einsatzes für eine dauerhafte Betreuung der ihnen anzuvertrauenden Personen wenig geeignet waren. Dabei war aber nicht die Sorge für das Mündel entscheidend, sondern die Funktionsfähigkeit des Militärs, wie sich im übrigen auch aus der für die Soldaten erforderlichen Heiratserlaubnis ergibt.

5.2.2.1.10 Die Weserzollgerichte

Mit provisorischer Verordnung vom 16. März 1824[135] wurden eigenständige „Weser-Zoll-Gerichte" aufgrund der zum 1. Mai 1824 in Kraft tretenden „Weser-Schifffahrts-Acte"[136] eingerichtet. In den Herzogtümern waren hiervon nach deren Artikel 1 folgende Ämter betroffen, deren Beamte zu „Weser-Zoll-Richtern" ernannt wurden

> „zu Achim, die dortigen Beamten, und zwar mit Einschluß der Weser-Ufer-Strecke des Amts Verden;
> zu Blumenthal, die dortigen Beamten;
> zu Hagen, die dortigen Beamten;
> zu Lehe, der dortige Beamte, und zwar mit Einschluß der Uferstrecken des Amts Stotel und Landes Wursten."[137]

Die Zuständigkeit dieser Richter war in den Artikeln 2 bis 5 festgelegt[138]; sie umfaßte nach Artikel 6 auch solche Personen, die sonst einem privilegierten Gerichtsstand angehörten. Die Rechtsmittel gegen die Entscheidungen der jeweiligen „Weser-Zoll-Richter" gingen gemäß Artikel 19 und 20 an die zuständige Justizkanzlei, sofern die allgemein geltende Appellationssumme

---

Militair-Personen beschränke, daher z. B. bei den Armee-Wundärzten nicht Statt finde", GS 1827 Abt. III, S. 63.

[135] „Provisorische Verordnung, wodurch eigene Weser-Zoll-Gerichte errichtet werden und ihre Competenz näher bestimmt wird" vom 16. März 1824, GS 1824 Abt. I, S. 55.

[136] „Verordnung, wodurch die unter dem 10ten September 1823 zu Minden abgeschlossene Weser-Schifffahrts-Acte, nebst der darauf Bezug habenden Separat-Convention mit der freien Hanse-Stadt Bremen vom 9ten desselben Monats und Jahrs, öffentlich bekannt gemacht und der Termin, wann beide in Wirksamkeit treten, auf den 1ten Mai 1824 festgesetzt wird" vom 12. Februar 1824, GS 1824 Abt. I, S. 5; im Vorwort heißt es „... zur Vollziehung der Wiener Congreß-Acte vom 9ten Junius 1815, worin die allgemeinen Grundsätze ausgesprochen sind, nach welchen die Schifffahrt auf den Strömen geordnet werden soll, ..."

[137] GS 1824 Abt. I, S. 55, s. o. 5.1.2.2.

[138] Art. 2 lautete: „Den Zoll-Richtern steht die Untersuchung und Bestrafung aller Contraventionen zu, durch welche Unsere Weser-Zoll-Gefälle verkürzt worden sind, insofern die Contravenienten sich den ihnen von den entdeckenden Weser-Zoll-Beamten anzudeutenden Strafen nicht sofort freiwillig unterworfen haben." GS 1824 Abt. I, S. 56.

erreicht wurde. Unter der gleichen Voraussetzung war eine weitere Appellation an das Oberappellationsgericht in Celle zulässig.

5.2.2.2 Die unteren Verwaltungs- und Justizeinrichtungen

Zu den Sporteln der Untergerichte hatte das Hofgericht mit Ausschreiben vom 13. November 1821[139] alle Untergerichte aufgefordert, die jeweiligen Sporteltaxen einzusenden, „um bisherigen Mißbräuchen ... mittelst zu veranlassender hinlänglichen Controlle entgegen zu arbeiten." Auf der Grundlage der eingegangenen Berichte wurde mit Gemeinem Bescheid des Hofgerichts vom 12. Juni 1822[140] endlich eine weitgehend einheitliche Regelung geschaffen, so dass hiermit eines der Hauptübel dieser Gerichtsbarkeit wohl abgestellt werden konnte. Dabei ist bemerkenswert, dass in erster Linie auf die Regierungsverordnung vom 4. April 1716[141] abgestellt wurde mit der postulierten Folge, dass entgegen deren Inhalt ausdrücklich keine Observanz danach hatte begründet werden können. Nachdem die Privateide durch Verordnung vom 28. Dezember 1821 verboten worden waren, wurde für diese mit Ausschreiben vom 16. März 1824[142] eine Gebührenordnung für die Gerichte, bei denen sie nunmehr abzulegen waren, erlassen. Ebenfalls mit Kosten befaßte sich eine Bekanntmachung der Stader Landdrostei vom 5. April 1824[143]. Danach durften künftig „Dorfgemeinden und andere ländliche Corporationen" nur dann Rechtsstreite führen, wenn sie, als Beklagte, unmittelbar nach Erhalt der Klage oder als Kläger, unmittelbar vor deren Anhängigmachung, „ihrer Obrigkeit die Lage der Sache auseinander zu setzen und daneben nachzuweisen (hatten), auf welche Art die Kosten des bevorstehenden Rechtsstreits herbeizuschaffen seyn werden." Ergänzt wurde diese Regelung mit Bekanntmachung vom 22. November 1830[144] in Bezug auf die Kirchenjuraten, denn „es hat keinen Zweifel, daß diese Vorschriften

---

[139] Bei Schlüter, Bescheide, S. 57f.

[140] Schlüter, Bescheide, S. 58ff.

[141] Art. I dieses Ausschreibens lautete: „Den betreffenden Untergerichten dieser Herzogthümer dient, bis auf fernerweite Verfügung, die der Polizey-Ordnung von Seite 1069 bis 1081 einverleibte Regiminal-Verordnung vom 4ten April 1716 in ihrem ganzen Umfange zur unabweichlichen Richtschnur; es müßte denn durch spätere landesherrliche oder Regiminal-Verfügungen solche Verordnung wieder abgeändert seyn." (gesperrter Druck auch im Original); zu dieser Verordnung s. o. 2.1.2.2.

[142] GS 1824 Abt. I, S. 61.

[143] GS 1824 Abt. III, S. 45, dort auch das folgende Zitat.

[144] „Bekanntmachung der Königlichen Landdrostei zu Stade, die von den Kirchenjuraten zu führenden Processe betreffend" vom 22. November 1830, GS 1830 Abt. III, S. 291, dort auch das folgende Zitat, bei dem im Original die Worte „als Kirchengemeinde" gesperrt gedruckt sind.

insonderheit auch auf die Fälle anwendbar sind, wo eine Gemeinde als Kirchengemeinde in einen Proceß verwickelt wird." Es ist nicht erkennbar, warum das Konsistorium, das an sich zuständig gewesen wäre für eine solche Anordnung, hier nicht tätig geworden ist, sondern ausschließlich die Stader Regierung.

Mit einem Ausschreiben der Regierung in Stade vom 24. März 1824[145] wurde angeordnet, dass die Ämter und Gerichte Gefängnisstrafen nicht sofort festsetzen und vollziehen durften, vielmehr seien solche Sachen an den regelmäßigen monatlichen oder wöchentlichen Amtsberatungstagen „collegialisch" zu beschliessen. Danach hatte die Untersuchung und Bestrafung der Polizeivergehen in Gegenwart der Amtsunterbedienten zu geschehen. Zudem hatten die Ämter und Gerichte gemäß Ausschreiben der Landdrostei vom 3. Mai 1824[146] Gesuche der Untertanen zunächst selbst zu untersuchen und erst dann nach Stade einzusenden, „anstatt die Supplicanten hieher zu verweisen." Offenbar war der direkte Gang zur Obrigkeit immer noch sehr beliebt[147].

Das Reglement für die Landdrosteien[148] hatte auch für die Beamten auf dem Lande Neuerungen gebracht. Nach § 2 waren die richterlichen Geschäfte vom zweiten Beamten des Amtes wahrzunehmen, damit glich sich die Regelung den Verhältnissen in den Städten der Herzogtümer an, bei denen der zweite Bürgermeister bisher schon als „Justizbürgermeister" fungierte. In konkret bestimmten einzelnen Verfahren, z. B. bei Kriminalfällen, waren entweder beide Beamte tätig oder der zweite Beamte gemeinsam mit einem Auditor.

5.2.2.2.1 Die landesherrlichen Ämter und Gerichte

Nach der Wiedererrichtung der Königlichen Landdrostei Stade war deren Gebietsstand nur für kurze Zeit unverändert[149]. Bereits mit Verordnung vom 17. Mai 1823[150] wurde das Amt Alt- und Neukloster aufgehoben und dem Amt Harsefeld zugeschlagen. Durch Vertrag vom 11. Januar 1827[151] mit der Freien

---

[145] GS 1824 Abt. III, S. 41.

[146] GS 1824 Abt. III, S. 115, dort auch das folgende Zitat.

[147] Vgl. o. 2.1.2.1.

[148] S. o. 5.2.2.1.1.

[149] StaatsA Stade Rep. 80 A Titel 76 Nr. 3.

[150] GS 1823 Abt. I, S. 161.

[151] Der Vertrag ist abgedruckt in GS 1827 Abt. I, S. 19. Ihm vorangestellt ist dort eine „Verordnung, die Publication und Befolgung eines Staats-Vertrages mit der freien Hansestadt Bremen betreffend" vom 17. April 1827.

Hansestadt Bremen wurde eine Fläche von 89 Hektar, die bislang dem Gericht Lehe zustand, zum Bau des Hafens in Bremerhaven an Bremen abgetreten[152]. Noch im gleichen Jahr wurde das Dorf Geestendorf vom Amt Stotel-Vieland an das Gericht Lehe übertragen[153] und zum 21. Mai 1831 wurde das Gericht Lehe mit dem Amt Stotel-Vieland vereinigt und gleichzeitig das Dorf Holte vom Amt Stotel-Vieland an das Amt Hagen übertragen[154]. Das Königliche Gericht Lehe wurde 1834 zum Amt Lehe umbenannt. Im Jahre 1832 wurde das Amt Zeven um die Dörfer Karlshöfen vom Amt Bremervörde und Glinstedt vom Amt Ottersberg erweitert[155]. Beim Dorf Holte wurde mit Wirkung vom 1. Januar 1839 die frühere Verlegung an das Amt Hagen rückgängig gemacht; es wurde nunmehr dem Amt Lehe eingegliedert[156].

Die Publikation und insbesondere die Aufbewahrung der Gesetze und anderer Rechtsgrundlagen war weiterhin nicht unproblematisch. Deshalb ordnete die Königliche Landdrostei in Stade an, dass die Verordnungen „gehörig gesammelt und sorgfältig aufbewahrt" werden sollten[157]. Die gewünschte Kenntnis der örtlichen „Eingesessenen" vom geltenden Recht wurde im Jahre 1827 dahin

---

[152] Ringklib, 1885, S. 10. Dem lag folgende Vorgeschichte zugrunde: Am 1. Juni 1825 hatte der Bremer Senat die Gründung eines Hafens an der Mündung von Weser und Geeste beschlossen, so Georg Bessel, Geschichte Bremerhavens, Bremerhaven 1927, S. 142f. Nach langen Verhandlungen wurde am 11. Januar 1827 zwischen Bremen und Hannover ein „Handels- und Schiffahrtstractat" geschlossen, nach dessen § 5 lag „das Exercitium aller Staats-, Regierungs-, Gesetzgebungs-, Justiz- und Polizeirechte" bei Bremen, ebenda, S. 169, die Übergabe des Gebietes zur Größe von 341 Morgen mit 19 Einwohnern erfolgte zum 1. Mai 1827, ebenda, S. 201 und 204. Der Hafen wurde 1847 angelegt, ebenda, S. 255. - Die Pläne zur Anlegung eines neuen Hafens scheinen über den regionalen Bezug von allgemeinem Interesse gewesen zu sein: Goethe vermerkte am 9. Februar 1829 in seinem Tagebuch, er habe sich eine Weserkarte verschafft; Eckermann notierte unter dem 10. Februar 1829, dass Goethe Pläne des Hafenbaues an der Weser studiert habe. Zur gleichen Zeit entstanden die beiden letzten Akte des „Faust", in denen in einigen Versen im 5. Akt (z. B. „Denn jetzt ist der Hafen dort" so Philemon zu Baucis) der bremische Hafen als Vorbild zu erkennen sein soll, so Bessel, S. 246.

[153] „Bekanntmachung des Königlichen Cabinets-Ministerii, betreffend die Verlegung der Dorfschaft Geestendorf mit ihrer Feldmark von dem Amte Stotel-Vieland an das Gericht Lehe" vom 10. September 1827, GS 1827 Abt. I, S. 85. Die Verlegung trat zum 1. Oktober 1827 in Kraft.

[154] GS 1831 Abt. I, S. 73.

[155] GS 1832 Abt. III, S. 156.

[156] Verordnung vom 1. November 1838, GS 1838 Abt. I, S. 223.

[157] „Ausschreiben der Königlichen Land-Drostei zu Stade an alle Ämter und Gerichte des Landdrostei-Bezirks, die Aufbewahrung der Gesetz-Sammlungen und den Publications-Modus der Gesetze betreffend" vom 24. August 1827, GS 1827 Abt. II, S. 104.

erweitert, dass den Ämtern und Königlichen Gerichten auch die dritte Abteilung der Gesetzessammlung zugehen sollte[158].

Entsprechend dem § 45 des Staatsgrundgesetzes vom 20. September 1833 gab es Pläne zur Neugestaltung der Gemeinden, deren Grenzen sich auch auf die Gerichtsgrenzen ausgewirkt hätten[159]. Allerdings sind in den Herzogtümern für die erste Hälfte dieses Jahrhunderts eher eine Vielzahl kleinerer Änderungen zu sehen, für größere Neugestaltungen bedurfte es hier, wie im sonstigen Königreich, wohl eines stärkeren politischen Druckes, wie er erst 1848 zu erkennen war.

5.2.2.2.2 Die gutsherrliche Patrimonialgerichtsbarkeit

Eine Einschränkung der Patrimonialgerichte war seit 1814 beabsichtigt gewesen; dies führte schließlich zum Gesetz vom 13. März 1821[160]. Danach waren alle „gemischten Gerichtsbarkeiten" aufgehoben, so dass an jedem Ort nur noch ein Gerichtsherr zuständig war[161]. Bemerkenswert ist dabei, dass davon auch die landesherrliche Gerichtsbarkeit erfaßt wurde; jedoch nur dann, wenn

---

[158] Insoweit war bestimmt worden: „Wir benachrichtigen die Ämter und Königlichen Gerichte des hiesigen Landdrostei-Districts, daß die Gesetz-Sammlungs-Commission vom Königlichen Cabinets-Ministerio angewiesen ist, vom künftigen Jahre an jedem derselben auch e i n Exemplar der dritten Abteilung der Gesetz-Sammlung zur Aufbewahrung in der Registratur zugehen zu lassen": „Ausschreiben der Königlichen Land-Drostei zu Stade an die Ämter und Königlichen Gerichte, die Mittheilung der dritten Abtheilung der Gesetz-Sammlung betreffend" vom 2. November 1827, GS 1827 Abt. III, S. 212.

[159] Umfangreiche Pläne für sämtliche Gemeinden der Herzogtümer in StaatsA Stade Dep. 10 C b Nr. 30.

[160] „Gesetz über die verbesserte Verfassung der Patrimonial-Gerichte in den alten Provinzen des Königreichs", GS 1821 Abt. I, S. 71. In dessen Präambel hieß es: „Die Mängel, welche bekanntlich mit der Verwaltung der Patrimonial-Gerichtsbarkeit, und vorzüglich in den bisher auf mancherlei Weise zersplitterten und gemischten Bezirken der ungeschlossenen Gerichte, mehr oder minder verknüpft gewesen sind, haben die Nothwendigkeit, denselben abzuhelfen, vorlängst zur Genüge erwiesen und haben Wir deshalb zu der Zeit, als die Wiederherstellung der rechtmäßigen Regierung erfolgte, Anstand nehmen müssen, die ungeschlossenen Gerichte in diejenigen Verhältnisse sofort wieder eintreten zu lassen, welche vorhin mit unverkennbaren Nachtheilen für die Geschäfts-Verwaltung und öffentliche Wohlfahrt verbunden gewesen waren. Dieselben sind daher, laut Inhalt des Ausschreibens vom 9ten November 1813, weder damals, noch bisher, in ihre vorige Verfassung zurückgeführt. Inzwischen aber haben Wir mit Unseren getreuen Ständen über die nothwendigen Verbesserungen der bis dahin in Unsern Landen bestandenen Patrimonial-Gerichts-Verfassung die erforderlichen Berathungen angestellt und finden Uns dadurch jetzt in den Stand gesetzt, zu obigem Zweck die folgenden gesetzlichen Vorschriften zu ertheilen, nach denen die Verfassung und Verwaltung der Patrimonial-Gerichte in den alten Provinzen Unsers Königreichs nunmehr geordnet werden soll."

[161] Erste Abt. Nr. 1 dieses Gesetzes.

die Zahl der dem Gericht des Landesherrn gehörigen Feuerstellen an einem Ort lediglich ein Drittel oder weniger betrug und die Zahl der Feuerstellen eines anderen Gerichtsherrn darüber lag[162]. Die bislang unter dem Begriff der „Streugerichte" erfaßten Zuständigkeiten wurden insgesamt beendet[163]. Zwar wurde die Kriminalgerichtsbarkeit als solche den Patrimonialgerichten völlig entzogen, jedoch blieben die polizeilichen Befugnisse der Gerichtsherrn erhalten[164]. Insoweit wurde den Gerichtsherrn allerdings, wohl zur künftigen Vermeidung der oben genannten „unkontrollierten Handhabung der Kriminaljustiz", eine Berichtspflicht auferlegt, der sie in der Folge nachzukommen hatten[165].

Dies scheint jedoch nicht überall in gleicher Weise befolgt worden zu sein[166]. So wurde unter dem 20. Mai 1823 dem Gericht Horneburg mitgeteilt:

> „Da das mit dem Berichte vom 5. / 10. d. M. eingesandte Verzeichnis der Strafsätze in Bruchsachen höchst unvollständig und unbestimmt ist; so können wir dasselbe nicht genehmigen und sind vielmehr dort in Zukunft und bis auf weiters bey Ansetzung der Strafen im Allgemeinen diejenigen Principien zum Grunde zu legen, welche durch das Cammerausschreiben vom 5. Nov 1783 ... für die K. Aemter aufgestellt sind."[167]

Auch in der Zukunft scheint diese Berichtspflicht nicht überall befolgt worden zu sein. Denn mit Ausschreiben vom 10. Juni 1827 an sämtliche Patrimonialgerichte wurden diese an ihre gesetzlichen Pflichten erinnert:

> „Das Verfahren in Bruchsachen betr.: Die Bestimmung des § 26 der Verordnung vom 13. März 1821 wonach die Patrimonialgerichte die herkömmlichen Polizeystrafprincipien an die hiesige Regiminalbehörde einzusenden und eine Woche nach dem Schluß jedes Calenderjahres ein Strafverzeichnis einzusenden haben, ist bisher unbefolgt geblieben. Wir machen daher den sämtlichen Patrimonialgerichten des Landdrosteybezirks hiermit zur Pflicht, in den nächsten 4 Wochen unfehlbar sowol jene Principien als das Verzeichnis über die im Laufe des Jahres 1826 erkannten Polizeystrafen hierselbst einzureichen und Letzteres künftig nach Ablauf jeden Jahres regelmäßig vor dem 1. Febr. des folgenden Jahres an uns gelangen zu lassen. Für diejenigen Gerichte, welche sich etwa bisher den bey den K. Aemtern angenommenen Cammerbruchprincipien conformirt haben, bedarf es nur einer desfallsigen allgemeinen Anzeige."[168]

---

162 Erste Abt. Nrn. 1 und 2 dieses Gesetzes.
163 Erste Abt. Nr. 5 dieses Gesetzes.
164 Erste Abt. Nr. 22 dieses Gesetzes.
165 Erste Abt. Nr. 25 dieses Gesetzes.
166 Vgl. StaatsA Stade Rep. 80 Nr. 1108.
167 StaatsA Stade Rep. 80 Nr. 1108, Bl. 4; zum Kammerausschreiben s. o. 2.4.2.2.1.
168 StaatsA Stade Rep. 80 Nr. 1108, Bl. 8.

Die danach eingangenen Berichte scheinen einer inhaltlichen Überprüfung unterzogen worden zu sein, denn auf einen Bericht des Gerichts Sandbeck vom 23. Juni 1827[169] bemerkte die Landdrostei beispielsweise,

> „... daß zwey Contravenienten wegen unerlaubten Angelns mit vierundzwanzigstündigem Gefängniße belegt worden sind, obgleich die Cammerbruchprincipien für solche Uebertretungen die bedeutend geringere Strafe von 24 Sgr nur angenommen haben. Wir müssen darin eine Irregularität ... erblicken ... Wir empfehlen daher dem dortigen Gerichte, sich aller willkührlichen Abweichung von den aufgestellten Principien in der Folge zu enthalten und die Strafe ad No 16, falls sie noch nicht vollzogen seyn sollte, principienmäßig zu reduciren."[170]

Die eingehenden Berichte sind demnach nicht nur im einzelnen überprüft worden, sondern ggfls. wurde die Einhaltung gleicher Strafen bei gleichen Taten sowohl angemahnt wie auch konkret angeordnet. Diese Strafprinzipien sind in einem „Verzeichniß, wie vorhin die Brüche sind dictiret worden"[171], niedergelegt. Dabei fällt allerdings auf, dass die Strafen keineswegs einheitlich festgelegt waren, sondern bei einigen Delikten dem Richter durchaus ein gewisser Ermessensspielraum verblieb, wie es bei manchen Geldbußen mit dem Zusatz „auch wohl mehr oder weniger" ausgedrückt wurde.

In der Folge wurden die Patrimonialgerichte langsam, aber stetig aufgehoben und den Königlichen Ämtern oder Gerichten einverleibt. Einen erheblichen Einschnitt hatte die Gerichtsverfassung des Alten Landes hinzunehmen. Das Gesetz vom 13. März 1821[172] sollte endgültig[173] die Abschaffung der siedesten Gerichte mit den dazugehörigen Vögten bringen, ohne dass dies wohl tatsächlich vollzogen wurde. Zu ihren Aufgaben zählten überwiegend die Erhebung gutsherrlicher Abgaben, die Wahrnehmung der Polizei und der „Real Injurien, welche nicht blutrünstig sind", sowie Aufgaben der freiwilligen Gerichtsbarkeit, insbesondere die Wahrnehmung von Vormundschaften. Gerade mit den letztgenannten Aufgaben standen sie jedoch in der Kritik des Gräfengerichts, weil „kein inventarium verfertigt, keine Rechnung abgelegt"

---

[169] StaatsA Stade Rep. 80 Nr. 1108, Bl. 43.

[170] StaatsA Stade Rep. 80 Nr. 1108, Bl. 42.

[171] StaatsA Stade Rep. 80 Nr. 1108, Bl. 7.

[172] „Gesetz über die verbesserte Verfassung der Patrimonial-Gerichte in den alten Provinzen des Königreichs", GS 1821 Abt. I, S. 71; mit einem Anhang vom gleichen Tag, GS 1821 Abt. I, S. 86, s. auch vorstehend.

[173] Das Gräfengericht des Alten Landes hatte bereits in seinem Bericht vom 11. Februar 1815 gemeint, diese Gerichte seien durch Ausschreiben der Stader Regierung vom 31. Januar 1815 abgeschafft worden, weil darin nur geschlossene Gerichte erwähnt waren, eine Auffassung, die wohl von der Stader Regierung nicht geteilt wurde, in: StaatsA Stade Rep. 74 Jork Nr. 6, dort auch die folgenden Zitate.

werde. Mit der Verordnung vom 9. August 1832[174] wurde schließlich die gesamte althergebrachte Struktur der dortigen Gerichte aufgehoben und stattdessen als einziges Gericht das Gräfengericht Altenlandes mit Sitz in Jork eingerichtet, soweit nicht weiterhin einzelne Patrimonialgerichte zuständig waren. Neben den siedesten Gerichten entfielen nunmehr auch die Mittelgerichte. Die gesamte Kriminal- sowie die Deichgerichtsbarkeit wurden vom Gräfengericht wahrgenommen. Die Gründe hierfür seien darin zu sehen, dass im Sommer 1825 beide Gräfenstellen frei wurden, was die Regierung zum Anlaß genommen habe, die dortige Gerichtsverfassung insgesamt neu zu ordnen[175]. Die Gerichtsverfassung des Alten Landes war gleichwohl weiterhin gekennzeichnet von einer Aufsplitterung der Zuständigkeiten wegen der noch fortbestehenden Patrimonialgerichte.

Bezeichnend hierfür scheint die Wiedererrichtung des Patrimonialgerichts Bergfried zu sein. Aufgrund des Gesetzes vom 13. März 1821 hatte der Drost von Zesterfleth beim Ministerium in Hannover erklärt, sein Patrimonialgericht Bergfried beibehalten zu wollen, weshalb das Ministerium einen Bericht über Umfang und Zustand dieses Gerichts von der Regierung in Stade erforderte[176]. Das Gräfengericht Alten Landes beschrieb dieses Gericht in seinem Bericht vom 12. Januar 1822 als derart klein, dass es nach seiner Auffassung kein geschlossenes Patrimonialgericht sein könne[177]. Diese auch von der Stader

[174] GS 1832 Abt. I, (unpaginiert): „Verordnung über eine Reform der Gerichts-Verfassung des Alten-Landes. Windsor-Castle, den 9ten August 1832". Diese Verordnung ist weder im „Chronologischen Verzeichniß" noch im „Verzeichniß der Behörden" und ebensowenig im Register dieses Jahrgangs der GS enthalten; die bei Thomas Klein, S. 709, genannte Fundstelle ist nicht nachvollziehbar; in dem mir vorliegenden Exemplar der GS (Besitzerstempel: „Bibl. d. Mag. zu Stade") ist die Verordnung eingebunden zwischen den Seiten 102 und 103, was der zeitlichen Folge des Erscheinens der GS entspricht, sie hat eine eigene gedruckte Seitenzählung von 1 bis 6.

[175] Vgl. Siemens, S. 187.

[176] Schreiben vom 28. September 1821: StaatsA Stade Rep. 80 Nr. 5068.

[177] Bericht der Gräfen Büttner und Thiemig des Gräfengerichts an die Regierung in Stade: „Das Guth Bergfried ist zu Steinkirchen eingepfarrt, liegt in der Hauptmannschaft Guderhandvirtel und wird von dem Gräfengericht Jork von beiden Seiten begränzt. Es ist ein Landtagfähiger Rittersitz und bestehet aus dem *Castro nobili*, der gutsherrlichen Wohnung und Haushaltsgebäuden, auch gehören dazu 6 Köthnerwohnungen. Vor der Usurpationszeit konnte jeder Gutsherr hochbekanntlich in litigiösen Sachen über seine Meyer, Pächter und Domestiken, wenn sie unter sich Streitigkeiten hatten, eine Gerichtsbarkeit exerciren, wie dies auch im Lande Kehdingen allgemein der Fall war, und die Ämter und Gerichte mußten sich dabey beruhigen, weil der langjährige Besitzstand und das alte Herkommen für die Gutsherren sprach, jedoch ist ihnen niemals in Hoheitssachen, Criminal-Fällen oder höheren Policeysachen eine Cognition zugestanden worden, worauf der Bericht vom 11. Febr. 1815 sein Bezug hat. Mit dem Guthe Bergfried ist dies wohl der nämliche Fall gewesen: Die Gutsherrn, welche größtentheils Juristen waren, haben, wenn dergleichen Sachen mit ihren

Regierung vertretene Ansicht teilte das Ministerium allerdings nicht, weil allein entscheidend die Frage sei, ob dieses Gericht ein „zusammenhängendes Ganzes" ausmache[178]. Unter diesen Umständen sei daher das Patrimonialgericht an den Inhaber zurückzugeben, wenn dieser nachweisen könne, dass ein Verwalter eingestellt werde und die Räume vorhanden seien. Darauf stellte der Drost von Zesterfleth den Gräfen Büttner als Gerichtsverwalter mit Vertrag vom 3. Oktober 1822 ein[179]. Gleichwohl konnte das Ministerium erst mit Resolution

---

Meyern und Pächtern vorgefallen sind, diese theils in Güte, theils gerichtlich geschlichtet. Als ein geschlossenenes Gericht ist aber das kleine Gericht, meines Wissens nie anerkannt worden, und hat man auch nichts davon gehört, daß von den höhern *Collegiis immediate* Rescripte oder Verfügungen dahin ergangen sind, da hochbekanntlich dies schon ein Haupterfordernis der geschlossenen Gerichte mit ist. Dies kleine *patrim.* Gericht, welches mitten in der Jurisdiction des Gräfengerichts belegen ist, kann in Gemäßheit der hohen Verordnung vom 13ten März 1821 seinen Fortbestand nicht weiter haben, da überall keine derjenigen Requisitorum hier vorhanden sind, welche diese Verordnung fordert, besonders die § 2-8. Von den Siedesten Gerichten, wozu das Guth Bergfried mit gehört, sage ich hier nichts, weil nach Ew. pp Bestimmung dieserhalb eine besondere Untersuchung angestellt werden soll.": StaatsA Stade Rep. 80 Nr. 5068. Nach einem Bericht vom 14. November 1851 umfaßte der Gerichtsbezirk etwa 40 bis 50 Einwohner, ebenda.

178 Erlaß des Ministeriums an die Regierung in Stade vom 9. Februar 1822: „Obwohl nach den von der Königlichen Regierung unterm 29. Juni d. J. über die prätendirte Gerichtsbarkeit des Gutes Bergfried einberichteten Umständen es Uns sehr wahrscheinlich ist, daß dieselbe nach den ergangenen gesetzlichen Bestimmungen nicht wiederhergestellt werden kann, so finden Wir doch noch zur Zeit Uns außer Stande, darüber einen Beschluß zu fassen. Denn das Gericht Jork scheint in dem Uns mitgetheilten Berichte, auf welchen der Bericht der Königlichen Regierung sich gründet, hauptsächlich nur den Unterschied zwischen geschlossenen und ungeschlossenen Patrimonial-Gerichten im Auge gehabt und danach seine Meinung über die Frage, ob das Gericht zurückgegeben werden könne, geäußert zu haben. Allein auf jenen Unterschied kömmt für diese Frage nichts an. Ferner ist die Größe oder Unbeträchtlichkeit des Gerichtsbezirks hier gleichgültig und wenn die Besitzer des Gutes Bergfried auch nur über sechs Köthner und deren Ländereien eine Civil-Jurisdiction ausgeübt haben und diese Gundstücke ein mit dem *castro nobili* unmittelbar zusammenhängendes *continuum* bilden, so wird, wenn der zeitige Gutsherr die Wiederherstellung eines so unbedeutenden Gerichts seinem Interesse gemäß erachtet, derselben nach dem § 8 der Verordnung vom 13. März v. J. nichts entgegen stehen können. Wir wünschen daher vor weiterer Verfügung noch besser aufgeklärt zu sehen, ob die Besitzer des Guts Bergfried bis zum Jahre 1810 eine völlige, wenn auch ungeschlossene Nieder-Gerichtsbarkeit über die zu jenem Gute gehörenden Köthner und deren Grundstücke unbestritten ausgeübt haben und ob diese Grundstücke ein mit dem *castro nobili* unmittelbar zusammenhängendes, geographisch geschlossenenes Ganzes ausmachen? Und wollen Wir hierüber den weiteren Bericht der Königlichen Regierung erwarten.": StaatsA Stade Rep. 80 Nr. 5068.

179 Der Vertrag lautete: „§ 1. Der mitunterzeichnete Herr Gräfe *Christoph Barthold Clemens Büttner* verpflichtet sich, die Verwaltung des Patrimonial-Gerichts Bergfried in seinem gesammten Umfange, und in Gemäßheit der Bestimmungen des Gestzes vom 13ten *März* 1821 *art.* 43 *sequ.* zu führen. § 2. Für die Besorgung dieser Geschäfte werden demselben, vorerst, und bis dahin, daß eine künftig erscheinende allgemeine Sporteln-Taxe eine

vom 17. März 1826 die Rückgabe des Gerichts verfügen, weil zuvor keine Angaben zu Unterbedienten gemacht worden waren. Der Gerichtsvogt Lühmann wurde daraufhin am 11. April 1826 vereidigt und der Gerichtsverwalter ersuchte um die anzuwendende Sportelntaxe, worauf ihm beschieden wurde, diejenige „des Gerichts Howe-Leeswig zu befolgen."[180] Die sachliche Ausstattung dieses Gerichts sah nach dem Bericht des Gerichtsverwalters vom 31. Oktober 1825[181] wie folgt aus:

> „2. Die Locale anlangend, so besteht die Gerichtsstube in einem gegen Süden belegenen paßlichen Zimmer, von 22 Fuß Länge 13 Fuß Breite und 12 Fuß Höhe, sammt 2 zur Registratur tauglichen Cammern, ...
> 3. das Gefängnis ist eine Cammer in einem massiven Landhause, bis jetzt weder mit eisernen Bangen noch mit Bolen versehen, mithin zur Zeit untauglich, jedoch leicht einzurichten und nicht zu tadeln.
> 4. Der Depositenkasten ist ein großer mit Eisenwerk beschlagener Kasten mit doppeltem Schlosse."

Diese Anforderungen waren zur Wiedererrichtung eines Gerichts als ausreichend befunden worden. Nachdem 1835 der Verwalter Büttner seine Amtsgeschäfte nicht weiter ausüben konnte, wurde mit Vertrag vom 4. / 14. Dezember 1835 Dr. Johann Hinrich Stechmann zu Jork neuer Gerichtsverwalter[182]. Zum Ende des Patrimonialgerichtes stellte er fest, dass ihm vom Gerichtsinhaber als Gehalt zwar ein „fixum" zugesichert, jedoch zu keinem Zeitpunkt gezahlt worden sei, an Gebühren hatte er jedoch etwa 30 bis 40 RTlr jährlich eingenommen[183]; die Unterbedienten, der Gerichtsvogt Suhr und der „Gefangenwärter und Schließer" Lindemann, verzichteten wegen der sehr geringen bisherigen Einnahmen auf eine Entschädigung, letzterer insbesondere

---

Abänderung etwa nothwendig machen sollte, die sämmtlichen aufkommenden Gerichtsgebühren überwiesen. § 3. Das Local zu den Gerichtssitzungen, zu der Registratur und Depositen soll sofort überwiesen, so wie auch die Einrichtung zur Instandsetzung des Gefängnisses getroffen werden. Vorstehende Bestallungsurkunde ist von beiden Theilen unterschrieben und besiegelt und soll dem Königlichen Cabinets-Ministerio zur Genehmigung vorgelegt werden.": StaatsA Stade Rep. 80 Nr. 5068.

[180] Schreiben des Königlichen Kabinettsministeriums an die Königliche Landdrostei vom 24. August 1826: StaatsA Stade Rep. 80 Nr. 5068.

[181] StaatsA Stade Rep. 80 Nr. 5068.

[182] StaatsA Stade Rep. 80 Nr. 5068.

[183] Schreiben des Gerichtsverwalters an die Königliche Landdrostei in Stade vom 28. Dezember 1851: StaatsA Stade Rep. 80 Nr. 5068. Mit Schreiben vom 24. August 1850 ersuchte er das Ministerium zudem um Übernahme als Richter bei der bevorstehenden neuen Organisation der Justiz, ebenda.

deshalb, weil er inzwischen in Steinkirchen als Nachtwächter eingestellt worden war[184].

In den Jahren 1835/36 wurden im gesamten Königreich acht Patrimonialgerichte aufgehoben[185]. Darunter war in den Herzogtümern Bremen und Verden das Burggericht Horneburg betroffen. Dieses wurde „in Folge freiwilliger Abtretung der Gerichtsherrn“ als erstes Patrimonialgericht der Herzogtümer aufgehoben und „die Verwaltung des Gerichts Horneburg dem als Königliches Gericht einstweilen fortbestehenden dortigen Gerichte seit dem 1. August 1835 übertragen.“[186]

Das einzige in den Herzogtümern noch bestehende Klosteramt, nämlich zu Neuenwalde, war zum 1. Januar 1843 mit dem Amt Bederkesa vereinigt worden[187]. Damit hatte eine mehr als dreihundertjährige Gerichtsbarkeit des einstigen Benediktinernonnenklosters ein Ende gefunden, die sich von früher bestehenden weiteren Klosterämtern der Herzogtümer dadurch unterschieden hatte, dass die Gerichtsbarkeit nicht nur über die zugehörigen Klostermeier, sondern auch über einzelne Dörfer, nämlich Wanhöden und Krempel, ausgeübt wurde[188]. Es war das einzige Klosteramt in den Herzogtümern, für das die Verordnung vom 19. November 1840 galt[189].

5.2.2.2.3 Die städtischen Gerichte

Am 1. September 1824 erging die Stadtverfassungsurkunde für die Stadt Stade[190]. Danach war für die Stadtgerichte eine neue Ordnung vorgesehen. Kapitel II („Vom Stadtgerichte“) der Stader Stadtverfassungsurkunde legte in

---

[184] Schreiben des Patrimonialgerichts Bergfried an die Königliche Landdrostei in Stade vom 14. November 1851: StaatsA Stade Rep. 80 Nr. 5068.

[185] „Bekanntmachung des Königlichen Ministerii des Innern, die Aufhebung mehrerer Patrimonial-Gerichte betreffend“ vom 22. März 1836, GS 1836 Abt. I, S. 27 und ebensolche Bekanntmachung vom 14. November 1836, GS 1836 Abt. I, S. 173.

[186] GS 1836 Abt. I, S. 27; zum Vertrag zwischen der Landesherrschaft und den Gerichtsinhabern s. Anlage 5 – 3.

[187] Bekanntmachung vom 18. Mai 1843, GS 1843 Abt. I, S. 157.

[188] von Lehe, S. 135.

[189] GS 1840, Abt. I, S. 479ff., 483: „Art. 22. Das polizeiliche Strafrecht solcher Stifter und Klosterämter, welche keine sonstige Gerichtsbarkeit besitzen, wird hiedurch aufgehoben und derjenigen Obrigkeit überwiesen, welcher in dem betreffenden Bezirke die Gerichtsbarkeit zusteht.“ Danach hatten nur solche Klosterämter das polizeiliche Strafrecht, die auch die sonstige Gerichtsbarkeit innehatten; dies war im übrigen die einzige Verordnung des Königreichs Hannover, die sich auf die Gerichtsbarkeit der Klosterämter bezog.

[190] GS 1824 Abt. III, S. 205; StadtA Stade F. 11-12, Nr. 2.

den §§ 17 bis 30 das Verfahren und die Kompetenzen des Gerichts fest. Danach bestand das Stadtgericht gemäß § 17

> „aus einem Bürgermeister, als Dirigenten, einem Senator (dem Stadt-Richter) und dem Secretair, welcher gleich den übrigen Mitgliedern des Gerichts ein *Votum* führt."

Zuständig war es nach § 18 für „die streitige und freiwillige bürgerliche und peinliche Gerichtsbarkeit" und es hatte „mit Zuziehung der Geistlichen wie bisher, als geistliches Collegium, die geistlichen Sachen, so weit solche als gerichtliche zu betrachten sind, vorerst noch auf die bisherige Weise zu behandeln." Insoweit bestand hier also eine Kompetenz, die im übrigen dem Konsistorium zukam. Ferner war festgelegt, dass eine Aufhebung des befreiten Gerichtsstandes zum 1. Januar 1826 allein hinsichtlich bestehender dinglicher Rechte eintreten sollte, ausgenommen blieben die öffentlichen Gebäude der Justizkanzlei und des Hofgerichts sowie der dem Amt Stade-Agathenburg zustehenden Grundstücke. Der befreite Gerichtsstand blieb für eine Vielzahl von Personen aufrechterhalten. § 19 Abs. 3 lautete:

> „Ein befreiter persönlicher Gerichtsstand indessen wird beigelegt:
> 1) denen von Adel aus hiesigen Landen;
> 2) den characterisirten und wirklichen, im Königlichen oder Landschaftlichen Dienste stehenden Beamten, geistlichen oder weltlichen Standes, so wie den bei den Königlichen und Landschaftlichen Behörden stehenden Officialen; mit Inbegriff derer, welche in dieser Eigenschaft ihren Abschied genommen, oder mit Ehren entlassen worden;
> 3) den bei den höheren Justiz-Collegien zu Stade angestellten Procuratoren;
> 4) den Frauen und Witwen aller vorbenannten Personen und den bei ihnen wohnenden Kindern, so lange deren Status nicht verändert wird, das heißt, so lange sie nicht in neue Familien-, Dienst-, oder sonstige Verhältnisse treten, welche einen anderen Gerichtsstand für sie begründen; nicht weniger denjenigen Hausgenossen derselben, welche weder einen von dem ihrigen getrennten Haushalt führen, noch für sich ein besonderes Gewerbe treiben;
> 5) den Dienstboten aller vorerwähnten Personen, welche bei denselben Kost, Lohn und Wohnung haben."

Die Justiz bewegte sich hier immer noch in dem gleichen Rahmen, der auch schon in Tit. I § 9 UGO[191] im Jahr 1753 als damals hergebrachter Rechtszustand festgehalten worden war, diese Norm des Jahres 1824 beruhte also letztlich noch auf dem Zustand zu Anfang des 18. Jahrhunderts. Von Einflüssen der Aufklärung oder des Liberalismus war hier nur wenig zu spüren. Ein zwischen der Stadt und dem sie umgebenden Amt Agathenburg seit dem 18. Jahrhundert bestehender Streit um die Grenzen der jeweiligen Zuständigkeiten in den

[191] S. o. 2.3.2.2.

Außenbezirken vor der Stadt[192] war von der Stadtverfassungsurkunde nicht gelöst, sondern ausdrücklich offen gelassen worden; § 19 Absatz 1 lautete nämlich u. a.:

> „In Sachen, deren Gegenstand dingliche Rechte betrifft, steht dem Stadt-Gerichte die Gerichtsbarkeit zu über alle in der Stadt und deren unbestrittener Feldmark belegenen Gebäude und Grundstücke; so wie mit Ausnahme der dem Amte Agathenburg untergebenen Gebäude und Grundstücke, in Ansehung deren eine weitere Regulirung vorbehalten wird."

Welche Gebiete der Feldmark „unbestritten" waren, war jedoch gerade nicht geklärt. Deshalb war wohl vorsorglich und in der Erwartung künftig entstehender Konflikte in § 19 Absatz 4 Nr. 2 festgelegt,

> „daß in Collisions-Fällen von Unserem Cabinets-Ministerio entschieden werden wird, ob ein einzelner Einwohner dem Provincial-Obergerichte oder dem Untergerichte, und im letzteren Falle, ob er dem Magistrate oder dem Amte Agathenburg untergehören solle."

Wenn dieser Zeit eine Tendenz zur Zentralisierung und zur Zurückdrängung der Rechte der Städte zugunsten des Landesherrn nachgesagt wird[193], dann erstaunt dieses bewußte Ausweichen vor einer gesetzlichen Regelung. Es kann nur vermutet werden, dass die Stadt Stade eine durchaus starke und einflußreiche Position innehatte, die bei Erlaß der Verfassungsurkunde nicht übergangen werden konnte. Für eine solche Auffassung spricht auch, dass die Stadt bei der preußischen Berichtsaufforderung im Jahr 1806 einen Kompetenzkonflikt schlicht unerwähnt ließ und erst durch die Regierung auf den seit langem bestehenden Konflikt hingewiesen werden mußte[194].

Eine Regelung des § 15 ließ für den Stader Justizbürgermeister zu, dass er zugleich als Hofgerichtsassessor tätig sein konnte. Er sei jedoch hauptsächlich „Rechts-Consulent des Magistrats" und habe dessen Prozesse zu führen. Sofern solche Verfahren jedoch beim Stadtgericht anhängig seien, sei mit der Führung dieser Prozesse eine andere Person zu betrauen. Der Magistrat und die Stadt hatten nach § 16 „ihren Gerichtsstand vor dem Obergerichte der Provinz."

---

[192] In einem Schreiben der Regierung in Stade vom 3. September 1799 wird auf bestehende „Irrungen" Bezug genommen: StadtA Stade Fach 6 Nr. 7a; s. o. 2.4.; zu Kompetenzkonflikten aus dem Jahre 1830 in: StadtA Stade Fach 6 Nr. 6 und Nr. 7b sowie StaatsA Stade Rep. 80 H Titel 15 Nr. 3.
[193] Köbler, S. 173 und 175.
[194] S. o. 4.2.3.7.2.

Die Verfassungsurkunde für die Stadt Buxtehude[195] folgte unmittelbar danach am 2. September 1824 und sie nahm in ihrem Vorwort auf die Stader Verfassung Bezug[196]. Der Text wich hinsichtlich der städtischen Gerichtsbarkeit, die im Kapitel II, §§ 15 bis 29, geregelt war, von dem in der Stader Verfassung nur in wenigen Punkten ab. Hierzu gehörte die Besetzung des Gerichts. Nach § 15 bestand das Stadtgericht

> „aus dem Bürgermeister als Dirigenten, dem Stadt-Richter und dem Syndicus, welcher zugleich Secretair ist."

Die Stadt Verden mag als Beispiel für die hier noch im Jahr 1830 bestehende Aufsplitterung der Gerichtszuständigkeiten angeführt werden. Dort unterlagen 558 Häuser der Gerichtsbarkeit des Stadtgerichts, 58 Häuser der Structur zu Verden, 14 Häuser der Justizkanzlei in Stade und 10 Häuser dem Amt Verden[197]. Erst im folgenden Jahr wurde die in der Stadt bestehende gemischte Gerichtsbarkeit aufgehoben[198].

Eine eigene Verfassung erhielt in den Herzogtümern auch der Flecken Bederkesa[199], ohne dass seine rechtliche Stellung im Verhältnis zum Landesherrn bzw. der Landdrostei dadurch im Kern verändert wurde. § 12 der Verfassung bestimmte nämlich:

> „Der Fleckens-Magistrat steht zunächst unter dem Amte Bederkesa und hat unter Aufsicht desselben alle inneren Angelegenheiten des Fleckens ausschließlich zu besorgen und dessen Bestes wahrzunehmen."

Dem Magistrat stand allein die „Befugniß in Polizei-Strafsachen ... nach dem Herkommen" (§ 16) zu, eine weitergehende eigene Gerichtsbarkeit übte er nicht aus.

---

[195] GS 1824, Abt. III, S. 229.
[196] „... festzustellen, wie solches in anderen Städten des Königreichs, und namentlich auch in der Stadt Stade, verfügt worden ist."
[197] Nerger, Geschichte, S. 183.
[198] GS 1831 Abt. III, S. 8.
[199] „Verfassungs-Urkunde für den Flecken Bederkesa" vom 26. September 1840, GS 1840 Abt. III, S. 43; dort auch die folgenden Zitate.

5.2.2.2.4 Die Untergerichtsordnung von 1827

Mit Kgl. Patent vom 5. Oktober 1827[200] wurden für nahezu das gesamte Königreich eine Untergerichtsordnung sowie eine Sporteltaxe eingeführt, die zum 1. Januar 1828 in Kraft treten sollten[201]. Damit wäre in den Herzogtümern die bisherige Untergerichtsordnung von 1753[202] abgelöst sowie die verschiedenen bestehenden Sporteln- und Gebührentaxen ersetzt worden[203]. Entgegen dem Text des Patentes trat jedoch allein die Sporteltaxe wie beabsichtigt zum 1. Januar 1828 in Kraft, die neue Untergerichtsordnung im Alten Land, in dem Land Kehdingen sowie dem Land Hadeln aber erst zum 1. Juli 1831[204], ohne dass im einzelnen Gründe hierfür zu erkennen sind. Die

---

200 „Patent, die Einführung der Proceß-Ordnung und Sporteln-Taxe für die Unter-Gerichte im Königreiche Hannover, mit einstweiliger Ausnahme von Ostfriesland und Lingen, betreffend", GS 1827 Abt. I, S. 111. In der Präambel des Patents wurden die bisherigen Mißstände der Zivilverfahren nur angedeutet, aber nicht benannt: „Nachdem Wir in Erwägung der vielen Nachtheile, welche der Mangel bestimmter und vollständiger Vorschriften über das gerichtliche Verfahren bei den Unter-Gerichten mit sich führt, allergnädigst beschlossen haben, behuf Begründung einer mehreren Gleichförmigkeit und zweckmäßigen Abkürzung desselben, eine Proceß-Ordnung und Gebühren-Taxe für die sämmtlichen Unter-Gerichte Unseres Königreichs – wie wohl unter einstweiliger Ausnahme des Fürstenthums Ostfriesland und der Niederen Grafschaft Lingen – zu erlassen und über den desfallsigen Gesetzes-Entwurf das rathsame Gutachten Unserer getreuen Stände erstattet ist: so verordnen Wir nunmehr allergnädigst:"

201 Das Patent sowie die Prozeßordnung und die Sporteltaxe sind auch außerhalb der Gesetzessammlung separat als Broschüre gedruckt worden, ein Exemplar dieser Ausgabe befindet sich in StaatsA Stade Rep. 23a Nr. 178.

202 S. o. 2.3.2.2.

203 Unter I. des Kgl. Patentes vom 5. Oktober 1827 hieß es deshalb: „Die nachstehende Proceß- und Sporteln-Ordnung für die Unter-Gerichte Unseres Königreichs, die im Fürstenthume Ostfriesland und in der Niederen Grafschaft Lingen jedoch ausgenommen, gesetzliche Kraft haben, und es werden mithin von solchem Zeitpuncte an alle bis jetzt geltenden provinziellen oder örtlichen Gesetzgebungen und Vorschriften für die Unter-Gerichte über das Verfahren in bürgerlichen Rechtsstreitigkeiten und die dabei eintretenden Gebühren der Gerichte und Gerichts-Unterbedienten für aufgehoben hierdurch erklärt."

204 „Da einige in dem Lande Hadeln, desgleichen in den Bezirken der Gräfengerichte des Alten Landes und Landes Kehdingen noch zu treffende Einrichtungen es erforderlich machen, den Termin der Einführung der von Uns unterm 5ten October d. J. vorgeschriebenen Untergerichts-Proceß-Ordnung in den vorerwähnten Landestheilen annoch auf kurze Zeit hinauszusetzen: so wollen Wir hiedurch für die obengenannten Gebietstheile den Termin, an welchem daselbst Unsere Untergerichts-Proceß-Ordnung eingeführt werden soll, hiedurch ausnahmsweise auf den 1sten Junius künftigen Jahres 1828 bestimmen", so die Begründung in der „Verordnung, die Hinaussetzung des Termins der Einführung der Untergerichts-Proceß-Ordnung in den Landestheilen Land Hadeln, Alte Land und Land Kehdingen betreffend" vom 14. Dezember 1827, GS 1827 Abt. III, S. 243; weitere Verlängerungen erfolgten mit der „Verordnung, die weitere Verlängerung des Termins zur Einführung der Untergerichts-Proceß-Ordnung und Sporteln-Taxe in dem Lande Hadeln, dem Alten-Lande

bereits anhängigen Verfahren waren nach dem alten Recht zu beenden, so dass zumindest zeitweilig zwei Verfahrensordnungen in Zivilsachen parallel anzuwenden waren[205]. Die Sportelordnung[206] enthielt Regelungen zu den Gebühren der streitigen wie der freiwilligen Gerichtsbarkeit wie auch der in Strafsachen und zu den „Gebühren der Gerichts-Unterbedienten." Die Prozeßordnung regelte in sechs Abschnitten mit zusammen 209 Normen Gebiete der Gerichtsverfassung im ersten Teil, das Verfahren der Untergerichte im zweiten Teil, die „summarischen Prozesse", wie Arrest und einstweilige Verfügungen, im dritten Teil, die Rechtsmittel im vierten, die Vollstreckung im fünften Teil und schließlich das Konkursverfahren im sechsten Teil[207]. Es war damit eine umfassende Grundlage für den gesamten Zivilprozeß der Untergerichte geschaffen worden.

5.2.3 Zum materiellen Recht

5.2.3.1 Einzelverordnungen

In Strafverfahren war die Versendung der Akten an Juristenfakultäten unter Bezugnahme auf die Verordnung vom 22. Dezember 1822 mit Verordnung vom 5. August 1824[208] zur Klarstellung als unzulässig festgelegt worden. Gleichwohl wurde unter dem 30. November 1835 ein Bundesbeschluß veröffentlicht, der für das Gebiet des Deutschen Bundes die Aktenverschickung zum 1. Januar 1837

---

und dem Lande Kehdingen betreffend" vom 18. Juni 1830, GS 1830 Abt. I S. 164 (wortgleich in GS 1830 Abt. III, S. 138); ferner schließlich in der „Verordnung, eine weitere Verlängerung des Termins zur Einführung der Untergerichts-Proceß-Ordnung und Sporteln-Taxe in dem Alten-Lande, dem Lande Kehdingen und dem Lande Hadeln betreffend" vom 21. Dezember 1830, GS 1830 Abt. I, S. 254.

[205] Unter II. der Präambel des Kgl. Patentes vom 5. Oktober 1827 hieß es: „Die vor dem 1sten Januar 1828 bereits anhängig gewesenen Processe sind hinsichtlich der Instanz, in welcher sich selbige dann befinden, und der Rechtsmittel, die vor dem 1sten Januar 1828 bereits erwählt worden, nach den vor dem gedachten 1sten Januar geltend gewesenen Proceß-Normen auch ferner zu verhandeln."

[206] „Sportel-Ordnung für die Unter-Gerichte des Königreichs Hannover", GS 1827 Abt. I, S. 221.

[207] „Proceß-Ordnung für die Unter-Gerichte des Königreichs Hannover" mit den sechs Anhängen: „A. Warnung vor dem Meineide. B. Eides-Formeln für Zeugen, Sachverständige und Schätzer. C. Form des Juden-Eides. D. Vorschrift der Oberappellations-Gerichts-Ordnung über die Immission in Grundstücke. E. Vorschrift der Oberappellations-Gerichts-Ordnung über die Execution in Lehn- oder Meier-Güter. F. Manifestations-Eid und Eides-Formeln für Curatoren in Concursen.", GS 1827 Abt. I, S. 113.

[208] GS 1824 Abt. I, S. 435.

beendete[209]. Für den Vollzug wurde bestimmt, dass schwangere Verurteilte erst nach der Geburt des Kindes in den Vollzug einzuliefern seien[210].

Mit Bekanntmachung der Landdrostei in Stade vom 8. Januar 1824[211] wurde verfügt, dass Gesuche um Erteilung der Volljährigkeit ausschließlich beim Ministerium, „und zwar beim Justiz-Departement" anzubringen seien, das auch die Resolutionen erlasse. Hier war wohl nur auf einen seit langem unveränderten Rechtszustand hingewiesen worden, der erneut zur Kenntnis gebracht werden sollte. Für den Fall des Konkurses der Dienstherren waren die Bedienten ohne Vorrechte hinsichtlich ihres Lohnes, was mit Verordnung vom 30. Juli 1830[212] geändert wurde, möglicherweise auch ein Einfluß der Unruhen in Frankreich. Allerdings wurde im gleichen Jahr auch das dinglich gesicherte Absonderungsrecht im Konkurs neu geregelt, was schwerlich mit den französischen Zuständen in einen Zusammenhang gebracht werden kann[213]. Die Ablösung der Lehnsrechte erfolgte in Ausführung des § 29 des Staatsgrundgesetzes und bedeutete einen erheblichen Schritt in eine nachfeudale Zeit[214]. Das Bewußtsein von einer notwendigen Trennung der Justiz von der Verwaltung scheint im Königreich Hannover noch nicht vorhanden gewesen zu sein. Mit einem Ausschreiben des Justizministeriums vom 6. Mai 1836[215] wurden nämlich die Gerichte angehalten, Steuerstrafsachen beschleunigt zu verhandeln und zu entscheiden:

> „Insbesondere erwarten Wir, daß dazu auch von Seiten der Ober-Gerichte durch die möglichst zu fördernde Erledigung der gegen die Entscheidungen der Steuer-Gerichte

[209] „Publication des Bundes-Beschlusses vom 5ten November 1835, betreffend das Verbot der Acten-Verschickungen in Polizei- und Criminal-Sachen" vom 30. November 1835, GS 1835 Abt. I, S. 301.

[210] „Allgemeines Ausschreiben des Königlichen Cabinets-Ministerii, wegen Nichtablieferung schwangerer Frauenspersonen in die Zucht-Häuser" vom 17. Mai 1830, GS 1830 Abt. II, S. 17.

[211] GS 1824 Abt. III, S. 20.

[212] „Verordnung für die Provinzen des Königreichs in welchen das gemeine Recht gilt, die Collocation des rückständigen Liedlohns im Concurse betreffend" vom 30. Juli 1830, GS 1830 Abt. I, S. 219.

[213] „Verordnung für die Provinzen, in welchen das gemeine Recht gilt, das bei Concursen der Gläubiger angenommene Absonderungsrecht aus hypothecarischen Forderungen (jus separationis ex jure crediti seu hypothecario) betreffend" vom 21. November 1830, GS 1830 Abt. I, S. 245.

[214] „Gesetz über die Ablösbarkeit des Lehns-Verbandes, die Verhältnisse bleibender Lehne und die Errichtung von Familien-Fideicommisen" vom 13. April 1836, GS 1836 Abt. I, S. 33.

[215] „Ausschreiben des Königlichen Justiz-Ministerii an die sämmtlichen Gerichte des Königreichs, die genaue Befolgung der über die Untersuchung und Bestrafung der Steuer-Contraventionen bestehenden gesetzlichen Vorschriften betreffend" vom 6. Mai 1836, GS 1836 Abt. II, S. 3.

ergriffenen Recurse und der Beschwerden und Untersuchungen über Statt gefundene Widersetzlichkeiten beigetragen werde, ..."

5.2.3.2 Zum Strafrecht

Das Kriminalgesetzbuch von 1840[216] sowie die neue Prozeßordnung für das Strafverfahren[217] brachten erhebliche Neuerungen für die Strafjustiz und materiellrechtlich auch den endgültigen Abschied von der „Carolina", nachdem die „Criminal-Instruction" von 1748[218] nur einen Schritt in diese Richtung getan hatte. Zudem wurde erstmalig ein Rechtsmittel gegen die Erkenntnisse der Justizkanzlei bei Verhängung von Todes-, Ketten- und Zuchthausstrafen eingeführt, das an das Oberappellationsgericht ging.

Das 15. Kapitel („Von strafbaren Dienstverletzungen der öffentlichen Beamten") beschäftigte sich nicht nur allgemein mit Verfehlungen der Beamten, sondern in fünf Normen speziell mit dienstlichen Vergehen der Richter. So war die Entlassung aus dem Dienst vorgesehen für Richter, die wissentlich einen Unschuldigen einem Verfahren aussetzen, dies galt jedoch dann nicht, wenn „aus Übereilung" verfahren wurde, also bei blindem Eifer, hier war nur eine disziplinarische Ahndung möglich (§ 343). In gleicher Weise wurde bei Richtern differenziert, wenn sie nach Eingang eines Entlassungsbefehls einen Gefangenen länger als 48 Stunden noch in Haft hielten (§ 346). Bei Mißhandlung der Beschuldigten oder auch von Zeugen durch den Inquirenten war abzustellen auf das Ausmaß der Mißhandlung, so dass die Rechtsfolgen zwischen disziplinarischer Ahndung und Entlassung lagen (§§ 347 und 348). Wenn ein Richter wissentlich einen Unschuldigen verurteilte oder unberechtigt in Vollzug nahm, war er nicht nur zu entlassen, sondern zudem mit Strafe zu belegen (§§ 351 und 352). Die Rechtsbeugung nach § 354 war immer mit

[216] „Criminalgesetzbuch für das Königreich Hannover" vom 8. August 1840, GS 1840 Abt. I, S. 195, das gemäß Patent vom gleichen Tag (GS 1840 Abt. I, S. 193) zum 1. November 1840 in Kraft trat. Dieses Patent enthielt zudem Übergangs- und Ausnahmevorschriften, letztere insbesondere für die Angehörigen des Militärs und der Universität Göttingen. Dabei sah § 6 des Patentes eine Übergangsregelung vor, die sinngemäß heute noch gilt: „... sind von dem 1sten November 1840 an alle zur Entscheidung kommende peinliche Fälle nach dem neuen Criminalgesetzbuche zu beurtheilen, auch wenn die zu strafenden Verbrechen vor dem gedachten Tage begangen sind. Nur wenn ein früher verübtes Verbrechen durch die Gesetze, welche zur Zeit seiner Begehung galten, mit einer gelindern Strafe bedrohet war, als durch das neue Criminalgesetzbuch, kommen jene früheren Gesetze annoch zur Anwendung."

[217] „Gesetz über das gerichtliche Verfahren in Criminalsachen" vom 8. September 1840, GS 1840 Abt. I, S. 347; damit wurden die prozessualen Regelungen der „Criminal-Instruction" für die Herzogtümer von 1748 abgelöst, s. o. 2.3.3.5.

[218] S. o. 2.3.3.5.

Entlassung und Freiheitsstrafe belegt. Für Mitglieder der Obergerichte und solche Richter, die „zugleich untersuchende sind," war bei leichten Vergehen die disziplinarische Ahndung vorgesehen, die aber bis zur Entlassung führen konnte, wenn es sich um einen Beschuldigten in Haft handelte, was überhaupt ein Erschwernisgrund bei den zu verhängenden Maßnahmen war (§ 345)[219]. Für alle öffentlichen Bedienten galt zudem, dass sie entlassen werden konnten, wenn sie ein „gemeines Verbrechen" begingen, das „von der Beschaffenheit ist, daß der Schuldige dadurch derjenigen Achtung und des Zutrauens verlustig wird, welche bei der Ausübung des Amts erforderlich sind" (§ 372).

Demgegenüber galten daneben noch Regeln des 18. Jahrhunderts bei der Ahndung von Übertretungen. Ein Ausschreiben der Königlichen Landdrostei in Stade vom 19. April 1836[220] nahm bei Verfahren gegen Wirte und „Säufer" Bezug auf die bestehenden Wrogenprinzipien. Insgesamt war diese Zeit gekennzeichnet durch den Übergang in neue Rechtsformen, bei dem die alten erst allmählich verschwanden.

5.3 Antworten auf die erstarkende demokratische Bewegung

5.3.1 Allgemeiner Überblick

Es ist ersichtlich, dass im Gefolge der Unruhen in Frankreich auch die Herzogtümer hiervon erfaßt wurden, denn nach einem Bericht der Königlichen Landdrostei vom 1. Juni 1840[221] hatte am gleichen Tage in Nienstäden in Kehdingen[222] eine Versammlung stattgefunden, die mit einer Resolution geendet hatte, der folgendes vorangestellt war:

---

[219] § 345 Abs. 4 lautete: „Bei Anwendung der Bestimmungen dieses Artikels gereicht es überhaupt zur Erschwerung, wenn eine Untersuchung gegen Verhaftete vernachlässigt, und in noch höherem Grade, wenn die von diesen verwirkte Strafe so gering ist, daß ihnen nicht durch Strafmilderung ... für die verlängerte Haft ein Ersatz gegeben werden kann." Dies entspricht im wesentlichen dem heute geltenden Beschleunigungsgebot in der Bearbeitung von Haftsachen.

[220] „Ausschreiben der Königlichen Land-Drostei zu Stade an sämmtliche Obrigkeiten des Landdrostei-Bezirks, betreffend die polizeiliche Aufsicht über die Wirthshäuser und das Verfahren gegen Säufer" vom 19. April 1836, GS 1836 Abt. III, S. 59.

[221] StaatsA Stade Rep. 74 Freiburg Nr. 143.

[222] Zu den Verfassungsstreitigkeiten in Kehdingen dieser Zeit im einzelnen bei Tilman Humburg, Kehdingen im Hannoverschen Verfassungsstreit (1833 – 1841), Stader Jahrbuch 1983 (73), S. 70 - 86.

„An die Freiheitsmänner zu Hannover / Zur Erinnerung an den 19. Mai 1840
Von einem Liberalen (als Manuskript für Freunde)
Motto
Ich will kein Fürstendiener sein / Ich will ein Jakobiner sein"[223]

Hiermit hatte die Landdrostei an das „Königliche Grefengericht Land Kehdingen-Bützfleth" einen Bericht gesandt, der insgesamt 30 Namen von Teilnehmern enthielt, ohne dass allerdings der Ausgang dieses Vorfalls aus den vorhandenen Akten zu erkennen ist. Der hier zu Tage tretende „vormärzliche Zeitgeist" scheint mir im Hinblick auf die Justiz in einem Beitrag Robert Blums in den „Sächsischen Vaterlandsblättern" vom 11. Dezember 1841 sehr deutlich zum Ausdruck zu kommen, auch wenn es sich um eine möglicherweise polemisch überspitzte Formulierung[224] handelt:

„Was helfen die freisinnigsten Grundsätze in der Verfassungsurkunde, wenn ein jeder, auch der rechtlichste Bürger, nach der Laune des Richters in eine Criminaluntersuchung, in eine oft zwei-, ja dreijährige Untersuchung verwickelt werden kann, obgleich er am Ende freigesprochen wird; wenn er, nach der Willkür des Richters, seiner persönlichen Freiheit beraubt, verhaftet, eingekerkert werden kann, ein, zwei lange schreckliche Jahre, entfernt von seiner hungernden Familie im Kerker schmachten muß und endlich für unschuldig erklärt wird; wenn er im Verhöre vom Criminalrichter schimpflich behandelt, gepeinigt, geprügelt werden kann, ohne daß irgend Jemand etwas davon erfährt ...?"[225]

Im Königreich Hannover wurde in der Folgezeit von den konservativen Kabinetten v. Schele und v. Falcke[226] in eher negativer Weise reagiert: Am 25. Mai 1847 wurden sowohl ein neues Polizeistrafgesetz[227] wie ein neues Forststrafgesetz[228] verkündet, zu denen am 7. Dezember 1847 Ausführungsbestimmungen[229] folgten. Am 4. Dezember 1847[230] war eine neue Zivilprozeßordnung erlassen worden, die zum 1. Mai 1848 in Kraft treten sollte.

---

[223] StaatsA Stade Rep. 74 Freiburg Nr. 143, Bl. 210.
[224] Allerdings seien Richter und Beamte „Vollstecker restaurativen Staatswillens" gewesen, so Hattenhauer, S. 109.
[225] Sächsische Vaterlandsblätter I 173 vom 11. Dezember 1841, S. 741; zitiert nach: Hans-Eckhard Dannenberg, Publizistik und Parteibildung bei Robert Blum, phil. Diss., Hannover 1991, S. 93.
[226] Georg Friedrich v. Falcke geb. 1783, gest. 1850, von 1825 – 1828 Direktor der Justizkanzlei und des Hofgerichts in Stade (s. o. 5.2.2.1.2), danach im Außenministerium tätig und von 1844 – 1848 Leiter des Gesamtministeriums, nach Haasemann, Stader Jahrbuch 1929, S. 61ff..
[227] „Polizeistrafgesetz für das Königreich Hannover", GS 1847 Abt. I, S. 111.
[228] „Forststrafgesetz für das Königreich Hannover", GS 1847 Abt. I, S. 151.
[229] „Ausschreiben des Königlichen Ministeriums des Innern, das an die Stelle der Anzeigegebühren in Polizeistrafsachen tretende Strafdrittel betreffend", GS 1847 Abt. II, S. 3.
[230] „Patent, die Einführung einer allgemeinen bürgerlichen Proceßordnung für das Königreich Hannover betreffend", GS 1847 Abt. I, S. 383.

Diese Gesetze verschärften die Situation im Lande, weil sie statt einer von vielen erwarteten freiheitlicheren Regelung vielmehr repressiver waren als der vorherige Zustand. Zudem bediente sich die Regierung „sehr scharf"[231] der Zensur; sie griff dazu auf ein Edikt von 1705 zurück, das alle Äußerungen verbot, die „gegen Staat, Religion und gute Sitten" gerichtet waren. Darin kann geradezu ein Freibrief für staatliches Handeln fast jedweder repressiven Art gesehen werden. Die Forderung nach Pressefreiheit stand deshalb zu dieser Zeit in der hannoverschen Öffentlichkeit im Vordergrund[232].

Nachdem es Mitte März 1848 zu Demonstrationen in Hannover und zu blutigen Zusammenstößen in Berlin gekommen war, wurde am 18. März 1848 die Zensur aufgehoben[233] und bereits am 22. März 1848 eine neue Regierung unter v. Bennigsen einberufen[234]. Zu den Unruhen im Land erließ das neue Königliche Gesamtministerium am 2. April 1848 eine „Warnung ... die in einzelnen Landesteilen stattgehabten Ruhestörungen betreffend."[235] Beigefügt war, jedenfalls nach der hiesigen Aktenlage, für „sämtliche Obrigkeiten des Landes" ein Blatt „Extra-Beilage zu Nr. 32 der Lüneburgischen Anzeigen."[236]

5.3.2 Auswirkungen auf die Justiz

Das Justizressort der neuen Regierung hatte der zuvor in Stade tätig gewesene Otto Albrecht v. Düring übernommen. Zu einer der frühesten Handlungen dieser Regierung im Bereich der Justiz, nämlich schon vom 28. März, gehörte das Verlangen nach Suspendierung der ZPO von 1847, dem die Stände am 17. April zustimmten. Daraufhin wurde bereits am 22. April 1848 ein entsprechendes Gesetz verkündet[237]. Am 10. Mai folgte ein Gesetzentwurf über die Aufhebung des privilegierten Gerichtsstandes, dem die Stände am 21. Juni zustimmten. Mit

231 Huber, Band 2, S. 538.
232 Huber, Band 2, S. 538.
233 Das „Preßgesetz" vom 27. April 1848 stellte in § 1 fest: „Die Censur der Erzeugnisse der Presse wird aufgehoben", GS 1848 Abt. I, S. 136.
234 GS 1848 Abt. I, S.71: „Proclamation des Königs"; GS 1848 Abt. I, S. 79: Auflösung des bisherigen Kabinetts.
235 GS 1848 Abt. I, S. 91; StaatsA Stade Rep. 74 Freiburg Nr. 143.
236 StaatsA Stade Rep. 74 Freiburg Nr. 143.
237 Das „Gesetz, die Beseitigung der allgemeinen bürgerlichen Proceßordnung vom 4ten December 1847 betreffend" enthielt lediglich die beiden Sätze: „Wir finden Uns, nach vorgängiger verfassungsmäßig erfolgter Zustimmung Unserer getreuen Stände bewogen, hiedurch zu verkünden: daß die am 4ten December 1847 von Uns erlassene allgemeine bürgerliche Proceßordnung und deren das Concursverfahren betreffender Anhang mit dem 1sten Mai d. J. n i c h t in Anwendung kommen soll. Wir gebieten Allen, welche es angeht, sich hienach gebührend zu achten", GS 1848 Abt. I, S. 133.

dem Gesetz vom 18. August 1848[238] über die Aufhebung des befreiten Gerichtsstandes wurde damit eine weitere Beschränkung im Zugang zu den Gerichten abgeschafft. In seinem § 11 war eine Ausnahme für das Land Hadeln verfügt worden[239].

Am 1. Juli 1848[240] wurde ein neues Gesetz zum Polizeistrafverfahren erlassen, das das genannte Gesetz vom 19. November 1840[241] erheblich abänderte. Dies betraf zum einen den befreiten Gerichtsstand, der entfiel, sowie zum anderen die Rechtsmittel, die statt von der Landdrostei nunmehr von der jeweiligen Justizkanzlei zu entscheiden waren. Die dritte Instanz bildete nicht mehr das Ministerium des Innern, sondern das Oberappellationsgericht, so dass es sich bei der Verfolgung der Polizeivergehen um ein jetzt weitgehend justizförmiges Verfahren handelte. Schließlich wurde am 5. September 1848[242] das Landesverfassungsgesetz geändert, indem faktisch zum Rechtszustand der Zeit vor 1837 zurückgekehrt wurde. Für das hier zu behandelnde Thema enthielten wichtige Regelungen § 9, der den bisherigen § 36 aufhob, und § 10, der den bisherigen § 40 ersetzte:

„§ 9
Die Gerichtsverfassung soll nach den Grundsätzen
der Trennung der Rechtspflege von der Verwaltung,
der Aufhebung des bevorzugten Gerichtsstandes,
der Mündlichkeit und Öffentlichkeit in bürgerlichen und peinlichen Sachen,
der Einführung von Schwurgerichten in letzteren gesetzlich geregelt werden.
§ 10
Die Gerichte sind befugt, über die Grenzen ihrer Zuständigkeit selbst zu entscheiden.
Verwaltungsmaßregeln, welche von den Verwaltungsbehörden i n n e r h a l b der Grenzen ihrer Zuständigkeit vorgenommen worden sind, können von den Gerichten nicht aufgehoben werden. Es kann aber in einem solchen Falle der etwaige Anspruch auf Entschädigung bei den Gerichten geltend gemacht werden. Verwaltungsmaßregeln, welche von den Verwaltungsbehörden a u ß e r h a l b der Grenzen ihrer Zuständigkeit vorgenommen sind, können auf Antrag des dadurch in seinen Rechten Verletzten durch die Gerichte aufgehoben werden. Daneben kann von denselben geeigneten Falls auf

---

238 „Gesetz, die Aufhebung des befreiten Gerichtsstandes betreffend“, GS 1848 Abt. I, S. 229; Bekanntmachung hierzu GS 1848 Abt. I, S. 236. Nach dieser Bekanntmachung waren im Bezirk der Landdrostei Stade 43 Untergerichte betroffen. Die letzte Ausführungsbestimmung zu § 3 dieses Gesetzes erfolgte am 31. März 1851 (GS 1851 Abt. III, S. 5) und betraf das Amt Münden und das Stadtgericht zu Dransfeld, beide außerhalb der Herzogtümer.

239 § 11 lautete: „Im Lande Hadeln verbleibt es bis zur demnächstigen Revision der dortigen Gerichtsverfassung bei der bisherigen Zuständigkeit der Gerichte.“

240 „Gesetz, das Verfahren in Polizeistrafsachen betreffend“, GS 1848 Abt. I, S. 173.

241 S. o. 5.2.2.1.6.

242 „Gesetz, verschiedene Änderungen des Landesverfassungs-Gesetzes betreffend“, GS 1848 Abt. I, S. 261; gesperrter Druck im folgenden Zitat auch im Original.

Schadensersatz erkannt werden. Bei Entscheidung über die Zuständigkeit soll für die Berufung an die Obergerichte eine Appellationssumme nicht erforderlich sein.“

Letztlich entsprach die geplante Gerichtsverfassung den Normen der nie in Kraft getretenen Frankfurter Reichsverfassung von 1849. Deren §§ 175 und 177 lauteten:

„Die richterliche Gewalt wird selbständig von den Gerichten ausgeübt. Kabinetts- und Ministerialjustiz ist unstatthaft. Niemand darf seinem gesetzlichen Richter entzogen werden. Ausnahmegerichte sollen nicht stattfinden. Kein Richter darf, außer durch Urteil und Recht, von seinem Amt entfernt oder an Rang und Gehalt beeinträchtigt werden. Suspension darf nicht ohne gerichtlichen Beschluß erfolgen. Kein Richter darf wider seinen Willen, außer durch gerichtlichen Beschluß in den durch das Gesetz bestimmten Fällen und Formen, zu einer andern Stelle versetzt oder in Ruhestand gesetzt werden.“[243]

Der § 182 dieser Verfassung setzte ein weiteres wichtiges Zeichen auf dem Weg zum Rechtsstaat[244]:

„Rechtspflege und Verwaltung sollen getrennt und voneinander unabhängig sein.“

Auch dieser Programmsatz sollte bereits 1852 im Königreich Hannover verwirklicht werden.

Zum Strafverfahren und seinen wohl auch für die damaligen Zeitgenossen überraschend schnellen Wechsel der Rechtsgrundlagen äußerte sich der Göttinger Professor Zachariä wie folgt:

„Je unerwarteter und für die Mehrzahl der deutschen Länder ohne alle Vorbereitung der Wendepunkt in den Grundlagen und der Gestaltung des Strafverfahrens eingetreten ist, desto mehr wird es eines eifrigen und einträchtigen Zusammenwirkens von Theorie und Praxis bedürfen, um das reformirte Strafverfahren zu einer den Zwecken der Gerechtigkeit und dem deutschen Nationalgeiste entsprechenden Entwickelung zu bringen. Vor allen Dingen ist dahin zu streben, daß wir das Gute, was wir in dem an so großen Gebrechen leidenden gemeinen deutschen Strafproceß hatten und resp. noch besitzen, möglichst festzuhalten suchen und uns zugleich bemühen, für eine zweite Periode der Reform (nachdem vermöge der in der ersten gebotenen Eile nach dem zunächst liegenden

243 Diese beiden Normen enthalten den „vollkommensten Ausdruck“ der richterlichen Unabhängigkeit, so Simon, S. 6. Sachlich übereinstimmend haben die Weimarer Reichsverfassung in Art. 102 und das Grundgesetz in Art. 97 Abs. 1 diese Aussage übernommen, in beiden Artikeln heißt es gleichlautend: „Die Richter sind unabhängig und nur dem Gesetz unterworfen.“

244 Nach Gustav Radbruch, Die Frankfurter Grundrechte, in: Wilhelm Keil (Hrsg.), Deutschland 1848 – 1948. Stuttgart 1948, S. 83, ist dieser Begriff in den Verhandlungen der Paulskirche geprägt worden; anders Kern, S. 57: danach wurde dieser Begriff bereits zum Anfang des 19. Jahrhunderts geprägt, s.o. 5.1.1.

Musterbilde des französich-rheinischen Strafprocesses gegriffen werden mußte) theils die sich täglich erneuernden Erfahrungen der Praxis zu sammeln, theils in der Theorie mit deutscher Wissenschaftlichkeit und Sorgfalt die Principien und die sich darbietenden Gegensätze zu entwickeln und zu immer klarerer Anschauung zu bringen."[245]

Die Gerichtsbarkeit der Konsistorien wurde durch das Gesetz vom 12. Juli 1848[246] aufgehoben, jedoch blieb sie nach § 3 dieses Gesetzes für das Land Hadeln bestehen. Die Aufgaben der streitigen und freiwilligen Gerichtsbarkeit gingen nach dessen § 1 „mit einstweiliger Ausnahme der Gerichtsbarkeit in Ehe- und Verlöbnissachen auf die weltlichen Untergerichte als Theil ihrer ordentlichen Gerichtsbarkeit über."

5.3.3 Die Bildung der Schwurgerichte

Am 24. Dezember 1849 wurde das Gesetz über die Bildung der Schwurgerichte[247], das nach dessen § 38 zum 1. Januar 1850 in Kraft treten sollte, verkündet. Ferner wurde am gleichen Tag das „Provisorische Gesetz, das mündlich-öffentliche Verfahren mit Geschworenen betreffend"[248], das nach dessen § 172 am 1. März 1850 in Kraft treten sollte, verkündet[249]. Bei letzterem handelte es sich um eine Verbindung von Gerichtsverfassungsgesetz und Strafprozeßordnung, das nur für eine Übergangszeit gedacht war, wie sich aus der Präambel ergibt:

> „Da die neue Strafproceßordnung erst mit der Umgestaltung der Gerichte ins Leben treten kann, Wir aber für angemessen erachten, daß schon vor diesem Zeitpuncte über schwere Straffälle, so wie über politische und Preßvergehen ein mündlich-öffentliches Verfahren mit Geschworenen Statt finde, so haben Wir in Betreff der Abänderungen, welche diese Reform sowohl hinsichtlich der Gerichtsverfassung, als des strafgerichtlichen Verfahrens erheischt, unter verfassungsmäßiger Zustimmung der allgemeinen Ständeversammlung beschlossen und verordnen ..."

---

245 H. A. Zachariä, Zur Kritik der hannoverschen Strafgesetzgebung, in: Magazin für hannoversches Recht, Göttingen 1851, Band I, S. 120.

246 GS 1848 Abt. I, S. 189; Ausführungsbestimmungen hierzu in der Bekanntmachung vom 20. Juli 1848, GS 1848 Abt. I, S. 191.

247 GS 1849 Abt. I, S. 211; in der GS 1849 Abt. I, S. 257 wurde dazu ausgeführt, dass es sich hierbei um ein „provisorisches" Gesetz gehandelt habe.

248 GS 1849 Abt. I, S. 219.

249 Die unterschiedlichen Daten des Inkrafttretens dieser beiden Gesetze lassen sich sachlich nicht nachvollziehen, zumal die organisatorischen Fragen erst mit Bekanntmachung vom 31. Januar 1850 geregelt wurden. Möglicherweise war der politische Druck derart groß, dass Schwurgerichte ungeachtet der erforderlichen Regelung zu ihrer Ausgestaltung im einzelnen zunächst einmal wirksam errichtet werden sollten; insoweit könnte ein Fall deklaratorischen Gesetzesvollzugs ohne Inhalt vorgelegen haben.

Die Schwurgerichtshöfe wurden gemäß § 6 dieses Gesetzes gebildet aus „fünf Richtern mit Einschluß des Präsidenten“ sowie einem Gerichtssekretär und zwölf Geschworenen. Der Präsident und die Richter wurden vom Präsidium des Oberappellationsgerichts entweder aus dessen Mitte oder aus den Mitgliedern der Justizkanzleien bestimmt, § 7. Die Zuständigkeit erstreckte sich gemäß § 14 auf alle strafbaren Handlungen, die mit einer schweren Strafe im Sinne des Art. 8 des Kriminalgesetzbuchs bedroht waren[250]. Die Schwurgerichte sollten alle drei Monate tagen, jedoch war eine häufigere Sitzung möglich, §§ 20, 21. Am Ende des Erkenntnisverfahrens standen der Wahrspruch der Geschworenen und schließlich das Endurteil des Gerichts. Daneben enthielt das Gesetz auch Regelungen über die Staatsanwaltschaft (§§ 1 bis 5), so dass am 1. März 1850 bei den Schwurgerichtshöfen Staatsanwaltschaften eingerichtet wurden. Damit wurden die tiefgreifendsten Änderungen im Verfahren und in der Gerichtsstruktur überhaupt bewirkt, insbesondere wegen der Auswirkungen hinsichtlich der Öffentlichkeit. Denn ein vergleichbares mündlich-öffentliches Verfahren war zuvor im Königreich Hannover nur während der kurzen Zeit der französischen Besetzung von 1810 bis 1813 angewandt worden und ansonsten dem Recht in Hannover fremd gewesen.

Mit Bekanntmachung vom 31. Januar 1850[251] wurden detaillierte Regelungen zu den vor den Schwurgerichten zu verhandelnden Verfahren getroffen, wie bereits deren Gliederung erkennen läßt:

> „I. Von der Untersuchung der zur schwurgerichtlichen Verhandlung sich eignenden Sachen.
> II. Von der Bildung des Schwurgerichtshofes.
> III. Von der Vorbereitung der einzelnen Sachen zur schwurgerichtlichen Verhandlung.
> IV. Von der schwurgerichtlichen Verhandlung selbst.
> V. Nichtigkeitsbeschwerde und Wiederaufnahme der Untersuchung.
> VI. Schlußbestimmungen.“

Gemäß Abschnitt I wurden die Untersuchungsrichter angehalten, „sorgfältig zu prüfen ..., ob sie nach vollendeter General-Untersuchung genügende

---

[250] § 14 lautete: „Zur Zuständigkeit der Schwurgerichtshöfe gehören: alle strafbaren Handlungen, insofern auf Grund der durch die voraufgegangene Untersuchung ermittelten Umstände, unter Berücksichtigung sowohl der Strafzumessungs- als der Schärfungs- und Milderungsgründe eine schwere Strafe (Art. 8 des Criminal-Gesetzbuchs) als verwirkt sich darstellt.“ Art. 8 des Kriminalgesetzbuches lautete: „Die schweren Strafen sind folgende: 1) Todesstrafe, 2) Kettenstrafe, 3) Zuchthausstrafe, 4) Dienstentsetzung“, GS 1840 Abt. I, S. 195, 197.

[251] „Bekanntmachung des Königlichen Justiz-Ministeriums zu den provisorischen Gesetzen vom 24sten December 1849 über das öffentlich-mündliche Verfahren mit Geschworenen und über die Bildung der Schwurgerichte“ vom 31. Januar 1850, GS 1850 Abt. II, S. 1.

Veranlassung haben, mit der Special-Untersuchung gegen eine bestimmte Person vorzuschreiten," so dass dann der Weg zum Schwurgericht versperrt gewesen wäre. Insoweit verwies die Bekanntmachung ausdrücklich auf die Kapitel IV und VII der Kriminalinstruktion von 1736 bzw. für die Herzogtümer von 1748. Abschnitt II regelte die erstmalige Bildung der Schwurgerichte. Zur Sitzung des Oberappellationsgerichts, in dem die Präsidenten und Vizepräsidenten der Schwurgerichtshöfe zu bestimmen waren, mußte der Leiter der Staatsanwaltschaft eingeladen werden. Seine Anträge waren „entgegenzunehmen und in Berathung zu ziehen. Ein Stimmrecht gebührt indessen nur den Mitgliedern des Präsidiums." Für die Bestimmung der ersten Sitzungstage und für die Ernennung der Mitglieder der Schwurgerichte waren Formulare als Anlage zur Bekanntmachung beigefügt. Gleiches galt für die Auslosung und Ernennung der Geschworenen. Abschnitt III betraf das Verfahren bis zum Beginn der Hauptverhandlung, insbesondere den jeweiligen Antrag des erkennenden Strafgerichts an das Oberappellationsgericht und dessen darauf zu erlassendes Verweisungsurteil an den zuständigen Schwurgerichtshof sowie die Aufgaben des Staatsanwaltes und die Zustellung der Anklageschrift. Nach Abschnitt IV waren für jede Schwurgerichtssache die Geschworenen auszulosen. Zudem war festgelegt, dass das Gericht während der Verhandlung sitzen durfte, jeder andere Teilnehmer am Verfahren sich für Wortmeldungen zu erheben habe. Eine Amtstracht war in § 40 der Bekanntmachung geregelt, deren Ausführung legte die Anlage 20 fest. Die Schwurgerichte begannen ihre Tätigkeit „unter lebhafter Anteilnahme der Öffentlichkeit"[252]; es wurde eigens eine neue Zeitschrift verlegt, die „Hannoversche Gerichtszeitung für Schwurgerichte", die allerdings nur für ein Jahr bestand[253].

Die Aufstellung der Urliste für die Geschworenen ist schon vor der Verabschiedung des Gesetzes vom 24. Dezember 1849, nämlich mit Ausschreiben der Landdrostei vom 20. Dezember 1849[254] den Obrigkeiten des Bezirks zur Aufgabe gemacht worden. Danach sollten die sogenannten „Capacitäten" gemäß § 1 Nr. 2 des dem Ausschreiben in Auszügen beigefügten „Entwurfe des Gesetzes wegen Bildung von Schwurgerichten"[255] sofort der Landdrostei auf einer als Formular beigefügten Liste[256] mitgeteilt werden. Die z. B. vom Amt Harsefeld erstellte Liste umfaßte drei „vermöge ihrer Bildung zum Amte eines Geschworenen befähigten Personen"[257], nämlich den „Doctor iuris

[252] Johann Wilhelm Knollmann, Die Einführung der Staatsanwaltschaft im Königreich Hannover. Studien zur Entstehung des reformierten Strafprozesses, Berlin 1994, S. 216.
[253] Knollmann, S. 216.
[254] StaatsA Stade Rep. 74 Harsefeld Nr. 340.
[255] StaatsA Stade Rep. 74 Harsefeld Nr. 340, als Anlage A dem Ausschreiben beigefügt.
[256] StaatsA Stade Rep. 74 Harsefeld Nr. 340, Bl. 32.
[257] Liste des Amtes Harsefeld vom 2. Januar 1850: StaatsA Stade Rep. 74 Harsefeld Nr. 340.

Diedrich Oltmanns, Doctor medicinae Simon Ludewig Rose, Apotheker Bernhard Schroeder.“ Weiterhin sollten die Höchstbesteuerten des Bezirks gemäß § 1 Nr. 1 des Gesetzes unverzüglich nach Eingang der von der Steuerverwaltung noch zu übersendenden Listen der Landdrostei mitgeteilt werden. Unmittelbar nach der Verkündung des Gesetzes[258] erging von der Landdrostei ein weiteres Ausschreiben[259], mit dem die Regelungen zur Wahl der Geschworenen mitgeteilt und die Ämter gleichzeitig aufgefordert wurden, eine vollständige Liste der für das Geschworenenamt geeigneten Personen bis zum 8. Januar 1850 der Landdrostei vorzulegen. Diese wohl nicht einzuhaltende Frist wurde mit weiterem Ausschreiben[260] dahin geändert, dass bis zum 15. Februar 1850 die Listen einzusenden seien. Beim Amt Harsefeld war jedoch bereits am 15. Januar 1850 eine solche Liste mit sechs Personen, drei aus jeder Gruppe, aufgestellt und anschließend in den Gemeinden des Amtes öffentlich bekanntgemacht worden, nachdem unter dem 12. Januar 1850 die Landdrostei mitgeteilt hatte, dass zu den höchstbesteuerten Personen nur diejenigen zu zählen seien, deren jährliche Steuer mehr als 40 Reichstaler betrage. Weil nach dem Gesetz nur ein Drittel der Personen aus beiden Gruppen zusammengenommen gewählt werden durfte, hatte der Amtmann am 2. Januar 1850 an die Landdrostei die Frage gestellt, wie zu verfahren sei, weil diese Zahl „sich nicht in 3 theilen läßt.“[261] Zu diesem Zeitpunkt befanden sich auf der Liste der Höchstbesteuerten noch der Amtmann Dodt sowie der Amtsassessor v. der Decken, die danach von der Liste gestrichen wurden, ohne dass ein Grund hierfür zu erkennen ist; möglicherweise war ihre jeweilige Funktion als Inhaber eines Staatsamtes ausschlaggebend. Hierauf wurde von der Landdrostei mitgeteilt, dass nach unten abzurunden sei, was jetzt, nach der Streichung, allerdings nicht mehr erforderlich war. Die Wahl von zwei Geschworenen erfolgte durch die acht örtlichen Bürgermeister des Amtsbezirks am 5. Februar 1850. Deren Wahl fiel auf den „Papierfabrikanten und Kornmüller“ Johann Asmus Winter aus Altkloster und den „Doctor iuris und Advocat“ Diedrich Oltmanns aus Harsefeld.

Erst nach dieser Wahl antwortete das Amt auf ein als „Vertraulich“ überschriebenes Schreiben des Justizkanzleidirektors vom 21. Januar 1850[262].

---

[258] GS 1849 Abt. I, S. 211, vom 24. Dezember 1849.

[259] Ausschreiben der Landdrostei vom 27. Dezember 1849: StaatsA Stade Rep. 74 Harsefeld Nr. 340.

[260] Ausschreiben der Landdrostei vom 11. Januar 1850: StaatsA Stade Rep. 74 Harsefeld Nr. 340.

[261] Schreiben des Amtmanns in Harsefeld vom 2. Januar 1850 an die Landdrostei: StaatsA Stade Rep. 74 Harsefeld Nr. 340.

[262] Schreiben des Justizkanzleidirektors v. Reichmeister an den Amtmann Dodt zu Harsefeld vom 21. Januar 1850: StaatsA Stade Rep. 74 Harsefeld Nr. 340.

Darin hatte dieser die Erwartung geäußert, wegen der von der Justizkanzlei aus den übersandten Listen auszuwählenden Geschworenen, „Kenntniß der einzelnen Persönlichkeiten“ zu erhalten. Dabei sollten vom Amtmann diejenigen benannt werden, „welche Sie Ihrer Ueberzeugung nach, wegen deren erprobten Einsicht und Ehrenhaftigkeit vorzugsweise für geeignet und würdig halten, als Geschworene über Schuld und Unschuld zu urtheilen.“ In der Antwort führte der Amtmann u.a. aus, dass aus der Gruppe der Höchstbesteuerten zwei Vollhöfner „sehr beschränkten Geistes“ seien und dass aus der Gruppe der „Capacitäten“ der Arzt und der Apotheker „empfindliche Nachteile“ für den Fall der Aufstellung als Geschworene erleiden würden[263].

Für die beiden folgenden Jahre sollen die Aufstellungen des Amtes wiedergegeben werden, weil sie im ersten Jahr der Geschworenenaufstellung in dieser Weise noch nicht aufgestellt worden waren. Das Ausschreiben für die Aufstellung der Urliste für das Jahr 1851 erging unter dem 18. Oktober 1850[264]. Auf diesem Ausschreiben vermerkte der Amtmann Dodt am 29. Oktober 1850 die fünf höchstbesteuerten Personen des Bezirks. Es waren dies

„1. Harsefeld,	v.d. Decken, Amtsassessor,	107	RThlr	10	Ggr.
2. „	G. Fr. Dodt, Amtmann,	80	„	10	„
3. „	Schlemm, Oeconom,	50	„	21	„
4. Wedel,	Johann Dede, Vollhöfner,	39	„	23	„
5. Altkloster	Joh. Asmus Winter, Fabrikant	65	„	23	„.“

Das „Verzeichnis derjenigen höchstbesteuerten Personen, männlichen Geschlechts, welche im obrigkeitlichen Bezirk des Königl. Amts Harsefeld ihren Wohnsitz haben und an directen Steuern insgesamt jährlich 40 RThlr oder mehr zahlen“ für die Geschworenenliste des Jahres 1852 wurde vom Amtmann Dodt am 14. Oktober 1851 aufgestellt und enthielt folgende Angaben:

„1. Harsefeld,	v.d. Decken, Amtsassessor,	107	RThlr	10	Ggr.
2. „	Dodt, Amtmann,	80	„	10	„
3. „	Louis Schlemm, Oeconom,	47	„	3	„
4. Altkloster	Joh. Asmus Winter, Fabrikant	87	„	7	„.
5. Wedel,	Johann Dede, Vollhöfner,	43	„	7	„ “

263 Schreiben des Amtmanns Dodt an den Justizkanzleidirektor vom 6. Februar 1850: StaatsA Stade Rep. 74 Harsefeld Nr. 340.

264 Ausschreiben der Landdrostei vom 18. Oktober 1850: StaatsA Stade Rep. 74 Harsefeld Nr. 340. Die folgenden Listen sind in der vorgenannten Quelle ebenfalls enthalten, eine Streichung der Beamten von der Liste ist jedoch nicht mehr zu erkennen, möglicherweise wurde dies von der Regierung in Stade gesondert vorgenommen.

Die Personen sind mithin identisch geblieben, nur die Steuerbeträge variierten, jedenfalls soweit es sich nicht um Staatsdiener handelte.

Mit den Schwurgerichten wurden „provisorische Staatsanwaltschaften" eingerichtet. Mit der oberen Leitung für das Königreich wurde ein Justizrat des Justizministeriums beauftragt. Bei jedem der sechs Obergerichte des Landes wurden Beamte „mit der Wahrnehmung der Geschäfte" beauftragt. In Stade waren dies der „Canzlei-Assessor von Düring" mit seinem Vertreter „Canzlei-Secretair Dr. Stakemann"[265].

5.3.4 Das Oberappellationsgericht

Im Verfahren des Oberappellationsgerichts wurden durch Gesetz vom 6. Februar 1843[266] mehrere Änderungen eingeführt, u.a. zu den Rechtsmitteln und zur Appellationssumme, die auf 600 Reichstaler festgesetzt wurde. Schließlich hob, als Folge der demokratischen Bewegung, das Gesetz vom 22. Juni 1848[267] „in Erwägung, daß der Unterschied der Geburt bei Besetzung der Staatsämter unberücksichtigt bleiben muß", die Aufteilung der Richterstellen beim Oberappellationsgericht in eine adelige und eine gelehrte Bank, die es seit seiner Gründung im Jahr 1711 gegeben hatte, auf.

5.3.5 Das Pupillenkollegium

Dieses Gericht wurde durch Ausschreiben der Justizkanzlei in Stade vom 7. Juli 1849[268] aufgehoben[269]. Die Aufgaben wurden wieder von den Untergerichten und Ämtern übernommen. Dadurch dürfte sich der genannte Streit mit den Städten[270] erledigt haben. Ob deren Beschwerde letztlich erfolgreich war oder ob die Aufhebung dieser Institution auf andere Gründe zurückzuführen ist, läßt sich nicht feststellen.

---

[265] Nach den Angaben im Staatskalender auf das Jahr 1850, S. 104; ebenso Knollmann, S. 185, dort sind auch die ersten Beamten dieses neuen Amtes im gesamten Königreich aufgelistet.

[266] GS 1843 Abt. I, S. 15.

[267] GS 1848 Abt. I, S. 165.

[268] „Ausschreiben der Königlichen Justiz-Canzlei zu Stade an sämmtliche Untergerichte des Bezirks, die erfolgte Aufhebung des Pupillen-Collegiums betreffend", GS 1849 Abt. III, S. 48.

[269] Eine vergleichbare Einrichtung gab es auch in den übrigen Landesteilen des Königreiches Hannover, die ebenso für den gleichen Zeitraum bestanden.

[270] S. o. 5.2.2.1.9.

5.3.6 Die unteren Verwaltungs- und Justizeinrichtungen

5.3.6.1 Grenzänderungen einzelner Gerichte

Auch wenn diese Zeit als revolutionär und eher mit „großen Würfen" in Verbindung gebracht wird, ergaben sich in der Gerichtsbarkeit der Herzogtümer auch ganz alltägliche kleine Veränderungen. So wurde am 10. Januar 1849 eine Bekanntmachung[271] verkündet, nach der der „Haasesche Garten vor dem Kehdinger Thore und die Schiffszimmerei vor dem Salzthore vor Stade an die Verwaltung und die Gerichtsbarkeit der Stadt Stade bestimmt ist ..." Hier war ein alter Kompetenzkonflikt zwischen der Stadt Stade und dem sie umgebenden Amt hinsichtlich dieser Örtlichkeiten beigelegt worden[272].

Der Stadt Stade wurde mit Verordnung vom 28. Juli 1846[273] die Gerichtsbarkeit über den Ort Riensförde vor den Toren der Stadt entzogen und dem Amt Stade-Agathenburg übertragen und die weitere städtische Gerichtsbarkeit über den Ort Depenbeck wurde mit Wirkung vom 1. Juni 1846[274] dem Amt Wischhafen übergeben. Mit Verordnung vom 22. Oktober 1846[275] wurden aus dem Amt Harsefeld das Dorf Hagen an das Amt Stade-Agathenburg und das Dorf Dollern an das Gericht Horneburg übertragen. Das Amt Ottersberg gab gemäß Verordnung vom 26. April 1846[276] die Orte Heidberg und Seebergen mit den Kornsaatmooren an das Amt Lilienthal ab. Das Amt Harsefeld gab entsprechend der Bekanntmachung vom 5. April 1848[277] an das Amt Moisburg im Landdrosteibezirk Lüneburg 50 Morgen Heideland ab. Am 3. Juli 1848 wurden „zur Regelung des Verwaltungs- und Gerichts-, so wie des Gemeindebezirks der Stadt Buxtehude"[278] mehrere Grundstücke in und bei Buxtehude der Gerichtsbarkeit und Verwaltung der Stadt Buxtehude angegliedert. Verschiedene vorstädtische Gebiete der Stadt Stade wurden mit Bekanntmachung der Landdrostei vom 22. November 1848[279] der Stadt Stade übertragen. Dabei blieben jedoch von dieser Änderung die in diesen Gebieten bestehenden Deichrechte des Deichgerichtes Kehdingen-Bützfleth und des Gräfengerichts Altenlandes unberührt.

---

[271] „Bekanntmachung der Königlichen Landdrostei zu Stade, den Übergang des Haaseschen Gartens und der Schiffszimmerei vor Stade vom Amte Stade-Agathenburg an die Verwaltung und Gerichtsbarkeit der Stadt Stade betreffend", GS 1849 Abt. III, S. 3.

[272] S. o. 5.2.2.2.2.

[273] GS 1846 Abt. III, S. 272.

[274] Verordnung vom 28. Juli 1846, GS 1846 Abt. I, S. 223.

[275] GS 1846 Abt. I, S. 207.

[276] GS 1846 Abt. I, S. 103.

[277] GS 1848 Abt. I, S. 97.

[278] GS 1848 Abt. III, S. 40.

[279] GS 1848 Abt. III, S. 72.

5.3.6.2 Die Patrimonialgerichte

Die Bemühungen um Abschaffung der Patrimonialgerichte nahmen im Jahr 1849 aufgrund der politischen Gegebenheiten erheblich zu[280]. Dabei ließ sich das Ministerium davon leiten, „daß nach dem ... der allgemeinen Stände-Versammlung vorgelegten Gesetz-Entwurfe über die künftige Gerichtsverfassung § 8 die Aufhebung der Patrimonial-Gerichtsbarkeit und zwar ohne Entschädigung in Aussicht stehe, daß gleichwohl die Königliche Regierung in besonderer Berücksichtigung des Interesses der Gerichtsherren nicht abgeneigt sei, über freiwillige Abtretung zu verhandeln, sofern Anträge dieserhalb annoch zeitig gestellt werden“[281]. Wohl deshalb ergingen in diesem Jahr für das gesamte Königreich insgesamt acht Bekanntmachungen des Innenministeriums über die Aufhebung einzelner Patrimonialgerichte[282]. Bemerkenswert ist die Ansicht des Ministeriums, dass die von Anwälten verwalteten Patrimonialgerichte bevorzugt von der Landesherrschaft zu übernehmen seien, ohne dass hierfür Gründe genannt werden oder sonst zu erkennen sind[283]. Möglicherweise sollte der Gefahr eines Interessenkonfliktes vorgebeugt werden oder auch verhindert werden, dass das Richteramt letztlich als Gewerbe ausgeübt wurde. In den Herzogtümern wurden mit Bekanntmachung vom 21. Mai 1849 die Patrimonialgerichte Ritterhude und Sandbeck mit dem Amt Osterholz und das Patrimonialgericht Niederende St. Jürgen mit dem Amt Lilienthal vereinigt[284]. Am 16. Oktober 1849 erfolgte die Aufhebung des Patrimonialgerichts Niederochtenhausen und dessen Vereinigung mit dem Amt Bremervörde[285]. Das Innenministerium stellte im November 1849[286] fest, dass in den Herzogtümern noch zehn Patrimonialgerichte bestanden, mit deren Gerichtsherren noch keine

---

[280] Vgl. Klein, S. 703f.

[281] Schreiben des Ministerium des Innern an die Königliche Landdrostei Stade vom 21. November 1849, in: StaatsA Stade Rep. 80 Nr. 5035.

[282] GS 1849 Abt. I, S. 71, 79, 126, 139, 193, 201 und 202.

[283] Schreiben des Königlichen Ministeriums des Innern vom 9. März 1846 an die Königliche Landdrostei in Stade: „Indem Wir überhaupt die in dem Visitations-Berichte des Herrn Landdrosten Freiherrn von Bülow ausgesprochene Ansicht theilen, daß die Verwaltung der Patrimonial-Gerichte durch Advocaten nicht zu wünschen sei und mit Rücksicht darauf die Uebernahme der auf solche Weise verwalteten Gerichte besonders rathsam erscheine, hat es Uns nur angenehm sein können, aus dem Visitations-Berichte zu ersehen, daß einige Aussicht zur Erlangung der durch Advocaten verwalteten, nicht ganz unbedeutenden Gerichte Francop, Nincop und Ritterhude vorhanden ist.“ Am Rande war angemerkt: „Verhandlungen sind bisher bei der Landdrostei nicht angestanden. Bülow“, in: StaatsA Stade Rep. 80 Nr. 5034.

[284] GS 1849 Abt. I, S. 79; hierzu zudem bei v. Meier, Band 2, S. 388f.

[285] GS 1849 Abt. I, S. 183.

[286] Schreiben des Ministerium des Innern an die Königliche Landdrostei in Stade vom 21. November 1849: StaatsA Stade Rep. 80 Nr. 5035.

Abtretungsverhandlungen stattfanden. Dieser Feststellung widersprach jedoch die Stader Regierung[287], nach deren Kenntnisstand noch zwölf Patrimonialgerichte in ihrem Zuständigkeitsbereich ohne eingeleitete Verhandlungen vorhanden waren. Es waren dies die Patrimonialgerichte

> Bergfried, Brunshausen, Cassebruch, Delm, Howe-Leeswig, Lesum-Schönebeck, Meyenburg, Neuenhausen, Oese, Rübcke, Schwanewede, Wellingsbüttel mit dem Teilgericht Dörringworth[288].

Die Gerichtsherren in Bergfried[289], Brunshausen[290] und Oese[291] wollten den gesetzlichen Übergang abwarten, ohne in vorherige Verhandlungen einzutreten. Dagegen wurden Verhandlungen wegen des Patrimonialgerichts Wellingsbüttel vom Ministerium direkt untersagt, weil sonst nach dessen Auffassung für die Gerichtsverfassung des Landes Hadeln geradezu unlösbare Probleme entstanden wären[292]. Für die Altländer Gerichte Bergfried, Howe-Leeswig und Rübcke

---

287 Schreiben der Königlichen Landdrostei in Stade an das Ministerium des Innern vom 27. November 1849: StaatsA Stade Rep. 80 Nr. 5035.

288 Die Patrimonialgerichte Brunshausen und Wellingsbüttel waren dem Ministerium offenbar nicht bekannt.

289 Bericht der Königlichen Landdrostei an das Ministerium vom 31. August 1850: StaatsA Stade Rep. 80 Nr. 5035.

290 Bericht des Magistrats der Stadt Stade an die Königliche Landdrostei vom 10. November 1851; der Magistrat als Gerichtsherr verzichtete auf jede Entschädigung wegen der ohnehin geringen Diensteinnahmen, in: StaatsA Stade Rep. 80 Nr. 5069.

291 Die Gerichtsherrschaft Oese „ist in dem Besitze Minderjähriger", deren Vormund offenbar keine eigenständige Handlung vornehmen wollte, so die Königliche Landdrostei in einem Bericht an das Ministerium vom 31. August 1850, in: StaatsA Stade Rep. 80 Nr. 5035.

292 Mit Schreiben vom 15. Dezember 1849 an die Stader Regierung führte das Ministerium u. a. aus: „ ... daß Verhandlungen wegen Abtretung des Gerichts Wellingsbüttel und des Theilgerichts Dörringworth im Lande Hadeln an die Königliche Regierung zur Zeit nicht anräthig sind. Bei dem Zweifel, ob das mit dem Gerichte Wellingsbüttel verfassungsmäßig verbundene Theilgericht Dörringworth Patrimonial- oder Gemeindegericht sei, könnte schon die Erledigung des Legitimationspuncts zu erheblichen Weiterungen führen. Davon abgesehen, bietet die Organisation der Gerichte nach ihrer Abtretung für jetzt besondere Schwierigkeiten. Es kommt bei beiden Gerichten die bei der geringen Seelenzahl und nach den örtlichen Verhältnissen mit dem Kirchspielsgerichte Osterende Otterndorf, beziehungsweise Neuenkirchen zu vereinigen sein würden, in Frage, ob die Verbindung einer landesherrlichen mit einer Gemeinde-Gerichtsbarkeit regierungsseitig ohne Zustimmung der Interessenten verfügt werden könne. Die Zulässigkeit wird zu bezweifeln sein, wenn, wie anscheinend im vorliegenden Falle, die Vereinigung zu Erschwerung der Ausübung der Gemeinde-Gerichtsbarkeit führen, oder den Eingesessenen des hinzuzulegenden Bezirks neue Verpflichtungen auferlegen würde. Daneben tritt rücksichtlich des Gerichts Wellingsbüttel der besondere Umstand hinzu, daß dasselbe in zweiter Instanz der Justiz-Canzlei zu Stade untergeben, zur Zeit nicht den beiden Hadelnschen Mittel-Instanzen unterliegt, durch die Vereinigung mit einem Hadelnschen Kirchspielsgerichte aber anscheinend unvermeidlich in

sollte ausschließlich ein gemeinsamer Übergang an das Gräfengericht Alten Landes in Jork erfolgen, was durch die Weigerung des Bergfrieder Gerichtsherrn verhindert wurde. Ebenso sollten die örtlich zusammenliegenden Patrimonialgerichte Cassebruch, Meyenburg, Neuenhausen und Schwanewede gemeinsam zu einem staatlichen Gericht umgewandelt werden, was an der Weigerung der Gerichtsherren von Meyenburg und Schwanewede scheiterte[293]. Der Gerichtsherr von Lesum-Schönebeck hatte seine Verhandlungsposition angesichts des bevorstehenden gesetzlich bedingten Endes der Patrimonialgerichte wohl überschätzt, so dass das Ministerium mit der Königlichen Landdrostei Stade einverstanden war, „die Sache auf sich beruhen zu lassen“[294]. Das Patrimonialgericht Beverstedt[295] gelangte nach langwierigen Verhandlungen zum 1. Januar 1851 an die Landesherrschaft gegen Zahlung einer Entschädigung von 119 RTlr 20 ggl für „Utensilien“ und unter Belassung der gutsherrlichen Rechte bei dem bisherigen Gerichtsherrn Major von Scheither. Für die beiden bislang tätigen Gerichtsverwalter, die Assessoren von Plate und von Engelbrechten, war eine Entschädigung und schließlich die Zusage einer Übernahme in den Königlichen Dienst ausgehandelt worden. Dies betraf ebenso die übrigen Gerichtsbedienten, zu denen die beiden Gerichtsverwalter eine Aufstellung ihrer Einnahmen aufgestellt hatten[296].

Der Landdrosteibezirk Stade bestand nunmehr im Herzogtum Bremen aus zwei Städten, vierzehn Königlichen Ämtern, sieben Königlichen Gerichten sowie achtzehn adeligen Gerichten; im Herzogtum Verden aus einer Stadt, zwei Königlichen Ämtern und einem Königlichen Gericht; ferner im Land Hadeln aus einer Stadt, einem Obergericht sowie drei Kirchspielsgerichten.

---

dieses Verhältniß gerathen würde. Es unterliegt wesentlichen Bedenken, ob eine solche Aenderung der hergebrachten Gerichtsverfassung auf anderem, als gesetzlichem Wege eintreten kann. Nach allen diesen Rücksichten scheint es angemessen, die Aufhebung der fraglichen Gerichtsbarkeiten der Gesetzgebung zu überlassen.“: StaatsA Stade Rep. 80 Nr. 5035.

[293] Bericht der Königlichen Landdrostei in Stade an das Ministerium vom 31. August 1850: StaatsA Stade Rep. 80 Nr. 5035.

[294] Bericht der Königliche Landdrostei Stade an das Ministerium vom 31. August 1850 und Antwort des Ministeriums vom 9. September 1850: StaatsA Stade Rep. 80 Nr. 5035.

[295] Der gesamte Vorgang, vom ersten Schreiben des Gerichtsherrn wegen der Abtretung vom 17. November 1848, bis zur Bewilligung der Abrechnung durch die Königliche Kammer vom 12. Juni 1851, ist in StaatsA Stade Rep. 80 Nr. 5063 enthalten.

[296] Schreiben des Patrimonialgerichts Beverstedt an die Königliche Landdrostei Stade vom 16. Januar 1849, StaatsA Stade Rep. 80 Nr. 5063; s. Anlage 5 - 4.

5.3.7 Zum materiellen Recht

Die Aufhebung des befreiten Gerichtsstandes gemäß Gesetz vom 18. August 1848[297] legte in den §§ 1 und 2 fest:

> „Der befreite Gerichtsstand vor dem Ober-Appellationsgerichte und den weltlichen Obergerichten wird allgemein aufgehoben. An seine Stelle tritt der Gerichtsstand vor dem nach allgemeinen Rechtsgrundsätzen zuständigen Untergerichte."

Allerdings hatte dies bei den Hypothekenbüchern für die früher vom allgemeinen Gerichtsstand ausgenommenen Personen zur Folge, dass diese zwar noch bei den Justizkanzleien bzw. Obergerichten geführt wurden, aber „daß wegen der bevorstehenden Änderung in der Organisation der Gerichtsbehörden und der beabsichtigten neuen Hypotheken-Gesetzgebung es zweckmäßig erachtet worden sei, von einer sofortigen Umschreibung der in die Hypothekenbücher der Obergerichte eingetragenen, an einem früher canzleisässigen Grundstücke, oder von einer canzleisässigen Person bestellten Hypotheken abzusehen"[298] sei.

5.3.8 Zusammenfassung

Insgesamt hat es während dieses Zeitraumes zwar eine Fülle von Änderungen im Gerichtswesen gegeben, aber es handelte sich, mit Ausnahme der Jahre ab 1848, lediglich um kleinere Vorhaben, die zunächst im Kern fast alles unverändert ließen. Allein im Bereich des Strafrechts wurden mit dem Kriminalgesetzbuch[299] und einer Prozeßordnung für das Strafverfahren[300] neue Wege beschritten. Damit wurde die Geltung der Constitutio Criminalis Carolina von 1532 endgültig beendet. Erstmalig wurde zudem bei Todes-, Ketten- und Zuchthausstrafen ein Rechtsmittel an das Oberappellationsgericht eingeführt. Weiterhin wurde im Jahr 1840 ein Polizeistrafgesetz[301] verkündet, zu dem seit 1832 gesetzgeberische Vorarbeiten gelaufen waren[302]. Schließlich folgt auch die Einrichtung einer Gesetzessammlung im Jahre 1818 einer letztlich in allen europäischen Staaten erkannten Notwendigkeit, das Recht den Bürgern bekannt

---

[297] „Gesetz, die Aufhebung des befreiten Gerichtsstands betreffend" vom 18. August 1848, GS 1848 Abt. I, S. 229.

[298] „Ausschreiben der Königlichen Justiz-Canzlei zu Celle an sämmtliche ihr untergebene Gerichte, die Ausfertigung von Hypothekenscheinen betreffend" vom 22. Januar 1849, GS 1849 Abt. III, S. 3.

[299] GS 1840 Abt. I, S. 195; dazu Eberhard Schmidt, Geschichte, S. 332f., s. o. 5.2.3.

[300] GS 1840 Abt. I, S. 347, s. o. 5.2.3.2.

[301] GS 1840 Abt. I, S. 479, s. o. 5.2.2.1.6.

[302] Dazu StaatsA Stade Rep. 80 Nr. 1114.

zu machen[303]. Nach allen zuvor festgestellten Änderungen kann für das Gerichtswesen dieser Zeit durchaus davon gesprochen werden, dass „zwischen 1800 und 1850 ... eine mehr als tausendjährige Epoche des Feudalismus und Ständewesens“[304] in den Herzogtümern dem Ende entgegenging.

[303] Helmut Coing, Allgemeine Züge der privatrechtlichen Gesetzgebung im 19. Jahrhundert, in: Helmut Coing (Hrsg.), Handbuch der Quellen und Literatur der neueren europäischen Privatrechtsgeschichte, Band 3: 19. Jahrhundert, München 1982, S. 3, mit Nachweisen zu den Staaten dort im Länderteil.
[304] Wehler, S. 43.

6. Im Königreich Hannover von 1850/52 bis 1866

6.1 Die Trennung von Justiz und Verwaltung

6.1.1 Allgemeiner Überblick

Die Änderungen des Landesverfassungsgesetzes im Jahre 1848 hatten erhebliche Veränderungen für die Gerichtsverfassung bringen sollen[1], jedoch ließ deren Umsetzung noch längere Zeit auf sich warten. Sie traten letztlich erst ein, als die revolutionäre Bewegung des Jahres 1848 bereits ohne Einfluß im Land war; ein geradezu paradox anmutendes Ergebnis. Dies führte allerdings dazu, dass einerseits wegen der nunmehr weitgehend fehlenden Diskussion in der politisch interessierten Öffentlichkeit und andererseits wegen der immer noch amtierenden „48er Regierung"[2] ein umfassendes und gründliches Gesetzeswerk für alle Bereiche der Justiz letztlich ungeachtet der gewandelten öffentlichen Stimmung geschaffen wurde. „So leistete Hannover, am Beginn der reaktionären Ära noch unter der Nachwirkung der großen Reformideen der bürgerlichen Bewegung stehend, einen bedeutenden Beitrag zur Vorbereitung der kommenden gemeindeutschen Justizverfassung."[3] Das zwar fertiggestellte, aber noch nicht in Kraft gesetzte Gesetzeswerk dürfte auch Grund gewesen sein für das Ende dieser letzten deutschen „48er-Regierung" am 28. Oktober 1850 und für die Hinwendung zu einer danach deutlich konservativeren Regierungspolitik mit dem Ministerpräsidenten v. Münchhausen und dem Justizminister v. Rössing. Hierin könnte gleichzeitig die Ursache für eine gewisse Verzögerung bei der Umsetzung der Justizreform in die Praxis zu sehen sein.

Nach dem Tod des Königs Ernst August am 18. November 1851 währte das erste Kabinett des neuen Königs Georg V. mit dem Ministerpräsidenten v. Schele und dem Justizminister Windthorst[4] zwar nur kurz, nämlich bis zum 21. November 1853, aber während dieser Zeit wurden bereits die ersten Grundlagen

---

[1] S. o. 5.3.

[2] Bei dem Kabinett v. Bennigsen handelte sich um die letzte noch im Amt befindliche „1848er-Regierung" in Deutschland.

[3] So zutreffend Ernst Rudolf Huber, Deutsche Verfassungsgeschichte seit 1789, Band 3: Bismarck und das Reich, Stuttgart 1963, S. 209 (künftig zitiert: Huber, Band 3).

[4] Ludwig Windthorst, geb. am 17. Januar 1812 bei Osnabrück, gest. am 14. März 1891 in Berlin, 1848 Oberappellationsrat in Celle, hannoverscher Justizminister von 1851 bis 1853 und von 1862 bis 1865, 1866 Kronoberanwalt, danach zunächst Bevollmächtigter des entthronten Königs, seit 1867 Mitglied des preußischen Abgeordnetenhauses, später „Wortführer" (gleichsam Fraktionsvorsitzender) des „Zentrum" im Reichstag.

zu einer „Re-Feudalisierung“[5] des Königreiches Hannover gelegt. Die Justizgesetze des Jahres 1850 hatten allerdings im Minister Windthorst einen Befürworter gefunden, so dass sie in seiner Amtszeit in Kraft gesetzt wurden. Dieses Kabinett wurde abgelöst durch das Kabinett v. Lütcken[6] mit dem Justizminister v. dem Busche, das wiederum nur bis Juli 1855 amtierte und von dem stark konservativen Kabinett v. Kielmannsegg mit dem Justizminister v. d. Decken ersetzt wurde. Diese Regierung zeichnete schließlich verantwortlich für „die reaktionären Verfassungszustände der Jahre 1855 bis 1859“[7], die auch eine Revision der neuen Gerichtsverfassung zu erreichen suchte. Eine solche Wendung in der hannoverschen Innenpolitik war sicherlich auch darauf zurückzuführen, dass die Kammern gleichsam durch einen gesetzgeberischen „Trick“ ihrer oppositionellen Köpfe beraubt worden waren. Denn alle ehemaligen Minister und pensionierten Ministerialbeamten wurden durch die Verordnung vom 14. Januar 1857[8] zu Staatsbeamten unter dem Befehl des Königs, denen für eine Teilnahme an den Sitzungen der Kammern vom König hätte Urlaub gewährt werden müssen, was dieser jedoch versagte. Zu den Betroffenen dieser Regelung zählten u.a. die liberalen bis gemäßigt konservativen früheren Minister v. Schele, v. Bennigsen, Stüve, v. Münchhausen und Windthorst[9]. Die Folge war letztlich eine Regierung ohne wirkliche Opposition.

Schließlich ist die Abkehr von früheren Positionen der Gesetzgebung auch im materiell-rechtlichen Bereich deutlich zu erkennen. Mit dem Gesetz vom 20. April 1857[10] wurde nämlich das Kriminalgesetzbuch von 1840[11] in den Rechtsfolgen vieler Delikte deutlich verschärft.

---

[5] Huber, Band 3, S. 212; dabei ging es um die Unterstützung einer bei den Bundesbehörden anhängigen Beschwerde der Provinziallandstände wegen der Reorganisation der Provinziallandschaften, ohne dass darauf hier näher einzugehen ist.

[6] Eduard Christian v. Lütcken, Hofgerichtsassessor, von 1826 bis 1838 Erster Gräfe des Gräfengerichts Alten Landes zu Jork.

[7] Huber, Band 3, S. 217.

[8] „Königliche Verordnung, die Unterordnung pensionirter und auf Wartegeld stehender Königlicher Diener betreffend“: GS 1857 Abt. I, S. 5; deren § 2 lautete: „Minister und Ministerial-Vorstände, welche mit Ruhegehalt entlassen und nicht wieder angestellt sind, bleiben unter Unserer unmittelbaren Dienstherrlichkeit.“

[9] Vgl. näher bei Huber, Band 3, S. 217.

[10] „Gesetz, Abänderung einzelner Bestimmungen des Criminal-Gesetzbuches betreffend“: GS 1857 Abt. I, S. 65, nach seinem § 24 in Kraft getreten zum 1. Mai 1857.

[11] S. o. 5.2.3.

6.1.2 Die Ausgangslage

Im Bezirk der Landdrostei Stade war die Zahl der Behörden, denen zu Anfang des Jahres 1850 die Rechtsprechung anvertraut war, weiterhin hoch: insgesamt 56 Ämter und Gerichte[12]. Im einzelnen waren dies im Herzogtum Bremen

14 Königliche Ämter[13],
7 Königliche Gerichte[14],
2 Magistrate der Städte Stade und Buxtehude,
12 Patrimonialgerichte[15],
also 35 Gerichte.

Im Herzogtum Verden lag die Rechtsprechung bei den Ämtern Rotenburg und Verden sowie dem Magistrat der Stadt Verden und beim dortigen Strukturgericht Verden (4 Gerichte).

Im Land Hadeln wurde sie, seit dem Jahr 1747[16] unverändert, vom Magistrat der Stadt Otterndorf sowie den zwölf Kirchspielsgerichten[17] wahrgenommen (13 Gerichte). Hinzu kamen im Land Hadeln als Appellationsinstanz für die Kirchspielsgerichte das Landgericht für das Hochland und das Viergericht für das Sietland. In der Stadt Otterndorf gingen die Rechtsmittel gegen die Entscheidungen des Stadtgerichts zum dortigen Oberstadtgericht. Obere Instanz für alle Gerichte im Landdrosteibezirk war unverändert die Justizkanzlei in Stade (4 Gerichte höherer Instanz).

---

[12] Das Nachstehende nach Heinz-Joachim Schulze, Die hannoversche Justiz- und Verwaltungsreform und das politische System des Nachmärz im Landdrosteibezirk Stade, in: Stader Geschichts- und Heimatverein (Hrsg.), Die Herzogtümer Bremen und Verden und das Land Hadeln in spähannoverscher Zeit (1848-1866), Stade 1981, S. 51f., dort jedoch nur 55 Gerichte; sowie v. Meier, Band 2, S. 388f. zu den bis Anfang 1850 aufgehobenen Gerichten.

[13] Nämlich: Bederkesa, Blumenthal, Bremervörde, Hagen, Harsefeld, Himmelpforten, Lehe, Lilienthal, Neuhaus, Osterholz, Ottersberg, Stade-Agathenburg, Wischhafen und Zeven.

[14] Nämlich: Gogericht Achim, Gräfengericht Altes Land, Gericht Horneburg, Gräfengericht Kehdingen-Bützflethschen Teils, Gericht Osten, Vogteigericht Land Wursten, Gräfengericht Kehdingen-Freiburgschen Teils, letzteres war allerdings ein Gemeinheitsgericht, mithin nicht nur vom Landesherrn verwaltet.

[15] Nämlich: Gericht Beverstedt mit dem dazugehörigen Burggericht Altluneberg, die Gerichte Cassebruch, Delm, Francop, Hechthausen, Hove-Leeswig, Meyenburg, Neuenhausen, Nincop, Rübke, Schwanewede und Schwinge.

[16] S. o. 3.2.

[17] Nämlich: Altenbruch, Lüdingworth, Nordleda, Neuenkirchen, Osterbruch, Osterende-Otterndorf, Westerende-Otterndorf im Hochland sowie Oster-Ihlienworth, Wester-Ihlienworth, Odisheim, Steinau und Wanna im Sietland; s.o. 3.2.1.1.

Hinsichtlich der 52 erstinstanzlichen Gerichte waren die Zuständigkeiten trotz verschiedener, in den vorigen Kapiteln genannter Bemühungen um eine gewisse Einheitlichkeit des Gerichtswesens, immer noch derart vielgestaltig und letztlich ohne erkennbares System ausgestaltet, dass für die Herzogtümer bis in die Mitte des 19. Jahrhunderts, wie schon für das Jahr 1715 festgestellt[18], weiterhin von einer nahezu unüberschaubaren Zersplitterung der Zuständigkeiten und Rechtswege gesprochen werden kann. Die Notwendigkeit einer neuen Gerichtsstruktur war auch vor diesem Hintergrund im wesentlichen allgemein akzeptiert. Lediglich einige wenige Inhaber der Patrimonialrechte hielten an ihren althergebrachten Rechten, zu denen eben auch die Ausübung der Gerichtsbarkeit gehörte, weiterhin fest. Im gesamten Königreich gab es zum 1. Oktober 1852 nur noch 27 Patrimonialgerichte[19]. Soweit ersichtlich, bestanden in den Herzogtümern zur Zeit des Inkrafttretens der neuen Gerichtsverfassung im Oktober 1852 einige wenige Patrimonialgerichte, über deren Zahl auch das Ministerium nicht genau Bescheid wußte[20].

6.1.3 Die Entwicklung zur neuen Gerichtsverfassung bis 1852

6.1.3.1 Allgemeiner Überblick

Die Grundlagen der neuen Gerichtsverfassung waren zwar formell in den Jahren 1849 und 1850 gelegt worden, aber deren Umsetzung dauerte noch bis 1852. Dies galt jedoch nicht für die Einrichtung von Schwurgerichten, die bereits zum 1. Januar 1850 eingerichtet worden waren[21]. Die entscheidende Grundlegung des neuen Gerichtswesens hinsichtlich der übrigen Gerichte enthielt der Entwurf vom 6. Februar 1849 über die Gerichtsverfassung. Zu diesem gehörten auch ein Stellenplan sowie ein Haushaltsansatz zu den Kosten der neuen Gerichte. Im einzelnen waren im Sommer 1850 folgende Beträge bewilligt worden: 3000 Taler für das Oberappellationsgericht, 285.400 Taler für die künftigen Obergerichte und 354.000 Taler für die zu errichtenden Amtsgerichte. Der König verweigerte jedoch zunächst seine Zustimmung, was allerdings nicht an den justizbezogenen Gesetzen lag, sondern an der aus seiner Sicht mangelhaften Ausweitung des Militäretats, so dass das Kabinett v. Bennigsen am 27. Oktober 1850 zurücktrat. Jedoch konnten bereits zwölf Tage danach vom neuen Kabinett v. Münchhausen mit dem Justizminister v. Rössing

[18] Bereits im Jahre 1758 betrug die Zahl der unteren Verwaltungseinheiten 56, s. o. 2.1.2 Fn. 55.
[19] Thomas Klein, S. 704; Wilhelm Lehzen, Hannovers Staatshaushalt, Band 2, Hannover 1896, S. 90 und S. 96.
[20] S. o. 5.3.6.
[21] S. o. 5.3.

die Reformgesetze in der Gesetzessammlung[22] publiziert werden, ohne dass sie inhaltlich geändert worden waren. Die Fülle der an diesem Tag verabschiedeten Gesetze macht bereits für sich genommen deutlich, dass sie seit langem fertig waren und auf die Veröffentlichung geradezu warteten. Sie zeigt aber auch, dass die Justiz in allen Bereichen auf völlig neue gesetzliche Grundlagen gestellt wurde. Der Tag des Inkrafttretens dieser Gesetze fehlte jedoch noch. Die Gründe dafür sind wohl auch darin zu finden, dass ein erheblicher Aufwand für die Umstellung erforderlich war, so dass die Suche nach politischen Ursachen hier zurückstehen muß[23].

6.1.3.2 Die städtischen Gerichtsbarkeiten

Hinsichtlich der städtischen Gerichtsbarkeiten[24] sollte die neue Städteordnung vom 1. Mai 1851[25] bereits erste Eingriffe in das bisher unabhängige Gerichtswesen der Städte und gleichzeitig eine „einheitliche Städtegesetzgebung im Königreich"[26] bringen. Dieses noch vom Innenminister Stüve initiierte Gesetz, mithin ebenfalls von der „48er-Regierung", hatte in erster Linie die Stärkung der kommunalen Selbstverwaltung, nicht jedoch eine demokratische Gestaltung der Stadtverfassung im Blick. Dies zeigte sich bereits darin, dass der Bürgereid als Voraussetzung politischer Mitwirkung weiterhin für erforderlich gehalten wurde. Damit stand die StädteO letztlich in der Rechtskontinuität des

---

[22] Gerichtsverfassungsgesetz, GS 1850 Abt. I, S. 207; Strafproceßordnung, GS 1850 Abt. I, S. 227 mit dem Anhang „Zuziehung von Gerichtsschöffen in Polizeistrafsachen", GS 1850 Abt. I, S. 322; Gesetz, die Gebührentaxe in Strafsachen betreffend, GS 1850 Abt. I, S. 329; Allgemeine bürgerliche Proceßordnung für das Königreich Hannover, GS 1850 Abt. I, S. 341; Gesetz, die Gebührentaxe in bürgerlichen Rechtsstreitigkeiten betreffend, GS 1850 Abt. I, S. 535; mit dem „Gebührentarif" als Anhang, GS 1850 Abt. I, S. 557; Gesetz über das gerichtliche Verfahren in Steuer-Contraventionssachen, GS 1850 Abt. I, S. 583; Gesetz, die Einrichtung von Anwaltskammern betreffend, GS 1850 Abt. I, S. 589; alle vorgenannten Gesetze tragen das Datum des 8. November 1850.

[23] Vgl. jedoch oben 6.1.1.

[24] Hierzu näher Elisabeth Siebert, Die hannoversche Städteordnung von 1851/58 und die Städte im Königreich Hannover, Hannover 1975; dort zu der unproblematischen Annahme der StädteO in Stade, Verden und Buxtehude S. 232f.; eine Übernahme der StädteO für Otterndorf war erst nach Petitionen der Stadt an die Landdrostei und an das Ministerium erfolgreich, S. 233; die Petition des Fleckens Horneburg, eine Stadt zu werden, blieb dagegen erfolglos, S. 233; der Flecken Bremervörde war der „seltene Fall einer Stadterhebung aufgrund der Städteordnung" S. 233f. (in den Anlagen 1 und 2, ebenda, ist Verden irrtümlich unter Landdrostei Lüneburg aufgeführt).

[25] GS 1851 Abt. I, S. 63.

[26] Ernst Schubert, Verfassung und Verfassungskämpfe im frühen 19. Jahrhundert, in: Niedersächsische Geschichte, hrsgg. von Bernd Ulrich Hucker, Ernst Schubert und Bernd Weisbrod, Göttingen 1997, S. 465.

Mittelalters[27]. Von einer Gleichheit aller Stadtbewohner konnte unter diesen Umständen keine Rede sein. Die „Mitglieder der Stadtgemeinde“ wurden nach § 12 StädteO in den ihnen zustehenden Rechten deshalb danach unterschieden, ob sie „Bürger oder Einwohner“[28] waren; nur die Bürger konnten nach §§ 18ff. StädteO an den Gemeindewahlen teilnehmen. Eine weit in die bestehenden Rechte eingreifende Norm enthielt § 6 der Städteordnung:

> „In allen Städten hören die bisher den Guts- oder Gerichtsherrschaften zuständigen Befugnisse bei der Wahl der Gemeindebeamten, so wie überhaupt bei der öffentlichen Verwaltung auf.“

Hiermit korrespondiert die Regelung in § 22 StädteO[29], nach der in den Städten exemte Gebäude entfielen. Die Justiz war zwar, ganz im Sinne der bevorstehenden Trennung von Justiz und Verwaltung, nicht mehr bei den Befugnissen des Magistrats in §§ 70ff. StädteO genannt, aber in § 70 Abs. 3 StädteO wurde als eine der Aufgaben des Magistrats aufgeführt:

> „Er versieht im Stadtgebiete die Polizei (vergl. jedoch § 77[30]), hat dagegen bei Ausübung der gerichtlichen Polizei, so wie bei der Verwaltung der Geschäfte der Staatsanwaltschaft

---

27 Ernst Schubert, S. 466; nach HRG, Kroeschell, „Bürger“, wurde der Bürgereid seit dem 12. Jahrhundert zur entscheidenden Grundlage des Bürgerrechts, er war gerichtet auf Treue und Gehorsam gegenüber der Stadt. Hierzu näher Wilhelm Ebel, Der Bürgereid als Geltungsgrund und Gestaltungsprinzip des deutschen mittelalterlichen Stadtrechts, Weimar 1958, der ausführt, dass die „letzten Bürgereide der deutschen Stadtgeschichte ... auf Grund der hannoverschen Städteordnung von 1858 § 30 in einigen hannoverschen Städten geschworen“ (ebenda, S. 6) wurden.

28 Zur Unterscheidung bei Siebert, S. 10f.: Danach bestand die städtische Bürgerschaft „vor allem aus den Kaufleuten und den selbständigen, bürgerrechtspflichtigen Gewerbetreibenden, städtischen und staatlichen Bedienten und auch freiberuflich Tätigen.“ Demgegenüber bildeten die nicht konzessionierten Gewerbetreibenden, wie Handwerker, Gesellen, Bediente, die Einwohnerschaft, denen keine städtischen Mitwirkungsrechte zustanden.

29 § 22 StädteO lautete: „Die hinsichtlich einzelner Häuser bestehenden Befreiungen von der Verpflichtung zum Erwerbe des Bürgerrechts fallen hinweg, vorbehältlich der durch § 14 des Verfassungsgesetzes vom 5ten September 1848 begründeten Ausnahmen.“

30 § 77 StädteO lautete: „Besondere Polizei-Directionen können von der Stadt nur mit Genehmigung des Ministeriums des Innern angeordnet werden. Die bestehenden Polizei-Directionen bleiben in Ermangelung anderweiter Einigung bis nach erfolgter Änderung der Gerichtsverfassung in bisheriger Wirksamkeit, es soll jedoch der Vorstand des Magistrats als Polizei-Director in die Direction sofort eintreten. Wider den Willen der Stadt ist von diesem Zeitpuncte an die Anordnung oder Beibehaltung einer solchen Behörde zulässig, 1) wenn der Polizeibezirk über die Grenzen des Stadtgebiets hinaus erstreckt werden muß, oder 2) vom Magistrate die gerichtliche und Sicherheitspolizei ungenügend verwaltet wird...“; solche Polizeidirektionen hat es in den Städten des Untersuchungsgebietes zu dieser Zeit nicht gegeben. In Stade wurde eine Königliche Polizeidirektion erst im Jahre 1859 eingerichtet, vgl. Bohmbach, Stadtverfassung, S. 85.

für die Stadt bei dem zuständigen Untergerichte durch eins seiner Mitglieder Hilfe zu leisten."

Bereits hieraus ist die nunmehr auch in den Städten endgültig bevorstehende Trennung der Justiz von der Verwaltung zu ersehen, wobei sich eine fortwirkende Verbindung künftig nur noch auf die Gewährung von Amtshilfe beschränken sollte. Die ebenfalls althergebrachte Verknüpfung des Bürgermeisteramtes mit dem Amt des Richters entfiel mithin, jedoch sollte der Bürgereid bestehen bleiben: ein letztlich widersprüchliches Ergebnis. Für die städtischen Gerichte[31] legte § 137 Abs. 1 StädteO fest:

„Die bisherigen Magistrats-Mitglieder und sonstige städtische Angestellte, deren Stellen wegfallen, erhalten Wartegeld oder Ruhegehalt nach Maßgabe des Staatsdienergesetzes. Wegen der bei den aufgehobenen städtischen Gerichten Angestellten vergl. jedoch § 84[32] des Gesetzes über die Gerichtsverfassung."

Auch bei der StädteO fehlte jedoch noch der Zeitpunkt, zu dem diese in Kraft treten sollte. Erst die Verordnung vom 4. Mai 1852[33] legte den Termin zur Wirksamkeit in Übereinstimmung mit den Justizgesetzen auf den 1. Oktober 1852 fest.

6.1.3.3 Die Provinziallandschaften

Das „Gesetz, die Reorganisation der Provinziallandschaften betreffend" vom 1. August 1851[34] sah für diese überkommenen Verwaltungseinheiten besonderer Art erstmals in deren Geschichte keinerlei gerichtliche Befugnisse mehr vor. Sie hatten allerdings nach wie vor das Recht, dem Oberappellationsgericht drei eigene Richter zu präsentieren, davon zwei aus dem Bremischen und einer aus dem Verdenschen Teil[35]. Die Mitgliedschaft in der Landschaft und damit zwingend auch die Wahlberechtigung hinsichtlich der Richter des OAG hing weiterhin ab von der Höhe der zu leistenden Grundsteuerzahlungen, § 12 des Gesetzes. Hier bestand mithin ein Rest älterer Rechte, der einerseits nicht mehr

---

[31] S. u. 6.1.5.2 zum Stadtgericht Stade.

[32] § 84 GVG lautete: „Die bei den aufgehobenen Königlichen und Patrimonialgerichten Angestellten sind, wo nicht eine Versetzung in Pension nothwendig wird, bei den neuen Gerichten auf eine, ihren bisherigen Verhältnissen, ihren Fähigkeiten und ihrem Dienstalter thunlichst entsprechende Art und Weise wiederanzustellen, oder, falls solches nicht thunlich, auf Wartegeld zu setzen. Die Pensionen und Wartegelder werden aus der Staatscasse bezahlt."

[33] „Königliche Verordnung, den Zeitpunct der Wirksamkeit der Städteordnung betreffend" vom 4. Mai 1852, GS 1852 Abt. I, S. 77.

[34] GS 1851 Abt. I, S. 167.

[35] v. Meier, Band 1, S. 212; s. o. 2.1.

recht in die Zeit paßte, andererseits aber wegen der starken Stellung seiner Mitglieder wohl auch nicht ohne weiteres beseitigt werden konnte oder sollte.

6.1.3.4 Die Patrimonialgerichte

Nach 1849 gab es in den Herzogtümern zunehmend weniger Patrimonialgerichte[36]. In den Herzogtümern wurden im Jahr 1850 das Patrimonialgericht Hechthausen mit dem Amt Himmelpforten[37] und das Patrimonialgericht Schwinge mit dem Amt Stade-Agathenburg[38] vereinigt. Mit Bekanntmachung vom 28. Februar 1851[39] wurde das Erbgericht Beverstedt mit dem dazugehörigen Burggericht Altluneberg aufgehoben und als neues Königliches Amt Beverstedt begründet[40]. Aus dem Gericht Delm wurde das Königliche Gericht Delm mit dem Sitz in Apensen[41]. Schließlich wurde als letztes Patrimonialgericht in den Herzogtümern am 25. Juni 1852 das „Structurgericht Verden aufgehoben und, mit Ausnahme des Doms und der St. Andreaskirche zu Verden, welche dem Magistrate und Stadtgerichte Verden überwiesen sind, dem Amte Verden beigelegt."[42] Die Schaffung eines neuen Königlichen Amtes mit Gerichtsfunktionen, wie in Beverstedt geschehen, mutet angesichts der lang andauernden politischen und gesetzgeberischen Bestrebungen zur Trennung von Justiz und Verwaltung zunächst wie ein Rückschritt an, aber sie kann hier wohl nur als eine notwendige Zwischenstufe von der alten, letztlich lehnsherrlich bestimmten Patrimonialgerichtsbarkeit zur neuen Form einer unabhängigen Justiz gesehen werden. Überhaupt ist in diesem Zusammenhang bemerkenswert, dass an keinem Ort im Untersuchungsgebiet der direkte Übergang von der ländlichen Patrimonialgerichtsbarkeit auf die

---

[36] Nach Lehzen, Band 2, S. 90, gab es in Hannover im Jahr 1823 insgesamt 125 und im Jahr 1852 noch insgesamt 27 Patrimonialgerichte, hierzu s. o. 5.3.2.2.

[37] „Bekanntmachung des Königlichen Ministeriums des Innern, betreffend die Aufhebung des Patrimonialgerichts Hechthausen und dessen Vereinigung mit dem Amte Himmelpforten" vom 22. März 1850, GS 1850 Abt. I, S. 55.

[38] „Bekanntmachung des Königlichen Ministeriums des Innern, betreffend die Aufhebung des Patrimonialgerichts Schwinge und dessen Vereinigung mit dem Amte Stade-Agathenburg" vom 26. März 1850, GS 1850 Abt. I, S. 57.

[39] „Bekanntmachung des Königlichen Ministeriums des Innern, betreffend die Aufhebung des Erbgerichts Beverstedt und Burggerichts Altluneberg, und die Errichtung des Königlichen Amts Beverstedt", GS 1851 Abt. I, S. 29.

[40] S. o. 5.3.2.2.

[41] „Bekanntmachung des Königlichen Ministeriums des Innern, betreffend die Aufhebung des Patrimonialgerichts Delm und die Errichtung des Königlichen Gerichts Delm" vom 12. Mai 1852, GS 1852 Abt. I, S. 126; hierzu näher unten 6.1.5.1.

[42] „Bekanntmachung des Königlichen Ministeriums des Innern, die Aufhebung des Structurgerichts Verden betreffend" vom 9. Juli 1852, GS 1852 Abt. I, S. 169.

neuen Gerichte dann zu erkennen ist, wenn eine Übernahme durch die Landesherrschaft erfolgte, sondern immer noch als Zwischenstufe, teilweise selbst für nur kurze Zeit[43], die Gerichtsbarkeit in den Königlichen Ämtern gleichsam zwischengelagert wurde, bevor sie in die Unabhängigkeit entlassen werden konnte. Auf vergleichbarer Ebene liegt auch, dass dem Gräfengericht des Alten Landes noch im Mai 1851 eine zusätzliche Aufgabe übertragen worden war, indem es die Aufsicht über die Elblotsen erhielt, soweit die hannoversche Seite der Elbe betroffen war[44].

6.1.3.5 Die Schwurgerichte

Hinsichtlich der Schwurgerichte waren mit Patent vom 16. Mai 1851[45] die Eidesformeln der neuen, aber noch nicht in Kraft gesetzten StPO für anwendbar erklärt worden, weil das Gesetz vom 24. Dezember 1849 keine eigene Regelung enthalten hatte, so dass zuvor wohl auf die sonst in Strafverfahren gültig gewesenen Formeln zurückgegriffen worden war. Weiter war bestimmt worden[46], dass die Teilnahme an der allgemeinen Ständeversammlung als genügende Entschuldigung für die Sitzungen des Schwurgerichts galt. Hintergrund dürfte gewesen sein, dass die Geschworenen aus der Liste der 1000 höchstbesteuerten Männer des jeweiligen Schwurgerichtsbezirkes auszuwählen waren, aus denen bei der damaligen Besetzung der Ständeversammlung auch ein Großteil dieser Abgeordneten gestammt haben wird. Diese beiden Gesetzesänderungen zeigen zudem, dass bei den Schwurgerichten ohne eine angemessene Übergangszeit zwischen der Verkündung und dem Inkrafttreten des Gesetzes Nachbesserungen unausweichlich waren.

6.1.4 Vorarbeiten zur Umsetzung der neuen Gerichtsverfassung

„Sobald die nothwendigsten Vorarbeiten für die Ausführung erledigt sind, werden Wir den Zeitpunct bestimmen, von welchem an das gegenwärtige

43 Am 26. April 1852 erfolgte die Übernahme des Gerichts Delm als Königliches Gericht, vgl. StaatsA Stade Rep. 74 Harsefeld Nr. 332; am 25. Juni 1852 wurde das Strukturgericht Verden übernommen.

44 „Bekanntmachung der Königlichen Landdrostei zu Stade, betreffend die Übertragung der nächsten Aufsicht über das diesseitige Elblootsenwesen auf das Gräfengericht Alten Landes zu Jork“, GS 1851 Abt. III, S. 12.

45 „Patent, die Anwendbarkeit der im Anhange II zur Strafproceßordnung vom 8. November 1850 enthaltenen Eidesformeln auf das bestehende schwurgerichtliche Verfahren betreffend“, GS 1851 Abt. I, S. 93.

46 „Zusatzbestimmung zum § 20 des provisorischen Gesetzes vom 24. Dezember 1849 über die Bildung der Schwurgerichte“ vom 6. März 1851, GS 1851 Abt. I, S. 27.

Gesetz in Wirksamkeit treten soll", hatte § 90 des am 8. November 1850 erlassenen GVG festgelegt. Bereits deutlich zuvor, nämlich am 12. Oktober 1848[47], ersuchte die Landdrostei in Stade mit einem „Ausschreiben an sämmtliche Obrigkeiten des Landdrosteibezirkes" und mit dazugehörigen „Bemerkungen, welche bei Aufstellung der anliegenden tabellarischen Uebersicht zu berücksichtigen sind", um eine genaue Aufstellung wegen der „bevorstehenden Aenderungen der Gesetzgebung und Verwaltung". Die darauf eingehenden Berichte erlauben einen Überblick sowohl zur Zahl der in der Rechtspflege tätigen Personen als auch zu den laufenden Kosten und Einnahmen. Deutlich zu erkennen ist das Bestreben, einen vollständigen Einblick in das Gerichtswesen zu erhalten. Dies ist sicherlich nicht verwunderlich angesichts der zuvor bestehenden großen Unübersichtlichkeit. Die gesamten Einzelheiten sind für diese Untersuchung gleichwohl nicht erforderlich; auf sie wird deshalb nicht weiter eingegangen, weil exemplarisch für zwei Gerichte dieser Übergang näher dargestellt werden soll.

6.1.5 Das Ende der alten Gerichtsbarkeiten

Das Ende der alten Gerichte und der konkrete Übergang in ein von der Verwaltung unabhängiges Gericht soll hier anhand des Patrimonialgerichts Delm[48] und des Stadtgerichts Stade[49] näher untersucht werden.

6.1.5.1 Das Patrimonialgericht Delm

Inhaber des Patrimonialgerichts Delm mit dem Sitz in Apensen waren im Jahr 1852[50] der Oberhauptmann v. Düring[51] in Meinersen sowohl aus eigenem Recht

[47] Ausschreiben der Königlichen Landdrostei Stade vom 12. Oktober 1848: „Das Königliche Ministerium des Innern wünscht, zur Benutzung bei den bevorstehenden Aenderungen der Gesetzgebung und Verwaltung diejenigen Nachrichten über die Aemter, Städte und Gerichte des Verwaltungs-Bezirks der hiesigen Königlichen Landdrostei vorgelegt zu erhalten, ... Wenn ferner in manchen Gegenden die Gemeinden oder verwaltenden Magistrate in kleinen Städten und Flecken eine gewisse Competenz in Polizeistrafsachen haben, sowie häufig sogenannte Holzgerichte und dergleichen bestehen, und vom Königlichen Ministerium des Innern auch hierüber eine Auskunft gefordert und eine nähere Angabe aller solcher und ähnlicher Gerichte, deren Einrichtung, der Ausdehnung ihrer Strafcompetenz und wie weit etwa ein Recurs an die ordentliche Obrigkeit Statt findet, gewünscht wird; ...": StadtA Stade StV Fach 16 Nr. 12, dort auch das folgende Zitat.

[48] „Bekanntmachung des Königlichen Ministeriums des Innern, betreffend die Aufhebung des Patrimonialgerichts Delm und die Errichtung des Königlichen Gerichts Delm" vom 12. Mai 1852, GS 1852 Abt. I, S. 126.

[49] Vgl. StadtA Stade StV Fach 16 Nr. 12.

wie auch als Bevollmächtigter der Gutsbesitzer von Nottensdorf und Wiegersen, der Oberstleutnant v. Düring in Horneburg als Käufer des v. Schulteschen Gutes in Horneburg und der Gerichtssyndicus Holtermann in Stade als Bevollmächtigter der Witwe und der Erben des früheren Landrats v. Schulte zu Buxtehude als dem vormaligen Besitzer der Güter Horneburg und Esteburg. Es erstreckte sich über 14 Ortschaften, wie sich aus dem Protokoll der Übergabe des Gerichts von den bisherigen drei Gerichtsherren an die Landesherrschaft vom 26. April 1852[52] ergibt.

Der Amtmann Dodt in Harsefeld, in dessen Bezirk das Gericht Delm lag, war von der Königlichen Landdrostei in Stade damit beauftragt worden, den Übergang dieses Gerichts auf die Landesherrschaft zu vollziehen. Dies geschah auf der Grundlage einer vertraglichen Vereinbarung einerseits und bereits unter Beachtung des noch nicht in Kraft getretenen GVG andererseits. Die Übergabe als solche erfolgte in der Weise, dass mit Schreiben der Königlichen Landdrostei in Stade vom 1. April 1852 diese dem Amt Harsefeld mitteilte, der zwischen der Landesherrschaft und den Gerichtsinhabern geschlossene Rezeß vom Januar/Februar 1852 sei landesherrlich genehmigt worden. Der Amtmann wurde aufgefordert,

> „die Registratur, Depositen, die Hypothekenbücher pp. nebst allen etwa noch im Gewahrsam der berechtigten Güter befindlichen, dem Gerichte angehörenden Acten, Gerichtssiegeln und solchen Gegenständen, die lediglich zur Ausübung des Gerichts zu benutzen sind, Namens der Landesherrschaft sich überliefern zu lassen."[53]

Gleichzeitig wurde ihm mitgeteilt, der bisherige Gerichtsverwalter Schaumburg solle

> „nach der anliegenden Eidesformel, welche mit der Unterschrift desselben versehen, demnächst zurückzusenden ist, nach vorgängiger Abnahme des Huldigungseides zu beeidigen und als Beamten des Königlichen Gerichts *Delm* einzuführen (sein) ... Den zu dem Termine vorzuladenden Gemeindevorgesetzten, sowie den Unterbedienten, welche

---

[50] Schreiben des Amtes Harsefeld vom 9. April 1852 an die Gerichtsinhaber: StaatsA Stade Rep. 74 Harsefeld Nr. 332.

[51] Dabei handelte es sich um den Vater des Justizministers Otto Albrecht v. Düring, s.o. 5.3.

[52] „Actum Apensen den 26ten April 1852": StaatsA Stade Rep. 74 Harsefeld Nr. 332; es waren dies die Orte Apensen, Beckedorf, Bliedersdorf, Dammhausen, Goldbeck, Grundoldendorf, Hedendorf, Heitmannshausen, Nindorf, Nottensdorf, Ottensen, Revenahe, Ruschwedel, Wiegersen; bei von Lehe, S. 161 kommt nach dem Stand von 1753 der Ort Borrel hinzu, es fehlt jedoch der Ort Dammhausen; das heutige Gebiet der Samtgemeinde Apensen entspricht weitgehend dem damaligen Umfang, jedoch kommt Sauensiek hinzu und es entfällt Dammhausen.

[53] Schreiben der Königlichen Landdrostei vom 1. April 1852: StaatsA Stade Rep. 74 Harsefeld Nr. 332; dort auch das folgende Zitat.

gleichzeitig auf den als Gerichtsunterbediente bereits geleisteten Diensteid zu verweisen sind, wird die Aufhebung des Patrimonialgerichts *Delm* und die an dessen Stelle geschehene Errichtung eines Königlichen Gerichts *Delm* förmlich zu eröffnen sein."

Über diesen gesamten Vorgang stellte das Amt, wie von der Königlichen Landdrostei verlangt, ein Protokoll auf[54]. Nach der erfolgten Übergabe berichtete das Amt der Landdrostei hierüber unter dem 29. April 1852 und legte dabei auch Rechnung ab über die insoweit entstandenen Kosten[55]. Dabei führte der nunmehrige Oberamtmann Dodt weiter u.a. aus:

„Ich erlaube mir dabey ehrerbietigst zu bemerken, daß, wenn zwar das bisherige Gerichtslocal des Gerichts Delm für ein Königliches Gericht weder genügend noch anständig erscheint, ich dennoch geglaubt habe, annehmen zu müssen, daß dasselbe fürs erste noch in seinem jetzigen Zustand werde beybehalten werden, bis daß demnächst eine Verbesserung desselben verfügt wird."[56]

Eine Änderung dieses Zustandes dürfte angesichts des noch im gleichen Jahr bevorstehenden Endes des Königlichen Gerichts Delm nicht mehr erfolgt sein, jedenfalls ist dafür aus den vorliegenden Akten nichts ersichtlich.

6.1.5.2 Das Stadtgericht Stade

Bei der Stadt Stade ist, wohl wegen der größeren faktischen Unabhängigkeit von der Landesherrschaft, trotz der letztlich gleichen rechtlichen Stellung eines Stadtgerichts als Patrimonialgericht, ein deutlich verändertes Verhalten der Landdrostei zu beobachten. Nachdem die Stadt Stade auf deren Ausschreiben vom Oktober 1848 bereits im Januar 1849 geantwortet hatte, bedurfte die Landdrostei jedoch „noch einer genaueren Uebersicht der auf die Verwaltung der Gerichtsbarkeit in hiesiger Stadt /:nach einem Durchschnitte der letzten 10 Jahre:/ verwandten Kosten, (...) wegen der bei den Gehalten nicht ersichtlichen Scheidung der Gehalte für das Personal des Stadtgerichts und dasjenige des Magistrats"[57], was in tabellarischer Form durch den Magistrat erfolgte. Mit

---

54 „Actum Apensen den 26ten April 1852": StaatsA Stade Rep. 74 Harsefeld Nr. 332, s. Anlage 6 - 1.

55 Das „Kosten-Berechnung" überschriebene, undatierte Blatt schließt mit „6 Reichstalern 20 grote courant": StaatsA Stade Rep. 74 Harsefeld Nr. 332.

56 Bericht des Amts Harsefeld an die Königliche Landdrostei vom 29. April 1852: StaatsA Stade Rep. 74 Harsefeld Nr. 332.

57 Schreiben der Königlichen Landdrostei vom 19.November 1849: StadtA Stade StV Fach 16 Nr. 12.

Schreiben vom 9. Mai 1851[58] wollte die Landdrostei die Verhandlungen mit der Stadt beschleunigen und legte dem Magistrat deshalb die Kriterien für die Auswahl und Übernahme der städtischen Angestellten, die künftig für das Königliche Amtsgericht tätig sein sollten, näher dar[59]. Hierauf antwortete der Magistrat bereits unter dem 20. Mai 1851[60], jedoch nicht ohne eingangs darauf hinzuweisen, dass er sich wegen der Kürze der zur Verfügung stehenden Zeit nicht habe mit den Bürger-Vorstehern ins Benehmen setzen können. Aus diesem Bericht ergibt sich, dass ausschließlich für das Stadtgericht tätig waren der „Justiz-Bürgermeister" Lübbren und der Stadtrichter Trautmann. Bei den übrigen Angestellten, die auch Gerichtsaufgaben wahrgenommen hatten, wurden der Inhalt und der Umfang ihrer Tätigkeiten ausgebreitet sowie deren Einnahmen dargelegt. Zudem wurde der Wunsch der jeweiligen Angestellten hinsichtlich ihrer künftigen Verwendung beim Amtsgericht oder bei der Stadtverwaltung mitgeteilt. Wie sich insoweit aus dem schließlich am 10. November 1851 abgeschlossenen Rezeß ergibt, sind diese Vorstellungen der Angestellten tatsächlich berücksichtigt worden.

Beim Stadtgericht Stade geschah der Übergang letztlich erst auf der Grundlage eines Rezesses vom 11./21. Juni 1852[61]. Dies war deshalb unumgänglich geworden, weil der Stader Bürgermeister Lübbren, der in dieser Funktion Stadtrichter war und gemäß erstem Rezeß der erste Amtsrichter in Stade werden sollte, inzwischen verstorben war[62].

Die Landdrostei hatte unter dem 13. Juli 1852 an die einzuhaltenden Fristen bei den Vorarbeiten zur Bewältigung der neuen Gerichtsverfassung erinnert, worauf der Magistrat erwiderte,

> „behuf der neuen Organisation der untern Verwaltungs- und Gerichtsbehörde, welche die Trennung der Registraturen für die künftigen Verwaltungs-Aemter und Amtsgerichte zum Gegenstand haben, sind bei dem hiesigen Magistrate von geringer Erheblichkeit gewesen, da bisher schon getrennte Registraturen des Magistrats und des Stadtgerichts geführt gewesen sind. Es bedurfte nur einer cursorischen Nachsicht, ob etwa unter die alten

---

[58] Schreiben der Königlichen Landdrostei vom 9. Mai 1851: StadtA Stade StV Fach 16 Nr. 12.

[59] Schreiben vom 9. Mai 1851: StadtA Stade StV Fach 16 Nr. 12; s. Anlage 6 - 2.

[60] Schreiben des Magistrats der Stadt Stade vom 20. Mai 1851: StaatsA Stade StV Fach 16 Nr. 12.

[61] Damit wurde ein Receß vom 10. November 1851 ersetzt, weil der dort genannte Bürgermeister Lübbren, der gemäß § 84 GVG als Richter hatte übernommen werden sollen, inzwischen verstorben war: StadtA Stade Fach 16 Nr. 12; s. Anlage 6 - 3.

[62] Christian Leopold Lübbren war in Stade von 1799 bis 1824 Syndikus und von 1824 bis 1851 einer der beiden Bürgermeister der Stadt sowie Landrat; er war am 21. Dezember 1851 „im 85. Lebensjahr verstorben", nach dem Staatskalender auf das Jahr 1852, Nekrolog S. V.

Stadtgerichts-Akten einzelne Magistrats-Akten durch Zufall gerathen sein möchten. Diese Nachsicht hat Statt gehabt und steht nunmehr die gesammte Stadtgerichts-Registratur mit allen dazu gehörigen Büchern, Listen, General-Akten etc. zur Ueberlieferung an das Amtsgericht Stade bereit."[63]

Schließlich sandte die Kgl. Landdrostei am 24. September 1852[64] die neuen Siegel für das Amtsgericht Stade an den Magistrat der Stadt Stade und dieser gab sie am 30. September 1852[65], wohl innerhalb des Rathauses, an das Kgl. Amtsgericht Stade weiter, damit dieses am nächsten Tag seine Tätigkeit uneingeschränkt aufnehmen konnte. Abschließend ist hier zu erwähnen, dass die Kostenaufstellungen des Magistrats wohl nicht mit der gebotenen Sorgfalt erfolgt waren, denn am 13. Februar 1853[66] führte der vom Amtsgericht übernommene Gerichtsdiener Klingmann beim Magistrat der Stadt Beschwerde darüber, seine Diensteinnahmen seien falsch angegeben worden, worauf dementsprechend eine fehlerhafte Berechnung durch den neuen Dienstherren erfolgt sei. Ein Ausgang dieses Streits ist nicht ersichtlich.

6.1.6 Der Abschluß der Vorarbeiten

Erst mit dem Gesetz vom 4. Mai 1852[67] wurde in dessen § 1 festgelegt:

„Mit dem 1sten October 1852 treten in Kraft:
das Gesetz über die Gerichtsverfassung (Organisations-Edict),
die bürgerliche Proceßordnung,
die Strafproceßordnung,
das Gesetz über das gerichtliche Verfahren in Steuer-Contraventionssachen."

In § 2 dieses Gesetzes war eine Regelung für anhängige Verfahren getroffen worden, die zugleich die alten und neuen Bezeichnungen der Gerichte auf den verschiedenen Instanzstufen deutlich machte und die zudem eine das Land Hadeln betreffende Sonderregelung enthielt:

„Hinsichtlich der bei den Gerichten anhängigen Sachen treten im Allgemeinen vom gedachten Tage an, je nach dem betreffenden Territorial-Umfange, an die Stelle der

[63] Schreiben des Magistrats der Stadt Stade vom 15. September 1852: StadtA Stade StV Fach 16 Nr. 12.
[64] Schreiben der Königlichen Landdrostei vom 28. September 1852: StadtA Stade StV Fach 16 Nr. 12.
[65] Schreiben des Magistrats der Stadt Stade vom 30. September 1852: StadtA Stade StV Fach 16 Nr. 12.
[66] Vermerk des Magistrats vom 13. Februar 1853: StadtA Stade StV Fach 16 Nr. 12.
[67] „Gesetz, die Übergangsbestimmungen in das neue Proceßverfahren betreffend", GS 1852 Abt. I, S. 61.

bisherigen Justiz-Canzleien die Obergerichte, und an die Stelle der bisherigen Untergerichte (Polizei-, Steuer-Richter), so wie ... der verschiedenen höheren Gerichte[68] des Landes Hadeln ... die Amtsgerichte."

Am gleichen Tag legte die „Verordnung über die Einrichtung der Ämter"[69] in § 1 fest:

„Den Ämtern verbleiben nur die Verwaltungssachen."

Damit standen für das Königreich Hannover die Trennung der Justiz von der Verwaltung und der Zeitpunkt, zu dem diese Regelung in Kraft treten sollte, endgültig fest. Ein Gesetzesvorhaben war umgesetzt worden, das die seit langem bestehende politische Forderung nach dieser Trennung zu einem Abschluß brachte. Das Königreich Hannover gehörte damit allerdings zu den deutschen Staaten, die hierfür länger brauchten als andere Länder, in denen dieser „notwendige Schritt"[70] bereits während der ersten Hälfte des 19. Jahrhunderts durchgeführt worden war. Insoweit darf jedoch nicht verkannt werden, dass demgegenüber diese hannoversche Reform des Gerichtswesens „die bedeutendste Leistung dieser Zeit war"[71], zu deren entschiedenen Befürwortern der nur gut zwei Jahre amtierende Justizminister v. Düring[72] gehörte. Die hannoverschen Reformgesetze „gehörten zu den wichtigsten Vorstufen der Reichsjustizgesetze von 1877"[73]. Dies ist sicherlich auch auf eine personelle Verknüpfung[74] zurückzuführen, denn im hannoverschen Justizministerium hatte an den neuen Gesetzen der Justizrat Leonhardt[75] mitgearbeitet, der später als

---

[68] Trotz des Pluralgebrauchs wurde im Land Hadeln nur ein Amtsgericht, das zu Otterndorf, eingerichtet, das die bisherigen „höheren Gerichte" Stadtobergericht, Landgericht und Viergericht in sich vereinte.

[69] GS 1852 Abt. I, S. 79.

[70] Hubatsch, S. 197.

[71] Huber, Band 3, S. 209.

[72] Otto Albrecht v. Düring, geb. am 10. Januar 1807 in Harsefeld bei Stade, gest. am 11. April 1875 in Celle; 1832 bis 1842 als Justizrat in der Justizkanzlei Stade, seit 3. Dezember 1847 Richter des OAG Celle, seit 20. März 1848 Justizminister, danach am 1. November 1850 Vizepräsident des OAG Celle, seit 3. November 1859 dessen Präsident, seit 1. September 1867 erster Präsident des nunmehrigen Appellationsgerichts Celle.

[73] Huber, Band 3, S. 209.

[74] Vgl. Heile, S. 101.

[75] Gerhard Adolf Wilhelm Leonhardt, geb. am 6. Juni 1815 in Hannover, gest. am 7. Mai 1880 in Hannover; 1837 Eintritt in den hannoverschen Justizdienst, Vertreter Hannovers als Generalsekretär im Justizministerium in der am 6. Februar 1862 von der deutschen Bundesversammlung eingesetzten Fachkommission zur Ausarbeitung einer ZPO, die vom 15. Dezember 1862 bis zum 24. März 1866 in Hannover tagte und zu deren Referent er gewählt wurde; zum 1. September 1867 Präsident des neu geschaffenen preußischen Oberappellationsgerichts für die neuen Provinzen; 16. November 1867 Kronsyndikus und

preußischer Justizminister entscheidenden Anteil an den Reichsjustizgesetzen von 1877/79 haben sollte.

6.2 Das Gerichtsverfassungsgesetz

6.2.1 Die „Allgemeinen Bestimmungen“

Das Gerichtsverfassungsgesetz vom 8. November 1850[76], zutreffend auch „Organisations-Edict“[77] genannt, legte die Grundlage der neuen Gerichtsorganisation. Danach sollte das Gerichtswesen von den Grundsätzen geleitet werden, die insbesondere in den §§ 1 bis 15 GVG der „Allgemeinen Bestimmungen“ niedergelegt worden waren und auf deren Umsetzung in die Praxis seit vielen Jahren politisch hingearbeitet worden war. Einige dieser Normen sollen wegen ihrer grundsätzlichen Bedeutung deshalb wörtlich wiedergegeben werden:

> „§ 1. Die Rechtspflege wird von der Verwaltung getrennt.“

Damit war die alte Forderung endlich als gesetzliche Regelung festgeschrieben worden.

> „§ 2. Die Verhandlungen vor den erkennenden Gerichten sind öffentlich. Eine Ausnahme davon findet nur in den durch die Proceßgesetze bestimmten Fällen Statt.“

Mitglied des Herrenhauses; 5. Dezember 1867 bis 29. Oktober 1879 preußischer Justizminister; unter seinem Vorsitz fertigte seit Anfang 1868 bis Juli 1870 eine Kommission des Norddeutschen Bundes den „Entwurf einer ZPO für den Norddeutschen Bund nebst Einführungsgesetz“; welche Rolle er im einzelnen in der hannoverschen Gesetzgebung spielte, kann hier nicht festgestellt werden, aus den Staatskalendern auf die Jahre 1849 bis 1853 ergeben sich für ihn folgende Funktionen im Justizministerium: 1848 bis 1850 war er „Ministerial-Referent“ und Referent *per mod. com.*, zudem Vorsitzender der Kommission für die erste juristische Prüfung; in der Hierarchie des Hauses nahm er zu dieser Zeit nach dem Minister den dritten Rang ein, 1851 stand er als „General-Secretair“ an zweiter Stelle der Beamten; dies dürfte nicht nur für eine erhebliche Einflußmöglichkeit, sondern auch für eine tatsächliche Einflußnahme sprechen, wobei der faktische Anteil offen bleiben muß; vgl. zu Leonhardt bei Werner Schubert, Die deutsche Gerichtsverfassung (1869 – 1877) - Entstehung und Quellen -, Frankfurt am Main 1981, S. 31, Fußnote 16, und zu der Frage seines Einflusses auf die hannoversche Gesetzgebung, ebenda, S. 34.

[76] „Gesetz über die Gerichtsverfassung“ vom 8. November 1850, GS 1850 Abt. I, S. 207.

[77] So in § 1 des Gesetzes vom 4. Mai 1852, GS 1852 Abt. I, S. 76; s.o. 6.1.6.

Die künftige Öffentlichkeit der Verfahren hatte es zwar seit 1850 schon bei den Schwurgerichten gegeben, sie war aber für die hannoversche Justiz im übrigen ein Novum.

„§ 3. Die Gerichtsbarkeit wird nur durch vom Staate bestellte Gerichtsbehörden ausgeübt; vorbehältlich der in diesem Gesetze gemachten Ausnahmen."

Angesichts der zuvor für große Teile des Landes bestehenden privaten Gerichtsbarkeit der Patrimonialgerichte liegt hier der wohl stärkste Eingriff in die alte Gerichtsbarkeit[78].

„§ 4. Die Gerichtsbarkeit wird ausgeübt:
1) durch Amtsgerichte;
2) durch Obergerichte, bei denen auch die Schwurgerichte abgehalten werden;
3) durch das Ober-Appellationsgericht."

Damit war inhaltlich ein dreistufiger Justizaufbau begründet worden, der sich bis zur Einverleibung in die preußische Gerichtsbarkeit erhalten sollte und der auch heute wieder in der rechtspolitischen Diskussion erörtert wird[79].

„§ 7. Die Justizcanzleien, die Ämter und alle anderen Gerichte werden aufgehoben, insoweit deren Fortbestehen in diesem Gesetze nicht ausdrücklich vorbehalten ist."

Der „Wirrwarr der Gerichtsbarkeiten"[80] war damit zu einem Ende gekommen. Die unübersehbare Vielfalt und Verschiedenartigkeit insbesondere der Untergerichte war einem klar überschaubaren Gerichtswesen gewichen.

„§ 8. Alle Patrimonialgerichtsbarkeit, sie mag Gemeinden oder einzelnen Personen zustehen, wird ohne Entschädigung aufgehoben und geht zu der von der Regierung zu bestimmenden Zeit auf den Staat über."

Das künftige entschädigungslose Ende der Patrimonialgerichte war zwar bei der Verkündung des Gesetzes im November 1850 zunächst eine leere Drohung, weil weder ein Zeitpunkt für diesen Übergang noch für das Inkrafttreten des Gesetzes überhaupt festgelegt worden war. Dieses Signal scheint aber gleichwohl von den Inhabern der ländlichen Patrimonialgerichtsbarkeit in dem Sinne verstanden worden zu sein, zu einer gütlichen, mithin vertraglichen

---

[78] Hier soll nur ein Hinweis erfolgen auf § 15 Abs. 1 GVG in der Fassung von 1879 (s. u. 8.2.), der lautete: „Die Gerichte sind Staatsgerichte" und der durch Gesetz vom 12. September 1950 (BGBl. S. 455) ersatzlos gestrichen wurde, weil die staatliche Justiz inzwischen zu einer Selbstverständlichkeit geworden war.
[79] S. o. 1.1 Fn. 23: Koalitionsvertrag vom 20. Oktober 1998.
[80] S. o. 1.2; Heile, S. 75.

Regelung über den vorzeitigen Übergang dieser Gerichte zu kommen. Denn insoweit sind in den Herzogtümern nur wenige Fälle bekannt, bei dem eine „zwangsweise", also durch Fristablauf gemäß Gesetz bedingte, Überführung in die neue Gerichtsstruktur erfolgen mußte.

6.2.2 Die sachliche Zuständigkeit der Gerichte

Die „Besonderen Bestimmungen" der §§ 16 bis 83 GVG enthielten Vorschriften zu folgenden Bereichen, die im einzelnen danach näher erläutert werden sollen:

„I. Von den gerichtlichen Behörden" (§§ 16 bis 51),
"II. Von der Staatsanwaltschaft" (§§ 52 bis 56),
„III. Gemeinschaftliche Bestimmungen" (§§ 57 bis 83);
die §§ 84 bis 90 betrafen Übergangsbestimmungen.

Der Titel I war untergliedert in die Abschnitte über die Amtsgerichte, die Obergerichte und das Oberappellationsgericht und zeigte damit zugleich den künftigen Aufbau der Justiz.

6.2.2.1 Die Amtsgerichte

Bei dem I. Titel „Von den gerichtlichen Behörden" stand unter „1. Von den Amtsgerichten" (§§ 16 bis 33 GVG) an der Spitze der Normen die künftige personelle Ausstattung dieses Gerichts:

> „Den Amtsgerichten stehen Einzelrichter vor. Dieselben sind in der Regel mit 1 Amtsrichter, 1 Actuar und 1 Gerichtsvoigt, welchem ein Gehülfe beigeordnet werden kann, zu besetzen."

Danach galt das Prinzip des Einzelrichters, ein Kollegialgericht war auf dieser Ebene nicht vorgesehen. Jedoch war in Polizeistrafsachen mit Zuziehung von zwei Gerichtsschöffen zu entscheiden[81].

---

[81] „Anhang I: Zuziehung von Gerichtsschöffen in Polizeistrafsachen", GS 1850 Abt. I, S. 322. Danach wurden die Schöffen in den Städten und Flecken von den Bürgervorstehern unter der Leitung eines Mitglieds des Magistrats und auf dem Lande von der Amtsversammlung gewählt. Eine Auswahl nach dem vorhandenen Vermögen der zu wählenden Personen erfolgte ausdrücklich nicht, § 5 Satz 2 des Anhanges I. Ergänzend hieß es dort jedoch, daß „die Wahl nur auf solche Personen zu richten (sei), welche mit besonderer Rücksicht auf ihre erprobte Einsicht und Ehrenhaftigkeit am geeignetsten erscheinen." Den Amtsrichtern war ein weiter Ermessensspielraum dahingehend eingeräumt worden, ob Schöffen im Einzelfall

Die sachliche Zuständigkeit erstreckte sich auf

- Strafsachen (§ 17)[82],
- „Steuer- und Zoll-Contraventionssachen" (§ 18),
- bürgerliche Rechtssachen der streitigen Gerichtsbarkeit bis zu einem Wert von 100 Talern (§ 19) und der freiwilligen Gerichtsbarkeit (§ 20), wobei letztere teilweise in „gleiche und freie Concurrenz" (§ 21 Abs. 3) mit den Notaren treten konnte und zudem sollten die Gemeinden in diesem Bereich Mitwirkungsmöglichkeiten haben[83].

Die Aufgabenverteilung zwischen den Amtsrichtern und den Actuaren scheint bereits nach recht kurzer Zeit problematisch geworden zu sein. Anlaß hierzu gab die Auslegung des § 29 GVG, der die den Actuaren übertragenen Dienstgeschäfte regelte. Die Amtsrichter scheinen ihre Dienstpflichten häufiger, als es dem Ministerium recht war, den Actuaren übertragen zu haben. Insoweit hatte das Justizministerium deshalb ausdrücklich in einer Bekanntmachung als verbindlicher Auslegung dieser Norm darauf hingewiesen, dass „ein allgemeiner Auftrag des Amtsrichters ... unzulässig"[84] sei. Damit sollte die gerichtliche Praxis bei der von den Amtsrichtern wohl sehr weit gefaßten Auslegung des § 29 GVG geändert werden. Konkrete Vorfälle sind jedoch insoweit hier nicht ersichtlich. Im Land Hadeln bestanden weiterhin die zwölf Kirchspielsgerichte, deren Zuständigkeit ausschließlich den Bereich der freiwilligen Gerichtsbarkeit umfaßte und die nicht mit Richtern, sondern mit Schultheißen besetzt waren. Diese Regelung war durch § 21 GVG gedeckt, nach der in Angelegenheiten der freiwilligen Gerichtsbarkeit den Gemeinden „eine größere Mitwirkung ... zugestanden werden" konnte.

---

tatsächlich hinzugezogen werden sollten, dies war z. B. nicht mehr der Fall, sobald eine Sache eilig war.

82 § 17 GVG lautete u. a.: „In Strafsachen: 1) die Untersuchung und Aburtheilung der Polizeistrafsachen; 2) die Aburtheilung über Berufungen in denjenigen Polizeistrafsachen, deren Untersuchung und Bestrafung den Gemeinden und Körperschaften überlassen ist; 3) in Criminalsachen die durch die Strafproceßordnung ihnen überwiesenen Handlungen; 4) die Beaufsichtigung der Amtsgefängnisse." – Hinsichtlich der Polizeistrafsachen sollte die Teilnahme der Stadt- und Landgemeinden zunächst unverändert bestehen bleiben bis zu einer endgültigen Neuordnung, § 9 Gerichtsverfassungsgesetz.

83 Den Konsistorien war die „Gerichtsbarkeit in Ehe- und Verlöbnißsachen" nur noch einstweilen verblieben bis zu einer endgültigen Neuordnung, § 10 Gerichtsverfassungsgesetz.

84 „Bekanntmachung des Königlichen Justiz-Ministeriums zur Ausführung des § 29 des Gesetzes über die Gerichtsverfassung", GS 1857 Abt. I, S. 17; § 29 GVG lautete u.a.: „Bei den mündlichen Parteiverhandlungen, so wie auch in den Fällen, wo sonst die Proceßgesetze solches vorschreiben, müssen sie <die Actuare> das Protocoll aufnehmen. In anderen Sachen können sie zur Protocollführung vom Amtsrichter hinzugezogen werden. Die sonstigen Geschäfte der Actuarien werden durch die Geschäftsordnung näher geordnet, daneben kann der Amtsrichter ihnen einzelne Verrichtungen auftragen, deren Erledigung nicht die Thätigkeit des Richteramtes voraussetzt, ...".

6.2.2.2 Die Obergerichte

Im Gegensatz zu den Amtsgerichten waren die Obergerichte Kollegialgerichte, die in Senaten entschieden. Es wurde zwischen zwei Arten von Obergerichten (§§ 34 bis 44 GVG) unterschieden, die zu trennen waren nach ihrer jeweiligen personellen Ausstattung: die großen mit einem Präsidenten, einem Vizepräsidenten und acht besoldeten Richtern, die in zwei Senaten tätig waren (§ 34) und die von der Zahl her den Regelfall bildeten, sowie die kleinen Obergerichte mit einem Präsidenten „und etwa 4 oder 5 Richtern" (§ 35 GVG). Jedes Gericht bestand aus mindestens zwei Senaten. Der große Senat bestand aus fünf und der kleine aus drei Richtern (§ 34 GVG). Die Zuständigkeit der Senate bestimmte sich nach §§ 37f. GVG[85]. In den Herzogtümern wurden in Stade und Verden große Obergerichte und in Lehe ein kleines Obergericht eingerichtet. Dies hatte zur Folge, dass für Berufungen gegen Entscheidungen des Obergerichts Lehe in entsprechender Anwendung des § 35 Abs. 3 GVG[86] das Obergericht Verden zuständig war, soweit nicht ohnehin das Oberappellationsgericht zur Entscheidung berufen war. Hinsichtlich dieses „kleinen Obergerichts" galt für Rechtsmittel gemäß § 3 der Verordnung vom 7. August 1852:

> „Insoweit nicht das Oberappellationsgericht die höhere Instanz bildet, gehen Berufungen bez. Beschwerden (§ 455 der b.P.O.) gegen Erkenntnisse ... 3) des Obergerichts Lehe an das Obergericht zu Verden; ..."[87]

---

[85] § 37 GVG lautete: „Dem kleinen Senat liegt ob: 1) die Urtheilsfällung in allen zur Zuständigkeit der Obergerichte in erster Instanz gehörigen Civilsachen bis 300 Thaler an Werth; 2) die Beschlußfassung und Urtheilsfällung in allen Criminalsachen in erster Instanz, sofern diese nicht zur Zuständigkeit der Schwurgerichte gehören; 3) die Urtheilsfällung über Berufungen gegen die Erkenntnisse der Amtsgerichte in Civilsachen und in Polizeistrafsachen, so wie über Beschwerden gegen das Verfahren der Amtsgerichte bei Ausübung der streitigen und freiwilligen Gerichtsbarkeit." § 38 GVG lautete: „An den großen Senat gehören: 1) die Urtheilsfällung in allen Civilsachen, deren Gegenstand den Werth von 300 Thaler übersteigt; 2) die Urtheilsfällung über Nichtigkeitsbeschwerden gegen Erkenntnisse der Amtsgerichte; 3) die Urtheilsfällung über Berufungen gegen Erkenntnisse der Amtsgerichte in Steuer- und Zoll-Contraventionssachen; 4) die Entscheidung über alle Rechtsmittel gegen Erkenntnisse, welche vom Obergerichte in erster Instanz gesprochen sind, sowohl in Strafsachen, wie in bürgerlichen Rechtssachen, insoweit nicht das Ober-Appellationsgericht darüber zu entscheiden hat."

[86] § 35 Abs. 3 GVG lautete: „Die Berufungen über Erkenntnisse der kleineren Obergerichte in Civil- und Criminalsachen, soweit solche nicht an das Ober-Appellationsgericht gebracht werden müssen, gehen an ein anderes im Voraus bestimmtes Obergericht." Die Bestimmung des zuständigen Gerichts war festgelegt durch die o. g. VO vom 7. August 1852.

[87] „Königliche Verordnung, die Bildung der Obergerichte betreffend", GS 1852 Abt. I, S, 243; § 455 der Allgemeinen bürgerlichen Proceßordnung für das Königreich Hannover vom 8. November 1850 (GS 1850 Abt. I, S. 341) lautete in seinem hier ausschließlich

Auch bei einem kleinen Obergericht gab es einen großen Senat, wie aus § 36 GVG sowie § 400 b.P.O. folgt, im übrigen war die Zuständigkeit vom Streitwert abhängig[88]. Die Staatsanwaltschaft[89] war auch in Zivilsachen zu beteiligen, wenn es um die Festlegung der Gerichtszuständigkeit (§ 18 b.P.O.), um die Verhinderung eines Gerichts (§ 20 b.P.O.) oder um die Ablehnung eines Richters ging (§§ 21ff. b.P.O.).

6.2.2.3 Das Oberappellationsgericht

Beim Oberappellationsgericht (§§ 45 bis 51 GVG) wurde im Grundsatz auf die bestehende Oberappellationsgerichtsordnung von 1713 mit den bislang erfolgten Änderungen[90] zurückgegriffen. Hier waren, wohl wegen der langen Tätigkeit dieses Gerichts, die zu keinen größeren gesetzlichen Eingriffen genötigt hatte, die geringsten Veränderungen erforderlich.

6.2.3 Die örtliche Zuständigkeit

6.2.3.1 Allgemeiner Überblick

Die Bezirke der neu zu bildenden Amtsgerichte[91] sowie der Obergerichte[92] legten zwei Verordnungen vom 7. August 1852 fest. Für „die Rechtspflege und

---

anwendbaren Absatz 1: „Die Erledigung der Beschwerde gehört, abgesehen von den Fällen des § 453 unter 1 und 2, in denen die Vorschrift des § 400 Anwendung findet, vor das vorgesetzte Gericht", § 400 lautete: „Gegen die Entscheidungen eines großen Senats eines Obergerichts geht die Berufung an das Ober-Appellationsgericht; gegen die Entscheidungen des kleinen Senats eines Obergerichts an den großen Senat desselben, bez. nach Vorschrift der §§ 35 flgde des Gesetzes über die Gerichtsverfassung eines anderen Obergerichts".

[88] § 3 der b.P.O. lautete: „Rechtsstreitigkeiten, deren Gegenstand unschätzbar, gehören vor die großen Senate der Obergerichte. Imgleichen ist die Zuständigkeit der großen bez. der kleinen Senate der Obergerichte in allen Sachen, namentlich auch Streitigkeiten über persönliche und dingliche Gerechtigkeiten, Realrechte und Reallasten, deren Gegenstand keine b e s t i m m t e Schätzung zuläßt, begründet, es wäre denn, daß dieselben für beide Theile offenbar einen geringeren Werth als die Summe von 300 bez. 100 Rthlr. (beide Summen einschließlich) hätten." GS 1850 Abt. I, S. 347. Hierzu s. vorstehend §§ 37f. GVG.

[89] Vgl. 6.2.5.

[90] Oberappellationsgerichtsordnung von 1713 und „Neues Königliches Reglement wegen verbesserter Einrichtung des Ober-Appellations-Gerichts vom 20./31. März 1733" abgedruckt bei Ebhardt, Erster Band, S. 608 – 638; hierzu vgl. auch die bisherigen Ausführungen in den vorherigen Kapiteln.

[91] GS 1852 Abt. I, S. 185, das auch die neue Gliederung der unteren Verwaltungsbehörden betraf, dem ein „Verzeichnis der unteren Verwaltungsbehörden und der Amtsgerichte" beigefügt war, S. 187 bis 236.

Verwaltung im Lande Hadeln" wurde wegen der dortigen Kirchspielsgerichte eine eigenständige Regelung[93] mit Verordnung vom 1. September 1852[94] getroffen. Am 25. September 1852 folgte eine „Dienstanweisung für die Staatsanwaltschaft"[95] und schließlich wurde noch unmittelbar vor dem Inkrafttreten des Gesetzeswerkes, nämlich am 28. September 1852, eine Verordnung zur Änderung der Verordnung vom 7. August 1852 über die Bildung der Amtsgerichte erlassen[96], die auch mehrere Gerichte in den Herzogtümern betraf. Die Aufgaben und die Einrichtung des Oberappellationsgerichts in Celle blieben von der Gerichtsreform unberührt[97]. Danach ergab sich ein endgültiger Gerichtsaufbau[98] im Königreich Hannover mit 16 Obergerichten, von denen vier kleine Obergerichte waren, und mit 168 Amtsgerichten[99]. Davon befanden sich in den Herzogtümern zwei große unnd ein kleines Obergericht sowie 27 Amtsgerichte. Im einzelnen waren dies

Obergericht Stade mit einem Präsidenten, einem Vizepräsidenten sowie elf Richterstellen beim OG und elf Amtsgerichten mit insgesamt 14 Richtern bei 102.250 Einwohnern;
Obergericht Verden mit einem Präsidenten, einem Vizepräsidenten sowie zehn Richterstellen beim OG und zehn Amtsgerichten mit insgesamt 16 Richtern bei 103.195 Einwohnern;
Obergericht Lehe mit einem Präsidenten sowie sechs Richterstellen beim OG und sechs Amtsgerichten mit insgesamt sieben Richtern sowie zwölf Kirchspielsgerichte des Landes Hadeln bei 56.819 Einwohnern.

---

[92] „Königliche Verordnung, die Bildung der Obergerichte betreffend", GS 1852 Abt. I, S. 243; mit einem „Verzeichnis der Obergerichte".

[93] Derartige Sonderregelungen waren nicht etwa einmalig im Königreich Hannover, sondern für das Herzogtum Arenberg-Meppen bestand eine vergleichbare Regelung, GS 1852 Abt. I, S. 237.

[94] „Königliche Verordnung über die Rechtspflege und Verwaltung im Lande Hadeln", GS 1852 Abt. I, S. 339.

[95] „Bekanntmachung des Königlichen Justiz-Ministeriums, betreffend die Dienstanweisung für die Staatsanwaltschaft", GS 1852 Abt. I, S. 359.

[96] „Königliche Verordnung, Änderungen der Verordnung über die Bildung der Amtsgerichte und unteren Verwaltungsbehörden betreffend", GS 1852 Abt. I, S. 381: bei den Amtsgerichten Verden, Achim, Bremervörde, Beverstedt, Hagen und Jork erfolgten kleine Änderungen, die sich teilweise nur auf einzelne Höfe bezogen.

[97] Heile, S. 101.

[98] Zahlen und Einzelheiten des Personals der Gerichte, der Staatsanwaltschaften und der Rechtsanwälte hier und im folgenden nach dem „Hof- und Staatshandbuch für das Königreich Hannover auf das Jahr 1853", Hannover 1852; Zahlen der Einwohner hier und im folgenden nach Heinrich Ringklib, Statistische Uebersicht der Eintheilung des Königreichs Hannover, Hannover 1852, S. 63; unter Einwohnern sind die Gerichtseingesessenen zu verstehen.

[99] Gegenüber 236 Untergerichten zuvor, vgl. Lehzen, Band 2, S. 96.

6.2.3.2 Der Bezirk des Obergerichts Stade

Das Obergericht Stade bestand neben dem Präsidenten und dem Vizepräsidenten aus fünf Obergerichtsräten und drei Obergerichtsassessoren sowie drei Hilfsrichtern. Ferner waren vier Gerichtsschreiber als „Obergerichts-Secretair", drei Kanzleibeamte und fünf Gerichtsvögte „Unterbediente" des Gerichts. Die Staatsanwaltschaft bestand aus einem Obergerichtsrat und einem Obergerichtsassessor[100]. Im Bezirk waren 25 Rechtsanwälte zugelassen, davon elf am Obergericht. Zum Bezirk des OG Stade gehörten folgende Amtsgerichte:

Bremervörde mit 13.846 Einwohnern und zwei Richtern,
es umfaßte das Amt Bremervörde und den Flecken Bremervörde;
Bützfleth mit dem Sitz in Stade mit 8.684 Einwohnern und einem Richter,
es umfaßte das Amt Stade, vom Amt Wischhafen die die Kirchspiele Bützfleth und Assel ausmachenden, bzw. nach Stade eingepfarrten Bauerschaften oder Ortschaften: Götzdorf, Bützfleth, Fleeth, Abbenfleth, Bützflether Außendeich, Bützflether Moor, Depenbeck, Hasenwinkel, Bützflether Sand, Barnkrug, Weethe, Assel, Ritsch, Asseler Sand, Brunshäuser Außendeich, Stubbenhof, Schnee und Hörne, Stader Moor, Schölisch, Dösehof und Stader Sand;
Buxtehude mit 8.231 Einwohnern und einem Richter,
es umfaßte die Stadt Buxtehude und das Amt Horneburg,
in Horneburg war einmal wöchentlich ein Gerichtstag abzuhalten;
Freiburg mit 8.000 Einwohnern und einem Richter,
es umfaßte das Amt Freiburg;
Harsefeld mit 4.839 Einwohnern und einem Richter,
es umfaßte das Amt Harsefeld;
Himmelpforten mit 8.406 Einwohnern und einem Richter,
es umfaßte das Amt Himmelpforten;
Jork mit 17.859 Einwohnern und zwei Richtern,
es umfaßte das Amt Jork;
Neuhaus a. d. Oste mit 12.046 Einwohnern und zwei Richtern,
es umfaßte das Amt Neuhaus a. d. Oste;
Osten mit 7.564 Einwohnern und einem Richter,
es umfaßte das Amt Osten;
Stade mit 6.473 Einwohnern und einem Richter,
es umfaßte die Stadt Stade;
Wischhafen mit 6.426 Einwohnern und einem Richter,
es umfaßte vom Amt Wischhafen die die Kirchspiele Drochtersen, Hamelwörden und Krautsand ausmachenden Bauernschaften oder

[100] Vgl. 6.2.5.

Ortschaften: Gauensiek, Sietwende, Theisbrügge, Nindorf, Dornbusch, Wolfsbruch, Hamelwörden, Gauensieker Sand, Neuland, Neulander Moor, Kahle Sand, Krautsand, Wischhafener Sand.

6.2.3.3 Der Bezirk des Obergerichts Verden

Das Obergericht Verden bestand neben dem Präsidenten und dem Vizepräsidenten aus sechs Obergerichtsräten und zwei Obergerichtsassessoren sowie zwei Hilfsrichtern. Ferner waren drei Gerichtsschreiber als „Obergerichts-Secretair“, zwei Kanzleibeamte und fünf Gerichtsvögte „Unterbediente“ des Gerichts. Die Staatsanwaltschaft bestand aus einem Obergerichtsrat und einem Obergerichtsassessor[101]. Im Bezirk waren 23 Rechtsanwälte zugelassen, davon elf am Obergericht. Zum Bezirk des OG Verden gehörten folgende Amtsgerichte:

Achim mit 9.920 Einwohnern und zwei Richtern,
es umfaßte das Amt Achim;
Blumenthal mit 6.981 Einwohnern und einem Richter,
es umfaßte das Amt Blumenthal;
Lesum mit 6.810 Einwohnern und einem Richter,
es umfaßte das Amt Lesum;
Lilienthal mit 11.439 Einwohnern und zwei Richtern,
es umfaßte das Amt Lilienthal,
in Worpswede waren zwei Gerichtstage monatlich abzuhalten;
Osterholz mit 12.056 Einwohnern und zwei Richtern,
es umfaßte das Amt Osterholz;
Ottersberg mit 8.062 Einwohnern und einem Richter,
es umfaßte das Amt Ottersberg;
Rotenburg mit 15.492 Einwohnern und zwei Richtern,
es umfaßte das Amt Rotenburg,
in Visselhövede war wöchentlich ein Gerichtstag abzuhalten;
Schneverdingen mit 7.416 Einwohnern und einem Richter,
es umfaßte das Amt Schneverdingen;
Verden mit 13.188 Einwohnern und zwei Richtern,
es umfaßte das Amt Verden und die Stadt Verden;
Zeven mit 11.831 Einwohnern und zwei Richtern,
es umfaßte das Amt Zeven.

---

[101] vgl. 6.2.5.

6.2.3.4 Der Bezirk des Obergerichts Lehe

Das Obergericht Lehe bestand neben dem Präsidenten aus drei Obergerichtsräten und einem Obergerichtsassessor sowie zwei Hilfsrichtern. Es war mithin nach der gesetzlichen Definition des § 35 GVG ein „kleines Obergericht“. Ferner waren zwei Gerichtsschreiber als „Obergerichts-Secretair“, zwei Kanzleibeamte und drei Gerichtsvögte „Unterbediente“ des Gerichts. Die Aufgaben der Staatsanwaltschaft wurden von einem Obergerichtsrat wahrgenommen[102]. Im Bezirk waren elf Rechtsanwälte zugelassen, davon vier am Obergericht. Zum Bezirk des OG Lehe gehörten folgende Amtsgerichte:

Bederkesa mit 5.739 Einwohnern und einem Richter,
es umfaßte das Amt Bederkesa;
Beverstedt mit 6.893 Einwohnern und einem Richter,
es umfaßte das Amt Beverstedt;
Dorum mit 8.863 Einwohnern und einem Richter,
es umfaßte das Amt Dorum;
Hagen mit 9.085 Einwohnern und einem Richter,
es umfaßte das Amt Hagen;
Lehe mit 8.863 Einwohnern und einem Richter,
es umfaßte das Amt Lehe;
Otterndorf mit 17.252 Einwohnern und zwei Richtern[103],
es umfaßte das Amt Otterndorf und die Stadt Otterndorf; in den zwölf Kirchspielsgerichten des Landes Hadeln lag die Rechtsprechung bei dem jeweiligen Schultheiß, dem Landschöffen zur Seite standen. Hier war die Trennung von Justiz und Verwaltung noch nicht vollzogen worden.

6.2.3.5 Der Schwurgerichtshof in Stade

In § 43 GVG[104] war, wie in § 4 GVG, ein Schwurgericht zunächst lediglich erwähnt worden, ohne dass Näheres ausgeführt worden war, weil es dieses Gericht zwar bereits seit dem 1. Januar 1850 gab, aber eine systematische Einbindung in die neue Gerichtsverfassung noch fehlte. Für das Jahr 1851 liegt

---

102 vgl. 6.2.5.

103 Die Diskrepanz zu den übrigen Gerichten hinsichtlich der Beziehung zwischen der Zahl der Richter und der Einwohner erklärt sich daraus, dass den Kirchspielsgerichten des Landes Hadeln die freiwillige Gerichtsbarkeit verblieben war, mithin das AG Otterndorf hierfür nicht zuständig war; zu den Landschöffen s. o. 3.2 Fn. 16.

104 § 43 GVG lautete: „Über die Bildung und Zuständigkeit der bei den Obergerichten abzuhaltenden Schwurgerichte bestimmen die desfallsigen Gesetze das Nähere.“ Hierzu s. o. 5.3.5.

ein Bericht des Oberjustizrates Lichtenberg über die Tätigkeit der Schwurgerichte vor[105]. Danach waren in diesem Jahr Verfahren gegen 425 Personen eingegangen, von denen 420 abgeschlossen wurden. Es ergaben sich 82 Freisprüche und 319 Verurteilungen. Die Verurteilungen gliederten sich auf in

- 5 Todesurteile,
- 18 Verurteilungen zu Kettenstrafen,
- 203 Verurteilungen zu Zuchthausstrafen,
- 50 Verurteilungen zu Arbeitshaus,
- 40 Verurteilungen zu Gefängnisstrafen,
- 2 Verurteilungen zu Staatsgefängnis,
- 1 Verurteilung zu einer Geldbuße.

Die Kosten der Verfahren waren aufgeteilt für die einzelnen Schwurgerichtsbezirke im Vergleich zu den durchschnittlichen Kosten im Königreich. Dies ergibt folgende Zahlen:

	Stade	Königreich
Je Sache	53RTlr	31RTlr
Je Angeklagten	34 „	11 „
Je Verurteilten	42 „	18 „

Eine Erklärung zu finden für diese gravierenden Unterschiede fällt schwer, die Ursache könnte in der Weiträumigkeit des Bezirks und den damit verbundenen erhöhten Kosten, z. B. für Zeugen, zu sehen sein. Innerhalb des Stader Schwurgerichtsbezirks ist eine Aufteilung in Marsch- und Geestgebiete vorgenommen worden. Danach lag das Verhältnis der Verurteilten zu den Einwohnern in der Marsch bei 1 : 6.973,5 und auf der Geest bei 1 : 19.120,2. Unter Herausrechnung der Städte Stade und Verden aus den Geestgebieten stellte sich das Verhältnis dort immer noch auf 1 : 17.878,2. Auch hier fällt eine Erklärung schwer, es kann nur vermutet werden, dass die dichtere Besiedlung und kleinteiligere Verwaltungsgliederung mit entsprechend erhöhter Kontrolldichte zu der erheblichen Abweichung führen könnte.

Für den Bezirk der drei Obergerichte in Lehe, Stade und Verden war der Schwurgerichtshof in Stade auf Grund des § 4 der Verordnung vom 7. August 1852[106] weiterhin unverändert zuständig.

---

[105] Lichtenberg, Magazin für hannoversches Recht, Band 2 (1852), S. 1ff., dort auch die folgenden Zitate.

[106] „Königliche Verordnung, die Bildung der Obergerichte betreffend“, GS 1852 Abt. I, S. 243; § 4 der VO lautete: „Rücksichtlich der territorialen Zuständigkeit der Schwurgerichtshöfe behält es bei den bestehenden Vorschriften sein Bewenden, so daß

6.2.3.6 Handelsgerichte

„Es sollen, wo das Bedürfnis es erheischt, Handels- und Gewerbegerichte im Wege der Gesetzgebung angeordnet werden."

Eine solche in § 5 GVG vorgesehene Möglichkeit ist weder in den Herzogtümern noch überhaupt in Hannover bis 1866 genutzt worden. Die Gründe hierfür sind nicht ersichtlich; es kann nur vermutet werden, dass die wirtschaftliche Notwendigkeit für solche spezialisierten Gerichte nicht bestand, zumal auch erst zum Ende des Königreiches Industrie- und Handelskammern gegründet wurden[107].

6.2.3.7 Friedensgerichte

„Die Einrichtung von Friedens- oder Vergleichsgerichten soll befördert werden."

Auf diese Norm des § 6 GVG beriefen sich mit ihrem Antrag vom 13. Februar 1858 an das Amt Wischhafen die „Kirchspiel Hauptleute zu Hamelwörden"[108], die einen Satzungsentwurf „Statuten für den Friedensgerichtsverein zu Hamelwörden" beigefügt hatten. Nach dessen § 1 sollte seine Aufgabe sein:

„Der Zweck des Friedensgerichts ist: Rechtsstreitigkeiten durch Vergleich zu beseitigen und Prozeße zu verhüten."

Die Landdrostei in Stade, an die der Antrag vom Amt zuständigkeitshalber weitergegeben worden war, erwiderte am 1. März 1858, dass ein solcher Antrag zu den Aufgaben der Justizbehörden gehöre und gab ihn deshalb an die Antragsteller zurück. Über den weiteren Verlauf ist nichts ersichtlich, es fehlen ebenso Angaben dazu, ob solche Gerichte an anderen Orten der Landdrostei Stade eingerichtet wurden.

---

zuständig ist: ... 4) der Schwurgerichtshof zu Stade für die Bezirke der Obergerichte Stade, Verden und Lehe; ..."

107 „Verordnung über die Errichtung von Handelskammern" vom 7. April 1866, GS 1866 Abt. I, S. 26.

108 StaatsA Stade Rep. 74 Freiburg Nr. 35.

6.2.4 Regelungen zum Dienstrecht

Von einer Unabhängigkeit der Amtsrichter unter dem Gesichtspunkt einer weitgehenden Selbstverwaltung der Justiz konnte keine Rede sein, vielmehr waren die Amtsrichter nach § 27 GVG „der Oberaufsicht der höheren Gerichtsbehörden unterworfen. Ihre Dienstführung ist außerdem vom Justiz-Ministerium durch die Staatsanwälte zu überwachen." Eine vergleichbare Regelung für die Obergerichte enthielt das GVG nicht. Jedoch führte § 68 GVG aus:

> „Das Justiz-Ministerium hat die Aufsicht über sämmtliche Gerichte des Staates zu führen, und für die Abstellung etwaiger Mängel, insbesondere von Verzögerungen der Rechtspflege, Sorge zu tragen."

Die Trennung der Justiz von der Verwaltung war mithin ausschließlich dahin zu verstehen, dass hiermit die Ablösung von der allgemeinen Verwaltung gemeint war; die Justizverwaltung sollte aber weiterhin bestimmend für die Ausübung der Gerichtsgeschäfte sein, ohne allerdings auf die Entscheidungen inhaltlich Einfluß zu nehmen. Insoweit fehlte nämlich auch eine Regelung über die Geschäftsverteilung; es ist nicht ersichtlich, nach welchen Kriterien diese in der Praxis geregelt wurde, sofern bei den Amtsgerichten mehr als ein Richter tätig war. Eine Selbstverwaltung der Gerichte in Rechtssachen war offensichtlich nicht vorgesehen. In § 24 GVG heißt es hierzu nur:

> „Werden bei einem und demselben Amtsgerichte mehrere Amtsrichter angestellt (welches namentlich in den größeren Städten und, wo es sonst zweckmäßig erscheint, geschehen kann), so haben dieselben dennoch ein Jeder in dem ihm überwiesenen Geschäftskreise selbstständig zu handeln."

Welche Stelle dem einzelnen Richter die „Geschäftskreise überweisen" sollte, bleibt hiernach offen. Im Hinblick auf die übrigen Bestimmungen zur Überwachung der Gerichtsarbeit kann davon ausgegangen werden, dass eine eigene Geschäftsverteilung der Gerichte nicht erfolgte, sondern von dritter Seite, vermutlich dem Obergericht, vorgegeben wurde. Eine von vornherein für das jeweilige Geschäftsjahr feststehende Geschäftsverteilung scheint nicht zwingend gewesen zu sein. Hierfür spricht auch die Regelung der Geschäftsverteilung bei den Obergerichten, dessen hier einschlägiger § 40 GVG lautete:

> „Unter den Mitgliedern der Senate findet alljährlich ein Wechsel Statt. Wegen augenblicklichen Mangels kann der Präsident einzelne Mitglieder aus einem Senate in den andern deputiren und im Nothfalle einen Amtsrichter oder Advocaten, letztern nach zuvoriger Verpflichtung mit dem Richtereide, als Hülfsrichter hinzuziehen."

Unter den Aufgaben der Staatsanwaltschaften[109] ist insoweit ausdrücklich aufgeführt, „in Gemeinschaft mit den Präsidenten die bei den Gerichten vorfallenden Verwaltungsgeschäfte wahrzunehmen" (§ 52 Nr. 6 GVG), so dass auch dieses für die vorgenannte Annahme spricht, dass die Staatsanwaltschaft die Geschäftsverteilung zumindest mitbestimmte[110]. Hinzu kommt, dass nach § 68 GVG das Justizministerium „die Aufsicht über sämmtliche Gerichte des Staates zu führen" hatte und die Staatsanwaltschaften letztlich die Befehlsempfänger des Justizministeriums waren, wie sich aus dem bereits genannten § 56 GVG ergibt[111].

Für alle Justizbediensteten galt nunmehr, dass sie vom König oder den königlichen Behörden ernannt wurden (§ 57 GVG) und dass mit dem Richteramt „die Versehung eines anderen Dienstes (Advocatur, Anwaltschaft, Notariat u.s.w.) unvereinbar" (§ 58 GVG) war. Die Richter unterlagen dem neuen Staatsdienergesetz, zu dem nach dessen § 1 „alle im Civilstaatsdienst Angestellte" gehörten[112]. Dem abzulegenden Diensteid[113] hatte ein Huldigungseid vorauszugehen[114]. Damit einher waren weitere Regelungen zum

[109] Vgl. 6.2.5.

[110] Bei Knollmann, S. 200, heißt es hierzu nur, dass die Staatsanwaltschaften auch für Verwaltungsangelegenheiten der Gerichte zuständig waren, über deren Mitwirkung bei der Geschäftsverteilung der Gerichte findet sich dort nichts.

[111] Nach Werner Hülle, Geschichte der Staatsanwaltschaft im Lande Oldenburg, in: Niedersächsisches Jahrbuch für Landesgeschichte, Band 49 (1977), S. 132, überwachte die Staatsanwaltschaft im Großherzogtum Oldenburg den Geschäftsgang bei den Gerichten und sie konnte dort Anträge stellen; die Verwaltungsgeschäfte der Gerichte wurden „in Gemeinschaft mit dem Vorstande des Gerichts wahrgenommen." Es handelte sich also nicht um eine hannoversche Eigenart.

[112] GS 1852 Abt. I, S. 97.

[113] Der Diensteid für Richter lautete: „Ich schwöre einen Eid zu Gott dem Allmächtigen und Allwissenden, daß ich das mir übertragene Amt und jedes mir etwa künftig zu übertragende Amt oder Geschäft nach der Verfassung, nach den Gesetzen und Dienstanweisungen getreulich und fleißig versehen, daß ich unparteiisch Recht sprechen, die vermöge des Dienstes zu meiner Kenntniß gelangenden, Geheimhaltung erfordernden, Angelegenheiten Niemandem, als dem es zu wissen gebührt, offenbaren und mich jederzeit so betragen wolle, wie es einem redlichen Staatsdiener wohl ansteht und gebührt; So wahr mir Gott helfe und sein heiliges Wort." GS 1852 Abt. I, S. 115.

[114] Der Huldigungseid lautete: „Ihr sollt schwören zu Gott dem Allmächtigen und Allwissenden, daß Ihr dem Allerdurchlauchtigsten Großmächtigsten Fürsten und Herrn, Herrn Georg dem Fünften, Könige von Hannover, Königlichen Prinzen von Großbritannien und Irland, Herzog von Cumberland, Herzog zu Braunschweig und Lüneburg etc. treu, hold und unterthan sein, Allerhöchstdessen und des gesammten Königreichs Wohl nach bestem Wissen und Gewissen befördern, Schaden aber nach bestem Vermögen abwenden wollet; daß Ihr aber, wenn Seine Majestät (was Gottes Güte lange verhüten wolle) mit Tode abgehen würde, alsdann Seiner Königlichen Hoheit dem Kronprinzen und dessen eheleiblichen männlichen Erben nach dem Rechte der Erstgeburt in absteigender Linie, wenn aber deren keine

Personal der Justiz erlassen worden, nämlich das „Gesetz, das Disciplinarverfahren gegen Richter betreffend“[115] und das „Gesetz, betreffend die Aufhebung der Dienstentlassung als Criminalstrafe gegen Richter auf den Grund des Art. 370 des Criminalgesetzbuches“[116].

6.2.5 Die Staatsanwaltschaften

Die Staatsanwaltschaften (§§ 52 bis 56 GVG) lösten die seit 1850 bestehenden und für die Verfahren vor den Schwurgerichten zuständigen provisorischen Staatsanwaltschaften ab[117]. Sie waren streng hierarchisch aufgebaut, wie § 56 Abs. 1 deutlich macht:

> „Die Beamten der Staatsanwaltschaft bei den Amtsgerichten stehen unter den Befehlen der Staatsanwälte bei den Obergerichten, und diese unter den Befehlen des Oberstaatsanwaltes, welcher wiederum dem Justiz-Ministerium untergeordnet ist.“

In der StPO war ähnlich eindeutig in § 19 Abs. 1[118] formuliert:

> „Das Haupt der Staatsanwaltschaft ist der Oberstaatsanwalt; alle Beamte der Staatsanwaltschaft sind nur seine Stellvertreter und ihm untergeben.“

Die Staatsanwälte standen zudem nach § 54 Abs. 1 in ihrer Funktion nur „Kraft Auftrages, welcher jederzeit widerruflich ist.“ Nach einem solchen Widerruf hatten sie, unter Wegfall einer ihnen als Staatsanwalt gewährten Besoldungszulage, „bei einem ihnen anzuweisenden Gerichte“ als Richter einzutreten, § 54 Abs. 2. Sie waren demnach letztlich weisungsunterworfene,

---

vorhanden, denjenigen Prinzen des Königlichen Hauses, welchen die Erbfolge nach dem Rechte der Erstgeburt zusteht, und deren eheleiblichen männlichen Erben in absteigender Linie, und wenn auch deren keine vorhanden, alsdann Seiner Hoheit dem regierenden Herrn Herzoge von der Braunschweig-Wolfenbüttelschen Linie und den successionsfähigen männlichen Leibeserben dieser Linie, und zwar nach dem Rechte der Erstgeburt, alles Obige leisten wollet.“ GS 1851 Abt. I, S. 200.

[115] „Gesetz, das Disciplinarverfahren gegen Richter betreffend“, GS 1852 Abt. I, S. 117.

[116] „Gesetz, betreffend die Aufhebung der Dienstentlassung als Criminalstrafe gegen Richter auf den Grund des Art. 370 des Criminalgesetzbuches“, GS 1852 Abt. I, S. 121.

[117] Die Einführung und die rechtliche Stellung der Staatsanwaltschaft auch unter Berücksichtigung der Beratungen in der Ständeversammlung und hinsichtlich des hannoverschen Rechtszustandes ist eingehend dargestellt und wiedergegeben bei Karl Elling, Die Einführung der Staatsanwaltschaft in Deutschland, Breslau 1911, S. 85ff.; für die Zeit danach sei hier nur hingewiesen auf Ernst Carsten, Die Geschichte der Staatsanwaltschaft in Deutschland bis zur Gegenwart, Breslau 1932.

[118] „Strafproceßordnung für das Königreich Hannover“ vom 8. November 1850, GS 1850 Abt. I, S. 227.

beamtete Richter mit höherem Einkommen als die übrigen Richter. In der Ausgestaltung dieser Rechtsstellung lag mithin eine „offene Flanke“ für eine mögliche politische Beeinflussung und die Inanspruchnahme der Staatsanwälte im Sinne des Königs oder der Regierung. Für die Gerichte konnte hier zudem eine Bedrohung der Unabhängigkeit[119] gesehen werden, weil den Staatsanwaltschaften weitgehende Aufgaben der Justizverwaltung übertragen worden waren, wie es dem französischen Vorbild entsprach, so dass sie nicht auf ihre heutige Stellung im Strafverfahren beschränkt waren. Von der ursprünglichen Forderung der Liberalen nach Einführung einer Staatsanwaltschaft, um die Angeklagten vor den ungeregelten Einflüssen der Inquirenten zu schützen, blieb nicht viel übrig, weil nunmehr die Regierung in der Lage war, Einfluß auf das Strafverfahren zu nehmen[120]. Die personelle Ausstattung dieser neu geschaffenen Behörde war jedoch eher gering, so dass schon von daher die übermäßige Einflußnahme auf die Gerichte faktisch die Ausnahme geblieben sein dürfte. Beim Oberstaatsanwalt in Celle standen als seine Vertreter bei der Bildung dieser Behörde im Jahr 1852 neben dem Leiter drei weitere Beamte als erste bis dritte Stellvertreter, davon war eine Stelle unbesetzt; als weiterer Beamter war ein „Ober-Staats-Anwalts-Secretair“ angestellt[121]. Bei den Obergerichten in Stade und Verden waren jeweils zwei Beamte und in Lehe einer als Staatsanwalt tätig[122].

6.2.6 Einzelne Auswirkungen für die Gerichte

6.2.6.1 Die Behandlung anhängiger Verfahren

Beim Übergang auf die neuen Gerichte scheinen kaum Probleme in der alltäglichen Arbeit aufgetreten zu sein. Die Trennung von der Verwaltung hat offenbar reibungslos funktioniert[123]. Eine kleine Schwierigkeit ist allenfalls aus einem Vorgang[124] erkennbar, bei dem der Rechtsstreit vor dem 1. Oktober 1852 anhängig gemacht worden war. Zum Zeitpunkt des Inkrafttretens der neuen Gerichtsstrukturen lag dieses Verfahren noch bei der Justizkanzlei in Stade nach

---

[119] Heile, S. 103; vgl. auch Werner Schubert, S. 122, dort zudem weitere Nachweise zur Entstehung der Staatsanwaltschaft aus dem französischen Recht und der Übernahme in den deutschen Staaten; zur Staatsanwaltschaft in den Landesgesetzgebungen der ersten Hälfte des 19. Jahrhunderts ein knapper Überblick bei Erich Döhring, Die deutsche Staatsanwaltschaft in ihrer geschichtlichen Entwicklung, DRiZ 1958, S. 283.
[120] Werner Schubert, Gerichtsverfassung, S. 123f.
[121] Zahlen nach dem Staatskalender auf das Jahr 1853, S. 232.
[122] Zahlen nach dem Staatskalender auf das Jahr 1853.
[123] Heile, S. 101f., sieht hierin eine kaum zu überschätzende organisatorische Leistung des Justizministers Windthorst.
[124] Vgl. StaatsA Stade Rep. 71 Verden Nr. 2.

Rechtsmitteleinlegung gegen eine Entscheidung des Amtes Zeven. Nachdem das Rechtsmittel dem nunmehr zuständigen Obergericht Verden übergeben worden war und dieses mit Verfügung vom 19. Januar 1853 vom jetzt zuständigen Königlichen Amtsgericht Zeven die Akten anforderte, erhielt es unter dem 27. Januar 1853 zunächst die Nachricht, „daß die Akten nicht aufzufinden sind."[125] Erst mit Bericht des Amtsgerichts Zeven vom 19. September 1853 konnten „die wiederhergestellten Acten"[126] übersandt werden. Dass hierfür die Neueinteilung des Gerichtswesens ursächlich gewesen sein soll, kann trotz der zeitlichen Nähe dieses Vorgangs zur Reform jedoch nur vermutet werden.

6.2.6.2 Die „Strafcasse" der früheren Justizkanzlei

Ausschließlich auf finanzieller Ebene liegt ein Problem, das 1853 von dem hannoverschen Finanz- und Justizministerium gemeinsam angegangen wurde, nämlich die Ordnung der Finanzen des Obergerichts in Stade. Bislang waren diese von der Justizkanzlei selbständig geführt worden, soweit es um Geldstrafen aus laufenden Verfahren ging, also nach heutiger Bezeichnung um Ordnungsgelder. Hierfür hatte bei der Justizkanzlei eine „Strafcasse"[127] bestanden, in die diese Einnahmen aus verhängten Ordnungsgeldern flossen und über die die Justizkanzlei ausschließlich selbst verfügen konnte. Hinsichtlich der Gebühren und dieser Strafgelder war eine Bekanntmachung am 29. September 1852[128] ergangen, in deren Abschnitt III ausgeführt war:

> „Die sämmtlichen Geldstrafen, welche in Folge der Erkenntnisse und sonstigen Verfügungen der Obergerichte und des Ober-Appellationsgerichts zu erlegen sind, sollen mit in den Gebührenregistern verrechnet werden."

In einem gemeinsamen Erlaß vom 13. Januar 1853[129] des Finanz- und des Justizministeriums an „das Präsidium und die Staatsanwaltschaft des

---

[125] Vermerk vom 27. Januar 1853 auf einem Schreiben des Obergerichts Verden vom 19. Januar 1853: StaatsA Stade Rep. 71 Verden Nr. 2.

[126] Bericht des Amtsgerichts Zeven vom 19. September 1853: StaatsA Stade Rep. 71 Verden Nr. 2.

[127] „Acten, betreffend Verwaltung der sog. Strafcasse": StaatsA Stade Rep. 171a Stade Nr. 936.

[128] „Bekanntmachung des Königlichen Finanz-Ministeriums, die Erhebung und Verrechnung der Gebühren bei den Ämtern und Amtsgerichten, so wie der Gebühren und Strafgelder bei den Obergerichten und dem Ober-Appellationsgerichte betreffend", GS 1852 Abt. I, S. 85; beigefügt war ein Musterformular für das bei jedem Gericht zu errichtende „Gebühren-Register".

[129] „Hannover, den 13. Januar 1853, Königlich Hannoversches Finanz-Ministerium, Königlich Hannoversches Justiz-Ministerium": StaatsA Stade Rep. 171a Stade Nr. 936.

Königlichen Obergerichts“ wurde ein Bericht über den Bestand dieser Strafkasse erfordert und bemerkt, „daß etwaiges Vermögen an die Königliche General-Casse zu überweisen sei.“ Der darauf ergehende gemeinsame Bericht der beiden Stader Behörden[130] listet sowohl den Bestand als auch die Ausgaben auf und gibt dabei zu bedenken, „seit unvordenklichen Zeiten hat die hiesige, am 1. October v. J. aufgehobene Justizcanzlei eine s.g. Strafcasse gehabt, in welche zu deren Disposition ... die von ihr erkannten Ordnungsstrafen geflossen sind. Ob das Collegium diese Casse in eigener Machtvollkommenheit, oder vermöge ihr gewordener höherer Autorisation errichtet hat, darüber fehlt es an allen Nachrichten.“ In diesem Bericht wurde zur Untermauerung der Argumentation darauf hingewiesen, bereits aus vorhandenen Rechnungsbüchern des Jahres 1720 sei eine solche Strafkasse zu ersehen. Hiervon offensichtlich überzeugt und entgegen der vorgenannten Soll-Vorschrift des Abschnittes III der Bekanntmachung vom 29. September 1852 erwidern Finanz- und Justizministerium in einem gemeinsamen Erlaß vom 8. Mai 1853[131], dass die vorhandenen Kapitalien „von 1800 Rthlr und einem durch Ausgabenrückstände beinahe aufgezehrten Baarbestande von 92 Rthlr 3 Ggr 3 Pf bestehenden Vermögens“ dem Obergericht weiterhin zur Verfügung bleiben können und für „Unterstützungen, Anschaffung von Büchern und dergleichen kleinerer Ausgaben dem Präsidio des Königl. Obergerichts in der bisherigen Weise“ belassen werden.

6.2.7 Richterliches Prüfungsrecht und Disziplinargewalt

Auf den ersten Blick ist nicht ersichtlich, dass nunmehr auf der Stelle unabhängige und nur dem Gesetz unterworfene Richter Recht sprachen, aber das darf angesichts der langen Abhängigkeit der Justiz vom Landes- oder Gerichtsherrn wohl auch nicht erwartet werden. Erwartet werden kann jedoch ein langsames Hineinwachsen in die neue Rolle des unabhängigen Richters, wofür allerdings in dem eher ländlich strukturierten Untersuchungsgebiet keine Anhaltspunkte zu erkennen sind; wohl auch deshalb, weil die Justiz hier weniger im Blickpunkt der Öffentlichkeit stand. Nicht zu verkennen ist aber der deutliche Fortschritt gegenüber dem zuvor bestehenden und unhaltbar gewordenen Zustand. Dieser neu geschaffene Zustand war jedoch schon bald Angriffen dahingehend ausgesetzt, die Justiz künftig zu straffen. Dieses könnte für eine gewisse Unabhängigkeit sprechen, die nunmehr von Seiten des Landesherrn wohl wieder eingeschränkt werden sollte. Bezeichnend für den

---

[130] „Bericht des Präsidenten und der Staatsanwaltschaft des Königlichen Obergerichts vom 9. März 1853“: StaatsA Stade Rep. 171a Stade Nr. 936.

[131] „Hannover, den 8. May 1853, Königlich Hannoversches Finanz-Ministerium, Königlich Hannoversches Justiz-Ministerium“: StaatsA Stade Rep. 171a Stade Nr. 936.

herrschenden Zeitgeist dürfte folgendes Ereignis sein: Mit Verordnung vom 1. August 1855[132] waren die Änderungen vom 5. September 1848[133] der Verfassung von 1840 rückgängig gemacht worden. „Die verfassungsrechtlichen Errungenschaften des Revolutionsjahres waren damit zunichte gemacht."[134] Dieser Verfassungsbruch wurde im Königreich letztlich hingenommen, zumal er nur Beschlüssen des Deutschen Bundes folgte[135]. Das Obergericht Aurich erklärte jedoch mit Urteil vom 3. Oktober 1855 die Verordnung vom 1. August 1855 für ungültig[136]. Der hierfür als Verfasser des Urteils[137] verantwortliche Obergerichtsassessor Planck[138] wurde deshalb nach Dannenberg an das dortige Obergericht „strafversetzt".

Bereits vier Tage später wurde mit Gesetz vom 7. Oktober 1855[139] ein völlig neues Gericht geschaffen, nämlich ein Staatsgerichtshof mit dem Sitz in

---

[132] GS 1855 Abt. I, S. 165.

[133] S. o. 5.3.

[134] Huber, Band 3, S. 215f.

[135] von Hassell, Teil 2, S. 330ff., S. 347.

[136] Dies stand zwar im Widerspruch zum Präjudiz des Oberappellationsgerichts Celle vom 3. März 1840 (GS 1840 Abt. I, S. 83): „Dem Richter ist nicht die Befugnis beigelegt, bei Prüfung der Frage, ob ein Gesetz oder eine Verordnung als gültige Rechtsnorm anzusehen sei, die Zweckmäßigkeit oder die verfassungsmäßige Entstehung desselben zu untersuchen und zu beurtheilen, derselbe hat vielmehr sein Augenmerk lediglich darauf zu richten, ob die Gesetze erlassen und in authentischer Form promulgiert worden sind", aber der liberale „48er-Zeitgeist" konnte sich damit wohl nicht mehr abfinden; im Berufungsverfahren vor dem Großen Senat des OG Aurich wurde die Entscheidung mit Urteil vom 19. November 1855 aufgehoben und ein richterliches Prüfungsrecht ausdrücklich abgelehnt, s. dazu näher bei Huber, Band 3, S. 216. Die Fundstelle des Urteils und der zugrundeliegende Sachverhalt kann nicht genannt werden.

[137] Hierzu näher bei Gunkel, S. 365ff.: danach sei es im Prozeß um „die Aufhebung einer Verwaltungsmaßregel" gegangen, damit ist wohl die Zulässigkeit einer gerichtlichen Prüfung der Gültigkeit der Verordnung vom 1. August 1855 gemeint; vgl. auch Peter Schmid, Oberappellationsgericht, Appellationsgericht und Oberlandesgericht in der Zeit von 1866 bis 1933, in: Präsident des Oberlandesgerichts Celle (Hrsg.), Festschrift zum 275jährigen Bestehen des Oberlandesgerichts Celle, Celle 1986, S. 129: „Besonderes Aufsehen und äußerstes Mißfallen bei der Regierung erregte das von Planck verfaßte Urteil des Obergerichts Aurich aus dem Jahre 1855, das eine königliche Verordnung für unwirksam erklärt hatte."

[138] Gottlieb Planck, geb. am 24. Juni 1824 in Göttingen, gest. am 20. Mai 1910 in Göttingen, von 1868 bis 1879 Oberappellationsrat in Celle, 1871/72 Mitglied der Zivilprozeßkommission in Berlin, später Mitverfasser und einer der ersten Kommentatoren des BGB („Vater des BGB"), Mitglied des preußischen Abgeordnetenhauses und des Parlaments des Norddeutschen Bundes; zu diesem Vorfall näher bei Huber, Band 3, S. 216, Fußnote 92, sowie bei von Hassell, Teil 2, S. 334ff., 342f.

[139] „Gesetz, die unmangelhafte Befolgung der Gesetze und Verordnungen sowie die Einrichtung eines Staatsgerichtshofes betreffend", GS 1855 Abt. I, S. 241; wegen der kurzen Zeit zwischen der Urteilsverkündung in Aurich und der Einrichtung des neuen Gerichts von

Hannover. Die Präambel dieses Gesetzes drückt einerseits den ganzen Unmut des Königs über das aus seiner Sicht geradezu anmaßende Verhalten des Obergerichts Aurich aus, sie ist andererseits aber auch Ausdruck des Zeitgeistes in Hannover:

> „Wir haben mit Befremden und Mißfallen vernommen, daß eines Unserer Gerichte unter gänzlicher Verkennung seiner Stellung sich die Befugnis angemaßt hat, die Verfassungsmäßigkeit und Rechtsgültigkeit Unserer Königlichen Verordnung vom 1sten August d. J. über die Publication des Bundesbeschlusses vom 19ten April 1855 etc. in den Kreis der richterlichen Prüfung und Entscheidung zu ziehen.
> Da jedoch den Gerichten und Verwaltungsbehörden Unserer Lande eine Entscheidung darüber nicht eingeräumt werden darf, ob die gesetzgebende Gewalt vom Landesherrn gebührend ausgeübt worden sei, eine Entscheidung, welche nur geeignet sein würde, alle Gewalten im Staate zu verwirren, den Richter über den Gesetzgeber zu stellen und einen anarchischen Zustand hervorzurufen; Wir auch nicht gemeint sind, derartige unerlaubte und gefährliche Eingriffe in Unsere Souverainitätsrechte zu dulden und ferner ungeahndet hingehen zu lassen, die Dringlichkeit des sofortigen Einschreitens eine zuvorige ständische Mitwirkung aber nicht gestattet, so sehen Wir Uns veranlaßt, zur Erhaltung der durch den obigen Vorgang bereits ernstlich bedrohten Ordnung, im Interesse des gefährdeten Staatswohles, auf Grund des § 122 des Landesverfassungsgesetzes vom 6ten August 1840 folgendes Gesetz hierdurch zu erlassen."

Es kommt hier gleichsam in konzentrierter Form das herrschende Staatsverständnis und das des Herrschers zum Ausdruck. Danach dominierte in der Stellung der Gewalten weiterhin uneingeschränkt der Landesherr als Inhaber der allerhöchsten Gewalt; die drei Jahre zuvor erfolgte Trennung von Justiz und Verwaltung hatte keine Auswirkungen auf die königliche Legislative. Der Herrscher und sein Wille blieben unantastbar und mithin ist hierin durchaus ein Rückfall in den überwunden geglaubten Absolutismus zu erkennen. Der König konnte aus eigener Macht ein neues Gericht schaffen, das nach § 8 dieses Gesetzes sofort in Kraft trat und das eine Sondergerichtsbarkeit hinsichtlich aller Staatsdiener darstellte. § 1 bestimmte nämlich:

> „Wer als Mitglied eines Gerichts oder einer Verwaltungsbehörde – einschließlich der Magistrate – oder als Kirchendiener in Erkenntnissen, Bescheiden, öffentlichen Erlassen oder bei sonstigen amtlichen Handlungen die Verfassungsmäßigkeit oder Rechtsgültigkeit der von Uns verkündigten Gesetze und Verordnungen seiner Beurtheilung unterzieht und bestreitet, soll wegen der darin befindlichen, mit der Amtspflicht unvereinbaren

---

nur vier Tagen ist die Bezeichnung „Notgesetz" (Heile, S. 93) durchaus zutreffend gewählt. Nach Gunkel, S. 368, verlief die Beratung des Gesetzes in den beiden Kammern kontrovers: während in der ersten Kammer das Gesetz nach Diskussion am 22. Dezember 1855 angenommen wurde, versagte die zweite Kammer ihre Zustimmung, gleichwohl blieb dieses „Notgesetz" bestehen. Vielleicht kann in der fehlenden Legitimation auch ein Grund dafür gesehen werden, dass das Gesetz faktisch nicht angewandt wurde.

Auflehnung wider Unsere Königliche Prärogative und wider die Verfassung im Disciplinarwege mit Dienstentlassung bestraft werden."

Der schlichte Tatbestand einer Feststellung der Ungültigkeit eines Gesetzes im Rahmen dienstlicher Tätigkeit löste mithin die absolute Rechtsfolge der Dienstentlassung aus, gegen die nach § 6 Abs. 5 kein Rechtsmittel möglich war. Dieses Gericht bestand aus einem Präsidenten und vier Mitgliedern aus „den höheren Landesgerichten" (§ 4), die vom König ernannt wurden, und das seinen Sitz „in Unserer Residenzstadt" (§ 4) haben sollte. Die politische Funktion des Staatsanwaltes beim Staatsgerichtshof kam deutlich in der Bestimmung zum Ausdruck, dass „derselbe Unseren einzelnen Departements-Ministern behufs Anwendung dieses Gesetzes unmittelbar unterworfen sein" sollte (§ 4). Dieses Gesetz hatte offenbar die gewünschte Wirkung: der Staatsgerichtshof, letztlich ein Sondergericht für die Staatsbedienten, wurde niemals tätig[140].

Nachdem sich ein Redakteur der „Ostfriesischen Zeitung" ebenfalls gegen die vorgenannte Verordnung vom 1. August 1855 geäußert hatte und dieser entgegen den Erwartungen der Regierung vom Schwurgericht in Aurich freigesprochen worden war, erließ die Regierung ein weiteres Maßnahmegesetz[141], das den Schwurgerichten die Zuständigkeit für Hoch- und Landesverrat, Aufruhr, Majestätsbeleidigung, Pressevergehen[142] und anderer Delikte gegen die Staatssicherheit entzog. Hierfür zuständig war nunmehr ein besonderer Senat, der aus sieben Mitgliedern des Oberappellationsgerichts gebildet wurde, bei dem wohl nicht mehr mit derart widrigen Entscheidungen

---

[140] Heile, a.a.O., S. 93.

[141] „Gesetz, die Beschränkung der Zuständigkeit der Schwurgerichtshöfe betreffend" vom 22. Dezember 1855, GS 1855 Abt. I, S. 315; auch hier gibt die Präambel das Staatsverständnis des Herrschers und die Ursache dieser Einzelfallentscheidung deutlich wieder: „Die Aburtheilung der ... den Schwurgerichtshöfen überwiesenen Verbrechen hat in der großen Mehrzahl der bisher vorgekommenen Fälle unbefangene und sachgemäße Entscheidungen nicht herbeigeführt. Durch einen kürzlich verhandelten Fall wegen Majestätsbeleidigung ist diese Wahrnehmung in auffälliger Weise von Neuem bestätigt worden. Zur Beseitigung der darin liegenden Gefahr für die Strafrechtspflege bei denjenigen Verbrechen, welche das Staatswohl und die Sicherheit Unseres Landes ganz besonders bedrohen, sehen Wir Uns daher veranlaßt, ...".

[142] Die Zuständigkeit für Vergehen der Presse lag zu dieser Zeit in Baden, Bayern, Oldenburg und Württemberg bis zum Inkrafttreten der Reichsjustizgesetze bei den Schwurgerichten, vgl. Huber, Band 3, S. 979. In Österreich waren seit Mai 1848 für Pressedelikte die Geschworenengerichte zuständig, vgl. Rudolf Hoke, Österreich, in: Kurt Jeserich, Hans Pohl und Georg-Christoph v. Unruh, (Hrsg.): Deutsche Verwaltungsgeschichte, Band 2, Stuttgart 1983, S. 377. Für die Presse galt im übrigen seit dem Bundesbeschluß vom 6. Juli 1854 ein neues „Bundespreßgesetz": es verpflichtete die Länder bei Pressedelikten zu „hinreichenden Strafandrohungen" und modifizierte die bestehenden Pressegesetze der Länder „im freiheitsbeschränkenden Sinn", so Huber, Band 3, S. 137.

gerechnet werden mußte. Hier hatte sich nämlich der König die Bestellung der zu ernennenden Senatsmitglieder selbst vorbehalten[143].

Die Justizverwaltung hatte, letztlich wie vor dem 1. Oktober 1852, weiterhin die „Koordinierung und Überwachung der Rechtspflege“[144] in ihrer Hand und hielt daran trotz mancher Bemühungen von Seiten der Justiz um Unabhängigkeit der Rechtsprechung, und damit auch der Richter, fest. Dies zeigt sich auch in der Einbindung sämtlicher Präsidenten der Obergerichte und des Oberstaatsanwaltes, zusammen mithin 17 Personen, in die Verwaltungsstruktur des Königreichs[145] als Mitglieder des Staatsrates[146]. Dass angesichts dieser engen äußeren Bedingungen sich innerlich unabhängige Richter kaum entwickelt haben, dürfte offenkundig sein.

6.3 Die Revision der Gerichtsverfassung 1859

6.3.1 Allgemeiner Überblick

Mittlerweile bestimmte eine stark konservative Regierung die Geschicke des Königreiches. Eine Opposition war weitgehend unterdrückt worden oder von sich aus zum Schweigen gekommen.[147] Die Errungenschaften der „48er-Zeit“ sollten endgültig zurückgedreht werden. Eine Fülle von Gesetzesänderungen, die die Justiz betrafen, erging zwischen dem 31. März und dem 28. April 1859. Mit Wirkung vom 16. Mai 1859 wurde das Gerichtsverfassungsgesetz in nahezu allen Abschnitten geändert[148] und ebenso fast alle übrigen am 8. November 1850 verkündeten Gesetze[149]. Es kam zu Veränderungen bei der sachlichen und der

[143] § 4 des Gesetzes; vgl. auch Peter Schmid, S. 119.
[144] Hubatsch, S. 197.
[145] Zu den Befugnissen des Staatsrates s. Michael Wrage, Der Staatsrat im Königreich Hannover 1839 - 1866, Hamburg 2001, S. 49ff., S. 76ff.
[146] „Verordnung, die Theilnahme der Obergerichts-Directoren und des Oberstaatsanwaltes an dem Staatsrathe betreffend“ vom 13. Dezember 1852: GS 1852 Abt. I, S. 427, hierzu Wrage, S. 95f.
[147] S. o. 6.1.1.
[148] „Gesetz, betreffend verschiedene Abänderungen des Gerichtsverfassungsgesetzes“ vom 31. März 1859, GS 1859 Abt. I, S. 207.
[149] „Gesetz, betreffend Abänderungen der das bürgerliche Proceßverfahren bezielenden Gesetze“ vom 31. März 1859, GS 1859 Abt. I, S. 235; „Gesetz, die Einrichtung von Anwaltskammern betreffend“, vom 31. März 1859, GS 1859 Abt. I., S. 239; „Bekanntmachung des Königlichen Justiz-Ministeriums, betreffend Ausführung des § 3 des Gesetzes vom 31ten März 1859, betreffend Abänderungen der das bürgerliche Proceßverfahren bezielenden Gesetze“ vom 1. April 1859, GS 1859 Abt. I, S. 248.

örtlichen Zuständigkeit der Gerichte und ebenso zu Änderungen in den Verfahren der Gerichte. Eine völlig neue Strafprozeßordnung wurde verabschiedet[150], die ebenfalls zum 16. Mai 1859 in Kraft treten sollte. Das Schöffengericht für alle „Polizeistrafsachen“[151] blieb erhalten, jedoch mit weiterhin erheblichem Ermessensspielraum für die Amtsrichter, ob sie in eiligen Sachen Schöffen hinzuziehen wollten oder darauf verzichteten. Der Begriff der „eiligen Sache“ war derart auslegungsfähig, dass eine Schöffenmitwirkung gänzlich ausgeschlossen werden konnte. Die Wahl der Schöffen erfolgte in den Städten und Flecken durch die Bürgervorsteher und auf dem Lande durch die Amtsversammlung. Dabei war auf jeweils 500 Einwohner ein Schöffe zu wählen. Zum GVG wurden ergänzende Bestimmungen insbesondere zu den Amtsrichtern und deren Vertretung sowie zum Depositenwesen getroffen. Die Geschäftsverteilung der Amtsgerichte war öffentlich bekannt zu machen und sie durfte nur mit Zustimmung des Justizministeriums geändert werden[152]. Zur neuen StPO gehörte auch eine neue Kostenregelung[153] sowie eine Anpassung des Gesetzes über die „Steuer-Contraventionssachen“, das Verfahren in Wasserzollsachen und gegen Militärflüchtige[154], wobei ein „Mandatsverfahren“, also im heutigen Sinn das Strafbefehlsverfahren, bei Steuerdelikten ausgeschlossen wurde. Schließlich wurde zu einzelnen Bestimmungen der neuen StPO Näheres ausgeführt[155]. Diverse „Polizeivergehen“ wurden den

---

[150] „Revidirte Strafproceßordnung für das Königreich Hannover“ vom 5. April 1859, GS 1859 Abt. I, S. 275.

[151] § 2 StPO lautete: „Vor die Amtsgerichte gehören alle Polizeiübertretungen, insoweit deren Bestrafung den Gerichten zusteht.“ § 1 des Anhang I der StPO „Zuziehung von Gerichtsschöffen in Polizeistrafsachen“ lautete: „Die Aburtheilung der Polizeistrafsachen bei den Amtsgerichten erfolgt von einem Amtsrichter und von zwei Gerichtsschöffen (Vergl. jedoch § 22)“; dieser § 22 lautete: „In solchen eiligen Fällen, in welchen die Aburtheilung einer Sache nicht ohne Nachtheil für diese oder den Beschuldigten aufgeschoben werden kann, bedarf es der Zuziehung von Gerichtsschöffen gar nicht, ...“.

[152] „Bekanntmachung des Königlichen Justiz-Ministeriums, betreffend die Ausführung der Gesetze über die Gerichtsverfassung vom 8ten November 1850 und vom 31ten März 1859“ vom 8. April 1859, GS 1859 Abt. I, S. 253.

[153] „Gesetz, die Gebührentaxe in Strafsachen betreffend“ vom 13. April 1859, GS 1859 Abt. I, S. 371.

[154] „Gesetz, betreffend Abänderung des Gesetzes vom 8ten November 1850 über das gerichtliche Verfahren in Steuer-Contraventionssachen, des Gesetzes vom 4ten Mai 1852 über die Aufhebung der Wasserzollgerichte und das gerichtliche Verfahren in Wasserzoll-Contraventionssachen und des Gesetzes vom 4ten Mai 1852 über das gerichtliche Verfahren gegen Militairpflichtige, welche sich dem Dienste zu entziehen suchen“ vom 25. April 1859, GS 1859 Abt. I, S. 383.

[155] „Bekanntmachung des Königlichen Justiz-Ministeriums, betreffend die Ausführung der revidirten Strafproceßordnung vom 5ten April 1859“ vom 20. Mai 1859, GS 1859 Abt. I, S. 575.

Verwaltungsbehörden zur Entscheidung vorbehalten[156], so dass den Gerichten dieser Deliktsbereich vollständig entzogen worden war. Etwa auftretende Kompetenzkonflikte waren von Justiz- und Innenministerium einvernehmlich zu lösen, so dass die Gerichte auch aus diesem Aufgabenstreit völlig herausgehalten wurden. Ein Teil der in diesen Verfahren anfallenden Gebühren verblieb weiterhin bei den „Unterbedienten" der Gerichte[157] und war wohl als Teil des laufenden Einkommens anzusehen, ohne das deren Existenz erschwert worden wäre. Für die Bezirke der künftigen Obergerichte Stade und Verden wurden zudem Anwaltskammern eingerichtet[158].

6.3.2 Die Änderungen

6.3.2.1 Die neue örtliche Zuständigkeit

Der Gerichtsaufbau des Königreiches wurde mit Wirkung vom 16. Mai 1859[159] erheblich gestrafft. Insgesamt entfielen vier Obergerichte, nämlich in Dannenberg, Goslar und Osterode sowie in den Herzogtümern das Obergericht Lehe[160]. Zudem entfielen insgesamt 52 Amtsgerichte, davon neun in den Herzogtümern. Es waren dies die Amtsgerichte

---

156 „Gesetz über die Untersuchung und Aburtheilung von Polizeivergehen durch die Verwaltungsbehörden" vom 28. April 1859, GS 1859 Abt. I, S. 441; dazu „Bekanntmachung des Königlichen Ministeriums des Innern, betreffend die Ausführung des Gesetzes vom 28ten April 1859 über die Untersuchung und Aburtheilung von Polizeivergehen durch die Verwaltungsbehörden" vom 16. Mai 1859, GS 1859 Abt. I, S. 527.

157 „Bekanntmachung der Königlichen Ministerien der Finanzen, des Innern und der Justiz, betreffend das an die Stelle der Anzeigegebühr getretene Strafdrittel, so wie die den regelmäßig Berechtigten nicht gebührenden Strafgelder und Nebenbeträge in Polizeistrafsachen" vom 21. Juli 1859, GS 1859 Abt. II, S. 73.

158 „Bekanntmachung des Königlichen Justiz-Ministeriums, betreffend die Ausführung des Gesetzes über die Anwaltskammern vom 31ten März 1859" vom 1. April 1859, GS 1859 Abt. I, S. 249.

159 „Verordnung, die Bildung der Gerichte betreffend" vom 31. März 1859, GS 1859 Abt. I, S. 219; diese Verordnung enthält einen Fehler in § 2, wonach es heißt: „... an die Stelle des aufgehobenen Obergerichts Lehe tritt das Obergericht Verden", weil insoweit, wie sich aus dem Anhang zu dieser Verordnung ergibt, die Amtsgerichte des OG Lehe auf die Obergerichte Stade und Verden aufgeteilt wurden, dazu näher im anschließenden Text.

160 Die Gründe für das Ende des OG Lehe sind nicht ersichtlich, möglicherweise war dafür seine geringe Größe des Gerichtsbezirks maßgeblich, ohne dass dies sicher festgestellt werden kann, zumal im Königreich durchaus kleine Obergerichte weiterhin bestanden, nämlich in Hameln und Nienburg.

Bederkesa, bisher OG Lehe, nunmehr zum AG Lehe im OG Verden;
Beverstedt, bisher OG Lehe, wurde aufgeteilt, und zwar
- nunmehr zum AG Bremervörde im OG Stade hinsichtlich der Kirchspiele Kirchwistedt und Kuhstedt, jedoch aus letzterem ohne die Gemeinden Giele, Gielermühlen und Gielermoor;
- nunmehr zum AG Lehe im OG Verden hinsichtlich der Kirchspiele Loxstedt, Bexhövede, Altluneberg, Beverstedt und die Gemeinde Apeler;
- nunmehr zum AG Osterholz im OG Verden die Gemeinden Steden, Paddewisch, Oldendorf, Giele, Gielermühlen, Gielermoor;

Bützfleth, OG Stade, nunmehr zum AG Stade soweit ein Teil bisher zum Amt Stade gehörte und nunmehr zum AG Freiburg, soweit ein anderer Teil bisher zum Amt Wischhafen gehörte, beide im OG Stade;
Harsefeld, OG Stade, nunmehr zum AG Buxtehude im OG Stade;
Himmelpforten, OG Stade, wurde aufgeteilt, und zwar
- nunmehr zum AG Osten hinsichtlich des am linken Osteufer belegenen Teils,
nunmehr zum AG Stade hinsichtlich des am rechten Osteufer belegenen Teils, beide im OG Stade;

Lesum, bisher OG Lehe, nunmehr zum AG Blumenthal im OG Verden;
Ottersberg, bisher OG Verden, wurde aufgeteilt, und zwar
- nunmehr zum AG Zeven im OG Stade hinsichtlich der Kirchspiele Kirchtimke und Willstedt und der Gemeinde Nartum,
- nunmehr zum AG Achim die Gemeinde Fischerhude und das Kirchspiel Otterstedt,
- nunmehr zum AG Rotenburg das Kirchspiel Sottrum, beide im OG Verden;

Schneverdingen, OG Verden, nunmehr zum AG Soltau im OG Celle;
Wischhafen, OG Stade, nunmehr zum AG Freiburg im OG Stade.

Hieraus ergab sich folgende neue Einteilung in den Herzogtümern, die sich in Bezug auf die örtlichen Zuständigkeiten, abgesehen von einigen späteren Gebietsänderungen, im Kern bis weit in das 20. Jahrhundert hinein unverändert erhalten sollte:

Obergericht Stade mit einem Präsidenten, einem Vizepräsidenten sowie sieben Richterstellen beim OG und neun Amtsgerichten mit insgesamt 16 Richtern bei 148.099 Einwohnern;
Obergericht Verden mit einem Präsidenten, einem Vizepräsidenten sowie sieben Richterstellen beim OG und neun Amtsgerichten mit insgesamt 18 Richtern bei 140.876 Einwohnern.

6.3.2.2 Der Bezirk des Obergerichts Stade

Das Obergericht Stade, bei dem weiterhin das Schwurgericht für den Bezirk beider Obergerichte verblieb, bestand aus den vorgenannten Richtern sowie zwei Obergerichtssekretären und drei Gerichtsvögten. Ein Kronanwalt und sein Vertreter waren zudem hier dienstansässig[161]. Von den im Bezirk tätigen 30 Rechtsanwälten waren zwölf am OG zugelassen. Der Bezirk des OG Stade umfaßte nunmehr die Amtsgerichte[162]:

Bremervörde mit 15.259 Einwohnern und zwei Richtern,
das Kirchspiel Lamstedt wurde an das AG Osten abgegeben;
Buxtehude mit 14.280 Einwohnern und zwei Richtern;
Freiburg mit 19.523 Einwohnern und zwei Richtern;
Jork mit 19.133 Einwohnern und zwei Richtern;
Neuhaus a. d. Oste mit 12.857 Einwohnern und einem Richter;
Osten mit 14.923 Einwohnern und zwei Richtern;
Otterndorf mit 18.100 Einwohnern und einem Richter[163],
bisher beim OG Lehe;
Stade mit 20.637 Einwohnern und drei Richtern;
Zeven mit 13.387 Einwohnern und einem Richter,
bisher beim OG Verden, das Kirchspiel Selsingen sowie die Gemeinden Plönjeshausen und Bockel wurden an das AG Bremervörde abgegeben.

In Stade bestand zudem eine Strafanstalt mit 120 Plätzen für „Ketten-Sträflinge ersten Grades“ und mit 100 Plätzen für „männliche Zuchthaus-Gefangene ersten Grades,“ die von einem Hauptmann a. D. geleitet wurde.

---

[161] Vgl. 6.3.2.6.

[162] GS 1859 Abt. I, S. 219; Zahlen hier und beim OG Verden hinsichtlich der Einwohner nach Heinrich Ringklib, Statistische Übersicht der Eintheilung des Königreiches Hannover nach Verwaltungs- und Gerichts-Bezirken, 3. Aufl., Hannover 1859, S. XVI; sowie hinsichtlich der Richter nach „Hof- und Staatshandbuch für das Königreich Hannover auf das Jahr 1860“, Hannover 1860.

[163] Der Amtsrichter in Otterndorf war gleichzeitig Mitglied des „Königlichen Consistoriums Landes Hadeln“ in gerichtlichen Sachen, nach Staatskalender auf das Jahr 1860, S. 32. Die Kirchspielsgerichte des Landes Hadeln überdauerten auch diese Reform, vgl. Dettmer, Hadeln, S. 60.

6.3.2.3 Der Bezirk des Obergerichts Verden

Das Obergericht Verden bestand aus den oben genannten Richtern sowie zwei Obergerichtssekretären und drei Gerichtsvögten. Ein Kronanwalt und sein Vertreter waren zudem hier dienstansässig[164]. Von den im Bezirk tätigen 29 Rechtsanwälten waren 13 am OG zugelassen. Der Bezirk des OG Verden umfaßte nunmehr die Amtsgerichte:

Achim	mit 17.157 Einwohnern und zwei Richtern;
Blumenthal	mit 16.323 Einwohnern und zwei Richtern;
Dorum	mit 9.278 Einwohnern und einem Richter, bisher beim OG Lehe;
Hagen	mit 9.479 Einwohnern und einem Richter, bisher beim OG Lehe;
Lehe	mit 26.292 Einwohnern und drei Richtern, bisher beim OG Lehe;
Lilienthal	mit 12.239 Einwohnern und zwei Richtern;
Osterholz	mit 13.232 Einwohnern und zwei Richtern;
Rotenburg	mit 17.954 Einwohnern und zwei Richtern;
Verden	mit 18.922 Einwohnern und drei Richtern erhielt das AG Westen und vom AG Schwarme die Gemeinden Intschede mit Reher und Winkel sowie Ritzenbergen mit Amedorf und Neddernhude, beide bisher OG Nienburg[165].

6.3.2.4 Personelle Auswirkungen der Reform und ihre Ursachen

Die Umstrukturierung und „Straffung" der Justiz, bei der viele Richter „auf Wartegeld", d.h. in den vorzeitigen Ruhestand, gesetzt oder versetzt wurden, wirft die Frage nach den letztlich dafür entscheidenden Gründen auf. Die für die einzelnen Versetzungen oder sonstigen Änderungen im Status der betroffenen Richter maßgeblichen Kriterien sind jedoch aus den vorhandenen Quellen nur teilweise zu erklären[166]. Ausschlaggebend war die schlechte finanzielle Lage des

[164] Vgl. 6.3.2.6.

[165] Damit waren die bisherigen Grenzen des Herzogtums Verden erstmals in hannoverscher Zeit überschritten worden; das Amt Westen gehörte allerdings ursprünglich zu den Herzogtümern und war deshalb im Westfälischen Frieden an Schweden gefallen. Im Jahre 1679 wurde es im Frieden von Celle an Braunschweig-Lüneburg abgetreten: von Kobbe, Band 1, S. 205; Rudorff, S. XIX, und vgl. Fiedler, Herzogtümer, S. 135f. sowie S. 267.

[166] Vgl. die in StaatsA Stade Rep. 171a Stade Nr. 938 niedergelegten Berichte der Kronanwaltschaft über die einzelnen Amtsrichter des Bezirks.

Königreiches zur damaligen Zeit[167]. Mit Ausschreiben vom 26. Januar 1859 des Justizministeriums an die Kronanwaltschaften der Obergerichte[168] waren diese u.a. aufgefordert worden, sofern sie „rücksichtlich des einen oder anderen Amtsrichters besondere Bemerkungen zu machen haben sollten, diese Uns mitzutheilen ..." Die Staatsanwaltschaft in Stade erwiderte unter dem 12. Februar 1859 hierauf und nannte dabei vier Amtsrichter, bei denen sie die Versetzung in den Ruhestand nahelegte. Während es in einem Fall (Amtsrichter Stechmann[169] in Osten) gesundheitliche Gründe waren, wurde in den drei

---

[167] So v. Meier, Band 2, S. 371, der auch von „Hungerlöhnen" der damals neu eingetretenen Beamten spricht, vgl. auch von Hassell, Teil 2, S. 384 und S. 389f.

[168] „Hannover den 26. Janr. 1859 Königlich Hannoversches Justiz-Ministerium": StaatsA Stade Rep. 171a Stade Nr. 938; s. Anlage 6 – 5.

[169] Dabei handelte es sich um den früheren Gerichtsverwalter des Patrimonialgerichts Bergfried, s. o. 5.2.2.2. Stechmann hatte sich mit Schreiben vom 24. August 1851 an das Ministerium um Übernahme in die Justiz beworben: „Ich glaube mich der Hoffnung hingeben zu dürfen, im Altenlande, wo ich geboren bin, und wo ich seit 30 Jahren als Advocat practicire, bei der bevorstehenden neuen Justiz-Organisation eine Anstellung als Amts Richter zu finden, darauf ist diese meine unterthänigste Vorstellung und Bitte gerichtet. Die Aussicht, als geborener Altländer den Privilegien des Altenlandes gemäß, demnächst bei der Wahl des zweiten und dritten Beamten des Gräfengerichts bevorzugt zu werden, bestimmte mich zum Rechtsstudio. Ich wurde vom Altenlande schon auf dem Gymnasio, mehr noch auf der Universität reichlich mit Stipendiengeldern unterstützt, kehrte im Jahre 1821 nach dreijährigem Rechtsstudio auf der Landesuniversität Göttingen, nachdem ich daselbst zum Doctor iuris promovirt, auch bei Königl. Oberappellationsgerichte als Advokat immatriculiret war nach Jork zurück, woselbst ich bisher als Advocat practicirt habe. Während meiner Laufbahn als Advocat fanden zwei Wahlen, nämlich im Jahre 1833 zum Assessor und im Jahre 1849 zum Gräfen des Gerichts Jork Statt. Ich bin bei beiden Wahlen, welche den früheren Dr. jur. Büttner, gleichfalls einen geborenen Altländer, zum Assessor und dann zum Gräfen beförderten, secundo loco mit präsentirt worden. Das Alte Land hat mich danach einstimmig zum Landesconsulenten erwählt, eine Function, welcher ich noch jetzt vorstehe. Gleichfalls war ich bereits im Jahr 1839 als Königlich Hannoverscher Notar mit Anweisung meines Wohnsitzes in Jork ernannt und wurde mir einige Jahre darauf nach abgelegten Richter Examen, worüber ich ein Zeugniß der Königl. Justiz Canzlei zu Stade vom 27. August 1836 vorläufig in singulär Abschrift sub litt A ehrerbietigst anschließe, die Gerichtsverwalterstelle des Patrimonialgerichts Bergfried in der ersten Meile Altenlandes conferirt. Der langjährige Aufenthalt und die vieljährige Beschäftigung in meinem Geburtslande als Advokat, Landesconsulent, Notar und Richter haben mir hinreichend Gelegenheit gegeben, mit den Einwohnern, mit der Verfassung und den Verhältnissen des Altenlandes namentlich auch mit den so wichtigen Deichsangelegenheiten gründlich bekannt zu werden. Ich habe diese Gelegenheit meine Kenntnisse zu bereichern nach Kräften zu benutzen gesucht, habe mich stets bemüht die Gunst und Zufriedenheit meiner Vorgesetzten, so wie die Achtung und das Wohlwollen meiner Landsleute zu erlangen und zu erhalten. Meine bisherige vortheilhafte Stellung hat aber theilweise schon aufgehört und wird sich noch mehr verändern. Ich verliere die Aussicht durch Wahl eine einträgliche Richterstelle zu erhalten, worauf ich unter den bestehenden Verhältnissen mit einiger Gewißheit rechnen konnte, so weit die hiesigen Einwohner durch ihr Praesentationsrecht dazu beitragen konnten.

Die Landesconsulentenstelle dürfte eingehen, ich werde die Gerichtsverwalterstelle des Gerichts Bergfried aufgeben müssen. Ich habe das 51ste Lebensjahr bereits zurückgelegt, bin verheirathet, in Jork durch Ankauf und Annahme des elterlichen Anwesens ansässig und habe eine Familie von acht Kindern (jetzt neun) zu ernähren. Als Landadvokat würde ich nicht im Stande bleiben eine so starke Familie von der Praxis, die in unserem Stande überher im Alter abnimmt, zu ernähren. Bei allen diesen schon erlittenen und noch bedrohenden unverschuldeten Verlusten an Ansehen und Einnahme kann mich nur die Ueberzeugung trösten, daß die Regelung der Richterstellen aus gerechter Hand erfolgt, daß hauptsächlich die Rücksichten bei der Bestellung der Amts Richter leiten werden, welche aus den Vorlagen der Königl. Regierung und den Äußerungen der allgemeinen Ständeversammlung zu entnehmen sind. Darauf aber glaube ich unter den vorgetragenen Umständen eine billige Rücksicht zu verdienen, namentlich wird mir durch die neue Justiz-Organisation die Expectanz durch Wahl des Altenlandes eine Richterstelle zu erhalten entzogen ist, weil ich bereits den älteren Advocaten beizuzählen bin, weil ich das Richterexamen abgelegt habe, weil ich das Amt eins Patrimonialgerichtes verlieren werde. Ich bitte daher unterthänigst gehorsamst: Königliches Ministerium wolle in Gnaden geruhen bei der Anstellung der Amtsrichter im Altenlande mich hochgeneigst und gnädigst zu berücksichtigen, indem ich insbesondere hoffen darf, den von der künftigen Stellung des Amtsrichters gehegten Erwartungen durch meine langjährige genaue Bekanntschaft mit den Personen und Verhältnissen, entsprechen zu können.

Copia der Anlage A

Der Doctor juris Stechmann zu Jork hat der mit ihm als ernannten Gerichtshalter des Patrimonialgerichts Bergfried vorschriftsmäßig vorgenommenen Prüfung sowohl durch die von ihm entworfene schriftliche Arbeit, als auch bei dem mündlichen Examen durch die Beantwortung der ihm vorgelegten Rechtsfragen und Entscheidung streitiger Rechtsverhältnisse eine gute Qualification in Ansehung seiner Rechtskenntnis wie der Urteilskraft bewährt und ist daher als tauglich befunden vom Staate als Richter angestellt zu werden, als worüber ihm gegenwärtiges Zeugniß unter dem Namen und Siegel der Königlichen Justiz Canzlei hieselbst ertheilt wird.

Abschrift B.

Zu den verfassungsmäßigen Landesbeamten, welche von den Eingesessenen Altenlandes gewählt und besoldet werden, gehörte bisher außer dem zweiten Gräfen und Gerichtsassessor der Landesconsulent, der früher auch das officium eines öffentlichen Anklägers versah. Nachdem bei der im Jahre 1833 Statt gefundenen Wahl eines Gerichtsassessors neben dem jetzigen Grefen Büttner der Gerichtsverwalter Doctor juris Stechmann zu Jork zum Assessor praesentirt, Regierungsseitig die Wahl des Ersteren bestätigt war, versah der Doctor Stechmann seit jener Zeit bei dem Lande und der Landesstube das hergebrachte officium eines Landesconsulenten, wurde als solcher einstimmig vom Lande gewählt und eidlich verpflichtet. Dessen Function wird aber bei der neuen Organisation der Verfassung aufhören, und bei der Besetzung der Stellen billige Rücksicht auf ihn genommen werden dürfen. Wenn seine Anstellung als Landesconsulent gleich auf Kündigung lautet, wird das doch wie bei den Königlichen Beamten anzusehen sein, bei denen die vorbehaltene Kündigung auch nicht geltend gemacht wird. Es ist wenigstens die herkömmliche Kündigung gegen den Inhaber dieses Postens niemals zur Anordnung gebracht und würde das ebensowenig bei dem jetzigen Landes Consulenten geschehen sein, derselbe hat die Function seit bald 19 Jahren versehen und würde nach dem bisherigen Verhältnisse die nächste Anwartschaft auf eine der Landesstellen gehabt haben. Er verliert diese Aussicht bei der veränderten Einrichtung, weil dem Lande das Wahlrecht entzogen wird, während er bei zahlreicher Familie die bisher

anderen Fällen jeweils auf bereits erfolgte disziplinarische Maßnahmen hingewiesen. So hatte der Amtsrichter Fromme in Harsefeld einen Verweis erhalten wegen der „Vernachlässigung seines Dienstes, namentlich bezüglich Verwaltung des Vormundschaftswesens". Dem Amtsrichter Quaetfaslem in Wischhafen wurde zwar bescheinigt, sein „dienstliches und außerdienstliches Verhalten in den letzten Jahren (habe) sich wesentlich gebessert." Er leide jedoch „nach wie vor an einer großen Flüchtigkeit in Behandlung der ... Geschäfte" und er habe sich zudem einer Anordnung des Amts Wischhafen widersetzt, als in seinem Hause die Blattern ausgebrochen seien, weshalb eine Beschwerde bei der Landdrostei anhängig sei. Der Amtsrichter Schaumburg in Stade habe einen Verweis erhalten, weil er in einer Kriminaluntersuchung fehlerhaft gearbeitet habe.

Im Bezirk des Obergerichts Stade wurden zwar schließlich zwei Amtsrichter versetzt und vier auf Wartegeld gesetzt, jedoch befanden sich unter letzteren nur drei der von der Staatsanwaltschaft vorgeschlagenen; der Amtsrichter Schaumburg blieb im Amt. Im Schreiben des Justizministeriums vom 15. April 1859 hieß es hierzu u.a.:

„Wir eröffnen der Staatsanwaltschaft, daß beschlossen worden ist, mit dem 16. Mai d. J. in dem amtsrichterlichen Personal des dortigen Obergerichtsbezirks die nachfolgenden Aenderungen eintreten zu lassen:

I. Es sollen auf Befehl Sr Majestät des Königs auf Wartegeld gesetzt werden:
   1. Stechmann zu Osten,
   2. Lang zu Neuhaus a/d Oste,
   3. Fromme zu Harsefeld,
   4. Quaetfaslem zu Wischhafen.

II. Es sollen versetzt werden:
   1. Wedekind von Bremervörde nach Emden,
   2. v. d. Decken von Himmelpforten nach Bremervörde,
   3. Trautmann von Stade nach Buxtehude.

Die übrigen Amtsrichter des Bezirks sollen in ihren bisherigen Verhältnissen verbleiben. Wir beauftragen die Staatsanwaltschaft, den einzelnen Amtsrichtern des Bezirks in Unserem Namen vorläufig die betreffende Eröffnung zu machen. Sollten einzelne auf Wartegeld zu versetzende Amtsrichter den Wunsch hegen, in Ruhestand zu treten, so werden die Anträge an die Staatsanwaltschaft zu richten sein. Über die Bemessung des

---

bezogene Diensteinnahme nicht entbehren kann und in deren Verluste eine große Härte liegen würde. Wir halten uns daher so berechtigt als verpflichtet, Euer Excellenz ehrerbietigst zu bitten: bei Einführung der neuen Verfassung auch in unserem Landestheile und Besetzung der Beamtenstellen unsern Landes Consulenten den Gerichtsverwalter Doctor juris Stechmann in Jork gnädigst zu berücksichtigen.": StaatsA Stade Rep. 80 Nr. 5068.

Betrags des Wartegelds, bezw. des Ruhegehaltes werden die betreffenden Amtsrichter zu hören sein."[170]

Zu dem auf Wartegeld gesetzten Amtsrichter Lang, der nicht im Bericht der Staatsanwaltschaft genannt wurde, ergeben sich keine Hinweise für den Grund dieser Maßnahme. Die Aufträge wurden von der Staatsanwaltschaft gegenüber den vier Amtsrichtern ausgeführt, so liegt z. B. folgendes Empfangsbekenntnis vor:

„Daß der Bote Bartling mir eine Depesche der Königlichen Staatsanwaltschaft Stade so eben überliefert hat, bescheinige ich auf dessen Verlangen hierdurch. Wischhafen 19. April 1859 (Quaetfaslem Dr.)"

Schließlich übersandte das Justizministerium noch ein Verzeichnis der künftig sechzehn Amtsrichter im Obergerichtsbezirk Stade[171], das von der Staatsanwaltschaft in „den hiesigen Anzeigen"[172] zu veröffentlichen war.

Der Schriftverkehr wegen geforderter Umzugs-, Reise- und Transportkosten zog sich noch bis Mitte des folgenden Jahres hin. Erst danach war die Reorganisation der Justiz tatsächlich abgeschlossen. Zudem sind detaillierte Anweisungen ergangen zur Trennung und neuen Verteilung der Akten bei den aufgehobenen und aufgeteilten Amtsgerichten. Außerdem war hinsichtlich der „Geschäftslocale" und der Gefängnisse ein Berichtsauftrag an die Staatsanwaltschaften erteilt worden, was zu einer Bestandsaufnahme hinsichtlich der noch für die Justiz für erforderlich gehaltenen Räume und zu einzelnen Regelungen bezüglich der bisherigen Dienstwohnungen führte.

6.3.2.5 Regelungen zum Dienstrecht

Für alle Richter wurden besondere Disziplinargerichte eingerichtet[173]. Danach war der Strafsenat des Oberappellationsgericht für die Richter der Ober- und Amtsgerichte die erste Instanz und der Cassationssenat dieses Gerichts fungierte als zweite Instanz. Die Richter des Oberappellationsgericht waren unmittelbar dem Cassationssenat unterworfen, ohne die Möglichkeit einer Berufung zu

---

[170] „Hannover, den 15. April 1859 Königlich Hannoversches Justiz-Ministerium": StaatsA Stade Rep. 171a Stade Nr. 938; dort auch das folgende Zitat.

[171] „Hannover, den 27. April 1859, Königlich Hannoversches Justiz-Ministerium": StaatsA Stade Rep. 171a Stade Nr. 938.

[172] „Stade, den 21. Mai 1859. Staatsanwaltschaft Stade": StaatsA Stade Rep. 171a Stade Nr. 938, dort auch das folgende Zitat.

[173] „Gesetz, das Disciplinarverfahren gegen Richter betreffend" vom 10. Mai 1859, GS 1859 Abt. I, S. 499.

haben, Zudem wurde für die Gerichtsvögte eine eigene Dienstordnung[174] erlassen, die sich sowohl mit ihrer Dienststellung als auch mit ihrer Dienstführung und den zu erhebenden Gebühren befaßte.

6.3.2.6 Die Staatsanwaltschaften

Für die Staatsanwälte wurde deren Dienststellung neu bestimmt[175] und es wurden die Behörden- und Amtsbezeichnungen geändert[176]. Diese hießen nunmehr „Kron-Oberanwaltschaft“ und „Kronanwaltschaft“ und der bisherige Oberstaatsanwalt nunmehr „Kron-Oberanwalt“ sowie der Staatsanwalt entsprechend „Kronanwalt“. Die „Aufsicht über die Strafanstalten (mit Einschluß des Staatsgefängnisses und der polizeilichen Werkhäuser)“ ging zum 1. Dezember 1859 von den Landdrosteien auf die Kronoberanwaltschaft in Celle über, so dass der Strafvollzug erstmalig ausschließlich bei der Justiz lag. Wegen der weiterhin bestehenden Polizeistrafgewalt, die auch den Haftvollzug umfassen konnte, sollten die Verwaltungsbehörden auch die Gefängnisse für ihre Zwecke künftig nutzen können[177]. Eine Anpassung der gesetzlichen Regelung über die Kosten des Vollzugs war deshalb notwendig geworden[178]. Mit „Bekanntmachung der Königlichen Ministerien des Innern und der Justiz, das Gefangenen-Transportwesen betreffend“ vom 9. Dezember 1862 [179] wurde insbesondere die Frage der Kostentragung und der Aufsicht zwischen den beteiligten Behörden geregelt.

---

[174] „Bekanntmachung des Königlichen Justiz-Ministeriums, betreffend das Dienstreglement für die Gerichtsvögte“ vom 24. Mai 1859, GS 1859 Abt. II, S. 11; dazu „Bekanntmachung des Königlichen Justiz-Ministeriums, den Diensteid der Gerichtsvögte für den Außendienst betreffend“ vom 6. Februar 1862, GS 1862 Abt. II, S. 1.

[175] „Bekanntmachung des Königlichen Justiz-Ministeriums, betreffend den Dienst der Beamten der Staatsanwaltschaft“ vom 16. Mai 1859, GS 1859 Abt. I, S. 539.

[176] „Königliche Verordnung, betreffend die Benennung der Oberstaatsanwaltschaft und Staatsanwaltschaft“ vom 25. Mai 1859, GS 1859 Abt. I, S. 663.

[177] „Ausschreiben der Königlichen Ministerien des Innern und der Justiz, betreffend die Mitbenutzung der gerichtlichen Gefängnisse durch die Verwaltungsbehörden“ vom 14. Mai 1859, GS 1859 Abt. II, S. 7.

[178] „Bekanntmachung des Königlichen Justiz-Ministeriums, die Feststellung und Wiedereinziehung der Kosten des Unterhalts der Gefangenen betreffend“ vom 11. November 1859: GS 1859 Abt. II, S. 77; die Höhe der jedem Gefangenen zu berechnenden Kosten für einen Hafttag war mit Bekanntmachung vom 12. Mai 1859 (GS 1859 Abt. II, S. 3) auf vier Groschen festgesetzt worden, während der Zuschuß täglich drei Groschen betrug (GS 1859 Abt. II, S. 1).

[179] „Bekanntmachung der Königlichen Ministerien des Innern und der Justiz, das Gefangenen-Transportwesen betreffend“ vom 9. Dezember 1862: GS 1862 Abt. II, S. 27.

6.3.2.7 Das Ende des Staatsgerichtshofes

Der Staatsgerichtshof wurde am 7. Juni 1859 mit sofortiger Wirkung aufgehoben, weil „die Gefahren, welche das Gesetz ... veranlaßt haben, beseitigt sind, ...“[180]. Mithin waren inzwischen solche politischen „Gefahren“, wie sie aus der liberalen Zeit der Jahre um 1848 herrührten, wohl nicht mehr zu befürchten. Hierin lag gleichzeitig das Ende einer Sondergerichtsbarkeit für die Staatsbediensteten und die Wiedereinbeziehung der Zuständigkeiten dieses Gerichts in die ordentliche Justiz. Eine ausdrückliche Regelung ist nämlich in diesem Gesetz nicht darüber getroffen worden, an welches Gericht die bisherigen Zuständigkeiten des Staatsgerichtshofes übergehen sollten, so dass von der Wiederherstellung des alten Rechtszustandes auszugehen ist.

6.3.2.8 Änderungen in der Gerichtsverfassung

Mit Gesetz vom 31. März 1859[181] wurden Änderungen des Gerichtsverfassungsgesetzes geregelt. Danach waren die §§ 16 – 21, 24 und 29 des alten Gerichtsverfassungsgesetzes ersetzt. Dies bedeutete für die Amtsgerichte eine Änderung dahin, dass bei Gerichten mit mehreren Amtsrichtern einem von ihnen die Dienstaufsicht[182] übertragen werden konnte und dass ihnen die bisherige Aufsicht über die Amtsgefängnisse entzogen und den Staatsanwaltschaften übertragen worden war. Bei der sachlichen Zuständigkeit in Zivilsachen wurde die bisherige Streitwertgrenze von bisher „100 Thaler Werth“ auf 150 erhöht, ein Verfahren, das heute noch regelmäßig angewandt wird. Bei den Obergerichten erfolgte insbesondere eine Änderung in Strafsachen. Die bisherige Formulierung der „Untersuchung aller Criminalvergehen“ wurde geändert in „die Mitwirkung bei Criminaluntersuchungen“, was zugunsten der Staatsanwaltschaft neu geregelt wurde, die nunmehr „die zur Zuständigkeit der Gerichte gehörenden Übertretungen der Strafgesetze nach Anleitung der Strafproceßgesetze zu erforschen und gerichtlich zu verfolgen“ hatte.

---

[180] „Gesetz, betreffend die Aufhebung des Gesetzes vom 7ten October 1855 über die unmangelhafte Befolgung der Gesetze und Verordnungen, so wie die Errichtung eines Staatsgerichtshofes“ vom 7. Juni 1859: GS 1859 Abt. I, S. 669.

[181] „Gesetz, betreffend verschiedene Abänderungen des Gerichtsverfassungsgesetzes“ vom 31. März 1859: GS 1859 Abt. I, S. 207.

[182] Diese Funktion dürfte zur damaligen Zeit in Deutschland einmalig gewesen sein, denn nach Winter, Die Aufgaben des Aufsichtsrichters, in: Preußisches Justizministerium (Hrsg.), Justizverwaltungsreform. Vortragsreihe über Fragen der Justizverwaltungsreform veranstaltet von der Preußischen Justizerwaltung vom 24. – 26. März 1927 im Kammergericht zu Berlin, Berlin 1927, S. 198, „trat der Aufsichtsrichter (erst 1879) ins Leben.“ Möglicherweise ist diese Aufgabe nur schlicht in Vergessenheit geraten.

6.3.3 Die Reform des Schwurgerichts 1859/60

Nachdem die erste große Änderungswelle bei der Justiz abgeschlossen war, wurde nunmehr eine Reform der Schwurgerichte unter Beteiligung der Obergerichte in Angriff genommen. Unter „Vertraulich" verfügte die Kronoberanwaltschaft in Celle am 12. September 1859 an die Kronanwaltschaft in Stade:

> „Die Königliche Regierung beabsichtigt, das provisorische Gesetz über die Bildung der Schwurgerichte vom 24. Dezember 1849 unter Benutzung der bislang gemachten Erfahrungen einer Revision zu unterziehen.
> Da die Königliche Kronanwaltschaft in der Lage gewesen ist, über die Wirksamkeit des erwähnten Gesetzes Materialien zu sammeln, so wünsche ich, vor der von mir geforderten gutachterlichen Berichterstattung an das Königliche Justiz-Ministerium, deren Mittheilung nebst etwaigen Aenderungsvorschlägen zu erhalten und überlasse der Königlichen Kronanwaltschaft, ob Dieselbe für angemessen erachtet, sich zuvörderst mit den in Führung der *Praesidii* bei Schwurgerichten geübten Vorsitzenden des dortigen Königlichen Obergerichts zu benehmen."[183]

Am 20. Januar 1860 erging von der Kronanwaltschaft in Stade der angeforderte Bericht, der sich auf zwei selbst formulierte Fragestellungen über die Auswahl der Geschworenen beschränkte:

> „1. Welche Personen sind im Allgemeinen zum Amte von Geschworenen befähigt?
> 2. Auf welche Art und Weise ist von daher die Geschworenenliste zu bilden?"

Die Antwort wurde zu 1. hinsichtlich der Herzogtümer dahin gegeben, dass

> „die besonderen Verhältnisse der Herzogthümer Bremen und Verden ... es mit sich (bringen), daß die 1000 Höchstbesteuerten größtentheils Grundbesitzer, und, weil der bäuerliche Grundbesitz überwiegend, bäuerliche Grundbesitzer sind. (Insoweit) kann es als Regel aufgestellt werden, daß hier die Geschworenen Bank fast ausschließlich aus bäuerlichen Grundbesitzern gebildet wird, und daß nur ausnahmsweise sonstige Höchstbesteuerte und sog. Capacitäten den Sitz darauf einnehmen. Wenn es sich nun auch nicht verkennen läßt, daß einem großen Theile jener Grundbesitzer, namentlich denen aus den Wesermarschen, dem Lande Hadeln und Wursten (...) ein genügender Grad von Bildung und Intelligenz zur Wahrnehmung des Geschworenenamtes innehaben, so ist es auf der anderen Seite doch auch nicht zu bezweifeln, daß die Mehrzahl der Grundbesitzer aus den übrigen Marschen und von der Geest nicht genügend ausgebildet und befähigt ist, den Anforderungen im Schwurgerichte (...) zu folgen und sie in sich aufzunehmen; eine Folge des mangelnden Verständnisses ist Unselbstständigkeit des Urtheils, eine weitere Folge, daß einzelne, an sich vielleicht auch nur gering begabte, aber die Übrigen an Begabung übertreffende, daher ein bedenkliches Übergewicht über die anderen gewinnen.

---

[183] StaatsA Stade Rep. 171a Stade Nr. 941, Bl. 1; ebenda, Bl. 2ff. die folgenden Zitate.

> Diesem Übelstand kann m. E. nur dadurch abgeholfen werden, daß die gesetzlichen Bestimmungen über Bildung der s. g. Urliste eine Abänderung erleiden. <Aber welche? Das eben ist die schwierige Frage, die einer gründlichen Prüfung bedarf.>[184] Über die allgemeinen Bedingungen für die Befähigung zum Geschworenendienste wurden in den Gesetzgebungen der verschiedenen Staaten verschiedene Grundsätze aufgestellt. Darin sind jedoch alle einig, daß auf der Geschworenenbank, wenn das Schwurgericht eine sichere Gewähr für gerechte und unpartheiische Rechtsprechung darbieten soll, nur Männer sitzen dürfen, welche neben der vorerwähnten geistigen Fähigkeit, das Rechte und Wahre zu erkennen, auch die Willensfestigkeit besitzen, das Rechte und Wahre Erkannte unter allen Umständen zu vertreten, verbunden mit Selbstständigkeit des Urtheils und Unabhängigkeit der äußeren Stellung."

Hier kommt zwar einerseits eine deutlich negative Bewertung der Bevölkerung und ihres Bildungsgrades zum Ausdruck, ohne dass dies jedoch an konkreten Beispielen benannt wird, aber andererseits ist dem Verfasser einzuräumen, dass er differenziert nach den Gebieten an Weser und Elbe, so dass auch eine Schilderung der aus seiner Sicht bestehenden wirklichen Zustände angenommen werden kann.

Die zweite Frage wurde letztlich dahin beantwortet, dass statt der Bürgervorsteher oder sonstigen Amtsinhaber die hauptamtlichen Beamten die Geschworenen wählen sollten, denn „der Verwaltungsbeamte bei den Kgl. Ämtern, der Magistrat in den Städten kennt am Besten die Befähigung der Eingesessenen." Hier tritt also neben das genannte Mißtrauen in die Bildung der Geschworenen noch weiteres Mißtrauen hinsichtlich der Auswahl der Geschworenen nach sachlichen Kriterien hinzu.

6.4 Die weitere Entwicklung bis 1866

6.4.1 Änderungen von Gerichtsgrenzen

Zwischen den Amtsgerichten Verden und Achim wurde mit Wirkung vom 15. November 1860 die Gerichtsgrenze neu gebildet, soweit es die Gemeinden Langwedel und Daverden betraf[185]. Mit einer Verordnung vom 22. Mai 1861[186] erfolgten mit Wirkung vom 1. Juli 1861 zwei geringfügige Änderungen in den Gerichtszuständigkeiten des Bezirks. Nachdem zunächst „declaratorisch

[184] Text in Klammern ist nur im Entwurf enthalten, dort jedoch gestrichen.
[185] „Verordnung, betreffend die Bezirkseintheilung der Amtsgerichte" vom 25. Oktober 1860, GS 1860 Abt. I, S. 158.
[186] „Verordnung, die Bezirkseintheilung der Amtsgerichte betreffend" vom 22. Mai 1861, GS 1861 Abt. I, S. 38.

bestimmt" wurde, dass die „Düvelsdorf'sche und Klenke'sche Anbauerei auf dem Quelkhorner Moore" gemäß Verordnung vom 31. März 1859 als „dem Amtsgerichte Zeven beigelegt anzusehen seien", wurden sie vom Amtsgericht Zeven an das Amtsgericht Lilienthal und der „einstellige Hof Hollinghausen" vom Amtsgericht Achim an das Amtsgericht Zeven verlegt. Mit einer weiteren Verordnung[187] wurden „die am linken Ufer der Oste südlich von den Ländereien des Guts Brobergen belegenen Zubehörungen der Gemeindebezirke von Brobergen und Gräpel mit dem Hofe Schönau ... vom 1. Julius 1862 vom Amtsgerichte Osten an das Amtsgericht Stade verlegt." Mit der „Bekanntmachung des Königlichen Ministeriums der auswärtigen Angelegenheiten, die mit der freien und Hansestadt Bremen abgeschlossene Übereinkunft wegen der Erweiterung des Bremerhaven-Districts betreffend" vom 10. November 1862[188] wurde eine Gebietsabtretung an Bremen verkündet, die an den Staatsvertrag vom 11. Januar 1827 anknüpfte und die weitere 60 Morgen, die von Bremen bereits gekauft worden waren, aus dem Königreich, und damit aus dem Amt und dem Amtsgericht Lehe, herauslöste. Die Verordnung vom 2. Dezember 1864[189] betraf mehrere Gerichte der Herzogtümer, sie sollte zum 1. Januar 1865 in Kraft treten. Danach erhielt das Amtsgericht Verden vom Amtsgericht Bruchhausen „das Kirchspiel Blender, sowie die Gemeinden Morsum, Wulmstorf und Beppen" und vom Amtsgericht Rotenburg die Gemeinde Haberloh. Es wurde ferner festgestellt

> „... 20) die neu geregelte Grenze der Stadt Buxtehude gegen die Gemeinde Altkloster bei dem Ziegelkampe und dem Kuhkampe als Grenze der Stadt gegen das Amt Harsefeld;
> 21) die neu geregelte Grenze der Gemeinde Findorf gegen die Gemeinde Carlshöfen als Grenze des Amts und des Amtsgerichts Bremervörde gegen das Amt und das Amtsgericht Zeven;
> 22) die neu geregelte Grenze der Gemeinde Elfershude gegen die Gemeinde Bockel als Grenze des Amts und des Amtsgerichts Lehe gegen das Amt und das Amtsgericht Hagen; ..."

Insgesamt war in den Jahren zuvor in weiteren 27 Fällen im Königreich eine Zuständigkeitsänderung erfolgt, ohne nach außen kenntlich gemacht worden zu

[187] „Verordnung, die Bezirkseintheilung der Amtsgerichte betreffend" vom 19. Juni 1862, GS 1862 Abt. I, S. 188.

[188] „Bekanntmachung des Königlichen Ministeriums der auswärtigen Angelegenheiten, die mit der freien und Hansestadt Bremen abgeschlossene Übereinkunft wegen der Erweiterung des Bremerhaven-Districts betreffend" vom 10. November 1862, GS 1862 Abt. II, S. 9; vgl. auch Ringklib 1885, S. 10.

[189] „Königliche Verordnung, betreffend die Bezirke der unteren Verwaltungsbehörden und der Amtsgerichte", GS 1864 Abt. I, S. 545.

sein. Dies sollte mit einer Bekanntmachung ebenfalls vom 2. Dezember 1864[190] zusammenfassend geregelt werden, in der es zu Beginn heißt:

„Wir finden Uns veranlaßt, die folgenden unter Allerhöchster Genehmigung Seiner Majestät des Königs in den letzten Jahren verfügten, bislang nur den betheiligten Behörden, Gemeinden und Privatpersonen zur Kenntniß gebrachten Aenderungen in den Bezirken der unteren Verwaltungsbehörden und der Amtsgerichte hierdurch nachträglich auch zur öffentlichen Kunde zu bringen."

Davon betrafen drei Ziffern insgesamt fünf Amtsgerichtsbezirke in den Herzogtümern:

„Es sind beigelegt:
... 10) dem Amte und dem Amtsgerichte Dorum der dem Amte und dem Amtsgerichte Lehe zugehörige Theil der Wurstener Heide, einschließlich der unmittelbar an dieselbe grenzenden Torfmoore der Kirchspiele Spieka, Cappel und Midlum;
11) der Stadt Bremervörde der an dieselbe von der Gemeinde Niederochtenhausen, Amts Bremervörde, abgetretene Fresenburger Canal sammt Zubehör; ...
Es ist ferner festgestellt: ...
23) die neu geregelte Grenze zwischen den Gemeinden Bilohe und Lübberstedt als Grenze des Amts und des Amtsgerichts Osterholz gegen das Amt und das Amtsgericht Hagen; ..."

6.4.2 Die Gründung des Amtsgerichts Geestemünde

Eine größere Veränderung der Gerichtsbezirke erfolgte in dieser Zeit nur noch durch Verordnung vom 21. Dezember 1864[191]. Danach wurde mit Wirkung vom 19. April 1865 das Amtsgericht Geestemünde neu errichtet, das seinen Sitz in Geestemünde haben und das aus dem bisherigen Zuständigkeitsbereich des Amtsgerichts Lehe herausgetrennt werden sollte. Hierzu hieß es in § 2 dieser Verordnung:

„Demselben wird folgender Bezirk beigelegt:
a. der ganze am linken Ufer der Geeste belegene Theil des Amtsgerichts Lehe,
b. der Geestefluß selbst, soweit derselbe bis jetzt zum Bezirke des Amtsgerichts Lehe gehört,
c. der am rechten Ufer der Geeste belegene Theil des Gemeindebezirks Geestemünde,
d. der Weserstrom, soweit bisher die Gerichtsbarkeit des Amtsgerichts Lehe auf denselben sich erstreckt hat."

---

190 „Bekanntmachung der Königlichen Ministerien des Innern und der Justiz, betreffend die Bezirke der unteren Verwaltungsbehörden und der Amtsgerichte", GS 1864 Abt. I, S. 548.
191 „Verordnung, betreffend die Errichtung eines Amtsgerichts Geestemünde", GS 1864 Abt. I, S. 579.

Hintergrund dürfte gewesen sein, dass durch den Ausbau der bremischen Stadt Bremerhaven hier ein neues wirtschaftliches Zentrum entstand, das auch im Umland Bremerhavens zu einer Bevölkerungszunahme führte.

6.4.3 Einzelfallentscheidungen

Zu einer Norm der bürgerlichen Prozeßordnung erging im Jahr 1860 eine einzelne Entscheidung[192] und zum Gebührengesetz für bürgerliche Rechtsstreitigkeiten vom 8. November 1850 erließ das Justizministerium im Jahr 1861 zwei vorläufige Entscheidungen[193]. Danach wurde zum einen der Begriff „Verhandeln" in dessen § 44 dahin ausgelegt, dass darunter „nicht das bloße Verlesen der Schlußanträge, vielmehr nur die mündliche Begründung derselben" zu zählen waren und es wurde zum anderen bestimmt, was im Hinblick auf § 54 bei mehreren Anträgen oder Gegenanträgen „als proceßgemäß zusammengehörig ... anzusehen" war. Es waren damit offensichtlich verbindliche Auslegungen gesetzlicher Begriffe durch die Justizverwaltung vorgenommen worden, ein aus heutiger Sicht befremdlicher Vorgang. Für die damaligen Verhältnisse handelte es sich um „authentische Deklarationen"[194], für die das Justizministerium zuständig war. Bei den Kostenvorschriften zum Zivilrechtsstreit wurde dagegen mit Gesetz vom 17. September 1862[195] neu gefaßt die Regelung zu § 51, der den Beginn des Zeitpunktes bestimmte, zu dem eine „Procuratorengebühr" anfallen sollte[196]. Mithin wurde sowohl die Form wie die Beteiligung der Stände eingehalten, obwohl eine „verbindliche Auslegung" des Begriffes auch hier möglich gewesen wäre. Gründe für das unterschiedliche Vorgehen könnten darin zu sehen sein, dass sich der künftig in anderer Höhe ergebende Gebührenanfall auf das Vermögen der Beteiligten auswirken konnte und diese somit mitzuwirken hatten.

---

[192] „Bekanntmachung, betreffend Ausführung des § 143 der bürgerlichen Proceßordnung vom 8. November 1850" vom 22. Februar 1860, GS 1860 Abt. I, S. 21.

[193] Entscheidungen vom 22. Juni 1861, GS 1861 Abt. I, S. 53, sowie vom 9. Dezember 1861, GS 1861 Abt. I, S. 277.

[194] Vgl. Heinrich Dernburg, Pandekten, Band I, 2. Aufl., Berlin 1888, S. 81ff.

[195] „Gesetz, betreffend den § 51 des Gesetzes vom 8. November 1850, die Gebührentaxe in bürgerlichen Rechtsstreitigkeiten betreffend" vom 17. September 1862, GS 1862 Abt. I, S. 366.

[196] „An die Stelle der Vorschrift ... „die Procuratorengebühr beginnt mit der Niederlegung der Klaganträge ... auf der Gerichtsschreiberei ..." tritt die nachfolgende „die Procuratorengebühr beginnt von dem Zeitpuncte, wo der Vertreter der Partei durch Überreichen eines Schriftsatzes oder persönliches Auftreten vor Gericht thätig geworden ist."

Ein weiterer Eingriff in die Zuständigkeit erfolgte durch die Bekanntmachung vom 4. Oktober 1861[197]. Damit wurde bestimmt, „daß die Aburtheilung der fraglichen Übertretungen den Verwaltungsbehörden zusteht." Hier könnte in einer politisch brisanten Angelegenheit immer noch ein gewisses Mißtrauen gegenüber der unabhängigen Justiz zu Tage treten, gerade auch vor dem Hintergrund der o. g. Entscheidung des Obergerichts Aurich[198].

6.4.4 Änderungen in der Zuständigkeit der Amtsgerichte

6.4.4.1 Das Handelsregister

Nachdem mit Gesetz vom 5. Oktober 1864[199] die Einführung des „Allgemeinen Deutschen Handelsgesetzbuches" zum 1. Januar 1865 verkündet worden war, folgte unter dem 15. November 1864 die Bekanntmachung[200] über die bei den Amtsgerichten zu führenden Handelsregister, während die mit gleicher Bekanntmachung eingeführten Schiffsregister von den Landdrosteien zu führen waren. Mit weiterer Bekanntmachung vom gleichen Tag[201] wurde die Gebührentaxe wegen der Handels- und Schiffsregister ergänzt und mit Bekanntmachung vom 4. Januar 1865[202] wurden auswärtige Firmen mit einer Niederlassung innerhalb des Königreiches verpflichtet, sich bis zum 1. April 1865 im Handelsregister eintragen zu lassen.

---

197 „Bekanntmachung der Königlichen Ministerien des Innern und der Justiz, die Zuständigkeit der Verwaltungsbehörden zur Aburtheilung der im Artikel 3 Satz 1 der Königlichen Verordnung vom 15. Januar 1855, betreffend den Bundesbeschluß zur Verhinderung des Mißbrauchs der Presse, mit Strafe bedrohten Übertretungen betreffend" vom 4. Oktober 1861, GS 1861 Abt. I, S. 183.

198 S. o. 5.2.6.

199 „Gesetz, betreffend die Einführung des allgemeinen Deutschen Handelsgesetzbuchs", GS 1864 Abt. I, S. 213.

200 „Bekanntmachung der Königlichen Ministerien des Innern, der Justiz und der Finanzen und des Handels zur Ausführung des Deutschen Handelsgesetzbuchs, des die Einführung desselben betreffenden Gesetzes vom 5. October 1864 und der Königlichen Verordnung vom 12. November 1864, die Papiere der Hannoverschen Seeschiffe betreffend", GS 1864 Abt. I, S. 483.

201 „Bekanntmachung der Königlichen Ministerien der Justiz und der Finanzen und des Handels, betreffend die durch die Einführung des allgemeinen Deutschen Handelsgesetzbuchs nöthig gewordene Ergänzung der Gebührentaxen", GS 1864 Abt. I, S. 511.

202 „Bekanntmachung der Königlichen Ministerien des Innern, der Justiz, der Finanzen und des Handels betreffend die Eintragung von Kommanditgesellschaften auf Aktien und Aktiengesellschaften, welche im Königreiche nicht ihren Sitz und keine Zweigniederlassung haben, in das Handelsregister", GS 1865 Abt. I, S. 19.

6.4.4.2 Das Hypothekenbuch

Ein weiteres bei den Amtsgerichten zu führendes Register war das „Hypothekenbuch", das mit Bekanntmachung vom 22. März 1865[203] erneuert wurde, weil sich die gesetzliche Grundlage durch das Gesetz vom 14. Dezember 1864[204] über das Konkursverfahren geändert hatte. Es ist unseren heutigen Grundbüchern vergleichbar. Danach erhielten die Amtsgerichte eine Häuserliste bzw. ein Häuserkataster und hatten diese jährlich zu berichtigen und an die zuständige Verwaltungsbehörde einzusenden, §§ 10 bis 12. In den selbständigen Städten war zudem das Benehmen der zuständigen Kronanwaltschaft herzustellen, § 11 Abs. 3. Die Änderung des Landesverfassungsgesetzes aus dem Jahr 1859, dass „jeder Landeseinwohner, jedes Grundstück und jedes Haus ... in Beziehung auf die öffentlichen Verhältnisse einer Gemeinde angehören"[205] mußte, war hierfür gleichsam als notwendige Vorarbeit zu verstehen.

6.4.4.3 Änderungen im materiellen Recht

Schließlich ist noch anzumerken, dass im Jahr 1859 eine neue gesetzliche Regelung zum Vollzug der Todesstrafe getroffen wurde. Sie kann sicherlich nicht mit einer Hinwendung zu einer ausschließlich reaktionären Politik in Verbindung gebracht werden, weil die zuvor möglichen besonderen Verschärfungen beim Vollzug dieser Strafe nämlich entfielen. Bestimmt wurde:

> „Die Todesstrafe wird mit dem Fallschwerte vollzogen. Eine Schärfung der Todesstrafe findet nicht Statt. Die Gerichte haben in den Fällen, in welchen das allgemeine Criminal-Gesetzbuch vom 8ten August 1840 geschärfte Todesstrafe androht, auf die Todesstrafe ohne Schärfung zu erkennen."[206]

---

[203] „Bekanntmachung des Königlichen Justiz-Ministeriums zur Ausführung des Gesetzes vom 14. December 1864, das Pfandrecht und die Befriedigung der Gläubiger im Concurse betreffend", GS 1865 Abt. I, S. 41, der Titel dieser Bekanntmachung läßt den Zweck der Verordnung nicht erkennen; zum Hypothekenrecht vgl. Grefe, Band 2, S. 349, sowie Rudorff, S. 87.

[204] „Gesetz, das Pfandrecht und die Befriedigung der Gläubiger im Concurse betreffend", GS 1864 Abt. I, S. 555.

[205] „Gesetz, betreffend die Abänderung des § 12 des Gesetzes vom 5ten September 1848 über verschiedene Änderungen des Landesverfassungsgesetzes" vom 28. April 1859, GS 1859 Abt. I, S. 389; sowie die „Bekanntmachung des Königlichen Ministeriums des Innern, betreffend das Gesetz vom 28ten April 1859 wegen Änderung des § 12 des Verfassungsgesetzes vom 5ten September 1848" vom gleichen Tag, GS 1859 Abt. I, S. 391.

[206] „Gesetz, die Todesstrafe betreffend" vom 31. Dezember 1859, GS 1859 Abt. I, S. 953; zum Kriminalgesetzbuch von 1840 s. o. 5.3. Für Eberhard Schmidt, Geschichte, § 283, S. 322, macht „das Hannoversche Strafgesetzbuch den Eindruck größerer Härte als andere partikulare Strafgesetzbücher jener Zeit. Die verschärfte Todesstrafe und die Kettenstrafe

Zwar wurde damit die „unzeitgemäße Verschärfung"[207] der Todesstrafe beseitigt, aber die Todesstrafe als solche blieb unangetastet[208].

Materiellrechtlich ist für den kleinen Bezirk des AG Bremervörde anzuführen, dass mit Verordnung vom 30. Juni 1865[209] „auf Antrag des Magistrats und der Bürgervorsteher zu Bremervörde ... das in der Stadt Bremervörde und deren Feldmark geltende Nachbarnrecht oder Beispruchsrecht *(retractus ex jure vicinitatis)*" aufgehoben wurde. Hierbei handelte es sich um eine „Local-Gewohnheit"[210], die seit langem bestanden hatte und die noch im Jahr 1806 im Bericht an die preußische provisorische Regierung in Hannover erwähnt worden war.[211]

6.4.5 Die Militärgerichtsbarkeit

Mit Verordnung vom 27. November 1861[212] wurde das Verfahren der Militärgerichte[213] geregelt, auf das hier nicht näher eingegangen werden soll. Erwähnenswert ist jedoch, dass als Obergericht das „General-Kriegsgericht" und ständige „Militair-Untergerichte" sowohl in den Garnisonen wie bei der Armee vom Bataillon aufwärts eingerichtet wurden. Mithin bestanden in den Herzogtümern Militäruntergerichte in den Standorten Lehe, Stade und Verden. Die Zuständigkeit war noch nicht genau festgelegt, jedoch hieß es in § 6:

---

zeugten von starker Betonung des generalpräventiven Abschreckungszwecks." Zudem habe Gerhard Adolf Wilhelm Leonhardt, Mitverfasser und Kommentator des Gesetzbuches, nach Eberhard Schmidt, ebenda, geäußert, „die bedeutenden Fortschritte, die die Strafgesetzgebung zwischen 1830 und 1840 gemacht hätte, (seien) an der Hannoverschen Strafrechtsreform spurlos vorübergeschritten."

207 Eberhard Schmidt, Geschichte, § 283, S. 322.

208 Am 3. Juli 1858 hatte das Großherzogtum Oldenburg im neuen Strafgesetzbuch die Todesstrafe völlig abgeschafft, vgl. Eberhard Schmidt, Geschichte, § 283, S. 322.

209 „Königliche Verordnung, betreffend die Aufhebung des in der Stadt Bremervörde und deren Feldmark geltenden Nachbarnrechts oder Beispruchsrechts", GS 1865 Abt. I, S. 447; zum Retrakt- oder Näherecht, das dem Nachbarrecht im heutigen Sinne gleichkommt, bei Grefe, Band 2, S. 410ff.

210 S. Anlage 4 - 9, dort unter I D. a.).

211 S. o. 4.3.

212 „Königliche Verordnung, das Verfahren der Militairgerichte in Strafsachen betreffend", GS 1861 Abt. I, S. 195.

213 In GS 1861 Abt. I, S. 199 auch „Militair-Strafproceß-Ordnung" genannt; beigefügt auf S. 267 der GS war die „Verordnung vom 12. May 1800, betreffend die Instruction für Criminal-Obrigkeiten, Aerzte, Wundärzte und Hebammen, wie bey gerichtlichen Besichtigungen verwundeter, oder anderer Körper, auch bei Leichenöfnungen zu verfahren." Hierzu gehörte auch die „Verordnung, die Titel- und Rangverhältnisse der Militair-Justizbeamten betreffend" vom 27. November 1861, GS 1861 Abt. I, S. 193.

„Im Allgemeinen gilt als Regel, daß jede dem militairischen Gerichtsstande unterworfene Person wegen aller während der Dauer dieses Gerichtsstandes von ihr verübten Verbrechen und Vergehen von dem zuständigen Militairgerichte gerichtet wird."

Damit war weiterhin ein erheblicher Personenkreis von der Zuständigkeit der ordentlichen Gerichte ständig ausgenommen, zumal ausdrücklich nicht auf einen dienstlichen Bezug der Taten abgestellt wurde. Lediglich dann, wenn die Taten „nur mit Schadensersatz, Geldbuße oder Confiscationen geahndet werden", war die allgemeine Zuständigkeit der Justiz begründet.

6.4.6 Die geistliche Gerichtsbarkeit

Die Kompetenzen des Stader Konsistoriums, wie der übrigen Provinzialkonsistorien des Königreiches, wurden erheblich reduziert. Es wurde dem neu gegründeten Landeskonsistorium unterstellt[214], dem sowohl eigene, bisher den Provinzialkonsistorien zustehende Aufgaben zugewiesen wurden[215], als auch die Aufsicht und Leitung der bei den einzelnen Konsistorien verbliebenen Aufgaben, § 6. Der Umfang der „Landesherrlichen und Oberbischöflichen Gewalt" wurde durch die neue Behörde jedoch nicht eingeschränkt, § 8.

6.4.7 Die Provinziallandschaften

Die Provinziallandschaften hatten im Jahr 1859 nach heftigen Auseinandersetzungen das Präsentationsrecht für den Kriminalsenat des Oberappellationsgerichts verloren, was mit dessen Zuständigkeit auch für politische Strafsachen begründet worden war[216]. Bemerkenswert für die letztlich weiterhin überkommene und im ständischen Denken verharrende Verwaltungsstruktur der Herzogtümer und mithin des Königreichs Hannover ist schließlich noch das „Gesetz, betreffend die Verfassung der Bremen-

---

[214] „Verordnung, die Errichtung eines evangelisch-lutherischen Landes-Consistoriums betreffend" vom 17. April 1866, GS 1866 Abt. I, S. 105; die Verordnung trat nach GS 1866 Abt. I, S. 119, zum 16. Mai 1866 in Kraft.

[215] § 3 der Verordnung lautete: „Den Geschäftskreis des Landes-Consistoriums bilden diejenigen Angelegenheiten, welche 1) das Bekenntniß und die Lehre der Kirche, die Seelsorge, den Cultus und die Kirchenzucht; 2) die Vorbildung, Prüfung und Ordination für das geistliche Amt; 3) die Anstellung und Entlassung der Geistlichen, einschließlich der Hülfsgeistlichen, Superintendenten und Generalsuperintendenten, deren Amtsführung, Fortbildung und Wandel betreffen. Vergl. jedoch §§ 6 und 8".

[216] Hierzu näher bei v. Meier, Band I, S. 436.

Verdenschen Provinziallandschaft" vom 9. Februar 1865[217] und die dazugehörige Geschäftsordnung vom gleichen Tag[218]. Damit wurde die Einteilung der stimmberechtigten Mitglieder in drei Curien für diese „neo-feudale Institution"[219] weiterhin festgeschrieben, ohne dass hierauf näher eingegangen werden soll[220]. Es kann jedoch ganz im Sinne der bereits genannten „Re-Feudalisierung" dieser Zeit verstanden werden.

---

[217] „Gesetz, betreffend die Verfassung der Bremen-Verdenschen Provinziallandschaft", GS 1865 Abt. I, S. 23.

[218] „Geschäftsordnung für die Bremen-Verdensche Provinziallandschaft", GS 1865 Abt. I, S. 30.

[219] Heide Barmeyer, Hannovers Eingliederung in den preußischen Staat. Annexion und administrative Integration 1866 - 1868, Hildesheim 1983, S. 75, ebenda unter Bezugnahme auf liberale Stimmen der Zeit als „Hort der Reaktion" bezeichnet.

[220] Der Landschaft stand immer noch ein Präsentationsrecht für das Oberappellationsgericht in Celle zu; bereits im Jahr nach der Übernahme durch Preußen wurden hier erhebliche Änderungen durchgesetzt, pr. GS 1867, S. 1635; s. u. 7.1.3. Das Ritterrecht in der Fassung des Jahres 1863 ist abgedruckt bei Rudorff, S. 181 – 220.

7. Die preußische Landdrostei Stade von 1866 bis 1879

7.1 Die Übernahme durch Preußen

7.1.1 Allgemeiner Überblick

Das Königreich Preußen besetzte im Herbst 1866 mit einem kurzen Feldzug[1], bei dem es letztlich um die Vorherrschaft Preußens im Deutschen Bund ging, u.a. das Königreich Hannover, um im Norden ein „geschlossenes Groß-Preußen“[2] zu schaffen. Damit war das bislang geltende „monarchische Prinzip“ gebrochen[3], denn das Königreich Hannover verlor seine Souveränität, wie im übrigen auch die ebenfalls besetzten Territorien Kurhessen, Nassau und die Freie Stadt Frankfurt. Das hannoversche Königshaus ging ins Exil, zunächst nach Wien, später nach Paris[4]. Eine starke welfische Bewegung mit breiter Unterstützung in der Öffentlichkeit erstreckte sich anfangs über das ganze Land, ohne jedoch spürbaren Widerstand leisten zu können. Denn die preußische Herrschaft war dank des schonenden Umgangs[5] mit den hannoverschen Institutionen recht bald im Land anerkannt. Die Wahlen vom 12. Februar 1867 brachten für die königstreue Partei der Welfen einen Anteil von weniger als der Hälfte der Stimmen[6].

---

[1] Mit dem nicht verwirklichten Plan der hannoverschen Regierung, die gesamten Truppen in Stade, der einzigen Festung des Landes, zusammenzuziehen, beschäftigt sich Georg Schnath, Stade statt Langensalza? Betrachtungen über den hannoverschen Feldzugsplan 1866, in: Festschrift für Hans Wohltmann, Stade 1964, S. 156 - 167.

[2] Theodor Heuss, 1848. Werk und Erbe, Stuttgart 1948, S. 152.

[3] Vgl. Barmeyer, S. 183.

[4] König Georg V. starb dort im Jahre 1878.

[5] Barmeyer, S. 14 und 16 sowie fortlaufend; zurückzuführen auf die Äußerung des preußischen Königs Wilhelm I., dass mit einer schonenden Behandlung „berechtigter Eigentümlichkeiten“ (Barmeyer, S. 33) der Übergang auf Preußen erleichtert werde; vollständiger Wortlaut ebenda, S. 246 (Quelle Nr. 24); s. u. 7.1.2 im Patent vom 3. Oktober 1866.

[6] Barmeyer, S. 64 weist zu Recht darauf hin, dass dies nur ein halbes Jahr nach der Annexion ein eher schlechtes Abschneiden der Welfen darstellt: sie erreichten 9 Mandate und die Nationalliberalen 10; bei den Herbstwahlen für den Reichstag des Norddeutschen Bundes hatte sich die „Pazifizierung“ (ebenda, S. 66) mit einer Niederlage für die Welfen, die nur noch 5 Mandate gegenüber 13 für die Nationalliberalen errangen, noch deutlicher ausgewirkt, (ebenda).

7.1.2 Die rechtliche Ausführung

Mit dem „Gesetz, betreffend die Vereinigung des Königreichs Hannover, des Kurfürstenthums Hessen, des Herzogthums Nassau und der freien Stadt Frankfurt mit der Preußischen Monarchie" vom 20. September 1866[7] und dem „Patent wegen Besitznahme des vormaligen Königreichs Hannover" vom 3. Oktober 1866 wurde die Übernahme staatsrechtlich beschlossen und durchgeführt. Damit war die gewaltsame Annexion rechtlich sanktioniert. Dies Gesetz vereinigte gemäß § 1 zwar das Königreich Hannover „mit der Preußischen Monarchie für immer", die preußische Verfassung sollte nach dessen § 2 aber erst zum 1. Oktober 1867 in Kraft treten[8]. Im vorgenannten Patent nahm der preußische König „mit allen Rechten der Landeshoheit und Oberherrlichkeit" u.a. die Herzogtümer Bremen und Verden sowie das Land Hadeln in Besitz. Weiter hieß es dort: „Wir werden Unserem Königlichen Titel die entsprechenden Titel hinzufügen", so dass der preußische König nunmehr auch Herzog von Bremen und Verden geworden war.

7.1.3 Auswirkungen auf die Rechtsgrundlagen

Im Königlichen Patent vom 3. Oktober 1866[9] wurde zu den bisherigen Einrichtungen des Königreiches Hannover ausgeführt:

> „Wir wollen die Gesetze und Einrichtungen der bisherigen Hannoverschen Lande erhalten, soweit sie der Ausdruck berechtigter Eigenthümlichkeiten sind und in Kraft bleiben können, ohne den durch die Einheit des Staats und seiner Interessen bedingten Anforderungen Eintrag zu thun."

Mit der „Verordnung, betreffend die Justiz-Verwaltung innerhalb des ehemaligen Königreiches Hannover", ebenfalls vom 3. Oktober 1866[10], wurde entsprechend diesem Patent im Kern alles beim alten belassen, jedenfalls soweit es das hier interessierende Gerichtswesen angeht. Im einzelnen hieß es dort:

---

[7] GS 1866 Abt. I, S. 269; in Preußen war ein inhaltlich gleiches Gesetz ebenfalls am 20. September 1866 verkündet worden, pr. GS 1866, S. 555; Patent in GS 1866, Abt. I, S. 271 und in pr. GS 1866, 591f.; sowohl das Gesetz wie das Patent wurden noch in der „Gesetz-Sammlung für das Königreich Hannover" publiziert; erst danach, ab Seite 275, hieß es „Gesetz-Sammlung für das Gebiet des ehemaligen Königreichs Hannover".

[8] Diese Zeit zwischen Inbesitznahme und konstitutionellem Status wird deshalb auch „Übergangsjahr" oder „Diktaturjahr" genannt, vgl. Barmeyer, S. 41, 68 sowie S. 81.

[9] GS 1866 Abt. I, S. 271.

[10] GS 1866 Abt. I, S. 275; gesperrter Druck auch im Original; ebenfalls in pr. GS 1866, S. 603.

„I. Die nach Gesetz oder Herkommen bisher bestandenen Obliegenheiten und Befugnisse des Justiz-Ministeriums werden fortan von Unserm Justiz-Minister zu Berlin ausgeübt.
II. In allen Justiz-Angelegenheiten, welche Unserer landesherrlichen Entschließung oder Genehmigung bedürfen, ist wegen deren Einholung an Unsern Justiz-Minister zu berichten.
III. Im übrigen tritt in den Ressortverhältnissen und Befugnissen der Justizbehörden, sowie in dem bestehenden Instanzenzuge für jetzt eine Aenderung nicht ein."

Damit war ausschließlich in der Spitze der Justizverwaltung eine Änderung erfolgt, ohne dass im Gerichtsaufbau irgendeine Neuordnung eintrat. Allerdings gab es keine eigenständige hannoversche Justizverwaltung mehr. Auch mit der Aufhebung des „Ausnahmezustands in der Civil-Administration"[11] wurden in Artikel 2 dieser Bekanntmachung beim General-Gouvernement lediglich die drei „Departements der Finanzen, des Innern, des Cultus" eingerichtet; die Leitung der Justizverwaltung verblieb in Berlin. Eine gewisse Selbständigkeit scheint jedoch der Justiz in der Provinz Hannover zumindest nach außen geblieben zu sein. Denn der „Finanz-Etat für das Gebiet des ehemaligen Königreiches Hannover auf das Jahr 1867"[12] enthielt unter „IV. Justiz-Departement" die separat aufgeführten Ausgabeposten für die Gerichte und Staatsanwaltschaften, die mit einer Summe von 1.060.430,00 Reichstalern schlossen.

Die Aufgaben des hannoverschen Staatsrates wurden dem preußischen Staatsministerium übertragen[13]. Am 24. Juni 1867 wurde die „Verfassung des Norddeutschen Bundes" publiziert[14]. Damit war eine eigenständige hannoversche Verfassungsentwicklung bereits vor dem Inkrafttreten der preußischen Verfassung zu einem vorläufigen Ende gekommen.

Hinsichtlich der „Oberaufsicht über die Polizei-Obrigkeiten" wurde mit Bekanntmachung des General-Gouverneurs für Hannover vom 21. Dezember 1866[15] bestimmt, einen „General-Polizei-Director" zu berufen, dem die bislang zuständigen Landdrosteien berichtspflichtig wurden. Ein derartiger Eingriff in die bisherigen Befugnisse ist für die Justiz nicht zu erkennen, sofern von der

---

[11] „Bekanntmachung des Königlichen Preußischen General-Gouvernements zu Hannover, betreffend die Civil-Administration des ehemaligen Königreichs Hannover", GS 1866 Abt. I, S. 293.
[12] Pr. GS 1867, S. 35.
[13] „Verordnung, betreffend eine Ergänzung des Hannoverschen Gesetzes über die Verhältnisse der Königlichen Diener vom 24. Juni 1858. Vom 27. Mai 1867", pr. GS 1867, S. 801.
[14] „Publikations-Patent über die Verfassung des norddeutschen Bundes", pr. GS 1867, S. 817.
[15] GS 1866 Abt. I, S. 406.

Einführung der preußischen Militärstrafgesetze abgesehen wird[16], was hier nicht näher untersucht werden soll. Insoweit bleibt jedoch festzustellen, dass dieser Personenkreis, wie bisher, von der allgemeinen Gerichtsbarkeit ausgenommen blieb[17]. Eine sehr weitgehende Ermächtigungsgrundlage erhielt schließlich der preußische Generalgouverneur mit Erlaß vom 3. Dezember 1866[18], in dem es hieß:

> „Ich ermächtige Sie hierdurch, jeden Beamten der Ihrer Verwaltung anvertrauten Provinz, sobald Sie es im Interesse Meines Dienstes für erforderlich halten, ohne weitere Rückfrage vom Amte zu suspendiren. Von dieser Ermächtigung haben Sie unverzüglich Gebrauch zu machen in Betreff aller derjenigen Beamten, auf deren rückhaltlose Mitwirkung behufs Ausführung Meiner Ihnen bekannten Intentionen Sie nicht glauben rechnen zu können; .... . Für die sofortige und pünktliche Ausführung dieses Meines Befehls mache ich Sie persönlich verantwortlich."

Ob davon im hiesigen Bereich Gebrauch gemacht wurde, ist nicht ersichtlich. Bekannt ist nur, dass der Stader Amtsrichter von Issendorf mit einem Verweis bestraft wurde, weil er die ritterschaftliche Resolution vom 7. November 1866 gegen die Annexion mit unterzeichnet hatte[19]. Für die Justiz ist der Erlaß vom 3. Dezember 1866 faktisch nicht umgesetzt worden[20].

Mit Verordnung vom 22. Januar 1867 wurde für alle Beamten, aber auch für Rechtsanwälte und Notare, seien sie noch im Dienst oder im einstweiligen Ruhestand, angeordnet, dass ein Eid auf den neuen Landesherrn zu leisten sei[21].

---

16 „Allerhöchste Cabinets-Ordre vom 27. November 1866, betreffend die Einführung der Preußischen Militair-Straf- und Disciplinargesetze in den neuen Landestheilen", GS 1866 Abt. I, S. 363; Zusatzbestimmung vom 3. Dezember 1866 in GS 1866 Abt. I, S. 364; in GS 1866 Abt. I, S. 447 bis 596 wurden die insoweit geltenden preußischen Vorschriften als Nachtrag zu Heft 73 der GS publiziert.

17 „Allerhöchster Erlaß vom 27. November 1866, betreffend die Regelung der Militair-Rechtspflege etc. in den neuerworbenen Landestheilen", pr. GS 1867, S. 383; eine „Zusammenstellung verschiedener Vorschriften des Preußischen Rechts über die bürgerlichen Rechtsverhältnisse der Militairpersonen" war in pr. GS 1867, S. 520 – 532 abgedruckt.

18 „Allerhöchster Erlaß ..., betreffend Vorschriften im Interesse des öffentlichen Dienstes und der öffentlichen Ordnung", GS 1866 Abt. I, S. 365.

19 Barmeyer, S. 412f.

20 Vgl. hierzu und zu den Hintergründen bei Barmeyer, S. 50ff.; ursächlich war wohl die Person des preußischen Justizministers Graf Lippe, der hinsichtlich der preußischen Politik gegenüber Hannover mit Bismarcks Politik nicht übereinstimmte.

21 Pr. GS 1867, S. 132; dessen § 1 lautete: „Von den im unmittelbaren oder im mittelbaren Staatsdienst stehenden Beamten, einschließlich der ... Advokaten, Anwalte und Notare, und zwar sowohl von den gegenwärtig im aktiven Dienst stehenden, wie von den zur Zeit mit Wartegeld in einstweiligen Ruhestand versetzten ..., ist Uns der Diensteid in nachstehender Form zu leisten: Ich N. N. schwöre zu Gott dem Allmächtigen und Allwissenden, daß Seiner Königlichen Majestät von Preußen, meinem Allergnädigsten Herrn, ich unterthänig, treu und

Bei früheren hannoverschen Beamten konnte „eine Verletzung der Uns schuldigen Treue“ zum Verlust des Gehaltes oder der Pension führen[22]. Damit war der gesamte öffentliche Dienst in unbedingte Pflicht gegenüber dem neuen Landesherrn genommen worden, aus dem nur durch Verzicht auf erworbene Rechte zu entkommen war. Die Einstellungsvoraussetzungen für den juristischen Dienst regelte eine weitere Verordnung[23], nach der jeder aus den alten Landesteilen mit bestandener dritter juristischer Staatsprüfung juristische Ämter in den neuen Landesteilen ausüben konnte. Wer aus den neuen Landesteilen, in denen es diese dritte Prüfung nicht gab, zu juristischen Ämtern befähigt war, konnte solche Ämter auch in den alten Landesteilen bekleiden. Eine Bevorzugung der „Landeskinder“ fand mithin nicht statt, vielmehr war insoweit eine Gleichberechtigung aller Juristen in Preußen hergestellt. Die gleiche Verordnung führte in § 3 aus: „Das Recht der Provinziallandschaften im ehemaligen Königreich Hannover, Räthe des Ober-Appellationsgerichts in Celle zu präsentiren, wird aufgehoben.“ Damit waren die seit der Gründung des Gerichts im Jahr 1711 den Landschaften zustehenden Rechte beendet worden. Weiter wurde angeordnet: „Bei Ernennung der Räthe dieses Gerichtshofes findet eine Mitwirkung desselben, insbesondere durch Anstellung eines sogenannten Skrutinums[24] und durch Prüfung vor einer Kommission des Kollegiums, nicht ferner statt.“ Hiermit war zum einen der strikt zentralistisch angelegten preußischen Justizverwaltung Genüge getan, die allein für die Einstellung der Richter zuständig war, zum anderen jedoch ein weiteres seit Gründung des Gerichts bestehendes Verfahren der Selbstrekrutierung zu einem Ende gekommen.

Die Kompetenzen des Konsistoriums wurden weiter erheblich reduziert[25]. Es verlor seine Zuständigkeit in Ehe- und Verlöbnissachen, die von den großen Senaten der Obergerichte und mithin erstmalig von der Justiz wahrgenommen wurde[26].

---

gehorsam sein und alle mir vermöge meines Amtes obliegenden Pflichten nach meinem besten Wissen und Gewissen genau erfüllen will, so wahr mir Gott helfe.“ – Bei den Beamten der alten preußischen Landesteile war vor der religiösen Beteuerung eingefügt: „...auch die Verfassung gewissenhaft beobachten will, ...“ (pr. GS 1867, S. 715, Verordnung vom 6. Mai 1867); hier ist mithin darauf Rücksicht genommen worden, dass in den neuen Landesteilen die preußische Verfassung noch nicht eingeführt war.

[22] „Verordnung, betreffend die Aufrechthaltung der Interessen des öffentlichen Dienstes in dem ehemaligen Königreich Hannover. Vom 24. Januar 1867“ pr. GS 1867, S. 135.

[23] „Verordnung, betreffend die Anstellung der Justizbeamten in den neu erworbenen Landestheilen. Vom 8. Februar 1867“, pr. GS 1867, S. 209.

[24] Zu dessen Ursprung und Durchführung näher bei Heile, S. 67f.

[25] S. o. 6.4.6.

[26] Gesetz vom 1. März 1869, pr. GS 1869, S. 364.

7.1.4 Die unteren Justizeinrichtungen

Auf der lokalen Ebene waren die Auswirkungen zunächst nur darin zu spüren, dass die Hoheitszeichen gemäß Bekanntmachung vom 26. Oktober 1866[27] zu verändern waren, dass neue Dienstsiegel gemäß Bekanntmachung vom gleichen Tag[28] eingeführt wurden und dass schließlich gemäß Bekanntmachung vom 29. Oktober 1866[29] an die Stelle der hannoverschen Nationalkokarde „die schwarz und weiße Preußische National-Kokarde" trat. Für die Siegel der Notare wurde durch die Verordnungen vom 5. und 19. November 1866[30] eine vergleichbare Regelung getroffen.

Auch jetzt wurden weiterhin Grenzänderungen vorgenommen. Zwischen den Gemeinden Kirchwistedt und Appeln wurde die Grenze neu geregelt, wodurch ein Gebiet zwischen den Amtsgerichten Bremervörde, Geestemünde und Lehe betroffen war[31]. Ebenso schritt die Erweiterung Bremerhavens voran, so dass es im Jahr 1869 zu einer weiteren Gebietsabtretung kam[32].

7.1.5 Zum materiellen Recht

7.1.5.1 Zur Fortgeltung des hannoverschen Landesrechts

Ein Konflikt zwischen fortgeltendem, ehemaligem hannoverschen Landesrecht, bei dem es um die Regelung des Rechtsweges für Streitigkeiten über die Ansprüche der Staatsbeamten aus ihrem Dienstverhältnis, um allgemeine Anlagen und Abgaben, um die Stempelsteuer sowie um Kirchen-, Pfarr- und Schulabgaben ging, und dem in Teilen des ehemaligen Königreichs Hannover[33] geltenden Allgemeinen Preußischen Landrecht, wurde mit einer Verordnung

---

[27] „Bekanntmachung des Königlich-Preußischen General-Gouvernements, betreffend die Veränderung der Hoheitszeichen", GS 1866 Abt. I, S. 299; Beschreibung und Bild ebenda S. 301.

[28] „Bekanntmachung des Königlich-Preußischen General-Gouvernements, betreffend die Dienstsiegel", GS 1866 Abt. I, S. 303; mit Bild ebenda S. 304.

[29] GS 1866 Abt. I, S. 302.

[30] GS 1866 Abt. I, S. 349 und 350; ebenfalls in pr. GS 1866, S. 738.

[31] „Allerhöchster Erlaß vom 8. April 1867, betreffend Veränderungen in den Bezirken einiger unteren Verwaltungsbehörden und Amtsgerichte im Gebiete des vormaligen Königreichs Hannover.", pr. GS 1867, S. 730.

[32] Ringklib 1885, S. 10.

[33] Das Allgemeine Landrecht galt nicht in den Herzogtümern, sondern nur im Eichsfeld, in Ostfriesland, in Lingen und in den ehemals münsterischen Gebieten, hierzu s. Rudorff, S. 1.

vom 16. September 1867[34] dahin entschieden, dass in den Artikeln I, II und IV dieser Verordnung u. a. festgesetzt wurde:

> „Über Angelegenheiten, welche nach den im Geltungsgebiete des Preußischen Landrechts bestehenden allgemeinen Bestimmungen der Erledigung im Verwaltungswege mit Ausschluß des Rechtsweges unterliegen, findet auch in den durch die Gesetze vom 20. September und 24. Dezember 1866 (...) Unserer Monarchie einverleibten Landesteilen ein Prozeßverfahren nicht statt.
> ...
> Beschränkungen des Rechtswegs in den vorgedachten Landesteilen, welche mit den im Geltungsgebiete des Preußischen Landrechts bestehenden allgemeinen Bestimmungen nicht im Einklange stehen, sind aufgehoben.
> ...
> Bei Anwendung des Gesetzes, betreffend die Erweiterung des Rechtsweges, vom 24. Mai 1861 (Gesetzsamml. S. 241) sind folgende besondere Bestimmungen maßgebend:
> 1) Die im § 3 für den Bezirk des Appellationsgerichtshofes zu Köln getroffenen Bestimmung[35] gilt auch im Gebiete des vormaligen Königreichs Hannover."

7.1.5.2 Zum Strafrecht

Eine neue Strafprozeßordnung wurde am 25. Juni 1867 für die neuen preußischen Landesteile, also auch für das Gebiet des früheren Königreichs Hannover eingeführt. Hinzu kamen materiell-rechtliche Regeln, nämlich das Strafgesetzbuch für die Preußischen Staaten vom 14. April 1851[36]. Beide Gesetze traten mit Wirkung vom 1. September 1867 in Kraft. Bemerkenswert sind die dort als Anlage[37] beigefügten „Bestimmungen über die Berufung zum Schöffenamte", denn in deren § 4 heißt es: „Die Entrichtung eines gewissen Steuersatzes ist kein Erfordernis der Wählbarkeit als Schöffe." Hier ist eine wohl bewußte Abkehr von der hannoverschen Regelung der Auswahl nach der Steuerzahlung zu erkennen. Die Schöffen, die in Steuerstrafsachen mit den Berufsrichtern auf einer Richterbank saßen[38], waren neben den Geschworenen, die eine eigene, selbständig entscheidende Richterbank bildeten, bereits im Jahre

[34] Pr. GS 1867, S. 1515.
[35] Diese Norm lautete: „Die Klage ist gegen diejenige Provinzialbehörde des betreffenden Verwaltungsressorts und in Ermangelung einer solchen, sowie seitens der Justizbeamten im Bezirke des Appellationsgerichtshofes zu Köln, gegen diejenige Bezirksregierung zu richten, in deren Amtsbezirk der Beamte zu der Zeit, wo der streitige Anspruch entstanden ist, vermöge seines dienstlichen Wohnsitzes seinen persönlichen Gerichtsstand gehabt hat."
[36] „Verordnung, betreffend das Strafrecht und das Strafverfahren in den durch das Gesetz vom 20. September 1866 und die beiden Gesetze vom 24. Dezember 1866 mit der Monarchie vereinigten Landestheilen, mit Ausnahme des vormaligen Oberamtsbezirks Meisenheim und der Enklave Kaulsdorf", pr. GS 1867, S. 921.
[37] Pr. GS 1867, S. 1051.
[38] Vgl. o. 6.2.2.1.

1850 im Königreich Hannover als weitere Art von Laienrichtern eingeführt worden[39]. Sie wurden nicht mehr, wie es in Preußen zuvor bei den Geschworenen der Fall war, vom Regierungspräsidenten ausgewählt, sondern vom Präsidenten des Appellationsgerichts. Damit war zum einen die bisherige hannoversche Regelung übernommen und zum anderen die Schöffenwahl zu einer Sache der Justizverwaltung gemacht worden[40].

7.1.5.3 Weitere Regelungen

Eine Rechtsangleichung im Zivilprozessverfahren fand hinsichtlich des vormaligen Königreiches Hannover ausdrücklich nicht statt[41]. Die ausschließliche Zuständigkeit[42] für „Staatsverbrechen" lag dagegen für die neu erworbenen Landesteile beim Kammergericht, mithin waren diese Delikte den alten hannoverschen Gerichten insgesamt entzogen. Hier ist also durchaus eine Differenzierung im Umgang mit den „Einrichtungen der bisherigen Hannoverschen Lande"[43] festzustellen. Die Ursache dürfte darin zu sehen sein, dass befürchtet wurde, bei einer Zuständigkeit für solche Fälle bei hannoverschen Gerichten könnten sonst die Interessen des Staates leiden[44]. Nach der Übernahme durch Preußen 1866 wurde mit Erlaß vom 5. November 1866 eine Regelung zum Gnadenrecht getroffen, die ebenfalls dem Zuständigkeitsbereich hannoverscher Behörden entzogen wurde[45].

Die Aufhebung einer Ausnahme von der allgemeinen Gerichtsbarkeit wurde mit Erlaß vom 2. Januar 1867[46] verfügt. Danach ging die bisher gemäß § 12

[39] Kern, S. 84; zu den Geschworenen s. o. 5.3.3..

[40] Nach Kern, S. 84, ist die „Wahl durch den von der Regierung in besonderem Maße abhängigen Regierungspräsidenten ... dem Liberalismus immer ein Dorn im Auge gewesen."

[41] „Verordnung über das Verfahren in Civilprozessen für die durch das Gesetz vom 20. September 1866 und die beiden Gesetze vom 24. Dezember 1866 der Preußischen Monarchie einverleibten Landestheile, mit Ausnahme des Gebietes des vormaligen Königreichs Hannover, sowie der vormaligen freien Stadt Frankfurt, des vormaligen Oberamtsbezirks Meisenheim und der Enklave Kaulsdorf. Vom 24. Juni 1867", pr. GS 1867, S. 885.

[42] „Verordnung, betreffend die Einführung des Gesetzes vom 25. April 1853 in die neu erworbenen Landestheile. Vom 23. Mai 1867", pr. GS 1867, S. 703.

[43] Königliches Patent vom 3. Oktober 1866, s. o. Fn. 9.

[44] Königliches Patent vom 3. Oktober 1866, s. o. Fn. 9.

[45] „Allerhöchster Erlaß vom 5. November 1866 und allgemeine Verfügung des Justiz-Ministers vom 15. November 1866, betreffend die geschäftliche Behandlung der Begnadigungsgesuche aus dem ehemaligen Königreich Hannover", pr. GS 1867, S. 703.

[46] „Allerhöchster Erlaß vom 2. Januar 1867, betreffend die Uebertragung der von dem vormaligen Ober-Hofmarschall-Amte zu Hannover bisher ausgeübten freiwilligen Gerichtsbarkeit auf die ordentlichen Gerichte", pr. GS 1867, S. 31.

GVG vom 8. November 1850 dem „Ober-Hofmarschall-Amt“ in Hannover zustehende freiwillige Gerichtsbarkeit auf die allgemeinen Gerichte über. Diese Regelung bezog sich ausschließlich auf die dem hannoverschen Königshaus angehörenden Personen. Sie kann deshalb nicht als grundsätzliche Abkehr von privilegierten Gerichtsständen verstanden werden. Allerdings wurde auch die bisher den Militärgerichten zustehende freiwillige Gerichtsbarkeit auf die ordentlichen Gerichte übertragen[47].

7.1.6 Zur Veröffentlichung der Rechtsnormen

Mehrere detaillierte Bestimmungen wurden zur künftigen Form der Gesetzesbekanntmachung getroffen. Hintergrund hierfür dürfte Art. 106 der Verfassungsurkunde für den Preußischen Staat vom 31. Januar 1850[48] gewesen sein, denn diese Verfassung sollte gemäß § 2 des Gesetzes vom 20. September 1866[49] künftig in Hannover gelten. In § 1 der Verordnung vom 1. Dezember 1866[50] hieß es:

> „Landesherrliche Erlasse, welche Gesetzeskraft erhalten sollen, erlangen dieselbe nur durch die Aufnahme in die zu B e r l i n erscheinende Gesetz-Sammlung für die Königlich Preußischen Staaten, ohne Unterschied, ob sie für die ganze Monarchie oder für einen Theil derselben bestimmt sind.“

Das „Preußische Justiz-Ministerial-Blatt“ wurde mit Erlaß vom 12. Dezember 1866[51] eingeführt und mit Verfügung vom 15. Dezember 1866[52] wurde „sämmtlichen Gerichtsbehörden und Justizbeamten“ auferlegt, dieses ab dem 1. Januar 1867 anzuschaffen und es „aus dem Büreaukosten-Fonds zu bestreiten.“ Zum 1. Januar 1867 sollte die bisherige hannoversche Gesetzessammlung

---

[47] „Allerhöchster Erlaß vom 4. März 1867, betreffend die Uebertragung der von den vormals Hannoverschen Militair-Gerichten ausgeübten freiwilligen Gerichtsbarkeit auf die ordentlichen Gerichte“, pr. GS 1867, S. 384.

[48] Art. 106 lautete u.a.: „Gesetze und Verordnungen sind verbindlich, wenn sie in der vom Gesetze vorgeschriebenen Form bekannt gemacht worden sind.“, pr. GS 1850, S. 17.

[49] GS 1866 Abt. I, S. 269; s. o. 7.1.2, Fn. 7.

[50] GS 1866 Abt. I, S. 367; gesperrter Druck auch im Original; identisch mit § 1 der „Verordnung, betreffend die Publikation der Gesetze in denjenigen Landestheilen, welche durch die Gesetze vom 24. Dezember 1866 (Gesetz - Sammlung. S. 875. 876) der Preußischen Monarchie einverleibt worden sind. Vom 29. Januar 1867“, dort „Berlin“ jedoch nicht gesperrt gedruckt; ebenfalls in pr. GS 1866, S. 743f.

[51] GS 1866 Abt. I, S. 405.

[52] GS 1866 Abt. I, S. 406.

eingehen[53]. Für das neu geschaffene Amtsblatt war gemäß Bekanntmachung vom 30. Dezember 1866[54] in § 2 bestimmt worden:

> „1) Die Veröffentlichung allgemeiner Anordnungen der Hannoverschen Centralbehörden erfolgt n u r durch das Amtsblatt.
> 2) Die Veröffentlichung allgemeiner Anordnungen sonstiger hannoverscher Oberbehörden (Landdrosteien, Provinzial-Consistorien etc.) erfolgt nach dem Ermessen der betreffenden Behörde durch das Amtsblatt oder in bisheriger Weise. Eine Veröffentlichung durch das Amtsblatt soll aber in allen Fällen eintreten, in denen eine Bekanntmachung über den Bezirk der Behörde hinaus von Interesse ist.
> 3) Anordnungen der Ortsbehörden werden durch das Amtsblatt nicht veröffentlicht"

Damit war die seit 1818 bestehende Gesetzessammlung zu einem Ende gekommen. Hinsichtlich des Inkrafttretens künftiger Erlasse wurde eine im Vergleich zur bisherigen Rechtslage deutlich verbesserte, weil generell anzuwendende Regelung getroffen, bei der vergleichbare Auswirkungen wie bei der Einführung der hannoverschen Justizgesetze[55] nicht mehr vorkommen konnten, denn in § 3 dieser Bekanntmachung war bestimmt:

> „Ist in einem durch das Amtsblatt verkündeten Erlasse der Zeitpunkt bestimmt, mit welchem derselbe in Kraft treten soll, so ist der Anfang seiner Wirksamkeit nach dieser Bestimmung zu beurtheilen. Enthält aber der verkündete Erlaß eine solche Zeitbestimmung nicht, so beginnt dessen Wirksamkeit mit dem 8ten Tage nach dem Ablauf desjenigen Tages, an welchem das betreffende Stück des Amtsblatts in Hannover ausgegeben worden ist."

7.2 Die Gerichtsverfassung

7.2.1 Allgemeiner Überblick

In dem im Jahr 1867 gegründeten Norddeutschen Bund, in dem Preußen den größten Anteil stellte, gab es weder eigene Gerichtsbarkeit noch eine eigenständige Zuständigkeit für Justizangelegenheiten[56]. Es blieb deshalb beim bisherigen Gerichtsaufbau. Für die bisherigen Gerichte war die Umstellung

[53] „Bekanntmachung des Ministers des Innern, betreffend das Eingehen der bisherigen Gesetzsammlung und die Einführung eines Amtsblattes für Hannover", GS 1866 Abt. I, S. 441.

[54] „Bekanntmachung des General-Gouverneurs von Hannover, betreffend die Gesetzsammlung und das Amtsblatt"; gesperrter Druck auch im Original, GS 1866 Abt. I, S. 445.

[55] Vgl. oben 6.2.

[56] Kern, S. 82.

vordergründig dadurch gekennzeichnet, dass sie nunmehr statt „Königlich Hannoversches ...gericht“ die Bezeichnung „Königlich Preußisches ...gericht“ trugen. Entscheidend wurde jedoch die Zentralisierung der Justizverwaltung beim Preußischen Justizministerium. Dies hatte u. a. zur Folge, dass beim Appellationsgericht in Celle eine Verwaltungsmittelinstanz gebildet wurde. Gegenüber der hannoverschen Zeit lag hierin für dieses Gericht eine erhebliche Erweiterung seiner Aufgaben, zumal noch die Ausbildung der Referendare und die Abnahme der juristischen Prüfungen hinzukam[57]. Ein für alle Länder des Norddeutschen Bundes gemeinsames „Bundes-Oberhandelsgericht“ wurde am 5. August 1870 in Leipzig eröffnet. Zudem wurde ein einheitliches Strafgesetzbuch für den Norddeutschen Bund geschaffen[58]. Nach der Gründung des Deutschen Reiches wurde dieses StGB für das gesamte Reich gültig[59].

7.2.2 Der Gerichtsaufbau

Der Gerichtsaufbau blieb nach der preußischen Übernahme unverändert. Das Personal hatte neue Diensteide auf den jetzigen Landesherrn abzuleisten, blieb aber ansonsten auf seinen angestammten Posten.

7.2.3 Das Verfahren der Schwurgerichte

Die Bildung der Urliste und die Auswahl der Geschworenen blieben weiterhin problematisch. Bemerkenswert scheint mir zu sein, dass hinsichtlich der Qualifikation zu dem Amt eines Geschworenen die örtlichen Verwaltungsbehörden präzisere Bemerkungen, als es bisher offensichtlich der Fall war, abgeben sollten, damit eine bessere Auswahl dieses Personenkreises getroffen werden konnte[60]. Hierauf erwiderte das Amt Harsefeld bei drei Personen „ist wegen fortwährender Kränklichkeit ungeeignet“ und in einem Fall „ist dem Trunke ergeben.“[61]

---

[57] Schmid, S. 125.

[58] GBl. 1870, S. 197, vom 31. Mai 1870, das aus dem pr. StGB von 1851 hervorgegangen war, welches wiederum durch den französischen Code pènal von 1810 beeinflußt war.

[59] RGBl. 1871, S. 127, vom 15. Mai 1871.

[60] „Ausschreiben des Landdrosts in Stade vom 24. August 1868“, StaatsA Stade Rep. 74 Harsefeld Nr. 341.

[61] „Bericht des Amts Harsefeld vom 30. Oktober 1868“, StaatsA Stade Rep. 74 Harsefeld Nr. 341.

7.2.4 Die weitere Entwicklung

7.2.4.1 Die Zuständigkeit in Verwaltungssachen

In Preußen wurde durch die Kreisordnung des Jahres 1872[62] eine Art Verwaltungsgerichtsbarkeit eingerichtet, bei der beim Kreisausschuß „in streitigen Verwaltungssachen" Klagen eingereicht werden konnten, § 140 Kreisordnung[63]. Damit war für einen speziellen Bereich eine zwar eingeschränkte, aber durchaus besondere Zuständigkeit begründet worden, die den „ordentlichen Gerichten"[64] auf Dauer entzogen war. Hier dürfte der Beginn gelegt worden sein für eine in der Zukunft noch stärker zunehmende Spezialisierung der Justiz, auch wenn diese „Gerichtsbarkeit" zunächst außerhalb der Justiz angesiedelt war.

7.2.4.2 Zum Grundbuchrecht

Das Grundbuchrecht wurde im Jahr 1873 auf eine neue gesetzliche Grundlage gestellt[65]. Danach wurden die seit 1872 in den alten Landesteilen bestehenden Gesetze, die den Grunstücksverkehr betrafen, auch für die Provinz Hannover eingeführt und die bisherigen Gesetze aufgehoben[66]. Für die allgemeinen prozessualen Zuständigkeiten war in § 4 festgesetzt: „Unter dem Gericht der belegenen Sache ist das Amtsgericht zu verstehen" § 5 legte u. a. fest:

> „Das Grundbuchwesen gehört zur Zuständigkeit der Amtsgerichte. Jedes Amtsgericht bildet ein Grundbuchamt."

---

[62] „Kreisordnung für die Provinzen Preußen, Brandenburg, Pommern, Posen, Schlesien und Sachsen. Vom 13. Dezember 1872", pr. GS 1872, S. 661; sie galt mithin nicht in der Provinz Hannover. In § 22 dieses Gesetzes werden für die Mitglieder des Gemeindevorstands althergebrachte Bezeichnungen verwandt, die eine Trennung der Justiz von der Verwaltung nicht erkennen lassen: „Der Gemeindevorstand besteht aus dem Gemeindevorsteher (Schulze, Scholze, Richter, Dorfrichter) und zwei Schöffen (Schöppen, Gerichtsmänner, Gerichts- oder Dorfgeschworene), ...".

[63] Vorsitzender des Kreisausschusses war der jeweilige Landrat des Kreises, so dass von einer unabhängigen Verwaltungsgerichtsbarkeit nicht die Rede sein kann.

[64] Der Begriff dürfte mit dieser Spezialisierung begründet und danach allgemein in Gebrauch gekommen sein, ohne dass diese Behauptung näher belegt werden kann. Vgl. § 14 a. F. Gerichtsverfassungsgesetz „besondere Gerichte".

[65] Pr. GS 1873, S. 253; zu den „Hypothekenbüchern" nach hannoverschem Recht s. o. 6.4.4.2.

[66] Für die Herzogtümer Bremen und Verden galt außer in den Marschen die Verordnung vom 1. April 1877.

Zur erstmaligen Anlegung der Grundbuchblätter war eine Anmeldungs- mit Ausschlußfrist etwaiger Berechtigter bestimmt, die sechs Monate nach öffentlicher Bekanntmachung ablief. Für das hier zu untersuchende Gebiet sind in der preußischen Gesetzsammlung Bekanntmachungen folgender Amtsgerichte erfolgt: Bremervörde, Buxtehude, Freiburg, Hagen, Jork, Lehe, Lilienthal, Neuhaus a.d. Oste, Osten, Osterholz, Otterndorf, Rotenburg, Stade, Tostedt, Verden und Zeven[67]. Damit war der Grundstein gelegt für das seither bestehende und kaum Änderungen unterworfene Grundbuchwesen.

[67] Nach Rudorff, S. 116f., auf die einzelnen Fundstellen in der pr. GS wird hier verzichtet.

8. Ausklang: Die Reichsjustizgesetze von 1877

8.1 Die Entstehung

Die Reichsjustizgesetze sind „nach schweren parlamentarischen Kämpfen im Jahre 1879“[1] in Kraft gesetzt worden: „Die Schwierigkeiten lagen überwiegend bei der Gerichtsverfassung“[2]. Bereits in diesen beiden Sätzen bestätigt sich Feuerbachs These, dass das GVG „das Gesetz aller Gesetze“ sei[3]. Die politische Auseinandersetzung wurde im wesentlichen wegen der Besetzung der Strafgerichte geführt, dabei ging es um den Erhalt der 1848 erkämpften Schwurgerichte und damit um die Beteiligung der Laienrichter an der Strafgerichtsbarkeit. Voraufgegangen waren entsprechende Auseinandersetzungen seit einer Gesetzesvorlage im Norddeutschen Bund aus dem Jahr 1868. Mit der Ausarbeitung eines Entwurfs für ein GVG wurde der preußische Justizminister Leonhardt beauftragt. Der Auftrag richtete sich ausdrücklich nicht, wie zu erwarten wäre, an den jeweiligen preußischen Justizminister, sondern wegen dessen bisheriger Leistungen an den Minister Leonhardt als Person. Nach langwierigen Verhandlungen lag 1874 ein Entwurf vor, jedoch erst im Dezember 1876 stimmte der Reichstag in dritter Lesung mit 194 Ja-Stimmen gegen 100 Nein-Stimmen zu. Bis zum Schluß war die Frage der Zuständigkeit der Schwurgerichte umstritten: insbesondere die süddeutschen Staaten und die Liberalen wollten deren Kompetenz auch für Pressedelikte begründen. Dies gelang jedoch nicht, vielmehr war nur den Ländern, in denen eine solche Zuständigkeit bereits bestand, diese weiterhin verblieben. Der „Kampf um die Schwurgerichte“[4] war also für das 19. Jahrhundert ein durchaus zentraler Begriff in der Diskussion um die Gestaltung der Justiz, weil darin in besonderer Weise die Mitwirkung des Volkes zum Ausdruck kam[5]. Die staatliche Einheit seit 1871 hätte zwar geradezu zwingend eine Einheit des Rechts zur Folge haben müssen, aber die Reichsverfassung vom 16. April 1871[6] hatte in Artikel 4 recht vorsichtig formuliert festgelegt:

> „Der Beaufsichtigung seitens des Reichs und der Gesetzgebung desselben unterliegen die nachstehenden Angelegenheiten:
> ...

[1] Kern, S. 86.
[2] Kern, S. 87.
[3] S. o. 1.1 Fn. 9.
[4] S. o. 5.1.1, Fn. 11, sowie 5.3.3.
[5] Zu allem Vorstehenden bei Kern, S. 87ff.
[6] RGBl. 1871, S. 64.

13. die gemeinsame Gesetzgebung über das Obligationsrecht, Strafrecht, Handels- und Wechselrecht und das gerichtliche Verfahren; ..."[7]

Für den Bundesrat war in Artikel 8 Nr. 6 bestimmt worden, dass er einen ständigen Ausschuß „für das Justizwesen" zu bilden hatte und Artikel 77[8] knüpfte an die seit der Goldenen Bulle sanktionierte Justizverweigerung an. Ein oberstes Gericht war für das Deutsche Reich nicht vorgesehen, jedoch war die Zuständigkeit des „Ober-Appelationsgerichts der drei freien und Hansestädte in Lübeck" (Artikel 77) für Delikte des Hoch- und Landesverrats begründet worden.

Die Herstellung der Rechtseinheit war auch wegen der genannten zurückhaltenden Formulierung der Verfassung deshalb erst allmählich erfolgt. Beim Strafrecht gelang eine Kodifizierung am schnellsten, nämlich mit dem zum 15. Mai 1871 in Kraft tretenden StGB[9], am längsten dauerte die Herstellung der Rechtseinheit im Zivilrecht, denn das BGB von 1896 trat erst nach dem Ende der Untersuchungszeit in Kraft, nämlich zum 1. Januar 1900[10]. Dazwischen lagen die „Reichsjustizgesetze"[11], ein Werk von letztlich vier Gesetzen. Es waren dies das Gerichtsverfassungsgesetz[12], die Strafprozeßordnung[13], die Zivilprozeßordnung[14] sowie die Konkursordnung[15].

[7] Mit Gesetz vom 20. Dezember 1873 (RGBl. S. 379) erhielt diese Ziffer folgende Fassung: „... die gemeinsame Gesetzgebung über das gesamte bürgerliche Recht, das Strafrecht und das gerichtliche Verfahren".

[8] Artikel 77 lautete: „Wenn in einem Bundesstaate der Fall einer Justizverweigerung eintritt, und auf gesetzlichem Wege ausreichende Hilfe nicht erlangt werden kann, so liegt dem Bundesrate ob, erwiesene, nach der Verfassung und den bestehenden Gesetzen des betreffenden Bundesstaates zu beurteilende Beschwerden über verweigerte oder gehemmte Rechtspflege anzunehmen und darauf die gerichtliche Hilfe bei der Bundesregierung, die zu der Beschwerde Anlaß gegeben hat, zu bewirken."

[9] RGBl. 1871, S. 127.

[10] RGBl. 1896, S. 604.

[11] S.o. 1.1, die Rechtsanwaltsordnung und die Notarordnung sollen ergänzend erwähnt werden.

[12] RGBl. 1877, S. 41 mit Einführungsgesetz RGBl. 1877, S. 77.

[13] RGBl. 1877, S. 253 mit Einführungsgesetz RGBl. 1877, S. 346. Hierzu eine erschöpfende Darstellung bei Werner Schubert und Jürgen Regge (Hrsg.), Entstehung und Quellen der Strafprozeßordnung von 1877, Frankfurt am Main 1989.

[14] RGBl. 1877, S. 83 mit Einführungsgesetz RGBl. 1877, S. 244.

[15] RGBl. 1877, S. 351 mit Einführungsgesetz RGBl. 1877, S. 390.

8.2 Die neue Gerichtsverfassung

Von den Reichsjustizgesetzen soll hier nur noch das Gerichtsverfassungsgesetz[16] näher betrachtet werden, wobei nicht verkannt wird, dass eine abschließende Würdigung des GVG nicht ohne die dazugehörigen Prozeßgesetze sinnvoll erfolgen kann. Als einer der Grundgedanken des GVG kann auch die Entscheidung für die „Justizhoheit der Länder"[17] angesehen werden. Gerade hierin sind die Schwierigkeiten bei der Einigung des Reiches mit den Ländern zu sehen, die von ihren Hoheitsrechten möglichst wenig abgeben wollten; sie sind darin den Inhabern der Patrimonialgerichtsbarkeit in der ersten Hälfte des 19. Jahrhunderts ein wenig vergleichbar[18].

Das GVG regelte in seinem ersten Titel (§§ 1 – 11) das „Richteramt". An der Spitze des Gesetzes war in § 1 geradezu programmatisch festgelegt:

> „Die richterliche Gewalt wird durch unabhängige, nur dem Gesetz unterworfene Gerichte ausgeübt."

Dabei ist bemerkenswert, dass sich dieser Satz nicht auf die Person des Richters bezog, sondern auf das Gericht als eine Behörde[19]. Damit einher gingen allerdings die Anstellung der Richter auf Lebenszeit, § 6[20], und die Unabsetzbarkeit, § 8[21], mithin wurden gesetzliche Garantien für eine Amtsausübung in größerer Unabhängigkeit gegeben. Das viel beklagte „Sportelnunwesen" hatte endlich ein Ende gefunden, § 7[22].

Der zweite Titel betraf die „Gerichtsbarkeit" in den §§ 12 bis 21. Dabei ist in § 15 GVG der entscheidende Einschnitt für die gesamte bisherige

---

16 Hierzu eine erschöpfende Darstellung bei Werner Schubert, Die deutsche Gerichtsverfassung, Frankfurt am Main 1981. Das preußische Ausführungsgesetz zum GVG vom 24. April 1878 ist in pr. GS 1878, S. 230, enthalten. Zum Aufbau und zu den Grundgedanken des GVG Ausführungen bei Kern, S. 96ff.

17 Kern, S. 97.

18 Eine Vergleichbarkeit ist jedoch nur ansatzweise gegeben, denn der Föderalismus ist eine Staatsidee im Gegensatz zur „Privatordnung" der Patrimonialgerichte.

19 Löwe/Rosenberg, Kommentar, GVG § 1 Nr. 5; ähnlich schon die „Paulskirchenverfassung" in Abschnitt VI Artikel X § 175, s.o. 5.3.

20 § 6 GVG lautete: „Die Ernennung der Richter erfolgt auf Lebenszeit."

21 § 8 GVG lautete u.a.: „Richter können wider ihren Willen nur kraft richterlicher Entscheidung und nur aus den Gründen und unter den Formen, welche die Gesetze bestimmen, dauernd oder zeitweise ihres Amtes enthoben oder an eine andere Stelle oder in den Ruhestand versetzt werden."

22 § 7 GVG lautete: „Die Richter beziehen in ihrer richterlichen Eigenschaft ein festes Gehalt mit Ausschluß von Gebühren."

Gerichtsbarkeit zu sehen, allerdings nicht so sehr für die preußische Provinz Hannover und mithin den Landdrosteibezirk Stade, weil hier der seit 1852 bestehende Zustand durch diese Norm lediglich beschrieben wurde, denn er mußte in diesem Sinne nicht mehr umgestaltet werden. § 15 GVG legte das endgültige Ende jeder privaten Gerichtsbarkeit fest; Ausnahmen vom allgemeinen Gerichtsstand staatlicher Gerichte gab es künftig nicht mehr:

> „Die Gerichte sind Staatsgerichte. Die Privatgerichtsbarkeit ist aufgehoben; an ihre Stelle tritt die Gerichtsbarkeit des deutschen Landes, in welchem sie ausgeübt wurde. Präsentationen für Anstellungen bei Gerichten finden nicht statt. Die Ausübung einer geistlichen Gerichtsbarkeit in weltlichen Angelegenheiten ist ohne bürgerliche Wirkung. Dies gilt insbesondere bei Ehe- und Verlöbnissachen.“[23]

Mit der neuen Gerichtsstruktur war das bisherige Oberappellationsgericht in Celle nunmehr eines von 14 preußischen Oberlandesgerichten. Es war zunächst erwogen worden, die beiden Obergerichte Stade und Verden mit dem Sitz in Stade zu vereinen[24], jedoch behielten sie als nunmehrige Landgerichte jeweils ihre Eigenständigkeit. Die Amtsgerichte blieben in ihrem Aufgabenbereich unberührt.

Die Reichsjustizgesetze hatten nur einen Teil, allerdings einen sehr bedeutsamen, des Rechtswesens vereinheitlicht. Daneben galten weitere partikulare Rechte des formellen Rechts in den Ländern fort. Im materiellen Recht konnte noch 1884[25] und bis zur Einführung des BGB für die Landdrostei Stade, bezogen auf das Gebiet der ehemaligen Herzogtümer festgestellt werden, dass weiterhin eigenständige materielle Regelungen bestanden. Diese bezogen sich auf die Verlöbnisse, das Ehegüterrecht, das Bremische Ritterrecht, das Meierrecht, die verschiedenen Deichordnungen sowie auf das Brandversicherungswesen. Für das Land Hadeln galten gemäß Hadelnschem Landrecht von 1583 und der Hadelnschen Konstitution vom 6. Juli 1608 bis zum

---

[23] Diese Norm wurde mit dem „Vereinheitlichungsgesetz“ vom 12. September 1950 (BGBl. S. 455) ersatzlos gestrichen. In der Begründung zum Gesetzentwurf des Jahres 1950 hieß es hierzu: „§ 15 ist heute ohne sachliche Bedeutung. Er ist im Kampf des Staates gegen Beeinträchtigungen seiner Justizhoheit durch die Patrimonialgerichtsbarkeit, Privatgerichtsbarkeit und kirchliche Gerichtsbarkeit entstanden. Diese Auseinandersetzungen gehören der Vergangenheit an. Die alleinige und unbeschränkte Zuständigkeit des Staates, für seinen Bereich Gerichtsbarkeit zu üben, ist unbestritten. Deshalb kann § 15 aufgehoben werden.“ Das Zitat stammt aus Löwe/Rosenberg, StPO und GVG, Kommentar, 20. Aufl., Berlin 1956, § 15 GVG. Die Begründung der Gesetzesstreichung („Beeinträchtigungen seiner Justizhoheit“) dürfte angesichts der tatsächlichen Entwicklung zumindest unvollkommen formuliert sein.

[24] Gunkel, S. 428; Schmid, S. 130.

[25] Vgl. Rudorff, S. XVI als Überblick; zum Meierrecht ebenda, S. 137; zum Bremischen Ritterrecht ebenda S. 181ff.

Inkrafttreten des BGB weiterhin spezielle Vorschriften zum Erbrecht[26]. Einzelheiten können dem Preußischen Ausführungsgesetz zum BGB[27] und der Verordnung betreffend den Güterstand[28] entnommen werden.

Die sachlichen Zuständigkeiten der Gerichte nach 1879 sollen nicht weiter ausgeführt werden, weil es sich hierbei im Kern um die heutige Rechtslage handelt[29]. Die jetzigen besonderen Gerichtsbarkeiten waren jedoch noch der allgemeinen Gerichtsbarkeit des GVG zuzuzählen, soweit die Sachen nicht gemäß § 14 GVG zur Zuständigkeit der preußischen Verwaltungsgerichtsbarkeit gehörten. Die Kirchspielsgerichte im Land Hadeln verloren ihre Zuständigkeit in der Gerichtsbarkeit, behielten sie allerdings weiterhin für die Aufgaben der Ortspolizei[30].

8.3 Der Gerichtsaufbau

Die neue Gerichtsstruktur sah die Amtsgerichte als die Eingangsstufe der Gerichtsbarkeit vor. Mehrere Amtsgerichte bildeten einen Landgerichtsbezirk und mehrere Landgerichtsbezirke wiederum einen Oberlandesgerichtsbezirk. Mit Gesetz vom 11. April 1877[31] wurde Leipzig als Sitz des künftig einzurichtenden Reichsgerichts bestimmt. Voraufgegangen war auch hier eine politische Auseinandersetzung der Bundesländer, weil das Oberappellationsgericht der drei Hansestädte in Lübeck zunächst favorisiert worden war, zumal es sich als oberste Instanz des Norddeutschen Bundes eine erhebliche Reputation erworben hatte. In Leipzig bestand jedoch bereits seit dem 5. August 1870 als Bundesoberhandelsgericht des Norddeutschen Bundes ebenfalls ein länderübergreifendes Gericht, so dass hier durchaus ein Anknüpfungspunkt für das neu zu errichtende oberste deutsche Gericht vorhanden war.

---

[26] Rudorff, S. 484ff.
[27] Pr. GS 1899, S. 177 vom 20. September 1899: Art. 49 § 3, Art. 50 § 1 sowie Art. 67 § 2.
[28] Pr. GS 1899, S. 607 vom 20. Dezember 1899.
[29] Angesichts mehrerer politischer Brüche in der deutschen Geschichte nach 1879 erstaunt diese Feststellung, ohne dass darauf an dieser Stelle näher eingegangen werden kann.
[30] „Die ... den Kirchspielsgerichten im Lande Hadeln zustehende Gerichtsbarkeit in nicht streitigen Rechtsangelegenheiten wird aufgehoben." Pr. GS 1878, S. 230, 232: § 13 des Ausführungsgesetzes zum GVG.
[31] GS 1877, S. 415.

Bemerkenswert für die erste Instanz war in der Zivilgerichtsbarkeit[32] die Aufteilung des Eingangsgerichts nach der Höhe des Streitwerts und die Besetzung der Zivilkammern des Landgerichts mit drei Berufsrichtern (§ 77 a. F. GVG) sowie in der Strafgerichtsbarkeit[33] die Aufteilung nach der vorgeworfenen Tat und der danach zu erwartenden Strafe. Die örtliche Zuständigkeit folgte nur bedingt den Verwaltungsstrukturen. Das Gebiet der Landdrostei Stade wurde von den bisherigen Obergerichten und jetzigen Landgerichten Stade und Verden nicht nur im bisherigen Ausmaß abgedeckt[34], sondern der Gerichtsbezirk ging teilweise über den Verwaltungsbezirk hinaus.

Personell waren die Änderungen zur bisherigen Gerichtsverfassung recht gering[35]. Das Landgericht Stade bestand aus einem Präsidenten, einem Direktor sowie sechs Richtern und das Landgericht Verden aus einem Präsidenten, zwei Direktoren und neun Richtern[36]. Die Sitze der Amtsgerichte wurden mit Verordnung vom 26. Juli 1878[37] festgelegt, während ihre Gerichtsbezirke erst mit Verordnung vom 5. Juli 1879[38] bestimmt wurden.

Im Bezirk des Landgerichts Stade bestanden elf Amtsgerichte mit zusammen 21 Richtern[39], nämlich in

Bremervörde mit zwei Richtern,
Buxtehude mit zwei Richtern,
Freiburg an der Elbe mit zwei Richtern,
Harburg mit vier Richtern,
Jork mit zwei Richtern,
Neuhaus an der Oste mit einem Richter,
Osten mit zwei Richtern,

---

[32] Schubert, Gerichtsverfassungsgesetz, S. 200ff.
[33] Schubert, Gerichtsverfassungsgesetz, S. 205ff.
[34] Gesetz vom 4. März 1878: pr. GS 1878, S. 109, 120. Danach gehörten zum LG Stade: Stader Marschkreis, Stader Geestkreis, Kreis Neuhaus, Kreis Otterndorf, Stadt und Amt Harburg, Amt Tostedt und das Amt Zeven. Zum LG Verden gehörten die Kreise Verden, Nienburg, Hoya, Lehe und Osterholz sowie die Ämter Rotenburg a. W., Ahlden, Fallingbostel, Sulingen und Freudenberg.
[35] Vgl. oben 6.3.2.3 zum OG Stade und 6.3.2.4 zum OG Verden.
[36] Beide Angaben nach Gunkel, S. 429f. Heute hat das LG Stade 28 und das LG Verden 30 Richterstellen.
[37] Pr. GS 1878, S. 275, 280; sowie Gunkel, S. 428.
[38] Pr. GS 1879, S. 393; für den LG-Bezirk Stade ebenda S. 514f., für den LG-Bezirk Verden ebenda S. 516ff.; sowie Gunkel, S. 428.
[39] Nach Gunkel, S. 429. Der Landgerichtsbezirk Stade umfaßt heute acht Amtsgerichte, nämlich Bremervörde, Buxtehude, Cuxhaven, Langen, Otterndorf, Stade, Tostedt und Zeven mit zusammen 47 Richterstellen.

Otterndorf mit zwei Richtern,
Stade mit zwei Richtern,
Tostedt mit einem Richter,
Zeven mit einem Richter.

Im Bezirk des Landgerichts Verden bestanden 21 Amtsgerichte mit zusammen 36 Richtern[40], nämlich in

Achim mit zwei Richtern,
Ahlden mit einem Richter,
Bassum mit zwei Richtern,
Blumenthal mit einem Richter,
Bruchhausen mit einem Richter,
Dorum mit einem Richter,
Geestemünde mit drei Richtern,
Hagen mit einem einem Richter,
Hoya mit zwei Richtern,
Lehe mit zwei Richtern,
Lesum mit einem Richter,
Lilienthal mit zwei Richtern,
Nienburg mit zwei Richtern,
Osterholz mit zwei Richtern,
Rotenburg in Hannover mit zwei Richtern,
Stolzenau mit zwei Richtern,
Sulingen mit einem Richter,
Syke mit zwei Richtern,
Uchte mit einem Richter,
Verden mit drei Richtern,
Walsrode mit zwei Richtern.

Für die Umsetzung der neuen Gerichtsverfassung war eine Fülle von Detailregelungen erforderlich, die im „Justiz-Ministerial-Blatt für die Preußische Gesetzgebung und Rechtspflege“ insbesondere der Jahre 1878 und 1879 erschienen. Dabei reichte die zu regelnde Materie von einer „Allgemeine(n) Verfügung vom 28. August 1878, betreffend die in Ehesachen seitens der Staatsanwaltschaft den Standesbeamten zu machenden Mittheilungen“[41] über eine „Allgemeine Verfügung vom 22. Juli 1879, betreffend die Vorbereitungen

[40] Nach Gunkel, S. 430. Der Landgerichtsbezirk Verden umfaßt heute sieben Amtsgerichte, nämlich in Achim, Nienburg, Osterholz, Rotenburg, Syke, Verden und Walsrode mit zusammen 57 Richterstellen.
[41] Pr. JMBl. 1878, S. 132.

zur Bildung der Schöffengerichte und der Schwurgerichte“[42] bis hin zu einer „Allgemeine(n) Verfügung vom 1. Oktober 1879, betreffend die den Gerichtsschreibern und Gerichtsvollziehern für die Mitwirkung bei der Erhebung der Kosten zu gewährende Vergütung“[43]. Hierzu zählte ebenso eine „Zusammenstellung der gesetzlichen Vorschriften über die Zuständigkeit der neu zu bildenden Gerichte und Staatsanwaltschaften in den vor dem 1. Oktober 1879 anhängig gewordenen Rechtsangelegenheiten“ vom 27. Juni 1879[44]. Die Behandlung vorhandener Akten regelte die „Allgemeine Verfügung vom 23. Juli 1879, betreffend die Abgabe der Akten, Grundbücher, letztwilligen Verfügungen und Asservate an die neu gebildeten Gerichte und Staatsanwaltschaften“[45]. Schließlich durfte auch eine „Allerhöchste Order vom 4. Juli 1879 und Allgemeine Verfügung des Justiz-Ministers vom 12. Juli 1879, betreffend die von den Richtern, Staatsanwälten, Gerichtsschreibern und Rechtsanwälten zu tragende Amtstracht“ nicht fehlen. Die „Amtstracht ... soll aus einem schwarzen Gewande, weißer Halsbinde und schwarzem Baret bestehen.“ Dieses Baret kennzeichnete zudem durch ein oder zwei, entweder goldene oder silberne Schnüre die Dienststellung des Trägers.

Bereits diese Beispiele zeigen die Vielfalt der zu regelnden Aufgaben, auf die hier nicht näher eingegangen werden soll, weil sie bei einer Gesamtdarstellung den Umfang dieses Kapitels im Vergleich zu den vorhergehenden unverhältnismäßig stark ausweiten würden. Diese Beispiele können aber schon einen kleinen Einblick geben in die zunehmend anwachsende Regelungsflut, die sich nicht nur mehr und mehr auf alle Lebensbereiche erstreckte, sondern die zunehmend zu sehr detaillierten Regelungen neigte, die regelmäßig zu erneuern und dann jeweils noch detaillierter zu fassen waren.

---

[42] Dabei war vorgesehen, dass die Auslosung der Hauptschöffen für Sitzungen bis zum 31. Dezember 1879 „sofort an den ersten Tagen des Oktober d. J. vorzunehmen“ waren; pr. JMBl. 1879, S. 195.
[43] Pr. JMBl. 1879, S. 400.
[44] Pr. JMBl. 1879, S. 140.
[45] Pr. JMBl. 1879, S. 198.

9. Zusammenfassung

Die Arbeit besteht aus einer Einleitung, die im wesentlichen den historischen Hintergrund beleuchtet, sowie sieben chronologisch aufgebauten Kapiteln zur Gerichtsbarkeit in den Herzogtümern Bremen und Verden. Eine Ausnahme innerhalb der Chronologie bildet das Kapitel 3, das zeitlich in Kapitel 2 hätte eingehen können, das aber wegen der Besonderheiten des Landes Hadeln separat zu bearbeiten war.

Die inhaltlichen Schwerpunkte dieser Arbeit liegen in der Bestandsaufnahme der Jahre 1715/16, in der preußischen Besetzung 1806 mit ihren umfangreichen Berichten über die Justiz der Herzogtümer Bremen und Verden sowie in der Trennung der Justiz von der Verwaltung im Jahre 1852.

Diese Zusammenfassung gibt zunächst den Inhalt der Arbeit wieder (9.1 bis 9.8). Anschließend wird versucht, zu einzelnen justizbezogenen Themen aus der Entwicklung in den Herzogtümern Bremen und Verden Tendenzen zu erkennen oder herzuleiten, die signifikant für die Entwicklung der Justiz überhaupt sein können (9.9).

9.1 Einleitung

Das Erzbistum Bremen und das Bistum Verden wurden durch den Westfälischen Frieden von 1648 als säkularisierte, gemeinsam verwaltete Herzogtümer Bremen und Verden der schwedischen Krone als Provinzen übertragen. Zwar kam durch die neue Herrschaft ein Modernisierungsschub hinsichtlich der Verwaltung der Herzogtümer Bremen und Verden zustande, aber bei der Justiz wurden die alten Strukturen nahezu vollständig beibehalten. Dies galt uneingeschränkt für den „Wirrwarr" der Gerichtsbarkeiten auf dem Lande. Als Zentralbehörde wurde in Stade eine Justizkanzlei eingerichtet. Auf Drängen der Stände kam es im Jahre 1669 zur Wiederherstellung des alten ständischen Hofgerichts. In einer vergleichbaren Weise hatten die drei Städte der Herzogtümer, nämlich Stade, Buxtehude und Verden, eine eigenständige Stellung, die sich u. a. in eigenen, nicht der Landesherrschaft untergeordneten Stadtgerichten äußerte, denen sowohl die weltliche als auch die geistliche Gerichtsbarkeit zustand und die ihre Urteile ohne Genehmigung durch den Landesherrn vollstrecken durften, u. a. bis zur Verhängung der Todesstrafe.

Weil der schwedischen Krone für ihre deutschen Besitzungen das ius de non appellando eingeräumt worden war, wurde in Wismar ein

Oberappellationsgericht, Tribunal genannt, eingerichtet, das für Appellationen aus den Herzogtümern Bremen und Verden und den anderen deutschen Provinzen der schwedischen Krone ausschließlich zuständig war.

9.2 Die Herzogtümer Bremen und Verden von 1715 bis 1803

Für die Herzogtümer Bremen und Verden fehlt bislang eine Verwaltungsgeschichte des 18. Jahrhunderts. Für einen wichtigen Teilbereich, nämlich den der Justiz, soll sie hiermit vorgelegt werden. Dabei ist zwar zu berücksichtigen, dass zu dieser Zeit eine formale Trennung zwischen Justiz und Verwaltung noch nicht gegeben war, so dass letztlich mit der Darstellung der gerichtlichen Einrichtungen die gesamte Verwaltungsstruktur der Herzogtümer erkennbar wird; aber der Schwerpunkt dieser Arbeit liegt in der Betrachtung derjenigen Institutionen, die gerichtliche Aufgaben wahrnahmen.

Die Darstellung der gesamten Justiz-, Verwaltungs- und Regierungseinrichtungen läßt für die Ausgangslage der Jahre 1715/16 die Einordnung der Justizeinrichtungen in die staatlichen Strukturen und die abhängige Stellung der dort als beamtete Richter tätigen Personen vom jeweiligen Gerichtsherrn deutlich werden. Kennzeichnend für die Justiz der damaligen Zeit ist jedoch die „Privatordnung“ der ländlichen Patrimonialgerichte, die für die Ausgangslage auf der Ebene der Kirchspiele, und damit der untersten staatlichen Einheit, dargestellt werden. Dabei ist zu erkennen, dass Patrimonialgerichte vielfach einen merklich kleineren Bereich umfassten als es die ohnehin schon kleinen Kirchspiele taten.

Von nur drei Beamten, versehen mit einer Anweisung, wurde die in Stade ansässige Regierung der Herzogtümer Bremen und Verden vom Kurfürstentum Hannover am 15. Oktober 1715 übernommen. Gleichwohl gelang ein schneller und offenbar durch die sehr frühzeitige Einbindung der Stände, deren Rechte gewahrt blieben, loyaler Aufbau der staatlichen Ordnung in den Herzogtümern. Die Vertreter der Stände nahmen sehr frühzeitig als Beamte an der Regierung oder als Richter im Hofgericht oder in der Justizkanzlei an der Verwaltung und Justiz der Herzogtümer teil. Die Justizkanzlei wurde sofort eröffnet, während das Hofgericht erst auf Drängen der Stände wieder eingerichtet wurde. Den Ständen wurde zudem das Recht eingeräumt, eigene Kandidaten für das Oberappellationsgericht in Celle vorzuschlagen. Auch zu dieser Zeit wird die Stärke der Stände deutlich. Die Strukturen der ländlichen Bezirke blieben unverändert, die eidliche Verpflichtung der bisherigen Beamten auf die neue Herrschaft reichte aus, um die Macht zu sichern. Zu dieser problemlosen Herrschaftsübernahme mag auch beigetragen haben, dass die Herzogtümer dem

Kurfürstentum Hannover nicht einfach einverleibt wurden, sondern dass sie staatsrechtlich getrennt blieben, so dass z. B. Gesetze und Verordnungen aus Hannover hier erst gültig wurden, wenn die Regierung in Stade sie gesondert im Auftrag des Landesherrn publiziert hatte, jedenfalls soweit die zu erlassenden Normen die Rechte der Stände berührten.

Erst mit einer vorläufigen Anweisung („vorgängige punctatio") vom Mai 1716 wurde die Stader Regierung auf eine Grundlage gestellt, die die von ihr wahrzunehmenden Aufgaben näher beschrieb. Der Regierung war danach die Aufsicht über alle übrigen Kollegien zugewiesen, mithin auch über die Justizkanzlei und das Hofgericht; letzteres hielt jährlich nur zwei Sitzungswochen ab, davon eine gemäß altem Herkommen in Bremen. Die Sitzung in Bremen entsprach zwar nicht dem Willen des Königs, aber wohl auch in diesem Fall konnten sich die Stände aufgrund ihrer starken Stellung behaupten. In Strafsachen konnte die Justizkanzlei zwar bis zum Urteilsspruch verhandeln, aber sie mußte in schwerwiegenden Fällen, z. B. bei Verhängung der Todesstrafe, ihre Entscheidungen dem Geheimen Rat in Hannover zu dessen abschließender Entscheidung vorlegen. Die Landgerichte als eine Art Mittelinstanz, die zunehmend der verwaltungsinternen Kontrolle der Ämter auf dem Lande dienten, wurden nur in einigen Teilen der Herzogtümer als Justiz-Landgerichte wieder eingeführt. Aufgrund des dem Kurfürstentum Hannover gewährten ius de non appellando blieb der Rechtsmittelzug aus den Herzogtümern Bremen und Verden weiterhin beschränkt auf das oberste Gericht des Landesherrn, also jetzt des Oberappellationsgericht Celle. Dabei blieb es bis zum Ende des Reichskammergerichts im Jahre 1806 mit dem Untergang des „Alten Reiches", so dass die Herzogtümer lediglich für etwa 150 Jahre (1495 – 1648) den Rechtszug zum Reichskammergericht als der zuständigen dritten Instanz kannten.

Aufbauend auf der Loyalität der Stände, gelang in der Folgezeit die Festigung der Macht sehr rasch. Die Regierung war zwar ständig bemüht, sich einen Überblick über das erworbene Territorium zu verschaffen, aber zu diesem Zweck mehrfach vorgenommene Zählungen der Bevölkerung oder der Feuerstellen brachten nur wenig zuverlässige Ergebnisse, so dass für Ansätze zu Änderungen in der Ämter- und Gerichtsverfassung auf dem Lande keine zureichenden tatsächlichen Grundlagen vorlagen. Die Zahl der ländlichen Patrimonialgerichte sowie deren jeweiliger Zuständigkeitsbereich und deren personelle wie sachliche Ausstattung wurden der Regierung unter diesen Umständen nur ansatzweise erkennbar, teilweise war die Gerichtszugehörigkeit mancher Einwohner unbekannt oder strittig, teilweise hatten sich Patrimonialgerichte „selbst fundirt". Dies ist wohl auch darauf zurückzuführen, dass der Landadel als Inhaber der Gerichtsbarkeit von seinen ständischen

Vertretern in der Regierung schonend angefaßt wurde, zudem bestanden keine verbindlichen Regelungen für die Ausübung der Gerichtsbarkeit auf dem Lande.

Erst zur Mitte des Jahrhunderts, nämlich mit der Untergerichtsordnung von 1753, sollte die Patrimonialgerichtsbarkeit auf dem Lande wie in den Städten, aber auch bei den landesherrlichen Ämtern und Gerichten, erstmals in staatlich beaufsichtigte Bahnen gelenkt werden. Ein Erfolg war dieser Gerichtsordnung aber nur in sehr engen Grenzen beschert gewesen, weil die althergebrachten Gewohnheiten und Rechte stärker wogen, zumal die hannoversche Zentralinstanz durch die permanente Abwesenheit des seit 1760 in England weilenden Königs nicht über das erforderliche Durchsetzungsvermögen verfügte, es war wohl auch eine gewisse Lethargie in Hannover aus diesem Grunde eingetreten.

Bemerkenswert ist die Sonderstellung der Herzogtümer Bremen und Verden innerhalb des Kurfürstentums, die sich in eigenen Gesetzen und eigenen Anweisungen durch die Stader Regierung ausdrückte, beginnend mit der „punctatio“ des Jahres 1716 und fortgesetzt mit einer Regierungsinstruktion des Jahres 1730, die die „punctatio“ ersetzte und erweiterte. Die Sonderstellung kam auch im materiellen Recht zum Ausdruck, so ist beispielsweise die „Criminal-Instruction“ für das Kurfürstentum Hannover im Jahre 1736, in den Herzogtümern jedoch erst im Jahre 1748 und zudem in veränderter Form, eingeführt worden. Staatsrechtlich zeigte sich die Sonderstellung u. a. in der gebräuchlichen Bezeichnung „Kurfürstentum Hannover und die übrigen teutschen Lande“. Dennoch ließ insbesondere die Festigung der hannoverschen Macht ab etwa 1717 den Willen erkennen, die Herzogtümer nur insoweit selbständig zu belassen, als es den Gesamtinteressen nicht zuwiderlief. Dies zeigte deutlich die einheitliche Militärgerichtsbarkeit des Kurfürstentums, die für die Herzogtümer weder in der Gerichtsorganisation noch im materiellen Recht Ausnahmen zuließ. Eine solche, dem übrigen staatsrechtlichen Status der Herzogtümer widersprechende Regelung war zu keiner Zeit in Frage gestellt worden, die Mitwirkungsmöglichkeit der hiesigen Stände umfaßte insoweit keine eigenständigen Rechte. Eine Sonderstellung der Herzogtümer im militärischen Bereich scheint von vornherein undenkbar gewesen zu sein.

9.3. Das Land Hadeln von 1731 bis 1803

Dieses Kapitel nimmt deshalb in der im übrigen chronologischen Folge der Darstellung eine Sonderstellung ein, weil das Land Hadeln erst im Jahre 1731 zum Kurfürstentum Hannover kam. Das Land wurde zwar von Stade aus verwaltet, weil der Chef der Stader Regierung immer zugleich in Personalunion

Grefe des Landes Hadeln war, aber tatsächlich behielt es eine grosse Eigenständigkeit. Dies galt insbesondere für den Gerichtsaufbau, der durch das Fehlen eines landsässigen Adels, mit nur einer Ausnahme, eben nur ein Patrimonialgericht kannte, und bei dem es sich in der ersten Instanz ausschließlich um von der Landbevölkerung selbstverwaltete Kirchspielsgerichte handelte. Auch hinsichtlich des materiellen Rechts behielt das Land Hadeln seine Selbständigkeit, die teilweise bis zum Inkrafttreten des BGB bestehenblieb.

9.4 Die „Übergangszeit" von 1803 bis 1813

Der schnelle Wechsel mehrerer Herrschaften kennzeichnet diesen Zeitabschnitt. Zudem fällt in diese Zeit das Ende des Heiligen Römischen Reiches Deutscher Nation, so dass aus Sicht der Herzogtümer der Begriff der „Übergangszeit" in zweifacher Hinsicht zutrifft. Es überrascht, dass Auswirkungen des Unterganges des „Alten Reiches" nicht zu erkennen sind, vielmehr blieb sein Ende aus der begrenzten Sicht dieser Arbeit folgenlos.

Nach der ersten Besetzung Hannovers im Jahre 1803 durch französische Truppen blieb die Gerichtsverfassung unangetastet. Lediglich bei solchen materiell-rechtlichen Entscheidungen, die zuvor dem Geheimen Rat vorzulegen waren, änderte sich wegen dessen Auflösung das Verfahren: diese Kompetenzen wurden nunmehr vom Präsidenten des Oberappellationsgerichts wahrgenommen. Die Stader Regierung akzeptierte diese Änderung jedoch nicht, vielmehr führte sie eine eigene Regelung ein. Im übrigen ist während der Zeit dieser Besetzung eine Gesetzgebung im Kurfürstentum Hannover faktisch zum Erliegen gekommen.

Die Besetzung durch Preußen im Jahre 1806 dauerte zwar nur ein halbes Jahr, gleichwohl liegt hier einer der drei Schwerpunkte der Arbeit. Denn die Akribie, mit der die preußische Herrschaft bei der Übernahme der Regierung und der Justiz in den Herzogtümern Bremen und Verden vorging, überrascht nicht nur, sondern bringt zugleich Einblicke in den Aufbau der Justiz, die zuvor in dieser Weise nicht möglich gewesen waren und um deren Ergebnisse sich die Stader Regierung zuvor lange Zeit vergeblich bemüht hatte. Auch wenn die preußische Besetzung offenbar eigene Interessen zurückstellte, um sich die Mitarbeit der Hannoveraner zu sichern, war dieses Entgegenkommen nur von mäßigem Erfolg gekennzeichnet, denn alle Staatsdiener machten bei der Eidesleistung auf den neuen Landesherrn einen Vorbehalt dahin, dass sie ihrer alten Verpflichtung gegenüber dem bisherigen Landesherrn treu bleiben konnten.

Nach der erneuten Besetzung durch Frankreich zum Ende des Jahres 1806 erfolgten zunächst wiederum keine Eingriffe in die Justiz. Ganz anders verhielt es sich jedoch ab 1810, denn nunmehr wurden die Herzogtümer Bremen und Verden dem Königreich Westfalen eingegliedert. Damit wurde dem besetzten Gebiet eine eigene, neue Struktur der Gerichtsverfassung übergestülpt. In Bremervörde, Stade und Verden wurde jeweils ein Tribunal erster Instanz eingerichtet, denen auf dem Lande Friedens- und Polizeigerichte vorgeschaltet waren. Es galten nunmehr zudem sämtliche materiellen Regelungen des französischen Rechts. Die neue Herrschaft konnte jedoch nicht einmal gewährleisten, dass die Gerichte mit diesen Normen als ihren alltäglichen Arbeitsgrundlagen ausgestattet waren. Wahrscheinlich auch deshalb blieb diese Zeit zunächst eine folgenlose Episode im hannoverschen Rechtsleben, an die erst später wieder angeknüpft werden sollte. Ein faktisch eingetretener „Modernisierungsschub" in der Justiz blieb daher ohne Folgen. Insoweit unterscheidet sich diese Phase deutlich vom Übergang der Herrschaft im Jahre 1715.

9.5 Im Königreich Hannover von 1813 bis 1850/52

Der Sturz der französischen Herrschaft führte auch zu einem Ende der neuen Gerichte und Verfahrensrechte und damit zu einer Abkehr von den neu erworbenen Bürgerrechten. Die hannoversche Justiz wurde zwar „auf den vorigen Fuß" wiederhergestellt, aber für eine kurze Zeit des Übergangs trat ein „Stillstand der Rechtspflege" ein, den die Stader Regierung in durchaus eigenständiger Weise schöpferisch durch den Erlaß einer Verordnung löste. Nach der Festigung der alten hannoverschen Macht war die Justizkanzlei wieder mit ihren alten Kompetenzen im Amt mit einer bemerkenswerten personellen Kontinuität: zwei der bisherigen Tribunalsrichter erster Instanz wurden hier Justizräte. Das Hofgericht in Stade wurde - als einziges im nunmehrigen Königreich Hannover - wieder eingerichtet. Dies geschah auf Drängen der Stände, die weiterhin eine starke Stellung in den Herzogtümern einnahmen. Es wurde jedoch endgültig im Jahre 1832 aufgehoben. Seine Kompetenzen wurden danach der Justizkanzlei zugelegt. Damit war auf der Ebene der oberen Gerichte ausschließlich eine staatliche Justiz tätig.

Die staatsrechtliche Sonderstellung der Herzogtümer blieb nach dem Abzug der Franzosen erhalten, jedoch wurde das Land Hadeln nunmehr unmittelbar von der Regierung in Stade verwaltet, ohne dass für dieses Territorium die bisherige Sonderrolle andauerte. Die Regierung der Herzogtümer hieß nunmehr Königliche Landdrostei, eine Verwaltungsreform des Königreiches war die Ursache. Neu eingeführt wurde im Jahre 1832 das „Pupillen-Kollegium" als oberes Gericht für die Herzogtümer Bremen und Verden, dessen materielle Zuständigkeit sich auf Vormundschaften und Konkurse erstreckte, es blieb nur bis zum Jahre 1849 tätig.

Hinsichtlich der Patrimonialgerichtsbarkeit schienen sich manche Gutsherren, die zuvor keine Gerichtsinhaber waren oder aber auf lang zurückliegende Rechte zur Begründung ihrer Ansprüche rekurrieren mußten, darum zu bemühen, auf ihren Gütern Patrimonialgerichte errichten zu können, um damit vermeintliche Rechte einzufordern oder zu wahren.

Schon bald wurde der wenig zweckmäßige Aufbau der Justiz erkannt; zunächst wurde die verschachtelte Struktur der Gerichte im Alten Land neu geordnet, später folgten die Patrimonialgerichte insgesamt, bei denen darauf gedrängt wurde, eine zumindest professionelle Handhabung der Justiz und ihres Vollzuges zu gewährleisten. Letztlich endete mit dieser dem Grundbesitz anhaftenden Gerichtsbarkeit auf dem Lande die alte Feudalverfassung, was für Hannover in der ersten Hälfte des 19. Jahrhunderts das herausragende Kennzeichen der Gerichtsverfassung sein dürfte. Damit einher ging eine zunehmende Verstaatlichung der Justiz auch im ländlichen Bereich, wie sie zuvor nur in der kurzen Phase der französischen Herrschaft bestanden hatte.

Nach dem Rückschlag des Jahres 1837 mit der faktischen Aufhebung der Landesverfassung brachte das Jahr 1848 umfassende Neuerungen für die Gerichte, die sich aber erst 1852 auswirken sollten. Die Abschaffung der Patrimonialgerichte geschah auf eine beinahe harmonisch zu nennende Weise; ein erheblicher Widerstand der bisherigen Gerichtsherren ist nicht festzustellen. Vielmehr scheint der Anachronismus dieser Gerichtsbarkeit erkannt worden zu sein. Es erstaunt allerdings, dass noch im Jahre 1849 dem Ministerium in Hannover die Zahl der ländlichen Patrimonialgerichte in der Königlichen Landdrostei Stade nicht bekannt war; insoweit scheint der „Wirrwarr" des 18. Jahrhunderts lang angedauert zu haben. Das Land Hadeln nahm auch hinsichtlich seines einzigen Patrimonialgerichts eine Sonderstellung ein. Das Ministerium in Hannover untersagte der Königlichen Landdrostei Stade entgegen seinen sonstigen Bestrebungen ausdrücklich, vor dem Inkrafttreten des Gerichtsverfassungsgesetzes eine Vereinigung dieses Gerichts mit einem anderen Gericht erster Instanz vorzunehmen, denn für diesen Fall wurden unlösbare rechtliche Konflikte befürchtet.

Erstmalig wurden im Jahre 1849 Schwurgerichte eingeführt, die aus der Liste der 1.000 höchstbesteuerten Personen des Gerichtsbezirks besetzt wurden, mithin war der Grundsatz der Beteiligung des Volkes an der Justiz, eine Forderung der Revolution von 1848, nur sehr eingeschränkt verwirklicht. Der

Schwurgerichtshof für die drei Obergerichte Stade, Verden und Lehe wurde in Stade eingerichtet.

Im materiellen Recht wurde mit dem Kriminalgesetzbuch und einer Strafprozeßordnung, beide aus dem Jahre 1840, die teilweise noch bestehende Geltung der „Carolina" von 1532 beendet.

9.6 Im Königreich Hannover von 1850/52 bis 1866

Die Revolution von 1848 hatte nicht nur die Schwurgerichte und damit die grundsätzliche Beteiligung des Volkes an der Justiz erbracht - wie zuvor gezeigt -, sondern auch eine Trennung der Justiz von der Verwaltung, zumindest in der rechtsprechenden Tätigkeit der Gerichte. Das zum 1. Oktober 1852 in Kraft tretende Gerichtsverfassungsgesetz schuf als Gerichte erster Instanz die Amtsgerichte sowie in Lehe, Stade und Verden jeweils ein Obergericht. Diese neue Gerichtsverfassung sollte nicht nur für längere Zeit Bestand haben, sondern konnte später zum Vorbild für die Gerichtsverfassung des Deutschen Reiches werden. Kennzeichnend für die Unabhängigkeit der Justiz wurde die Ernennung der Richter auf Lebenszeit, was es in Hannover zuvor nicht gegeben hatte. Die Öffentlichkeit der Verfahren war eine weitere dauerhafte Errungenschaft dieser Zeit. Eine ausdrückliche Anknüpfung an diese durchaus schon zu französischer Zeit vorhanden gewesenen vergleichbaren Rechtsgarantien erfolgte jedoch nicht.

Die allzu freie Ausübung der Justiz, die sich u. a. anmaßte, Gesetze überprüfen zu können, führte dazu, dass ein Staatsgerichtshof eingeführt wurde, der letztlich dienstrechtliche disziplinierende Aufgaben haben sollte, jedoch niemals zu einer Entscheidung kommen mußte; vermutlich war die bloße Existenz dieser Institution hinreichend abschreckend. Mit allen Neuerungen, die im Gefolge der Revolution von 1848 eingetreten waren, mochte sich die in Hannover herrschende Schicht wohl nicht abfinden, so dass etliche Errungenschaften dieser Zeit abgeschafft oder zumindest abgemildert wurden. Das Jahr 1859 bedeutete deshalb für die Gerichte einen Rückschlag, der mit dem des Jahres 1837 für das gesamte Königreich durchaus vergleichbar war. Denn ein deutlich erkennbarer Zug zur Zentralisierung setzte ein, der nur sieben Jahre nach Abschaffung der Patrimonialgerichte die Zahl der Gerichte auf dem Lande weiter reduzierte und dem auch das Obergericht Lehe zum Opfer fiel, dessen Bezirk zwischen den Obergerichten Stade und Verden aufgeteilt wurde. Der Schwurgerichtshof für beide Obergerichte blieb unverändert in Stade.

9.7 Die preußische Landdrostei Stade von 1866 bis 1879

Die preußische Besetzung des Königreichs ließ, wie schon im Jahre 1806, alles beim alten. Formell blieben die bisherigen Gerichtsstrukturen bestehen, jedoch wurde die Justizverwaltung einschließlich der Zuständigkeit für Gnadensachen unmittelbar vom preußischen Justizministerium in Berlin wahrgenommen, eine eigenständige Justizverwaltung der preußischen Provinz Hannover gab es nicht mehr. Ebenso lag die ausschließliche Zuständigkeit für „Staatsverbrechen" beim Kammergericht in Berlin, mithin hatte die preußische Justiz sowohl hinsichtlich der personellen Besetzung der Gerichte und Staatsanwaltschaften wie auch bei der Verfolgung aller politisch relevanten Taten die Zügel in der Hand.

Bemerkenswert für die preußische Politik gegenüber dem annektierten Königreich Hannover ist jedoch auch, dass bereits im Jahre 1867 der frühere Generalsekretär des hannoverschen Justizministeriums (heute einem Staatssekretär vergleichbar), Gerhard Adolf Wilhelm Leonhardt, zum preußischen Justizminister ernannt wurde. Materiellrechtlich wurden im Jahre 1867 die preußische Strafprozeßordnung und das StGB für die Provinz Hannover eingeführt, während in Zivilsachen keine sofortige Rechtsangleichung erfolgte. Zudem wurden die Sonderrechte der Provinziallandschaften bei der Präsentation der Richter am Oberappellationsgericht sowie die Rechte der Konsistorien in Ehe- und Verlöbnissachen abgeschafft. Neu eingeführt wurde die Zuständigkeit der Amtsgerichte für die Grundbücher.

9.8 Ausklang: Die Reichsjustizgesetze von 1877

Die Reichsjustizgesetze brachten eine einheitliche Gerichtsverfassung für das Reich und damit auch für Preußen und seine Provinz Hannover. Im Kern haben die Regelungen dieses Jahres bis heute Bestand, obwohl seither einige Systembrüche stattgefunden haben.

Eingerichtet wurden im Bezirk der Landdrostei Stade die Landgerichte Stade und Verden, die den bisherigen Obergerichten in diesen beiden Städten hinsichtlich ihrer örtlichen und sachlichen Zuständigkeiten entsprachen. Die Gerichte waren nach § 1 GVG unabhängig, die Richter wurden auf Lebenszeit ernannt und sie erhielten ein festes Gehalt, also keinen Anteil mehr an den zu erhebenden Gerichtsgebühren. Das „Sportelnunwesen" und damit eine sich direkt finanzierende Justiz war zu einem Ende gekommen. Wie die Justiz insgesamt war auch deren finanzieller Bereich zu einer ausschließlich staatlichen Aufgabe geworden. Dies stellte § 15 GVG eindeutig fest: „Die Gerichte sind Staatsgerichte."

Mit der Einrichtung des Reichsgerichts wurde erstmalig ein Rechtszug über vier Instanzen eingerichtet. Denn die Landesherren wollten letztlich nicht auf die in ihren Territorien bestehende dritte Instanz und damit nicht auf ihr althergebrachtes ius de non appellando völlig verzichten. Damit wurde ein Gerichtsaufbau begründet, der bis heute Bestand hat. Die Entwicklung zu dieser Gerichtsstruktur zeigt aber auch, dass ein dreistufiger Aufbau der Justiz nicht nur älter ist, sondern durchaus gute Gründe für sich hat.

9.9 Schlußbemerkung

In dieser Arbeit sind über die regionalgeschichtliche Bedeutung hinausgehende Erkenntnisse gewonnen worden. Diese sollen hier unter einzelnen, konkret benannten Aspekten zusammenfassend gewürdigt werden.

9.9.1 Zur Entwicklung der Gerichtsverfassung

Erkennbar wird über den langen Untersuchungszeitraum dieser Arbeit die Tendenz zur Verstaatlichung der Justiz, die jedoch nicht ohne Brüche verlief. Dabei fällt aus regionaler Sicht auf, dass die Kompetenzen auf ständig höhere regionale Ebenen verlagert wurden: nach der gutsherrlichen Gerichtsbarkeit schwand die dörfliche und schließlich die der Gemeinden und Flecken, die Zahl der Gerichte reduzierte sich nahezu beständig. Mit der Verstaatlichung ging eine Zentralisierung der Justiz einher. Das ursprüngliche Nebeneinander von weltlicher und geistlicher Gerichtsbarkeit sowie eine Fülle von Ausnahmen vom allgemeinen Gerichtsstand führte im Laufe der Zeit von der unüberschaubaren Spaltung des Gerichtswesens („Wirrwarr") zu seiner Einheit.

Die Justiz blieb im Wandel der verschiedenen Herrschaften und unterschiedlichen Gesetze eine bemerkenswerte Konstante in den Strukturen der Herzogtümer, was sich insbesondere im 18. Jahrhundert in personellen Kontinuitäten und geradezu der „Erblichkeit" des Richteramtes äußerte.

Die Verstaatlichung der Justiz, nicht nur in den Herzogtümern, war verbunden mit einer Zunahme der persönlichen wie sachlichen Unabhängigkeit des Richters, damit einher ging, gleichsam als eine neue Kontrollfunktion, die zunehmende Öffentlichkeit der Verfahren. Die sachliche Unabhängigkeit wuchs durch eine feste Besoldung, die nicht mehr mit den zu erledigenden

Gerichtsgeschäften und den sich daraus ergebenden Gebühren verknüpft war. Gleichzeitig verlagerte sich die Kontrolle der Justiz vom Dienstherrn auf die Öffentlichkeit. Die Richter, zuvor private Angestellte der Gerichtsherren, wurden zu Beamten. Die Rolle der Justizaufsicht, über lange Zeit ab 1852 ausgeübt durch die Staatsanwaltschaft, später durch die Justizverwaltung, blieb umstritten; sie ist es letztlich nach wie vor.

Am Ende der Untersuchungszeit stellte § 15 GVG – wie schon genannt - fest: „Die Gerichte sind Staatsgerichte." Wer dort heute nachsieht, wird feststellen, dass diese Norm inzwischen „weggefallen" ist. Das bedeutet nicht etwa eine Abkehr von diesem Grundsatz, sondern es ist nur Ausdruck dessen, dass Selbstverständlichkeiten, wie aus heutiger Sicht das staatliche Justizmonopol, nicht zwingend in einem Gesetz stehen sollten.

Wenn derzeit Tendenzen zu beobachten sind, die Gerichte nicht mehr in allen Fällen zu bemühen, sondern Streitfragen eher durch Schiedsgerichte oder andere Formen der Streitbeilegung, wie z. B. Mediation, abschließend klären zu lassen, könnte darin auch ein Indiz für eine Fehlentwicklung der staatlichen Justiz gesehen werden. Vielleicht ist die ersatzlose Streichung des § 15 GVG im Jahre 1950 etwas voreilig geschehen.

9.9.2 Zur Justiz im Wechsel der Herrschaften

Erhebliche personelle Kontinuitäten kennzeichneten die Gerichtsbarkeit der Herzogtümer. Dies galt nicht nur für die Ebene der Untergerichte, bei denen das richterliche Amt nahezu „erblich" wurde, sondern auch für die Obergerichte, zumindest im 18. Jahrhundert. Der eindeutige personelle Zusammenhang folgt bereits daraus, dass Vater und Sohn im gleichen Gericht nur mit einer Stimme abstimmen durften, ein geradezu indizieller Vorgang für „Erblichkeit" des Amtes, das nicht nur für Kontinuität, sondern zeitweilig auch gleichsam für die Identität verschiedener Personen sorgte. Nach außen zeigte sich über den gesamten Untersuchungszeitraum im wesentlichen ein reibungsloser Wechsel staatlicher Herrschaft. Auf die Systembrüche im 20. Jahrhundert und eine zu beobachtende Kontinuität der Personen in der Justiz soll hier nur hingewiesen werden.

9.9.3 Zur Entwicklung des materiellen Rechts

Das materielle Recht und dessen Änderungen hat in dieser Arbeit nicht im Vordergrund gestanden. Gleichwohl ist zu erkennen, dass die Rechtsordnung sich insbesondere unter dem Einfluß der Aufklärung zu einer rationaleren Betrachtung und Rechtsgestaltung entwickelte. Dies kam insbesondere in der Entwicklung des Strafrechts zum Ausdruck, nämlich mit der Abkehr von der Folter und der im Vergleich zu den übrigen deutschen Staaten allerdings sehr späten Aufgabe von Verschärfungen bei der Vollstreckung der Todesstrafe. Während offenbar die Kraft zu einer materiellen Neuordnung des Rechts in Hannover gefehlt hatte, blieb die relativ zügige Umsetzung der Gerichtsverfassung mit den dazugehörigen straf- und zivilprozessualen Ordnungen eine herausragende Leistung der hannoverschen Gesetzgebung, die insbesondere mit den Namen v. Düring als Justizminister und Leonhardt als dem leitenden Beamten des Ministeriums verknüpft ist: beide waren zuvor in Stade tätig. Durch die spätere Tätigkeit Leonhardts als preußischer Justizminister wurde die hannoversche Gesetzgebung zudem zum prägenden Leitbild der Reichsjustizgesetze von 1879.

Der Blick auf die bisherige Entwicklung der Rechtsordnung erscheint in einer Zeit vielfach neuer materieller sowie prozessualer Regelungen ein Erfordernis zu sein, das aus partiellen Entwicklungen und auch Fehlentwicklungen durchaus Schlüsse für die Gegenwart zulassen sollte.

Quellenverzeichnis

Ungedruckte Quellen

Ritterschaftliches Archiv Stade (RASt)
Landschaft Nr. 95

Niedersächsisches Staatsarchiv Stade (StaatsA Stade)
Dep. 10 Fach B b Nr. 8; Fach C b Nrn. 29, 30
Dep. 10 Hs. Nrn. 37, 38, 39
MSK 81
Rep. 1 Nr. 2349
Rep. 5a Fach 77 Nr. 3; Fach 433a Nr. 1
Rep. 23a Nr. 66ff. (Sammlung der gedruckten Ausschreiben, Verordnungen usw., Jahr 1715ff.)
Rep. 31 Titel 1 Nrn. 14, 16, 20, 25, 26, 44; Titel 7m Nr. 2; Titel 7o Nr. 2; Titel 7t Nr. 1; Titel 8a Nrn. 30, 39; Titel 8b Nrn. 1, 2, 3, 4, 5, 6; Titel 21 Nrn. 1c, 1d; Titel 38 Nrn. 4, 20; Titel 46 Nrn. 1, 2, 4
Rep. 40 Nrn. 1, 5, 230, 429, 1044, 1122, 1135, 1141, 1142, 1143, 1144, 1145, 1219, 1273
Rep. 50 Nrn. 62, 106, 163, 166, 223, 225, 489, 490, 491, 492, 495, 503, 510, 530, 531, 534
Rep. 70 Nrn. 110, 111, 116, 2148, 2154, 2209, 2210, 2211, 2212, 2213, 2258, 2259, 2312
Rep. 71 Stade Nrn. 3, 14, 58, 59, 60, 61, 62, 67
Rep. 71 Verden Nr. 2
Rep. 74 Freiburg Nrn. 35, 143
Rep. 74 Harsefeld Nrn. 332, 340, 341
Rep. 74 Jork Nrn. 6, 11
Rep. 80 Nrn. 1108, 1109, 1114, 1126, 4185, 5034, 5035, 5062, 5063, 5068, 5069, 5535
Rep. 80 A Titel 76 Nr 3
Rep. 80 H Titel 15 Nr. 3, Titel 26 Nr. 5
Rep. 171a Stade Nrn. 936, 938, 941

Stadtarchiv Stade (StadtA Stade)
Fach C Nr. V (Abt. Stadt-Verfassungs- und Verwaltungssachen <St.V>):
Fach 6 Nrn. 6, 7a, 7b; Fach 11 - 12 Nr. 2; Fach 16 Nrn. 8, 12

Gedruckte Quellen

Bülow, Friedrich v. und Theodor Hagemann, Practische Erörterungen aus allen Theilen der Rechtsgelehrsamkeit hin und wieder mit Urtheils-Sprüchen des Zelleschen Tribunals und der übrigen Justizhoefe bestärkt, 9 Bände, Hannover 1798 - 1837
Corpus Constitutionum Luneburgensium, Chur-Braunschweig-Lüneburgische Landesordnungen und Gesetze Zellischen Theils
Ebhardt, Christian Hermann, Allgemeines Register zur Sammlung der Gesetze, Verordnungen und Ausschreiben für das Königreich Hannover, aus den Jahren 1818 bis 1844 incl., Hannover 1846 (zitiert: Ebhardt, Register)
Gesetz-Sammlung für das Königreich Hannover (zitiert: GS Jahrgang, Abteilung <seit 1818>)
Hof- und Staatshandbuch für das Königreich Hannover, Hannover 1837 bis 1865

Königl. Groß-Britannisch und Chur-Fürstl. Braunschweig-Lüneburgischer Staats-Kalender, Lauenburg 1778ff.

Pufendorf, Friedrich Esaias, Friderici Esaiae Pufendorfii, Observationes iuris universi, quibus praecipue res judicatae summi tribunalis regii et electoralis continentur. Adjecta est appendix variorum statutorum et jurium, 4 Bände, Hannover 1744, 1748, 1756, 1770

Sammlung der Verordnungen für das Königreich Hannover aus der Zeit vor dem Jahre 1813 herausgegeben von Christian Hermann Ebhardt, Erster Band, Hannover 1854, Zweiter Band, Hannover 1855 (zitiert: Ebhardt, Band)

Scharnhorst, Gustav Carl von, Generale und speciale Nachricht und Collection von den in den Herzogthümern Bremen und Verden promulgirten oder sonst befindlichen Landes-Gesetzen; so dann von besondern *vim legis* habenden *Statutis* und Gewohnheiten zusammen getragen und verfertigt *Anno* 1736, in: Beiträge für das Hannoversche Landesrecht, in besonderer Beziehung auf die einzelnen Provinzial- und Local-Quellen. Eine Zeitschrift in zwanglosen Heften. Hrsgg. von E.W.G. Schlüter, Celle, 1834, S. 125 – 303, sowie handschriftlich in: StaatsA Stade Dep. 10 Hs. Nr. 37 (zitiert: Scharnhorst, Nachricht; Seitenzahlen nach der gedruckten Quelle)

Spangenberg, Ernst, Sammlungen der Verordnungen und Ausschreiben, welche für sämmtliche Provinzen des Hannoverschen Staats, jedoch was den Calenbergischen, Lüneburgischen und Bremen- und Verdenschen Theil betrifft, seit dem Schlusse der in denselben vorhandenen Gesetzsammlungen bis zur Zeit der feindlichen Usurpation ergangen sind, 4 Theile in 7 Bänden, Hannover 1819 - 25

Spangenberg, Ernst, Allgemeines Repertorium über die von dem Jahre 1813 bis 1823 einschließlich erlassenen Königlich-Hannoverschen Verordnungen und Ausschreiben, Hannover 1824

Literaturverzeichnis

Achilles, Walter, Ländliche Wirtschafts- und Sozialgeschichte von der Mitte des 17. Jahrhunderts bis zum Beginn des 19. Jahrhunderts, in: Christine van den Heuvel und Manfred von Boetticher (Hrsg.), Geschichte Niedersachsens, Dritter Band, Teil 1, Hannover 1998, S. 691 - 727

Achilles, Walter, Die Lage der hannoverschen Landbevölkerung im späten 18. Jahrhundert, Hildesheim 1982

Agena, Carl August, Der Amtmann im 17. und 18. Jahrhundert. Ein Beitrag zur Geschichte des Richter- und Beamtenstatus, jur. Diss., Göttingen 1972

Bachmann, Elfriede, Tagungsorte der Landstände im Erzstift und späteren Herzogtum Bremen, in: Stader Jahrbuch 1996 (Band 87/88), S. 83 - 130

Bachmann, Elfriede, Das ehemalige Issendorffsche Gut Hanstedt (Börde Rahde) im Landkreis Rotenburg (Wümme), in: Stader Jahrbuch 1997/98, S. 95 - 151

Bachmann, Elfriede, Hanstedt und die Börde Rhade im Landkreis Rotenburg (Wümme), Stade 2001

Barmeyer, Heide, Hannovers Eingliederung in den preußischen Staat. Annexion und administrative Integration 1866 - 1868, Hildesheim 1983

Bayer, Fritz, Der rechtliche Charakter der Kirchspielsgerichte des Landes Hadeln. Beiträge zum Hadler Recht, in: Jahrbuch der Männer vom Morgenstern Band (1913), S. 93 - 104

Behne, Axel, Das Elbe-Weser-Dreieck im 18. Jahrhundert (1712/15 – 1803), in: Landschaftsverband der ehemaligen Herzogtümer Bremen und Verden (Hrsg.), Geschichte des Landes zwischen Elbe und Weser, Band III: Neuzeit, Stade, erscheint demnächst (Zitate nach dem Manuskript)

Bessel, Georg, Geschichte Bremerhavens, Bremerhaven 1927

Boeselager, Elke Freifrau von, Das Land Hadeln bis zum Beginn der frühen Neuzeit, in: Landschaftsverband der ehemaligen Herzogtümer Bremen und Verden (Hrsg.), Geschichte des Landes zwischen Elbe und Weser, Band II: Mittelalter, Stade 1995

Bohmbach, Jürgen, 700 Jahre Stader Stadtverfassung, Stade 1979 (zitiert: Bohmbach, Stadtverfassung)

Bohmbach, Jürgen, Urkundenbuch der Stadt Stade, Hildesheim/Stade 1981 (zitiert: Bohmbach, Urkunden)

Bohmbach, Jürgen, Der politische, wirtschaftliche und soziale Zustand des Landdrosteibezirks Stade bis 1849, in: Heinz Joachim Schulze (Hrsg.), Die Herzogtümer Bremen und Verden und das Land Hadeln in späthannoverscher Zeit (1848 - 1866), Stade 1981, S. 9 - 38 (zitiert: Bohmbach: Zustand)

Bohmbach, Jürgen, Die Amtsvogtei Neuenkirchen, in: Gemeinde Neuenkirchen (Hrsg.), Neuenkirchen 1283 – 1983. Beiträge zur älteren Geschichte eines Kirchspiels im ehemaligen Stift und Herzogtum Verden, Neuenkirchen 1983

Brandes, Ernst, Betrachtungen über den Zeitgeist in Deutschland in den letzten Decennien des vorigen Jahrhunderts, Hannover 1808

Buschmann, Arno, Textbuch zur Strafrechtsgeschichte der Neuzeit. Die klassischen Gesetze, München 1998

Carsten, Ernst, Die Geschichte der Staatsanwaltschaft in Deutschland bis zur Gegenwart, Breslau 1932

Coing, Helmut, Allgemeine Züge der privatrechtlichen Gesetzgebung im 19. Jahrhundert, in: Helmut Coing (Hrsg.), Handbuch der Quellen und Literatur der neueren europäischen Privatrechtsgeschichte, Band III, München 1982 (zitiert: Coing, Gesetzgebung)

Dann, Uriel, Hannover und England 1740 – 1760. Diplomatie und Selbsterhaltung, Hildesheim 1986

Dannenberg, Hans-Eckhard, Publizistik und Parteibildung bei Robert Blum, phil. Diss., Hannover 1991

Dannenberg, Hans-Eckhard, Vom Landtag zur Landschaft. 600 Jahre Landstände im Elbe-Weser-Raum, in: Jahrbuch der Männer vom Morgenstern Band 79 (2000), Bremerhaven 2001, S. 27 - 44

Dernburg, Heinrich, Pandekten, Band I, 2. Aufl., Berlin 1888

Dettmer, Hermann Uwe, Das Otterndorfer Stadtrecht, Stade 1973 (zitiert: Dettmer, Stadtrecht)

Dettmer, Hermann Uwe, Recht, Gericht und Verfassung im alten Lande Hadeln, in: Lembcke, Rudolf (Hrsg.), Kreis Land Hadeln. Geschichte und Gegenwart, Otterndorf 1976, S. 54 - 64 (zitiert: Dettmer, Hadeln)

Döhring, Erich, Geschichte der deutschen Rechtspflege seit 1500, Berlin 1953 (zitiert: Döhring, Rechtspflege)

Döhring, Erich, Die deutsche Staatsanwaltschaft in ihrer geschichtlichen Entwicklung, DRiZ 1958, S. 282 – 287 (zitiert: Döhring, Staatsanwaltschaft)

Düring, Arthur v., Ehemalige und jetzige Adelssitze im Herzogtum Bremen, Stade 1938

Ebel, Wilhelm, Der Bürgereid als Geltungsgrund und Gestaltungsprinzip des deutschen mittelalterlichen Stadtrechts, Weimar 1958 (zitiert: Ebel, Bürgereid)

Ebel, Wilhelm (Hrsg.), Friedrich Esaias Pufendorfs Entwurf eines Hannoverschen Landrechts (vom Jahre 1772), Hildesheim 1970 (zitiert: Ebel, Pufendorf)

Ehrhardt, Michael, Die Börde Selsingen. Herrschaft und Leben in einem Landbezirk auf der Stader Geest im Mittelalter und in der Frühen Neuzeit, Stade 1999

Eisenhardt, Ulrich, Deutsche Rechtsgeschichte, 3. Aufl., München 1999

Elling, Karl Die Einführung der Staatsanwaltschaft in Deutschland, Breslau 1911

Erler, Adalbert und Ekkehard Kaufmann (Hrsg.), Handbuch der Rechtsgeschichte, Berlin 1964ff., (zitiert: HRG, Verfasser, „Stichwort")

Fiedler, Beate-Christine, Die Verwaltung der Herzogtümer Bremen und Verden in der Schwedenzeit 1652 - 1712. Organisation und Wesen der Verwaltung, Stade 1987 (zitiert: Fiedler, Herzogtümer)

Fiedler, Beate-Christine, Stade als Provinzhauptstadt unter schwedischer und dänischer Herrschaft, in: Stadt Stade (Hrsg.): Stade. Von den Siedlungsanfängen bis zur Gegenwart, Stade 1994, S. 171 - 204 (zitiert: Fiedler, Stade)

Fitschen, Ludwig, Stades erster Ehrenbürger: Gottlieb Wilhelm Freudentheil (1792 - 1869), Stader Jahrbuch 1969 (Band 59), S. 32ff.

Grefe, F. B., Hannovers Recht, 3. Aufl., Erster Theil Hannover 1860, Zweiter Theil Hannover 1861

Grimm, Dieter, Die verfassungsrechtlichen Grundlagen der Privatrechtsgesetzgebung, in: Helmut Coing (Hrsg.), Handbuch der Quellen und Literatur der neueren europäischen Privatrechtsgeschichte, Band III, München 1982

Grimm, Dieter, Deutsche Verfassungsgeschichte 1776 - 1866, Frankfurt am Main 1988

Gronemann, (Friedrich), Dreihundert Jahre Stader Landgericht, hundert Jahre Amtsgericht und Staatsanwaltschaft, Stader Jahrbuch 1952 (Band 42), S. 37 - 53

Gundermann, Iselin und Walther Hubatsch, Grundriß zur deutschen Verwaltungsgeschichte 1815 - 1945, Reihe A: Preußen, Band 10: Hannover, Marburg 1981

Gunkel, Karl, Zweihundert Jahre Rechtsleben in Hannover. Festschrift zur Erinnerung an die Gründung des kurhannoverschen Oberappellationsgerichts in Celle am 14. Oktober 1711, Hannover 1911

Haase, Carl, Untersuchungen zur Geschichte des Bremer Stadtrechts im Mittelalter, Bremen 1953

Haase, Carl, Das ständische Wesen im nördlichen Deutschland, Göttingen 1964

Haasemann, Theodor, Die Stader Kanzleidirektoren, in: Stader Jahrbuch 1929 (Band 19), S. 55 - 67

Hagemann, Theodor (Hrsg.), Sammlung der Hannöverschen Landesverordnungen und Ausschreiben des Jahres 1814, Hannover 1814

Hassell, W. v., Geschichte des Königreiches Hannover, Erster Teil, Bremen 1898, Zweiter Teil, Bremen 1899

Hattenhauer, Hans, Die geistesgeschichtlichen Grundlagen des deutschen Rechts, 4. Aufl., Heidelberg 1996

Heile, Bernhard, Die Zeit von 1733 - 1866, in: Präsident des Oberlandesgerichts Celle (Hrsg.), Festschrift zum 275jährigen Bestehen des Oberlandesgerichts Celle, Celle 1986, S. 63 - 107

Heuss, Theodor, 1848. Werk und Erbe, Stuttgart 1948

Hoke, Rudolf, Österreich, in: Kurt Jeserich, Hans Pohl und Georg-Christoph v. Unruh, (Hrsg.): Deutsche Verwaltungsgeschichte, Band 2, Stuttgart 1983

Hubatsch, Walther, Aufbau, Gliederung und Tätigkeit der Verwaltung in den deutschen Einzelstaaten (1815 - 1866), in: Kurt Jeserich, Hans Pohl und Georg-Christoph v. Unruh, (Hrsg.):Deutsche Verwaltungsgeschichte, Band 2, Stuttgart 1983

Huber, Ernst Rudolf, Deutsche Verfassungsgeschichte seit 1789, Band 1: Reform und Restauration 1798 bis 1830, Stuttgart 1957; Band 2: Der Kampf um Einheit und Freiheit, Stuttgart 1960; Band 3: Bismarck und das Reich, Stuttgart 1963

Huber, Ernst Rudolf (Hrsg.), Dokumente zur deutschen Verfassungsgeschichte, Band 1: Deutsche Verfassungsdokumente 1803 - 1850, Stuttgart 1961

Hülle, Werner, Geschichte der Staatsanwaltschaft im Lande Oldenburg, in: Niedersächsisches Jahrbuch für Landesgeschichte, Band 49 (1977), S. 132

Humburg, Tilmann, Kehdingen im Hannoverschen Verfassungsstreit (1833 - 1841), Stader Jahrbuch 1983, S. 70 - 86 (zitiert: Humburg, Kehdingen)

Isensee, Klaus, Die Region Stade in westfälisch-französischer Zeit 1810 - 1813. Studien zum napoleonischen Herrschaftssystem unter besonderer Berücksichtigung der Stadt Stade und des Fleckens Harsefeld, phil. Diss. Hannover 1991

Issendorf, K. von, Kloster und späteres Amt Himmelpforten, in: Stader Archiv 1911 (Neue Folge Band 1), S. 1 - 56

Jäger, Karen, „getreu, hold, gehorsam und dienstwärtig" – Das Amt Stade und Agathenburg unter Leitung des Amtmannes Melchior Siegfried Hofmeister, in: Landkreis Stade und Kulturstiftung Schloß Agathenburg (Hrsg.), Melchior Siegfried Hofmeister. Alltag eines Beamten in Agathenburg um 1780, Agathenburg 1996, S. 6 - 17 (zitiert: Jäger, Hofmeister)

Jäger, Karen, Stade als Provinzhauptstadt 1715 - 1852, in: Stadt Stade (Hrsg.): Stade. Von den Siedlungsanfängen bis zur Gegenwart, Stade 1994, S. 259 - 339 (zitiert: Jäger, Stade)

Jakubowski-Tiessen, Manfred, Sturmflut 1717. Die Bewältigung einer Naturkatastrophe in der Frühen Neuzeit, München 1992

Jessen, Peter, Die Gründung des Oberappellationsgerichts und sein Wirken in der ersten Zeit, in: Präsident des Oberlandesgerichts Celle (Hrsg.), Festschrift zum 275jährigen Bestehen des Oberlandesgerichts Celle, Celle 1986, S. 21 - 59 (zitiert: Jessen, Festschrift)

Jessen, Peter, Der Einfluß von Reichshofrat und Reichskammergericht auf die Entstehung und Entwicklung des Oberappellationsgerichts Celle, Aalen 1986 (zitiert: Jessen, Entstehung)
Jobelmann, Wilhelm Heinrich, Der Oberdeichinspector Jacob Owens. Ein Beitrag zur Geschichte der Sturmflut vom Jahre 1717 und der Entstehung des königlichen Amtes Wischhafen im Lande Kehdingen, in: Archiv des Vereins für Geschichte und Alterthümer der Herzogthümer Bremen und Verden und des Landes Hadeln zu Stade, Band 7 (1880), S. 75 - 111
Kern, Eduard, Geschichte des Gerichtsverfassungsrechts, München und Berlin 1954
Klein, Thomas, Königreich Hannover, in: Kurt Jeserich, Hans Pohl und Georg-Christoph v. Unruh (Hrsg.): Deutsche Verwaltungsgeschichte, Band 2, Stuttgart 1983
Knollmann, Johann Wilhelm, Die Einführung der Staatsanwaltschaft im Königreich Hannover. Studien zur Entstehung des reformierten Strafprozesses, Berlin 1994
Kobbe, Peter von, Geschichte und Landesbeschreibung der Herzogthümer Bremen und Verden, 2 Theile, Göttingen 1824
Köbler, Gerhard, Deutsche Rechtsgeschichte, 4. Aufl., München 1990
Kopitzsch, Franklin, Grundzüge einer Sozialgeschichte der Aufklärung in Hamburg und Altona, Hamburg, 2. Aufl. 1990
Korlèn, Gustav, Norddeutsche Stadtrechte I. Das Stader Stadtrecht von 1279, Lund und Kopenhagen 1950
Krause, K. E. H., Dietrich von Stade`s und Georg von Roth`s Geographie der Herzogthümer Bremen und Verden aus den Handschriften herausgegeben. Mit einer geschichtlichen Uebersicht über die Topographie dieser Lande, in: Archiv des Vereins für Geschichte und Alterthümer der Herzogthümer Bremen und Verden und des Landes Hadeln zu Stade, 1877, S. 1 - 11
Krause, Thomas, Die Strafrechtspflege im Kurfürstentum und Königreich Hannover vom Ende des 17. bis zum ersten Drittel des 19. Jahrhunderts, Aalen 1991
Kroeschell, Karl, „Rechtsfindung." Die mittelalterlichen Grundlagen einer modernen Vorstellung, in: Festschrift für Hermann Heimpel zum 70. Geburtstag, Band 3, Göttingen 1972
Krüger, Lutz E., Der Erwerb Bremen-Verdens durch Hannover. Ein Beitrag zur Geschichte des großen Nordischen Krieges in den Jahren 1709 - 1719, Hamburg 1974
Landwehr, Götz, Die althannoverschen Landgerichte, Hildesheim 1964
Langwerth, Ernst Julius v., Darstellung der in dem Herzogthume Bremen bestehenden besonderen und abweichenden Jurisdictionen, Zeitschrift des historischen Vereins für Niedersachsen, Jg. 1856, S.1 - 105; als Manuskript in: StaatsA Stade Dep. 10 Hs. Nr. 37
Laufs, Adolf, Die Reichskammergerichtsordnung von 1555, Köln 1976
Lehe, Erich von, Grenzen und Ämter im Herzogtum Bremen, Göttingen 1926
Lehzen, Wilhelm, Hannovers Staatshaushalt, 2 Bände, Hannover 1853 und 1856
Lenz, Martin, Das Patrimonialgericht Wellingsbüttel und das Teilgericht Dörringworth, Göttingen 1963
Lenz, Wilhelm, Die Stände des Landes Hadeln, in: Jahrbuch der Männer vom Morgenstern, Band 48 (1967), S. 281 - 291
Lichtenberg, Bericht, Magazin für hannoversches Recht, Band 2
Lockert, Martin C., Die niedersächsischen Stadtrechte zwischen Aller und Weser. Vorkommen und Verflechtungen, Frankfurt am Main und Bern, 1979
Löwe, E. und Werner Rosenberg, Die Strafprozeßordnung für das Deutsche Reich, Kommentar, 18. Aufl., Leipzig 1929

Lühr, Karl, Die ersten zweihundert Jahre, in: Präsident des Oberlandesgerichts Celle (Hrsg.), 250 Jahre Oberlandesgericht Celle. 1711 - 1961, Celle 1961

Manecke, Urban Friedrich Christoph, Kur- und fürstlich Braunschweig-Lüneburgsches Staatsrecht. Bearbeitet bis zum Jahre 1800, Celle 1859

Mangels, Ingeborg, Die Verfassung der Marschen am linken Ufer der Elbe im Mittelalter (Land Hadeln, Amt Neuhaus, Land Kehdingen und Altes Land). Eine vergleichende Untersuchung ihrer Entstehung und Entwicklung, Stade 1957

Mann, Golo, Deutsche Geschichte des 19. und 20. Jahrhunderts, München 1964

Meier, Ernst v., Hannoversche Verfassungs- und Verwaltungsgeschichte 1680 - 1866, Erster Band: Die Verfassungsgeschichte, Zweiter Band: Die Verwaltungsgeschichte, Leipzig 1898 und 1899

Merker, Otto, Die Ritterschaft des Erzstifts Bremen im Spätmittelalter. Herrschaft und politische Stellung als Landstand (1300 - 1550), Stade 1962

Möller, Horst, Fürstenstaat oder Bürgernation. Deutschland 1763 - 1815, Berlin 1989

Nerger, Karl, Verfassung und Verwaltung der Stadt Verden (Aller) von den Anfängen bis in die Mitte des 19. Jahrhunderts, Verden 1981 (zitiert: Nerger, Verfassung)

Nerger, Karl, Geschichte der Stadt Verden bis in die Anfänge des 20. Jahrhunderts, Verden 1992 (zitiert: Nerger, Geschichte)

Nipperdey, Thomas, Deutsche Geschichte 1800 - 1866, München 1983

Oberschelp, Reinhard, Niedersachsen 1760 - 1820. Wirtschaft, Gesellschaft, Kultur im Land Hannover und Nachbargebieten, 2 Bände, Hildesheim 1982

Oberschelp, Reinhard, Politische Geschichte Niedersachsens 1803 - 1866, Hildesheim 1988

Oberschelp, Reinhard (Hrsg.), Rechtsquellen aus den hannoverschen Landen, Band 1: 1501 - 1750, Band 2: 1750 - 1803, Hannover 1999

Otte, Hans, Vernünftig und christlich. Der Entwurf einer Brem- Verdischen Kirchenordnung von 1769, Göttingen 1989

Prange, W., Die Organisation der Rechtspflege im Herzogtum Lauenburg bis 1879, in: Lauenburgische Akademie für Wissenschaft und Kultur, Kolloquium VIII: Geschichtliche Beiträge zur Rechtspflege im Herzogtum Lauenburg, hrsgg. von Kurt Jürgensen, Mölln 1996

Pratje, Johann Hinrich, Altes und Neues aus den Herzogthümern Bremen und Verden, 12 Bände, Stade 1769 bis 1779 (zitiert: Pratje, Altes, Band)

Pratje, Johann Hinrich, Die Herzogthümer Bremen und Verden. Oder vermischte Abhandlungen zur Erläuterung der Politischen-, Kirchen-, Gelehrten- und Naturgeschichte wie auch der Geographie dieser beiden Herzogthümer. 6 Bände, Bremen 1757 bis 1762 (zitiert: Pratje, Herzogtümer, Band)

Press, Volker, Steuern, Kredit und Repräsentation. Zum Problem der Ständebildung ohne Adel, Zeitschrift für historische Forschung 1975, S. 59 - 93

Radbruch, Gustav, Die Frankfurter Grundrechte, in: Wilhelm Keil (Hrsg.), Deutschland 1848 – 1948. Beiträge zur historisch-politischen Würdigung der Volkserhebung von 1848/49, Stuttgart 1948

Rauch, Die Chefs der Stader Regierung bis 1866, in: Jahrbuch der Männer vom Morgenstern, Jahrgang XXIV (1930), S. 70 - 79

Rehberg, August W., Zur Geschichte des Königreiches Hannover in den ersten Jahren nach der Befreiung von der westphälischen und französischen Herrschaft, Göttingen 1826

Reinicke, Wolf-Rüdiger, Die Rechtsstellung der Landschaften in Niedersachsen, Göttingen 1966 (zitiert: Rechtsstellung)

Reinicke, Wolf-Rüdiger, Landstände im Verfassungsstaat. Verfassungsgeschichte und gegenwärtige Rechtsstellung der Landschaften und Ritterschaften in Niedersachsen, Göttingen 1975 (zitiert: Landstände)

Ringklib, Heinrich, Statistische Uebersicht der Eintheilung des Königreiches Hannover nach Verwaltungs- und Gerichts-Bezirken in Folge der neuen Organisation der Verwaltung und Justiz, Hannover 1852 (zitiert: Ringklib, 1852)

Ringklib, Heinrich, Statistische Übersicht der Eintheilung des Königreiches Hannover nach Verwaltungs- und Gerichts-Bezirken, 3. Aufl., Hannover 1859 (zitiert: Ringklib, 1859)

Ringklib, Heinrich, Statistisches Handbuch der Provinz Hannover, 5. Ausgabe, Hannover 1885 (zitiert: Ringklib, 1885)

Römer, Christoph, Niedersachsen im 18. Jahrhundert (1714 - 1803), in: Christine van den Heuvel und Manfred von Boetticher (Hrsg.), Geschichte Niedersachsens, Dritter Band, Teil 1, Hannover 1998, S. 221 - 346

Roth, M. Georg, Geographische Beschreibung der beyden Herzogthümer Bremen und Verden nebst einer Anlage vom Lande Hadeln, vom Ambte Ritzebüttel, wie auch von der Insul Hilgeland, welchen allen beygefüget ist ein vollständiges Register der Städte, Flecken, Kirchdörffer, Dörffer, Höfe und Flüsse, Stade 1718, in: Archiv des Vereins für Geschichte und Alterthümer der Herzogthümer Bremen und Verden und des Landes Hadeln zu Stade, 1877, S. 73 - 297

Rudorff, Otto, Das hannoversche Privatrecht, Hannover 1884

Rüther, Heinrich, Hadler Chronik. Quellenbuch zur Geschichte des Landes Hadeln, Neuhaus a. d. Oste 1932 (2. Aufl. als Faksimile Bremerhaven 1979; zitiert: Rüther, Chronik)

Schindler, Margarete, Buxtehude. Studien zur mittelalterlichen Geschichte einer Gründungsstadt, Wiesbaden, 1959

Schindler, Margarete, Blick in Buxtehudes Vergangenheit. Geschichte der Stadt, 2. Aufl., Buxtehude 1993

Schleif, Karl-H., Regierung und Verwaltung des Erzstifts Bremen am Beginn der Neuzeit (1500 - 1645). Eine Studie zum Wesen der modernen Staatlichkeit, Hamburg 1972

Schlüter, Ernst Wilhelm Gustav, Die Ordnung des Königlichen Hof-Gerichts der Herzogthümer Bremen und Verden in Stade. Von neuem herausgegeben und mit erläuternden Anmerkungen begleitet, Stade 1823 (zitiert: Schlüter, Hofgericht)

Schlüter, Ernst Wilhelm Gustav (Hrsg.), Gemeine Bescheide und gerichtliche Verordnungen der Königlichen Justiz-Canzlei und des Königlichen Hofgerichts zu Stade. Nebst den Formularen der bei diesen Collegien gebräuchlichen Diensteide, der Warnung vor dem Meineide und der am häufigsten vorkommenden sonstigen Eide. Begleitet mit einem Real-Index und als Anhang zur Hofgerichts-Ordnung herausgegeben, Stade 1824 (zitiert: Schlüter, Bescheide)

Schlüter, Ernst Wilhelm Gustav, Ueber die Quellen des Bremen- und Verdenschen Privatrechts, in: Beiträge für das Hannoversche Landesrecht, in besonderer Beziehung auf die einzelnen Provinzial- und Local-Quellen. Eine Zeitschrift in zwanglosen Heften. Herausgegeben von E. W. G. Schlüter, Erster Band, Celle 1834, S. 65 - 124 (zitiert: Schlüter, Quellen)

Schmid, Peter, Oberappellationsgericht, Appellationsgericht und Oberlandesgericht in der Zeit von 1866 bis 1933, in: Präsident des Oberlandesgerichts Celle (Hrsg.), Festschrift zum 275jährigen Bestehen des Oberlandesgerichts Celle, Celle 1986

Schmidt, Eberhard, Lehrkommentar zur Strafprozeßordnung und zum Gerichtsverfassungsgesetz, Teil I: Die rechtstheoretischen und die rechtspolitischen Grundlagen des Strafverfahrensrechts, Göttingen 1952, Teil III: Erläuterungen zum Gerichtsverfassungsgesetz und zum Einführungsgesetz zum Gerichtsverfassungsgesetz, Göttingen 1960 (zitiert: Schmidt, Teil)

Schmidt, Eberhard, Einführung in die Geschichte der deutschen Strafrechtspflege, 3. Aufl., München 1965 (zitiert: Schmidt, Geschichte)

Schnath, Georg, Geschichte Hannovers im Zeitalter der 9. Kur und der englischen Sukzession 1674 - 1714, Band I: 1614 - 1692, Hildesheim und Leipzig 1938; Band III: 1698 - 1714, Hildesheim 1978, Band IV: Georg Ludwigs Weg auf den englischen Thron. Die Vorgeschichte der Thronfolge 1698 - 1714, Hildesheim 1982

Schnath, Georg, Vom Sachsenstamm zum Lande Niedersachsen. Grundzüge der staatlichen Gebietsentwicklung im niedersächsischen Raum, Hannover 1966

Schnath, Georg, Stade statt Langensalza? Betrachtungen über den hannoverschen Feldzugsplan 1866, in: Festschrift für Hans Wohltmann, Stade 1964, S. 156 - 167

Schubert, Ernst, Niedersachsen um 1700, in: Niedersächsische Geschichte, hrsgg. von Bernd Ulrich Hucker, Ernst Schubert, und Bernd Weisbrod, Göttingen 1997 (zitiert: Schubert, Niedersachsen)

Schubert, Ernst, Verfassung und Verfassungskämpfe im frühen 19. Jahrhundert, in: Niedersächsische Geschichte, hrsgg. von Bernd Ulrich Hucker, Ernst Schubert, und Bernd Weisbrod, Göttingen 1997

Schubert, Werner, Französisches Recht in Deutschland zu Beginn des 19. Jahrhunderts. Zivilrecht, Gerichtsverfassungsrecht und Zivilprozeßrecht, Köln und Wien 1977 (zitiert: Schubert, Frz. Recht)

Schubert, Werner, Die deutsche Gerichtsverfassung (1869 - 1877) - Entstehung und Quellen - , Frankfurt am Main 1981 (zitiert: Schubert, Gerichtsverfassung)

Schubert, Werner und Jürgen Regge, Entstehung und Quellen der Strafprozeßordnung von 1877, Frankfurt am Main 1989

Schulze, Heinz - Joachim, 325 Jahre Landgericht in Stade und 125 Jahre Amtsgericht in Stade, Festvortrag, in: Stadt Stade (Hrsg.) Reden aus dem Rathaus zu Stade, Heft 1, Stade 1978, (zitiert: Schulze, 325 Jahre)

Schulze, Heinz - Joachim, Die hannoversche Justiz- und Verwaltungsreform und das politische System des Nachmärz im Landdrosteibezirk Stade, in: Geschichts- und Heimatverein Stade (Hrsg.), Die Herzogtümer Bremen und Verden und das Land Hadeln in späthannoverscher Zeit (1848 - 1866), Stade 1981, (zitiert: Schulze, Justiz)

Schwarzwälder, Herbert, Geschichte der Freien Hansestadt Bremen, Band 1: Von den Anfängen bis zur Franzosenzeit (1810), Bremen 1995; Band 2: Von der Franzosenzeit bis zum Ersten Weltkrieg (1810 - 1918), erw. Aufl., Bremen 1995

Schwarzwälder, Herbert, Grenzsteine im bremischen Werder- und Blockland. Die Grenzmarkierung nach dem Zweiten Stader Vergleich von 1741, in: Bremisches Jahrbuch Band 58, 1980, S. 65 - 91

Siebert, Elisabeth, Die hannoversche Städteordnung von 1851/58 und die Städte im Königreich Hannover, Hannover 1975

Siebs, Benno Eibe, Die Stader Regierung im Wandel der Zeit, in: Jahrbuch der Männer vom Morgenstern Jahrgang XX (1922/23), S. 5 - 32

Siemens, Hans Peter, Das Alte Land. Geschichte einer niederelbischen Marsch, Stade 1951

Simon, Dieter, Die Unabhängigkeit des Richters, Darmstadt 1975

Stade, Dietrich von, Beschreibung der beiden Herzogthümer Bremen und Verden aus glaubwürdigen Documentis und eigener Erfahrung zu colligiren und zusammen zu tragen angefangen Anno 1684, in: Archiv des Vereins für Geschichte und Alterthümer der Herzogthümer Bremen und Verden und des Landes Hadeln zu Stade, 1877, S. 1 - 72

Tamß, Friedrich, Das hannoversche Amt Rotenburg im 18. Jahrhundert. Beiträge zur Landeskunde, Rotenburg 1958

Thimme, Friedrich, Die inneren Zustände des Kurfürstentums Hannover unter der französisch-westfälischen Herrschaft 1806 - 1813, 2 Bände, Hannover und Leipzig 1893 und 1895

Walter, Raimund-Ekkehard, Die Kriminalpolitik König Jéromes im Königreich Westphalen 1807 - 1813, Marburg 1971

Wehler, Hans-Ulrich, Deutsche Gesellschaftsgeschichte, Erster Band, 1700 - 1815, München 1987

Wense, Hilmer v. d., Das Erbrecht des Hadler Landrechts, jur. Diss., Göttingen 1961

Werthmann, Sabine, Vom Ende der Patrimonialgerichtsbarkeit. Ein Beitrag zur deutschen Justizgeschichte des 19. Jahrhunderts, Frankfurt am Main 1995

Wilbertz, Gisela, Das Notizbuch des Scharfrichters Johann Zippel in Stade (1766 - 1782), in: Stader Jahrbuch 1975 (Band 65), S. 59 - 78

Willoweit, Dietmar, Die Entwicklung und Verwaltung der spätmittelalterlichen Landesherrschaft, in: Kurt Jeserich, Hans Pohl und Georg-Christoph v. Unruh (Hrsg.): Deutsche Verwaltungsgeschichte, Band 1, Stuttgart 1983

Winkler, Heinrich August, Der lange Weg nach Westen, Erster Band: Deutsche Geschichte vom Ende des Alten Reiches bis zum Untergang der Weimarer Republik, 2. Aufl., München 2001

Winter, Die Aufgaben des Aufsichtsrichters, in: Preußisches Justizministerium (Hrsg.), Justizverwaltungsreform. Vortragsreihe über Fragen der Justizverwaltungsreform veranstaltet von der Preußischen ustizerwaltung vom 24. - 26. März 1927 im Kammergericht zu Berlin, Berlin 1927

Wittpenning, Wilhelm, Episode aus der französischen Occupationszeit, Archiv des Vereins für Geschichte und Alterthümer der Herzogthümer Bremen und Verden und des Landes Hadeln zu Stade 1877, S. 517 - 522

Wittram, Heinrich, Die Stader Kirchen nach der Reformation, in: Stadt Stade (Hrsg.), Stade. Von den Siedlungsanfängen bis zur Gegenwart, Stade 1994, S. 543 - 568

Wohltmann, Hans, Die Geschichte der Stadt Stade an der Niederelbe, 3. Aufl., Stade 1956

Wrage, Michael, Der Staatsrat im Königreich Hannover 1839 - 1866, Hamburg 2001

Zachariä, H(einrich) A(ugust), Zur Kritik der hannoverschen Strafgesetzgebung, in: Magazin für hannoversches Recht, Göttingen 1851

Anlagen

Anlage 1-1 4. Dezember 1672

Wir Carl ...

Thun kundt hiermit, daß demnach Wir unsere landesväterliche Fürsorge und Pflicht gegen die Uns von dem Höchsten untergebene und anvertrauete Land und Leute darin guten und großen theils zu bestehen wissen, daß dieselbe durch die *Justice* und deren auffrichtige Handhab- und *Administrir*ung für Gewalt und Unrecht geschützet, und ihnen in ihren unter sich habenden Irrung- und Streitigkeiten schleunig- und ohnpartheyisches Recht gesprochen werden möge, und nun zwar zu solchem heilsahmen Zweck gewisse Ober- und Unter-Gerichte in unsern Hertzogthümern Bremen und Vehrden von Anfang Unserer daselbst eingeführten, und durch den Westphälischen Frieden-Schluß bestettigten Regierung und Bottmäßigkeit nach der in solchen Landen von Alters gehabten *observance* theils beybehalten, theils auffs neue *restabilir*et worden, daran aber etzliche Jahre nach dem daß auch in vorigen Ertz-Bischöfflichen Zeiten gesetzet gewesene Hoff-Gerichte gefehlet, wie wol Unsere Vorfahren am Reich dem gesambten Lande versprochen, daß dasselbe auch bey bequehmer Zeit wieder eingeführet und geheget werden sollte; Und Wir nun folgendes solcher gnädigen Zusage und der Landt-Stände bey Uns deßfalls offters eingelangeten unterthänigsten Bitte für einigen Jahren schon ein Gnügen gethan, solch Hoff-Gericht würcklich *introducir*en, und mit geschickten Leuten aus Unsern Bedienten, und dem Mittel der Landschaft besetzen, auch damit dieselbe ihrem Verhalten in gleich- und redlicher Beobacht- und Verwaltung der *Justice* eine sichere *Norm* und Richtschnur haben möchten, eine dienliche Ordnung *projectir*en und verfassen dieselbe auch weiter von allen dabey im Lande auch sonst *Interessir*ten übersehen, deren *monita*, so weit sie nützlich und nöthig befunden worden, *attendir*en, auch endlich in die Form und zu der Richtigkeit bringen lassen, wie sie hiernach gesetzet, von Worte zu Worte lautet, und Wir sie auch also in allen Stücken von *Tituln* zu *Tituln* *approbir*et, genehm gehalten und fest gestellet; So *approbir*en Wir demnach hiemit solche Hoff-Gerichts-Ordnung, *placitir*en, *publicir*en, und *authentisir*en dieselbe auch in Krafft dieses solcher gestalt,, daß sie in unseren Hertzogthümern Brehmen und Vehrden, und insonderheit bey angeregtem Hoff-Gerichte *in vim publicae legis ac sanctionis* angenommen und *observir*et werden solle. Gebiehten und befehlen dabey auch allen und jeden die solches angeht, insonderheit aber *Gouverneurn* und Regierung, allen Hohen und Niedrigen Gerichten im Lande und deren Bedienten, fürnehmblich die bey dem Hoff-Gerichte selbst nun bestalten und künfftig bestellenden Bedienten, als *Praesident*en, *Vice-Directorn*, *Assessores*, *Secretarien*, und wie Sie sonst Nahmen haben, daß Sie sich nach dieser Ordnung willig und gehorsahmlich selbst richten und achten, dieselbe auch von andern in gebührende *observance* halten, und dagegen nichts schaffen, noch dieselbe *violir*en lassen sollen, so lieb ihnen insgesambt und einem jeden absonderlich ist Unsere Ungnade und unaußbleibliche Strafe zu vermeyden.

...

Gegeben Stockholm, den 4. *Decembris* 1672

(nach: Ernst Wilhelm Gustav Schlüter, Die Ordnung des Königlichen Hof-Gerichts der Herzogthümer Bremen und Verden in Stade. Von neuem herausgegeben und mit erläuternden Anmerkungen begleitet, Stade 1823, S. XXV – XXXII)

Vorgängige *punctatio*
wornach der Geheimbte Raht und Land-Drost von Staffhorst und der Geheimbte Cammer Raht Ramdohr als Verordnete Regierungs Rähte der Hertzogthümer Brehmen und Vehrden sich zu achten haben.

Artikel 1
Haben gedachte Regierungs Rähte die Landesherrlichen *Jura, regalia* und Hoheiten in gedachten Landen und was davon *dependirt, tam in ecclesiasticis quam in secularibus*, wohin unter andern auch die Gräntz- und Policey-Sachen gehöhren, denen dortigen Landesordnungen und Verfassungen gemäß zu *respicir*en und dahin zu sehen, daß alles desfalls in seiner gebührenden richtigen *consistentz*, Wesen, und Schranken der Landes Herrschaft und denen Einwohnern zum besten erhalten werden möge. Dafern jedoch in ein- oder anderen Veränderungen vorzunehmen seyn oder wenn *Constitutiones* und Verordnungen zu machen vorfallen sollten, so wird solches nicht ohne Vorwißen und Genehmhaltung des Geheimbten Rahts *Collegii* zu Hannover geschehen müßen, welches als denn ermeßen wird, ob die Sache so beschaffen sey, daß es für sich darin etwas gewißes *definitivè statui*ren könne, oder ob die Nohturfft erfordern, zuforderist Königliche Verwilligung und Befehl darüber einzuhohlen.

Artikel 2
Weil im Herzogthumb Brehmen es viele Teiche zu unterhalten gibt, und darauf, daß solches gehörig geschehen möge, ein großer Theil der Wollfahrt des dohrtigen Landes beruhet, so soll ein tüchtiger Ober Teich Gräfe dazu mit nechstem bestellet werden. Die Oberaufsicht und *General Inspection* auf das Teichwesen aber haben oberwehnete Regierungs-Rähte zu *respici*ren, und hat zum wenigsten einer von ihnen denen Haubt Teichschauungen, welche wie bisher geschehen, als auch fernerhin zwey mahl des Jahres gehalten werden sollen, mitbey zuwohnen; dafern an einigen Ohrten, wo wir *domanial* Güter haben, sich Teiche befinden, so ist zu denen dohrtigen Teichschauungen jemand der Verwalter daselbst mitzuziehen.

Artikel 3
Das Regierungs *Collegium* der Herzogthümer Bremen und Vehrden *depend*irt nächst Sr. Königlichen Majestät *immediate* von dem Geheimbten Raths *Collegio* zu Hannover und steht unter keinem andern *Collegio*, als diesem.

Artikel 4
Die Regierungs Rähte haben die Ober Aufsicht über die übrigen *Collegia* zu Stade, damit in denen selben alles ordentlich und woll zu gehen möge. Sie haben auch Sitz und Stimme in allen übrigen *Collegiis*, und wann sie denen *deliberationen* in selbigen *Collegiis* persönlich beywohnen, so führet der Vorsitzende von denen Regierungsr Rähten für das mahl dabey das *praesidium*. Weil aber sothan übrige *Collegia* Gerichte seyn, und die Regierungs-Rähte in denenselben nicht beständig gegenwärtig seyn können, so wird das *Directorium ordinarium* in denenselben dem besteleten und von der Bewandnis und *Connexion* der vorkommenden Sachen am besten informirten *Vice-Directorii* zu überlaßen seyn.

Artikel 5

In Criminalibus kan die *Justitz*-Canzley der Hertzogthümer Bremen und Vehrden *usque ad Sententiam* verfahren, vor deren *publicir* und *exequirung* aber müßen solche *Sententiae* nicht nur, welche *poenas Capitales,* sondern auch welche sonst *poenas Corporis afflictivas* betreffen oder *infamiam inferiren, inclusive* die Landes Verweisungen *in perpetuum* nach Hannover an das dohrtige Geheimbte Raths *Collegium* mit einem Bericht von der Regierung zu Stade mit Zuziehung des *Vice-Directoris* alda eingeschicket und vernommen und abgewartet werden, ob und was gedachtes Geheimbte Raths *Collegium* wegen *mitigir-* oder auch nach Befinden wegen *exaspirir*ung der *in sententia* gesetzten Straffe zu meinen habe, welches alsdann wird zu *attendi*ren und die *Sententia* darauf einzurichten seyn. Ermeltes Geheimbte Raths *Collegium* wird in sonderbahren Fällen, da entweder wegen *qualitet* und Beschaffenheit der zu bestraffenden *person,* oder sonst umbstände von Wichtigkeit bey der Sache sich finden, kein von Stade einkommendes *Criminal*-Urtheil *confirmi*ren oder *reformi*ren ohn den *casum* zuforderist Sr. Königl. Majestät vorgetragen und Dero *decisum* darüber eingehohlet zu haben.

Artikel 6

Die Aufsicht auf die *Administration* deßen was zu der *Structur* der beyden Dohmb Kirchen zu Bremen und Vehrden gehöhret, und davon *dependi*ret, hat das Regierungs-*Collegium* zu Stade zu führen.

Artikel 7

Imgleichen gebühret selbigem Regierungs *Collegio* die Aufsicht auf die *administration* der Gelder, welche zu der vormahligen nunmehr abgebrandten so genandten *Etats* Kirche zu Stade gehöhren.

Artikel 8

Die *Jura praesentandi und Conferendi* dererjenigen Land Bedienungen, die bloß in *Administration* der *Justitz* bestehen, als Gräfen, Richtern, Vögten pp, müßen denenjenigen, S*alva* verbleiben, die solche *Jura* bey Schwedischen Zeiten hergebracht gehabt. Wenn es dann *privati* oder *Communen* seyn, die sich in *possession* sothaner *Jurium* befinden, und welche etwa die zu gedachten Land Bedienungen zu bestellende *person*en der Regierung zu Stade zu *praesenti*ren dem Herkommen nach schuldig seyn, so sollen solche *praesentationes* an das dohrtige Regierungs *Collegium* ferner geschehen, und soll dasselbe nach seinem befinden wegen *Confirmi*rung solcher *praesentatorum* zu *disponi*ren haben. Diejenige von oberwehneten in bloßer *administrirung* der *Justitz* bestehenden Land-Bedienungen aber, welche etwa die vormahlige Schwedische Regierung zu Stade zu besetzen gehabt, soll zwar das dohrtige Regierungs *Collegium* ferner zu besetzen Macht haben, jedoch dergestalt, daß die dazu in Vorschlag kommende *person*en zuvor dem Geheimbten Raths *Collegio praesenti*rt, und dessen *Confirmation* darüber eingehohlet werde. Solten gedachte Bediente an ein- oder anderem Ohrte zugleich *Domanialia* zu *respici*ren haben, stehen sie in so weit unter Unserer Rent-Cammer zu Hannover.

Artikel 9

Was die Annehm- und Bestellung der *Accise-* und *Contributions* Einnehmer betrifft, weil dem Vernehmen nach, fast aller Ohrten im Brehm- und Verdischen zu Schwedischen Zeiten die Guts Herren jeden Ohrts und *districts* mit denen Beambten dazu *concurri*ret, und der Regierung zu Stade solche Bediente *conjunctim praesenti*ret, in denen Marschländern aber fast durchgehends solche *praesentationes* von denen Eingeseßenen geschehen, so hat es nach wie vor bey dem Herkommen deswegen sein Verbleiben, das Regierungs *Collegium* zu Stade hat aber so dann jedesmahl von denen ihm solchergestalt geschehenden *praesentatio*nen an die Krieges Cantzley zu Hannover zu berichten, und deroselben Einwilligung und *confirmation* darüber einzuhohlen.

Artikel 10
Weil die Ausschreibung und *direction* der Landgerichte im Brehm- und Vehrdischen zu Schwedischen Zeiten, dem Vernehmen nach bey der Regierung zu Stade gewesen, so wird sie bis zu anderweiter Verordnung dabey ferner gelassen.

Artikel 11
Die Wiederbesetzung der im Brem- und Vehrdischen *vacant* werdenden Pfarrdienste, worüber die Landesherrschafft das *Jus Patronatus* hat, geschiehet *ordinariè* auf des dohrtigen *Consistorii* Vorschlag von der Regierung daselbst. *Superintendenten*, Pröbste oder Kirchen *Inspectores* aber müßen nicht bestellet werden, bevor die dazu in Vorschlag kommende *Subjecta* von der Regierung zu Stade dem Geheimbten Rahts *Collegio* zu Hannover *praesent*irt, und von demselben confirmiret worden. Wann von dem *Consistorio* zu Stade einem Prediger die *suspensio ab officio* zuerkand wird, kann die Regierung zu Stade mit selbigem *Consistorio* darin für sich verfahren. Wann es aber auf gäntzliche *remotion* eines Predigers *ab officio* ankombt, so muß ehe die *remotio* würcklich geschiehet, die Regierung zu Stade davon an das Geheimbte Rahts *Collegium* zu Hannover zu forderist berichten und deßen *approbation* darüber einhohlen.

Artikel 12
Die Ober *Inspection* über das *Archivum* zu Stade soll die dohrtige Regierung haben. Wegen der bey selbigem *Archivo* zu bestellenden Bedienten aber soll mit nechstem Verordnung erfolgen.

Artikel 13
Wann von der Regierung zu Stade expeditiones geschehen, die außerhalb Landes gehen, so seyn dieselbe von beyden Regierungs Rähten zu unterschreiben. In denen Regierungs expeditionen aber, die in das Brehm- und Vehrdische gehen, wird genug seyn, daß dieselbe von einem der Regierungs Rähte unterschrieben werden. Die Expeditiones in Justitz-Sachen aus denen übrigen Collegiis unterschreibet der Vice Director allein, oder da der wegen Abwesens oder anderer derselbe daran behindert wäre, der nechst auf den Vice Directorem in der Ordnung folgende Raht in jedem Collegio.
Signatum St. James Palais
den 15 / 26 May Anno 1716
Georg R /Hattorf

(StaatsA Stade Rep. 40 Nr. 1122, Bl. 13 – 18)

Ihr. Königl. Majest. zu Dennemarck-Norwegen etc. zu Dero Regierung in denen Hertzogthümern Bremen und Vehrden verordnete General-Gouverneur, Ober-Land-Drost und Räthe

Fügen denen löbl. Hhen Ständen von der Ritterschafft und Städten / der Clerisey, denen Marschländern und sämbtlichen Eingesessenen dieser Hertzogthümer hiemit zu wissen / was massen Ihr. Königl. Majest. zu Dennemarck-Norwegen etc. Unser Allergnädigster König und Herr / zu Beruhigung derer aus gegenwärtigen Nordischen Kriege im Heil. Römischen Reiche entstandenen Troublen, Wiederherstellung eines raisonnablen Friedes / auch Besorgung dero und derer Hohen Herren Mit-Alliirten beständigen Sicherheit / für gut und nöthig befunden / mit dem Allerdurchlauchtigsten / Großmächtigsten Fürsten und Herrn / Herrn Georg dem Ersten / Könige von Groß-Britannien, Franckreich und Irrland / Beschützern des Glaubens / Hertzogen zu Braunschweig-Lüneburg / des Heil. Römischen Reiches Ertz-Schatzmeistern und Chur-Fürsten / als Chur-Fürsten / eine genaue Alliance / welche am 26. Junii dieses Jahres zu Mecklenburg vor Wißmar ratificiret ist / zu errichten / und / Vermöge derselben / gegen gewisse Conditiones, Allerhöchstgedachter Ihr. Königl. Majest. von Groß-Britannien, und Dero Erben und Successoren an der Churfürstl. Regierung / die von der Cron Schweden in diesem noch fürwährenden Kriege conquêtirte Hertzogthümer Bremen und Vehrden zu cediren.

Dieweilen nun darauff verabredet und fest gestellet ist / daß am 15. Des jetzigen Monaths und Jahres die Tradition und Übertragung derer Hertzogthümer an die von Ihr. Königl. Majestät von Groß-Britannien abgeordnete Herren Deputirte, die Geheimte Cammer-Räthe / Herrn Cord Plato von Schloen, genannt Gehle, und Herrn Albrecht Andreas Ramdohr, von Uns würcklich geschehen solle; Und es dahero die Nothwendigkeit erfordert / daß zu diesem solennen Traditions-Werck die Hhen Stände und übrige Eingesessene convociret werden:

So ergehet Nahmens Ihr. Königl. Majestät zu Dennemarck-Norwegen etc. Unsers Allergnädigsten Königes und Herrn / hiemit der Befehl / daß ab Seiten der Löbl. Ritterschaft der Hr. Präsident und die Land-Räthe in Person / sambt einigen aus jedem Circul zu ernennenden Deputirten / so dann die präsidirende Bürgermeistere nebst gewissen Abgeordneten von denen Städten / ferner die Consistorial-Räthe / Superintendenten, Präpositi und Seniores derer gesambten Kirchen-Creyse / und endlich von denen Marschländern und übrigen Districten, aus jedem Kirchspiel zwo geschickte Personen / die mit einer förmlichen und auf diesen Actum gerichteten Vollmacht versehen sind / Tages vorher / als den 14. Octobr. Sich allhier in der Stadt Stade einfinden / bey der Königl. Regierung so fort gebührend melden / auch den folgenden Tag Morgens um 8 Uhr auf dem Rath-Hause erscheinen / und vernehmen / wie sie von dem / Allerhöchsterwehnter Ihr. Königl. Majest. (so die bishero verspürte allerunterthänigste Treue und Devotion derer gesambten Unterthanen in Gnaden erkennen) geleisteten Eyde loßgezehlet / an Ihr. Königl. Majest. von Groß-Britannien, als Chur-Fürsten / übergewiesen / und von Dero Herren Deputirten wieder angenommen werden.

Nicht weniger wird denen Grefen / Amtmännern / Richtern / Voigten / Schultzen / dem Jäger-Meister / Ober- und Holtz-Förstern / auch Holtz-Voigten / so dann dem Zoll-Inspectori, sambt andern Zoll- und Accise-Bedienten / wie auch denen Contributions-Einnehmern und allen übrigen / welche bey Ihr. Königl. Majest. zu Dennemarck-Norwegen etc. bishero in allerunterthänigsten Diensten gestanden / bedeutet / daß sie den 15. Dieses Monaths Octobris sich ebenfalls hieselbst einstellen / und gewärtigen / wie ihnen die Demission respective von der Königl. Regierung und Cammer ertheilet / und in anderweitige Bedienung zu treten / vergönnet werde.

Man setzet demnach ausser Zweifel / es werden alle und jede vorbenannte bey diesem so wichtigen Actu sich ihrer schuldigen Obliegenheit erinnern / und nicht ermangeln / das jenige / worzu sie angewiesen sind / mit gebührender Exactitude zu beobachten / damit sie von aller im wiedrigen Fall erfolgenden Verantwortung befreyet seyn mögen.

Geben unterm Königlichen Regierungs-Insiegel / Stade den 2. Octobris 1715.

(StaatsA Stade Rep. 23a Nr. 66)

Anlage 2 – 3 Eidesformel eines Accise-Einnehmers 1715

Dem Allerdurchlauchtigsten Großmächtigsten Fürsten und Herrn / Herrn Georg, König von Groß-Britannien / ...; Sollet ihr geloben und schweren einen Eyd zu GOTT und auf sein heiliges Wort / daß Seiner Königl. Majestät und Chur-Fürstlichen Durchlauchtigkeit ihr wollet treu / hold und gehorsam seyn / dero Bestes wissen und nach ausserstem Vermögen befordern; Arges aber / so viel an euch ist / kehren / wehren und warnen / auch in Raht und That nicht seyn / darin wider höchstermelte Seiner Königl. Majestät und Chur-Fürstl. Durchl. oder dero Land und Leute gehandelt / gerahten oder gethan werden möchte / solte / wolte /oder könte. Wann aber Sr. Königl. Majest. und Chur-Fürstl. Durchl. nach dem Willen des Allmächtigen (daß doch seine göttliche Güthe lange Zeit zu verhüten gnädiglich geruhen wolle) mit Tode abgehen würden / alsdann Seiner Königl. Majest. und Chur-Fürstl. Durchl. ältesten hinterlassenden Herrn Sohn / und Sohns-Sohn / und so dann fürters dero männlichen Leibes-Lehns-Erben nach dem Recht der Erst-Geburth in absteigender Linie, und wann auch deren keine mehr vorhanden seyn solten / Sr. Königl. Majest. und Chur-Fürstl. Durchl. ältesten Herrn Bruders Hertzogen Maximilian Wilhelms zu Braunschweig und Lüneburg Hoheiten und nach deroselben Sr. Hoheit ältestem hinterlassendem Herrn Sohn / Sohne-Sohn / und so fürters deroselben männlichen Leibes-Lehns-Erben nach dem Recht der Erst-Geburth in absteigender Linie, da aber auch von denenselben niemand mehr am Leben seyn würde / alsdann Seiner Königl. Majestät und Chur-Fürstl. Durchl. zweyten Herrn Bruders / Hertzogen zu Braunschweig und Lüneburg Hoheiten und nach deroselben Sr. Hoheiten ältesten hinterlassenden Herrn Sohn / Sohns-Sohn / und so fürters deroselben männlichen Leibes-Lehns-Erben / und nach dem Recht der erst-Geburth / in absteigender Linie; Dafern aber auch von diesen niemand mehr am Leben seyn solte / alsdann der Herrn Hertzogen von der itzigen Wolfenbüttelschen Linie Fürstl. Durchl. und dero männlichen Leibes-Lehns-Erben / und zwar allezeit nach dem Recht der Erst-Geburth obiges alles gebührend leisten;

Insonderheit sollet und wollet ihr den euch anvertrauten Accise-Einnehmer-Dienst zu (...) redlich getru und wohl handhaben / und fürstehen / kein Unrecht bey der Accis- oder confiscationen des Landes-Eingesessenen oder Frembden selbst zufügen oder durch andere zufügen lassen / sondern der von neuen publicirten Accise-Verordnung nach / was einjeder nach einhalt derselben zu bezahlen schuldig ist / euch richten und getreulich erheben / keinen etwas an Accise nachgeben oder borgen / sondern alles nach denen ausgelassenen Taxen und Reglementen richtig einnehmen / und jeden Post alsofort zu Buch führen; Nach Verlauf eines jeden Monathes Einnahm- und Außgabe eine richtige Rechnung verfertigen selbige nebst dem daraus herfliessenden Überschuß an den zeitigen Landt-Cassier gehörig einliefern und auf Erfordern Justificiren.

Endlich sollet und wollet ihr euch bey diesem eurem Amte befleißigen / daß Ihro Königl. Majest. und Chur-fürstl. Durchl. Accise-Regalien von niemanden möge präjudiciret werden / sondern wann solches geschehen solte / es sofort gehörigen Ohrts anmelden / euch übrigens nach denen außgegangenen Reglementen und Verordnungen achten / auch was euch desfals sonsten aufgegeben wird / treulich verrichten / und euch in allem so verhalten wie es einen getreuen und ehrlichen Accise-Einnehmer geeignet und gebühret; und ihr es vor GOTT eurem eigenem Gewissen Ihrer Königl. Majest. und Chur-Fürstl. Durchl. Dero allhiesigen Königl. Regierung und wem ihr sonst Red- und Antwort zu geben schuldig / es zu verantworten euch getrauet. Alles getreulich und ohngefehrde. So geschehen Stade / den ...

(StaatsA Stade Rep. 23a Nr. 66)

Anlage 2 – 4 — 16. Oktober 1715

Wir von Gottes Gnaden GEORG, König von Groß-Britannien / ...

Nachdem bekannter massen Wir vermöge des mit Sr. Königl. Majestät zu Dennemarck-Norwegen geschlossenen / und beyderseits ratificirten Tractats die Hertzogthümer Bremen und Verden in würckliche Possession nehmen lassen / und solchem zufolge Uns aus solchen Hertzogthümern alle und jede Gefälle und Auffkünfte / sie mögen Nahmen haben wie sie wollen / nichts davon ausbeschieden / an Domainen / Zollen / Accisen, Contributionen / auch rückständigen noch unbezahlten Restanten nunmehro zu erheben / und eintreiben zu lassen / zustehet; Und dann diese Hebung vom 1sten dieses Monaths Octobr. ihren Anfang nimmt: So haben Wir solches Unsern Grefen / Amt-Leuten / Voigten / Richtern / dem Zoll-Inspectori, und andern Zoll- und Accise-Bedienten / imgleichen denen Contributions-Einnehmern hiemit kund thun / und ihnen samt und sonders allergnädigst und ernstlich befehlen wollen / alle und jede vom 1sten Octobris an fällige Einkünffte und Intraden, sie mögen Nahmen haben wie sie wollen / auch die nach dem bißherigen Fuß der 24000 Rthlr. monatlich ausgeschriebene Contributiones, fleissig einzutreiben / und insonderheit die Contributiones, auch Zoll- und Accise-Intraden nach Ablauf jedes Monats / nebst denen darüber geführten Registern / anhero richtig und baar einzuliefern / auch mit solcher Hebung und Lieferung / biß zu anderweiter Verordnung / alle Monate zu continuiren.

Und weil Wir bey denen bißhero gepflogenen Handlungen auch alle und jede in dem Hertzogthum Bremen rückständige Restanten / ohne Unterschied / sie mögen Nahmen haben wie sie wollen / an Ihr. Königl. Majest. zu Dennemarck-Norwegen vergnüget und baar bezahlet / und dahero nöthig / daß solche Monatlich mit beygetrieben und eingefordert werden; So befehlen Wir hiemit allen und jeden Beamten und Einnehmern / welche Restanten angegeben / und allhier bey der Königl. Dänischen Cammer durch ihre eidliche Unterschrifft bekräfftiget haben / daß sie von solchen specificirten Restanten / so wohl diesen / als alle Monate / so viel als möglich ist / ernstlich beytrieben / und die davon aufkommende Gelder

mittelst einer absonderlichen Specification jeden Monat allhie richtig einliefern sollen. Wie denn auch alle diejenigen Unterthanen / welche die Restanten zu bezahlen schuldig sind / hiemit nachdrücklich befehliget werden / dieselben ohne Sperrung abzutragen; Damit nicht nöhtig sey / selbige durch gewöhnliche Executiones beytrieben zu lassen. Daran geschiehet Unser ernster Wille und Meynung. Uhrkundlich unter Unsern Königl. Insiegel.
Geben Stade / den 16 Octobris, Anno 1715

Ad Mandatum Regis & Electoris proprium.
Cord Plato von Schloen genant Gehle. Albrecht Andreas Ramdohr.

(StaatsA Stade Rep. 31 Titel 46 Nr. 1, Bl. 10)

Anlage 2 – 5 21. Oktober 1715

Wir von Gottes Gnaden GEORG, König von Groß-Britannien ...

Demnach bey denen wegen Extradition der Hertzogthümer Bremen und Verden bishero gepflogenen Handlungen unter andern auch vorkommen / welcher gestalt die Crone Schweden gar viele und ansehnliche Domanial-Güter / gegen die darauf empfangene Geld-Summen / verpfändet und verschrieben / selbige auch denen Creditoren zur Abnützung eingeräumet / und übergeben worden: Wir aber von der eigentlichen Beschaffenheit dieser von der Crone Schweden verschriebenen und verpfändeten Domanial-Gütern Nachricht zu haben verlangen; Als werden alle und jede / welche dergleichen zu denen Hertzogthümern Bremen und Verden gehörige Domanial-Güter Pfands- und Verschreibungs-weise von der Crone Schweden erhalten / und bis dahin besessen / und genutzet / hiemit Krafft dieses citiret / daß Sie für Ablauff zweyer Monathe à dato publicationis allhier in Stade vor Unser Regierung erscheinen / Ihre in Händen habende Pfand-Verschreibungen und Obligationes in Originali produciren / und / wann solches geschehen / weitere Verordnung erwarten; Mit der Verwarnung / daß der / oder die / welche also in Termino nicht erscheinen / so dann weiter nicht angenommen oder gehöret werden sollen. Daran geschieht Unser allergnädigster Wille und Meynung. Geben Stade unter Unsern Königl. Insiegel den 21. Octobris, 1715

Ad Mandatum Regis & Electoris proprium.
Cord Plato von Schloen genant Gehle. Albrecht Andreas Ramdohr.

(StaatsA Stade Rep. 31 Titel 46 Nr. 1, Bl. 11)

Anlage 2 – 6 Hofgerichtsordnung Erster Teil Titel XIV

Von der Jurisdiction des Hofgerichts, was für Personen und Sachen davor gehören

1. Des Hofgerichts Jurisdiction ist bewiedmet und fundiret auf alle Civil- und bürgerliche Sachen, so zu Rechte gerichtliche Erörter- und Entscheidung erfordern, welche durch vorigen Gebrauch oder diese Ordnung davon nicht ausdrücklich eximiret, und zum Justiz-Collegio gehörig sind. Darum, wer in dergleichen Sachen, so von Alters zum Hof- und Ober-Land-

Gerichte gehörig, zu klagen und zu antworten hat, vor dem jetzt angerichteten Hofgerichte seine Klage vorbringen, Recht suchen, und erwarten, sein Gegentheil nicht vor andere Gerichte ziehen und laden lassen soll, ob es aber zur Ungebühr geschehe, nicht allein dem Gegentheil die verursachten Kosten erstatten, sondern auch dem Königl. Fisco in eine Buße auf 20 Rthlr. Verfallen solle.

2. Diejenigen, so in unsern Herzogthümern und Landen vor keinem andern Gerichte, nach des Landes Ordnungen oder Gewohnheiten, ihr forum competens haben, oder aber, so dieses streitig wäre, so lange darüber kein Vergleich oder Entscheid auf nachgesetzte masse erfolget, sie seyn Adel oder Unadel die in unsern Diensten oder im Lande seßhaft sind, wenn es ihre Possessiones, Contracte, auch die Uns und Unsere Aemter angehende Sachen außer den Diensten, damit sie Uns verpflichtet, und Uns davon Rede zu geben schuldig seyn, angehet, sollen in prima instantia vor dem Hofgerichte zu Rechte gehen und stehen, und niemand davon sich eximiren, er könnte dann eine rechtmäßige Exemption alsofort mit gutem Titul dociren.

3. Wenn in Sachen vor den Untergerichten unsers herzogthums Bremen und Verden, sie seyn in Städten oder auf dem Lande, Urtheil gesprochen, und ein Theil davon appelliren würde, gehen die Appellationes immediate davon an das Hofgericht, jedoch auf die Maaße und Weise, wie in eines oder anderen Standes oder Städten Recessen enthalten, so dabei observiret werden sollen.

4. Was für Sachen nicht vors Hofgericht, sondern vor das Justiz-Collegium gehören, wenn darin verabschiedet, oder verordnet, was zu jemandes Beschwerde gereichet, daß er davon Appellirens nöthig hätte, davon wird nicht an das Hofgericht, sondern an das hohe Tribunal zu Wißmar[1] appelliret.

5. Das Hofgericht hat sich der Criminal-Sachen, außer denen Causis injuriarum criminaliter intentatis, nicht anzumaßen, sondern dieselben gehören vor Unser Justiz-Collegium, ausgenommen, was adeliche Erb- und Lehngerichte, imgleichen das Land Kehdingen und Alte-Land von Alters her davon hergebracht, und Unsern Lehnleuten davon concediret und bisher gelebt worden. Begebe sich, daß bei Civil- oder bürgerlichen Sachen criminales mit einliefen, so weit als solche präjudicial wären, und mehrerer Erörterung bedürftig, sollen sie an das Justiz-Collegium, oder wohin sie sonst gehören, von dem Hofgerichte verwiesen, und bis zu dero Entscheidung mit den Civil-Sachen in Ruhe gestanden, sonst aber, so weit zu dieser Erforschung es gereichet, mag darüber die Erkundigung wohl vorgenommen werden.

6. Wie aber vorhin bey dem Hofgerichte üblich gewesen, daß wegen der vor der Canzleyin casibus turbationum, contumaciarum und andern eingebrochenen Poenen, allda der Fiscal hat die Ausklage thun und Rechts erwarten müssen, also sollen auch hinfortdergleichen Sachen von dem Fiscal allda getrieben und auf Befindung die rechtliche Erkenntniß zur Declaration in poenam oder Absolution ergehen.

(7. und 8 befaßten sich mit dem Verfahren in Sachen nach der „Constitution von Wucherlichen Contracten" vom 9. Dezember 1580.)

---

[1] Seit 1715 an das Oberappellationsgericht in Celle: s. o. 2.1.2.1.7.

(9. befaßte sich mit der Zuständigkeit der Justizkanzlei im Vollstreckungsverfahren.)

(10. befaßte sich mit der Zuständigkeit der Justizkanzlei in eiligen Sachen, wenn „periculum in mora" vorliege.)

(11. regelte zu den Arrestsachen, dass für das Vollstreckungs- und Eilverfahren die Justizkanzlei, jedoch für das Hauptsacheverfahren das Hofgericht zuständig sei.)

(12. regelte das Verfahren der causae mandatorum.)

(13. betraf das Judicium diffamatorium.)

14. Die vor das Ritter-Gericht gehörigen Sachen bleiben der Ritterschaft zu deren von Alters hergebrachten Wahl ob jemand solche in erster Instanz bey bemeldetem Ritter-Rechte oder aber bey dem Hofgerichte vorbringen, ausüben und Bescheides erwarten wolle, welches von dem Kläger gewählet, dahin soll in der Sache der Beklagte folgen.

15. Dem Hofgerichte soll in denen dahin gehörigen Sachen sein starker ungehinderter Lauf gelassen, und dessen Verrichtungen nicht turbiret, inhidiret noch davon dieselbe avociret oder etwas praescribiret werden, niemand aber sich unterstehen, dagegen bey Unsrer Königl. Regierung oder auch bey dem Justiz-Collegio mandata Inhibitiones oder sonst behinderliche Verordnung auszubringen, sondern, wo sich jemand durch des Hofgerichts Decreta, Bescheide oder Urtheil beschweret zu seyn, oder auch darüber super protracta vel denegeta Justitia zu beschweren Ursache zu haben vermeynte, alsdann der in der Königl hohen Tribunals-Ordnung[2] zugelassener ordentlichen Mittel gebrauchen. Immaßen dann bei Unserer Königl. Regierung und dem Justiz-Collegio, die dagegen mit Supplicationibus einkommen würden, ab und zu dem ordentlichen Wege Rechtens verwiesen werden sollen.

16. Imgleichen sollen alle die zum Hofgerichte gehörigen Sachen dabey bleiben, und unter keinem Vorwande durch die Königl. Regierung oder das Justiz-Collegium davon abgezogen, bey denen darin decretiret, oder zum Prozeß veranlasset, vielmehr wenn jemand solche dahin bringen wollte, sowohl für sich selbst, als auf Anhalten der Parten, ab und an das Hofgericht, zu ordentlicher Ausführung und Erörterung verwiesen werden, auch darinnen keine Prävention oder anderes Prätext zu Abziehung und Avocation der Sachen oder Schmälerung und Beengung der zustehenden Jurisdiction, Statt und Macht haben; geschähe aber, daß eine oder die andere Sache angenommen würde, so zum Hofgerichte gehörig, mögen nicht allein die Parten deswegen fori non competentis Exceptionem vorbringen und die Remission ans Hofgericht suchen, sondern das Hofgericht auch pro conservanda Jurisdictione ihr Einwenden thun damit sie dann sollen gehöret werden.

17. Geschähe aber, daß bey der Königl. Regierung dergleichen Beschwerden vorgebracht würden, als wenn das Hofgericht sich seiner Jurisdiction mißbrauchte, außer den Schranken der Ordnung schritte, oder auch in die Jura publica, so ihnen nicht beygelegt, griffe, und solches von dem Supplicanten gläublich, inmaßen sich gebühret, gemacht werde, mag alsdann die Regierung das Suchen annehmen, considiriren und ermäßen,ob die narrata dahin gangen, und congruent wären, und alsdann an das Hofgericht, um Bericht von der Sachen und, da es

[2] Nunmehr Oberappellationsgerichtsordnung.

sich erzähltermaßen verhielte, Abstellung dessen, so sich nicht schicken wollte, rescriptum ablassen, welches sich alsdann, wenn es sich dergestalt verhielte, darnach zu achten, oder darauf zu verantworten hat, wornach dann ferner die Gebühr beobachtet würde.

18. Entstände deswegen ein Disputat, ob die Sache vor das Hofgericht gehörig, oder die Jurisdiction des Hofgerichts würde sonst streitig gemacht, so mögen dann beide Theile ihre rationes aufsetzen, sich darüber zusammen thun, und Vereinigung vornehmen, oder in Entstehung solche an unser Königliches hohes Tribunal[3] schicken, und von dannen darüber unser Bedenken und Entscheidung erwarten.

(nach: Ernst Wilhelm Gustav Schlüter, Die Ordnung des Königlichen Hof-Gerichts der Herzogthümer Bremen und Verden in Stade. Von neuem herausgegeben und mit erläuternden Anmerkungen begleitet, Stade 1823)

Anlage 2 – 7 — 20. Juni 1720

Ihr. Königl. Majestät von Groß-Britannien / ... / zur Regierung der Hertzogthümer Bremen und Verden verordnete Geheimter Raht und Geheimter Cammer-Raht

Fügen allen und jeden dieser Hertzogthümer Einwohnern und Eingesessenen hiemit zu wissen / und wird es denenselben Zweifels ohne ab dem gemeinen Gerücht bekandt geworden seyn / was gestalten vermittelst eines zwischen Ihr. Königl. Majest. von Groß-Britannien / als Hertzogen und Chur-Fürsten zu Braunschweig-Lüneburg / und Ihr. Majest. der Königin von Schweden / auch dem Reich Schweden / unterm 9./20. Novemb. vorigen 1719. Jahrs zu Stockholm errichteten / auch bereits ratificirten Friedens-Schlusses / beede Hertzogthümer Bremen und Verden / nebst allen deren Juribus und Zubehörungen / mit allen Hoheiten / Prärogativen und Gerechtsamen / so wie durch den Osnabrückschen Friedens-Schluß solche Hertzogthümer der Cron Schweden zugeeignet worden / und sothane Cron solche bißhero besessen und genützet / besitzet oder geniessen können / von Ihr. Majest. der Königin von Schweden / auch dem Reich Schweden / an Ihr. Königl. Majest. von Groß-Britannien / als Hertzogen und Chur-Fürsten zu Braunschweig-Lüneburg / und Dero Hauß in perpetuum und zu ewigen Zeiten abgetreten / cediret und übertragen worden / gleich davon Löblicher Herren Stände Deputirten bereits vorhin nöthige Ouverture gegeben / und Ihnen höchstgedachter Königin Majest. Cession und Überweisung darüber fürgezeiget und in Originali ausgestellet ist. Und wie nun durch des Allerhöchsten Fügung / nach solcher bündigen Cession, derer hiesigen Hertzogthümer sämtliche Eingesessene / Geist- und Weltliche / Unsers Allergnädigsten Königs und Herrn Majest. für ihren eintzigen und alleinigen Landes-Herrn zu erkennen und zu verehren / sich an Dieselbe zu halten / und Deroselben Huld / Treue und Gehorsam zu leisten hiemit / erinnert und ermahnet werden: Als werden alle und jede bis auf nähere Verfügung sich hiernach gehorsamst achten / und ihrer dieserhalb waltenden Obliegenheit schuldige Folge zu leisten geflissen seyn.

Und damit sich desfals niemand mit der Unwissenheit entschuldigen / sondern sich jeder seiner Gebühr um so mehr erinnern möge: So hat man solches durch diese öffentliche

[3] Seit 1715 an das Oberappellationsgericht in Celle, s. o. 2.1.2.1.7.

Anzeige und Verkündigung männiglich bekandt machen wollen. Wornach sich sämtliche hiesiger Hertzogthümer Eingesessene zu achten.

Geben unterm Königl. und Chur-Fürstl. Regierungs-Insiegel Stade den 20 Junii 1720.
Johann Friedrich von Staffhorst. Albrecht Andreas von Ramdohr.

(StaatsA Stade Rep. 40 Nr. 429 sowie Rep. 23a Nr. 91)

Anlage 2 – 8 — 9. September 1740

Zu Verhütung aller besorglicher Hindernisse, hingegen zu diensamer Beforderung sowol der / den 12. präter. Allergnädigst befohlenen Untersuchung, was man sich von der dißmaligen Erndte jeglichen Orts zu versprechen habe? Wieviel Korn-Vorraht zur Consumtion und sonst nöhtig? etc. Als auch der, den 27. jüngst verfügten Aufzeichnung der Anzahl in hiesigen Hertzogthümern befindlicher Leute, ist für gut erachtet und wird hiemit verordnet: daß erwehnte Untersuch- und Aufzeichnung , von Königlichen Beamten und Obrigkeiten, in ihren Districten, nicht nur ratione der darinn wohnenden und ihrer Gerichtsbarkeit Untergebenen; sondern auch wegen der allda sich befindenden Gerichts-freien Meyer (deren Gerichtsfreiheit im übrigen gantz vorbehältlich) geschehen; desgleichen von denen Erbrichtern, welche geschlossene Gerichte haben, nicht nur bey denen, die in solchen patrimonial-Gerichten wohnen und ihnen untergehören; sondern auch bey den davon eximirten, dasigen Königlichen oder anderen Gutsleuten, (jedoch ebenfalls in übrigen mit Vorbehalt der Exemtion von der Jurisdiction) verrichtet werden soll.

Es hat demnach jeder, den es angehet, sich hiernach zu achten. Stade, den 9. Sept. 1740
Königl. Groß-Britannische ... Geheimer Raht und Regierungs-Rähte.
P. A. v. Münchhausen. B. F. v. Bodenhausen.

(StaatsA Stade Rep. 40 Nr. 429)

Anlage 2 – 9 — 8. Oktober 1740

Extract der eingelangten Berichte

Herzogtum Bremen:

Achim Gericht
Alt- und Neukloster Amt
Altenwalde Dorfschaft
Aplär Dorfschaft
Bederkesa Amt
Bergsten Gericht
Blumenthal Gericht
Bremervörde Amt und Flecken
auch Lamstädt und Basbeck
Bremers Crohnhof zu Cadenberge

Agathenburg Vorwerck und Dorff
Alteland
Altluneberg Gericht
Badenstädt Gericht
Beverstädt Börde
Blumenthal Amt
Bremensche Gerichtsfreie
Brobergen und Wische Gericht

Burg vor Bremen	Buxtehude Stadt
Cassebruch freier Damm	Delm Gericht
Francop Gericht	Frelsdorfer Mühle Crohnhof und Dorf
Gyhum Gericht	Hagen Amt
Harsefeld Amt	Hechthausen Gericht
Himmelpforten Amt	Horneburg Flecken
Kehdingen Bützflethschen Theils	Kehdingen Land Freiburgschen Theils
Lehe Flecken	Lesum Börde
Lilienthal Amt	Meienburg freier Damm
Neuwald Kloster-Amt	Neufeld und Nincop Gericht
Neuhaus Amt	Neunkirchen Gericht
Nieder-Ochtenhausen freier Damm	Nordholz Amt
Ober-Ochtenhausen Gericht	Öse freier Damm
Osten Kirchspiel	Osterholtz Amt
Ottersberg Amt	Poggemühlen freier Damm
Rahde Börde	Reimersmohr Gericht
Ritterhude und Heilshorn freie Dämme	Ritterhude Gericht dazu auch St. Jürgen
Rübke Gericht	Sandbeck Gericht
Schölisch Amts Verwaltung	Schönebeck freier Damm
Schwachhausen Gericht	Schwanewede freier Damm
Stade Stadt	Stade Amt
Viehland Amts-Vogtey	Wursten Land
Zeven Amt	

Herzogtum Verden:

Rotenburg Amt	Verden Stadt
Verden Structur	Verden Amt
Witteloh Gericht	

Summe der Einwohner 140.160

(StaatsA Stade Rep. 40 Nr. 429, Bl. 38 – 40)

Anlage 2 – 10 — 13. November 1752

Es wird euch annoch erinnerlich seyn / wenigstens eure Registratur ausweisen / wasmassen auf expressen Befehl Sr. Königl. Majestät / Unseres Allergnädigsten Herrn / in anno 1735. ein accurates Verzeichniß sämtlicher in eurem District befindlicher Höfe und Feuerstellen erfordert worden. Nun sind zwar dazumahl die dieserhalb verlangte Berichte eingekommen; in Ermangelung eines gleichförmigen Formulars aber größtentheils unvollständig und allzu generel, ja wohl gar ganz mangelhaft gewesen.

Wie nun hieraus eine accurate Beschreibung der Aemter / Kirchspiele / und der dazu Eingepfarrten / ohnmöglich hat können gemacht werden / so erachten wir nöthig / hiervon umständlichere und genauere Nachricht einzuziehen.

Ihr empfanget zu dem Ende hierbey ein Formular, nach dessen Einhalt ihr binnen 6 Wochen Frist anzuzeigen habt

I.

In wie viel Börden oder Gerichte euer Gericht abgetheilet, und in wie viel Vogteyen jegliche Börde allenfalls subdividirt werde; dann B. wie viele Kirchspiele in dem Amte oder Börde; C. habt ihr bey jedem Kirchspiel die eingepfarrten Oerter hintereinander herzusetzen, und in einer besonderen Note, wenn etwan Eingepfarrte extra territorium, diese, und wo sie wohnen, zu benennen; alsdann aber D. wie viel Vollmeyer, Halbmeyer, große und kleine Kähter, und Brincksitzer, in jedem Ort befindlich; auch allendlich E. zu bemercken, wann bey dem Orte Amts-Gebäude, Königl. Vorwercker, Adeliche Sitze, und Wohnungen der Kirchen- und Schul-Bedienten, oder Mühlen seyn; worbey ihr dann von denen Adlichen Höfen die Besitzer, von den Pfarren aber zugleich die Patronos nennen könnt.

II.

Hierbey und zweytens ist ferner anzuzeigen, wie weit jedes Kirchspiel von dem Amts- oder Gerichts-Hause abgelegen, und bey jedem Kirchspiel ist wiederum zu bemercken, wie weit jeglicher eingepfarrter Ort davon entfernet.

III.

Alle Flüsse, die Oerter, wo über selbige Brücken, oder wo durch selbige Fuhrten, so bey aller Jahreszeit zu passiren, habt ihr gleichfalls genau zu benennen, und wann Haupt-Passagen in eurem Amt oder Gericht, welche nur zur Sommerszeit practicable, solche gleichfalls zu bemercken; nicht minder, wann darinn Haupt- Neben- oder Kaje-Teiche, solche auf der Carte zu bezeichnen. Zu em Ende ihr dann

IV.

Hierbey einen Extract einer ziemlich accuraten Carte von hiesigen Landen in duplo empfanget, welche ihr genau revidiren, das, so darauf unrecht benennet, auf dem mit Bleyweiß abgzeichneten Extract, mit Dinte oder Röthelstein ändern, und dasjenige, so dieser an Oertern, Flüssen, Haupt-Wegen, Brücken, Fuhrten und Höltzern von einiger Importantz fehlet, addiren und verbessern, demnächst beyde remittiren könnet. Ihr werdet dabey aber wohl Acht haben, jeglichem Orte seine rechte Lage zu geben, zu dem Ende der Nord-Strich, der von hieraus, Drochtersen und Abensen berühret, auf der Carte bemercket ist, als wornach ihr sie jederzeit legen und ändern müsset.

Wir versehen uns zu eurem Dienst-Eifer und Aufmercksamkeit / ihr werdet alles das / was euch anbefohlen / auf das accurateste auszurichten suchen / und dadurch uns und euch doppelter Mühe überheben. ...

Stade / den 13. Novembris 1752.
Königl. Groß-Britannische ... Geheimer Raht, und Regierungs-Räthe.
B. F. v. Bodenhausen. C. v. d. Decken. J. W. L. v. Berlepsch.

<das beigefügte Formular enthielt folgende Spalten:>

Bewohnte Amts-Gebäude
Königliche Vorwercker

Adeliche Sitze
Wohnungen der Kirch- und Schul-Bedienten
Mühlen
Voll-Meyer
Halb-Meyer
Große u. kleine Käther
Brincksitzer
Summa der Feuerstellen

(StaatsA Stade Rep. 23a Nr. 103)

Anlage 2 - 11 — 5. November 1753

Unter-Gerichts-Ordnung für die Herzogthümer Bremen und Verden

Tit. I Von den Gerichtlichen Sachen auf dem Lande überhaupt, und den Personen, welche daselbst zu klagen, oder sich einzulassen schuldig.

Tit. II Von den Gerichts-Personen, deren Praesentation, auch Obliegenheit in genere.

Tit. III Von den Advocaten und Sachwaltern auf dem Lande.

Tit. IV Was den Beamten und Gerichtshaltern gleich Anfangs, wenn jemand klaget, zu thun obliegет.

Tit. V Von der Klage, und was im ersten Termino vorzunehmen.

Tit. VI Vom zweyten Termin, und was darin vorzunehmen.

Tit. VII Vom Beweiß bey den Aemtern und Unter-Gerichten.

Tit. VIII Vom Processu executivo.

Tit. IX Von Abfassung einer End-Urthel.

Tit. X Von Appellationen, so von Unter-Gerichten an das Hof-Gericht künftig gehen sollen.

Tit. XI Von Execution der ausgesprochenen Urtheile.

Tit. XII Vom Concurs-Proceß.

Tit. XIII Von Beobachtung dieser Ordnung.

(nach: Druck der Untergerichtsordnung von 1753 in Stade)

Anlage 2 - 12 — 6. Dezember 1748

Criminal-Instruction Seiner Königl. Majestät von Groß-Britannien und Churfürstl. Durchlauchtigkeit zu Braunschweig und Lüneburg, wie solche in Dero Hertzogthümern Bremen und Verden publiciret worden.

<Das Vorwort ist in Kapitel 2, Fußnote 645, enthalten.>

Cap. I Von denen Amts- und Gerichts-Personen, und deren Pflichten

§ 1 Von dem Amt der Gerichts-Personen
§ 2 Was für Verbrechen erforscht werden sollen?
§ 3 Wie Übelthaten von denen Unter-Bedienten anzumelden?
§ 4 Wann die Beamte und Gerichts-Personen Mißhandelungen nicht untersuchen
§ 5 Wann sie aus Übereilung/Unerfahrenheit zu weit gehen
§ 6 Inquisitions-Processe sollen beschleuniget werden
§ 7 Wann eine Gerichts-Person kranck oder abwesend
§ 8 Wann das Gericht nur mit einer Person besetzt ist
§ 9 Von Beobachtung derer gegen die Landstreicher ergangenen Verordnungen

Cap. II Von denen Actuariis

§ 1 Von dem Amte des Actuarii
§ 2 Die Niederschreibung der gerichtlichen Handelungen soll gleich geschehen
§ 3 Wann die Aussage der Gefangenen oder Zeugen zweiffelhafftig
§ 4 Wie die Protocolla zu schreiben
§ 5 Wann der Inquisite verschiedene Delicta begangen
§ 6 Arresta Testium sollen in einem Rotulum gebracht werden
§ 7 Wie das Protocollum Confrontationis einzurichten
§ 8 Wann der Actuarius kranck oder abwesend ist
§ 9 Wie die Protocolla zu unterschreiben?

Cap. III Von Gefängnissen, wie solche beschaffen seyn sollen, Unterhalt- und Besuchung der Gefangenen und Gefangen-Wärtern

§ 1 Wie die Gefangene bewahret werden sollen
§ 2 Wann die Gefängniß insonderheit zu erleichtern
§ 3 Wie Gefangene von einander zu separiren
§ 4 Von denen Atzungs-Kosten
§ 5 Von Visitir- und Besuchung der Inquisiten
§ 6 Von Gefangen-Wärtern
§ 7 Was vor Personen zu Wächtern zu nehmen
§ 8 Wann die Gefangenen von einem Prediger zur Busse zu vermahnen

Cap. IV Von der General-Inqusition, wann und wie solche anzustellen

§ 1 Vom Unterscheid der Inquisition
§ 2 Wann die General-Inquisition vorzunehmen
§ 3 Wann verschiedene Jurisdictiones concurriren
§ 4 Wie die Uhrsachen zur Inquisition zu registriren
§ 5 Wann die Beamte sogleich mit der Inquisitione speciali verfahren können
§ 6 Welchergestalt bey delictis levioribus von denen Beamten oder der Cantzeley

künfftighin zu procediren
§ 7 Was bey Denuncianten zu beobachten
§ 8 Wie die Denunciation beschaffen seyn soll
§ 9 Wann das Gemeine Geschrey die Inquisition veranlasset
§ 10 Inquisition über das Corpus Delicti
§ 11 Wie die Crimina occulta zu erkundigen
§ 12 Von Anzeigungen zur Inquisition
§ 13 Wie zwischen verläumdten- und unverläumdten Personen Unterscheid zu halten
§ 14 Wie Crimina Facti permanentis zu erforschen
§ 15 Insbesondere Todtschläge
§ 16 Wie des entleibten Zustand zu erkundigen
§ 17 Wann jemand durch Gifft getödtet worden
§ 18 Vom Kinder-Mord
§ 19 Wann ein oder mehr Personen schleunig sterben
§ 20 Wann die Medici, Chirurgi und Heb-Ammen ihre Attestata beschweren müssen
§ 21 Wie bey Diebstählen das Corpus Delicti zu erkundigen
§ 22 Wann die That gewiß / der Thäter aber noch ungewiß
§ 23 Wann bey der General-Inquisition die Zeugen zu beeydigen
§ 24 Wie der Verdächtige selbst bey der General-Inquisition zu verhören
§ 25 Wann der Thäter sich selbst angiebt
§ 26 Wann jemand Helffer anzeiget
§ 27 Wann es der General-Inquisition gar nicht bedarf
§ 28 Wann der Verdächtige pro avertenda Inquisitione speciali gehöret seyn will
§ 29 Wann keine Inquisition statt findet / sollen Acta verwahret werden

Cap. V Von Captivirung des Thäters
§ 1 Wann zur Hafft zu schreiten
§ 2 Von Entschlagung des Gefängnisses gegen Caution
§ 3 Wie es dieserwegen in zweiffelhafften Fällen zu halten?
§ 4 Wie mit Angriff des Thäters zu verfahren?
§ 5 Wann bey den Inquisiten sich verdächtige Sachen finden

Cap. VI Wie gegen abwesende, oder flüchtige Missethäter zu verfahren
§ 1 Wann der Thäter flüchtig / sollen dessen Gühter annotiret werden
§ 2 Flüchtige Missethäter sollen alsobald mit Steck-Briefen verfolget werden
§ 3 Straffe der Beamten oder Gerichts-Personen / so darin nachläßig
§ 4 Wann der Thäter vermittelst der ausgesandten Steck-Briefe ertappet worden
§ 5 Wann der Entwichene um ein freyes Geleit bittet
§ 6 Wie öffentlichen Räubern und Dieben auch in fremden Landen nachzusetzen
§ 7 Wann sodann die Thäter in fremden Landen ergriffen werden
§ 8 Wann Auswärtige dergleichen Räuber und Diebe in hiesigen Landen verfolgen / und daselbst zur Hafft bringen

Cap. VII Von der Special-Inquisition
§ 1 Wann und wie der Gefangene zum ersten mahl zu verhören
§ 2 Wann nach vollführter General-Inquisition bey dem Inquisiten keine Hoffnung zur Bekänntniß etc. welchergestalt alsdann die Beamte zu procediren haben
§ 3 Wie sich das Gericht gegen den Inquisiten zu verhalten

§ 4 Von denen General-Frag-Stücken
§ 5 Inquisitional-Articul müssen Frag-weise eingerichtet werden
§ 6 In denen Articulis muß denen Gefangenen nicht suggeriret werden
§ 7 Ein jeder Articul muß nur einen Umstand begreiffen
§ 8 Wann denen abgefasseten Articulis unterm Verhöre mehrere beyzufügen
§ 9 Die Articul sollen nicht gefährlich seyn
§ 10 Die Gerichte sollen auch um die Defension des Gefangenen bekümmert seyn
§ 11 Der Thäter ist nach allen Umständen zu befragen
§ 12 Wann der Thäter wegen seiner Helffer befraget werden mag
§ 13 Wann / wegen anderer bey der General-Inquisition nicht vorkommenden Verbrechen
§ 14 Kein Inquisit soll mit einem Eyde beleget werden
§ 15 Der Inquisit muß auf die ihm vorgelegte Articul sogleich antworten
§ 16 Wann er nicht recht antworten will
§ 17 Wann er sich stumm oder unverständig stellet
§ 18 Wann er der Teutschen Sprache nicht kundig
§ 19 Von Bekänntniß so durch verheissene Impunität heraus gelocket wird
§ 20 Von Fortsetzung des Verhörs / wann der Inquisit anfängt die That zu gestehen
§ 21 Des Inquisiti Bezeigen im Gerichte muß genau beschrieben werden
§ 22 Wie dem Inquisiten das Protocoll wieder vorzulesen
§ 23 Von Additional-Frag-Stücken

Cap. VIII Von dem Beweiß einer Missethat, Zeugen-Verhör und Confrontation
§ 1 Wie nach denen Umständen einer schon bekannten That zu forschen ist
§ 2 Von Nachsehung der bey dem Inquisito vorhandenen Briefschafften
§ 3 Wie der Inquisiten Häuser / Zimmer etc. zu visitiren
§ 4 Von Beweiß durch Zeugen
§ 5 Von Einrichtung der Beweiß-Articul
§ 6 Wobey auch auf die Defension des Inquisiti gesehen werden soll
§ 7 Von Communicirung der Beweiß-Articul
§ 8 Von Ladung der Zeugen
§ 9 Die Beeydigung der Zeugen muß in Inquisiti Gegenwart geschehen
§ 10 Wie die Zeugen zu Ablegung des Zeugnisses zu vermögen
§ 11 Wie das Zeugen-Verhör vorzunehmen
§ 12 Einem Zeugen ist seine Disposition wieder vorzulesen
§ 13 Wann der Zeuge kein Teutsch verstehet
§ 14 Wann er nicht recht antworten will
§ 15 Von Additional-Zeugen
§ 16 Von Einrichtung des Rotuli
§ 17 Wann der Inquisit durch die Zeugen überführet worden
§ 18 Von Confrontation der Zeugen mit Inquisito
§ 19 Von Confrontation der Sociorum Criminis
§ 20 Wann alsdann der Inquisit die That bekennet
§ 21 Von Confrontation der Zeugen unter einander
§ 22 Wie die Recognit. eines Inquisiti geschehen muß

Cap. IX Von der Inquisiten Defension
§ 1 Von Anordnung eines Defensoris

§ 2 Defensor soll jederzeit admittiret werden
§ 3 Auch wenn der Inquisit der Defension bereits ad Acta renunciret hat
§ 4 Wie dem Defensori Acta zu communiciren
§ 5 Wie er sich mit dem Inquisito besprechen möge
§ 6 Wie die Defension einzurichten
§ 7 Von Defensional-Zeugen
§ 8 Unter denen Defensional-Zeugen ist kein Unterscheid zu machen
§ 9 Wann schon abgehörte Zeugen wieder beeydiget werden müssen
§ 10 Wann die Defensions-Schrifft einzubringen
§ 11 Wie des Inquisiti Leibes- und Gemüths-Beschaffenheit in Actis zu beschreiben
§ 12 Wie des Inquisiti Vermögen zu erkundigen

Cap. X Von Inrotulation und Einschickung der Acten
§ 1 Wie Acta bey den Städten und übrigen Gerichten zu inrotuliren
§ 2 Welchergestalt es dieserhalb bey der Justitz-Cantzeley zu halten

Cap. XI Von dem Amt eines Referenten, bey Unserer Justitz-Cantzeley
§ 1 Jeglicher / dem der Einhalt dieses Capittels angehet / soll nach bestem Wissen und Gewissen verfahren
§ 2 Worauf zu sprechen
§ 3 Wie von Anfang zu referiren
§ 4 Wie weit dem Antrage des Commissarii Fisci, in dem üblichen Processu mixto zu folgen
§ 5 Jeglichem Raht stehet frey / Acta selbst zu lesen; auch von Bestellung eines Correferenten
§ 6 Wer die Sache zur Relation haben soll
§ 7 Wie in specie zu referiren
§ 8 Der Referent soll die Sache beschleunigen
§ 9 Wie es zu halten / wann der Referent fertig
§ 10 Wem / nach abgelegter Relation, das weitere zu expediren / oblieget
§ 11 Wie es zu halten / wann ulterior defensio gesuchet wird

Cap. XII Von der peinlichen Frage
§ 1 Wie die Urthel / worin die peinliche Frage erkannt worden / dem Gefangenen zu eröffnen
§ 2 Welchergestalt solches bey der Justitz-Cantzeley zu bewerckstelligen
§ 3 Wie er gegen dergleichen Urthel mit fernerer Defension zu hören
§ 4 Was das Gericht vor der Execution der Tortur thun soll
§ 5 Von Execution der Tortur
§ 6 Der Gefangene ist vorhero in Güte nochmahls zu vernehmen und zu ermahnen
§ 7 Dem Nachrichter ist der Inhalt des Urthels bekannt zu machen
§ 8 Wie er die Tortur vollstrecken müsse
§ 9 Es sollen keine ungewöhnliche Mittel der Peinigung gebrauchet werden
§ 10 Eyd der Nachrichter
§ 11 Der Actuarius muß alles genau verzeichnen
§ 12 Wann der Inquisit die Tortur ausstehet
§ 13 Wann der Inquisit Bekänntniß verspricht
§ 14 Wann er bey nachgelassener Marter dennoch nicht bekennen will

§ 15 Wie er bey erfolgter Bekänntniß zu befragen
§ 16 Der Inquisit soll in und nach der Tortur wegen anderer Verbrechen / weßhalb er nicht graviret ist / nicht befraget werden
§ 17 Dem Inquisito muß sein Geständniß wieder vorgelesen werden
§ 18 Von Ratification der Urgicht
§ 19 Wann der Inquisit die Urgicht revociret
§ 20 Wie die Gerichte nach der Urgicht procediren sollen
§ 21 Wann der Inquisit nach vollzogener Tortur zu nochmahliger Defension zu admittiren

Cap. XIII Von Publication einer End-Urthel
§ 1 Von Publication der Sentenz
§ 2 Von der Absolution und von Urpheden
§ 3 Wie es zu halten / wann der Gefangene den Urpheden abzuschweren sich weigert
§ 4 Wie ulterior Defensio auszuführen
§ 5 Wann contra Confirmatoriam annoch fernere Defension zu verstatten
§ 6 Wann währender Zeit / daß Acta eingeschicket gewesen / sich neue Indicia hervor thun

Cap. XIV Von Execution der Straffen
§ 1 Der Tag der Execution ist dem Gefangenen zu intimiren
§ 2 Er soll die Zeit über allein gelassen werden
§ 3 Wann die Execution ausgesetzet werden soll
§ 4 Wann bey vorzunehmender Execution der Übelthäter plötzlich kranck wird
§ 5 Von Hegung öffentlichen Hals-Gerichts
§ 6 Wie bey der Execution alle Unordnung zu vermeiden
§ 7 Wie der Gefangene / wenn er verwiesen wird / den Urpheden schweren soll
§ 8 Wie der Actuarius die Execution, und was dabey vorgegangen / ad Acta registriren muß

Cap. XV Von Beobachtung dieser Instruction

Damit nun dieser Instruction, wie in peinlichen Sachen zu verfahren, welche keinen anderen Zweck hat, als die Beforderung der Gerechtigkeit, und auf daß an einer Seite dem Übel, so viel möglich gesteuret, und an der andern, unterm Schein der Justitz, wider Recht niemand beschweret werde, überall steiff und fest nachgekommen, auch aller unnöthige Verzug der Inquisitions- und Accusations-Processe, so viel möglich vermieden werden möge; so soll Unsere Justitz-Cantzeley in den Hertzogthümern Bremen und Verden und Beamte, auch übrige Gerichte, und Commissarius Fisci bey ihren, GOtt dem Allmächtigen und Uns geleisteten schweren Eydes-Pflichten hiemit nochmahls ernstlich ermahnet seyn, allen möglichen Fleiß anzuwenden, daß diese heilsahme Absicht erreichet werde. Und gleich wie Wir das Vertrauen haben, daß keines solcher Gerichte es darunter an sich werde erwinden lassen; Also erklähren Wir auch, widrigenfalls hiemit, da dem ohngeachtet dagegen gehandelt, und dadurch jemand unbillig und widerrechtlich an seinem Leben, Leibe, Ehre oder Guht verletzet, oder beschweret, oder auch durch unverantwortliche Connvinenz oder Nachläßigkeit, das böse nicht gehörig untersuchet und zur Bestraffung gebracht werden sollte, daß die darob entstehende Sünden und Ungerechtigkeit, auf den Kopff und Gewissen desjenigen zu legen, der daran schuldig ist.

Gegeben Hannover, den 6ten Decembr. 1748
Ad Mandatum speciale
H. Grote G. A. v. Münchhausen E. v. Steinberg C. Diede O. C. v. Lenthe

(StaatsA Stade Rep. 23a Nr. 99)

Anlage 2 – 13 4. Februar 1788

... Euer pp ... Wunsch: den in den hiesigen Herzogthümern noch üblichen vermischten Criminal-Proceß abzuschaffen, und an dessen Statt, gleich in den übrigen Königl. Provinzen, den bloßen inquisitorischen Proceß einzuführen,
Unsere gutachtliche Meynung abzugeben.

Daß eine solche Veränderung wesentliche und für das Land große Vortheile haben könne, hat bey uns gar keinen Zweifel, und der erste derselben wird eine geschwindere Beendigung der Inquisition seyn.

Euer pp wissen, daß nach unserer bisherigen Verfassung bey allen einkommenden Criminal-Berichten und Protocollen zuerst dem Ankläger die Acten zur Einsicht gegeben, und sein Antrag erwartet wird. Dieser betrift nun entweder blos das processualische, oder, er geht auch schon auf eine förmliche Anklage hinaus. Im erstern Fall prüfet ihn wieder derjenige Rath, dem das Directorium die Sache zugetheilet hat, trägt bey versamleten Gerichte daraus vor, und als dann ertheilet erst Letzters darüber, ob er den Acten und der Lage der Sache angemeseen, und zum wesentlichen des Proceses nötig sey, oder nicht. Im letztern Falle hingegen wird die Schrift des Anklägers irgend einem hier recipirten Anwalde zur Vertheidigung abschriftlich mitgetheilet, und deren insinuation von jenem nach seiner Bequemlichkeit, mithin vielleicht erst Tage hernach besorgt. Die Defensionen selbst communiciren wir wieder zur Replik, um die Manual Acten des Anklägers nicht unvollständig zu lassen, und bey allen diesen gehen offenbar auch bey der größesten Thätigkeit der Referenten,und bey einem noch so ausdauernden Fleiße der Canzellisten, immer Tage verlohren, welche sonst würcklich ersparet würden, wenn das Nöthige gleich nach den eingelangten Inquisitions-Protocollen, und ohne von Seiten des Anklägers etwas erwarten zu dürfen, festgesetzt, die Defension erfordert und als denn das End Urtheil abgefaßt werden könnte. Dieser ohnstreitig gewisse Verlust der Zeit muß jedes mahl um so größer werden, je wichtiger und weitläuftiger die Sachen, selbst sind, und einen auffallenden Beweiß davon gibt, außer der bekannten Untersuchung aus dem Gericht Lehe, welche gegen verschiedene Personen aus Lehe und Geestendorf wegen Uebertretung der Verordnung vom Strandguthe ao 1784 geführet werden, auch die kürtzlich hier geschloßene Acte wider Bornemann und Pape in Betref des den hiesigen Hofgerichts-Assessor von Rönne betroffenen Diebstahls.

Diese Inquisition würde, obgleich von der eingegebenen Anklage an gerechnet, bis nach würcklich abgelegter relation aus den sämtlichen mit 4 von eben so viel Anwälden entworfenen Vertheidigungs Schriften versehenen Voten, nur ein Zeitraum von 14 Tagen vergangen ist, ausgemacht wenigstens eben so viel Tage früher geendiget seyn, wenn wir nicht nach uns von gesezlichen Gebrauche, die Inquisitional-Articul, die Anklage und die

Replik des Doctoris Eitzen hätten erwarten und darnach so wohl, das vornehmste Verhör als die Vorlesung der Hauptschriften hatten aufhalten müßen. Diesem wichtigen Uebel können wir aber, so lange der vermischte Criminal-Proceß noch dauret, gerade deswegen, weil es damit unzertrennlich verbunden ist, auf keine Art abhelfen, und eben so wenig die zwar nicht natürliche, inzwischen doch, wie die Erfahrung lehret, sehr gewöhnliche und an sich unserm gerechten Wunsche ganz entgegen stehende Folge vermeiden, daß es in leichten und unbedeutenden Verbrechen mannigmahl an Betreibung derselben fehlen muß.

Grosse Verbrechen, wo besonders die Inquisiten in Haft sitzen, bleiben schon ihrer Wichtigkeit wegen in Andenken, und hiebey wird es uns also nicht schwer werden, auch ohne Aufforderung des Fiscalis eine in Stillstand gerathene Untersuchung wieder in Bewegung zu bringen. Geringe Verbrechen hingegen entgehen dem Gedächtnisse leichter, wenn wir einen dritten an unserer Seite haben, deßen Pflicht hauptsächlich auf Führung der Criminal-Processe gehet, und von dem wir nothwendig glauben müßen, daß er mit einem ausgezeichneten Eifer und mit gewißenhaftem Fleiße die ihm anvertraueten Geschäfte behandelt.

Wird aber der Proceß zu einem blos inquisitorischen umgeschaffen, so hängt von dem Ankläger nichts, sondern vom Referenten alles ab. Er kann jedes mahl das Nötige ohne Weitläuftigkeit selbst besorgen, auf diese Art, da, wo es erforderlich ist, ein excitatorium an die Beamte veranlaßen, und in einer Minute das thun, was sonst erst nach Verlauf von Tagen hätte geschehen können.

Ein zweyter Vortheil dieser Veränderung wird der beßere Gang des Processes und eine größere Vollständigkeit in den kleinen Nebendingen seyn. Der Ankläger ist nämlich derjenige, der den Proceß allein leitet, und die Pflicht des Gerichts bestehet nur darin, jede Nullität zu verhüten. Die Vervollkommnung desselben muß, wenn anders sein Amt nicht herabgesetzet und zu einem Nonens gemacht werden soll, blos auf ihn beruhen, und daher sind denn zum Theil die in den Relationen fast jedesmahl gerügten Mängel entstanden. Alles dieses kann bey einer blos inquisitorischen Untersuchung wegfallen. Der Referent legt nämlich gleich beym ersten Protocolle die ganze Sache dem Collegio umständlich vor, er bemerkt dabey was zu thun ist, seine Pflicht und selbst seine eigene Ehre erheischt nunmehro eine weit strengere Aufmerksamkeit von ihm, jeder Mangel, jede Unvollkommenheit, fällt ursprünglich auf ihn zurück, und so vereinigt sich bey ihm alles, um eine inquisition eben so geschwind, als mit strenger legalitaet zu vollenden. Dies sind unstreitig wichtige Vortheile, welche für die Verwandelung des gemischten Criminal-Processes reden; und wogegen auf der anderen Seite auch nicht der geringste Schaden aufgewogen werden kann.

Denn betrachten wir den ganzen Umfang der dem hiesigen Commissario fisci in Beziehung auf Criminal-Sachen obliegenden Pflichten, und zwar einmahl, daß er die in diesen Provintzen begangenen Verbrechen, in so ferne ihre Bestrafungen vor uns gehören, denunciiren muß, so ist er hiebey gewiß überflüßig.

Wollen die Beamte ihre Pflicht thun, und ohne Parteylichkeit für die Sicherheit eines jeden in seinem Bezirke wohnenden Individin mit aller Sorgfalt und Treue machen: so wird so leicht gar kein, am allerwenigsten ein wichtiges Verbrechen verschwiegen bleiben. Wollen sie es nicht, so mag der privilegirte Denunciante noch so aufmercksam seyn, manches wird ihm besonders an den entlegenen Orten dieser Provintzen doch entgehen, oder auch er bey allen seinen Diensteifer sehr oft getäuscht werden. Wie unvollständig manchmal das Register des hiesigen Commissarii fisci von begangenen Verbrechen gewesen seyn müße, zeigt die Erfahrung. Seit verschiedenen Jahren haben wir kaum eine einzige ohne unsere Veranlaßung niedergelegte Denunciation von ihm und neuerlich so gar das merkwürdige Exempel, daß er die Nachricht von einem hier in Stade bey dem Zeugverwalter Lüders, so wie auch von einem in der Nähe der Stadt zum Daudiek mit Einbruch verübten Diebstahle, zuerst von uns erhalten mußte. Betrachtet man das zweyte, was dem Fiscal hier obliegt, daß nämlich er bey Criminal-Untersuchungen den Gang des Proceßes leiten und dahin sehen muß, daß derselbe, so weit es die Natur der Sache erlaubt, äußerst vollständig geführet werde: so ist er auch hierin ganz entbehrlich.

So bald nur die Beamten der Criminal-Instruction gründliche Folge leisten, oder so lange noch wir den Gang des Criminal-Processes kennen; so lange brauchen wir sämtlich nicht von ihm auf den rechten Weg geführet zu werden. Wollen wir aber dagegen halten: so werden seine Anträge, wenn sie auch noch so sehr der Sache angemessen sind, uns davon nicht zurück halten, und wir uns davon eben so wenig kehren, als wie bisher, wiewol mit Recht in einigen Fällen besonders bey seinen Klagen gethan haben.

Aus diesen Gründen erklären wir uns also gänzlich für die Abschaffung des bisher üblich gewesenen vermischten Criminal-Processes, und hoffen, daß auch Euer pp hierunter völlig mit uns einverstanden seyn werden.

...

4. Febr. 1788

(StaatsA Stade Rep. 31 Titel 7m Nr. 2, Bl. 6 – 9)

Post S.tum

... muß auch ich, der Canzley-Director von Spilcker besonders bemercklich machen, daß durch die angegebene Veränderung in dem Criminal-Processe, den hiesigen Räthen die Arbeit um ein merckliches vermehret werde, indem ich nach der hiesigen Einrichtung, nach welcher sie alle zugleich Assessoren des Hof-Gerichtes sind, dieses aber 4 mahle im Jahre gehalten wird, und oftmals ein jeder, außer den bey der Canzley vorkommenden Civil- und Criminal-Arbeiten, 3 bis 4 Haupt-relationes zu verfertigen haben, keinen mit letztern übersehen kann oder darf. Ich wünschte daher, daß zur Belohnung ihres bisherigen Fleißes, und zu einiger Aufmunterung, auch in Zukunft dabey zu beharren, Sr Königl. Majestät, die durch die etwanige Abschaffung des Commissarii fisci wegfallende Gage unter die 5 Justitz-Räthe zu vertheilen, oder diesen auf andere Art eine Zulage zu verwilligen, Allergnädigst geruhen möge, und zweifle auch im Geringsten nicht, daß Euer pp dazu, besonders in der Rücksicht, daß durch Verwandlung des vermischten Criminal- in einen blos inquisitorischen Proceß der Königl. Cammer die Inquisitions-Kosten um ein merckliches vermindert werden, und selbiger diejenigen quanta zufallen, welche der Commissarius Fisci bisher von allen Geld-Strafen genoßen hat, gefälligst cooperiren werden.

...

4. Febr. 1788

(StaatsA Stade Rep. 31 Titel 7m Nr. 2, Bl. 10)

Anlage 4 – 1 **28. Juni 1803**

Unterthäniges Promemoria

Nach Ausweisung beykommender - aus dem Brem- und Verdenschen Departement zu Hannover unter meiner Adresse mit der gestrigen Post anhero gelangte *depèche*, die mir aber heute erst zu Händen gekommen ist, sollen die von hier aus nach Hannover zu erlassende Regierungs Berichte während der gegenwärtigen öffentlichen Konjuncturen bloß in der Form eines Promemoria ohne alle Curialien abgefaßt werden und unter der äußeren Adresse

An das Brem- und Verdensche Departement
zu Hannover

abgehen. An wen aber ein solches Promemoria inwendig zu richten, und von wem es zu unterschreiben sey, solches ist nicht vorgeschrieben worden. Nach den beyliegenden Rescripten vom 20. d. M., die von dem Geheimen Canzley Secretair Wehner unterschrieben und an mich gerichtet worden sind, zu urtheilen, scheint es mir, daß das Original eines in der Form eines Promemoria an das Brem- und Verdensche Departement zu erlassenden Regierungs-Berichts inwendig an genannten Geheimen Canzley Secretair zu richten, und nicht von den Herren Räthen, sondern entweder von mir allein, oder von dem jedesmahligen Concipienten des Berichts, zu unterschreiben sey. Unten würde es also lauten müssen:

Aus der Brem- und Verdenschen Regierungs Canzley
Ecks oder Dodt etc.

Denn von einer eigentlichen Regierung will man so wenig, als von einem Staats-Ministerio, etwas wissen; daher auch beykommende *depèche* nicht an die Regierung, sondern an mich addressiert worden ist. Indessen verstelle ich solches zu höherem Ermessen, und gebe zugleich unterthänigst anheim, ob nicht die Justiz-Canzley, die auch Namens der Regierung Berichte nach Hannover abgehen läßt, davon zu benachrichtigen sey. Uebrigens mache ich noch bemerklich, daß diese *depèche* bloß mit einem springenden Pferde besiegelt worden ist.
Stade, den 28. Junius 1803 Ecks

In der Session vom 1. Julius ist obiger Vorschlag genehmiget worden.
Nur soll ein solches Promemoria inwendig an niemand namentlich gerichtet werden.

(StaatsA Stade Rep. 50 Nr. 225, Bl. 51)

Anlage 4 – 2 **13. Januar 1804**

Abschrift
* * *

Da die allerseitigen Wünsche und Bestrebungen dahin übereinstimmen, daß die im Lande constituirten Autoritäten, auch unter den dermahligen außerordentlichen Umständen, so weit es, ohne bey der französischen Generalität einen für das Wohl des Landes nachtheiligen Anstoß zu erregen, irgend thunlich ist, in ihrer bisherigen Verfassung und den davon abhängenden Verhältnissen zum Besten des Ganzen würksam bleiben, auch dagegen in dieser durch die Beschaffenheit der Umstände beschränkten Maaße, selbst französischer Seits, bisher nichts erinnert worden ist:

So wird es vorzüglich nur darauf ankommen, die äußere Form zu bestimmen, wie solches am füglichsten geschehen kann, ohne sich gegen die gedachte französische Generalität von Seiten des Ministerio zu compromittiren. In besonderer Rücksicht auf die Regierung der Herzogthümer Bremen und Verden, welche Sich Ihrer Seits in einer völlig ungestörten verfassungsmäßigen Activität befindet, werden anbey - mit Ausschluß der für das Justiz-Departement gehörigen Sachen, mit welchen es seine eigene bereits bestehende Bewandniß hat, zwey Haupt-Claßen von Sachen von niemand unterschrieben werden können.

1. bey Sachen, die für das Departement der Brem- und Verdenschen Landes Sachen gehören, es mögen solche bloß departemental seyn oder nach Befinden auch an das plenum collegium gelangen können, - wird nach der Meynung der hiesigen Herren Ministers Excellenzen, der des Herrn Ministers Hake Excellenz schon im voraus beygetreten sind, unter den dermahligen Umständen diejenige Form der Communication, welche zwischen den hiesigen drey Regierungs Collegiis durch Promemoria der referirenden Secretarien üblich ist, den Zweck vollkommen erfüllen.
2. bey Sachen hingegen, welche eigentlich ministerial sind, werden die hiesigen Herren Minister Excellenzen eine solche Art der Communication, wie sie in dem jetzt vorliegenden Fall von hier geschiehet, durch ununterschriebene Noten von der Hand des Referenten, mit einem Privat Briefe zu deren Beglaubigung begleitet, Sich angenehm seyn lassen und darunter nach Erfordern mit den zu Ratzeburg anwesenden Herren Minister Excellenzen zu Bewährung höherer Entschließungen Sich weiter concertiren.

Indem bey Sachen der einen oder der anderen Art Ausfertigungen erfordert werden, welche sonst der regel nach allhier, es sey *nomine Regis* oder *nomine Ministerii*, würden besorget werden müssen: so wird in der dermahligen Lage der Umstände die Ausfertigung nach den darüber genommenen Ministerial Beschlüssen der dortigen Regierung am zweckmäßigen überlassen bleiben. Nur wünscht man, daß in solchen Fällen das Interesse der hiesigen *fisci* nach den deshalb in jedem vorkommendenfalls mitzutheilenden *principiis* dort mit besorget werden möge.

Und übrigens wird nur noch die Bemerkung hinzugefüget, daß es am diensamsten seyn werde, die Sachen hieher unter einer Privat Addresse, es sey an den Herrn Minister des Departements, oder an den Referenten, gelangen zu lassen.

***

den 13. Januar 1804
In fidem copiae
Ecks

(StaatsA Stade Rep. 50 Nr. 225, Bl. 57 – 59)

Anlage 4 – 3 3. Februar 1804

Actum Stade in der Regierungs Session vom 3. Februar 1804

In Gegenwart
des Herrn Staatsministers Hake Excellenz und des Herrn Regierungs Raths von Borstel Hochwohlgebohren.

Seine Excellenz machten eine Ihnen von dem Herrn geheimen Cabinets Rath Nieper unterm 13. Januar d. J. zugegangene Note mittelst deren Vorlegung bekannt; welche eine Vorschrift enthält, welchergestalt der bey der hiesigen Regierung seit der französischen Occupation bisher ungestört gebliebene Geschäftsgang auch mit den hannoverschen Departements unter den jetzigen Umständen fortzuführen sey, insonderheit, was in Ansehung der äußeren Form der dahin gelangenden Sachen beobachtet werden müsse. Es wurde mir demnach aufgegeben, solche Vorschrift nicht nur selbst zu befolgen, sondern auch den übrigen Regierungs Secretarien davon eine beglaubigte Abschrift unter meiner Hand zu ihrer Nachachtung zuzustellen, mit der Bemerkung, daß diese Verfügung möglichst geheim zu halten sey; hiernächst auch dem Botenmeister fidem dasjenige, was solche Vorschrift in Abschrift der Hannöverschen fiscigebühren enthält, zu seiner Befolgung bekannt zu machen.

Übrigens wurde mir auch eine Abschrift von dem Protocolls Extract d. d. Hannover 23. Junii 1803, worin der von dem Landes Deputations Collegio genommene Beschluß über die Art und Weise, wie der Geschäftsgang in der zum Regiminal Departement gehörigen Angelegenheiten während der französischen Occupation zu unterhalten sey, befaßlichst zugestellet.

Ut supra in fidem
Ecks

(StaatsA Stade Rep. 50 Nr. 225, Bl. 54/55)

Anlage 4 – 4 20. Juni 1806

An die Königl. Preußische hochlöbliche Administrations- und Organisations-Commißion zu Hannover

Von der Königl Preußischen hochlöbl. Administrations- und Organisations-Commission ist der hiesigen von Königl. Majestät von Preußen provisorisch bestätigten Regierung mittels Rescripts vom 12. Mai d. J. aufgegeben, eine kurze, jedoch zuverlässige und erschöpfende Darstellung der verschiedenen geistlichen und weltlichen, sowohl Civil- als Criminal-Gerichtsbahrkeiten und eine Nachweisung über die Fonds zur Unterhaltung der Rechtspflege und über das Sportelwesen in den Herzogthümern Bremen und Verden einzusenden.

Was nun zuvörderst
1. die verschiedenen Gerichtsbarkeiten und zuerst

a. die geistlichen betrifft, so ist selbige in den hiesigen Herzogthümern ganz und gar bey dem Consistorio hierselbst. Nur allein die drey Städte Stade, Buxtehude und Verden machen eine Ausnahme davon, als welche eine, jedoch eingeschränkte geistliche Gerichtsbarkeit und ihre geistlichen Gerichte haben, die sowohl

In Betreff

2. der weltlichen und zwar

A. der Civil-Gerichtsbarkeiten sind die Unter-Gerichte von den Ober-Gerichten zu unterscheiden

a. die Untergerichte sind

aa. Landesherrliche,

nemlich nachbenannte Aemter Alt- und Neukloster, Achim, Bederkesa, Blumenthal, Bremervörde, Hagen, Harsefeld, Himmelpforten, Lilienthal, Neuhauß, Nordholz, Osterholz, Ottersberg, Stade und Agathenburg, Stotel, Viehland oder Großendorf, Wischhafen, Zeven, Rotenburg und Verden;

hiernächst folgende Landesherrliche Gerichte,

das Gericht Alten Landes zu Jork, die Gerichte in jedem der 4 Kehding-Bützflethschen Kirchspiele Bützfleth, Assel, Drochtersen und Hamelwörden; das Gericht im Lande Kehdingen Freyburgschen Theils zu Freyburg; das Gericht Lehe; das Gericht Osten, und das Voigteygericht im Lande Wursten zu Dorum; dann noch das der Structur zu Verden zustehende Gericht beyzuzählen ist, welches von dem dasigen Structuarius verwaltet wird.

Hierbey ist noch die Anmerkung zu machen, daß an den Kirchspielsgerichten in dem Lande Kehdingen bützflethschen Theils auch die Landeseingesessenen insofern Theil haben, daß die sogenannten Kirchspielshauptleute als *assessores* mit in den Gerichten sitzen und die Urtheile Namens der Gräfen, welche von Seiten der Landesherrschaft bestellet wird, und der Hauptleute publicirt werden.

Außer diesen landesherrlichen Ämtern und Gerichten sind nun

bb. viele Patrimonial-Gerichte in den hiesigen Herzogthümern, theils geschlossen, theils nicht geschlossen.

αα zu den geschlossenen Patrimonialgerichten, welche in ihrem Umfange außer der Civil-Jurisdiction auch die Hoheitssachen Namens des Landesherrn wahrnehmen, gehören

1. die Magistrate in den drey Städten Stade, Buxtehude und Verden; und haben die beiden ersten ein sogenanntes Niedergericht, und ein Obergericht, von welchen letzteren die Appellationen, wie von allen Aemtern und Gerichten, an das hiesige Hofgericht gehen;
2. das Gericht Beverstedt,
3. „ Delm,
4. „ Francop,
5. „ Nincop,
6. „ Gyhum,
7. „ Hanstedt,
8. „ Hechthausen,
9. „ Horneburg,
10. „ Howe,
11. „ Leesum,

12. „ Schönebeck,
13. „ Groß Meckelsen,
14. „ Meyenburg,
15. „ Cassebruch,
16. „ Schwanewede,
17. „ Neuenhausen,
18. „ Niederochtenhausen,
19. „ Reimersmoor,
20. „ Ritterhude,
21. „ Rüpcke,
22. „ Schwinge,
23. „ Wohlenbeck
24. das der bremenschen Ritterschaft zustehende Kloster-Amt Neuenwalde.

Außer diesen behauptet auch das Gericht Sandbeck die Qualität eines geschlossenen Gerichts, diese wird demselben aber vom Amte Osterholz angestritten.

Die Magistrate der drey Städte wählen und bestellen ihr Personal selbst und statten von den darin vorgefundenen Veränderungen der hiesigen Regierung Bericht ab, bedürfen aber keiner Confirmation ihrer Wahlen. Die Regierung hat die Befugniß, bey den Wahlen der Magistrats-Personen in der Stadt Stade einen *Commißarium* zu ernennen, welcher darauf zu achten hat, daß der vorgeschriebene Wahleyd von den Wählern, ein jedesmahl gehörig abgestattet werde; sodann hat sich aber dieser *Commissarius* wegzubegeben und ist folglich bey der Wahl selbst nicht gegenwärtig.

Die Inhaber der übrigen geschlossenen Patrimonialgerichte sind verpflichtet, gewisse Verwalter dieser Gerichte der Regierung hierselbst zu präsentieren, welche dieselben, wenn sie sie tüchtig findet, annimmt und beeydiget. Im Umfange mehrerer Aemter und Landesherrlichen Gerichte, auch geschlossener Patrimonialgerichte, befinden sich aber

ββ.) viele nicht geschlossene Civil-Gerichtsbarkeiten, welche einzelnen *privatis*, auch mehreren gemeinschaftlich, zustehen, und sich theils nur auf einzelne Meyer und *fundos* erstrecken, theils aber einen weiteren Umfang haben. Die Inhaber dieser Gerichtsbarkeiten haben die Befugniß nach der hiesigen Untergerichtsordnung tit. II § 5, solche selbst zu verwalten, oder einem anderen aufzutragen, doch sind sie in diesem Fall schuldig, davon der Regierung Anzeige zu thun, wie denn diese, wenn sie findet, daß die Gerichte nicht gehörig verwaltet werden, die Bestellung eines ordentlichen Gerichtshalters zu befehlen, und den, der diese Gerichte nicht gehörig verwaltet oder verwalten läßt, zu bestrafen das Recht hat.

Dieser grossentheils kleinen Gerichtsbahrkeiten sind eine grosse Menge und sie sind nicht auch sämtlich der hiesigen Regierung und den Justiz-*Collegiis* bekannt, indem es bisher bedenklich gefunden ist, die Inhaber zu deren Angabe öffentlich aufzufordern, um keine Processe darüber zu veranlassen, weil verschiedene von den Aemtern und Gerichten, in deren Umfange sie sich befinden, angestritten werden.

Wir haben dermahlen von allen Aemtern und geschlossenen Gerichten eine momentliche Anzeige der in ihrem Bezirke vorhandenen nicht geschlossenen und Streu-Gerichtsbarkeiten erfordert, und nehmen uns die Erlaubniß, die darüber eingekommenen Berichte in dem beygefügten Convolute[4] mitzusenden, und uns darauf zu beziehen, weil wir besorgen, durch Auszüge daraus und namentliche Anführung aller darin nahmhaft gemachten kleinen Gerichtsbarkeiten in diesem Berichte, dem Zweck entgegen, zu weitläuftig zu werden.

Alle diese Gerichte haben nun über alle Civilsachen in erster Instanz zu erkennen, mit Ausnahme einiger Sachen, welche durch ergangene Verordnungen für Regiminal erklähret sind, und worüber die Gerichte nicht zu erkennen haben, bevor sie von der Regierung an den Weg Rechtens verwiesen sind, welches aber jedesmahl geschieht, wenn es dabey auf das *interesse publicum* nicht so sehr, als hauptsächlich auf *iura partium*, ankommt. Zu diesen Sachen gehören z. B. die Deich- und Schleusen-, die Landesöconomi-, die Accise-, die Contributions- und die ordinairen Cavallerie-Einquartierungs-Angelegenheiten. Auch gehören die Bruchsachen in den herrschaftlichen Aemtern und Gerichten für das Cammer-Collegium zu Hannover, wie nicht weniger zufolge der Verordnung vom Jahre 1719 die Meyersachen in den Aemtern, welches auch auf die Meyer-Sachen der Structur zu Verden extendiret ist, als die ausschließlich für die hiesige Regierung gehören.

Die Competenz jener Amts- und übrigen Unter-Gerichte in Ansehung der Persohnen erstreckt sich aber zufolge der hiesigen Untergerichtsordnung nicht auf die von Adel und diejenigen, welche Amtsschreibers - oder höheren Rang haben, auch nicht auf die, welche auf adlichen oder canzleysässigen *fundis* wohnen, als welche sämtlich in Ansehung ihrer Persohnen und Hausgenossen in erster Instanz unter den höheren Landes-Collegium stehen und von der Gerichtsbahrkeit der Magistrate in den Städten sind alle Persohnen für sich und ihre Hausgenossen eximirt, welche in Landesherrlichen Diensten stehen, und diese, so wie auch nach deren Absterben, deren Witwen und Kinder, so lange sie nicht ihren Stand verändern, haben ihren Gerichtsstand in erster Instanz bey den höheren Landes-Collegien. Ganz und ohne Pension aus dem herrschaftlichen Dienst entlassene Persohnen sind jedoch der Gerichtsbarkeit des Magistrats in den Städten unterworfen.

Außer diesen Civil-Gerichtsbahrkeiten der ersten Instanz, die sich auf alle Civil-Sachen erstrecken, sind noch einige specielle Gerichtsbahrkeiten vorhanden, die nur einzelne Arten von Sachen zum Gegenstand haben, als die Deichgerichte, und die Holzgerichte.

Die Deichgerichte, welche in einigen Marschdistricten hergebracht sind, haben an einigen Orten nicht bloß Bruchstrafen in Deichsachen zu erkennen, in Ansehung deren die Beschwehrden über ihre Erkenntnisse an die hiesige Regierung zu bringen sind; sondern auch dem Herkommen und der Deichordnung zu folge Competenz in verschiedenen Privat-Angelegenheiten, da sie denn, gleich den übrigen Untergerichten, in Ansehung ihrer Erkenntnisse dem hiesigen Hofgerichte unterworfen sind.

Die Holzgerichte haben in der Regel nur über Forst-Bruch-Sachen zu erkennen, doch haben selbige auch in verschiedenen Districten, namentlich im Gohgericht Achim, einen etwas weiteren Umfang, welcher indessen sehr unterschieden ist.

Die Appellationen von allen diesen Untergerichten gehen an das hiesige Hofgericht. Doch ist in verschiedenen Districten noch ehe sie dahin kommen

β.) eine Mittel-Instanz, nemlich

---

[4] Dabei handelt es sich um das im StaatsA Stade in der Zählung folgende Rep 50 Nr. 531.

aa die Justiz-Landgerichte.

Diese werden von einem Regierungsrath und einem Justizrath, mit Zuziehung eines Canzlei-*Secretarii,* hierselbst abgehalten. Sie finden nur statt in Ansehung der Urtheile, welche von den Aemtern Osterholz, Lilienthal, Hagen, Stotel, Viehland, Neuhaus, Bederkesa und den Gerichten Osten, Lehe und Dorum abgesprochen werden. Der Appellant hat aber die Wahl, ob er seine Appellation an das Justiz-Landgericht, oder mit Vorbeygehung dieser Instanz gleich an das hiesige Hofgericht bringen will.

bb.) das sogenannte Land-Grefthing-Gericht im Alten Lande, an welches von den Urtheilen des Gerichts Jork im Alten Lande appelliret wird, und welches aus den Gräfen im Alten Lande und einigen Eingesessenen besteht.

Was sodann

χ die Ober- oder höheren Landes-Gerichte betrifft; so hat

aa) die hiesige Justizcanzley die Vormundschaftssachen und die Cammerprocesse in Ansehung der ihrer, oder der Hofgerichts Jurisdiction unmittelbahr und in erster Instanz unterworfenen Persohnen wahrzunehmen, übrigens aber in anderen Civil-Proceß-Sachen nur, wenn *in summarissimo* verfahren wird, und in erster Instanz zu erkennen, und sie macht, wenn gleich die Klagen, die gegen die Aemter und Gerichte als Partheyen geführt werden, an dieselbe gehören, keine Appellations-Instanz aus.

bb.) das hiesige Hofgericht, welches aus den Mitgliedern der Justizcanzley, und außerdem aus *assessoribus,* welche von den die Landschaft ausmachenden verschiedenen Ständen, nemlich der Ritterschaft und den Städten präsentiret werden, besteht, hat in erster Instanz über alle diejenigen, welche entweder wegen des *fundi,* wo sie wohnen, oder wegen ihrer Persohnen, von der Gerichtsbahrkeit der Untergerichte eximirt sind, in Ansehung der Sachen, die *in summario et petitorio* verhandelt werden, und hiernächst in allen von den Untergerichten, so wie auch von den Mittel-Instanzen, kommenden Appellations-Sachen, zu verfahren und zu erkennen.

Die Appellationen von den Erkenntnissen der Justizcanzley und des Hofgerichts gehen an das Ober-Appellations-Gericht zu Celle.

Hiernächst wird

b.) die Criminal-Gerichtsbahrkeit in den Herzogthümern Bremen und Verden von der hiesigen Justizcanzley verwaltet, mit Ausnahme einiger Patrimonial- und sonstigen Gerichte, deren in der Folge erwähnt werden wird.

In der Regel wird die Criminal-Gerichtsbahrkeit von der hiesigen Justizcanzley verwaltet, dergestalt, daß die Beamten und Landesherrlichen Gerichte auf dem Lande die Untersuchung und Anleitung der Criminal-Instruction unter specieller Direction und Leitung der Justizcanzley führen, diese aber die Erkenntnisse abgiebt. Da in den hiesigen Herzogthümern der *processus annhatorius* in Criminalsachen Statt findet; so ist das *officium* eines *Commissarii fisci* angeordnet, welcher nicht bloß nach beendigter Untersuchung die Geschäfte des Anklägers zu besorgen, sondern auch schon während der vorhergehenden Untersuchung seine auf diese sich beziehenden Anträge bey der Justizcanzley einzubringen hat, von der darauf nach deren Ermessen die *indices inquirentes* mit den erforderlichen Anweisungen versehen werden. Bis zum Finalspruch hat die Justizcanzley die Erkenntnisse für sich allein ohne Berichterstattung abzugeben und vollstrecken zu lassen, mithin auch die, welche auf die Tortur gerichtet sind, nicht weniger die Straferkenntnisse, welche nicht über Gefängniß und Pfahl-Strafe hinausgehen; dagegen werden aber die schärferen Straf-Erkenntnisse der Justizcanzley zur Landesherrlichen Bestätigung nach Hannover Namens der hiesigen Regierung eingeschickt.

Von dieser Regel, wonach die Criminal-Gerichtsbahrkeit von der Justizcanzley Namens des Landesherrn verwaltet wird, machen

α.) die drey Städte Stade, Buxtehude und Verden eine Ausnahme, als welche die völlige Criminal-Gerichtsbahrkeit in eigenem Namen zu verwalten und selbst Todes-Urtheile abzugeben haben, ohne darüber Landesherrliche Bestätigung einzuholen; sie sind aber nach der Criminal-Instruction verbunden, die Acten, wenn sie gehörig instruirt sind, zum Spruch an eine Juristen-Facultät zu verschicken.

Eine völlig gleiche Bewandniß hat es in Ansehung der Criminal-Gerichtsbahrkeit auch
β.) mit den Patrimonial-Gerichten Beverstedt, Delm, Francop, Gyhum, Hanstedt, Hechthausen, Horneburg, Leesum, Schönebeck, Meyenburg, Cassebruch, Schwanewede, Neuenhausen, Reimersmoor, Ritterhude und Rüpcke.

Außer diesen verwalten auch
χ.) die mit Landesherrlichen Gräfen besetzten Gerichte im Lande Kehdingen bützflethschen theils und zu Jork im Alten Lande vermöge der diesen Landesdistricten zustehenden Gerechtsame die Criminal-Gerichtsbahrkeit selbst; doch hat das Gräfengericht Alten Landes die Genehmigung der Regierung zur Vollstreckung der Urtheile einzuholen; indessen sind auch diese Gerichte nicht befugt, die Urtheile selbst zu verfassen, sondern verpflichtet, die instruirten Acten zu dem Ende an eine Juristen-Facultät zu verschicken.

Gegen die publicirten Straf-Erkenntnisse findet zwar die *remedium alterioris defensionis*, aber keine Appellation in der Sache selbst, wohl aber wegen etwaniger Nullitäten im Verfahren Statt, da denn solche Appellation von den Urtheilen der Stadtgerichte, der mit der Criminalgerichtsbahrkeit versehenen Patrimonialgerichte und den Gerichten im Lande Kehdingen und im Alten Lande an das hiesige Hofgericht, und von diesem, so wie auch von denen Criminal-Urtheilen, die bey der hiesigen Justiz-Canzley Namens des Landesherrn gefället werden, an das Ober-Appellations-Gericht zu Celle gehen.

Wenn hiernächst
II.) in dem Rescripte der Königl. Provisorischen Hochlöbl. Administrations- und Organisations-Commission vom 12. May d. J. eine zuverlässige Nachricht über die Fonds zu unterhaltung der Rechtspflege und über das Sportelwesen erfordert ist, so berichten wir, daß besondere Fonds zu dem Zwecke überall nicht vorhanden sind. Die hiesigen oberen Gerichte bekommen ihre Besoldungen aus der Landesherrlichen Generalcasse zu Hannover; die Beamten und die übrigen zu Verwaltung der Landesherrlichen Gerichte auf dem Lande bestellten Bedienten erhalten die ihnen für ihre ganze Dienstverwaltung überhaupt angewiesenen Besoldungen aus den einzelnen Cammer-Registern, die Magistrats Persohnen aber aus den städtischen Cassen; und die Patrimonialgerichts-Inhaber vereinigen sich mit

ihren *iustitiariis* über ein gewisses, das sie ihnen verabreichen, welches selten zur Kenntniß der Regierung kommt.

Die Gerichtsgebühren, welche von den Partheyen bezahlt werden, richten sich bey der hiesigen Justizcanzley und dem Hofgericht, so wie bey dem Consistorio, nach den beiden Taxen, welche wir der Vorschrift gemäß hierbey einsenden.

Bey den unteren Gerichten waltet eine grosse Verschiedenheit der Gebühren ob und es ist darüber keine allgemeine gleichförmige Taxe für die sämtlichen Untergerichte vorhanden. In der Policey-Ordnung der hiesigen Herzogthümer findet sich auf der 1069ten und den folgenden Seiten ein von der Regierung unterm 4. April 1716 erlassenes Reglement, welches die Gerichtsgebühren der einzelnen Aemter und Gerichte bestimmt; es sind aber diese Bestimmungen sehr unvollständig. Aeltere Beschwehrden über das Sportuliren einzelner Aemter und Gerichte haben die hiesige Regierung vorhin zu mehrere mahlen veranlaßt, sich von allen Untergerichten ihre Sporteln-Assignationen einschicken zu lassen, indem die Absicht gewesen ist, daraus eine allgemeine Sporteln-Taxe für die Untergerichte in diesen Herzogthümern zu formiren und vorzuschreiben. Im Jahre 1749 ist auch wirklich ein Entwurf dazu von der Regierung gemacht und der Landschaft zum Gutachten mitgetheilet. Diese hat es aber dringend abzulehnen gesucht, daß eine solche allgemeine Sporteln-Taxe eingeführet werde, vorzüglich aus dem Grunde, weil zwar einige Gerichts-Persohnen auf dem Lande, namentlich Beamte, so in Ansehung ihrer Diensteinnahme situirt wären, daß sie keiner Verholung der bey ihnen hergebrachten zum Theil geringen Gebühren bedürften, dahingegen bey anderen, namentlich den Gerichten im Kehdingschen, im Alten Lande, zu Osten, Lehe und im Lande Wursten die wegen ihrer geringen Besoldungen größtentheils von den Gerichtsgebühren ihren Unterhalt haben müssten eine so geringe Bestimmung dieser Gebühren, wie sie anderen Orten möglich, nicht rathsam sey, um nicht diesen Gerichts-Persohnen Anlaß zu geben, auf andere Weise zum Vortheil der Justizverwaltung sich ein mehreres Einkommen zu ihrer nothwendigen Subsistenz zu verschaffen; die Landschaft hat daher den Wunsch bezeuget, daß eine specielle Ratification der Taxen der einzelnen Aemter und Gerichte vorgenommen werden möge. Die Regierung hat damahls die Sache an das Ministerium zu Hannover gebracht und dieses ist mit jener der Meinung gewesen, daß solche specielle Ratificationen aller einzelnen Sporteln-Taxen mit vieler Weitläufigkeit verbunden und die Bestimmungen einer allgemeinen Sporteln-Taxe für die Untergerichte rathsam seyn würde, daher auf Vorschrift des *Ministerii* der Landschaft solcherwegen anderweite Vorstellung geschehen und ihre fernere gutachtliche Erklährung darüber erfordert, womit selbige aber zurück geblieben ist.

Unter diesen Umständen hat die hiesige Regierung sich damit begnügen müssen, in mehreren einzelnen Districten, wo besonders über Verhöhung und Vervielfältigung der Gerichtsgebühren Klagen geführt sind, specielle Taxen vorzuschreiben. Wir legen in Abschrift[5] hierbey diejenigen Bestimmungen, welche solcherweise für das Land Wursten, das Amt Hagen, das Burggericht Horneburg, die Gerichte Delm, Nincop, Francop und Howe erlassen sind.

---

[5] Im Originalvorgang nicht enthalten, jedoch neben dem Text der Zusatz: „P.M. Von der Muster Taxe, die im Jahr 1799 gedruckt ist, wird ein gedrucktes Exemplar beyzulegen seyn."

Bey der Verwaltung der Criminal-Gerichtsbahrkeit finden ausser den Copialien und den bestimmten Gebühren für die Pförtner und Schliesser keine Gerichtsgebühren Statt, ausgenommem im Lande Kehdingen und im Alten Lande.

Die Atzungskosten werden übrigens in den hiesigen Herzogthümern von den Districten, in denen sie vorfallen, aufgebracht, mithin nicht aus den Landesherrlichen Cassen bestritten, mit Ausnahme der Fälle, da die Untersuchung hier in Stade von der hiesigen Justizcanzley unmittelbahr geführt und die Inquisiten in dem hiesigen Criminal-Gefängniß, das weisse Haus genannt, aufbewahret werden, indem in diesen Fällen die Bezahlung der Atzungs-Kosten der Regel nach aus der Herrschaftlichen Cammer-Casse erfolget. Auch lieget den Unterthanen in der Regel die sehr beschwehrliche Last auf, daß sie bey den Criminal-Gefangenen der Reihe nach die Wache halten oder auf ihre Kosten stellen müssen.

Stade, den 20. Juny 1806
Regierung
<4 Paraphen>

(StaatsA Stade Rep. 50 Nr. 530, Bl. 19 – 32)

Anlage 4 – 5 — 1. April 1806

Wir Friedrich Wilhelm, von Gottes Gnaden König von Preußen etc.
Thun kund und fügen hiemit folgendes zu wissen:

Der Wunsch, Unsern treuen Unterthanen und den angrenzenden Staaten Unserer Provinzen des nördlichen Deutschlands, während dem Kriege, die Fortdauer der Wohlthaten des Friedens zu erhalten und zuzusichern, war zu allen Zeiten der Gegenstand Unserer rastlosen Bemühungen. Wir schmeichelten Uns diesen wohlthätigen Zweck durch den Entschluß zu erreichen, den Wir, in Folge der letztern Begebenheiten, genommen und durch Unser Patent vom 27ten Januar 1806 bekannt gemacht haben, nach welchem die Staaten des Churhauses Braunschweig-Lüneburg in Deutschland, durch Unsere Truppen besetzt und von Uns in Administration genommen werden sollten. Da aber seitdem die wirkliche Besitzergreifung der Hannöverischen Lande, gegen die Abtretung dreier Provinzen Unserer Monarchie, zu einem dauerhaften Ruhestand Unserer Unterthanen und der angrenzenden Staaten unumgänglich nothwendig geworden ist, so haben Wir mit Seiner Majestät dem Kaiser der Franzosen, König von Italien, eine Convention abgeschlossen, vermöge welcher Uns, gegen die Abtretung Kdreier Unserer Provinzen, und kraft mehrerer gegenseitiger feierlicher Garantien, der rechtliche Besitz auf die Seiner Kaiserlichen Majestät durch das Eroberungs-Recht zuständige Staaten des Kurhauses Braunschweig in Deutschland, erworben ist.

Diesem zufolge erklären Wir hiermit, daß die Lande des Kurhauses Braunschweig-Lüneburg in Deutschland, von nun an, als in Unsern Besitz übergegangen und Unsrer Macht allein unterworfen anzusehen sind. Es wird daher von nun an, auch die Regierung und Verwaltung dieser Länder lediglich und allein in Unserm Namen und unter Unserer allerhöchsten Autorität Statt haben. Wir fordern demnach sämmtliche Landes-Behörden hierdurch auf, die ihnen angewisenen Functionen in Unserm Namen, unter der obersten Leitung des von Uns allerhöchst ernannten Administrations-Commissarii Generals der

Cavallerie, Grafen von der Schulenburg-Kehnert und der, demselben nachgesetzten Commission, pflichtmäßig fortzusetzen. Nicht minder erwarten Wir von dem Adel, den Prälaten, den Bürgern und sämmtlichen Unterthanen des Landes, daß sie sich dieser Ordnung der Dinge, woraus denselben ein neuer Zeitpunkt der Ruhe und des Wohlstandes aufblühen wird, willig unterwerfen, und dadurch den Beweis der ihrem Vaterlande gewidmeten Anhänglichkeit und Liebe, und ihrer Gesinnungen gegen Uns, ablegen werden; So wie, Unserer Seits, gewiß nichts unterlassen werden wird, um ihnen Unsre väterliche Sorgfalt und Unsern Wunsch, sie glücklich zu machen, zu bestätigen.

So geschehen Berlin, den 1sten April 1806.

Friedrich Wilhelm.

(StaatsA Stade Rep. 50 Nr. 491, Bl. 3)

Anlage 4 – 6 — 14. April 1806

Stade, den 14. April 1806 im Versammlungszimmer der Bremen und Verdenschen Regierung

Nachdem von wegen Sr. Majestät des Königs von Preußen der Herr Regierungs Rath von Voigts sich hierselbst zur Besitznahme der hiesigen Collegien angefunden und der hiesigen Regierung den Wunsch bezeugt hatte, zu dem Ende die sämtlichen landesherrlichen *Collegia* versammelt zu sehen; so war beliebt worden, daß sämtliche Mitglieder derselben sich heute in der Absicht im Versammlungszimmer der Regierung einfinden wollten. Nachdem diese insgesamt, mit Ausschluß des Herrn Staatsministers von Hake, mithin die beiden Herren Regierungs Räthe, der Herr Canzley Director, die Herren Justiz Räthe, auch die Herren Auditoren der Justiz-Canzley, ferner wegen des Hofgerichts der Herr Assessor Lübbren, und wegen des Consistorii der Herr General-Superintendent Velthusen und der Herr Consistorialrath Watermeyer, versammelt hatten, stellte sich erstgedachter Herr Regierungs Rath von Voigts in Begleitung eines K. Preußischen H. Cammer Secretairs ein und eröffnete den Act mit der Vorrede:

es werde den sämtlichen hohen Collegii bereits bekannt geworden seyn, daß von Sr Königl. Majestät in Preußen die gesamten Lande des Churhauses Braunschweig als ein integrierender Theil ihrer Staaten in Besitz genommen wären; ihm sey der Auftrag ertheilt, den speciellen Besitz der hiesigen Collegien Namens allerhöchstgedachter K. Majestät zu nehmen, wozu er sich deswegen zuvörderst zu legitimieren haben werde.

Er ließ sodann das unterm 4. April d. J. an ihn erlassene *Commissorium speciale*, wovon eine beglaubigte Abschrift diesem Protocolle beygefügt ist, durch den Herrn K. Cammer Secretair verlesen und theilte sodann einige Exemplare

1. des K. Preußischen Patents vom 1. April d. J. wegen der Besitznahme dieser Lande,
2. des unterm[6] erlassenen Deserteurs-Pardon und

[6] Im Original offen geblieben.

3. des *publicandi* der K. Preußischen Administrations-Commission d. d. Hannover den ...[7], daß das bisherige Staats-Ministerium zu Hannover und die Ministerial-Departements desselben aufgehoben sind und alle Behörden des Landes in den dahin sonst gehörigen Schreiben sich hinführo an die eben gedachte Administrations-Commission zu wenden und an selbige zu berichten haben, mit dem Hinzufügen mit, daß diese allhier zur Direction dienen müßten und durch den Anschlag zur öffentlichen Kenntniß zu bringen wären, wobey noch von demselben bemerkt ward, daß die sämtlichen Ämter und Landesherrlichen Gerichte dieselben durch besondere Commissorien mitgetheilt erhielten.

Hierauf verfügte er sich mit sämtlichen Mitgliedern der Justiz-Canzley und des Hofgerichts in deren Versammlungszimmer, um daselbst eine gleiche Insinuation und Bekanntmachung zu verfügen, auch die Registratur und den Depositenkasten zu versiegeln, begab sich sodann mit gesamten Mitgliedern des *Consistorii* in dessen Versammlungszimmer zu gleichem Zweck, welchemnächst er in das Regierungszimmer zurückkam, und den daselbst wieder versammelten Mitgliedern der Regierung, der Justizcanzley, des Hofgerichts und des *Consistorii* eröfnete:

Daß sie und die sämtliche bey den hiesigen *Collegiis* stehende Dienerschaft in ihren Functionen von Sr. K. Majestät von Preußen für jetzt bis auf weitere Befehle bestätigt und solcherwegen auf ihren geleisteten Amtseyd verwiesen würden, überhaupt aber den Befehlen der jetzigen höchsten Staats-Gewalt des Landes ein gehöriges Genügen dabey zu leisten hätten.

Der Herr Regierungs Rath von Uslar erwiderte darauf für sich und das Regierungs Collegium, auch die dabey angestellte sonstige Dienerschaft, daß von ihnen allerseits in der gewissenhaftesten Dienstverwaltung nach wie vor fortgefahren und den ergehenden allerhöchsten Vorschriften nachgelebet werden würde; nur hofften selbige insgesamt von den milden Gesinnungen Sr. K. Preußischen Majestät, daß ihnen nicht werde angesonnen werden, was ihren bisherigen noch nicht erlassenen Dienstpflichten entgegen sey und bezeugte den Wunsch, Commissarischer Seits in das Protocoll mit aufgenommen werden möge.

Der Herr Regierungs Rath von Voigts erklährte, daß er zu letzterm zwar sich nicht befugt halte, übrigens aber es jenen Vorbehalts bey der jetzigen Handlung nicht bedürfen könne, indem es dermaßen überall nicht auf Verhältnisse der Dienerschaft gegen ihren Landesherrn ankomme, sondern lediglich auf die fernere Verweisung der Dienerschaft auf ihre bisherige Amtsverpflichtung.

Der Herr Canzleydirector von Schlütter that darauf in seinem und der übrigen hiesigen Collegien Namen ebenfalls eine gleiche Erklährung als diejenige des Herrn Regierungs-Raths von Uslar, und erhielt von dem Herrn Regierungs-Rath von Voigts die nemliche vorgedachte Erwiderung.

Der Herr General-Superintendent Velthusen versicherte sodann für sich und die gesamte Geistlichkeit des Landes eine gleichmäßige fernere gewissenhafte Ausrichtung der Amtspflichten in dem ebenmäßigen voraussetze, daß sie nicht zu Verletzung ihrer vorhin übernommenen Pflichten würden angehalten werden.

---

[7] Im Original offen geblieben.

Der Herr Regierungs Rath von Voigts setzte hierauf weiter hinzu, daß er von der gegenwärtigen Handlung ein Protocoll aufnehmen und selbiges in den nächsten Tagen den sämtlichen Collegiis in ihren Versammlungen zur Mit-Unterschrift gesamter Mitglieder vorlegen lassen, die Collegia aber, und namentlich das Hofgericht von Seiten dessen jetzt nicht gegenwärtiger Mitglieder eine gleichmässige Versicherung in Ansehung ihrer ferneren Dienstverwaltung, als von den Anwesenden ertheilt sey zu bewirken, und die übrigen bey ihm angestellten herrschaftlichen Bedienten zu gleicher Pflichterfüllung anzuweisen, daß ferner die *Collegia* sich in Zukunft der Unterschrift

„von S. K. Preußischen Majestät provisorisch bestätigte“

so wie auch des K. Preußischen Siegels, wozu er die Zeichnung mittheilte, nach welcher sie sich selbiges zu verschaffen hätten, zu bedienen haben würden, wie denn der K. Preußische Adler nach der damit überreichten Zeichnung vor dem Regierungs-Gebäude von ihnen affigiren zu lassen, und von diesen allem, daß dem nach gekommen sey, in den nächsten 4 Wochen an die K. Preußische Administrations-Commission zu Hannover Bericht zu erstatten wäre.

Noch wurden von mir, dem Regierungs Secretair Dodt, auf Verlangen die Cassen-Bestande von den mir anvertrauten Rechnungen, als
1. der zur Disposition der Regierung stehenden Cammergelder,
2. der für die hiesige Regierung verwalteten extraordinairen Casse,
3. der Revenüen der eine Zeitlang administrirten von der Liethschen Güter Alfstedt, Elmloh und Fickmühlen und
4. der Lissenheimschen Stipendien Stiftung,

nebst den dazughörigen Cassen Vorräthen vorgelegt. Ein gleiches geschah von dem H. Regierungs Secretair Haltermann in Ansehung der demselben anvertrauten Rechnungen. Der Herr Regierungs Rath von Voigts nam die Casse-Etats zu sich und die Geldvorräthe unter Siegel, verlangte von uns eine gleiche Versicherung fernerer und gewissenhafter Ausübung unserer Dienstpflicht, auch in Ansehung dieser Rechnungsführungen, und nachdem wir diese unter dem gleichen Vorbehalt als obenerwähnter maaßen von den Collegien geschehen war ertheilt hatten, bestätigte er von Commissions wegen uns auch in dieser Function ferner, nam von den Geldvorräthen die Siegel ab und übergab uns selbige wieder zu fernerer Verwaltung, bemerkte jedoch, daß auch von uns beiden das von ihm aufgenommene *Protocoll* zu unterschreiben seyn würde.

Letztlich ließ der Herr Regierungs-Rath von Voigts die sämtlichen an die Registraturen gelegten Siegel wieder abnehmen und ward damit die Handlung geschlossen.

Actum ut supra in fidem
Dodt
Regierungs Secretair

(StaatsA Stade Rep. 50 Nr. 491, Bl. 28 – 32)

Herzogthümer Bremen und Verden

I. Regierungs-Collegium

A. Personale

1. Drei Regierungs-Räthe, von welchen der eine nach einer beständig beobachteten Observanz ein Bremischer Landes-Eingesessener von der Ritterschaft seyn muß. Der erste vorsitzende Regierungs-Rath, welcher gewöhnlich zugleich Minister zu seyn pflegt, führt die Direction im Collegio.

2. Drei Secretarien, denen noch wohl, wie es auch jetzt der Fall ist, ein Extraordinarius hinzukömmt.

3. Drei Canzellisten, unter welchen einer zugleich Botenmeister ist,

4. ein Pedell und

5. fünf Canzley-Boten, welche diesen Dienst zugleich bei der Justitz-Canzley, dem Hofgericht und dem Consistorio zu versehen haben.

B. Ressort

Alle in den Herzogthümern Bremen und Verden vorfallende Regierung-Sachen in sofern solche den eigentlichen Justitz-Sachen entgegen gesetzt werden unter alleiniger Dependenz vom Ministerio. Die Cammer-Sachen besorget die hiesige Cammer in den gedachten Herzogthümern ohne alle Antheilnahme der Regierung. Neue Verordnungen kann die Regierung ohne Genehmigung des Ministerii nicht erlassen, und eben so wenig ohne eine solche Genehmigung Abänderungen der Verfassung des Landes treffen. (Regierungs-Instruktion d d Windsor 7/18 August 1730. Erläuterungs-Reskript der gedachten Instruktion vom 14. Nov. 1730).

II. Gerichte

A. Untergerichte

1. Die Gerichte auf den herrschaftlichen Cammer-Ämtern

Alt und Neukloster,
Bederkesa,
Bremervörde,
Hagen,
Harsefeld,
Himmelpforten,
Lilienthal,
Neuhaus,
Nordholz,
Osterholz,
Ottersberg,
Rotenburg,
Stade,
Stotel,
Verden,
Vieland,
Wischhafen
und
Zeven.

2. Gerichte in den Marschdistricten

A. im Alten Lande

Das Gericht bestehet aus zwei Gräven, von denen der eine adelichen, der andere unadelichen Standes ist, und einem Landes- und Gerichts-Secretario. Die Bestellung des adelichen Gräven aus dem corpore der Bremischen Ritterschaft geschiehet, nach deshalb erstatteten Bericht an das Ministerium, und eingegangener landesherrlicher Genehmigung von der Regierung zu Stade. Zu der unadelichen Gräven-Stelle präsentiren die Eingesessenen des Alten-Landes aus dem Mittel des Hausmanns-Standes vier Personen, aus welchen die Regierung einen erwählt. Zu der Landes- und Gerichts-Secretarien-Stelle präsentirt gleichfalls das Alte-Land zwei Personen aus dem eingebohrenen Hausmanns-Stande zur Auswahl der Regierung. (Annalen d. Bremen. Lün. Chur-Lande Jahrg. 18 St. 9 S. 688)

B. im Lande Kehdingen

Jeder Theil dieses Landes, sowohl der Bützflethische, als der Freiburgische, hat seinen besonderen Gräven und Landes-Secretair. Der Gräve im Bützflethischen Theil wird unmittelbar von der Regierung gesetzt. Im Freiburgischen aber alternirt der Adel und der Hausmannsstand in der Präsentation zu der Gräven-Stelle an die Regierung.

C. im Flecken Lehe

Das Gericht daselbst wird von einem Richter versehen, zu welcher Stelle die Regierung dem Ministerio ein Subject in Vorschlag bringt.

D. im Kirchspiel Osten

Das Gericht daselbst ist (mit) einem Richter besetzt, welchen die Regierung ernennt.

E. im Gericht Wursten

Das Gericht bestehet aus einem Ober-Voigt und Voigt, zu welchen Stellen die Regierung die Vorschläge an das Ministerium bringt.

3. Patrimonial-Gerichte
   A. Adeliche
      a) Ungeschlossene über zerstreuet liegende Meier und Pertinenzien (Streugüter)
      b) Geschlossene, die entweder den Gütern ankleben, oder über gewisse Districte von mehreren Familien gemeinschaftlich auszuübende Erbgerichte sind, wie z. B. die Gerichte Beverstedt, Horneburg und Ritterhude.
   B. Städtische Patrimonial-Gerichte
      zu
      1. Stade Appellations-Summe 400 Rtlr
      2. Buxtehude Appellations-Summe, der Stadeschen gleich
      3. Verden Appellations-Summe 100 Rtlr

Anm.: Hieher gehöret auch gewissermaßen noch das Bremische Ritter-Gericht. Streitigkeiten nemlich, welche in dem für die immatriculirte Bremische Ritterschaft im Jahr 1577 verfaßten und im Jahr 1738 confirmirten Ritter-Recht ihre Entscheidungs-Norm finden, gehören für das Ritter-Gericht. Dieses Gericht wird in den gewöhnlichen Ritter-Tagen zu Basdahl von dem Ritterschafts-Präsidenten, den Landräthen und den Mitgliedern der Ritterschaft, welche Sitz und Stimme auf den Ritter-Conventen haben, abgehalten. Der Kläger hat jedoch die freie Wahl, ob er die Sache an das

Ritter-Gericht oder sogleich an das Hofgericht bringen will. Im ersteren Fall gehen sodann die Appellationen an das Hofgericht.

B. Mittlere Instanz oder Justitz-Land-Gerichte
Ein Überbleibsel der älteren Bremischen Justitz-Verfassung. Die Justitz-Land-Gerichte sind nur noch in dem Lande Wursten, in den Gerichten Lehe und Osten, und in den Ämtern Vieland, Bederkesa, Hagen, Lilienthal, Neuhaus und Osterholz gebräuchlich. Ehemals waren sie ambulatorisch und wurden nur einmal im Jahr gehalten. Die jetzige Verfassung derselben ist folgende: sie werden 1. von einem Regierungs-Rath und einem Justitz-Rath mit Zuziehung eines Canzley-Secretarii abgehalten. Diese Personen wechseln mit Anfang jeden Jahres nach einem hergebrachten Turnus. 2. Jeder, der an diese Instanz appelliren will, muß seine Appellations-Rechtfertigung innerhalb sechs Wochen nach geschehener Publication der *Sententiae a qua* dem Richter erster Instanz einliefern. Dieser sendet sie sofort mit den vorher ergangenen Acten an die Landgerichts-Commission ein, welche sodann das Urtheil verfaßt und solches dem Richter erster Instanz zur Publication zuschicket. 3. Die zur Appellation an das Justitz-Landgericht erforderliche Summe beträgt 50 Mark. 4. Von dem Justitz-Land-Gericht gehet die Appellation an das Hofgericht. 5. Dem Appellanten stehet frei, mit Vorbeigehung der Instanz des Justitz-Land-Gerichts seine Appellation sogleich an das Hofgericht zu bringen.

C. Ober-Gerichte
1. Justitz-Canzley
A. Personale
Das Personale der Brem- und Verdenschen Justitz-Canzley bestehet
1. aus den Mitgliedern der Regierung, welche indessen den Deliberationen nicht immer beiwohnen. Bei ihrer Gegenwart führt der Vorsitzende von ihnen das Präsidium,
2. aus einem Director oder Vice-Director, welchem das ordentliche Directorium zustehet,
3. aus fünf ordentlichen Justitz-Räthen, gewöhnlich auch aus einigen extraordinairen Räthen, dergleichen jedoch jetzt nicht vorhanden sind. Mehrentheils sind auch in der Rathsstube einige Auditoren angestellt, wie noch jetzt deren vier den Zutritt zum Collegio haben,
4. aus drei ordentlichen Secretarien (jetzt auch aus einem extraordinairen Secretair und einem Auditor in der Secretarien-Stube), fünf Canzellisten, unter welchen einer die Botenmeister-Stelle versiehet, und einem Pedellen. (Die bei der Regierung angestellten Boten sind zugleich die Canzley-Boten.)
B. Gerichtsbarkeit
Die Brem- und Verdensche Justitz-Canzley hat mit dem dasigen Hofgericht nicht, wie in den ursprünglich Braunschweig-Lüneburgischen Landen, eine concurrente Jurisdiction. Vielmehr ist einem jeden dieser beiden Gerichte eine besondere Classe von Sachen zu ihrer Competenz angewiesen. Die der Justitz-Canzley ausschließlich zugewiesenen Sachen sind folgende:
1. die Criminal-Sachen, sofern diese nicht von den Patrimonialgerichten herkommen. Die Justitz-Canzley verfährt in Criminal-Sachen bis zum Urtheil. Vor Publicirung und Exequirung solcher Urtheile aber, welche poenas capitales und corpores affictivas betreffen, oder infamiam inferiren, mit Einschluß der

Landes-Verweisungen auf beständig, müssen selbige mit einem Bericht der Regierung und des Directors oder Vice-Directors an das Ministerium zur Genehmigung eingesandt werden.

2. fiscalische und Concurs-Sachen,

3. executivische Sachen,

4. Sachen, welche das possessorium summarissimum betreffen,

5. Arrest-Sachen,

6. Mandat-Sachen.

2. Hofgericht

A. Personale

Das Hofgericht ist besetzet mit den sämmtlichen Mitgliedern der Regierung und der Justitz-Canzley, denen noch acht Assessoren hinzutreten, nemlich drei aus der Bremischen Ritterschaft, einer aus der Verdenschen Ritterschaft, drei aus den Städten Stade, Buxtehude und Verden, und einer nach einem hergebrachten Turno abwechselnd von der Bremischen Ritterschaft und von den Städten Stade und Buxtehude. Die Subalternen bei der Justitz-Canzley sind es zugleich bei dem Hofgericht.

1. Wenn die Mitglieder der Regierung im Hofgericht gegenwärtig sind, so führt der Vorsitzende von ihnen das Präsidium. Das Directorium ordinarium aber gebühret den Canzley-Director oder Vice-Director, als welcher zugleich Hofgerichts-Director oder Vice-Director ist.

2. Die Justitz-Räthe, sie seyn ordentliche oder extraordinaire, führen als Mitglieder des Hofgerichts zugleich den Titel von Hofgerichts-Assessoren.

3. Die landschaftlichen Assessoren werden durch Wahl dazu ernannt, und zur landesherrlichen Confirmation präsentirt. Die Wahl der Assessoren aus der Bremischen Ritterschaft wird auf den Rittertagen zu Basdahl und die des einen Assessors aus der Verdenschen Ritterschaft auf einer dazu von derselben angesetzten besonderen Zusammenkunft vorgenommen. Die drei städtischen Assessoren werden von den Magistraten der Städte, gewöhnlich aus ihrem eigenen Mittel erwählt. Mehrentheils sind es die Stadt-Syndici. Der Turnarius wird nach dem hergebrachten Turnus abwechselnd von der Bremischen Ritterschaft und von den Städten Stade und Buxtehude erwählt.

4. Die Hofgerichte werden viermahl im Jahre gehalten.

B. Gerichtsbarkeit

Die Gerichtsbarkeit des Hofgerichts erstrecket sich auf alle Civil-Sachen, welche eine gerichtliche Erörterung und Entfriedung erfordern, und nicht ausdrücklich eximirt und der Justitz-Canzley beigeleget sind. In der ersten Instanz sind dem Hofgericht im allgemeinen unterworfen alle diejenigen, welche nicht bei den Untergerichten ihr forum competens haben. In der Appellations-Instanz gehen von allen Untergerichten sowohl in den Städten als auf dem Lande, imgleichen von den in einigen Districten noch hergebrachten Justitz-Landgerichten, die Appellationen an das Hofgericht.

3. Consistorium

A. Personale

Das Bremen und Verdensche Consistorium ist besetzt mit den Mitgliedern des Regierungs-Collegii, von welchen der Vorsitzende das Präsidium führet, mit dem Director oder Vice-Director der Justitz-Canzley und des Hofgerichts, welchem zugleich das Directorium im Consistorio zustehet, mit zwei weltlichen Consistorial-Räthen, welches der Regel nach die beiden ältesten Justitz-Räthe sind, mit dem jedesmaligen Brem- und Verdenschen General-Superintendenten und den beiden Special-Superintendenten der Herzogthümer Bremen und Verden, als geistlichen Räthen, und noch mit einem geistlichen Rath. An Subalternen stehen bei dem Consistorio ein Secretair (jetzt auch ein Auditor in der Secretarien-Stube), zwei Canzellisten, wovon der eine zugleich Botenmeister ist, und der andere zugleich die Revision der Kirchen-Rechnungen besorget, und ein Pedell. Die Regierungs-Boten versehen zugleich den Dienst als Consistorial-Boten.

B. Ressort

1. Kirchliche Aufsicht und Administration der Kirchengüter. Dem Consistorium competirt der Vorschlag zu den Pfarrern, deren Patron der Landesherr ist. Die Superintendenten, die Prediger bei der Domkirche zu Verden (und vorhin zu Bremen) der Etats- und Nachmittags-Prediger und der Garnison-Prediger zu Stade werden aber von der Regierung, nur nach vorgängiger Communication mit dem Consistorium, in Vorschlag gebracht. Stehet die Bestellung der Prediger anderen Patronen zu, so müssen diese die dazu tauglichen Subjecte dem Consistorio präsentiren. Über alle geistliche Dienst-Besetzungen, wie über alle Consistorial-Sachen von Wichtigkeit überhaupt, ergehet der Bericht durch die Regierung an das Ministerium.

2. Geistliche Gerichtsbarkeit

a. in geistlichen und Ehe-Sachen

b. in persönlichen Sachen der Geistlichen

D. Oberappellations-Instanz

Das Oberappellations-Gericht zu Celle. Appellations-Summe 200 Rtlr. mit Ausnahme bei den Gerichten der Städte Stade und Buxtehude in erster Instanz anhängig gewesenen Sachen, bei welchen sie 400 Rtlr beträgt.

X X X

(StaatsA Stade Rep. 50 Nr. 490, Bl. 4 – 13)

Anlage 4 – 8 — 13. Juni 1806

Der Königlich Preußischen Regierung ermangelt die hiesige, von Sr. Königlichen Majestät von Preußen provisorisch bestätigte Regierung nicht, den ihr unterm 12. May d. J. geneigst zugefertigten, und am 18. desselben Monaths hierselbst eingegangenen Aufsatz über die Herzogthümer Bremen und Verden hierneben vorgeschriebenermaßen gesondert zurück zu liefern und über den Inhalt desselben die nachstehenden Bemerkungen beyzufügen, indem derselbe übrigens im Ganzen mit der Verfassung der beiden Herzogthümer übereinkommt.

In Ansehung des auf den beiden ersten Seiten erwähnten Regierungs-Collegii legen wir einen etwas detaillierteren Aufsatz über das Personale, das Ressort und die

Geschäftsverhältnisse derselben bey, worauf wir uns in mehreren zu beziehen uns die Erlaubnis nehmen.[8]

Gewöhnlich besteht das Regierungs-Collegium aus drey Räthen; doch hat schon in älteren Zeiten der Fall existirt, daß noch ein vierter Regierungs Rath hinzugesetzt gewesen ist; wie denn auch jetzt mir, dem Justizrath von der Decken, Sitz und Stimme in der Regierung durch das im Namen des Allerhöchsten Landesherrn unterm 20. Decemb. 1805 von dem Staats-Ministerio erlassnen Rescript beygelegt sind, obgleich meine vorherigen Verhältnisse in der Justizcanzley, dem Hofgericht und dem Consistorio hierselbst als Mitglied fortdauern.

Drey Secretarii ordinarii stehen bey diesem Collegio, von denen dem einen, nämlich dem Regierungs-Secretair Haltermann, als Archiv-Secretair insonderheit auch das Archiv, insofern dasselbe von der currenten Registratur zu unterscheiden ist, anvertraut worden.

Außer diesen ordinariis, das heißt mit Besoldung versehenen Regierungs-Secretarien sind jetzt zwey extraordinaire, das heißt nicht besoldete Secretarien bey der Regierung, von denen der jüngste auch bey den übrigen hiesigen drey Collegien als extraordinarius angesetzt ist. Der Botenmeister steht zwar auch als Rechnungsführer bey der Regierung, ist aber nicht als Canzlist bey derselben bestellt; es sind daher bey diesem Collegio bis jetzt eigentlich nur zwey Canzlisten, denen jedoch bey zuweilen vorkommenden sehr häufigen und eiligen Arbeiten die bey den übrigen Collegien stehenden Canzlisten zu Hülfe kommen müssen. Der bey der Regierung stehende Pedell ist auch Pedell bey dem hiesigen Consistorio.

In betref des Ressorts der hiesigen Regierung glauben wir voraussetzen zu müssen, daß, da in dem uns geneigst zugesandten Aufsatze von der hiesigen Landesverfassung der landschaftlichen Verhältnisse nicht erwähnt ist, es die Intention nicht sey, daß wir uns darüber ausführlich verbreiten sollen. Das Ressort der Regierung, worüber die schon erst berührte Anlage eine noch ausführlichere Auskunft giebet, ist der Hauptsache nach durch die derselben im Jahr 1730 ertheilte Königl. Instruction, welche auch in dem uns geneigst mitgetheilten Aufsatze angezogen wird, und außerdem durch einzelne, von dem Allerhöchsten Landesherrn oder im Namen desselben erlassenen Rescripte bestimmt. Vermöge der Instruction hat sie in Ansehung ihrer Verfügungen sowie überhaupt, allein ihre Dependenz von dem Allerhöchsten Landesherrn und von dem Ministerio zu Hannover gehabt; sie hat die Landeshoheitssachen, sowie die Gränzangelegenheiten, in Ansehung dieser Herzogthümer, und die nöthige Communication mit auswärtigen Regierungen wahrzunehmen; sie hat die Oberaufsicht über die sämtlichen hiesigen Landesherrlichen Collegia zu führen,daher auch die Verfügungen der höchsten Landesbehörde zu Hannover an diese Collegia, so wie auch die an die Landschaft, in der Regel durch die Regierung ergehen; sie hat ferner die Vorschläge zu den Canzley Directorio, den Räthen, den Auditoren, den Secretarien und allen übrigen Bedienten bey den hiesigen Collegiis, mit Ausnahme der Stelle der Regierungs Mitglieder selbst, nach Hannover einzusenden, und von da die Bestätigung in Ansehung der Räthe, Auditoren und Secretarien vom Landesherrn selbst, in Ansehung der übrigen Bedienten aber von dem obersten Landes-Regierungs-Collegio zu erwarten; an die Regierung hat sich die Landschaft in ihren Angelegenheiten, die auf die Verhältnisse der Landschaft Beziehung haben, zu wenden, und diese versieht sie darauf mit den nöthigen Verfügungen, nachdem sie in wichtigen Angelegenheiten zuvor nach Hannover berichtet und von da Resolution erhalten hat.

---

[8] Liegt in der Quelle nicht bei.

Der Regierung ist die Oberaufsicht und Direction des Deichwesens in diesen Herzogthümern aufgetragen, und sie bringt deswegen auch die Oberdeichbedienten zu Hannover in Vorschlag. Auch sind derselben die Angelegenheiten der Structur zu Verden übergeben.

So wie in dem hierher mitgetheilten Aufsatze mehrere Gerichts-Persohnen, wozu die Regierung die Vorschläge einzusenden hat, erwähnt ist; so hat sie auch außerdem noch mehrere Bediente, die ihr präsentirt werden müssen, namentlich auch die von den patronis zu präsentirenden Prediger ohne Anfrage zu Hannover der Verfassung nach zu bestätigen, nicht weniger die Contributions-Einnehmer zu ernennen, oder insofern die Gutsherrn in einigen Districten das Recht haben, die Contributions-Einnehmer zu präsentiren, so hat die Regierung diese zu bestätigen. Die Regierung hat die Oberaufsicht auf das Contributionswesen überhaupt in diesen Herzogthümern, so wie auch die Angelegenheiten der ordinairen Cavallerie-Einquartierung und wie zu deren specieller Direction in den einzelnen Districten besondere Commissarien unter dem Namen der Quartals-Verschlags-Commissarien, der Regel nach einem aus der Mitte der Ritterschaft, der von dem Ritterschafts-Präsidenten hier präsentirt wird, und ein Beamter oder Gerichts-Persohn, angeordnet sind; so bestätigt und verpflichtet die Regierung den ersten, und ertheilt dem anderen den erforderlichen Auftrag mit Einweisung auf seinen sofortigen Diensteyd.

Damit von den Einwohnern keine willkührliche Kosten-Umlagen gemacht werden, auch dahin gesehen werden kann, daß durch dergleichen Anlagen dem Einkommen der öffentlichen Abgaben kein Hinderniß in den Weg geleget werde, müssen die Rechnungen von den speciellen Kosten eines jeden Districts der Regierung vorgelegt werden, und diese ertheilet nach näherer Untersuchung dem Befinden nach die Erlaubniß zu deren Aufbringung, indem sie den Quartals-Verschlags-Commissarien des Districts aufgiebt, solche zu verfügen.

Die hiesige Regierung hat von jeher die Befugnis gehabt, die ihr auch durch ein neueres Rescript des Justiz-Departements vom 2. Januar 1806 ausdrücklich bestätiget ist, in causis delictorum leviorum die von der Justizcanzley oder den unteren, mit der Criminal-Gerichtsbarkeit versehenen Patrimonialgerichten abgegebenen, auf Gefängnis- oder Geld-Strafen gerichteten Erkenntnisse auf die bey ihr eingebrachten Gesuche den Umständen nach und nach vorheriger Communication mit der Justizcanzley ohne Anfrage zu Hannover zu mitigiren und Begnadigungsverfügungen zu erlassen.

Neue Verordnungen in wichtigen allgemeinen Angelegenhiten hat die hiesige Regierung zwar nicht ohne vorherige Genehmigung des Ministerii zu Hannover erlassen; in minder wichtigen Sachen aber, insonderheit wenn diese die innere Policey dieser Herzogthümer betreffen und dabey keine Verbindung mit den übrigen Provinzen in Betracht kommt, sind von derselben für sich jeher specielle Verordnungen erlassen worden.

Die von dem Ministerio erlassenen allgemeinen Verordnungen und Ausschreiben, welche auch in den hiesigen Herzogthümern befolgt werden sollen, sind bisher der hiesigen Regierung mittelst eines Rescriptes zugefertiget, um deren Abdruck hierselbst, und deren Versendung an die Obrigkeiten und sonstige Publication in den hiesigen Herzogthümern zu verfügen.

Denen auf der 3ten Seite des Aufsatzes nahmhaft gemachten Gerichten auf den Herrschaftlichen Cammer-Aemtern ist noch das Amt Blumenthal und das Gohgericht Achim hinzu zu fügen; wie denn auch bey der Gelegenheit des Landesherlichen Structur-Gerichts zu Verden, welches von dem zeitigen Structuarius zu Verden verwaltet wird, wenngleich dasselbe nicht zu den Gerichten auf den Cammer-Aemtern gehöret, zu erwähnen ist.

Auf der 4ten und 5ten Seite des Aufsatzes wird der Bestellung des Gräfen im Alten Lande, der nicht aus dem Adelstande ist, erwähnt, und dabey ausgeführt, daß von den Eingesessenen dazu vier Persohnen aus dem Mittel des Hausmannsstandes präsentirt werden. Hierbey machen wir bemerklich, daß nach den Gerechtsahmen des Alten Landes von den beiden Gräfen daselbst einer von den Eingebohrenen und Eingesessenen des Hausmannsstandes bestellet werden und von dem Lande die Präsentation von 4 Persohnen geschehen soll. Der Hausmannsstand, welcher diese praesentandos zu erwählen hat, ist unterm 28. July 1752 von der Regierung bedeutet, in Zukunft zwar einen Hausmann mit, dem Vernehmen nach, in Vorschlag bringen zu können, zu den übrigen 3 präsentandis aber literatos zu erwählen, worauf sich dann die Vorsteher Alten Landes ad protocollum vom 8. August 1752 erklähret haben, wie sie erbötig wären, wenn bey künftiger Vacanz sich 3 studirte Landeskinder finden würden, sodann 3 Gelehrte zur Präsentation mit zu bringen.

So ist es auch nicht Herkommens, daß die Subjecte, welche zu der Stelle eines Landes Secretairs im Alten Lande von den Eingesessenen präsentirt werden, aus dem Hausmannsstande sind, vielmehr werden auch dazu literati genommen; doch haben die daselbst Eingebohrenen der Regel nach den Vorzug.

Der auf der 5ten Seite erwähnte Gräfe im Lande Kehdingen bützflethschen Theils wird von der hiesigen Regierung zwar, jedoch nach vorgängiger Approbation aus Hannover, bestellet. Auch ist diese Bedienung seit geraumen Jahren mit der eines Beamten zu Wischhafen verbunden gewesen, welche von dem Cammer-Collegio zu Hannover besetzt wird; dieser beide Collegia, das Cammer-Collegium und die hiesige Regierung, vor Einsendung der Vorschläge über das in Vorschlag zu bringende Subject mit einander zu communiciren pflegen.

Der auf der 6ten Seite erwähnte Richter zu Osten wird von der hiesigen Regierung zwar, jedoch nach vorheriger Approbation aus Hannover bestellet.

Die nicht geschlossenen Patrimonial-Gerichte, von denen auf der 6ten Seite des Aufsatzes die Rede ist, haben in der Regel nur eine beschränkte Gerichtsbarkeit, vorzüglich aber keine Hoheitssachen wahrzunehmen, als welches dem Amte oder geschlossenen Gerichte zukommt, in dessen Umfange sie sich befinden. Die Verwaltung dieser nicht geschlossenen Gerichte geschieht von den Besitzern zufolge der hiesigen Untergerichtsordnung entweder selbst, oder durch Mandatarien, die zuvor der Regierung angezeigt werden sollen, die aber der Regel nach nicht beherziget werden.

Die geschlossenen Patrimonial-Gerichte haben in ihrem Umfange auch die allgemeinen Gerichts-Sachen wahrzunehmen; indessen sind sie nicht alle ohne Unterschied mit der Criminal-Gerichtsbahrkeit versehen. Die Besitzer dieser geschlossenen Gerichte sind nach der hiesigen Untergerichtsordnung verbunden, der Regierung Gerichts-Verwalter zu präsentiren, welche diese, wenn sie sie tüchtig findet, annimmt und beeydiget.

Auf der 12ten Seite des Aufsatzes ist unter Nr. 4 ausgeführt, daß jetzt bey der Justizcanzley ein extraordinairer Secretair und ein Auditor in der Secretarien Stube vorhanden sey; es sind aber jetzt zwey extraordinaire Secretarien bey der Justizcanzley, von denen der jüngste auch bey den übrigen Collegiis stehet, und dermahlen kein Auditor in der Secretarien-Stube angestellet.

Der Canzlisten bey der Justizcanzley sind eigentlich nicht 5, sondern nur 4. Der bey allen hiesigen Collegiis stehende Botenmeister hat zwar die Verpflichtung auf sich, in Fällen, da sich die Arbeit der Canzlisten sehr häufet und selbige zugleich eilig ist, namentlich in den Hofgerichts-Juridiken, einen Theil der Erkenntnisse mit zu originalisiren, gehet auch bey Vertheilung der Schreibgebühren mit allen, bey sämtlichen hiesigen Collegiis stehenden Canzlisten zu gleichem Theile; indessen ist das officium des hiesigen Botenmeisters, welches in dem Rechnungswesen von den Gebühren der fisci, der Canzlisten und Pedellen, und der Führung der Productenbücher bey der Justizcanzley, dem Hofgericht und dem Consistorium, bestehet und von weitläufigem Umfang ist, übrigens ganz von dem officio der Canzlisten separirt.

In Ansehung der Gerichtsbahrkeit der Justizcanzley ist bey der Seite 12 und 13 des Aufsatzes anzumerken, daß die Städte nicht unter der Justizcanzley, sondern unter dem Hofgericht stehen. Die auf der 15ten Seite des Aufsatzes erwähnte Präsentation der landschaftlichen Assessoren des Hofgerichts zur landesherrlichen Confirmation geschieht an die hiesige Regierung und von dieser wird davon nach Hannover berichtet. Die auf den Seiten 16 und 17 angezeigte Competenz des Hofgerichts erstreckt sich außer den Civil-Sachen auch auf Criminalsachen in der Appellations-Instanz von den mit der Criminal-Gerichtsbahrkeit versehenen Untergerichten.

In Ansehung des Consistorii bemerken wir bey der 18ten Seite des Aufsatzes, daß zwar gewöhnlich die beiden ältesten Justiz-Räthe auch zu weltlichen Räthen im Consistorio bestellet werden; indessen beruhet solches auf eine jedesmahlige specielle Ernennung des Allerhöchsten Landesherren, wozu von der hiesigen Regierung ein gutachterlicher Vorschlag nach Hannover eingesandt wird; und es sind Fälle vorhanden, da nicht gerade die beiden ältesten Justiz-Räthe dazu gewählet sind. Auf der 18. Seite des Aufsatzes wird der beiden Special-Superintendenten in den Herzogthümern Bremen und Verden als Mitglieder und geistliche Räthe des Consistorii erwähnet. Vorhin wurden allerdings die beiden Special-Supeintendenten zu Bremen und Verden, nemlich die ersten Prediger an dem Dom an beiden Orten, auch zu Consistorial-Räthen hierselbst bestellet. Nachdem aber der Dom zu Bremen an die dasige Reichsstadt übergegangen ist; so ist diesseits kein Superintendent mehr zu Bremen, und statt dessen ist zwar vom Ministerio festgesetzt, daß in dem Umfange des Kirchenkreyses, nemlich zu Achim, der dasige Prediger jedesmahl zum Superintendenten bestellet werden soll, von Bestellung desselben zum Consistorial Rath ist aber abstrahiret. Der jetzige Special-Superintendent zu Verden ist während der französischen Occupation bestellet und dessen Ernennung zum Consistorial-Rath noch ausgesetzt geblieben.

Bey der 18. Seite ist gleichfalls die Bemerkung hinzuzufügen, daß jetzt ein Secretarius extraordinarius bey dem Consistorio stehet, dagegen ein Auditor in der Secretarien Stube nicht vorhanden ist. Der Botenmeister hat auch bey dem Consistorio das Rechnungswesen zu besorgen und das Productenbuch zu führen, an den Canzlei-Geschäften aber keinen Theil, daher auch nur eigentlich ein Canzlist bey dem Consistorio stehet. Was die auf der 18. Seite des Aufsatzes erwähnte Revision der Kirchen-Rechnungen betrifft; so hängt es von der Bestimmung der Regierung ab, wen sie dazu bestellen will, ohne deswegen an den Consistorial-Canzlisten gebunden zu seyn. Der Pedell beym Consistorio ist der nemliche, der als solcher bey der Regierung stehet.

Auf der 19ten Seite des Aufsatzes, wo die Rede von dem Ressort des Consistorii ist, wird angeführt, daß dem Consistorium der Vorschlag zu den Landesherrlichen Pfarrern zustehet. Dieser Vorschlag ist von dem Consistorio an die hiesige Regierung zu bringen, und von dieser ist darüber mit Beyfügung ihres eigenen Gutachtens nach Hannover zur Genehmigung Bericht zu erstatten. Denen Predigern, welche auf der 19ten Seite angeführt werden, daß die hiesige Regierung selbige in Vorschlag zu bringen habe, ist noch der Garnison-Prediger zu Verden hinzu zu setzen, dagegen aber gehört von den Predigern am Dom zu Verden nur der erste dahin; wie denn auch den daselbst gedachten hiesigen Etats-Prediger die hinzu gefügte Ernennung eines Nachmittags-Predigers nicht mehr anwendbar ist, indem derselbe mit dem anderen an derselben Kirche stehenden Prediger zufolge einer schon seit langen Jahren gemachten Einrichtung sowohl in der Vor- als Nachmittags-Predigten umwechselt. Übrigens ist dieser Etats-Prediger zugleich Stadt-Prediger, und alternirt in Ersetzung dieses Dienstes die hiesige Regierung und die Gremien, wie denn der jetzige von der Gremien erwählet und präsentirt ist.

Wenn die Bestellung der Prediger den Patronen zustehet; so müssen diese die Subjecte sogleich, wie in dem Aufsatz angeführt wird, dem Consistorio präsentiren, allein die Confirmation muß bey der Regierung nachgesucht werden, als welche sie zu ertheilen hat.

Ueber alle geistliche Dienstbesetzungen geht nach der in dem Aufsatz Seite 20 enthaltenen Bemerkung der Bericht von der Regierung nach Hannover; hiervon aber sind die Bestätigungen der von den Patronen präsentirten Prediger, so wie auch die Bestellung der cleri minores, auszunehmen, als wovon nicht nach Hannover berichtet wird. In Ansehung der auf der 20ten Seite des Aufsatzes erwähnten geistlichen Gerichtsbahrkeit des Consistorii ist noch anzumerken, daß die Städte Stade, Buxtehude und Verden ihre eigene geistliche Gerichtsbahrkeit haben und von den Erkenntnissen ihrer geistlichen Gerichte die Appellationen an das hiesige Consistorium gehen.

Stade, den 13. Juny 1806
Regierung
<4 Paraphen: v. Hake - v. Uslar - v. Borries - v. der Decken>

(StaatsA Stade Rep. 50 Nr. 490, Bl. 36 – 47)

Stade, den 1. October 1806
An die Königl. Preußische Hochlöbliche Administrations- und Organisations-Commission zu Hannover.

Zufolge des von der Königl. Preußischen Hochlöblichen Administrations- und Organisations-Commission unterm 2. July d. J. erlassenen Rescripts haben wir über verschiedene, die Gerichtsverfassung in den Herzogthümern Bremen und Verden betreffende Puncte annoch einen weiteren pflichtmäßigen Bericht zu erstatten.

Weil über einige der zu erläuternden Puncte bey der hiesigen Regierung keine speciellen Nachrichten vorhanden waren, was solcherwegen in Ansehung der einzelnen Districte zu bemerken sey; so haben wir darüber durch ein, unterm 11. July d. J. an alle Gerichte in den hiesigen Herzogthümern erlassenes Anschreiben, wovon wir ein Exemplar hiemit anschliessen, specielle Berichte erfordert, die wir, nachdem sie nun sämtlich eingekommen sind, hierneben gehorsamst übersenden, und uns auf deren Inhalt hin und wieder beziehen zu dürfen, uns die Erlaubnis erbitten.

Das unterm 2. July d. J. an uns erlassene Rescript erfordert,

I.) eine namentliche Angabe der Gesetzsammlungen, Gerichtsordnungen, Provinzial-, Local- und Städtische Statuten und Gewohnheiten, nach welchen bey den hiesigen Ober- und Untergerichten verfassungsmäßig verfahren wird.

A.) die einzige unter höherer öffentlicher Auctorität vorhandene Sammlung von Gesetzen in den hiesigen Herzogthümern ist die im Jahre 1732 von neuem abgedruckte, im Jahre 1692 emanirte Policey-Deich-Holz- und Jagd-Ordnung samt deren zweyfache Anhange, und sodann der dazu im Jahre 1749 publicirte fernerweite Anhang, welcher die in jener ersten Sammlung nicht enthaltenen älteren, vor dem Jahre 1732 bereits ergangenen, und außerdem die späteren Verordnungen, die bis zum Jahre 1749 emanirt sind, enthält. Von den nach der Zeit ergangenen Verordnungen und Gesetzen ist bis dahin noch keine Sammlung, am wenigsten unter höherer Auctorität, bekannt gemacht worden. Es ist zwar hieran seit vielen Jahren gearbeitet und darüber mit den Landständen communiciret und an das Staats-Ministerium darüber berichtet, insonderheit welche der älteren, zum Theil nicht mehr anwendbahren Verordnungen aus der Sammlung wegzulassen wären, es ist aber zur Ausführung des Vorhabens bisher nicht gekommen.

B.) Die Gerichtsordnungen in den hiesigen Herzogthümern, wonach bey den Gerichten verfahren wird, und zwar

a) die allgemeinen sind in Ansehung des Criminal-Processes die, in dem fernerweiten Anhange der Policeyordnung abgedruckte Criminal-Instruction vom 6. December 1748; und in Ansehung des Civil-Processes die Untergerichtsordnung dieser Herzogthümer vom 5. Novemb. 1753; die hiesige Hofgerichtsordnung, die Cellische Oberappellationsgerichtsordnung und in subsidium die Wismarsche Tribunalordnung, weil bekanntlich diese Herzogthümer vormahls dem Tribunal zu Wismar als höchster Gerichts-Instanz, untergeordnet gewesen sind.

Diese allgemeinen Gerichtsordnungen sind in der Folge zum Theil durch specielle Verordnungen näher bestimmt, wohin wir ausser denen, welche in dem vorhin angeführten neuesten Anhange der hiesigen Policeyordnung abgedruckt sind, die folgenden, von denen wir zugleich Exemplar beyfügen lassen,

die unterm 16. Februar 1781 emanirte Verordnung vom 31. July 1750 wegen Verwahrung der gerichtlich niedergelegten Testamente und deren Publication;

die Verordnung vom 7. April 1769 wegen einzuführender gerichtlicher Protestationsbücher;

die Verordnung vom 25. July 1793 wie es zu halten ist, wenn bey einem Amte in Justizsachen die Beamten verschiedener Meinung sind;

die Verordnung vom 31. August 1798 wegen des gerichtlichen Depositenwesens;

die Verordnung vom 6. September 1799 wegen der in der Appellations-Instanz bey den hiesigen Justiz-Collegien zuzulassende novorum;

die Verordnung vom 3. Januar 1800 wegen der Eydesdelation;

die Verordnung vom 23. Januar 1801 in Betreff der Justiz-Landgerichts-Instanz.

b) Specielle Gerichtsordnungen, die nemlich sich nur auf einzelne Orte oder Districte beziehen, sind zufolge der angeschlossenen Berichte der Obrigkeiten vorhanden

α.) in der Stadt Stade für die dasigen Gerichte und ist die allhier im Jahr 1606 publicirte Gerichtsordnung im Anhange zum zweiten Bande der von Pufendorfschen Observationen abgedruckt, wozu denn in der Folge der Zeit mehrere Bestimmungen durch gemeine Bescheide des hiesigen Magistrats gekommen sind, die derselbe sinem Berichte in Abschrift beygelegt hat.

β.) die Stadt Buxtehude hat gleichfalls für ihre Gerichte eine specielle, im Jahre 1607 publicirte Gerichtsordnung, wovon eine Abschrift dem Berichte des dasigen Magistrats beygefügt ist.

γ.) Auch für die Stadt Verden ist eine besondere Gerichtsordnung im Jahre 1697 publicirt, und im Jahre 1700 von neuem bekannt gemacht, welche sich als Anlage bey dem Berichte des Magistrats zu Verden befindet.

Mehrere specielle Gerichtsordnungen sind nicht vorhanden, und in den übrigen Districten dieser Herzogthümer geben die allgemeinen Gerichtsordnungen also auch insonderheit die Untergerichtsordnung, die Regel für das gerichtliche Verfahren ab. Denn das Osterstader Landrecht, dessen die Beamten zu Hagen bey dieser Gelegenheit in ihrem Bericht erwähnen, ist wohl nicht als eine Gerichtsordnung, sondern als ein Local-Statut zu betrachten.

C.) Statute, und zwar

a.) Provinzial-Statute sind nicht anders in den hiesigen Herzogthümern vorhanden als das Landesherrlich bestätigte Bremensche Ritterrecht, welches als besondere Norm für die Ritterschaft des Herzogthums Bremen in ihren Erbschaftsfällen gilt, und zugleich den mira retractus beim Verkaufe von Stamm-Güthern bestimmt. Dasselbe ist in dem Anhange des 4ten Theils der von Pufendorfschen Observationen abgedruckt.

b.) Zu den Local- und Städtschen Statuten gehören

α.) die der Stadt Stade, deren der hiesige Magistrat in seinem Berichte erwähnt, und welche unter andern auch in dem Anhange des 1ten Bandes der von Pufendorfschen Observationen abgedruckt sind.

Der Magistrat hat seinem Berichte zugleich eine Abschrift der in der hiesigen Stadt und in Ansehung der, unter des Magistrats Jurisdiction stehenden Einwohner beobachteten alten

Kirchenordnung, und ausserdem mehrere specielle Orts-Verordnungen beygefüget, welche sich größtentheils auf die Policey der Stadt beziehen, mit Ausnahme der im Jahre 1777 aufs neue zum Druck beförderten, bereits seit den Jahren 1673 und 1680 bestehenden Anordnungen in Ansehung des Stadt-Erbe- und Rente-Buchs.

β.) Die Stadt Buxtehude hat, wie auch von dem dasigen Magistrat in seinem Berichte angeführt wird, die nemlichen Statute, wie die Stadt Stade.

γ.) Die Statuta der Stadt Verden finden sich gleichfalls im Anhange des 1ten Bandes der von Pufendorfschen Observationen abgedruckt. Der Magistrat der Stadt Verden zeigt aber in der einen Anlage seines dermahligen Berichts an, daß, und in welchem Puncte, diese Statuten und Verfassung daselbst in der Folge der Zeit abgeändert sind.

Ausser diesen Statuten der drey Städte Stade, Buxtehude und Verden sind auch in einigen Landes-Districten dergleichen Sammlungen vorhanden, die aber nur als Privatsammlungen, wenn sie gleich zum Theil auf Befehl der vormahligen Erzbischöfe zusammen getragen worden, zu betrachten sind, und welche bey Urtheilen anders nicht zum Grunde gelegt werden, als insofern die Angaben derselben als unbestrittenes rechtliches Herkommen und Landes-Gewohnheit entweder anerkannt wurden oder von den Partheyen erwiesen worden. Diese Sammlungen sind

δ.) das Wurster Landrecht, welches im Anhange des 1ten Bandes der von Pufendorschen Observationen abgedruckt ist;

ε.) das im Anhange des 3ten Bandes der von Pufendorschen Observationen abgedruckte Landrecht für den Osterstader District im Amte Hagen;

η.) die im Anhange des 4ten Bandes der vorerwähnten Observationen abgedruckte Constitution des Alten Landes vom Jahre 1517 und deren Addition.

θ.) Noch führen die Aemter Viehland und Hagen in ihrem Berichte an, daß in einigen dasigen Dörfern sogenannte Bauerwillkühre oder Verabredungen, wie es mit Betreibung gemeinschaftlicher Weiden, Wegebesserungen und anderen Policey-Gegenständen gehalten werden soll, vorhanden, und daher bey darüber entstehenden gerichtlichen Streitigkeiten in iudicando zu beachten sind.

D.) Allgemeine Gewohnheitsrechte sind in den hiesigen beiden Herzogthümern nicht anzunehmen. Auch giebt es der anerkannten speciellen und Local-Gewohnheiten in den einzelnen Orten und Districten, die bey entstehenden Streitigkeiten keines Beweises bedürften, nach Inhalt der anliegenden Berichte der Orts-Obrigkeiten, nur folgende

a.) das Beyspruchsrecht wegen der Nachbarschaft findet Statt in der Stadt Stade, in Kehdingen, sowohl Freyburg- als Bützflethschen Theils, im Amte Neuhaus, im Lande Wursten, im Alten Lande, und in den dasigen, zum Amte Alt- und Neukloster gehörige Altkloster-Gerichte, im Flecken Bremervörde und im Flecken Lehe;

b.) das Beyspruchsrecht wegen der Verwandtschaft im Kehding-Bützflethschen Districte, im Amte Neuhaus, im Lande Wursten, jedoch nur bey *bonis avitis* im Alten Lande, im Flecken Lehe und im Flecken Ottersberg;

c.) das Beyspruchsrecht *ex iure incolatus* in den Flecken Rotenburg und Ottersberg.

d.) Die Gemeinschaft der Güther unter den Eheleuten findet im Alten Lande und im Lande Wursten Statt, so wie auch in der Stadt Stade.

e.) Die Regel „längst Leib, längst Guth" wird in vielen Groß-Gegenden des Landes unter den Persohnen des Hausmannsstandes unbestritten beobachtet, wie denn solche auch in den anliegenden Berichten der Aemter Ottersberg und Rotenburg und des Gerichts Gyhum angeführt ist.

f.) Die Bürger der Stadt Stade haben nach dem Berichte des Magistrats in Schuldsachen das Recht, daß sie zur Zeit nicht auf eine höhere Summe, als 50 Mk exequiret werden dürfen; und ein ähnliches Recht haben die Bürger der Stadt Buxtehude, nur mit dem Unterschiede, daß die Summe worauf die Pfandung vollstreckt werden kann, in 99 Mk bestehet.

g.) Im Alten Lande haben die *debitores* nach ausgeklagter Schuldforderung das *beneficium immissionis*, vermöge dessen der *creditor* zwar in die Güther quasi immittirt wird, der Schuldner aber nach 1 Jahr 6 Wochen und 3 Tage im ruhigen Besitz und Genuß des seinigen gelassen werden muß.

h.) Das Gericht im Kehding-Bützflethschen führt noch als dasige specielle Gewohnheitsrechte an, daß der für ein Jahr bedungene Gesindelohn für das Winterhalbe Jahr zu 1/3, und für den Sommer zu 2/3 gerechnet, und daß der Ehebruch daselbst nicht *criminaliter* oder fiscalisch sondern als eine Bruchsache behandelt wird, wie denn ein gleiches im Alten Lande der Fall ist.

Die zweite, in dem Rescripte vom 2. July d. J. zur Beantwortung vorgeschriebene Frage betrifft

II.) die Rechtsmittel, welche ausser der Appellation in Civilsachen Statt finden, und welche Wirkung dieselben haben.

Bey den Ober-Gerichten dieser Herzogthümer findet ausser der Appellation das *remedium supplicationis* Statt, und selbiges hat eben, wie die Appellation *effectum suspensivum*.

In Ansehung der Unter-Gerichte ist in den Städten Stade und Buxtehude das *remedium revisionis* actorum gegen die Erkenntnisse des dasigen Stadt-Ober-Gerichts hergebracht mit gleichem *effectu suspensivo*, als die Appellation; und in der Stadt Verden findet ein gleiches *remedium*, unter dem Namen der Leuteration, Statt.

Eben dieses *remedium leuterationis* ist auch bey den beiden Aemtern im Herzogthum Verden, Rotenburg und Verden, und hat gleichfalls *effectum suspensivum*. Von dieser Revisions- und Leuterations-Instanz der drey Städte Stade, Buxtehude und Verden, und der beiden Aemter Rotenburg und Verden, wird übrigens sodann weiter an das Hofgericht hieselbst appelliret.

Bey allen übrigen Aemtern und Gerichten in den Herzogthümern Bremen und Verden ist in Civilsachen ausser der Appellation kein remedium zulässig, wie solches schon durch eine Verordnung vom 10. Januar 1720 , die sich in der vorhin erwähnten Bremen- und Verdenschen Policey-Ordnung Pag. 1084 und 1085 abgedruckt findet, gesetzlich vorgeschrieben ist.

Sodann sind

III.) die Appellations-Summen bey den Ober- und Unter-Gerichten in diesen beyden Herzogthümern, anzuzeigen, mit Bemerkung, worauf sie sich gründen.

Was

1.) die Untergerichte betrifft, so ist die Appellations Summe an das Hofgericht in der Regel zu 100Mk. durch die hiesige Untergerichtsordnung bestimmt. In denen Districten, wo nach Inhalt unseres gehorsamsten Berichts vom 20. Juny d. J. die Mittel-Instanz des Justiz-Landgerichts eintritt, bestehet die Appellations Summe für die an das Justiz-Landgericht zu bringenden Appellationen in 50 Mk.; eben solches quantum ist auch für die im Alten Lande an das dasige Land-Gräfthing gehenden Appellationen hergebracht.

Eine Ausnahme von jener Regel machen die 3 Städte Stade, Buxtehude und Verden. Die Appellationen von dem Nieder-Gericht an das Stadt-Ober-Gericht zu Stade erfordern eine streitige Summe von 50 Mk., vermöge der Gerichtsordnung der Stadt Stade, und die Appellationen von Da an das hiesige Hofgericht die Summe von 400 Th., vermöge einer ertheilten Königl. Schwedischen Resolution vom 19. August 1652.

In der Stadt Buxtehude ist bey Appellationen von den Erkenntnissen des Nieder-Gerichts an das dasige Stadt-Ober-Gericht das quantum von 10 Mk. hinlänglich, bey den Appellationen von da an das hiesige Hofgericht wird ebenso, wie zu Stade, vermöge K. Schwedischer Resolution vom 21. August 1652, die Summe von 400 Th. erfordert.

In der Stadt Verden bestehet die Appellations Summe bey den Appellationen an das hiesige Hofgericht in 100 Th., und beruhet solches, nach dem Berichte des dasigen Magistrats, auf das Herkommen.

2.) bey den Appellationen von den Erkenntnissen der hiesigen Ober-Gerichte an das Ober Appellations-Gericht zu Celle ist die Appellations Summe zufolge der Wismarschen Tribunalordnung F. 2 Tit. 1 § 9 200 Th.

Was

IV.) die Landesherrliche Oberaufsicht über die Verwaltung der Patrimonial-Civil- und Criminal-Gerichtsbahrkeiten betrifft;so ist dahin nur zu rechnen, daß die Gerichtsverwalter der Regierung zur Prüfung und Bestätigung zu präsentiren sind; und daß die Patrimonial-Gerichte, gleich den Aemtern und Landesherrlichen Gerichten, nach der Untergerichtsordnung und einem unterm 15. April 1783 erlassenen Regierungs-Ausschreiben, wovon ein Exemplar hierbey geleget wird, verpflichtet sind, der Regierung jährlich tabellarische Verzeichnisse der bey ihnen im Gange befindlichen Civil-Processe einzusenden, woraus ersehen werden kann, wie lange jeder Proceß bereits gedauert hat und in welchen *terminis* die Sache stehet.

Im allgemeinen wird übrigens zu der Landesherrlichen Aufsicht auch die Patrimonial-Gerichts-Verwaltungen gehören, daß von ihren Erkenntnissen an das Hofgericht appelliret wird, und daß die Regierung in Fällen, da ihr specielle Mängel der Gerichtsverwaltung bey einzelnen Patrimonial-Gerichten zur Wissenschaft kommen, deren Abstellung zu verfügen hat.

Endlich ist in dem Rescripte vom 2. July d. J. auch

V.) eine ausdrückliche und namentliche Angabe der existirenden Deich- und Holz-Gerichte, und nähere Bestimmung ihres Personals und ihrer Verfassung erfordert worden.

Da dieser Punct aus den Regierungsacten nicht hinlänglich erläutert werden konnte; so haben wir darüber von Ortsobrigkeiten die nöthigen speciellen Angaben erfordert. Wie wir uns nun die Erlaubnis erbitten, auch den Inhalt der von selbigen erstatteten, hierbey angeschlossenen Berichte uns im übrigen, zu Vermeidung vieler Umständlichkeit, in Ansehung dieses Puncts, beziehen zu dürfen; so machen wir aus selbigen nur folgendes gehorsamst bemerklich, und zwar

a.) in Ansehung der Deichgerichte, dergleichen exercirt

1.) die Stadt Buxtehude über die Este- und Hinter-Deiche von der Stadt ab bis zum Ende des Neuenlandes durch ein Mitglied des Magistrats als Deichrichter und drey Geschwohrene.

2.) Im Marschdistricte des Amtes Himmelpforten haben die Deich-Unterbedienten, ein Deichrichter und zwey Deichgeschwohrene, diejenigen Deichinteressenten, welche die Anordnungen des Ober-Deichbedienten nicht befolgt haben, um eine Quantität Bier oder sonstiges Getränk zu bestrafen, welches bey der Gelegenheit verzehret wird. Indessen scheint diese Befugnis der Deichgeschwohrenen auch nicht weiter als die gewöhnlichen Deich-Wrogen zu gehen.

3.) Im Amte Bremervörde stehet dem adlichen von Bremerschen Guthe Basbeck die Erb-Deichgräfenschaft über den Basbecker Deich- und Schleusenband zu, und wird der Umfang dieses Deichgerichts in dem Berichte des Amts Bremervörde umständlich auseinandergesetzt.

4.) Im Amte Nordholz ist ein Deichgericht, welches aus dem zeitigen Beamten und den Deichgeschwohrenen bestehet, und über die Policey in Deichsachen zu erkennen hat.

5.) Im Alten Lande wird in dem Kirchspiel Neuenfelde von den 25 Deichofficianten der dritten Meile Alten Landes unter Direction des Gräfen im October jeden Jahres ein Deichgericht gehalten, worin die Deichangelegenheiten der gedachten Meile verhandelt werden.

6.) Im Lande Kehdingen Bützflethschen Theils sind zwey verschiedene, und zwar der Landesherrschaft zustehende Deichschauungen, und beide halten ihre besonderen Deichgerichte. Sie unterscheiden sich durch die einer jeden Schauung bestimmte Districts-Gränze, und sie werden beide von dem zeitigen Gräfen im Lande Kehdingen Bützflethschen Theils als Deichgräfen oder Deichrichter, und den sämtlichen Geschwohrenen des Schauungsdistricts verwaltet.

7.) Im Lande Kehdingen Freyburgschen Theils sind vier verschiedene Deichgerichte, deren Verfassung der Gräfe Tiedemann zu Freyburg in seinem anliegenden Berichte umständlich auseinander gesetzt hat; nemlich

α.) das Deichgericht der sogenannten Sächsischen Schauung. Dieses stehet dem Drosten von der Decken zu Neuhaus im Lauenburgischen zu, und in Auftrag derselben verwaltet dasselbe der Landrath von Plate; ausser demselben als Deichgräfen gehören vier Deichgeschwohrene zu dem Gerichte.

β.) das Deichgericht im Kirchspiel Balje, welches dem Major von der Decken zustehet, und von demselben und zwey Deichgeschwohrenen verwaltet wird.

γ.) das der Landesherschaft zustehende sogenannte Dösegericht, zu dessen Deichrichter der Landrath von Plate von uns der Verfassung gemäß bestellet ist. Ausser diesem Deichrichter gehören drey Deichgeschwohrene zu diesem Deichgerichte.

δ.) das Königl. Deichgericht im Flecken Freyburg wird von dem zeitigen Gräfen nebst dem Landes-Secretair mit den dasigen Kirchspiels-Hauptleuten verwaltet.

8.) Im Gericht Lehe ist zwar kein besonderes Deichgericht; indessen machet der Richter Doctor Ribbentrop in seinem Berichte bemerklich, daß die dasigen Deichgeschwohrenen das Recht haben, in verschiedenen Deich- und geringern Policey Sachen zu pfanden und Bruchstrafen zu verhängen.

9.) Im Lande Wursten sind mehrere Deichgerichts-Instanzen hergebracht;

α.) in einem jeden der zum Lande Wursten gehörigen Kirchspiele machen die zeitigen Deichgeschwohrenen daselbst das Deichgeschwohrenen-Gericht aus.

Von den Erkenntnissen desselben wird

β.) an das Landes-Deichgeschwohrenen-Gericht appelliret, welches aus den sämtlichen zeitigen Deichgeschwohrenen aller Wurster Kirchspiele und zwey Deichvorstehern des LandesWursten, welche nach Ablauf einiger Jahre neu gewählt werden, bestehet.

Von diesem Gerichte wird

γ.) an das Wurster Deich- und Ser-Gericht appelliret. Dieses wird der Regel nach nur alle zwey Jahre gehalten. Es bestehet aus dem Oberdeichgräfen des Districts, als jedesmahligem *praeside*, sodann den beiden Vögten, welche das eigentliche Gericht des Landes Wursten ausmachen, ferner den beiden Deichvorstehern und dem jedesmahligen ältesten Deichgeschwohrenen aus jedem Kirchspiele Landes Wursten.

Das Voigteygericht beziehet sich in seinem Berichte in Ansehung der Verfassung dieser Deichgerichte auf die von diesem in Abschrift angelegten Verfügungen der hiesigen Regierung vom 18. Januar 1748 und 7. Januar 1780. Es ist aber seitdem eine neuere und genauere Bestimmung in Ansehung dieser Deichgerichte Landes Wursten unterm 12. Januar 1787 ergangen, welche wir in Abschrift hierbey zu legen uns die Erlaubnis nehmen.

10.) Im Gericht Hechthausen sind die dasigen Gerichts-Interessenten, die Gevattern von Marschalck, zugleich Deichrichter, welche das Deichgericht durch ihren zeitigen Gerichtsverwalter abhalten lassen.

11.) Im Gericht Lesum exercirt der Baron von Lilienburg als Besitzer des Guths Marssel die Schauung und ein Deichgericht über die dasigen, an dem Wümmefluß belegenen Sommerdeiche, Siele, Abzugsgraben und was sonst auf die Sicherheit der daselbst belegenen Großländereyen Beziehung hat.

12.) Der Gerichtsherr zu Meyenburg, Landdrost von Wersebe, hält ein Deichgericht bey der jährlichen Schauung des in dem dasigen Gerichtsdistricte belegenen sogenannten Freien Dammes.

13.) Im Gericht Ritterhude hat der dasige Mit-Gerichtsherr, der Doctor und Senator Gröning zu Bremen wegen seines zu Ritterhude belegenen Guths ein Deichgericht, welches er selbst sonst verwaltet, jetzt aber wegen seiner Abwesenheit durch den Gerichtsverwalter zu Ritterhude administriren läßt. Zu diesem Deichgerichte gehören ausserdem 6 Deichgeschwohrene, deren officium unter den Interessenten umwechselt, und ein Deichvoigt.

14.) Im Gericht Rübcke hat nach Inhalt des von dem dasigen Gerichtsverwalter Schaumburg erstatteten Berichts ein Deichrichter nebst 3 Geschwohrenen die Aufsicht über die dasigen Hinterdeiche und einige Strassen.

Was

b.) die Holzgerichte betrifft; so sind

1.) deren mehrere im Gohgericht Achim, nemlich

α.) das Boller und Uphuser,
β.) das Oyter,
γ.) das Uesener,
δ.) das Wiemarker, als
welche vier der Landesherrschaft zustehen und durch den zeitigen Beamten zu Achim verwaltet werden;
ε.) das Daverder, welches gleichfalls der Landesherrschaft zustehet, und wovon die Verwaltung dem Amte Verden beygeleget ist;
ζ.) das Mahndorfer, welches dem Doctor Gröning zu Bremen zuständig ist;
η.) das Embser und Bierdener, welches den Erben des verstorbenen Landdrosts von Düring zu Embsen gehöret;
θ.) das Achimer, welches der Familie von Bremen zum Borßel bey Achim gehöret;
ι.) das Badener, welches dem Hauptmann von Plate zu Baden, und
κ.) das Hagener und Grinder, welches dem Obersten von der Wisch zu Cappel gehöret.

Von diesen ist das Embser und Bierder dem jetzigen Beamten zu Achim, dem Amtsschreiber Clüden, dagegen aber das Mahndorfer, das Achimer, das Badener und das Hagener und Grinder, dem Advocaten von Ahsen zu Sagehorn, von den Besitzern zur Verwaltung übertragen.
Die Bewandniß, die es mit allen diesen Holzgerichten im Gohgericht Achim hat, und der Umfang und die Befugnisse derselben, sind von dem Amtsschreiber Clüden in dem anliegenden Berichte ausführlich angezeiget worden, auf den wir uns werden beziehen dürfen.

2.) Das Amt Blumenthal hält alle zwey Jahre gemeinschaftlich mit dem adlichen Guthe Schönbeck ein Holzgericht zu Hohnhorst,
3.) im Amte Bremervörde exercirt das adliche von Bremersche Guth Basbeck ein Holzgericht über den sogenannten Westerberg in der Böhrde Lamstedt ohne alle Concurrenz des Beamten daselbst; und
4.) in demselben Amte stehet auch den Gevattern von Marschalck die Holzgräfschaft über die in der Böhrde Lamstedt belegenen Holzungen, Hove und Bolte zu, indessen muß bey Abhaltung des Holzgerichts jemand von Seiten des Amts zugezogen seyn, auch muß dieses zu Vollziehung der auf dem Holzgericht etwa erkannten Leibesstrafen requiriret werden. Seit dem Jahre 1789 ist dieses Holzgericht aber nach dem anliegenden Berichte der Beamten zu Bremervörde nicht gehalten worden, weil jene Holzungen ruiniert sind.
5.) Im Amte Hagen hat das Guth Cassebruch, welches den Erben eines verstorbenen Hauptmanns von Wersebe gehöret, ein Forstgericht auf einem, demselben gehörigen, bey Bokel belegenen Forstgrunde zu exerciren, welches durch den zeitigen Gerichtsverwalter zu Cassebruch, namens Rodenburg, verwaltet wird.
6.) Im Amte Osterholz hat das adliche Guth Sandbeck die Forstgerichtsbarkeit über einen tractum, der Schrum genannt, welche den Guthsbesitzer von Sandbeck durch seinen Gerichtsverwalter versehen lässt.
7.) In demselben Amte hat das adliche Guth Cassebruch die Forst-Gerichtsbahrkeit zu Garlstedt.

8.) Im Amte Zeven stehet dem Guthe Luhmühlen, welches den Erben des verstorbenen Ritterschafts-Präsidenten Schulte gehöret, das Holzgericht nicht bloß in dem, dessen sonstiger Gerichtsbahrkeit unterworfenen Dorfe Groß-Meckelsen, und dessen Holzungen, sondern auch über die zu dem Zevenschen Amtsdorfe Klein-Meckelsen gehörigen Forstgründe zu.

9.) In demselben Amte hat auch das dem Cammerrath Schulte zu Hannover gehörige Guth Burg Sittensen die Holzgerichtsbahrkeit nicht allein über seine privativen Forsten, sondern auch über die bey einigen Ortschaften in der Böhrde Sittensen belegenen Holzungen, bey denen gedachtes Guth entweder selbst, oder wegen seiner Meyer, interessiert ist. Die Bewandnis dieser beiden zuletzt erwähnten Holzgerichte sind von dem Amte Zeven in dessen mit hierbey gefügten Berichte umständlich angezeiget worden.

10.) In dem Gerichte Beverstedt exerciren nach dem Berichte des dasigen Gerichtsverwalters von Bremen

α.) die adlichen Güther Altluneberg und Freschluneberg gemeinschaftlich eine Forstal-Jurisdiction über gewisse Holzungen; doch ist in Ansehung eines Theils dieser Holzreviere ein noch nicht entschiedener Rechtsstreit unter beiden Güthern;

β.) das Guth Freschluneberg hat die Forstal-Jurisdiction über den sogenannten Barchel bei Westerbeverstedt; und

γ.) das Guth Frelstorfermühlen über Appel.

11.) In dem adlichen Gerichte Delm hat das Amt Neukloster die Holzgerichtsbahrkeit in dem Neukloster-Holz nach Inhalt des Berichts des Landraths Voght zu Buxtehude als Gerichtsverwalters auf dem Delm zu exerciren.

Indem wir im vorstehenden Maasse über die in dem Rescripte der Königlich Preussischen Hochlöblichen Administrations- und Organisations-Commission vom 2. July d. J. zur weiteren Berichterstattung hochgeneigst vorgeschriebenen Puncte die Nachrichten, so weit sie uns, zu senden, möglich gewesen sind, thunlichst einzusenden nicht verfehlen, schliessen wir zugleich ervordertermaasen eine Abschrift der Regierungs-Inspection vom Jahre 1730 und die Untergerichtsordnung für die Herzogthümer Bremen und Verden gehorsamst hierbey.

Schliesslich fügen wir noch die berichtliche Anzeige gehorsamst hinzu, daß wir nicht ermangelt haben, gleich nach Einlieferung des Rescripts vom 2. July d. J. der darin am Schlusse enthaltenen Anweisung gemäß in Ansehung der nicht weiter ohne Berichterstattung zu vollstreckenden Tortur-Erkenntnisse der hiesigen Justiz-Canzley das nöthige zu deren Direction zu eröfnen.

Stade, den 1. October 1806
Regierung
(4 Paraphen)

(StaatsA Stade Rep. 50 Nr. 530, Bl. 44 – 63)

An alle Obrigkeiten im Herzogthum Bremen und Verden.

Die Brem- und Verdensche Regierungs-Commission hat in Hinsicht der Gerichtsverfassung in diesem Herzogthum, nach wiederholter Erwägung aller Umstände sich überzeugt, daß von der einen Seite dieser Gegenstand von zu großem Umfange sey und zu tief in die Landesverfassung eingreife, um eine einigermaßen vollständige Verfügung über die provisorische Justiz-Administration sofort erlassen zu können; und daß gleichwohl von der andern Seite eine einstweilige Maaßregel unumgänglich sey, um einem Stillstand aller Rechtspflege und dessen verderblichen Folgen vorzubeugen. Um demnach bis zur definitiven Organisation unserer Justizverfassung wenigstens für die eiligen Sachen eine interimistische Norm zu haben, sind die nachfolgenden Bestimmungen nöthig erachtet:

§. 1. Die Königl. Churfürstl. Justiz-Collegia zu Stade, die Stadtobrigkeiten, die Aemter und Königl. Gerichte treten wieder ihre Functionen auf den vorigen Fuß an.

Eben dasselbe ist mit den grösseren geschlossenen Patrimonial-Gerichten der Fall, welche vormals einen besonderen Landesdistrict ausmachten, in welchem auch die Regiminal- und Hoheits-Sachen von den Obrigkeiten besorgt wurden, namentlich in Ansehung der Gerichte Delm, Horneburg, Hechthausen, Beverstedt, Ritterhude, Lesum und Schönebeck.

Der Würkungskreis der bei den übrigen kleinern geschlossenen Gerichten, die in der Circumvallationslinie der Königl. Aemter belegen sind und in denen auch vorhin die Hoheits-Sachen, wenigstens größtentheils von den Königl. Beamten besorgt wurden, angestellt gewesenen Gerichtsverwalter, welche sich an ihrem vorigen Aufenthaltsorte befinden, muß nach der gegenwärtigen Lage dieser Provinz lediglich auf die hergebrachte Gerichtsbarkeit beschränkt werden, welche bei diesen wie bei allen Städtischen und übrigen Patrimonial-Gerichten im Namen unseres rechtmäßigen Landesherrn, Sr. Königl. Majestät von Großbritannien, als Churfürsten von Braunschweig-Lüneburg zu verwalten ist, indem die Besorgung der Regiminal-Hoheits- und Polizeisachen unter den jetzigen Zeitumständen nothwendig, um die dringend erforderliche Einheit und Schnelligkeit in allen nach den Umständen erforderlichen Verfügungen zu befördern, uneingeschränkt den Beamten verbleiben muß, in deren Umkreise jene Gerichte sich befinden.

Sofern jedoch jene Gerichtsverwalter entweder verstorben sind oder ihren Wohnort verändert haben und sich jetzt an Orten befinden, wo sie wegen größerer Entfernung von ihrem Gerichtsbezirk, die ihnen übertragene Jurisdiction nicht ohne zu große Beschwerde der Gerichts-Untergehörigen verwalten können, ist die Annahme und Anstellung neuer Gerichtsverwalter von Seiten der Regierungs-Commission in mehrerer Hinsicht bedenklich erachtet, und es haben daher in solchen Fällen die Beamte, in deren Umkreise dergleichen vacante Gerichte belegen sind, auch die Jurisdiction interemistisch und bis zur definitiven Organisation der Justizverfassung mit zu besorgen.

In Ansehung der ungeschlossenen Gerichte und Jurisdictionen über zerstreuete Höfe, gerichtsfreie Meyer oder Kathstellen ist es ebenfalls der jetzigen Lage der Dinge am angemessensten erachtet, daß solche zu Vermeidung der aus der Herstellung solcher zerstreuter Gerichtsbarkeiten zu besorgenden vielfachen Nachtheile, von der ordentlichen Obrigkeit des Landes-districts besorgt werden, in dessen Umfang jene Einwohner sich befinden, und werden jene Obrigkeiten demnach zu dieser Gerichtspflege hiedurch besonders beauftragt und angewiesen.

§. 2. Da die Königlichen und die geschlossenen Patrimonial-Gerichte, welche die Criminal-Jurisdiction auszuüben hatten, in der Regel nicht ohne Verschickung der Acten sprechen konnten, diese Actenversendung an auswärtige Universitäten aber gegenwärtig nicht thunlich ist, so sind statt derselben in solchen Fällen die Acten zum Spruch an die hiesige Justiz-Canzlei einzusenden.

§. 3. Die vor dem 1sten September 1810 in dem Herzogthum Bremen und Verden gültig gewesenen Civil- und Criminal-Gesetze und Prozeßordnungen treten vom Datum dieser Verordnung an wieder in ihre Kraft, gleichwohl bleiben die seit dem 1sten September 1810 bis zur Auflösung der Französischen Administration eingetretenen privatrechtlichen Verhältnisse völlig in ihrer Kraft und Gültigkeit, und sind selbige nach den in diesem Zeitpunkt gültigen Gesetzen zu beurtheilen. Da jedoch diejenigen in der Westphälischen und Französischen Administrationszeit erlassenen Verordnungen, welche eine Auflösung der Grundverfassung dieser Provinz zum Gegenstande hatten, nach dem Dafürhalten der Regierungs-Commission überall von keiner Gültigkeit seyn, gleichwohl Zweifel in einzelnen Fällen entstehen können, in wiefern die seit dem 1. Sept. 1810 hieselbst publicirten Gesetze, nach welchen die seit diesem Zeitpunct entstandenen privatrechtlichen Verhältnisse zu beurtheilen sind, zu der letzten Classe von Verfügungen gehören; so haben die Gerichte in solchen zweifelhaften Fällen die Entscheidung bis zur definitiven Landes-Organisation auszusetzen.

§. 4. Die in dieser Zeit verübten Verbrechen und Vergehen sind nach den ältern Gesetzen zu beurtheilen, wenn diese gelinder sind, als die während dieser Zeit bestandenen.

§. 5. Was den Rechtsgang in den vor Auflösung der Französischen Administration anhängig gemachten Sachen betrift, so müssen die anhängigen Prozesse, in denen noch kein Urtheil abgegeben ist, von neuem wieder angefangen und darin nach der alten Prozeßordnung verfahren werden, da das Personal der Gerichte ganz verändert ist, indem z. B. die zum Ressort der hiesigen Justiz-Canzlei und des Hofgerichts gehörenden Sachen während der Französischen Administrationszeit vor vier verschiedenen Tribunälen verhandelt worden, auf die Plaidorien also nicht mehr Rücksicht genommen werden kann.

Wo interlocutorische oder präparatorische Erkenntnisse abgegeben sind, müssen die Sachen in dem Stande, worin sie sich nach Anleitung solcher Erkenntnisse befinden, nach der alten Prozeßordnung wieder aufgegriffen werden. Um in den Sachen, wo bereits ein schriftliches Verfahren statt gefunden, den Partheien doppelte Kosten zu ersparen, müssen die bereits unter selbigen verhandelten Schriften beibehalten werden und sind bei den Justiz-Behörden statt neuer Schriften, von den ansuchenden Partheien einzuliefern. Sofern das Beweis-Verfahren durch Zeugen-Abhörung, Eidesleistung, Einnehmung des Augenscheins durch Kunstverständige u. s. w. bereits statt gefunden hat, behält solches seine Gültigkeit und etwanige Beweiskraft.

§. 6. Das während der Französischen Administration vorgeschriebene Executionsverfahren ist gänzlich abgeschaft. Es geschieht also die Vollstreckung der in letzter Instanz erlassenen Erkenntnisse nach alter Verfassung, der zufolge solche Urtheile den Aemtern und Gerichten zur Erlassung der Executionsbefehle zu präsentiren sind.

Contumacial-Erkenntnisse müssen gleich den nach der alten Prozeß-Ordnung erlassenen mandatis cum clausula in einer angemessenen Frist, die in Ansehung der Untergerichte auf 14 Tage, in Ansehung der Tribunäle aber auf 4 Wochen, vom Tage der Insinuation an, bestimmt wird, verantwortet werden.

§. 7. Auf Notariats-Urkunden, die während der Französischen Administrationszeit mit der damaligen executorischen Clausel ausgefertigt, bisher aber nicht insinuirt gewesen sind, können die Obrigkeiten, wenn von den Partheien darum nachgesucht wird, die Execution in eben der Maaße wie auf rechtskräftige Erkenntnisse verfügen lassen.

So wie übrigens der Würkungskreis der Notarien, welche in der Westphälischen oder Französischen Administrationszeit als solche neu angestellt worden, gänzlich aufhört, die früherhin verfassungsmäßig angestellten Notarien aber in die Gränzen ihres ehemaligen Geschäftskreises zurücktreten, so darf auch kein Notair, unter welchem Vorwande es sey, von jetzt an sich fernerhin der executorischen Clausel bei Ausfertigungen von den durch ihn aufgenommenen Urkunden bedienen. Es können jedoch die Aemter und Gerichte mandata sine clausula auf die durch Producirung von Notariats-Urkunden ihnen documentirte Zahlungs- und sonstige Verpflichtungen auf Antrag der Gläubiger erlassen und wenn solchen Befehlen nicht Genüge geleistet wird, zum fernern Executionsverfahren schreiten.

Die bei den Notarien deponirten Urkunden und Testamente bleiben einstweilen und bis zu weiterer Verfügung in deren Verwahrung und muß deren desfallsige Verantwortlichkeit demnach ebenfalls einstweilen fortdauern.

§. 8. Was hiernächst die vormundschaftlichen Angelegenheiten betrift, so treten alle Justizbehörden in deren ehemalige obervormundschaftliche Verhältnisse wieder ein und wird da wo in Folge testamentarischer Dispositionen oder älterer gerichtlicher Anordnungen ein oder zwei Vormünder bestellt worden, diesen Dispositionen und Anordnungen gemäß verfahren. Wo aber seit dem 1. Sept. 1810 Vormundschaften angeordnet sind, bleibt es dem Ermessen der Obrigkeiten überlassen, dem Befinden der Umstände nach entweder den Haupt-Vormund allein in dieser Function beizubehalten, oder den Neben-Vormund in den Fällen, wo solches nöthig oder nützlich gehalten wird, als Mit-Vormund anzustellen, indem an und für sich das Amt eines Neben-Vormundes als unseren vormundschaftlichen Rechten ganz fremd, gänzlich cessiren muß.

§. 9. Die Regulirung des Hypothekenwesens bleibt bis zur definitiven Organisation der hiesigen Landesverfassung ausgesetzt. Provisorisch ist jedoch verfügt, daß die auf den ehemaligen Westphälischen und Französischen Hypotheken-Büreaux, die sich im Bezirk der hiesigen Herzogthümer befinden, in solcher Zeit zusammengetragenen Hypothekenbücher einstweilen an den Orten, wo sich selbige gegenwärtig befinden, sorgfältig aufbewahret werden, damit demnächst theils Extracte daraus ertheilt, theils die Hypotheken selbst, wenn solches verordnet werden sollte, in die alten Hypothekenbücher jedes Gerichts nachgetragen werden können.

Damit jedoch aus den alten Hypothekenbüchern den darum nachsuchenden Partheien sofort Extracte zukommen, auch die alten Protestationsbücher nachgeschlagen werden können, so sollen jene alten Hypotheken- und Protestationsbücher den darum nachsuchenden und wieder in Function getretenen gerichtlichen Behörden unverzüglich von den hieselbst und zu Lehe befindlichen vormaligen Hypotheken-Büreaux extradirt werden.

Alle Justizbehörden und Gerichte, welche der gegenwärtigen Verordnung zufolge, wieder ihre vorigen Functionen anzutreten und darnach auch die von Unterbehörigen ihres Gerichtsbezirks gerichtlich zu constituirenden Hypotheken den alten Verordnungen gemäß zu protocolliren haben, müssen übrigens zur Eintragung derselben besondere Hefte nehmen, damit die aus den Westphälischen und Französischen Hypothekenbüchern etwa in die alten Bücher zu übertragenden Hypothek-Bestellungen der Zeitfolge nach in selbige eingeschrieben werden könnten.

Stade, den 8. April 1813.

Bremen- und Verdensche Regierungs-Commission.

E. Marschalck.

Anlage 5 – 1

Wir Georg, Prinz Regent,

im Namen und von wegen Unsers Herrn Vaters Majestät, Georg des Dritten, von Gottes Gnaden Königs des vereinigten Reichs Groß-Britannien und Irland, auch Königs von Hannover, Herzogen zu Braunschweig und Lüneburg ꝛc. ꝛc.

Entbieten sämmtlichen Unsern Unterthanen, Prälaten, Rittern, Herren und Dienern, Unsern gnädigsten und geneigten Gruß, und thun ihnen zu Jedermanns Nachachtung hiemit kund:

Nachdem im Pariser Frieden, mit Unserer Zustimmung, von den vorzüglichsten Mächten Europa's beschlossen worden ist, die ehemalige Verfassung des Teutschen Reichs ihrer Form nach nicht wieder herzustellen, sondern an deren Stelle einen Bundes-Verein unter allen unabhängigen Teutschen Staaten zu errichten, der dem Zwecke der Sicherstellung des gemeinschaftlichen Vaterlandes gegen auswärtige Feinde und gegen die Misbräuche der Willkühr im Innern entsprechen mögte; so hat, durch das Wegfallen eines electiven Reichs-Oberhaupts, der bisher von Unserm Königlichen Hause geführte Churfürstliche Titel aufgehört den nunmehro beliebten Staatsrechtlichen Verhältnissen angemessen zu seyn. Bey der Wahl eines an die Stelle der Churfürstlichen Würde zu übernehmenden Titels, haben Wir in Erwägung gezogen, daß die Churfürsten des heiligen Römischen Reichs gesetzlich den Königen gleich geachtet wurden, und daß Sie Königliche Ehren genossen; daß ferner nicht nur alle übrig bleibende Alt-Churfürstliche Häuser, sondern selbst eins der Neuern, welches im Range Unserm Hause nachstand, die Königliche Würde angenommen haben; daß Wir endlich in Unsern Teutschen Verhältnissen um so weniger dem Glanze Unsers Königlichen Hauses etwas zu vergeben geneigt seyn können, als dasselbe seit mehr als einem Jahrhundert einen der größten Throne der Welt bestiegen, und durch diese Verbindung dem Teutschen Vaterlande vielfältig Schutz und Unterstützung hat angedeihen lassen.

Wir haben demnach in Erwägung aller dieser Umstände Uns entschlossen, Unsere Teutschen Staaten, unter Erbittung des Göttlichen Seegens, zu einem Königreiche zu erheben, und für dieselben den Titel eines Königs von Hannover anzunehmen.

Wie nun diese im voraus schon von mehreren Mächten genehmigte Maaßregel bereits durch eine, von Unserm Staats- und Cabinets-Minister auch Erb-Land-marschall Grafen von Münster, als Unserm ersten Bevollmächtigten beym Congreß zu Wien, daselbst am 12ten October den vorzüglichsten Höfen Europa's übergebene Note zu deren Kenntniß gebracht worden ist; so befehlen Wir nunmehr allen Unseren getreuen Unterthanen und den Landes-Behörden, von nun an künftig in allen zu erlassenden Verfügungen und Schreiben, statt des alten Titels, sich des nachstehenden zu bedienen: „König des vereinigten Reichs Groß-Britannien und Irland, auch König von Hannover, Herzog zu Braunschweig und Lüneburg" rc.

Gegeben *Carlton House* den 26ten October des 1814ten Jahrs, Unsers Herrn Vaters Majestät Regierung im Fünf und Funfzigsten.

GEORGE P. R.

Geo. Best.

(StaatsA Stade Rep. 23a Nr. 165)

Anlage 5 – 2

Georg, Prinz Regent, im Namen und von wegen Meines Herrn Vaters Majestät Georg des Dritten, von Gottes Gnaden Königs des vereinigten Reichs Großbritannien und Irland, Beschützers des Glaubens, Herzogs zu Braunschweig und Lüneburg, des heil. Römischen Reichs Erz-Schatzmeisters und Churfürsten rc. rc.

Verordnung, wegen vorläufiger Herstellung des Justizwesens in den Herzogthümern Bremen und Verden.

Da das Ober-Appellationsgericht, die Königl. Justiz-Canzley, das Hofgericht und das Consistorium zu Stade, ferner die erforderlichen Untergerichte in den Herzogthümern Bremen und Verden, nunmehr hergestellt sind; mithin die, sogleich unentbehrliche Instanzenfolge verfassungsmäßiger Gerichte, für die gedachte Provinz bereits vorhanden ist: so wird, um der einstweilen nicht zu vermeiden gewesenen Stokkung der Rechtspflege, in so weit es jetzt schon möglich ist, ohne Verzug abzuhelfen, bis zur definitiven Einrichtung des Justizwesens Folgendes vorläufig verordnet.

§. I.

Mit dem bevorstehenden 20sten December kommt die Jurisdiction aller vorbesagten obern und untern Gerichte, in so fern dieß nicht schon früher geschehen ist, wiederum zur vollständigen Ausübung; und zwar ganz nach den alten Regeln der Competenz, jedoch mit Ausdehnung auf die Militär-Personen, wie solche zuletzt, bis zur Westphälischen Besitznahme, Statt gefunden hat, und mit Beobachtung des den Beamten, wegen der adelichen Patrimonial-Gerichte, unter dem 9ten November d. J. ertheilten einstweiligen Auftrages.

An demselben Tage hört gagegen die Wirksamkeit aller bisher in dieser Provinz angeordnet gewesenen Tribunale erster Instanz, oder Districts-Tribunale, und Friedensgerichte, völlig auf.

Sollten von den im Auslande befindlichen Appellations- und Criminalhöfen, Tribunalen und Friedensgerichten, in Sachen hiesiger, an deren Gerichtssprengel einstweilen gewiesener Unterthanen, seit dem 4ten November d. J. einschließlich — als am Tage, wo Unser Ministerium die Landesregierung in Unserm Nahmen wieder übernommen hat — noch Erkenntnisse erfolgt seyn: so sind dieselben für unkräftig zu achten.

§. II.

Die bey den aufgehobenen Gerichten noch anhängigen Civilsachen müssen an diejenigen Landesgerichte gelangen, vor welche sie, nach der ver-

verfassungsmäßigen Competenz, gehörig sind. Um dabey den Zweifeln vorzubeugen, welche, im Fall schon abgegebener Erkenntnisse, über die Appellations-Instanz erwachsen könnten, werden vor der Hand diese Regeln festgesetzt:

1) Alle Sachen, welche bey einem Apellationshofe bereits anhängig waren, bleiben bey dem Ober-Appellationsgerichte, ohne Rücksicht auf die Appellationssumme der Landesgesetze.

2) Von Erkenntnissen der Districts-Tribunale, welche in erster Instanz gesprochen sind, soll die Appellation zunächst an die Justizcanzley, das Hofgericht, oder, in den dazu geeigneten Sachen, an das Consistorium gehen; und erst von diesen, wenn die Appellations-Erfordernisse der Landesrechte vorhanden sind, an das Ober-Appellationsgericht. Sind dieselben Erkenntnisse zweyter Instanz abgegeben; so soll die Appellation, falls nur die Erfordernisse der fremden Gesetze anzutreffen sind, unmittelbar an das Ober-Appellationsgericht gebracht werden.

3) Von Erkenntnissen der Friedensgerichte soll die Appellation, in den Fällen wo die fremden Rechte sie zuließen, an das Hofgericht gelangen.

§. III.

Nach denselben Grundsätzen sind die, bey den aufgehobenen Behörden vorhandenen gerichtlichen Acten, an die competenten Landesbehörden zu vertheilen.

§. IV.

Inzwischen haben die Partheyen, welchen an unverweilter Fortsezzung schon anhängiger Sachen gelegen ist, solches der competenten Behörde anzuzeigen, und selbst, oder durch deren Requisition, die Beybringung der vor der feindlichen Verfassung instruirten gerichtlichen Acten zu bewirken. In Ansehung der nach den fremden Gesetzen instruirten, und nur in den Händen der Anwälde befindlichen, kürzeren Acten, soll es genügen daß die Parthey, welche die Sache betreiben will, die bei ihr vorhandenen Actenstücke einseitig einreiche, und den Gegentheil auffordere, binnen kurzer Frist dasselbe zu thun; in dessen Ermangelung die producierten Actenstücke vorerst für anerkannt gelten, und dem gemäß weiter verfahren werden soll.

§. V.

Da es nicht möglich ist, über alle durch die feindliche Occupation veranlaßten zweifelhaften Rechtsfragen jezt schon endliche Bestimmungen zu treffen; so haben die Gerichte, in Behandlung der ihnen vorzulegenden Processe, folgende Vorschriften vorerst zur Richtschnur zu nehmen.

1) Rechtssachen, welche aus Geschäften und Verhältnissen entspringen, die schon vor Einführung der fremden Rechts- und Gerichts-

Gerichtsverfassung Statt gefunden haben, sie mögen, übrigens, bereits vor oder erst während dieses Zeitraums, anhängig gemacht seyn, oder jetzt erst anhängig werden, sie sind allein nach den sämmtlichen vor der Occupation gültig gewesenen, und nur vom Feinde außer Kraft gesetzten Rechts- und Proceß-Normen, zu instruiren und zu entscheiden.

2) Eben so ist bey denjenigen Sachen zu verfahren, welche erst mit und seit dem 4ten November d. J. ihren Ursprung genommen haben, folglich nunmehr erst rechtshängig werden können.

3) Bey Sachen, welche aus der Zwischenzeit herrühren, während die gewaltsam aufgedrungenen fremden Rechte erzwungene Gültigkeit hatten, sie mögen bereits rechtshängig seyn, oder es nun erst werden, ist zu erwägen, ob sie

a) von der Beschaffenheit sind, daß über deren streitige Puncte die fremden Rechte entweder gar keine positiven Anordnungen enthalten, oder doch nur solche, welche mit den Vorschriften unserer Rechte vollkommen übereinstimmen — Dann ist darin, auf die vorgedachte Art, nach unsern Gesetzen zu verfahren und zu erkennen.

b) In allen übrigen Fällen ist die Abgebung eines Definitiv-Urtheils oder hauptsächlichen Interlocutes vor der Hand noch auszusetzen, und es haben, nach Befinden der Umstände, nur conservatorische Maßregeln Statt.

§. VI.

Die einstweilen verfügten Gerichts-Ferien, so wie die Zeit während welcher, theils in Gemäßheit der gegenwärtigen Verordnung, theils wegen der Kriegsereignisse, ein unwillkührlicher Aufschub in den Proceßhandlungen ferner noch statt finden möchte, sollen weder den Parteyen bey den Fatalien der Rechtsmittel und anberaumter Beweisfristen, noch bey einer ihrer Erfüllung etwa nahen Verjährung mit angerechnet werden.

§. VII.

Die schon in der Instruction begriffenen Straf-Sachen und Acten sind von der Justizcanzley und den Unterbehörden, zu fernerer Untersuchung und Entscheidung nach Vorschrift der Landesgesetze, von Amtswegen zu übernehmen und einzufordern.

VIII.

Mit dem 20. December hören die Einschreibungen auf den bisherigen Hypotheken-Bureaux gänzlich auf; und es können, sowohl öffentliche als Privat-Pfandrechte, lediglich nach Verordnung der Landesgesetze fernerhin bestellt werden.

Die

Die sorgfältigste Aufbewahrung der inzwischen geführten Bücher wird den Hypotheken-Aufsehern so lange zur Pflicht gemacht, bis über diesen Gegenstand schließlich verfügt werden kann.

§. IX.

Mit dem nähmlichen Tage hört auch das fremde Notariats-Institut, dessen Anwendung schon vom 4ten November d. J. an als unnöthig zu betrachten ist, gänzlich auf; und es treten die, von der rechtmäßigen Regierung autorisierten Notarien, in ihre ehemahligen Befugnisse wieder ein.

Vor Ablauf des gegenwärtigen Jahres sind die sämtlichen Register, Repertorien und Deposita, von den bisherigen Notarien zu Protocoll an die Landesbehörden, gegen darüber auszustellende unentgeldliche Empfangscheine, abzuliefern; und zwar von den Cantons-Notarien an die competenten Aemter und Untergerichte, von den Districts-Notarien aber an die Justizcollegien, zu deren Gerichts-Bezirken sie gehören. Letzteres soll von den Districts-Notarien zu Stade unmittelbar, von den an anderen Orten wohnhaften aber an die Commissarien geschehen, welche die Justizcanzley zu dem Ende an jedem gewesenen Districts-Orte forderſamst zu bestellen und kund zu machen hat. Die Aufsicht über das Abgelieferte wird insonderheit dem Director oder vorsitzenden Rath in der Justizcanzley, so wie den ersten Beamten und Gerichts-Personen, zur Pflicht gemacht.

Hannover, den 6ten December 1813.

Auf Sr. Königlichen Hoheit, des Prinzen Regenten Special-Befehl.

Decken. Bremer.

(StaatsA Stade Rep. 23a Nr. 164)

Anlage 5 – 3 **13. August 1835**

Receß über die Abtretung des Patrimonialgerichts Horneburg an die Landes Regierung

Nachdem das Königliche Ministerium beschlossen, die von den Inhabern des Patrimonialgerichts Horneburg mehrfach angebotene Abtretung dieses Gerichts an die Landesregierung, unter gewissen näheren Bestimmungen anzunehmen, so ist darüber nachfolgender Receß aufgerichtet.

§ 1 Die Gutsbesitzer, welche bisher unter dem Namen „Burgmänner zu Horneburg" die Patrimonialgerichtsbarkeit daselbst ausgeübt haben, namentlich:
a. zu Horneburg
1. der Oberhauptmann Carl Johann Georg von Düring zu Meinersen,
2. der Hofgerichts-Assessor Wilhelm Fr. Otto von Borries zu Harsefeld,
3. der Forstmeister Johann Christian von Düring zu Rotenburg,
4. die Landräthin von Düring geborene von Beaulieu-Marconnay zu Horneburg,
5. der Landrath Alexander von Schulte zu Buxtehude, als Gutsbesitzer zu Horneburg.
b. außerhalb Horneburg
6. der Staats- und Cabinets-Minister Caspar Detlef von Schulte zu Hannover, wegen des Guts Kuhmühlen,
7. der General Major August Friederich von dem Bussche zu Stade, wegen des Gutes Francop,
8. der Obrist Hans Diederich von Holleufer zu Daudieck, wegen dieses Gutes,
9. der obgedachte Landrath von Schulte, wegen des Gutes Esteburg,
begeben sich hiemit und Kraft dieses für sich und ihre Erben für ewige Zeiten auf das bündigste aller ferneren Ausübung der Gerichtsbarkeit zu Horneburg und der damit verbundenen Rechte und Zubehörungen oder Ausnahmen.

§ 2 Da die in dem vorigen § unter No 2 und No 9 bezeichneten Güter mit einem Fideicommiß-Nexus behaftet sind, so haben
ad 2. die jetzt vorhandenen einzigen volljährigen Folgeberechtigte, die unverehelichte Elise von Borries zu Horneburg;
ad 9. die beiden vorhandenen nächsten Agnaten, namentlich
a. der obgedachte Staats-Minister von Schulte
b. der Rittmeister Otto von Schulte, 3tes Dragoner Regiment,
in Gemäßheit § 11 der Verordnung vom 13. März 1821 zu der vorstehenden Abtretung und dem ganzen Inhalte dieses Receßes ihre Zustimmung ausdrücklich ertheilet und denselben mit vollzogen.

§ 3 Sämmtlich bisherige Erbrichter versicherrn, daß außer den in § 2 genannten Gütern keines der übrigen berechtigten Güter mit einer Lehns- oder Fideicommiß-Eigenschaft behaftet ist. Dabei übernehmen sie einer für Alle und Alle für Einen bei Verband ihrer Haabe dafür die Gewähr, daß weder von irgend einem Andern, noch der allegirten Verordnung vom 13. März 1821 etwa noch zuzuziehen gewesenen Agnaten noch von sonst irgend Jemanden die Gültigkeit dieses Verzichtes angefochten und der Landesregierung das Recht auf die abgetretene Gerichtsbarkeit in ihrem ganzen Umfange streitig gemacht werde.

§ 4 Da die gesammte Patrimonial-Gerichtsbarkeit und sämmtliche davon abhängige Rechte durch den in § 1 ausgesprochenen Verzicht an die Landesregierung übertragen werden, so wird nur noch namentlich bemerkt,
1. daß den Burgmännern der Anspruch auf eine Polizeigerichtsbarkeit, wie er unter Umständen nach den §§ 16, 17, 26 des Gesetzes vom 13. März 1821 stattfinden kann, in Zukunft nicht weiter zustehet, noch von denselben eine Theilnahme an den Strafen, Sporteln pp verlangt werden kann;
2. daß denselben besondere Begünstigungen in den bei dem Gerichte Horneburg vorkommenden Processen, namentlich die Sportelfreiheit nicht ferner zustehen;
3. hinsichtlich der Inventarii des Gerichts ist verabredet:
a. daß das etwa vorhandene bewegliche Inventar, an Repositorien, Kasten, Schreibgeschirr, und was sich sonst vorfindet, unentgeldlich mit abgetreten wird;
b. daß das vorhandene Gefangenhaus von Seiten der Landesregierung bei Uebergabe des Gerichts gegen eine den Erbrichtern zu leistende besondere Vergütung von 50 Rtl courant übernommen wird.

§ 5 Es sollen durch den gegenwärtigen Verzicht die übrigen Verhältnisse, Gerechtsame und Verpflichtungen der bisherigen Gerichtsherrrn, welche mit der Patrimonial-Gerichtsbarkeit in keinem Zusammmenhange stehen, durchaus nicht verändert werden.
Als solche sind namentlich anerkannt:
a. das Patronatsrecht über die Kirche zu Horneburg mit allen demselben anklebenden Befugnissen und Verpflichtungen,
b. die Berechtigung der Burgmänner zu Beziehung desjenigen Aequivalents, welches an die Stelle des früher gehobenen s. g. Zollweggeldes getreten ist.
Desgleichen verbleibt es
c. hinsichtlich der gutsherrlichen Rechte der Burgmänner lediglich bei denjenigen Bestimmungen, welche dieserhalb in den §§ 12 – 15 der Verordnung vom 13. März 1821 getroffen sind; und wird darnach auch das herkömmliche, von den Gutsherrn als solchen erhobene Dienstgeld der Häuslinge denselben zu belassen sein.
Dagegen begeben sich die bisherigen Erbrichter ausdrücklich aller Ansprüche auf Hoheitsabgaben irgend einer Art, an Schutzgeld oder ähnlichen Gefällen, welche nicht unter eine der den vorstehenden Rubriken a. b. c. gebracht werden können, wodurch denn die Anwendung der im § 19 der Verordnung vom 13. März 1821 aufgestellten Interpretations-Regel gänzlich ausgeschlossen wird.
Es soll jedoch die vorstehende Clausel den Burgmännern bei weiterer Verfolgung derjenigen Ansprüche nicht entgegengesetzt werden, welche sie wegen der früher bezogenen, in Folge der Steuergesetze von 1817 aber suspendirten, s. g. Junkeraccise vermeinen geltend machen zu können. Vielmehr bleibt denselben die Verfolgung dieser Ansprüche, deren Grund oder Ungrund an diesem Orte gänzlich dahin gestellt bleibt, unbenommen.

§ 6 Die Burgmänner entsagen ausdrücklich allen Ansprüchen auf eine für die Abtretung der Gerichtsbarkeit ihnen zu gewährende Entschädigung mit Vorbehalt dessen, was wegen der Inventarii im § 4 festgesetztworden.
Dagegen übernimmt die Landesregierung vom 1. August 1835 an, sämmtliche der Gerichtsbarkeit anklebenden Lasten, ohne Ausnahme.

§ 7 Als solche Lasten werden hiemit namentlich und ausdrücklich anerkannt:

1. die Verabreichung der den vorhanden Gerichtspersonen, namentlich dem Gerichtsverwalter, Gerichtsvogt, Gerichtsdiener, Polizeidiener gebührenden oder den Umständen nach auszusetzenden Gehalte, Pensionen, Wartegelder pp, insoweit solche Verabreichung bisher als eine Obliegenheit der Gerichtsherrschaft bestanden hat.
2. die Vorrichtung und Erhaltung aller zur Ausübung der Gerichtsbarkeit gehörigen Locale und Einrichtungen, welche bisher nach dem § 42 der mehr allegirten Verordnung den Gerichtsherren obgelegen hat. Wobei bevorwortet wird, daß die Landesregierung die Erbrichter hinsichtlich der zwischen ihnen und dritten Personen – namentlich dem bisherigen Gerichtsverwalter – in einer der obigen Beziehungen vor Abtretung der Jurisdiction entstandenen Verpflichtungen nicht zu vertreten hat.
Dagegen behält es hinsichtlich der den Burgmännern bisher herkömmlich zur Last gefallenen Verpflichtung zur Unterhaltung gewisser Brücken und Wege bei diesenm Herkommen sein verbleiben und übernehmen die Burgmänner dafür, daß wegen solcher Leistungen aus dem Grunde der übernommenen Gerichtsbarkeit keine Ansprüche an die Landesregierung erhoben werden, in solidum und bei Verband ihrer Haabe, die Gewähr.

§ 8 Von dem in § 6 angegebenen Zeitpuncte an, tritt zwar die Landesregierung hinsichtlich aller im § 7 bezeichneten Lasten und Verpflichtungen an die Stelle der Erbrichter.
Alle Rückstände aus früherer Zeit indessen so wie die Erledigung aller wider die Erbrichter, als solche , stattfindenden aus solcher Zeit herrührenden Ansprüche bleiben ihnen allein überlassen.

§ 9 Die wirkliche Uebergabe des Gerichts an Ort und Stelle, die Ueberweisung des vorhandenen Gerichtspersonals an die Landesregierung und die Ueberlieferung sämmtlicher Zubehörungen wird in Gegenwart eines Landesherrlichen Commissarius und eines Bevollmächtigten der Burgmänner vollzogen werden.

§ 10 Zu mehrerer Festhaltung ist gegenwärtiger Receß in zweifacher Ausfertigung von Seiten Königlicher Landdrostei, Namens und in Auftrag des Königlichen Ministerii und von Seiten sämmtlicher Erbrichter so wie von den in § 2 benannten Folgeberechtigten vollzogen und besiegelt.

So geschehen Stade, den 13. August 1835
Königliche Großbritannisch-Hannoversche Landdrostei
L. S. Marschalck
Diverse Unterschriften und Siegel mit Beglaubigungen

(StaatsA Stade Rep. 1 Nr. 2349)

Anlage 5 – 4 16. Januar 1849

Schreiben des Patrimonialgerichts Beverstedt an die Königliche Landdrostei in Stade

Den mittelst hochverehrlichen Rescripts vom 22. / 25. v. Mts. eingeforderten Bericht über verschiedene, bei Abtretung der Gerichtsbarkeit des Erbgerichts Beverstedt an die Landesherrschaft in Frage gestellte Puncte beehren wir uns im Nachstehenden gehorsamst zu erstatten.

1. Was zuvörderst die jährlichen Gerichtseinkünfte betrifft, so haben die gehorsamst Unterzeichneten, wie ihnen solches in der Bestallungs-Urkunde vom 22. Novbr. 1847 zur Pflicht gemacht ist, sich angelegen sein lassen, dieselben in den beiden damit überreichten Registern möglichst genau zu verzeichnen. Darin konnten nicht aufgenommen werden alle diejenigen Sporteln, welche gewöhnlich längere Zeit ungehoben bleiben, als namentlich diejenigen, welche in Theilungs- Kirchen- Commissions- und Concurs-Sachen aufkommen. Da jedoch nur unter Hinzurechnung von diesen das wirkliche Ergebniß der in den beiden letztverflossenen Jahren aufgekommenen Sporteln, folgeweise der den Unterzeichneten zugefallenen Netto-Einnahmen sich aufstellen läßt, so haben wir solche Aufkünfte nach möglichst genauem Überschlagen für gedachte Zeit zusammengerechnet, mit den erweislichen Aufkünften in der angeschlossenen Übersicht zusammengestellt und, deductis deducendis, die übrig gebliebenen Netto-Einnahmen berechnet.

2. Über die vier, beim hiesigen Gerichte angestellten Unterbedienten ertheilen wir die verlangte Auskunft, gehorsamst wie folgt:

A. der Hausvoigt Colpe zu Beverstedt ist 48 Jahre alt, seit 15 Jahren im Dienste, Besitzer einer Bürgerstelle daselbst und befindet sich in guten Vermögensverhältnissen. Nach einem Durchschnitte der letzten fünf Jahre beträgt seine Diensteinnahme jährlich:

I. Feste Besoldung q	4 Rtlr 13 ggl 4 sch (4 Rtlr Cassen Münze)
II. Gebühren-Einnahme	
a. in Administrationssachen	20 Rtlr
b. in Judicialsachen	200 Rtlr
in summa	224 Rtlr 13 ggl 4 sch

Seitdem derselbe etwas strenger wie früher zum Dienste angehalten wird, ist er auf alle Weise und mit Erfolg bemüht, den an ihn gestellten Anforderungen Genüge zu leisten und ist seine Dienstführung eine gute zu nennen. Das außerdienstliche Benehmen ist tadelfrei. Wir glauben den Hausvoigt Colpe zur Anstellung im Königlichen Dienste nur empfehlen zu können.

B. Der Hausvoigt Bohde zu Altluneberg steht im 43ten Lebensjahre, dient seit dem Jahre 1831, ist Besitzer von 2 Stellen in Altluneberg, einer Stelle in Wehdel und dem dazu gehörigen Ländereicomplex von circa drittehalb hundert Morgen, und befindet sich in recht guten Vermögensverhältnissen. Seine Diensteinnahme beträgt, nach dem Durchschnitte der letzten vier Jahre, während welchen nur eine Verzeichnung Statt gefunden hat, jährlich

I. Feste Besoldung und sonstige Emolumente	34 Rtlr 13 ggl 8 sch
II. Gebühren-Einnahme	
a. in Administrationssachen	36 Rtlr 23 ggl 10 sch
b. in Judicialsachen	193 Rtlr 6 ggl 2 sch
in summa	264 Rtlr 19 ggl 8 sch

Es fehlt ihm keineswegs an Talenten und Kenntnissen, um den ihm anvertrauten Posten mit Glück vorstehen zu können, um so mehr aber an gutem Willen. Er betrachtet den Dienst eigentlich nur als Nebensache, und mißbraucht ihn auch wohl bei seinen sonstigen, auf Gewinnsucht gestützten Plänen; wie ihn denn vor kurzem der Betrieb verschiedener Nebengeschäfte höheren Orts hat untersagt werden müssen. Zu seiner Stellung gegen Vorgesetzte hat er in früherer Zeit nicht selten durch Widerreden und sonst unangemessenes Betragen den schuldigen Respect außer Augen gesetzt, auch neuerdings, um eine

Wiederaufhebung der kaum gedachten Maaßregel zu erwirken, sich nicht entblödet, daß pflichtmäßige Verhalten der gehorsamst Unterzeichneten in dieser Angelegenheit mit gehässigen Namen zu bezeichnen, und als parteiisch darzustellen. Über sein außerdienstliches Benehmen ist ihm Nichts nachzutragen. Wenngleich auch der Hausvoigt Bohde zur Anstellung im Königlichen Dienste sich wohl qualificirt, so dürfen wir solches nach pflichtmäßigem Ermessen doch nur mit der unmaßgeblichen Anheimgabe empfehlen, daß derselbe in der neuen Stellung seinem bisherigen außerdienstlichen Wirkungskreise entzogen wird.

C. Der Hausvoigt Schroeder zu Loxstedt ist 38 Jahre alt, seit dem Jahre 1834 im Dienste und hat sich keines Grundbesitzes zu erfreuen, befindet sich vielmehr in sehr derangirten Vermögensverhältnissen. Seine Diensteinnahme beträgt, nach einem Durchschnitte der letzten 5 Jahre:

I. Feste Besoldung	4 Rtlr 13 ggl 4 sch (4 Rtlr Cassen Münze)
II. Gebühren Einnahme	
a. in Administrationssachen	29 Rtlr 4 ggl
b. in Judicialsachen	260 Rtlr 9 ggl 4 sch
in summa	294 Rtlr 2 ggl 8 sch

Da ihm außer dieser Einnahme wenig oder keine Gelegenheit zum Verdienste geboten ist, da derselbe früher mit einem, seinen Verhältnissen nicht angemessenen Aufwande gelebt, und außer einer starken Familie noch ein paar alte hülflose Eltern zu ernähren hat, so ist er, wie erwähnt, in sehr bedrängte Verhältnisse gekommen, und auch jetzt, fast außer Stande, das vor einigen Jahren mit seinen Creditoren abgeschlossene und sehr zu seinen Gunsten ausgefallene Arrangement zu halten. Wenngleich ihm nur zu bezeugen ist, daß er mit dem besten Willen und regen Eifer bemühet ist, seinen Dienstobliegenheiten gehörig nachzukommen, so können seine, unter anderen Umständen vielleicht recht guten Leistungen doch nicht immer befriedigen, da seine erwähnte bedrängte Lage, und dadurch, gegen nicht wenige Eingesessene herbeigeführte abhängige Stellung zu oft störend in seine dienstliche Wirksamkeit eingreift. Vorausgesetzt, daß es ihm, wie zu erwarten, mit Hülfe seiner Verwandten gelingen möge, sich vor völligem Vermögens-Ruin zu retten, können wir den Hausvoigt Schroeder als zur Anstellung im Königlichen Dienste qualificirt bezeichnen, müssen aber auch bei ihm die Bedingung stellen, daß ihm zur Wirksamkeit ein anderer Platz angewiesen werde. Im Übrigen ist sein außerdienstliches Benehmen tadelfrei.

D. Der Polizei- und Gerichtsdiener von Wieden zu Beverstedt, ist 43 Jahre alt, und seit 3 Jahren im Dienste. Er hat zwar keinen Grundbesitz, aber einige ausstehende Capitalien und befindet sich in guten Vermögensverhältnissen. Seine Diensteinnahme beträgt jährlich

I. Feste Besoldung
a. in baarem Gelde 90 Rtlr
..b. Dienstwohnung, auf circa 25 Rtlr zu veranschlagen
..c. alle zwei Jahre Dienstbekleidung zu 18 Rtlr 18 ggl, mithin jährlich 9 Rtlr 9 ggl

II. Gebühren-Einnahme	35 Rtlr
In summa	159 Rtlr 9 ggl

Mit seiner Dienstführung können wir uns in aller Maaße sehr zufrieden bezeugen. Er ist ein verständiger, höchst zuverlässiger Mann, der jederzeit willig und genau, prompte und gut die ihm aufgetragenen Geschäfte besorgt und sich nicht scheut, dabei Opfer zu bringen. Daneben genießt er, wiewohl ihm anfangs ein etwas übertriebener Diensteifer und zu große Strenge in Ausübung des ihm anvertrauten Polizeidienstes entgegenstand, allgemein die Liebe und das Vertrauen der Eingesessenen. Sein außerdienstliches Benehmen ist tadelfrei. Wir können ihn als zu einer ähnlichen Anstellung im königlichen Dienste vorzüglich qualificirt empfehlen.

3. Das hiesige Gerichtshaus liegt außerhalb des Fleckens Beverstedt, und ist ein langes einstöckiges in Fachwerk aufgeführtes und mit Pfannen gedecktes Gebäude. Das Innere zerfällt in zwei, durch einen Stallraum getrennte Theile, zu welchen beiden eine besondere Hausthür führt. In dem nach Süden belegenen Theile sind unten außer der Diele 5 kleinere Zimmer, von welchen 4 an einander stoßen, und ein größeres, welches zur Zeit als Geschäftsstube benutzt wird, ferner eine Küche nebst Speisekammer und ein Abort, und oben zwei Stuben nebst Kammern, jede in einem besonderen Ausbau und Bodenraum. In dem nördlichen kleineren Theile des Hauses finden sich unten 3 kleinere Stuben und oben 1 Stube nebst Kammer. Vor dem Hause liegt ein dazu gehöriges mit Stroh gedecktes Stallgebäude von beinahe gleicher Länge, in welchem auf der einen Seite ein Pferde-, auf der anderen Seite ein Kuh- und Schweinestall, daneben hinlänglicher Raum zum Aufbewahren von Getreide und Feuerung vorhanden ist. Außer einem neben dem beschriebenen Stall belegenen, massiv gebaueten Backhause von ziemlicher Größe gehört zu dem Gerichtshause ein dahinter belegener Garten, welcher sammt den Gebäuden einen Flächengehalt von 2 Morgen 75 □R[9] mißt. Das Gerichtshaus ist vor 3 Jahren von der Gerichtsherrschaft zum Preise von 3000 Rtlr Geld angekauft und hat in der Zeit sich nicht merklich verschlechtert. Der Preis ist zwar nicht gering, gleichwohl in Berücksichtigung des hohen Wertes der hiesigen Grundstücke, und in Betracht ein anderes Gebäude zu diesem Zwecke hier überall nicht vorhanden, als angemessen zu betrachten. Die Gebäude sind im Allgemeinen im ziemlich guten Zustande, und wird das Hauptgebäude mit geringen Kosten zu einem zweckmäßigen Gerichtslocale sich herstellen lassen.

von Plate von Engelbrechten

(StaatsA Stade Rep. 80 Nr. 5063, Bl. 46)

Anlage 6 – 1 26. April 1852

Amt Harsefeld: Protokoll der Übergabe des Patrimonialgerichts Delm

Actum Apensen den 26ten April 1852

<anwesend v. Düring, Schaumburg, Roddewig, Augustin, 14 Gemeindevertreter>

Zur Ausrichtung des von Königl. Landdrostey mittelst Rescripts vom 1. April *a. c.* dem unterzeichneten ertheilten Auftrags zum Zweck der Aufhebung des bisherigen Patrimonialgerichts Delm und der an dessen Stelle vorzunehmenden Errichtung eines Königlichen Gerichts Delm zu Apensen, war der heutige Tag anberaumt und waren hievon nicht allein die bisherigen Gerichtsherren *respt.* deren Bevollmächtigte durch besondere Schreiben in Kenntniß gesetzt und ihnen eine etwaige Anwesenheit *in termino* anheimgestellt,

---

[9] Quadratruten.

sondern es war auch der bisherige Gerichtsverwalter *Schaumburg* eingeladen, sich *in termino* einzufinden und die Gerichtsunterbedienten wie die Ortsvorgesetzten zu demselben zum persönlichen Erscheinen vorladen zu lassen.

In termino hatten sich nun folgende Personen einzufinden.

Commissarius eröfnete den Termin damit, daß er den Anwesenden bekanntmachte, wie durch den zwischen dem Königlichen Ministerium des Innern einer Seits und den bisherigen Gerichtsherrn des Patrimonial-Gerichts Delm anderer Seits abgeschlossenen und *respt.* am 31ten Januar, 5ten, 13ten und 14ten Februar *a.c.* vollzogenen Receß das bisherige Patrimonial-Gericht Delm der Königlich-Hannöverschen Landesherrschaft abgetreten und an letztere übergegangen sey. Höchsten Orts sey nun aber beschlossen, dies Patrimonial-Gericht als solches ferner nicht bestehen zu lassen, sondern dasselbe aufzuheben und aus dessen bisherigen Bezirk ein besonderes Königliches Gericht mit dem Gerichtssitz zu Apensen zu bilden, auch die fernere Verwaltung desselben dem bisherigen Gerichtsverwalter Schaumburg unter Beylegung des Titels von Amtmann zu übertragen, wozu der heutige Tag anberaumt sey.

Es erklärte nunmehr der Herr Amts Assessor von Düring für sich und die übrigen bisherigen Inhaber der Gerichtsherrschaft des Gerichts Delm, wie die Gerichts Herrschaft in folge des mit dem Königl. Ministerio abgeschlossenen und vorbemerkten Recesses das Patrimonial-Gericht Delm mit jeglichen Rechten und Befugnissen und den im Receß näher bezeichneten Zubehörungen der Königlich Hannöverschen Landesherrschaft hiermit übergeben und abtreten wolle und bemerkte zugleich, wie sich in den Händen der bisherigen Gerichtsherrschaft überall so viel bekannt sich keine Acten noch sonstige Effecten und Utensilien zur Verwaltung des Gerichts gehörend, sich befänden.

Nach dieser Eröfnung wurde der Herr Amtmann Schaumburg aufgefordert, sich zu seiner neuen Dienststellung als Königlicher Beamter eidlich zu verpflichten. Derselbe leistete darauf nach vorgängigem Huldigungs Eide den in der Anlage C enthaltenen Dienst Eid wörtlich unter Hinzufügung der Worte „so wahr mir Gott helfe und sein heiliges Wort" *actu corporali solenniter* ab.

Nach stattgefundener Beeidigung wurde das Königliche Gericht Delm dem Herrn Amtmann Schaumburg zur Verwaltung überwiesen, worauf den Gerichtsunterbedienten, Grefe Roddewig und Untervoigt Augustin eröfnet wurde, daß sie einstweilen in ihren bisherigen Dienstverhältnissen zum Gericht Delm, auch nachdem solches ein Königliches Gericht geworden, zu verbleiben hätten und zwar der Grefe Roddewig als Königlicher Unterbedienter 1ter Classe. Sie würden daher hinsichtlich ihrer ferneren Dienstobliegenheiten und ihres Verhaltens gegen den ihnen vorgesetzten Amtmann auf den von ihnen früherhin geleisteten Dienst Eid verwiesen Sodann wurden die anwesenden Ortsvorstände angewiesen, dem Herrn Amtmann Schaumburg als ihren Orts Obrigkeiten Beamten des Königlichen Gerichts Delm den ihm gebührenden Respect und Hochachtung zu erweisen und demselben in allem demjenigen, was er von Amts und Gerichts wegen befehligen werde gehörige Folge zu leisten. Zugleich wurden dieselben beauftragt, von dieser Verhandlung und der ihr gemachten Bedeutung ihren Miteinwohnern Kenntniß zu ertheilen und dieselben zu gleichem Verhalten aufzufordern.

Nach dieser Verhandlung wurden die Gerichts-Unterbedienten wie die Ortsvorsteher entlassen und in nachstehender Weise wegen der zur Gerichts Verwaltung gehörenden Effecten und Utensilien mit dem Herrn Amtmann Schaumburg verhandelt.

1. Derselbe wies die in 5 Repositorien vorhandenen Acten, Hypotheken-, Lager- und Depositen-Bücher nach. Zugleich wurde der Depositen Kasten vorgezeigt und dessen Inhalt, insoweit er in Geld und Obligationen besteht, nach dem von dem Amtmann Schaumburg aufgestellten, hierneben *sub D* anliegenden Verzeichnis revidirt und richtig befunden. Hierbey wurde die in § 4 des Recesses bezeichnete Obligation vom 12ten May 1846 über ein Ablösungs Capital von 100 Rtlr über den sogenannten Gräfen-Schatz dem Amts Assessor von Düring für sich und seine Mandanten übergeben und über deren Empfang von demselben hierneben quitirt.

Düring Amtsassessor

Dabey bemerkte hinsichtlich des sogenannten Landzinses der Amtmann Schaumburg, daß ein Document darüber bey dem Gericht nicht vorhanden, dasselbe sich indessen in form eines abschriftlichen Protocolls in den Händen des Debenten jetzt Hinrich Heitmann bey Buxtehude befinde.

Der übrige Inhalt des Depositen-Kastens so wie die sämtlichen Acten, Bücher etc. zur Registratur gehörend, wurden dem Herrn Amtmann wiederum zurückgegeben.

2. In betreff der in vorstehender Hinsicht vorhandenen noch zum Eigenthum der bisherigen Gerichtsherrschaft gehörenden Depositen Kasten nebst 5 Depositorien, wurde für zweckmäßig erachtet, dieselben sofort abschätzen zu lassen, für den Fall, daß deren Uebernahme von Seiten der Königl. Landesherrschaft zweckmäßig erachtet werden sollte. Die zu diesem Zweck adhibirten Taxatoren Schmiedemeister Bade und Tischlermeister Bremer von hier, aufgefordert, den wahren Werth jener Gegenstände anzugeben, wie sie denselben erforderlichenfalls eidlich zu erhärten vermögten taxirten darauf

a. den hölzernen mit Eisen beschlagenen Depositen Kasten zu 2 Rtlr 8 ggr;
b. die 5 schon alten Acten Repositorien zu 20 Rtlr,
c. die sonstigen zum Bedarf des Gerichts gehörenden Utensilien, welche auf dem *sub E* anliegenden Verzeichniß aufgenommen sind, wurden nachgesehen und vorhanden gefunden. Es bemerkte dabei aber der Herr Amts Assessor von Düring, wie er für sich und seine Mandanten die unter nr. 13 aufgeführte gerichtsherrliche Fahne reclamiren und von der Ablieferung ausschließen müße.

4. Ferner lieferte der Herr Amtmann Schaumburg die bisherigen bey der Gerichtsverwaltung des Gerichts Delm benutzten 2 Dienstsiegel in der Commissarii Hände ab, wogegen demselben sodann zwey Siegel für das Gericht und ein Siegel für den Gerichts Voigt wieder zum künftigen Gebrauch übergeben wurden, was nicht zu verhandeln war, wurde *vel ac rati habito terminus* beschlossen.

ut supra in fidem
Dodt

(StaatsA Stade Rep. 74 Harsefeld Nr. 332, Bl. 10 – 17)

Anlage 6 - 2 **9. Mai 1851**

Schreiben der Landdrostei Stade an den Magistrat der Stadt Stade

Die §§ 84 und *resp.* 86 des Gesetzes über die Gerichtsverfassung vom 8. *November* 1850 enthalten bekanntlich nähere Bestimmungen darüber, daß die bei den Patrimonial-Gerichten Angestellten, wo nicht eine Pensionirung nothwendig wird, entweder im Königlichen Dienste angestellt oder, falls solches nicht thunlich, auf Wartegeld gesetzt werden

und

daß die bisherigen Inhaber von Patrimonial-Gerichten verpflichtet sein sollen, der Königlichen Regierung auf deren Verlangen die Gerichtslocale pp, unter den dort näher hervorgehobenen Modificationen, zu überlassen.

Nachdem Königliches Ministerium des Innern Uns mittelst Rescripts vom 28. v./ 4. d Mts den Wunsch zu erkennen gegeben hat, die Verhandlungen wegen Abtretung der *städtischen* Gerichte mit den Städten thunlichst beschleunigt zu sehen; so eröffnen Wir dem Magistrate dieserhalb Folgendes:

I. In Beziehung auf die Angestellten (§ 84 a.a.O.) ist zu unterscheiden zwischen denjenigen, welche lediglich behuf der städtischen Gerichtsbarkeit und *resp.* denjenigen, welche gleichzeitig auch behuf der städtischen Verwaltung verwandt sind.

1. Auf die lediglich für die Justiz verwandten Angestellten finden die Bestimmungen des § 84 a.a.O., mögen es Mitglieder oder Unterbediente des Stadtgerichts gewesen sein, Anwendung, während

2. bei den gleichzeitig für die städtische Verwaltung verwandten Mitglieder oder Unterbedienten, neben einer möglichst genauen Angabe der von denselben für die Justiz und *resp.* für die Verwaltung verrichteten Dienste es einer sorgfältigen Erwägung bedürfen wird,

ob dieselben (oder welche von ihnen) auch nach Abtretung der Gerichtsbarkeit im städtischen Dienste werden bleiben müssen oder können?

wobei die betreffenden Bestimmungen der neuen, mit der allgemeinen Ständeversammlung berathenen Städteordnung zu beachten und namentlich die Gesichtspuncte festzuhalten sein werden

ob einzelne und welche der *sub* 2 genannten Angestellten in der Folge ganz für die städtische Verwaltung verwandt werden müssen oder können?

oder

ob deren (oder welcher) gesammte Arbeitskraft für die künftige städtische Verwaltung nicht in Anspruch genommen zu werden braucht oder nicht benutzt werden kann und eventuell in welcher Maaße dieses nicht der Fall sein wird?

Was nun

a. die oben *sub* I. 1. genannten Angestellten betrifft, so werden dahin von den Mitgliedern des Stadtgerichts der Herr Justiz-Bürgermeister Landrath *Lübbren* und der Herr Stadtrichter *Trautmann* zu rechnen sein (*cf.* § 25 der Verfassungs-Urkunde vom 15. *November* 1846).

Rücksichtlich der hierher zu rechnenden Unterbedienten (deren gesammte Dienstthätigkeit sich also lediglich auf die städtische Justizverwaltung beschränkt) wünschen Wir vom Magistrate eine nähere Angabe der Angestellten unter Bezeichnung ihrer Dienstfunctionen und bestallungsmäßig ihnen zukommende Dienst-Einnahme zu erhalten, wobei Wir bemerken, daß die neuerlich über diese Angestellten (in Gemäßheit Unseres Ausschreibens vom 21. *August* 1850 und 24. *März* 1851) erstatteten Berichte Uns nicht vorliegen, vielmehr dem Königlichen Ministerio des Innern übersandt sind, daher auf dieselben kein Bezug genommen werden darf.

b. Zu den *sub* I. 2. genannten Angestellten wird, von den Mitgliedern des Stadtgerichts, der Herr Stadtsecretair *Dr. Colpe* zu zählen sein (*cf.* §§ 25 und 33 der Verfassungs-Urkunde vom 15ten *November* 1846), während Wir eine nähere Angabe der Unterbedienten, welche gleichzeitig bei der städtischen Verwaltung und *resp.* Justiz beschäftigt sind, vom Magistrate erwarten und zugleich einer vollständigen Erledigung der solcherhalb oben *sub* I. 2. für erforderlich gehaltenen Erläuterungen und *resp.* Begutachtungen entgegen sehen.

II. Rücksichtlich der Ueberlassung des Gerichtslocals an die Königliche Regierung scheint es zwar für jetzt zu genügen, in der mit dem Magistrate und den Bürgervorstehern zu recessirenden Vereinbarung die im § 86 a.a.O. enthaltenen Grundsätze bemerklich zu machen; gleichwohl wünschen Wir schon gegenwärtig vom Magistrate motivirt zu vernehmen, ob und welche der bisherigen Gerichtslocale, Gefängnisse und Gerichtsutensilien, der Stadt fortan für dienstliche und öffentliche Zwecke unentbehrlich bleiben mögten?

Den hiernach zu erstattenden Bericht erwarten Wir baldthunlichst, spätestens binnen 14 Tagen.

Stade, den 9. Mai 1851
Königliche Landdrostei
(Bülow)

(StadtA Stade StV Fach 16 Nr. 12)

Anlage 6 – 3 — 11. / 21. Juni 1852

Rezeß der Regierung mit der Stadt Stade

Receß betreffend die Uebernahme von Angestellten der Stadt *Stade* Seitens der Königlichen Regierung bei der Aufhebung der städtischen Gerichtsbarkeit.

Zwischen dem Königlichen Ministerium des Innern zu *Hannover* einerseits und der Stadt *Stade* andererseits ist folgender Receß abgeschlossen.

1.

Bei der in Folge des Gesetzes über die Gerichts-Verfassung vom 8. November 1850 eintretenden Aufhebung der der Stadt *Stade* bisher zuständigen Gerichtsbarkeit werden folgende städtische Angestellte als :

1. der Stadtrichter *Trautmann*
2. „ Stadtsecretair *Colpe*

3. „ Gerichtsvoigt *Schwiefert*
4. „ Gerichtsdiener *Klingmann*
5. „ Gefangenwärter *Blume*
nach Maßgabe der Bestimmung im § 84 des erwähnten Gesetztes von der Königlichen Regierung übernommen.

2.

Die übrigen städtischen Angestellten, welche bisher theilweise auch zu den Geschäften der Gerichtsbarkeit verwendet sind, namentlich:
1. der Bürgermeister *Neubourg*
2. „ Stadtschreiber *Langerhans*
3. „ Gerichtsdiener *Schrader I.*
4. „ Gerichtsdiener *Schrader II.*
verbleiben dagegen der Stadt, und sind von dieser hinsichtlich ihrer etwaigen Ansprüche wegen eines in Folge der Aufhebung der städtischen Gerichtsbarkeit eintretenden Verlustes an ihren Diensteinnahmen abzufinden.

Vorstehender Receß wird hiemittelst Seitens der Stadt *Stade*, nach ertheilter Zustimmung der Bürgervorsteher, von dem Magistrate unter dessen Insiegel und Unterschrift des Stadtsecretairs, als verfassungsmäßigen Vertreters des abwesenden Administrativbürgermeisters, vollzogen.
Stade, am 11. Juni 1852 Der Magistrat
(Colpe Dr.)

So geschehen Hannover den 21. Juni 1852
Königlich Hannoversches Ministerium des Innern
(Frhr Hammerstein)

(StadtA Stade StV Fach 16 Nr. 12)

Anlage 6 – 4 26. Januar 1859

Schreiben des Justizministeriums in Hannover an die StA in Stade

<u>Vertraulich</u>
Die bevorstehende Reorganisation der Justizbehörden macht es erforderlich, eine Reihe von Amtsrichtern auf Wartegeld oder in Ruhestand zu versetzen.

Um nun diesen Gegenstand der umsichtigsten Prüfung unterziehen zu können, wünschen Wir, daß die Staatsanwaltschaften, falls sie rücksichtlich des einen oder anderen Amtsrichters besondere Bemerkungen zu machen geben sollten, diese Uns mitteilen, vorausgesetzt, daß dieselben für den fraglichen Gegenstand von Interesse und durch die Qualificationsberichte oder besondere Berichte nicht bereits zu unserer Kenntnis gelangt sein sollten.

Sollten die Staatsanwaltschaften insbesondere Grund zu der Annahme haben, daß die Versetzung in den Ruhestand dem einen oder anderen Amtsrichter nicht unerwünscht sein wird, so wollen die Staatsanwaltschaften Uns hiervon in Kenntnis setzen. Da Wir dem Ermessen der Staatsanwaltschaften anheimstellen, ob es sich empfehle, den betreffenden

Amtsrichter zuvor sich zu benehmen, machen Wir darauf aufmerksam, daß die Königliche Regierung ermächtigt sein wird, solche Amtsrichter, welche durch die bevorstehende Reorganisation der Justizbehörden betroffen würden, und bei denen gleichwohl die gesetzlichen Pensionierungsgründe nicht vorhanden sind, auf ihren Wunsch in den Ruhestand zu versetzen und den Betrag des Ruhegehalts um 10%, jedoch nicht über den höchsten Ruhegehaltssatz zu erhöhen.

Wir sehen der Erledigung dieses Rescripts bis zum 15. Februar d. J. entgegen.

Hannover, den 26. Januar 1859
Königlich Hannoversches Justiz-Ministerium
(Unterschrift)

An die
Staatsanwaltschaften der Obergerichte

(StaatsA Stade Rep. 171a Stade Nr. 938)

RECHTSHISTORISCHE REIHE

Band 1 Studien zu den germanischen Volksrechten. Gedächtnisschrift für Wilhelm Ebel. Vorträge gehalten auf dem Fest-Symposion anläßlich des 70. Geburtstages von Wilhelm Ebel am 16. Juni 1978 in Göttingen. Götz Landwehr (Hrsg.) 1982.

Band 2 Hans Poeschel: Die Statuten der Banken, Sparkassen und Kreditgenossenschaften in Hamburg und Altona von 1710 bis 1889. 1978.

Band 3 Thomas Kolbeck: Juristenschwemmen, Untersuchungen über den juristischen Arbeitsmarkt im 19. und 20. Jahrhundert. 1978.

Band 4 Norbert Hempel: Richterleitbilder in der Weimarer Republik. 1978.

Band 5 Rolf Stratmann: Die Scheinbußen im mittelalterlichen Recht. 1978.

Band 6 Martin C. Lockert: Die niedersächsischen Stadtrechte zwischen Aller und Weser. Vorkommen und Verflechtungen. Eine Bestandsaufnahme. 1979.

Band 7 Joachim Rückert/Wolfgang Friedrich: Betriebliche Arbeiterausschüsse in Deutschland, Großbritannien und Frankreich im späten 19. und frühen 20. Jahrhundert. Eine vergleichende Studie zur Entwicklung des kollektiven Arbeitsrechts. 1979.

Band 8 Peter Bender: Die Rezeption des römischen Rechts im Urteil der deutschen Rechtswissenschaft. 1979.

Band 9 Friedrich Karl Alsdorf: Untersuchungen zur Rechtsgestalt und Teilung deutscher Ganerbenburgen. 1980.

Band 10 Dietmar Willoweit/Winfried Schich (Hrsg.): Studien zur Geschichte des sächsisch-magdeburgischen Rechts in Deutschland und Polen (Sammelband). 1980.

Band 11 Brigitte Hempel: Der Entwurf einer Polizeiordnung für das Herzogtum Sachsen-Lauenburg aus dem Jahre 1591. 1980.

Band 12 Klaus-Detlev Godau-Schüttke: Rechtsverwalter des Reiches. Staatssekretär Dr. Curt Joël. 1981.

Band 13 Rainer Polley: Anton Friedrich Justus Thibaut (AD 1772-1840) in seinen Selbstzeugnissen und Briefen. Teil 1: Abhandlung. Teil 2: Briefwechsel. Teil 3: Register zum Briefwechsel. 1982.

Band 14 Michael Wettengel: Der Streit um die Vogtei Kelkheim 1275-1276. Ein kanonischer Prozeß.1981.

Band 15 Otto Wilhelm Krause: Naturrechtler des sechzehnten Jahrhunderts. Ihre Bedeutung für die Entwicklung eines natürlichen Privatrechts. 1982.

Band 16 Helga Spindler: Von der Genossenschaft zur Betriebsgemeinschaft. Kritische Darstellung der Sozialrechtslehre Otto von Gierkes. 1982.

Band 17 Holger Otte: Gustav Radbruchs Kieler Jahre 1919 - 1926. 1982.

Band 18 Rüdiger Teuner: Die fuldische Ritterschaft 1510 - 1656. 1982.

Band 19 Gerhard Dilcher/Rudolf Hoke/Gian Savino Pene Vidari/Hans Winterberg (Hrsg.): Grundrechte im 19. Jahrhundert. 1982.

Band 20 Karl-Hans Schloßstein: Die westfälischen Fabrikengerichtsdeputationen - Vorbilder, Werdegang und Scheitern. 1982.

Band 21 Birger Schulz: Der Republikanische Richterbund (1921-1933). 1982.

Band 22 Engelbert Krause: Die gegenseitigen Unterhaltsansprüche zwischen Eltern und Kindern in der deutschen Privatrechtsgeschichte. 1982.

Band 23 Meent W. Francksen: Staatsrat und Gesetzgebung im Großherzogtum Berg (1806-1813). 1982.

Band 24 Gerd von Sonnleithner: Bearbeitung des Handelsrechts durch Ignaz von Sonnleithner in seinem "Leitfaden über das österreichische Handels- und Wechselrecht". 1982.

Band 25 Rudolf Palme: Rechts-, Wirtschafts- und Sozialgeschichte der inneralpinen Salzwerke bis zu deren Monopolisierung. 1983.

Band 26 Helen Bosshard: Pestalozzis Staats- und Rechtsverständnis und seine Stellung in der Aufklärung. 1983.

Band 27 Jens Jessen: Die Selbstzeugnisse der deutschen Juristen. Erinnerungen, Tagebücher und Briefe. Eine Bibliographie. 1983.

Band 28 Günter Martin Jensen: Das Domanium Waldeck. Die rechtliche Zuordnung eines Fürstenvermögens. 1984.

Band 29 Johann Heinrich Kumpf: Petitionsrecht und öffentliche Meinung im Entstehungsprozeß der Paulskirchenverfassung 1848/49. 1983.

Band 30 Sabine Frey: Rechtsschutz der Juden gegen Ausweisungen im 16. Jahrhundert. 1983.

Band 31 Dietrich Joswig: Die germanische Grundstücksübertragung. 1984.

Band 32 Andreas Baryli: Konzessionssystem contra Gewerbefreiheit. Zur Diskussion der österreichischen Gewerberechtsreform 1835 bis 1860. 1984.

Band 33 Gerhard Oberkofler: Studien zur Geschichte der österreichischen Rechtswissenschaft. 1984.

Band 34 Rudolf Lauda: Kaufmännische Gewohnheit und Burgrecht bei Notker dem Deutschen. Zum Verhältnis von literarischer Tradition und zeitgenössischer Realität in der frühmittelalterlichen Rhetorik. 1984.

Band 35 Jens Jensen: Die Ehescheidung des Bischofs Hans von Lübeck von Prinzessin Julia Felicitas von Württemberg-Weiltingen AD 1648-1653. Ein Beitrag zum protestantischen Ehescheidungsrecht im Zeitalter des beginnenden Absolutismus. 1984.

Band 36 Horst Schröder: Friedrich Karl von Savigny. Geschichte und Rechtsdenken beim Übergang vom Feudalismus zum Kapitalismus in Deutschland. 1984.

Band 37 Andreas Hatzung: Dogmengeschichtliche Grundlagen und Entstehung des zivilrechtlichen Notstands. 1984.

Band 38 Matthias Klasen: Das Billwerder Landrecht. Landrecht und Landgericht in den Hamburger Elbmarschen. 1985.

Band 39 Rainer Jamin: Aufbau, Tätigkeit und Verfahren der Auseinandersetzungsbehörden bei der Durchführung der preußischen Agrarreformen. 1985.

Band 40 Henry Winter: Teilschuld, Gesamtschuld und unechte Gesamtschuld. Zur Konzeption der §§ 420 ff. BGB - Ein Beitrag zur Entstehungsgeschichte des BGB. 1985.

Band 41 Hermann Eichler: Verfassungsbewegung in Amerika und Europa. 1985.

Band 42 Dagmar Bandemer: Heinrich Albert Zachariae. Rechtsdenken zwischen Restauration und Reformation. 1985.

Band 43 Eva-Christine Frentz: Das Hamburgische Admiralitätsgericht (1623-1811). Prozeß und Rechtsprechung. 1985.

Band 44 Karl Lillig: Rechtsetzung im Herzogtum Pfalz-Zweibrücken während des 18. Jahrhunderts. Ein Beitrag zur Geschichte der territorialen Rechtsbildung. 1985.

Band 45 Walter Weber: Die Entwicklung der Sparkassen zu selbständigen Anstalten des öffentlichen Rechts. Ein Beitrag zur Entwicklung des Anstaltsbegriffs im 19. Jahrhundert. 1985.

Band 46 Bärbel Baum: Der Stabreim im Recht. Vorkommen und Bedeutung des Stabreims in Antike und Mittelalter. 1986.

Band 47 Hans Popp: Die nationalsozialistische Sicht einiger Institute des Zivilprozeß- und Gerichtsverfassungsrechts. 1986.

Band 48 John Karl-Heinz Montag: Die Lehrdarstellung des Handelsrechts von Georg Friedrich von Martens bis Meno Pöhls. Die Wissenschaft des Handelsrechts im ersten Drittel des 19. Jahrhunderts. 1986.

Band 49 Volker D. Anhäusser: Das internationale Obligationenrecht in der höchstrichterlichen Rechtsprechung des 19. Jahrhunderts. 1986.

Band 50 Udo Beer: Die Juden, das Recht und die Republik. Verbandswesen und Rechtsschutz 1919-1933. 1986.

Band 51 Herbert Grziwotz: Der moderne Verfassungsbegriff und die "Römische Verfassung" in der deutschen Forschung des 19. und 20. Jahrhunderts. 1986.

Band 52 Ralf Conradi: Karl Friedrich Eichhorn als Staatsrechtslehrer. Seine Göttinger Vorlesung über "Das Staatsrecht der deutschen Bundesstaaten" nach einer Kollegmitschrift aus dem Wintersemester 1821/22. 1987.

Band 53 Dieter Dannreuther: Der Zivilprozeß als Gegenstand der Rechtspolitik im Deutschen Reich 1871 - 1945. Ein Beitrag zur Geschichte des Zivilprozeßrechts in Deutschland. 1987.

Band 54 Stephan Felix Pauly: Organisation, Geschichte und Praxis der Gesetzesauslegung des (Königlich) Preußischen Oberverwaltungsgerichtes 1875 - 1933. 1987.

Band 55 Rüdiger Schulz: Die Entstehung des Seerechts des Allgemeinen Deutschen Handelsgesetzbuches unter besonderer Berücksichtigung der Bestimmungen über die Reederei, den Schiffer und die Schiffsmannschaft. 1987.

Band 56 Reinhold Reis: Deutsches Privatrecht in den Weistümern der Zenten Schriesheim und Kirchheim. 1987.

Band 57 Jürgen Christoph: Die politischen Reichsamnestien 1918 - 1933. 1987.

Band 58 Gerhard Oberkofler/Eduard Rabofsky: Hans Kelsen im Kriegseinsatz der k.u.k.-Wehrmacht. Eine kritische Würdigung seiner militärtheoretischen Angebote. 1988.

Band 59 Arne Wulff: Staatssekretär Prof. Dr. Dr. h.c. Franz Schlegelberger. 1876-1970. 1991.

Band 60 Gerhard Köbler (Hrsg.): Wege europäischer Rechtsgeschichte. Karl Kroeschell zum 60. Geburtstag. 1987.

Band 61 Rüdiger Hütte: Der Gemeinschaftsgedanke in den Erbrechtsreformen des Dritten Reichs. 1988.

Band 62 Markus Göldner: Politische Symbole der europäischen Integration. Fahne, Hymne, Hauptstadt, Paß, Briefmarke, Auszeichnungen. 1988.

Band 63 Wolfgang Kröner: Freiheitsstrafe und Strafvollzug in den Herzogtümern Schleswig, Holstein und Lauenburg von 1700 bis 1864. 1988.

Band 64 Werner Gaile: Die Norder Theelacht. 1988.

Band 65 Karl v. Kempis: Andreas Gaill (1526 - 1587). Zum Leben und Werk eines Juristen der frühen Neuzeit. 1988.

Band 66 Wolf-Rüdiger Osburg: Die Verwaltung Hamburgs in der Franzosenzeit. 1811-1814. 1988.

Band 67 Christian Schudnagies: Hans Frank. Aufstieg und Fall des NS-Juristen und Generalgouverneurs. 1988.

Band 68 Otmar Jung: Senatspräsident Freymuth. Richter, Sozialdemokrat und Pazifist in der Weimarer Republik. Eine politische Biographie. 1989.

Band 69 Joachim Lohner: Das landeshauptmannschaftliche Gericht in Oberösterreich zu Beginn der Neuzeit. Eine Darstellung des oberösterreichischen Prozeßrechts am obersten Territorialgericht des Landes anhand der oberösterreichischen Landtafel.1989.

Band 70 Bernd Klemann: Rudolf von Jhering und die Historische Rechtsschule. 1989.

Band 71 Adalbert Langer: Männer um die österreichische Zivilprozeßordnung 1895. Zusammenspiel / Soziales Ziel. 1990.

Band 72 Robert-Dieter Klee: Die Landessuperintendentur Lauenburg. Ursprung und Entwicklung sowie Ende der Sonderstellung des Kirchenkreises Herzogtum Lauenburg durch die nordelbische Kirchenvereinigung. 1989.

Band 73 Heinrich Herrmann: Die Gehöferschaften im Bezirk Trier. 1989.

Band 74 Wilhelm Brauneder, Franz Baltzarek (Hrsg.): Modell einer neuen Wirtschaftsordnung. Wirtschaftsverwaltung in Österreich 1914 - 1918. 1991.

Band 75 Thomas Dreyer: Die "Assecuranz- und Haverey-Ordnung" der Freien und Hansestadt Hamburg von 1731. 1990.

Band 76 Bernhard Sendler: Die Rechtssprache in den süddeutschen Stadtrechtsreformationen. 1990.

Band 77 Brigitte Lehmann: Ehevereinbarungen im 19. und 20. Jahrhundert. 1990.

Band 78 Michael Sunnus: Der NS-Rechtswahrerbund (1928-1945). Zur Geschichte der nationalsozialistischen Juristenorganisation. 1990.

Band 79 Stefan Schulz: Die historische Entwicklung des Rechts an Bienen. (§§ 961 - 964 BGB). 1990.

Band 80 Gerhard Lingelbach, Heiner Lück (Hrsg.): Deutsches Recht zwischen Sachsenspiegel und Aufklärung. Rolf Lieberwirth zum 70. Geburtstag dargebracht von Schülern, Freunden und Kollegen, herausgegeben von Gerhard Lingelbach und Heiner Lück. 1991.

Band 81 Manfred Krohn: Die deutsche Justiz im Urteil der Nationalsozialisten 1920 - 1933. 1991.

Band 82 Angelika Kühn: Privilegierung nationaler Minderheiten im Wahlrecht der Bundesrepublik Deutschland und Schleswig-Holsteins. 1991.

Band 83 Georg Brun: Leben und Werk des Rechtshistorikers Heinrich Mitteis unter besonderer Berücksichtigung seines Verhältnisses zum Nationalsozialismus. 1991.

Band 84 Wolfgang Simon: Claudius Freiherr von Schwerin. Rechtshistoriker während dreier Epochen deutscher Geschichte. 1991.

Band 85 Friedrich-Carl Wachs: Das Verordnungswerk des Reichsdemobilmachungsamtes. Stabilisierender Faktor zu Beginn der Weimarer Republik. 1991.

Band 86 Jens-Uwe Petersen: Die Vorgeschichte und die Entstehung des Mieterschutzgesetzes von 1923 nebst der Anordnung für das Verfahren vor dem Mieteinigungsamt und der Beschwerdestelle. 1991.

Band 87 Ulrike Haibach: Familienrecht in der Rechtssprache. Die historische Entwicklung zentraler Ausdrücke des geltenden Familienrechts. 1991.

Band 88 Joern Christian Nissen: Die Beratungen des Seeversicherungsausschusses der Akademie für Deutsches Recht zu einem neuen Seeversicherungsgesetz (1934-1939). Ein Beitrag zur Entwicklung der allgemeinen Lehren des Seeversicherungsrechts unter besonderer Berücksichtigung des Handelsgesetzbuchs und der Allgemeinen Deutschen Seeversicherungs-Bedingungen 1919. 1991.

Band 89 Diethard Bühler: Die Entstehung der allgemeinen Vertragsschluß-Vorschriften im Allgemeinen Deutschen Handelsgesetzbuch (ADHGB) von 1861. Ein Beitrag zur Kodifikationsgeschichte des Privatrechts im 19. Jahrhundert. 1991.

Band 90 Gerhard Oberkofler: Die Vertreter des Römischen Rechts mit deutscher Unterrichtssprache an der Karls-Universität in Prag. Vom Vormärz bis 1945. 1991.

Band 91 Ulrich Andermann: Ritterliche Gewalt und bürgerliche Selbstbehauptung. Untersuchungen zur Kriminalisierung und Bekämpfung des spätmittelalterlichen Raubrittertums am Beispiel norddeutscher Hansestädte. 1991.

Band 92 Heinz Marcus Hanke: Luftkrieg und Zivilbevölkerung. Der kriegsvölkerrechtliche Schutz der Zivilbevölkerung gegen Luftbombardements von den Anfängen bis zum Ausbruch des Zweiten Weltkrieges. 1991.

Band 93 Kirsten Kraglund: Familien- und Erbrecht. Materielles Recht und Methoden der Rechtsanwendung in der Rechtsprechung des Oberappellationsgerichts der vier Freien Städte Deutschlands zu Lübeck. 1991.

Band 94 Reinhard Lorenz: Die politische und rechtliche Stellung des Proletariats in Preußen in der Zeit zwischen den Reformen und der Revolution 1848/49. 1991.

Band 95 Eric Hilgendorf: Die Entwicklungsgeschichte der parlamentarischen Redefreiheit in Deutschland. 1991.

Band 96 Hans J. Reiter: Die Handelsgesellschaft Villeroy & Boch von der Gründung 1836 bis zum Jahr 1878. 1992.

Band 97 Martin Johannes Heller: Reform der deutschen Rechtssprache im 18. Jahrhundert. 1992.

Band 98 Michael Kotulla: Die Tragweite der Grundrechte der revidierten preußischen Verfassung vom 31.01.1850. 1992.

Band 99 Michael Siefener: Hexerei im Spiegel der Rechtstheorie. Das crimen magiae in der Literatur von 1574 bis 1608. 1992.

Band 100 Andreas Ebert-Weidenfeller: Hamburgisches Kaufmannsrecht im 17. und 18. Jahrhundert. Die Rechtsprechung des Rates und des Reichskammergerichtes. 1992.

Band 101 Enno Bommel: Die Entstehung der Verwirkungslehre in der Krise des Positivismus. 1992.

Band 102 Ralph Steppacher: Die Berücksichtigung der bäuerlichen Postulate bei der Entstehung des ZGB und der Revision des OR. Ein Beitrag zur schweizerischen Kodifikationsgeschichte (1893 - 1912). 1992.

Band 103 Martin Fleckenstein: Die Todesstrafe im Werk Carl Joseph Anton Mittermaiers (1787 - 1867). Zur Entwicklungsgeschichte eines Werkbereichs und seiner Bedeutung für Theorie- und Methodenbildung. 1992.

Band 104 Jörn Eckert: Der Kampf um die Familienfideikommisse in Deutschland. Studien zum Absterben eines Rechtsinstitutes. 1992.

Band 105 Jörg Grotkopp: Beamtentum und Staatsformwechsel. Die Auswirkungen der Staatsformwechsel von 1918, 1933 und 1945 auf das Beamtenrecht und die personelle Zusammensetzung der deutschen Beamtenschaft. 1992.

Band 106 Andreas Rohde: Die Garantiehaftung des Vermieters und ihr Verhältnis zum Unmöglichkeitsrecht in dogmengeschichtlicher und modernrechtlicher Sicht. 1992.

Band 107 Tjark Siefke Kunstreich: Gesamtvertretung. Eine historisch-systematische Darstellung. 1992.

Band 108 Jürgen Krüger: Blindheit und Königtum. Die Blindheit des Königs Georg V. von Hannover als verfassungsrechtliches Problem. 1992.

Band 109 Wolfgang Putschek: Ständische Verfassung und autoritäre Verfassungspraxis in Österreich 1933-1938 mit Dokumentenanhang. Verfassung und Verfassungswirklichkeit. Mit einem Anhang: Denkschriften von Rechtsanwalt Dr. Erich Führer 1936/37. 1993.

Band 110 Klaus Hofmann: Die Verdrängung der Juden aus öffentlichem Dienst und selbständigen Berufen in Regensburg 1933-1939. 1993.

Band 111 Franz Kilger: Die Entwicklung des Telegraphenrechts im 19. Jahrhundert mit besonderer Berücksichtigung der technischen Entwicklung. Telegraphenrecht im 19. Jahrhundert. 1993.

Band 112 Wilhelm Brauneder (Hrsg.): Heiliges Römisches Reich und moderne Staatlichkeit. 1993.

Band 113 Thomas Heinrich: Das preußische Nichtehelichenrecht: Von der Aufklärung zur Reaktion. 1993.

Band 114 Gerald Kohl: Jagd und Revolution. Das Jagdrecht in den Jahren 1848 und 1849. 1993.

Band 115 Christian Schudnagies: Der Kriegs- oder Belagerungszustand im Deutschen Reich während des Ersten Weltkrieges. Eine Studie zur Entwicklung und Handhabung des deutschen Ausnahmezustandsrechts bis 1918. 1994.

Band 116 Elisabeth Bellmann: Die Internationale Kriminalistische Vereinigung (1889-1933). 1994.

Band 117 Julia Pfannkuch: Volksrichterausbildung in Sachsen 1945-1950. 1993.

Band 118 Jörg Offen: Von der Verwaltungsgemeinschaft des BGB von 1896 zur Zugewinngemeinschaft des Gleichberechtigungsgesetzes von 1957. 1994.

Band 119 Dorothee Kohlhas-Müller: Untersuchungen zur Rechtsstellung Theoderichs des Großen. 1995.

Band 120 Monika Rose: Das Gerichtswesen des Herzogtums Pfalz-Zweibrücken im 18. Jahrhundert. Ein Beitrag zur territorialen Gerichtsbarkeit im Alten Reich. 1994.

Band 121 Jörn Eckert / Hans Hattenhauer (Hrsg.): Bibel und Recht. Rechtshistorisches Kolloquium 9. - 13. Juni 1992 an der Christian-Albrechts-Universität zu Kiel. 1994.

Band 122 Robert Martin Mizia: Der Rechtsbegriff der Autonomie und die Begründung des Privatfürstenrechts in der deutschen Rechtswissenschaft des 19. Jahrhunderts. 1995.

Band 123 Walther Graf von Plettenberg: Das Fortleben des Liber Iudiciorum in Asturien/León (8. - 13. Jh.). 1994.

Band 124 Wolfgang Schulz: Das deutsche Börsengesetz. Die Entstehungsgeschichte und wirtschaftlichen Auswirkungen des Börsengesetzes von 1896. 1994.

Band 125 Frank Hagemann: Der Untersuchungsausschuß Freiheitlicher Juristen. 1949 – 1969. 1994.

Band 126 Andreas Rethmeier: "Nürnberger Rassegesetze" und Entrechtung der Juden im Zivilrecht. 1995.

Band 127 Edith Grether: Die Poesie der Throne. Die Juristen in der Fruchtbringenden Gesellschaft. 1995.

Band 128 Anna Bartels-Ishikawa: Der Lippische Thronfolgestreit. Eine Studie zu verfassungsrechtlichen Problemen des Deutschen Kaiserreiches im Spiegel der zeitgenössischen Staats. 1995.

Band 129 Jörg Schmidt: Otto Koellreutter 1883-1972. Sein Leben, sein Werk, seine Zeit. 1995.

Band 130 Christian Hattenhauer: Wahl und Krönung Franz II. AD 1792. Das Heilige Reich krönt seinen letzten Kaiser - Das Tagebuch des Reichsquartiermeisters Hieronymus Gottfried von Müller und Anlagen. 1995.

Band 131 Jutta v. der Decken: Das Seearbeitsrecht im Hamburger Stadtrecht von 1301 bis 1603. 1995.

Band 132 Detlev Schmidt: Die Reform des Rechts der Handelsvertreter von 1953. 1995.

Band 133 Gabi Roßdeutscher: Privatautonomie im Scheidungsrecht. Scheidungsbezogene Vereinbarungen in den letzten 200 Jahren. 1995.

Band 134 Harald Kahlenberg: Leben und Werk des Rechtshistorikers Walther Merk. Ein Beispiel für das Verhältnis von Rechtsgeschichte und Nationalsozialismus. 1995.

Band 135 Michael Steitz: Adelbert Düringer am Reichsgericht (1902-1915). Seine aktienrechtlichen Entscheidungen und sein Einfluß auf das Aktienrecht in Deutschland. 1995.

Band 136 Christian Becker: Beata Justorum Translatio. Juristen in schleswig-holsteinischen Leichenpredigten. 1996.

Band 137 Christoph Seiler: Vom Allgemeinen Landrecht zum Bürgerlichen Gesetzbuch. Dargestellt am Beispiel der höchstrichterlichen Judikatur zum kaufrechtlichen Sachmängelgewährleistungsrecht. 1996.

Band 138 Bernd Mayer: Die Vertrauensmännerausschüsse auf den preußischen Steinkohlegruben an der Saar. Entstehung und Wirken. Eine rechtshistorische Untersuchung. 1996.

Band 139 Rochus Scholl: Juden und Judenrecht im Herzogtum Pfalz-Zweibrücken. Ein Beitrag zur Rechtsgeschichte eines deutschen Kleinstaates am Ende des alten Reiches. 1996.

Band 140 Meike Bursch: Judentaufe und frühneuzeitliches Strafrecht. Die Verfahren gegen Christian Treu aus Weener/Ostfriesland 1720-1728. 1996.

Band 141 Markus Hillenbrand: Fürstliche Eheverträge. Gottorfer Hausrecht 1544 - 1773. 1996.

Band 142 Ulf Häder: Das gemeinschaftliche Oberappellationsgericht thüringischer Staaten in Jena. Ein Beitrag zur Geschichte des Gerichtswesens im 19. Jahrhundert. 1996.

Band 143 Andreas Bauer: Das Gnadenbitten in der Strafrechtspflege des 15. und 16. Jahrhunderts. Dargestellt unter besonderer Berücksichtigung von Quellen der Vorarlberger Gerichtsbezirke Feldkirch und des Hinteren Bregenzerwaldes. 1996.

Band 144 Christian Wirth: Der Jurist Johann Andreas Georg Friedrich Rebmann zwischen Revolution und Restauration. 1996.

Band 145 Stefanie Müller: Die Rechtsprechung des Hanseatischen Oberlandesgerichts zum persönlichen Eherecht in Hamburgischen Gerichtsfällen von 1879 -1900. 1996.

Band 146 Jean-Nicolas Morisset: Der Frachtvertrag in der *Ordonnance de la marine* von 1681. 1996.

Band 147 Dirk Lentfer: Die Glogauer Landesprivilegien des Andreas Gryphius von 1653. 1996.

Band 148 Wencke Mull: Die Haftung für Einsturzschäden nach den §§ 836-838 BGB in der Rechtsprechung des Reichsgerichts. 1996.

Band 149 Renate Zeiger: Teufelsverträge. Märchen, Sage, Schwank, Legende im Spiegel der Rechtsgeschichte. 1996.

Band 150 Guido Kraß: Das Arrestverfahren in Frankfurt am Main im Spätmittelalter. 1996.

Band 151 F. Benedict Heyn: Die Entwicklung des Eisenbahnfrachtrechts von den Anfängen bis zur Einführung des Allgemeinen Deutschen Handelsgesetzbuches (ADHGB). 1996.

Band 152 Thomas Lang: Die Staats- und Verfassungslehre Carl Salomo Zachariaes. 1996.

Band 153 Michael Hebeis: Karl Anton von Martini (1726-1800). Leben und Werk. 1996.

Band 154 Gerald Hubert: Die Diskussion um die rechtliche Natur der Bizone in den Jahren 1947-1949. 1996.

Band 155 Christof Horn: Die Rechtsprechung des Reichsgerichts in Ehescheidungssachen der Jahre 1900 bis 1905. 1996.

Band 156 Hermann Nehlsen / Georg Brun (Hrsg.): Münchener rechtshistorische Studien zum Nationalsozialismus. 1996.

Band 157 Jan Otto Clemens Kehrberg: Die Entwicklung des Elektrizitätsrechts in Deutschland. Der Weg zum Energiewirtschaftsgesetz von 1935. 1997.

Band 158 Johannes Tradt: Der Religionsprozeß gegen den Zopfschulzen (1791-1799). Ein Beitrag zur protestantischen Lehrpflicht und Lehrzucht in Brandenburg-Preußen gegen Ende des 18. Jahrhunderts. 1997.

Band 159 Dietmar Olsen: Das kaufrechtliche Sachmängelgewährleistungsrecht des Code civil in der Rechtsprechung deutscher Gerichte im 19. Jahrhundert. Ein Beitrag zur Ablösung der Partikularrechte durch das BGB. 1997.

Band 160 Ulrich Bernhardt: Die Deutsche Akademie für Staats- und Rechtswissenschaft „Walter Ulbricht" 1948-1971. 1997.

Band 161 Claudia Susan Hoppe: Die Bürgschaft im Rechtsleben Hamburgs von 1600 bis 1900. 1997.

Band 162 Franz-Rudolf Ecker: Die Entwicklung des Bergrechts im Saarbrücker Steinkohlenrevier bis zum Ende des 18. Jahrhunderts. Ein Vergleich mit dem älteren deutschen Bergrecht. 1997.

Band 163 Anne Katrin Rückert: Politik und Privatrecht in der „konservativen Revolution". 1997.

Band 164 Gisbert Laube: Der Reichskunstwart. Geschichte einer Kulturbehörde 1919-1933. 1997.

Band 165 Nicolas Lührig: Die Diskussion über die Reform der Juristenausbildung von 1945 bis 1995. 1997.

Band 166 Regula Gerber Jenni: Die Emanzipation der mehrjährigen Frauenzimmer. Frauen im bernischen Privatrecht des 19. Jahrhunderts. 1997.

Band 167 Mischa A. Färber: Das gemeinschaftliche Testament in der höchstrichterlichen Rechtsprechung zum Allgemeinen Preußischen Landrecht und zum BGB. Ein Beitrag zur Ablösung der Partikularrechte durch das BGB. 1997.

Band 168 Catherine Antoinette Gasser: Philipp Lotmar 1850-1922. Professor der Universität Bern. Sein Engagement für das Schweizerische Arbeitsrecht. 1997.

Band 169 Lars Immisch: Der sozialistische Richter in der DDR und seine Unabhängigkeit. Der Versuch eines Rechtsvergleiches zum Unabhängigkeitsbegriff in der bundesdeutschen Rechtsordnung. 1997.

Band 170 Jessica Jacobi: Besitzschutz vor dem Reichskammergericht. Die friedenssichernde Funktion der Besitzschutzklagen am Reichskammergericht im 16. Jahrhundert, dargestellt anhand von Kameralisten. 1998.

Band 171 Ewald Hügemann: Die Geschichte des öffentlichen und privaten Mietpreisrechts vom Ersten Weltkrieg bis zum Gesetz zur Regelung der Miethöhe von 1974. 1998.

Band 172 Lutz Rentzow: Die Entstehungs- und Wirkungsgeschichte der Verneuerten Landesordnung für das Königreich Böhmen von 1627. 1998.

Band 173 Sabine Stürmer: Mühlenrecht im Herzogtum Pfalz-Zweibrücken während des 18. Jahrhunderts. Ein Beitrag zum Wirtschaftsrecht eines deutschen Kleinstaates im Alten Reich. 1998.

Band 174 Mario Bogisch: *Nemo testis in re sua*. Das Problem der Zeugnisfähigkeit bei der Anwendung der deutschen Zivilprozeßordnung von 1877. 1998.

Band 175 Rainer Oßwald: Pactane sunt servanda? Freiwilligkeit, Zwang und Unverbindlichkeitserklärungen im islamischen Vertragsrecht malikitischer Schule. 1998.

Band 176 Bettina Kern: Der preußische BGB-Entwurf von 1842. 1998.

Band 177 Inken Fuhrmann: Die Diskussion über die Einführung der fakultativen Zivilehe in Deutschland und Österreich seit Mitte des 19. Jahrhunderts. 1998.

Band 178 Annette Rieck: Der Heilige Ivo von Hélory (1247-1303). Advocatus pauperum und Patron der Juristen. 1998.

Band 179 Frank Bottenberg: Die Hamburgische Strafprozeßordnung von 1869. 1998.

Band 180 Matthias Krauß: Das kursächsische Postrecht von seinen Anfängen bis zum Ende des Alten Reichs. 1998.

Band 181 Torsten Schmidt: Die Entmündigung von den Anfängen des BGB bis zu ihrer Ablösung durch das Institut der Betreuung. 1998.

Band 182 Christian Nunn: Rudolf Müller-Erzbach. 1874-1959. Von der realen Methode über die Interessenjurisprudenz zum kausalen Rechtsdenken (Leben und Werk). 1998.

Band 183 Christian Ortloff: Das staatskirchenrechtliche System Wilhelm Traugott Krugs. Glaubens- und Gewissensfreiheit – eine Forderung der Vernunft. 1998.

Band 184 Christian Hattenhauer: Schuldenregulierung nach dem Westfälischen Frieden. Der sog. § *de indaganda* und seine Umsetzung im Jüngsten Reichsabschied (AD 1648 und 1654). 1998.

Band 185 Werner Schubert: Preußen im Vormärz. Die Verhandlungen der Provinziallandtage von Brandenburg, Pommern, Posen, Sachsen und Schlesien sowie – im Anhang – von Ostpreußen, Westfalen und der Rheinprovinz (1841-1845). 1998.

Band 186 Silvia Schumacher: Das Rechtsverhältnis zwischen Eltern und Kindern in der Privatrechtsgeschichte. 1999.

Band 187 Kai Sommer: Die Strafbarkeit der Homosexualität von der Kaiserzeit bis zum Nationalsozialismus. Eine Analyse der Straftatbestände im Strafgesetzbuch und in den Reformentwürfen (1871-1945). 1998.

Band 188 Jan Erik Backhaus: Volksrichterkarrieren in der DDR. 1999.

Band 189 Ralf Ruhnau: Die Fürstlich Thurn und Taxissche Privatgerichtsbarkeit in Regensburg. Ein Kuriosum der deutschen Rechtsgeschichte. 1999.

Band 190 Antonio Grilli: Die französische Justizorganisation am linken Rheinufer 1797-1803. 1999.

Band 191 Stephanie Kammerloher-Lis: Die Entstehung des Gesetzes über die religiöse Kindererziehung vom 15. Juli 1921. 1999.

Band 192 Jan Telp: Ausmerzung und Verrat. Zur Diskussion um Strafzwecke und Verbrechensbegriffe im Dritten Reich. 1999.

Band 193 Kurt von Pannwitz: Die Entstehung der Allgemeinen Deutschen Wechselordnung. Ein Beitrag zur Geschichte der Vereinheitlichung des deutschen Zivilrechts im 19. Jahrhundert. 1999.

Band 194 Sylvia Busch: Die Entstehung der Allgemeinen Gerichtsordnung für die Preussischen Staaten von 1793/95. Ein Beitrag zur Geschichte der Kodifikationsbewegung und der Reform des Zivilprozesses in Preußen im 18. Jahrhundert. 1999.

Band 195 Dirk Bieresborn: Klage und Klageerwiderung im deutschen und englischen Zivilprozeß. Eine rechtshistorische und rechtsvergleichende Untersuchung unter besonderer Berücksichtigung der Beeinflussung durch das römisch-kanonische Verfahren. 1999.

Band 196 Andreas Thier / Guido Pfeifer / Philipp Grzimek (Hrsg.): Kontinuitäten und Zäsuren in der Europäischen Rechtsgeschichte. Europäisches Forum Junger Rechtshistorikerinnen und Rechtshistoriker München 22.-24. Juli 1998. 1999.

Band 197 Franz Smola: Die Fürstlich Liechtenstein'sche Kunstsammlung. Rechtsfragen zur Verbringung der Sammlung von Wien nach Vaduz in den Jahren 1944/45. 1999.

Band 198 Frank Martin Krauss: Das geteilte Eigentum im 19. und 20. Jahrhundert. Eine Untersuchung zum Fortbestand des Teilungsgedankens. 1999.

Band 199 Matthias Frey: Die spanische Aktiengesellschaft im 18. Jahrhundert und unter dem Código de Comercio von 1829. 1999.

Band 200 Alexandra Gilde: Die Stellung der Frau im Reichsstrafgesetzbuch von 1870/71 und in den Reformentwürfen bis 1919 im Urteil der bürgerlichen Frauenbewegung. Eine Analyse ausgewählter Straftatbestände. 1999.

Band 201 Malte Dießelhorst / Arne Duncker: Hans Kohlhase. Die Geschichte einer Fehde in Sachsen und Brandenburg zur Zeit der Reformation. 1999.

Band 202 Jörg Hillmann: Territorialrechtliche Auseinandersetzungen der Herzöge von Sachsen-Lauenburg vor dem Reichskammergericht im 16. Jahrhundert. 1999.

Band 203 Carsten Engler: Die Kommanditgesellschaft (KG) und die stille Gesellschaft im Allgemeinen Deutschen Handelsgesetzbuch (ADHGB) von 1861. 1999.

Band 204 Vesta Hoffmann-Steudner: Die Rechtsprechung des Reichsgerichts zu dem Scheidungsgrund des § 49 EheG (EheG 1938) in den Jahren 1938-1945. 1999.

Band 205 Michaela Thiele: Die Auflösung von Arbeitsverhältnissen aufgrund Anfechtung und außerordentlicher Kündigung nach der Rechtsprechung des Reichsarbeitsgerichts (1927-1945). 2000.

Band 206 Peter Landau / Hermann Nehlsen / Mathias Schmoeckel (Hrsg.): Karl von Amira zum Gedächtnis. 1999.

Band 207 Marcus Flinder: Die Entstehungsgeschichte des Zivilgesetzbuches der DDR. 1999.

Band 208 Boris Franz Leo Bromm: Die Entstehungsgeschichte des Berufs des Handelsvertreters. Unter besonderer Berücksichtigung der Sozialgesetzgebung in den Jahren von 1871-1933. 2000.

Band 209 Winfried C. J. Eberstein: Das Tierschutzrecht in Deutschland bis zum Erlaß des Reichs-Tierschutzgesetzes vom 24. November 1933. Unter Berücksichtigung der Entwicklung in England. 1999.

Band 210 Patrick Deller: Der „nach dem Vertrage" vorausgesetzte Gebrauch (§ 459 Absatz 1 Satz 1 BGB). Eine kaufrechtliche Untersuchung unter Berücksichtigung rechtshistorischer wie rechtsvergleichender Grundlagen. 2000.

Band 211 Eckard Freiherr von Bodenhausen: Haftung des Geschäftsherrn für Verrichtungsgehilfen im Straßen- und Schienenverkehr. Eine Analyse der Entscheidungen des Reichsgerichts zu § 831 BGB (1900-1945). 2000.

Band 212 Birte Gast: Der Allgemeine Teil und das Schuldrecht des Bürgerlichen Gesetzbuchs im Urteil von Raymond Saleilles (1855-1912). 2000.

Band 213 Hansjörg Michael Huber: Koloniale Selbstverwaltung in Deutsch-Südwestafrika. Entstehung, Kodifizierung und Umsetzung. 2000.

Band 214 Ulf Björner: Die Verfassungsgerichtsbarkeit im Norddeutschen Bund und Deutschen Reich (1867-1918). Eine rechtshistorische Untersuchung über Gerichtsbarkeit im Spannungsfeld von Politik und Recht innerhalb der von Bismarck geschaffenen deutschen Bundesstaaten. 2000.

Band 215 Mathias Freiherr von Rosenberg: Friedrich Carl von Savigny (1779-1861) im Urteil seiner Zeit. 2000.

Band 216 Reinhard Binder-Krieglstein: Österreichisches Adelsrecht 1868-1918/19. Von der Ausgestaltung des Adelsrechts der cisleithanischen Reichshälfte bis zum Adelsaufhebungsgesetz der Republik unter besonderer Berücksichtigung des adeligen Namensrechts. 2000.

Band 217 Claudia-Regine Nerius: Johannes Lehmann-Hohenberg (1851-1925). Eine Studie zur völkischen Rechts- und Justizkritik im Deutschen Kaiserreich. 2000.

Band 218 Ludger Meuten: Die Erbfolgeordnung des Sachsenspiegels und des Magdeburger Rechts. Ein Beitrag zur Geschichte des sächsisch-magdeburgischen Rechts. 2000.

Band 219 Christoph Alexander von Wilcken: Die Reformbestrebungen zum Genossenschaftsgesetz in der Frühzeit der Bundesrepublik. Die Beratungen der Sachverständigenkommission zur Überprüfung des Genossenschaftsrechts 1954 bis 1958 und der Referentenentwurf von 1962. 2000.

Band 220 Verein Junger RechtshistorikerInnen Zürich (Hrsg.): ¿Rechtsgeschichte(n)? ¿Histoire(s) du droit? ¿Storia/storie del diritto? ¿Legal Histori(es)? Europäisches Forum Junger Rechtshistorikerinnen und Rechtshistoriker Zürich 28.-30. Mai 1999. 2000.

Band 221 Hans Christian Schüler: Die Entstehungsgeschichte der Bundesnotarordnung vom 24. Februar 1961. 2000.

Band 222 Nils-Eberhard Schramm: Die Vereinigung demokratischer Juristen (1949-1999). 2000.

Band 223 Silke Anke Torp: Das Rechtsverhältnis zwischen den Eltern und ihren Kindern. Dienstleistungspflicht, Aussteuer und Ausstattung. Eine Analyse der Rechtsprechung des Reichsgerichts und des Reichsarbeitsgerichts zu den Vorschriften der §§ 1616 bis 1625 des Bürgerlichen Gesetzbuches in der Zeit von 1900 bis 1945. 2000.

Band 224 Martin Jürgen Maaß: Die Geschichte des Eigentumsvorbehalts, insbesondere im 18. und 19. Jahrhundert. 2000.

Band 225 Stefanie Langer: Rechtswissenschaftliche Itinerarien. Lebenswege namhafter europäischer Juristen vom 11. bis zum 18. Jahrhundert. 2000.

Band 226 Ulrich Schmitz: Der Unterhaltsanspruch des nichtehelichen Kindes gegen seinen Erzeuger. Die rechtsgeschichtliche und dogmatische Entwicklung im deutschen Recht. 2000.

Band 227 Sebastian Günther: Friedrich Carl von Savigny als Grundherr. 2000.

Band 228 Henning Ibs: Hermann J. Held (1890-1963). Ein Kieler Gelehrtenleben in den Fängen der Zeitläufe. 2000.

Band 229 Matthias Rücker: Wirtschaftswerbung unter dem Nationalsozialismus. Rechtliche Ausgestaltung der Werbung und Tätigkeit des Werberats der deutschen Wirtschaft. 2000.

Band 230 Hendrik Sandmann: Die Entwicklung von Begriff und Inhalt des Wirtschaftsrechts durch die Rechtswissenschaft in der Weimarer Republik. 2000.

Band 231 Sibylle Müller: Gibt es Menschenrechte bei Samuel Pufendorf? 2000.

Band 232 Karin Olechowski-Hrdlicka: Die gemeinsamen Angelegenheiten der Österreichisch-Ungarischen Monarchie. Vorgeschichte – Ausgleich 1867 – Staatsrechtliche Kontroversen. 2001.

Band 233 Johannes Mierau: Die juristischen Abschluß- und Diplomprüfungen in der SBZ/DDR. Ein Einblick in die Juristenausbildung im Sozialismus. 2001.

Band 234 Jörg Wolff (Hrsg.): Stillstand, Erneuerung und Kontinuität. Einsprüche zur Preußenforschung. 2001.

Band 235 Friedo Schröder: Die anwaltliche Tätigkeit während der nationalsozialistischen Herrschaft. Eine Analyse der anwaltlichen Argumentation in Zivilprozessen anhand der vorhandenen Prozeßakten der Landgerichte Frankenthal, Wiesbaden, Limburg und Frankfurt und der Handakten der *jüdischen Konsulenten* des OLG-Bezirks Frankfurt. 2001.

Band 236 Der Code pénal des Königreichs Westphalen von 1813 mit dem Code pénal von 1810 im Original und in deutscher Übersetzung. Herausgegeben und mit einer Einleitung versehen von Werner Schubert. 2001.

Band 237 Klaus Richter: Deutsches Kolonialrecht in Ostafrika 1885-1891. 2001.

Band 238 Kai von Lewinski: Deutschrechtliche Systembildung im 19. Jahrhundert. 2001.

Band 239 Alexander Herzog: Sittenwidrige Rechtsgeschäfte in der höchstrichterlichen Rechtsprechung aus den Jahren 1948-1965. 2001.

Band 240 Claudia Rönnau: Die Beratungen des Wasserrechtsausschusses der Akademie für Deutsches Recht zu einem Reichswassergesetz (1934-1941). Ein Beitrag zur Dogmatik der Begriffe *Gemeingebrauch* und *Sondergebrauch* in der Zeit des Nationalsozialismus. 2001.

Band 241 Momme Rohlack: Kriegsgesellschaften (1914-1918). Arten, Rechtsformen und Funktionen in der Kriegswirtschaft des Ersten Weltkrieges. 2001.

Band 242 Rolf Geyer: Der Gedanke des Verbraucherschutzes im Reichsrecht des Kaiserreichs und der Weimarer Republik (1871-1933). Eine Studie zur Geschichte des Verbraucherrechts in Deutschland. 2001.

Band 243 Felix Lorenz Benjamin Lehmann: Der Rote Adlerorden. Entstehung und rechtliche Grundlagen (1705-1918). 2002.

Band 244 Marc Ludwig: Der Pfändungsschutz für Lohneinkommen. Die Entstehungs- und Entwicklungsgeschichte der Vorschriften zum Schutz vor Lohnpfändung in Deutschland. 2001.

Band 245 Alexander Wachter: Dorfschule zwischen Pastor und Schulmeister. Zur Säkularisierung des niederhessischen Schulwesens im 19. Jahrhundert. 2001.

Band 246 Richard Scholz: Analyse der Entstehungsbedingungen der reichsgerichtlichen Aufwertungsrechtsprechung. Untersuchung unter besonderer Berücksichtigung der konservativen Geldpolitik der Reichsbank und der Inflationspolitik der Reichsregierung. 2001.

Band 247 Judith Laeverenz: Märchen und Recht. Eine Darstellung verschiedener Ansätze zur Erfassung des rechtlichen Gehalts der Märchen. 2001.

Band 248 Christina Schenk: Bestrebungen zur einheitlichen Regelung des Strafvollzugs in Deutschland von 1870 bis 1923. 2001.

Band 249 Nils Werner: Die Prozesse gegen die Landvolkbewegung in Schleswig-Holstein 1929/32. Ein Beitrag zur Justizkritik in der späten Weimarer Republik. 2001.

Band 250 Wolfgang Walter: Das Duell in Bayern. Ein Beitrag zur bayerischen Strafrechtsgeschichte. 2002.

Band 251 Jörn Eckert / Kjell Å. Modéer (Hrsg.): Geschichte und Perspektiven des Rechts im Ostseeraum. Erster Rechtshistorikertag im Ostseeraum 8.–12. März 2000. 2001.

Band 252 Jan Könighaus: Die Inauguration der Christian-Albrechts-Universität zu Kiel 1665. Symbolgehalt und rechtliche Bedeutung des Universitätszeremoniells. 2002.

Band 253 Andreas Görgen: Rechtssprache in der Frühen Neuzeit. Eine vergleichende Untersuchung der Fremdwortverwendung in Gesetzen des 16. und 17. Jahrhunderts. 2002.

Band 254 Ralf Schäfer: Die Rechtsstellung der Haigerlocher Juden im Fürstentum Hohenzollern-Sigmaringen von 1634-1850. Eine rechtsgeschichtliche Untersuchung. 2002.

Band 255 Regine Schmalhorst: Die Tierhalterhaftung im BGB von 1896. Die Entstehung und Änderung des § 833 BGB sowie eine Analyse der Rechtsprechung des Reichsgerichts bis 1908. 2002.

Band 256 Thomas Hense: Konrad Beyerle. Sein Wirken für Wissenschaft und Politik in Kaiserreich und Weimarer Republik. 2002.

Band 257 Christian Mahlmann: Die Strafrechtswissenschaft der DDR. Klassenkampftheorie und Verbrechenslehre. 2002.

Band 258 Henning Kahmann: Die Bankiers von Jacquier & Securius 1933–1945. Eine rechtshistorische Fallstudie zur "Arisierung"-eines Berliner Bankhauses. Mit einem Geleitwort von John Kornblum. 2002.

Band 259 Volker Friedrich Drecktrah: Die Gerichtsbarkeit in den Herzogtümern Bremen und Verden und in der preußischen Landdrostei Stade von 1715 bis 1879. 2002.

Nils Werner

Die Prozesse gegen die Landvolkbewegung in Schleswig-Holstein 1929/32

Ein Beitrag zur Justizkritik in der späten Weimarer Republik

Frankfurt/M., Berlin, Bern, Bruxelles, New York, Oxford, Wien, 2001. 360 S., 26 Abb., 4 Tab. Rechtshistorische Reihe. Bd. 249
Verantwortlicher Herausgeber: Jörn Eckert
ISBN 3-631-38429-7 · br. € 50.10*

Die Arbeit verfolgt vier Ziele. Zunächst sollen die gegen die Landvolkbewegung geführten Prozesse typisiert werden und bestimmten Kategorien zugeordnet werden. Es erweist sich dabei, daß im wesentlichen zwei verschiedene Arten von Prozessen geführt worden sind. Dabei handelt es sich zum einen um die sog. genuinen Landvolkprozesse und zum anderen um Verfahren gegen einen aktivistischen Kern „landfremder", völkischer Personen. Im Gefolge dieser Typisierung wird eine Neubewertung der quantitativen gerichtlichen Verfolgung der Landvolkleute vorgenommen. Nach dem Abstecken dieser allgemeinen Parameter wird die Reaktion der Provinzregierung in Schleswig auf die Bauernunruhen näher untersucht. Im Gegensatz zur verbreiteten Ansicht, hauptsächlich strukturelle Schwierigkeiten hätten die Landvolkbewegung zum Entstehen gebracht, wird versucht zu zeigen, wie sehr die Eskalation der Situation von der Person des jeweiligen Regierungspräsidenten abhing. Abschließend werden die Prozesse in die Justizkritik Gottfried Zarnows in seiner „Skandalschrift" *Die Gefesselte Justiz* eingeordnet. Der Autor kommt zu dem Ergebnis, daß jedenfalls in bezug auf die Landvolkprozesse die Darstellung Zarnows in großen Bereichen einem berechtigten Anliegen folgte und daß eine rechtshistorische Untersuchung seine Justizkritik vorsichtiger als bisher zu bewerten hat.